Bruno Kreisky
Erinnerungen

Das Vermächtnis des Jahrhundertpolitikers

Herausgegeben von Oliver Rathkolb

styria premium

Danksagung des Herausgebers

Für die großzügige Unterstützung mit Bildmaterial aus ihren privaten Archiven sowie für die sachkundige Beratung möchte ich mich bei Margit Schmidt und Alfred Reiter herzlich bedanken. Mein besonderer Dank gilt den Mitarbeitern der Stiftung Bruno Kreisky Archiv und des Vereins für Geschichte der Arbeiterbewegung und insbesondere auch dem Team des Styria Verlags mit Gerda Schaffelhofer, Dietmar Sternad, Johannes Sachslehner, Dietmar Unterkofler, Alfred Hoffmann und Bruno Wegscheider.

Oliver Rathkolb

Inhalt

Vorwort des Herausgebers

Der deutsche Friedensnobelpreisträger, sozialdemokratische Spitzenpolitiker und ehemalige Bundeskanzler der Bundesrepublik Deutschland Willy Brandt beschrieb in seinem Buch *Links und Frei. Mein Weg 1930–1950* seinen langjährigen Freund Bruno Kreisky als »Doppelnatur«, als einen überzeugten Sozialisten – aber mit einem »Schuss Liberalität«, der es verstand, sowohl zu Universitätsprofessoren als auch zu Arbeitern so zu sprechen, dass sie fasziniert waren. Beide waren immer wieder massiven Ausgrenzungsversuchen ausgesetzt und wurden als Exilanten (»Verräter«) und Kreisky dazu als Jude (ÖVP-Wahlkampfplakat mit dem Porträt von Josef Klaus 1970: »Der echte Österreicher«), sowie Brandt als unehelicher Sohn einer Proletarierin (Konrad Adenauer 1961: »Brandt alias Frahm«) attackiert. Gleichzeitig fanden beide weit reichende emotionale Anerkennung bei den Menschen.

Mehr als 20 Jahre nach dem Erscheinen des ersten Memoirenbandes Bruno Kreiskys, ist es an der Zeit, für eine jüngere Generation, aber auch für manche Älteren jenen Politiker wieder in seiner Selbstdarstellung zu Wort kommen zu lassen, der nach wie vor in der politischen Kultur der Gegenwart häufig zitiert wird, wobei zunehmend die negative Kritik bei ehemaligen politischen Kontrahenten in allen politischen Lagern abnimmt und die Konfliktlinien von einst verwischt werden. Noch fehlt trotz interessanter Ansätze eine umfassende Biografie Kreiskys, aber in der vorliegenden Zusammenstellung der wichtigsten Kapitel aus den drei Memoirenbänden hat Kreisky selbst – häufig geschickt versteckt und manchmal fast zur Unerkenntlichkeit umschrieben – wichtige Wegmarken auf den Weg zu einer kritischen Biografie hinterlassen, die sich auch den kritischen Leserinnen und Lesern erschließen.

Aus rund 1.300 Seiten der drei Memoirenbände habe ich 500 Seiten ausgewählt, wobei ich das Schwergewicht auf jene ersten beiden Bände gelegt habe, die Bruno Kreisky noch selbst redigiert hat und die wesentliche persönliche und politische Prägungen dokumentieren sowie seine zentralen innen- und außenpolitischen Ziele und persönlichen Einschätzungen wiedergeben. Reihenfolge und Dramaturgie gingen bei dieser Kürzung nicht verloren, sondern wurden bewusst erhalten.

Die Memoiren Band I und II sind auf der Grundlage von Tonbandaufzeichnungen Bruno Kreiskys – meist in seinem Ferienhäuschen auf der spanischen Insel Mallorca – entstanden. Rund zwei Drittel der Gespräche fanden in vier mehrtätigen Arbeitssitzungen mit dem Berliner Verleger Wolf Jobst Siedler (und bei den ersten beiden Begegnungen mit dem Journalisten und Sachbuchautor Joachim C. Fest) sowie in Anwesenheit von Kreiskys langjähriger Mitarbeiterin Margit Schmidt und des Herausgebers dieses Bandes, Oliver Rathkolb, statt. Die Rolle der genannten Personen blieb auf vereinzelte Fragen beschränkt, auf die Bruno Kreisky in Form längerer Monologe antwortete. Die 2.000 Seiten mit Transkripten wurden von einem Lektor, Thomas Karlauf, in Berlin in eine von Kreisky vorgegebene Inhaltsstruktur eingepasst. Meine Aufgabe war es, das originalgetreue Lektorat – zeitweise gemeinsam mit Marietta Torberg – zu überprüfen, was zu einem exzessiv großen Korrekturaufwand für die Herstellung im Siedler Verlag führte. Band I wurde in weiterer Folge von Kreisky nochmals stark bearbeitet und auf zahlreichen Seiten völlig neu diktiert. Band II erfuhr weniger starke Änderungen. Rund ein Drittel des Rohmaterials entstand während Arbeitssitzungen mit Margit Schmidt und dem Verfasser dieses Vorworts, der als wissenschaftlicher Konsulent die Gesamtproduktion im Auftrag Kreiskys kritisch – auch mit zusätzlichem Material – begleitete. Für Band III der Memoiren, der 1996 posthum von Oliver Rathkolb, Johannes Kunz und Margit Schmidt herausgegeben wurde, wurden weitere Materialien, die den O-Ton Kreisky wiedergaben, verwendet, um unter Vermeidung jedes Ghostwriting eine authentische Zusammenstellung und Verbindung dieser vorhandenen Memoiren-Transkripte und anderer Archivmaterialien aus der Stiftung Bruno Kreisky Archiv in Wien mit O-Ton Kreisky herzustellen. Hier wurde das Lektorat von Doris Sottopietra fachkundig umgesetzt. Die Originaltonbänder (»Lebensinterviews Bruno Kreisky«) werden von der Österreichischen Mediathek in Wien verwahrt

Wie bei keinem Kanzler der Zweiten Republik vor ihm sprachen alle traditionellen innenpolitischen Strukturbedingungen gegen ihn, alle sozialen und internationalen Trends aber für ihn. Bruno Kreisky war zwar 1931 aus der Israelitischen Kultusgemeinde ausgetreten, seine jüdische Herkunft war jedoch sowohl in der Sozialistischen Arbeiterjugend und in der illegalen Bewegung als auch nach 1945 durchaus bekannt. Aufgrund des latenten, bereits während der Studienzeit rabiaten Antisemitismus, der nach 1938 eskalierte und nach 1945 im Untergrund weiter wirksam blieb, glaubte Kreisky daher selbst nie, eine Spitzenfunktion in der Politik erreichen zu können. Häufig benützte er das Diktum vom »besten zweiten Mann«. Gleichzeitig gab es bereits in seiner Mittelschulzeit nur ein klares Ziel: Politik zu machen.

Aufgrund dieser Situation, die durch den sozialen Aufstieg seiner Familie – und die großbürgerliche Verwandtschaft zur Felix-Dynastie in Znaim – noch verstärkt wurde, war Kreisky in einer doppelten Minderheitenposition. Als Jude und Intellektueller wurde er von der Sozialistischen Arbeiterjugend nur nach langem Zögern akzeptiert. Kreisky versteckte seine bürgerliche Herkunft nicht, was auch die teuren Anzüge eines verstorbenen Cousins unterstreichen sollten, aber er wollte nicht in den Intellektuellenzirkeln des Verbands Sozialistischer Mittelschüler bzw. Studenten politisch aktiv sein. Er suchte die Nähe zur Basis und ließ sich selbst durch unausgesprochenen (oder in der Illegalität durchaus ausgesprochenen) Antisemitismus nicht abschrecken.

Kreisky war bereits von frühester Jugend an etwas, was man heute als »Wissensmanager« bezeichnen würde. Er las unglaublich viel, insbesondere auch in der Zeit der Haft wegen illegaler politischer Aktivitäten während des Schuschnigg-Regimes 1935/1936. Gleichzeitig war er ein scharfer Analytiker seiner Umgebung; selbst die Haftzeit nützte er, um seinen Mithäftlingen näher zu kommen, um diese Menschen zu verstehen. Bereits vor 1938 zeichnete ihn die Tatsache aus, dass er gerne gegen den Strom Ideen entwickelte und diese umsetzen wollte. Pessimismus fehlte ihm völlig. So lebte er förmlich auf, als sich um die Jahreswende 1937/1938 eine Einheitsfront gegen den Nationalsozialismus und den »Anschluss« zu entwickeln schien; er weigerte sich einfach, den Fatalismus, den viele an den Tag legten, zu akzeptieren.

In einem Punkt war Kreisky vielen seiner Zeitgenossen voraus: Er war nie ein Deutschnationaler, trotz »großdeutscher« Onkel in der Familie (die beide im NS-Regime umkamen) und verstand sich als Produkt des *Melting Pot* der österreichisch-ungarischen Monarchie. Wer Kreiskys Memoiren genau liest, wird auf Schritt und Tritt hinter scharfer Kritik an der Politik der Habsburger dieses tiefgehende Interesse am Großraum der Monarchie wieder finden, eine wichtige Voraussetzung für sein Denken in internationalen Zusammenhängen, das durch das Interesse für die Anti-Kolonialismusbewegungen und die Sozialistische Arbeiter-Internationale intellektuell bereits in den 1930er-Jahren weit über den »deutschen« Kulturraum in Europa hinausging.

Im Exil in Schweden verstärkte sich sein Österreich-Heimat-Gefühl, auch vor dem Hintergrund eines demokratischen und unprätentiösen Patriotismus, den er ab 1938 in Stockholm erlebte. Im Exil erweiterte sich auch sein Interesse an großen Räumen (z. B. bezüglich der Entwicklungen in China), aber auch an der Monarchie. Seine Österreich-Begeisterung, die er in der Unterstützung für österreichische Militärflüchtlinge (die positive Bezeichnung für Deserteure aus der Deutschen Wehrmacht) und in der Exilorganisation unter Beweis gestellt hatte, konnte selbst nach Kriegsende durch die Einreisesperren der US-Besatzungsbehörden nicht gebremst werden. Mit einem französischen Permit schlug er sich von Vorarlberg aus 1946 nach Wien durch, um dort mit einer neuerlichen Ausgrenzung konfrontiert zu werden. Trotz persönlicher Begeisterung vieler Freunde aus der Jugendbewegung über seine Heimkehr schickte ihn die Parteispitze um SPÖ-Vizekanzler Adolf Schärf und Bundespräsident Karl Renner zurück in den Norden Europas: Der junge jüdische Intellektuelle sollte offenbar vorerst von der Partei ferngehalten werden. Der Posten als Zugeteilter eines schrulligen postmonarchistischen Gesandten in Stockholm war keineswegs eine adäquate Beschäftigung für den höchst aktiven Exilpolitiker Kreisky, der aber auch sehr rasch mit dieser Niederlage fertig wurde. Die Erkrankung seiner Frau Vera, die er 1942 geheiratet hatte, verlängerte den Aufenthalt in Schweden, sodass er erst 1951 zurückkam.

Dass Kreisky dann so rasch in die Spitzenpolitik aufrückte, war reiner Zufall und hatte primär mit Bundespräsident Theodor Körner, dem früheren Wiener Bürgermeister und k.u.k. Oberst und Generalstabschef der 1. Isonzoarmee, zu tun. Als Kreisky in der wirtschaftspolitischen Abteilung des Bundeskanzleramtes, Auswärtige Angelegenheiten arbeitete, suchte Schärf einen politischen Sekretär für den höchst unberechenbaren Körner, der überdies aufgrund seines Alters an Schwerhörigkeit litt. Kreisky wurde ausgewählt, baute rasch seine Stellung in der Präsidentschaftskanzlei aus und konnte ein sehr gutes Vertrauensverhältnis mit Körner entwickeln. 1953 wählte ihn Schärf als Staatssekretär aus, auch um ein positives Zeichen in Richtung Körner, mit dem es latente Konflikte gab, zu setzen.

In weiterer Folge sollte Kreisky als Staatssekretär eine wichtige analytische und vermittelnde Rolle bei den Staatsvertragsverhandlungen spielen und entwickelte sich sehr rasch zum außenpolitischen Kopf der SPÖ. Doch die innerparteiliche Karriere sollte er in der niederösterreichischen

Bei den Aufnahmen zu seinen Erinnerungen: Bruno Kreisky im Gespräch mit Margit Schmidt und Oliver Rathkolb.

»Wüste« fortsetzen; die Partei des »Roten Wien« hatte Kreisky auch nach 1945 trotz engagierter Versuche des Gewerkschaftsfunktionärs und späteren ÖGB-Präsiedenten Franz Olahs abgelehnt. Daher zog er 1956 als St. Pöltner Nationalratsabgeordneter in den Nationalrat ein.
Als Außenminister von 1959 bis 1966 überraschte Kreisky die politische Szene und vor allem die Wählerinnen und Wähler, als er ein bisheriges ÖVP-Thema, die Südtirolfrage, in das Zentrum seiner Aktivitäten stellte, vor der UNO engagiert für die Minderheitenrechte in Südtirol eintrat und fast mit Saragat eine Autonomielösung ausgehandelt hätte. Auch im Ministerium selbst betrieb er nicht die übliche Parteipolitik, sondern setzte auf unabhängige Diplomaten, aber auch ÖVP-Mitglieder. Trotzdem wurde er in dieser Zeit der zunehmend über die SPÖ-Wählerschaft hinausgehenden Popularität immer wieder in der rechten Boulevardpresse als »Emigrant« und »Jude« attackiert.
Wirklich öffentlich präsentieren konnte sich Bruno Kreisky aber wegen seines speziellen Zugangs zu Journalisten unterschiedlicher politischer Ausrichtung, die er bereits seit den 1950er Jahren immer wieder kontaktierte und *de facto* phasenweise in sein politisches Wirken integrierte. Kreisky war in diesem Sinne sehr amerikanisiert und profitierte auch von der Kennedy-Ära. Gegen massive Widerstände der Berufsdiplomaten heuerte er um 1960 PR-Fachleute an, die ihm Zugang zu US-Entscheidungsträgern außerhalb der offiziellen Besuchsszenarien verschafften.

Ähnlich wie Kennedy in den USA war Kreisky auch ein Produkt der – zeitverzögerten – Nachkriegsrebellionen, die in den USA zum *Civil Rights Movement* und in Europa zu den national unterschiedlich artikulierten Studenten- und Jugendkonfrontationen führten. Gleichzeitig war er ein gewiegter politischer Pragmatiker, der vorsichtig auslotete, wie viele Reformen die Gesellschaft hinzunehmen bereit war.

Während ÖVP-Kanzler Julius Raab das Fernsehen als »Kastl« abtat, den Rundfunk als zentrales politisches Medium forcierte und im Proporzschema das Fernsehen der SPÖ überlassen hatte, erkannte Kreisky sehr früh die Bedeutung dieses Mediums. In den inzwischen in die Fernsehgeschichte eingegangenen Debatten mit Bundeskanzler Klaus dominierte Kreisky aufgrund seiner Natürlichkeit, Schlagfertigkeit, aber auch des Bestrebens, komplizierte Dinge einfach und prägnant zu formulieren, und nicht mit einem griffigen Bonmot zu geizen.

Wie kein anderer SPÖ-Parteivorsitzender seit 1945 war Bruno Kreisky imstande, binnen weniger Jahre nicht nur die Partei zu einigen und traditionelle SPÖ-Wählersegmente wieder auszuschöpfen, sondern auch junge und intellektuelle mobile Wähler und Wählerinnen anzusprechen. So signalisierte er bereits in seiner Rede unmittelbar nach der Wahl zum Parteivorsitzenden (mit 63 Prozent der Parteivorstands- und immerhin 70 Prozent der Parteitagsdelegiertenstimmen), dass es bei dieser Wahl nicht nur um zwei Parteifraktionen, sondern auch um wesentlich andere inhaltliche Konzepte gegangen war. Und er zeigte ideologische Kampfbereitschaft, indem er dem Problem der Automation und dem damit verbundenen Verlust von Arbeitsplätzen besonderes Augenmerk widmen wollte. Retrospektiv analysiert, sind die klaren Codes, die Kreisky damals ausgesandt hat, auch für die kommenden Jahre gültig geblieben: Modernität, jedoch mit dem Menschen als Mittelpunkt (im Sinne des Parteiprogramms 1958), wissenschaftliche Methoden zur Entwicklung politischer Strategien sowie ein Minimum an ideologischer Grundsatztreue, mit gezielten historischen Rückbesinnungen auf die Zwischenkriegszeit und die großen Austromarxisten. Gleichzeitig positionierte Kreisky sich aber immer als durchaus bürgerlicher Humanist und vermied jeden Anschein von klassenkämpferischen Parolen, ohne auf die Forderung nach gesellschaftlichen Veränderungen zu verzichten. Fast wie zur Beruhigung der eher rechts der Mitte orientierten Wählermehrheit inszenierte er aus seiner Herkunft einen großbürgerlichen Lebensstil.

Immer wieder betonte Kreisky, und zwar lange vor der 1970er-Wahl: »Unsere Partei ist eine offene Partei. Sie ist offen für alle, die mit uns arbeiten wollen.« Zu diesem Konzept der »offenen Partei« gehörte auch eine Fortsetzung des Ausgleichs mit der katholischen Kirche, die der Agnostiker Kreisky konsequent betrieb. Heikle Fragen wie die Entkriminalisierung der Abtreibung in Verbindung mit der Fristenlösung wurden vor 1970 nicht offensiv diskutiert und sollten erst in den folgenden Jahren eine wichtige innenpolitische Rolle spielen.

Die Reformvorstellungen der SPÖ wurden vor allem in bisher von der ÖVP-dominierten Kleingemeinden gut aufgenommen, mit Schwerpunkten bei der gehobenen Mittelschicht, Frauen, Angestellten und Jungwählern. Insgesamt wanderten 158.000 Stimmen direkt von der ÖVP zur SPÖ. Die Kerngebiete des SPÖ-Zuwachses waren überdies vom primären Strukturwandel besonders betroffen. Peter Ulram hat die Nationalratswahlergebnisse 1970 bis 1979 mit folgender These zusammengefaßt: »Die SPÖ hat es also geschafft, die sozial-liberale Interessen- und Wertkoalition in eine mehr als ein Jahrzehnt andauernde Wählerkoalition zu transformieren und so zur hegemonialen Kraft des österreichischen Parteiensystems aufzusteigen.«

Bruno Kreiskys politische Stärke lag sicherlich in der dialektischen Auseinandersetzung mit den politischen *Mainstreams* in Österreich – als Folge dieser mehrfachen Ausgrenzung als Jude, Intellektueller und Exilant. Einhart Lorenz spricht im Falle Brandts von »Doppeldenken«, eine Zuschreibung, die auch auf Kreisky zutrifft, aber auch zur Folge hat, dass er zwar politische Trends früher als andere erkennt und offensiv aufgreift, Tabuthemen, die ihm direkt politisch schaden könnten wie eine intensive Auseinandersetzung mit der NS-Vergangenheit von fast einer Million Österreichern und Österreicherinnen und ihrer Rolle bei der Vorbereitung und Durchführung der Shoa, aber versucht zu unterdrücken. Mit allen Mitteln wollte er Anzeichen einer »Parteilichkeit« aufgrund seiner jüdischen Herkunft vermeiden und überließ daher auch lange Zeit die „Wiedergutmachungsverhandlungen« anderen Politikern. Dass er 1970 auf die Enthüllungen Simon Wiesenthals über drei ehemalige NSDAP-Mitglieder und einen SS Mann in der ersten Kreisky-Regierung heftig emotional reagierte, hängt damit zusammen, dass er Wiesenthal der Parteipolitik verdächtigte: Zur Zeit der Großen Koalition unter ÖVP-Führung hatte dieser das Tabu, Regierungsmitglieder nicht wegen ihrer ehemaligen NSDAP-Mitgliedschaft zu kritisieren, durch-

aus eingehalten, wie das beispielsweise der Fall Reinhard Kamitz zeigte. 1975 eskalierte die Auseinandersetzung mit Simon Wiesenthal neuerlich, als dieser Bundespräsident Rudolf Kirchschläger von der Tatsache informierte, dass FPÖ-Obmann Friedrich Peter, einer SS-Einheit angehört hatte, die in Vernichtungsaktionen verwickelt war. Wiesenthal hatte diese Information bereits im Wahlkampf gehabt, sie aber geheim gehalten. Kreiskys Reaktion war emotional und überzogen, was ihm gerne als Versuch ausgelegt wird, die »Ehemaligen« als Wähler zu keilen. Doch in diesem Fall handelte es sich um ein persönliches Tabu, das Wiesenthal – unbewusst oder bewusst – angesprochen hatte. Bruno Kreisky wollte nicht als Jude gegen jenen gesellschaftlichen Block ausgespielt werden, der die Reintegration der ehemaligen NSDAP-Mitglieder befürwortete.
Die Prägung durch die Traumata der Zwischenkriegszeit führte zum politischen Versuch, aus der Geschichte zu lernen. Bruno Kreisky setzte bereits im schwedischen Exil und vor allem dann als Außenminister 1959–1966 und Bundeskanzler 1970–1983 sowie als *Elder Statesman* auf die Möglichkeit, dass politische Akteure künftig einen Dritten Weltkrieg verhindern könnten, und propagierte daher immer wieder Ideen zur internationalen Konflikt- und Problemlösung, die heute als *Global Management* bezeichnet werden. Internationale Entspannungspolitik und die Auseinandersetzung mit dem Kalten Krieg waren für ihn keineswegs nur »Außenpolitik«, sondern zentrale Fragen der Innenpolitik. Kreiskys Ziel war es, die militärisch nicht garantierte und militärisch fragile Neutralität Österreichs durch eine aktive Nachbarschaftspolitik zu stabilisieren – durch Verträge mit Jugoslawien, Ungarn und der Tschechoslowakei über Vermögensfragen und andere strittige Punkte. Gleichzeitig versuchte er bereits als Außenminister und dann umso intensiver als Bundeskanzler die Integrität Österreichs durch die internationalen Gesprächskontakte über das *Clearing House* Wien zu erhöhen – er strebte mehr Sicherheit durch langfristige Präsenz Internationaler Organisationen in Österreich an. Die Entscheidung, den dritten Amtssitz der UNO nach Wien zu holen, war vom Prinzip her bereits in der Zeit der ÖVP-Alleinregierung Klaus getroffen worden, aber von Kreisky gegen heftigen öffentlichen Widerstand umgesetzt worden.
Selbst in Phase intensivster Entspannungspolitik als auch im 2. Kalten Krieg ab 1980/1981 sollten aber die Kontakte mit Menschrechtsaktivisten und Oppositionellen im kommunistischen Blocksystem nicht ab-

reißen, und Kreiskys intervenierte hinter den Kulissen, um Verfolgungsmaßnahmen zu lindern (so im Falle von Václav Havel oder Andrej Sacharow). Manchmal machte Kreisky seine Stimme auch öffentlich hörbar, etwa bei der Unterzeichnung der KSZE-Akte in Helsinki 1975. In der Nahost-Frage plante er früh, ohne je das Existenz-Rechts Israels, wo auch sein Bruder Paul lebte, in Frage zu stellen, Zugang zu arabischen Staaten zu finden und eine Politik der Äquidistanz – gute Kontakte ebenso zu Ägypten wie zu Israel – umzusetzen. Erst nach einer *Fact Finding Mission* der Sozialistischen Internationale 1974 ergriff Kreisky immer stärker die Initiative, um die PLO und deren Vorsitzenden Arafat als den zentralen Gesprächspartner Israels für eine friedliche Lösung des Nahost-Problems auch in Westeuropa und den USA einzuführen. Ein sichtbarer Erfolg war das Treffen zwischen Brandt, Arafat und Kreisky in Wien am 7. Juli 1979. Ein Jahr zuvor hatte Kreisky mit dem ägyptischen Präsidenten Sadat und Israels Oppositionsführer Shimon Peres sowie mit Brandt in Salzburg Lösungsmodelle diskutiert.

Kreiskys Art zu denken und politische Visionen zu entwickeln, ist nach wie vor faszinierend. Bereits in den Sechzigerjahren reflektierte er über ein Europa, das den gesamten Kontinent umfassen sollte, wie sein *Plädoyer für eine gesamteuropäische Integration*, das er 1964 (!) schrieb, zeigt: »Bei Beurteilung dessen, was uns Europa gilt, stellt sich die Frage nach dem letzten Sinn der europäischen Einigung, denn die Einheit an sich muss noch nichts wirklich Großes und Bedeutungsvolles sein. Wir wollen ein hohes Maß an europäischer Integration im Wirtschaftlichen, im Kulturellen und im Politischen, weil wir – und das ist doch das erste – endgültig die kriegerischen Auseinandersetzungen verhindern wollen, die zweitausend Jahre lang diesen Kontinent durchtobten und zweimal die Ursache globaler Kriege waren. Wir wollen die wirtschaftliche Integration Europas, weil durch sie doch in Wirklichkeit die politischen Klammern geschaffen werden, die dieses Europa zusammenhalten und darüber hinaus die Voraussetzung dafür sind, dass dieses Europa immer reicher wird, immer besser seine gewaltigen personellen und materiellen Ressourcen auszunützen in der Lage ist. Wir brauchen diesen Reichtum Europas, um ein immer höheres Maß an sozialer Gerechtigkeit für seine Menschen zu verwirklichen.«

Oliver Rathkolb, März 2007

Der Krieg und die Kinder Wiens

Begonnen hat es eigentlich mit meinem Großvater, Benedikt Kreisky. Genaugenommen mit dem alten österreichischen Reichsvolksschulgesetz aus dem Jahre 1869, in dem festgelegt war, dass man das sechste Lebensjahr vollendet haben musste, um eingeschult werden zu können. Ich wurde am 22. Jänner 1911 in Wien in Niederösterreich geboren, und so ereilte mich mein Schicksal am 1. September 1917 in der allgemeinen Volksschule Wien 6., Sonnenuhrgasse 3. Dass es eine allgemeine Volksschule war und nicht die vis-à-vis gelegene evangelische Privatschule, ist meinem Großvater zu verdanken.

Meine Familie legte offenbar großen Wert darauf, die Gelegenheit meiner Einschulung wahrzunehmen und meine Begabung feststellen zu lassen. Mein Großvater als ehemaliger Oberlehrer und stellvertretender Direktor der Lehrerbildungsanstalt in Budweis hat sich den Buben angesehen und ihn in sachkundiger Weise auf seine Schulreife überprüft. Die Prozedur war recht quälend. Auf einem Blatt Papier hat er mir einen einfachen Satz aufgeschrieben, wobei jedes Wort eine neue Zeile bildete. »Jetzt machen wir eine schöne Satzanalyse«, hat er gesagt, »und wenn du brav bist, bekommst du aus meiner alten Schnupftabakdose ein Malzzuckerl.« Die Malzzuckerln waren recht »verpickt«, die Schnupftabakdose aber hatte die wunderbare Eigenschaft, beim Öffnen eine Melodie zu spielen: »Üb' immer Treu und Redlichkeit bis an dein kühles Grab.« Offensichtlich gehörte die Schnupftabakdose zum pädagogischen Programm meines Großvaters, denn mit jedem Malzzuckerl hat er mir den Sinn des Liedes aufs Neue zu erklären versucht.

In der Familie Kreisky, so weit sich das überblicken lässt, hat es niemanden gegeben, der einen schlechten Leumund gehabt hätte. Die fünf Brüder Kreisky und die beiden Schwestern waren der Inbegriff der Redlichkeit, und sie waren es mit einer solchen Selbstverständlichkeit, dass eigentlich Zweifel hierüber nie entstanden sind. Ein einziger von

Schulausflug der 4. Klasse Volksschule mit Lehrer Michl, Mai 1921.
Bruno Kreisky in der ersten Reihe, vierter von rechts.

ihnen, der jüngste, war infolge seiner späten Heirat und seiner »Liederlichkeit«, was Damen betraf, ein wenig anrüchig geworden, aber irgendwie tolerierte man das beim Jüngsten und Lebensfreudigsten. Das gehobene Bürgertum, zu dem die Familie gehörte, war in seiner Mehrheit von gleicher moralischer Qualität.

Mein Großvater mußte schon deshalb meine Erziehung in die Hand nehmen, weil mein Vater eingerückt war. Als der Krieg ausbrach, war ich dreieinhalb Jahre alt, und so verband ich kaum eine konkrete Erinnerung mit meinem Vater. Es hieß, dass er »im Felde« sei, aber was sollte ich mir darunter vorstellen? Ich genoss die kleinen Freiheiten, die mir meine Mutter gewährte und die bei meinem Vater wohl kaum denkbar gewesen wären. Aber eines Tages wurde mir bewusst, dass zwischen meinem Vater und diesem Krieg ein Zusammenhang besteht, und so erlangte der Krieg für mich eine sehr persönliche Dimension. Es ist eine Erinnerung, die mir heute noch so lebendig ist, dass sie mich quält.

In der Mollardgasse, gegenüber dem Park, in dem ich als Kind fast täglich gespielt habe, lag die »k.k. Zentral-Lehranstalt für Frauengewerbe«, die spätere »Wiener Fortbildungsschule«, die seit Kriegsausbruch als Lazarett diente. Einen Kilometer entfernt war der Frachtenbahnhof der Südbahn, wo die Züge mit den Schwerverwundeten vom Isonzo eintrafen. Die Verwundeten wurden auf kleine Sanitätswagen mit eisenbeschlagenen Rädern geladen. So sind sie polternd den Gürtel hinuntergefahren, und bei vielen machte man sich nicht einmal die Mühe, sie zuzudecken.

An der Straße sind wir Fünf- und Sechsjährigen gestanden und haben diesen täglichen Blutzoll mit unschuldigen Augen wahrnehmen müssen. Halbverstümmelte Männer, Männer ohne Beine, ohne Arme, mit verbundenen Köpfen zogen an uns vorüber, denn die Sanitätswagen haben nie ausgereicht. Das war für uns das Kriegserlebnis. Und da Kindheitserinnerungen aus Kriegszeiten viel einprägsamer sind als Kindheitserinnerungen aus Friedenszeiten, erinnere ich mich noch sehr gut, wie es mich eines Tages mit ganzer Wucht erfasst hat, dass einer von diesen Männern mein Vater sein könnte. Es war an einem bestimmten Tag, zu einer bestimmten Stunde, als mich grenzenlose Angst vor dem Krieg überkam.

Er hatte etwas Unheimliches, Allgegenwärtiges. Einmal haben meine Mutter und ich meinen Vater nach einem kurzen Fronturlaub auf den Südbahnhof begleitet, wo der Soldatenzug abfuhr. Und das letzte, was

meine Mutter meinem Vater zurief, war: »Pass auf dich auf!« Ich habe das ein bisschen komisch gefunden und meine Mutter auf dem Nachhauseweg gefragt, wie denn mein Vater eigentlich auf sich aufpassen könne. Die Kugeln passen ja nicht auf ihn auf, die schwirren um ihn herum, wie soll er sich da schützen können? Meine Fantasie erhielt natürlich durch die Nachrichten über die Gefallenen aus der Familie ständig neue Nahrung. Ein entfernter Verwandter, Alfred Kreisky, liegt als eines der ersten Opfer des Krieges auf dem Heldenfriedhof in Belgrad.
Meinem Großvater oblag auch die Verwaltung des Vermögens einiger Brüder meines Vaters. Es waren junge, in der Regel gut verdienende Männer, und dank der einen oder anderen kleinen Erbschaft und Mitgift war ein wenig Kapital zusammengekommen. Als großer Patriot zeichnete mein Großvater Kriegsanleihen, was den Verlust des gesamten Vermögens der Kreiskys zur Folge hatte. Als ich meinen Großvater im Jänner 1926, wenige Tage vor seinem Tod, im Rudolfinerhaus besuchte, habe ich ihn gefragt, warum er das Geld seiner Söhne in Kriegsanleihen angelegt habe. 1866, im preußisch-österreichischen Krieg, war mein Großvater als Soldat bei Königgrätz gestanden, und seit dieser blamablen Niederlage, die er sein Leben lang nicht verwand, war er so beeindruckt von der deutschen Tüchtigkeit, vor allem auf militärischem Gebiet, dass er sich 1914 nichts anderes vorstellen konnte als einen gemeinsamen Sieg. Ein Krieg an der Seite Deutschlands, der war einfach nicht zu verlieren.
Der Krieg hat die Kinder rasch reif werden lassen. Mit sechs Jahren gehörte ich zu einem Kreis von eigentlich recht wohlerzogenen Buben. Wir hatten einen Anführer, dem wir vollkommen hörig waren. Er war zehn Jahre älter und hat seine Autorität bis zum Letzten ausgespielt. Durch ihn bin ich zum ersten Mal in die Elendsviertel in der Umgebung Wiens gekommen, nach Inzersdorf hinaus, wo seinerzeit Victor Adler der ganze Jammer der Menschheit angefasst hat und wo die großen Sozialreportagen entstanden, die viele aufrüttelten. Als Victor Adler von einer alten Frau gebeten wurde, angesichts dieses Elends doch zu helfen, musste er ihr sagen: »Leutln, euch kann kein Doktor helfen.« Gegen Ende des Krieges hielten sich in Inzersdorf die Deserteure verborgen. Es war der Treffpunkt der Unterwelt, und meiner Mutter wäre es im Traum nicht eingefallen, dass ich mich unter dem Wiener Lumpenproletariat herumtreiben könnte. Als mir einmal eine Tante eine Exkursion zur »Spinnerin am Kreuz« vorschlug, habe ich mich ver-

sprochen und gesagt, dort sei ich schon gewesen. »Entweder, Bub, du lügst«, hat sie ungläubig erwidert, »oder du warst wirklich dort. Aber um Himmels willen, mit wem?« Ich habe natürlich geschwiegen.

Unser Anführer hat uns auch zu einer Reihe von kriminellen Handlungen angestiftet. So gab es damals einen großen Mangel an Kupfer-Zink-Legierungen, und die Messingklinken in den Wohnungen waren vielfach durch Eisenklinken ersetzt worden. Die Parole hieß: Kupfer für Eisen, so wie es hundert Jahre zuvor gelautet hatte: Gold gab ich für Eisen. Wo es noch Messingschnallen zu Hause gäbe, sollten wir sie abmontieren und ihm, unserem Anführer, abliefern. Dann hat er uns beigebracht, wie man das am gescheitesten anstellte. Meine Mutter, aber auch die Hausgehilfinnen waren verzweifelt, als plötzlich die letzten Messingschnallen verschwunden waren. Ich habe natürlich kein Wort gesagt.

Vorzeitig durfte ich von der Volksschule auf die Mittelschule wechseln. Fünf Volksschulklassen waren die Regel; den Begabten wurde ein Jahr erlassen, so dass ich bereits mit zehneinhalb Jahren auf die Bundeserziehungsanstalt für Knaben kam. Unter meiner so genannten Begabung habe ich ziemlich gelitten, nicht aus Bescheidenheit, sondern weil die Konsequenzen unerträglich waren. Gleich nach dem Krieg hatte man in Österreich aus den ehemaligen Kadettenschulen staatliche Erziehungsanstalten gemacht, die später in »Bundeserziehungsanstalten« umbenannt wurden. Die Idee dieser internatsähnlichen, nach englischem Vorbild eingerichteten Schulen für meist mittellose, aber begabte Kinder ging auf einen sozialdemokratischen Politiker und Pädagogen namens Glöckel zurück. Nachdem ich eine schwierige Aufnahmsprüfung absolviert hatte, rückte ich ein.

Alles in dieser Anstalt roch nach dem Kaiser. Diejenigen, die wollten, konnten die alten Uniformen der Kadetten tragen, hohe Tschakos, lichtblaue Mäntel und dunkelgraue Uniformjacken. Ich habe keine Uniform getragen. Die schwarz-gelben Bettdecken mit dem aufgenähten Doppeladler mussten immer genau in der Mitte liegen, sonst kam der Präfekt, riss die Decke vom Bett, und alles fing wieder von vorn an. Es war sehr schwierig, die Adler exakt in die Mitte zu bekommen, weil die Betten sehr dicht beieinanderstanden. So hat man sich furchtbar damit abgemüht. Gelegentlich ist es auch vorgekommen, dass ein besonders sekkanter Präfekt einem den ganzen Spind ausgeräumt hat, weil der angeblich nicht in Ordnung war.

Um 6 Uhr mussten wir aufstehen und im Hof zum Frühturnen antreten. Oben im ersten Stock stand der Präfekt in der kurzen Pelzjacke der Dragoner und gab in forschem Ton die Befehle. Ebenfalls aus der Tradition der Kadettenschule kam die sogenannte Absentierung am Wochenende. Man hatte es nicht einmal für nötig befunden, die Bezeichnung zu ändern, und so war alles in dieser Anstalt alter Wein in neuen Schläuchen. Viele Kinder, vor allem die aus ärmeren Familien, fühlten sich sehr wohl, aber für mich war es die Hölle.
Von Anfang an galt ich als der große Rädelsführer. »Die andern sind alle sehr brav«, hieß es immer, »nur der Kreisky, der ist ein reiner Bösewicht.« Wie in jedem Internat, kam es auch hier immer wieder zu kleinen Diebstählen. Man hatte sogar eine Liga gegen den Kameradschaftsdiebstahl organisiert, deren Führer groteskerweise einer von denen war, die später entlarvt wurden. Einmal fiel der Verdacht auf mich, da ich relativ viel Taschengeld hatte. So konnte ich, wenn wir zum Konzert fuhren, einen oder zwei Freunde in ein Wirtshaus einladen und ihnen die Würstel bezahlen. Alle zerbrachen sich den Kopf, woher ich soviel Geld hatte. Als der Präfekt meinen Vater fragte, wie er sich das erkläre, meinte der, mein Taschengeld reiche dafür sicherlich nicht. Des Rätsels Lösung war, dass ich von meinem Vater eine ziemlich wertvolle Briefmarkensammlung geschenkt bekommen hatte, die er auch regelmäßig durch die Marken seiner Korrespondenzpartner auf der ganzen Welt ergänzte. Zizerlweis habe ich diese Sammlung irgendeinem Gauner von Briefmarkenhändler verkauft, wobei der mich sicherlich betrogen hat, aber mir genügte es. Jedenfalls konnte ich auf diese Weise einen kleinen Freundeskreis um mich scharen, der mir über die Qualen des Internats hinweghalf. Mit einigen von ihnen, die Krieg und Krankheit überstanden haben, bin ich noch heute in Kontakt.
Bei manchen meiner Lehrer fand ich sehr viel Zuneigung. Einer von ihnen war der bedeutende österreichische Geograph Johann Slanar, nach dessen Atlas auch nach 1945 noch an manchen Schulen Geographie unterrichtet wurde. Slanar war ein überzeugter Sozialdemokrat der alten Schule, und ich hatte das Gefühl, dass er mich aufrichtig gern hatte. Als er mich nach dem Krieg einmal in der Präsidentschaftskanzlei besuchte, empfand ich ihm gegenüber ein warmes Gefühl der Dankbarkeit. Ein anderer meiner Lehrer war Professor Franz Prowaznik; ein echter Erzieher und ein großartiger Mathematiklehrer. Auch er war Sozialdemokrat, und während meines Studiums bin ich oft mit ihm in

der Straßenbahn gefahren, weil er Direktor der Mittelschule war, die neben meinem Elternhaus lag. Ich hatte immer das Gefühl, dass er sehr glücklich war, zu jenen zu gehören, die nicht ihre Hand von mir genommen hatten. Der dritte schließlich, an den ich hier erinnern will, Eugen Mitter, war eine besondere Persönlichkeit. Ich habe ihn immer für einen kultivierten Deutschnationalen gehalten, aber offenbar war er Heimwehrler, denn er ging zu dieser berüchtigten Großkundgebung, bei der Starhemberg sagte: »Erst wenn der Kopf dieses Asiaten in den Sand rollt, wird der Sieg unser sein.« Gemeint war der Stadtrat für Finanzwesen der Gemeinde Wien, Hugo Breitner.

Nestwärme der Familie: Vater Max Kreisky mit seinen Söhnen Bruno (rechts) und Paul (links).

Um von der ehemaligen Kadettenschule relegiert zu werden, habe ich das getan, was einem in einer solchen Situation zu tun bleibt: Man wird ein schlechter Schüler. Das habe ich mit Brillanz erreicht. Nach dem ersten Halbjahr der dritten Klasse hatte ich so viele »genügend« und »nicht genügend«, dass mein Hinauswurf abzusehen war. Um die Prozedur zu beschleunigen, lief ich auch noch davon. Auf dem Höhepunkt der Krise befand sich mein Vater auf einer Reise durch die Sowjetunion; er gehörte zu der ersten österreichischen Handelsdelegation, die die Sowjetunion besuchte – eine der ersten Delegationen aus dem Westen überhaupt. Die Schulleitung wandte sich an meinen Onkel Oskar Kreisky, der sich damals ein wenig um mich kümmerte, und dieser Onkel, der selber Mittelschulprofessor war, sah glücklicherweise ein, dass es das Beste sei, mich gleich von der Schule zu nehmen und an einer anderen Anstalt unterzubringen. Hätte man mein vollständiges Versagen abgewartet, hätte ich eine Klasse tiefer neu beginnen müssen. Mein

Eine »unendlich gütige Frau«: Die Mutter Irene Kreisky, geborene Felix, stammte aus einer mährischen Industriellenfamilie.

Vater war bei seiner Rückkehr sehr aufgebracht, denn er war immer sehr stolz darauf gewesen, dass sein Sohn die Begabtenschule besuchte.
In der nächsten Schule habe ich mich einigermaßen wohl gefühlt; sie lag in der Nähe unserer damaligen Wohnung in der Schönbrunner Straße. Der Direktor, Gustav Rohrauer, war der Sohn des Gründers der »Naturfreunde« und ein sehr guter Pädagoge. Eine seiner sehr sportlichen Töchter, die mir außerordentlich hübsch vorkam, war ebenfalls Schülerin der Anstalt.
Als meine Eltern 1925 vom V. in den IV. Bezirk zogen, setzte ich alles daran, nicht in dem Bezirk, in dem wir wohnten, zur Schule gehen zu müssen. Inzwischen hatte ich nämlich ein System des Schulschwänzens ausgetüftelt – *Schulstageln* hat das im Dialekt geheißen: wichtig war vor allem, zu verhindern, dass der Schuldiener ins Haus kam, um nachzufragen, ob man wirklich krank sei. Wenn man nun in einem anderen Bezirk zur Schule ging, war man vor solchen Kontrollen sicher. Denn die Verwaltung war so knauserig, dass sie es einem Schuldiener nicht gestattete, mit der Straßenbahn in einen anderen Bezirk zu fahren.
Mein Freund Tandler, der im III. Bezirk wohnte und dort aus der Schule geflogen war, ging jetzt bei uns im IV. Bezirk zur Schule, ich dagegen ging in den III. Bezirk. Dort, am ehemaligen Polytechnikum, wurde vor allem ein ausgezeichneter Mathematikunterricht gegeben, was mir bei meinem späteren Studium der Nationalökonomie zugute kam. An dieser Schule bin ich ohne Schwierigkeiten bis zur Matura gekommen.
Es waren drei verschiedene Mittelschulen in acht Jahren gewesen, und so habe ich überdurchschnittlich viele Mitschüler gehabt. Alles in allem

verbinde ich keine sehr angenehmen Erinnerungen mit der Schulzeit, aber auch, abgesehen von der ehemaligen Kadettenschule, keine extrem negativen. An einige Schüler, auch an den einen oder anderen Professor, denke ich gern zurück, zum Beispiel an meinen Französischlehrer, Professor Rudolf Verosta – er war der Vater einer meiner späteren Mitarbeiter im Außenministerium –, der sich immer aufs neue erregte, wenn er das kleine rote Emailquadrat, das Abzeichen der Vereinigung sozialistischer Mittelschüler, an meinem Revers erblickte: »Kreisky«, hat er immer gesagt, »lernen'S nix, werden'S Parteisekretär!«

Man fragt mich oft, wann ich eigentlich den Weg zur Politik gefunden habe. Viele verbinden damit offenbar die Vorstellung, ich müsse schon seit früher Jugend die Absicht gehabt haben, Berufspolitiker zu werden. Nichts ist unrichtiger als das. Ich bin wie viele meines Alters sehr früh zur Konfrontation mit politischen und parapolitischen Ereignissen gedrängt worden. Als Österreicher und Wiener habe ich in besonderem Maße zum »passiven Material« der Weltgeschichte gehört, denn alles Unglück, das es zwischen den Weltkriegen gab, hat sich irgendwie in Österreich und da besonders in seiner Hauptstadt Wien manifestiert. Das Elend in Wien war so allgegenwärtig, dass es sich jedem Fremden geradezu aufdrängte. Die Stadt war voll von bettelnden Leuten, voll von Invaliden aus dem Krieg, und vielen Menschen sah man an, dass sie einmal bessere Zeiten gesehen hatten.

Das heruntergekommene Bürgertum manifestierte sich auch dadurch, dass viele Witwen, vor allem Kriegerwitwen, ihre großen herrlichen Wohnungen untervermieteten. Die Wohnungskosten waren niedrig, dank des bei den Hausbesitzern so ungemein verhassten Mieterschutzes. Es gibt so manchen, der glaubt, dass einige Prozente der sozialdemokratischen Wählerschaft allein dem Umstand zu verdanken waren, dass die Sozialdemokraten die beste Gewähr für die Erhaltung des Mieterschutzes gewesen sind. Unter den vielen zehntausend Mitgliedern der sogenannten Mietervereinigung, einer zwar nicht offiziellen, aber de facto sozialdemokratischen Vereinigung, waren eine ganze Reihe von Oberstenwitwen und hohen Beamten, die sich dieser Organisation nur angeschlossen hatten, weil sie um ihre Wohnungskosten bangten. Dasselbe galt für den Kleinrentnerschutzverband, eine andere de facto sozialdemokratische Vereinigung, die einen allerdings vergeblichen Kampf um eine einigermaßen erträgliche Kompensation für ihre Kriegsanleihen führte.

Die Arbeiterviertel, in denen die armseligen Mietskasernen standen, waren zu Vierteln des Elends und der Entbehrung geworden. Alles das kam aus einer Gleichartigkeit des Schicksals, das eben keine Unterschiede kannte: der Krieg, die Inflation, die Arbeitslosigkeit, die besondere Wucht der Krise. Sie begann als strukturelle infolge des Zusammenbruchs der Monarchie und wurde durch die konjunkturelle potenziert, die sich 1929 aus der Weltwirtschaftskrise ergab. Die Arbeitslosigkeit war eine Dauererscheinung, vor allem darauf zurückzuführen, dass die geschlossene und wohlabgerundete mitteleuropäische Wirtschaftsgemeinschaft, die die Österreichisch-Ungarische Monarchie darstellte, zerschlagen war. Ende der zwanziger Jahre wurde Österreich mit Recht „der arme Mann an der Donau“ genannt. Die österreichische Wirklichkeit mit allen ihren Facetten führte dazu, dass viele mit Politik nichts zu tun haben wollten. Sicher gab es auch für mich die Versuchung, mich in einem der vielen Berufe zu versuchen, die mir offenstanden, aber ich konnte mich dazu nicht entschließen, weil ich zu sehr von den politischen Ideen erfasst wurde, und je mehr ich die Zusammenhänge begriff, um so stärker fühlte ich mich verpflichtet, in der Politik zu wirken.

Dabei gab es kaum irgendwelche besonderen Chancen. Die Sozialdemokratie war in der Opposition, hatte wenig Lust, Regierungsstellung zu erlangen, und Parlamentarier zu werden, ist uns Jungen nicht in den Sinn gekommen, weil wir davon nicht sehr viel hielten. Zum Parteiführer waren sehr wenige ausersehen. Die höchste der Ambitionen war, Journalist in der Parteipresse zu werden; es schien uns verlockend, jeden Tag die Möglichkeit zu haben, zu den Ereignissen Stellung zu nehmen. Man kann jungen Leuten von damals, die sich in die Politik stürzten, jedenfalls keinen Vorwurf machen, dass sie es der Karriere wegen getan hätten, im Gegenteil: In den dreißiger Jahren, als sich langsam der Untergang der Sozialdemokratie ankündigte, wussten viele von uns, dass der österreichische Faschismus unaufhaltsam war und dass die »Roten« allmählich in den Kerker würden wandern müssen.

Ich habe vom reinen Politisieren und Polemisieren nie viel gehalten, sondern habe meine politische Tätigkeit unter den Jungen als eine im höchsten Maße pädagogische aufgefasst: Zusammenhänge darzustellen, das zu schildern, was geschieht hinter dem, was zu geschehen schien. Ein Glücksgefühl innerhalb meines Tätigkeitsbereiches habe ich immer dann empfunden, wenn ich den Eindruck gewann, das mit Erfolg getan zu haben.

Meinen Eltern bin ich noch heute überaus dankbar dafür, dass sie mich sehr bald und immer wieder die raue Wirklichkeit erkennen ließen. Vielleicht war das nicht ganz im Sinne meiner Mutter und ihrer Familie, aber vom Vater und vom Großvater her hielt man es für richtig, einem »aufgeweckten Kind« die Wirklichkeit, das, was in der Welt geschieht, nicht zu verheimlichen. Denn offensichtlich waren die einen eingehüllt in ein sehr behagliches, sorgenfreies Familienleben, und andere hatten kaum regelmäßiges Essen. Das Kriegserlebnis und vor allem das Nachkriegserlebnis verstärkten mein von jeher ausgeprägtes Mitgefühl, das ich mir bis in die heutige Zeit erhalten habe.

Meine Eltern pflegten dieses Mitgefühl und erlaubten mir gern, weniger satte Schulkameraden zum Mittagessen nach Hause mitzubringen. Unter ihnen war der kleine Dworak, ein magerer Junge mit bleichem Gesicht. Sein Vater war Schuhmacher, und zu Hause herrschte die Armut.

Einmal habe ich meinen Vater gefragt, wieso es eigentlich reiche und arme Leute gebe und warum manche Leute so arm seien wie die Eltern vom Dworak. Mein Vater, so erinnere ich mich, meinte damals, es sei nicht wahr, dass die meisten Menschen an ihrer Armut selber schuld seien. Es gebe hierfür andere Ursachen. Das hat mich sehr beeindruckt, weil die herrschende und bequeme Auffassung die war: Wer arm ist, sei selber dran schuld, er habe es halt zu nichts gebracht. Die gewaltigste Formel meiner Jugend, die merkwürdigerweise auch von den Hausgehilfinnen benutzt wurde, war die Drohung: Wenn du nichts lernst, wirst halt nur Schuster! – Eine interessante Parenthese, wohin derartige Primitivformeln führen: Es gab in Österreich lange Zeit keine Schuhmacherlehrlinge, Schusterbuben, wie man sie in der alten Zeit genannt hat, nicht einmal für die feinsten Schuhmacher, die nur Maßschuhe erzeugten.

Da ich nicht aufhörte, meinem Vater Fragen über die Ursache der Armut zu stellen, und er sie mir nur partiell beantworten wollte, bemerkte ich in seiner Darstellung eine leichte Voreingenommenheit gegenüber den Verwandten meiner Mutter, mit denen er zwar ein gutes Verhältnis hatte, aber als der Sohn eines Dorfschulmeisters war er gegenüber dem Reichtum der Angehörigen meiner Mutter doch ein bisschen reserviert.

Schicksal und Politik

Am 21. November 1916 starb der alte Kaiser Franz Joseph. Der Leichenzug führte durch Mariahilf, und die Kinder in den Bezirken, durch die er von Schönbrunn zur Stadt hineinzog, mussten Spalier stehen. Es war ein eiskalter, grausiger Tag, und wir froren entsetzlich. Als der Trauerkondukt endlich herankam, schien es mir, als fülle sich die ganze Welt mit Schwarz. Es war eine einzige Demonstration der Schwärze, und in den Gesichtern der Menschen waren Schmerz und Sorge zu lesen; was mochte jetzt werden? Als ich nach Hause zurückkam, musste ich meinen Mantel anbehalten, weil es keine Kohlen gab. Es war ein Tag der Kälte und Düsternis in jedem Sinne, und noch in der Erinnerung hat er etwas Unheilvolles.

Vom alten Kaiser wurde in unserer Familie mit großem Respekt gesprochen, und zwar in beiden Familien, in der mährischen Familie meiner Mutter wie in der vom Böhmischen her beeinflussten Familie meines Vaters. Sein Bild hing allerdings nur in der Familie Felix. So lange der Kaiser lebte, hat sich niemand vorstellen können, dass es jemals etwas Anderes geben würde. Natürlich kam dann ein neuer Kaiser. Auch wenn der neue politische Reformen im Sinn haben mochte und sich modern denkende Ratgeber holte, sprachen doch die Umstände gegen ihn. Der Krieg ist eine schlechte Zeit, Reformen zu verwirklichen. Vom ersten Tag an haben die meisten in Karl einen schwachen Monarchen gesehen.

Der Thronfolger war nicht zuletzt wegen seines Jähzorns berüchtigt. Ich selbst habe noch, als Kabinettsvizedirektor beim Bundespräsidenten Körner, einen alten Burg-Gendarmen kennengelernt, den Herrn Ferenc. Das war ein baumlanger Kerl, der nur deshalb Burg-Gendarm geworden war, weil er einmal, wie mir der alte Baron Wilhelm Klastersky erzählte, den Thronfolger bei einem seiner Wutausbrüche beim Rock gepackt und ein bisschen unsanft zur Ruhe gebracht hatte. Danach konnte er natürlich nicht in der Umgebung des Thronfolgers bleiben, und so wurde er zur Burg-Gendarmerie versetzt. Später, in der Zweiten Republik, hat er dem ersten und dem zweiten Bundespräsidenten gedient und ist erst in hohem Alter gestorben. Sehr viel über die Zustände am Hof lernt man aus den Gedichten der Kaiserin Elisabeth.

Sie sind ein bisschen im Stil ihres Lieblingsdichters Heinrich Heine verfasst.

Zu allem Unglück hatte der neue Kaiser auch noch eine Frau, die fortwährend zu Spekulationen Anlass gab. Jedermann glaubte, dass Kaiserin Zita aus dem Hause Bourbon-Parma einen großen Einfluss auf Karl hatte. Alle waren sich einig darin, dass sie die sogenannten Sixtusbriefe veranlasst hatte, in denen Karl Frankreich ein Friedensangebot unterbreitete, das die Abtretung von Elsaß-Lothringen an Frankreich vorsah. Da Zita im österreichischen Volk als Italienerin galt, stand sie ohnehin in dem Ruf, eine Verräterin zu sein. Seit Italien 1915 aus dem Dreibund ausgeschieden war, galt es als Land des Verrats schlechthin, und dieses Bild wurde nun auf die Person der Kaiserin übertragen.

Zita soll vor einigen Jahren gesagt haben, sie könnte sich durchaus vorstellen, dass ich unter ihrem damals schon längst verstorbenen Mann Ministerpräsident gewesen wäre. Ich glaube, das war der Versuch einer *Captatio* als Dank für meine Bemerkung, das Habsburger-Gesetz, das heißt die darin geforderte Verzichtserklärung auf alle Herrschaftsansprüche, habe für sie keine Gültigkeit, da eine weibliche Thronfolge ohnehin nicht in Betracht komme. Regierungschef in einer Habsburger Monarchie – dazu reicht meine Vorstellungskraft nicht aus, und wahrscheinlich wäre ich allenfalls bis an die Pforte der Gnaden gekommen.

In den Dreißigerjahren lautete die Parole der österreichischen Sozialdemokraten: Weder Habsburg noch Hitler. Schuschnigg, Bundeskanzler nach der Ermordung von Dollfuß, scheint damals tatsächlich mit dem Gedanken gespielt zu haben, die Monarchie wieder herzustellen. Mehrmals hat er über Mittelsmänner Kontakt zu Otto von Habsburg aufgenommen. Mir ist der Gedanke einer Restauration im kleinen Österreich immer etwas merkwürdig vorgekommen. Sollte es ein Habsburgerreich in den Grenzen von 1918 geben? Etwas anderes hätte ja sofort Krieg bedeutet. Zu was hätte man Otto degradieren sollen? Zum Kaiser in Österreich? Zum Reichsverweser?

Karl hat seinerzeit zweimal den Versuch unternommen, wenigstens in Ungarn wieder auf den Thron zu kommen, und es waren die ungarischen Magnaten, die das verhindert haben. Sie waren zum großen Teil antiösterreichisch, und der Habsburger Erzherzog Albrecht, der sich als Ungar betrachtete, beteiligte sich an der legitimistischen Opposition gegen Karl. Da aber Ungarn ein Königreich war, hatte Horthy die Gelegenheit wahrgenommen, sich unter dem Titel eines Reichsverwe-

sers sozusagen zu inthronisieren, und er dachte gar nicht daran, das aufzugeben. Beide Male ist Karl vollkommen ungeschoren durch Österreich gefahren, einmal sogar unter dem Schutz des sozialdemokratischen Landeshauptmanns von Niederösterreich, Albert Sever.
Gegenüber der Monarchie befinde ich mich in einer leicht ambivalenten Situation. Ich habe sie ja kaum mehr erlebt. Die »Nostalgie«, wie man das heute gelegentlich bezeichnet, ist bei den Österreichem tiefer verwurzelt, als man annimmt, nicht nur bei denen, die das Kaiserreich in seinem Abglanz noch erlebt haben, sondern auch bei den Jungen, denen dies alles eine unbekannte, fremde Welt ist. Nicht zuletzt für die Sozialdemokratie liegt über der untergehenden Monarchie ein Hauch von Melancholie und sogar Anmut. Am 11. November 1918 ging ich mit meinem Vater die Schönbrunner Straße hinauf. Die Gegend gehörte zwar nicht zu den Nobelbezirken, aber der Familie gehörten dort einige Häuser, und so kamen wir zu günstigen Bedingungen zu einer schönen Wohnung. Es gab dort alte Häuser aus dem Biedermeier, und um die Jahrhundertwende hatte man dann elegante Villen und Mietshäuser im Jugendstil errichtet, denn die Straßen nach Schönbrunn sollten allmählich zu Prachtstraßen ausgebaut werden. Die prächtigste von ihnen sollte die Wienzeile werden, weil sie der Kaiser auf dem Weg nach Schönbrunn benutzte, und noch heute stehen dort ein paar unfassbar schöne Häuser aus dieser Zeit.
Ich ging also mit meinem Vater dort entlang, und vor einem Haus, das mir immer schon aufgefallen war, weil dort häufig ein Automobil stand, traf mein Vater eine ihm bekannte Dame. Es war dies das Haus von Karl Seitz, und bei der Bekannten meines Vaters handelte es sich um eine Sozialdemokratin. Ich sah, wie meinem Vater nach den ersten Worten ein Schreck durch die Glieder fuhr, und als ich ihn beim Weitergehen fragte, was denn geschehen sei, erfuhr ich, dass vor wenigen Stunden Victor Adler gestorben war. Das hatte offenbar meinen Vater sehr erschüttert, und heute weiß ich, dass es vielen auch außerhalb der Partei so erging. Viele fragten sich, was nun aus Österreich werden solle. Victor Adler, der Gründer der österreichischen Sozialdemokratie, war nur 66 Jahre alt geworden.
Infolge meiner Jugend habe ich Victor Adler natürlich nicht persönlich gekannt. Menschen, die man nicht gekannt hat, können einem jedoch dadurch, dass sie in der Erinnerung weiterleben, und indem ununterbrochen von ihnen gesprochen wird, so bewusst werden, als hätte man

sie gekannt und als wären sie unter uns. Mir jedenfalls ging es so mit den meisten Parteiführern der ersten Stunde. Ich führe das auf den Umstand zurück, dass es weder Radio noch Fernsehen gab; ihre Aufsätze in den Zeitungen und die Sammelbände mit ihren Reden fanden daher eine viel stärkere Verbreitung als heute. Im Zeitalter der Television haftet nicht nur den Reden der Politiker, sondern auch ihrem ganzen Erscheinungsbild eine gewisse Flüchtigkeit an.

Über die Parteiführer der ersten Stunde wurde viel geschrieben, und sofern ihrer Führerschaft auch theoretische Bedeutung zukam, bildeten sich um diese Männer politische Schulen. Victor Adler war ohne jeden Zweifel ein Weiser in der Politik, ein Weiser auf gütige, leicht ironische Art. Viele seiner Formulierungen haben ihn lange überlebt. Stefan Großmann beschreibt in »Ich war begeistert« die Schlagfertigkeit Adlers: »Auch in den Generalstreikdebatten, die die nichtöffentlichen Beratungen der Partei ausfüllten, schien er zuweilen ein Zögerer, ein Cunctator. Als man ihm diese für einen Revolutionär unpassende Bedenklichkeit vorwarf, sprach er das große Wort gelassen aus: »Das Gehirn ist ein Hemmungsorgan.«

»Wenn man in der *Arbeiter-Zeitung* schreiben will«, hat er einmal zu einem Journalisten gesagt, bei dem er es für notwendig hielt, »dann müssen die Leute spüren, dass man sie gern hat.« Ich bin in meinem Leben gelegentlich Leuten begegnet, die ein großes Publikum vielleicht gern gehabt haben, vor allem wenn es ihnen Beifall spendete, die aber dem Einzelnen gegenüber ungeduldig wurden und, wenn man ihnen unangenehme Fragen stellte, sogar irritiert waren.

Am 21. Oktober 1916 erschoss Friedrich Adler, ein Physiker, den Ministerpräsidenten Graf Stürgkh in einem Restaurant. Victor Adler, der seinen Sohn und dessen menschliche Güte kannte, sagte im Prozess: »Ich habe es ja nicht glauben wollen, dass ein solcher Exzess des Mathematischen möglich ist.« Und als es wegen dieses Attentats dann mitten im Krieg zur Einberufung des Parlaments kam, was er bis dahin vergeblich verlangt hatte, muss das eine schmerzliche Genugtuung für ihn gewesen sein. Victor Adler hat weniger der Mord selber erschüttert als vielmehr die Verletzung der Ordnung.

Victor Adler spielte bis in die letzten Tage seines Lebens eine große Rolle. Er wusste sehr genau, dass Österreich eine düstere Zeit bevorstand, und so begab er sich, ausgerüstet mit der großen Reputation, die er sich im österreichischen Reichsrat erworben hatte, zu den ihm persönlich bekannten Führern der Nachfolgestaaten und wollte sie dazu bewegen, dass sie, wenn sie schon eigene Wege gingen, doch zumindest das, was man eine mitteleuropäische Wirtschaftsgemeinschaft hätte nennen können, versuchen sollten zu erhalten. Das Problem, das Adler sehr deutlich sah, beschrieb Karl Renner zehn Jahre später in einem Artikel im *Kampf* wie folgt: »Die Ökonomie der Welt bestimmt die Weltpolitik: In diesem Satze erfährt die Marxsche Geschichtsauffassung ihre Anwendung auf höchster Stufenleiter. Die Weltökonomie aber ist nach dem Kriege in wesentlichen Stücken verändert. Nicht nur die mächtige Ausdehnung im Raume, das engere Verwachsen der neuen Welt mit der alten, sondern auch die Veränderung der inneren Struktur der Weltwirtschaft schafft neue Tatsachen, die von uns Sozialisten nicht genug beachtet sind. Nur zögernd nehmen wir das Neue in unser Bewusstsein auf, und dennoch ist es die neue Ökonomie, die unser Handeln und also die Politik der gesamten Arbeiterklasse der Welt bestimmen muss, wenn sie nicht verhängnisvolle Irrtümer begehen soll.«

Victor Adler hätte der erste Außenminister der Republik werden sollen, und vielleicht wäre es ihm gelungen, einen besseren Stand der Dinge herbeizuführen. Man machte sich damals Hoffnungen, dass wenigstens die deutschsprachigen Teile Böhmens, Ungarns und Jugoslawiens bei Österreich bleiben würden, so dass Österreich ein Staat von zehn Millionen gewesen wäre. Das, was Hitler die »Volksdeutschen« nannte, waren zum Teil »Volksösterreicher«, und deshalb war es durchaus richtig, dass wir manche nach 1945 zusammen mit denen, die aus den Balkanländern kamen, aufgenommen haben, obwohl wir dadurch in der von den Sowjets besetzten Zone große Schwierigkeiten hatten.

Einen Tag nach dem Tod Victor Adlers, am 12. November 1918, kam die Nachricht vom Ausbruch der Revolution – was man halt damals Revolution genannt hat. Wir merkten das vor allem daran, dass die gefürchtete Polizei mit den Pickelhauben nicht mehr durch den Park ging, um uns vom Rasen zu vertreiben, wenn wir dort mit einem sogenannten »Fetzenlaberl«, das aus schön zusammengewalkten Strümpfen bestand, Fußball spielten. Die »Stadtschutzwache«, wie ein Teil der Polizei von nun an hieß, wurde an diesem Tag auf die Republik vereidigt, und wir sind ins Gras hinein wie die jungen Hunde. Am nächsten Tag waren die Polizisten schon wieder da, mit rot-weiß-roten Armbinden, und der Schutzmann ist genauso durch den Park gegangen wie der k.k. Polizist all die Jahre zuvor. In einer Ecke des Parkwächterhäuschens kamen wir zusammen und berieten die Lage; kurz und bündig wurde beschlossen, das sei ja gar keine Revolution, denn es habe sich gar nichts geändert.

Noch eine andere Geschichte möchte ich an dieser Stelle erwähnen. Am 12. November 1918 wurde ja nicht nur die Republik ausgerufen, die den Sozialdemokraten immer ein besonderes Ziel gewesen war, sondern auch erklärt, dass Österreich ein Teil des Deutschen Reiches sei. In der Ersten Republik hatten die Sozialdemokraten diesen Tag als Nationalfeiertag proklamiert. Aber als sich nach 1945 die Frage stellte, ob der alte Nationalfeiertag wieder zu Ehren gelangen solle, habe ich mich sehr entschieden dagegen gewehrt. Sicherlich, so argumentierte ich damals, es ist der Gründungstag der Republik, aber gleichzeitig ist es auch der Tag gewesen, an dem wir freiwillig den Verzicht auf unsere Selbständigkeit als Staat erklärt hatten. Wir müßten einen anderen Tag als Nationalfeiertag wählen. Die meisten gaben mir recht und meinten, der 15. Mai wäre das beste Datum, der Tag, an dem wir unsere Unabhängigkeit erklärten. Andere plädierten fur den 27. April 1945, den Tag der Ausrufung einer provisorischen Regierung. Am Schluss einigte man sich, was viele heute nicht mehr wissen, dass es der Tag sein solle, an dem das österreichische Parlament die immerwährende Neutralität beschlossen hat. Dies setzte indirekt natürlich voraus, dass der letzte fremde Soldat österreichischen Boden verlassen hat.

Mit dem Sturz der Monarchie also wurde die Republik gegründet. Aber es war ein Staat, der nicht leben und nicht sterben konnte, ein Staat, den eigentlich niemand wollte. Die einen trauerten um ein versunkenes Reich, die anderen träumten vom Aufgehen in einem neuen Reich aller Deutschen, und in der Mitte befand sich nichts. Die Mehrheit war dafür, den Status eines Sonderbundesstaates innerhalb des Deutschen Reiches anzustreben. Aber Österreich schien den Menschen nicht nur politisch, sondern auch wirtschaftlich nicht lebensfähig zu sein.

Nachdem die Inflation sich ausgetobt hatte, kam es zu einer kurzfristigen Retablierungskonjunktur. Joseph Schumpeter, einer der bedeutendsten österreichisch-amerikanischen Nationalökonomen, war von März bis Oktober 1919 Staatssekretär für Finanzen. Aus seiner Zeit ist den älteren Österreichern jedoch nur ein glorreicher Ausdruck geblieben: Krone ist Krone, womit die endgültige Enteignung und Armut der Österreicher besiegelt war. Wie viele Finanzminister der galoppierenden Inflation musste auch Schumpeter eines Tages seinen Hut nehmen. Meistens ernteten die Nachfolger die Früchte. In Österreich war es Viktor Kienböck, von 1922–1924 und 1926–1929 Finanzminister. Kienböck ist sehr alt geworden und hat noch unter dem Dollfuß-Schuschnigg-System eine Rolle gespielt; 1932–1938 war er Präsident der Nationalbank. In den Überlegungen, die wir vor der Machtergreifung Hitlers anstellten – unter der Voraussetzung, dass es wider Erwarten doch zu einer Volksbefragung käme –, ging es auch um die Frage, wen von den Bürgerlichen wir akzeptieren könnten. Ich vertrat damals die Auffassung, es könne kein anderer als Viktor Kienböck sein, der im Westen einen außerordentlich guten Ruf bei den für uns so wichtigen Bankiers genieße und in Österreich selbst zwar als verlässlicher Konservativer gelte, aber niemals eine Sünde wider die Demokratie begangen habe. Die Sozialdemokraten erhoben deshalb auch keine Einwände, als Kienböck nach 1945 wieder zur Verfügung stand und zum Vizepräsidenten der Nationalbank bestellt wurde.

Was die neuen Grenzen Österreichs konkret bedeuteten, konnte ich in meiner eigenen Familie in sehr drastischer Weise erleben. In der Familie meiner Mutter drüben in Mähren gab es die neue starke Tschechenkrone; die österreichische Krone dagegen war furchtbar inflationiert. Drüben die Stabilität und der erhalten gebliebene Reichtum aus der Monarchie, hier die Armut und Austerity der neuen Republik. Dazwischen lagen Berge – unüberwindbare Höhen.

Auch mein Vater war von dieser Tragödie beruflich betroffen. Er war in leitender Stellung in einem der großen Textilkonzerne der Monarchie, der seine großen Fabriken in Böhmen und Ungarn hatte, in kleinen Orten, die Strakonitz oder Güns-Köszeg hießen. Zu diesem Konzern gehörte auch – eine kleine Ironie der Geschichte – eine Fez-Fabrik. Es gab derer zwei in Europa: eine in Österreich-Ungarn, wo man die roten Feze herstellte, und eine kleinere in Frankreich. Kurz nach dem Krieg hatte Kemal Atatürk das Tragen des Fezes verboten, und damit ging ein großer Markt verloren. Einige Länder, die seinerzeit von den Türken besetzt waren, blieben diesem Kleidungsstück allerdings treu, und erst vor kurzem begegnete ich einigen sehr reichen Libanesen an der Côte d'Azur, die mit ihrem Fez in allen Restaurants respektvolles Erstaunen weckten.

Das einzig Versöhnliche der Zeit nach 1918 war, dass für Leute wie meinen Vater, die im wirtschaftlichen Leben tätig und ununterbrochen unterwegs waren, die neuen Grenzen sehr bald kein Hindernis mehr darstellten. Der weit verstreute Besitz der meist in Österreich ansässigen Gesellschaften ist merkwürdigerweise nicht konfisziert worden. Es waren eben bürgerlich-nationale Revolutionen, die sich in den Nachfolgestaaten vollzogen, und man war im eigenen Interesse sehr darauf bedacht, die Zusammenhänge aus den Zeiten der Monarchie nicht zu zerstören. Die Zentralen blieben in Wien.

Die neue Tschechoslowakei war das industrielle Kernland des alten Österreich gewesen. Brünn, wo mein Vater die Fachschule für Weberei besucht hatte, war so etwas wie ein österreichisches Manchester, Reichenberg im Sudetenland ein industrielles Zentrum, und in Ostrau gab es die großen Kohlengruben. Von allen diesen wirtschaftlichen Ressourcen war die österreichische Republik abgeschnitten.

Am Anfang der Republik stand die totale Hoffnungslosigkeit.

Was sollte man mit diesem wirtschaftlichen Trümmerhaufen denn machen, in dem es nur Berge gegeben hat und viele Wiener? Wien hatte einst eine Schwesterstadt in Prag, eine Schwesterstadt in Budapest gehabt, und selbst Agram war Wien in gewisser Hinsicht vergleichbar gewesen. Mit einem Mal sollten nun Graz, Linz und Salzburg die Funktion dieser Metropolen übernehmen und ein Gegengewicht zu Wien herstellen, Städte, in denen es nur ein Kleinbürgertum, das zum großen Teil sehr deutschnational war, und die Klerikalen gab. Wien war plötzlich von allem abgeschnitten, es war eine tote Stadt, der Wasserkopf Österreichs, wie es geheißen hat.

Diese Jugenderfahrung war mit im Spiel, als mir nach 1945 sehr schnell klar wurde, dass Wien eine neue Funktion finden müsse, damit die Stadt nicht zur Provinz verkümmere. Nicht zuletzt aus solchen Erwägungen ist Wien dann zum Sitz zahlreicher internationaler Behörden geworden, und heute – im Jahre 1986 – ist es im Begriff, Genf zu überflügeln. Die Diplomaten und die internationale Bürokratie fühlen sich wohl in dieser Stadt, und allmählich gibt es wieder das, was man die Wiener Atmosphäre nennt. Zum großen Teil ist das den Ausländern zu verdanken, die allerdings weiterhin als Fremde hier leben, denn in Wien ist die Xenophobie zu Hause. Vor einiger Zeit war ein Plakat zu sehen: Ein österreichischer Bub in Lederhosen sagt zu einem großen Mann, einem typischen Gastarbeiter: »Ich haaß Kolaric, du haaßt Kolaric, warum sogns' zu dir Tschusch?« *Tschusch* ist der Wiener Ausdruck für einen Fremden südosteuropäischer Herkunft.

In Wien ist der Fremdenhass zu Hause: mit rechtsradikalen Parolen beschmiertes »Kolaric«-Plakat, Anfang der Siebzigerjahre.

Man vergisst, dass Wien um die Jahrhundertwende noch eine Stadt der Fremdarbeiter war, die in den großen Arbeiterbezirken nicht selten die Mehrheit ausmachten. Das Wiener Telefonbuch verzeichnet heute noch eine große Zahl von slawischen und anderen ausländischen Namen, und wenn das Fußballspiel Österreich–Tschechien stattfindet, weiß man, wenn man sich die Spielerliste anschaut, nicht genau, welche Mannschaft die österreichische und welche die tschechische ist.

Eine der stärksten Triebkräfte des Anschlussgedankens war die österreichische Sozialdemokratie, und hier vor allem der Deutschnationalismus Otto Bauers, des großen österreichischen Sozialisten. Otto Bauer hat sich immer nur als österreichischer Deutscher verstanden. Das hatte nicht nur mit seiner deutschböhmischen Herkunft zu tun, sondern auch mit ideologischen Gründen. Bauer ging davon aus, dass die Ideen des Sozialismus sich nur in einem großen Land verwirklichen ließen. Angesichts der multinationalen Gegensätze im alten Reich könne es, so meinte er, keine Revolution durch Klassenkampf geben, und eine Revolution in Österreich würde ohnehin niemand ernst nehmen. Hinzu kam seine gefühlsmäßige Verbundenheit mit allem Deutschen. Die deutschen Philosophen und Dichter, die Historiker und Naturwissenschaftler waren seine großen Leitfiguren.

Als die österreichische Delegation 1919 in Saint-Germain das Anschlussverbot akzeptieren musste, trat Bauer als Staatssekretär für Äußeres zurück und schied aus der Regierung aus. In einer großen Rede vor den Wählerinnen und Wählern seines Wahlkreises hat er diesen Schritt begründet. Er und einige andere, die ihm politisch eigentlich feindselig gesinnt waren, haben den Gedanken vertreten, man dürfe sich nicht dem Diktat der Entente beugen, sondern müsse den Anschluss als ein *Fait accompli* verwirklichen. Um vollendete Tatsachen zu schaffen, wollte man – typisch österreichisch – erst einmal Gespräche in Berlin führen. Man beauftragte damit den österreichischen Gesandten in Berlin, Ludo Moritz Hartmann. An diesen Gesprächen nahm unter anderem auch ein junger Botschaftssekretär teil, Carl Buchberger, der mit mir in Schweden in der Emigration war. Gegen einen Einspruch der Alliierten wollte man sich wehren, notfalls durch einen neuerlichen Ruf zu den Waffen, und zwar zu den Waffen der Revolution. Schließlich glaubte man in Deutschland eine revolutionäre Demokratie im Entstehen. Und dieser ganze Traum ist nach Aussage meines Freundes Buchberger daran gescheitert, dass man sich nicht über den Umrechnungskurs von Kronen und Mark einigen konnte.

Aber das Thema kam zurück wie ein Bumerang. Als Hitler 1938 Österreich okkupierte, wollten alle Sozialdemokraten von Otto Bauer eine Antwort darauf, wie man sich jetzt verhalten solle. Bauers Antwort war lapidar: »... die Parole, die wir der Fremdherrschaft der faschistischen Satrapen aus dem Reiche über Österreich entgegensetzen, kann nicht die reaktionäre Parole der Wiederherstellung der Unabhängigkeit Österreichs sein, sondern nur die revolutionäre Parole der gesamtdeutschen Revolution ... «

Das lief in Wirklichkeit auf eine Sanktionierung des »Anschlusses« hinaus. Karl Renner hat dies dann offiziell auch getan. So phantasievoll er als Politiker sonst auf jede neue Situation reagierte, so unvorstellbar war für ihn, dass sich an den von Hitler geschaffenen Tatsachen während seiner Lebensspanne noch etwas ändern werde. Die Geschichte hatte gesprochen, und dem musste man sich beugen, meinte er, fast möchte ich sagen, wie ein Rohr im Winde. Inwieweit persönliche Motive, Angst um seinen Schwiegersohn und dergleichen, dabei eine Rolle gespielt haben, weiß ich nicht. Es gibt für ein bestimmtes politisches

Verhalten eben viele Gründe, subjektive wie objektive, und jedenfalls kam es mir so vor, als ließe sich Renner immer auf eine gegebene Situation ein.

Das hat Renner nicht gehindert, im April 1945 Kanzler der ersten provisorischen Regierung zu werden und schließlich auch Bundespräsident. Den Krieg über hatte er in einem kleinen Haus in Gloggnitz gelebt, und die Nazis hatten ihn vollkommen in Ruhe gelassen. Wenn heute oft gesagt wird, das ganze Volk sei dem Irrtum des Nazismus erlegen, dann tut man zwar vielen Hunderttausenden unrecht, aber der Eindruck ist nun einmal entstanden, dass es ein ganzes Volk gewesen ist, und warum sollten wir Renner etwas vorwerfen, was viele andere auch getan haben, nur halt nicht an so prominenter Stelle wie er.

Ich persönlich habe den »Anschluss« niemals akzeptiert, weder im Rückblick auf die Jahre nach dem Krieg noch Ende der Zwanziger-, Anfang der Dreißigerjahre, als ich mir meine ersten Sporen in der Politik verdiente, und schon gar nicht 1938. Als junger Funktionär, der mitverantwortlich war für die Bildungsarbeit der Partei, musste ich jahrelang Themenvorgaben machen. Ich habe mich manchmal selber lustig darüber gemacht, wie ich da über die ganze Weltgeschichte vom Urnebel bis zum Sozialismus disponierte, aber nicht ein einziges Mal bin ich für das Thema »Anschluss« in politisch militanter Weise eingetreten.

So wenig zwingend der Anschlussgedanke an Deutschland für mich war, so einleuchtend war mir, dass Österreichs Möglichkeiten sich erst durch Zusammenarbeit über Grenzen hinweg entfalten. Auch die politischen Ideen, denen ich ergeben bin, lassen sich in einem größeren Raum sehr viel besser und wirkungsvoller umsetzen als im kleinen Österreich.

Zudem hat sich für mich, der ich zu den Epigonen des alten Österreich gehöre, die Idee eines übernationalen staatlichen Gebildes immer als eine Herausforderung an die Internationalität der Sozialdemokratie dargestellt. Dabei weiß ich sehr gut, dass von mir hochgeschätzte Zeithistoriker wie Hans Mommsen nachzuweisen in der Lage sind, dass der Internationalismus der Sozialdemokratie, wenn es darauf ankam, immer wieder versagt hat. Aber dem muss man entgegenhalten, dass die objektiven Voraussetzungen für die Verwirklichung sozialdemokratischer Ideen eben nicht vorhanden waren und dass sich die Politiker immer wieder gezwungen sahen, mit der Realität fertig zu werden.

Der Zerfall des alten Reiches war ein Rückschritt in dreifacher Hinsicht: wirtschaftlich, weil die Idee einer mitteleuropäischen Wirtschaftsgemeinschaft ein vorzügliches Modell für den Westen Europas gewesen wäre und ihm viel von den mühevollen Umwegen zur Integration erspart hätte. Wir haben diese wirtschaftliche Integration besessen; wir hätten sie weiterpflegen müssen. Der Zerfall des alten Reiches ist darüber hinaus aber auch politisch ein schwerer Rückschlag gewesen, weil viele der Nachfolgestaaten des alten Österreich aus übersteigertem Nationalgefühl an undemokratische Regierungsformen gerieten, und ganz am Ende hat das zur Machtergreifung des Kommunismus geführt. Und zum dritten war das Ende dieses Reiches deshalb verhängnisvoll, weil damit eine übernationale Kulturgemeinschaft zerfallen war, die viele Gesichter besaß und dennoch eine große Einheit bildete. Von Haydn bis Smetana, von Mozart bis Dvořák, von Bruckner bis Mahler reichte ein Kulturkreis, dessen Wurzeln in vielen Ländern gelegen sind. In jedem Bereich der österreichischen Kultur stößt man auf Namen, die ohne den Habsburger Vielvölkerstaat gar nicht denkbar sind. In kleinen Ländern oder in den Nachfolgestaaten, die aus diesem Reich entstanden sind, hätten sich viele schöpferische Kräfte wahrscheinlich gar nicht entwickeln können.

Auch ich bin ein Produkt der kulturellen Atmosphäre des alten Reiches, die im Wien der zwanziger Jahre als Rest noch weiterbestand, mit all dem Pessimismus freilich, der sich über sie gebreitet hatte. Das kulturelle Leben war geprägt von Melancholie und Verdrossenheit, und über allem lag die Dunstglocke der Hoffnungslosigkeit. Das Österreich von damals war eine manchmal skurrile, sehr intellektuelle und liebenswerte Mischung aus Herzmanovsky-Orlando, Musil und Kafka, eine Mischung, für die ich sehr viel Verständnis hatte, die ich für mich aber nicht gelten lassen wollte und die am Ende auch nicht meine Lebensmaxime geworden ist.

Wie die Biografien zahlreicher österreichischer Literaten aus dem ersten Drittel dieses Jahrhunderts zeigen, etwa die Biografie von Hermann Bahr, hat es diese melancholische Grundstimmung bereits in den letzten Jahren der Monarchie gegeben. Mit der Jahrhundertwende, als man die ersten Flügelschläge der künftigen Entwicklung zu verspüren glaubte, wurde diese Untergangsstimmung zum bestimmenden Gefühl auch unter klugen und fortschrittlichen Menschen. Der Biografie Hermann Bahrs kann man sehr gut entnehmen, wie wenig selbst politisch engagierte, wortgewaltige Literaten sich der Zeit gewachsen fühlten. Bahr hat alles mitgemacht: einmal war er Sozialdemokrat, dann wieder ihr Gegner, einmal Antisemit, dann wieder Philosemit, einmal Deutschnationaler, dann wieder österreichischer Patriot. Die Politik hat Leuten wie ihm keine kräftige Hand geboten, sie hat sie eher noch tiefer in ihre Untergangsstimmung hineingedrängt – ganz anders als in Deutschland, wo die Kritiker des Wilhelminismus bei aller Schwäche von einer starken Hoffnung beseelt waren. So haben die österreichischen Intellektuellen einiges zum Untergang der Monarchie beigetragen. In ihrer unfassbaren Arroganz haben die deutschsprechenden Intellektuellen die der anderen Nationalitäten immer wieder zurückgestoßen.

Der Sturz der Monarchie hätte nicht in jedem Fall den Untergang des Vielvölkerstaates bedeuten müssen. Nur, weil es so gekommen ist, glaubt man, beides sei ein und derselbe historische Vorgang gewesen. Aus der Monarchie hätte auch eine große übernationale Republik werden können. Vielleicht wäre vieles sogar leichter gegangen, wenn die Dinge früh genug diesen Lauf genommen hätten. In meinen Augen ist es eine Zwecklegende zur Verteidigung der monarchischen Idee, wenn man immer wieder behauptet, es sei die Person des greisen Monarchen gewesen, die das Reich zusammengehalten habe, oder die Krone sei die Klammer gewesen. Die Äußerungen der handelnden Zeitgenossen sagen das Gegenteil. Ich habe mich mit dieser Frage beschäftigt und weiß zum Beispiel, dass Thomas Masaryk bis zuletzt von der Hoffnung erfüllt war, das alte Reich ließe sich umgestalten. Seine Schriften und Reden belegen das vielfach, und noch 1930, als er schon Präsident der tschechoslowakischen Republik war und die Erinnerung an seine Bemühungen um eine Neugestaltung des alten Reiches ihm eher peinlich sein musste, hat er in seinem Buch *Weltrevolution* keinen Hehl daraus gemacht, dass er den Weg nach Paris erst sehr spät gefunden habe.

Man kann auch noch weiter zurückgehen und an den berühmten panslawistischen Kongress im Jahre 1848 denken. Im gleichen Jahr, in dem die Deutschen Österreichs ihre Delegierten in die Frankfurter Paulskirche schickten, kamen die Slawen aus allen Teilen Österreichs in Prag zusammen und fassten jene Beschlüsse, von denen man in der offiziellen Geschichtsschreibung Österreich-Ungarns leider viel zu wenig erfährt. Der tschechische Historiker František Palacky hat damals den Ausspruch getan: »Existierte der österreichische Kaiserstaat nicht schon längst, man müsste im Interesse Europas, im Interesse der Humanität selbst, sich beeilen, ihn zu schaffen.« Dass dieser Kongress mit der Forderung nach einem deutschen, einem tschechischen, einem polnischen, einem illyrischen, einem italienischen, einem südslawischen, einem magyarischen Österreich abgeschlossen wurde, dass also der Name der jeweiligen Nationalität immer mit dem Namen Österreichs verbunden sein sollte, offenbart, dass es keine grundsätzliche Österreichfeindlichkeit gegeben hat, wie heute immer wieder behauptet wird. Es ist eine Geschichtsklitterung, wenn man von einem abgrundtiefen Hass der Tschechen, Polen, Kroaten und all der anderen Völkerschaften gegen Österreich spricht. Noch 1899, beim Brünner Parteitag der Sozialdemokraten, war das Nationalitätenprogramm die große Parole: Statt dass sich die Arbeiter mit ihrem eigenen Elend auseinandergesetzt hätten, diskutierten sie nationale Fragen und bekundeten dem Programm die größte Zustimmung durch Hoch- und Nazdar-Rufe.

Konservative Historiker sind, wie ich weiß, anderer Meinung. Sie gehen zurück zum Reichstag von Kremsier und behaupten, damals sei das Schicksal der Monarchie bereits entschieden worden. Der Reichstag von Kremsier fand 1848/49 statt, und der Zusammenbruch Österreichs war 1918; dazwischen liegen siebzig Jahre. Und in diesen siebzig Jahren soll es keine andere Aufgabe für die österreichischen Politiker gegeben haben, als sich damit abzufinden, dass der Kremsierer Reichstag den Untergang des Reiches besiegelt habe? Dann hätten Politiker wie Renner und Adler, Masaryk und Daszynski, dann hätten sie alle keine andere Rolle mehr zu spielen gehabt, als dem Zerfall des Reiches untätig zuzusehen? Sollte die Geschichte nur den Zweck erfüllen, um jeden Preis nachzuweisen, dass alles so kommen musste, wie es kam? Das ist eine durchaus eindimensionale Auffassung von der Geschichte, und jegliche Politik hätte ihren Sinn verloren. Man muss den Bewegungen, die eine weniger passive Rolle der Politik für sich beanspruchen, zumindest die Ehre zuteil werden lassen, ihre Alternativen ernst zu nehmen.

Alles in allem drängt sich mir die Überzeugung auf, dass die Monarchie eine jener großen historischen Möglichkeiten war, die niemals genutzt wurden. Bisweilen will mir die ganze österreichische Politik in den letzten hundert Jahren der Monarchie als ein tragisches Gewebe aus Trugschlüssen, Missverständnissen und verpassten Gelegenheiten erscheinen, und ohne Zweifel trifft die damals Verantwortlichen ein gerüttelt Maß an Schuld. Immer wieder blieb man auf halbem Wege stehen und dachte viel zu spät über Kompromisse nach. So wurden radikal nationalistische Flügel immer stärker, und sogar die Sozialdemokraten waren am Ende von dieser Unduldsamkeit angesteckt. Die auf Versöhnung hin drängenden Vertreter der Nationalitäten dagegen wie Thomas Masaryk oder Siegmund Kunfi verloren zunehmend an Einfluss. Am Ballhausplatz gab man sich bis zuletzt Illusionen hin.

Die Frage, die man stellen muss, lautet: Wie hätte der Desintegrationsprozess sich denn vollzogen, wäre der Weltkrieg nicht gekommen? In Form einer Revolution? Ich glaube kaum. Viele der industrialisierten Länder der Monarchie hatten bereits eine so ausgeprägte Klassenstruktur, dass es eine echte nationale Revolution ohne Krieg wohl nicht gegeben hätte. Es wäre etwas ganz anderes, wahrscheinlich etwas sehr Improvisiertes zustande gekommen, und vielleicht hätte sich die alte österreichische Staatsweisheit wieder bewährt: *C'est le provisoire, qui dure,* es ist das Provisorium, das dauert.

Renner war ja schon in seinem großen Buch von 1902 der Auffassung, dass, wenn die Nationalstaaten wie Kantone zu einem Bundesstaat freier Völker zusammengeschlossen wären, in den einzelnen Regionen die Klassengegensätze sich entwickeln würden, die bisher von den nationalen Unabhängigkeitsbestrebungen nur übertüncht seien. Dann erst werde ein modernes Staatswesen aus Österreich, ein in Klassen gegliedertes Reich, und es werde in den Ländern der Monarchie zu einer wirklichen Solidarisierung der Arbeiterschaft über die nationalen Barrieren hinweg kommen.

Es ist ganz interessant, dass am Jännerstreik 1918, der den Zusammenbruch der Monarchie signalisierte, die Matrosen in Cattaro, einem der wichtigsten österreichischen Kriegshäfen, genauso teilgenommen haben wie die Tschechen in Kladno. Die Aktionseinheit ging jedoch über die Negation der Monarchie nicht hinaus. Meinen Freund Felix Stika, der damals in den großen Munitionsfabriken um Wiener Neustadt herum aktiv war und als einer der Helden dieses Streiks galt, habe ich einmal gefragt, ob sie sich eigentlich bewusst gewesen seien, dass das der Anfang vom Ende sein werde. Er hat das verneint; wenn der Friede kommt, hätten sie damals gedacht, dann werde sich schon alles finden.

Die Nestwärme der Familie

Mein Großvater Benedikt Kreisky war ursprünglich Lehrer in Kaladei, einem kleinen böhmischen Dorf nicht weit von Budweis. In dieser Gegend gab es zwei besondere soziale Gruppen: Zum einen die sogenannten »Böhmischen Brüder«, eine religiöse Minderheitsbewegung, und zum andern zahlreiche jüdische Bauern. Die Böhmischen Brüder hatten gehofft, ähnlich wie die Protestanten und Juden, eine Art Toleranzpatent zu bekommen, und waren in dieser Frage bei Joseph II. vorstellig geworden. Der Kaiser hat sich dazu aber nicht bereit gefunden, weil er offenbar fürchtete, auf diese Weise eine tschechische Nationalkirche zu initiieren, um die herum eine Nationalbewegung entstehen könnte. Als den Böhmischen Brüdern die erhofften Rechte nicht gewährt wurden, sollen viele von ihnen, besonders in der Gegend um den Tabor, zum Judentum übergetreten sein, weil ihnen die Liturgie des Judentums mehr zusagte als die des Katholizismus. Das erklärt, warum es unter den böhmischen Juden nicht nur viele Bauern, sondern auch relativ viele tschechische Namen gegeben hat.

In dieser Gegend also hat mein Großvater seine Schule gefunden, begünstigt durch die uralte tschechische Adelsfamilie Wratislaw. Der tschechische Uradel wollte eigentlich mit dem Wiener Hof wenig zu tun haben; das Haus Habsburg hat man in der Regel als Usurpator betrachtet. Die ersten religiösen Emigranten kamen aus den alten tschechischen Adelsfamilien, noch vor der Reformation. Der mährische Statthalter Zierotin – auch er ein Mann des tschechischen Hochadels – hat sich damals an die emigrierten Aristokraten in Dänemark gewandt, um sie zur Rückkehr zu veranlassen. Es waren Namen dabei, die heute ganz deutsch klingen, wie Thurn, Kinsky oder Schwarzenberg. Zur Geschichte des österreichischen Adels gehört, dass viele Familien tschechischen Ursprungs sind, und Schwarzenbergs zum Beispiel, die größten Grundbesitzer heute, reden zu Hause noch immer tschechisch. Man darf auch nicht vergessen, dass der »Herzog von Österreich« merkwürdigerweise ein Tscheche war, Ottokar II. Přemysl. Er hatte den Bau der Wiener Hofburg entscheidend gefördert und die historische Teilung Österreichs in ein Land oberhalb und unterhalb der Enns vorgenommen. Wahrscheinlich hätten die Přemysliden noch lange geherrscht, hätte sich Ottokar nach der Wahl Rudolfs von Habsburg zum Deutschen König nicht geweigert, sich neu mit Österreich belehnen zu lassen. Er soll seine Weigerung damit begründet haben, dass er keinen Grund sehe, einem verkrachten Aargauer Grafen zu huldigen, der die Königskrone nur dem Umstand verdanke, dass die zerstrittenen Kurfürsten den Schwächsten zu dieser Würde berufen hätten. 1278 verlor er in der Schlacht von Dürnkrut sein Leben. Bereits drei Jahre zuvor hatte ihn Rudolf der österreichischen Lande verlustig erklärt. Es verwundert daher nicht, wenn die von Habsburg geadelten tschechischen Österreicher sich bis in unsere Zeit als den eigentlichen österreichischen Uradel betrachten.

Aufgrund des schon erwähnten Reichsvolksschulgesetzes war mein Großvater verantwortlicher Schulleiter geworden. Dies konnte nach den Bestimmungen nur werden, wer die »Befähigung zum Religionsunterricht jenes Glaubensbekenntnisses nachweisen konnte, welchem die Mehrzahl der Schüler nach dem Durchschnitte der vorausgegangenen fünf Schuljahre angehört«. Die Bestimmung lautete nicht, es dürfe kein Jude sein, aber das war natürlich die Absicht, die dahintersteckte. Da es unter den einundzwanzig Schülern der einklassigen Volksschule in Kaladei jedoch siebzehn Schüler israelitischen Glaubens gab, konnte man meinem Großvater die Stelle des Oberlehrers nicht verwehren. Später wurde mein Großvater stellvertretender Direktor der Lehrerbildungsanstalt in Budweis. Stellvertreter deshalb, weil er eben aufgrund des Reichsvolksschulgesetzes der Mehrheit der dortigen Schüler den Religionsunterricht nicht erteilen konnte. Sein Schwager, Joseph Neuwirth, hat dem damaligen Unterrichtsminister die Frage gestellt, ob denn keine Ausnahmebestimmung möglich sei. Es gäbe keine Verpflichtung, wurde ihm geantwortet, in Budweis einen Direktor zu bestellen, und solange mein Großvater an dieser Anstalt wirke, werde es keinen Direktor geben. Die Lehrerbildungsanstalt in Budweis versorgte das ganze nördliche Österreich mit Schullehrern, und ich habe bei sozialdemokratischen Versammlungen im Waldviertel oft alte Lehrer getroffen, die noch im Schlapphut und mit großer Krawatte erschienen und die mir die Frage stellten, ob der Direktor Kreisky in der Lehrerbildungsanstalt in Budweis mein Vater gewesen sei. »Nein, er war mein Großvater.«

Wie mir alte Bauern aus Kaladei erzählt haben, hat sich mein Großvater der besonderen Zuneigung seines Patrimonialherrn, des Grafen

Wratislaw, erfreut. Als sich mein Großvater einer schwierigen Gallenoperation unterziehen musste, wurde sein Schwager, Professor Beer, ein berühmter Arzt aus Prag, nach Kaladei geholt. Ein langer Transport konnte dem Kranken nicht mehr zugemutet werden, und so beschloss man, ihn im Speisesaal der Grafen zu operieren, weil dort das beste Licht war; die Bauern haben die Schlaglöcher der Straße zum Schloss mit Stroh zugestopft, damit der Wagen nicht zu sehr rüttelte. Lange nachdem mein Großvater in Pension gegangen und nach Wien gezogen war, kamen alljährlich an seinem Geburtstag die Bauern aus Kaladei in die Stadt; schwere Männer mit großen Bärten, um ihm zu gratulieren. Sie hatten alle Kostbarkeiten bei sich, die die böhmische Erde hervorbringt: große Laibe *domácí chléb* (»Hausbrot«), Würste und Schinken. Obwohl mein Großvater Jude war und das nie bestritten hat, aß er offenbar leidenschaftlich gern Schinken, und die Bauern haben das gewusst.

Der Großvater war für uns der Inbegriff der Güte, rührend besorgt um alles, nicht zuletzt um die Zukunft seiner Söhne. Sie alle haben in ihren Berufen Erfolg gehabt, es zu einem gewissen Wohlstand und einem guten Namen gebracht. Nur eine Schwester meines Vaters war wirtschaftlich nicht besonders gut gestellt. Sie war mit einem Frontsoldaten verheiratet, der nach der Rückkehr aus dem Krieg nicht so recht Fuß fassen konnte; er betrieb die Auslieferung für Budweiser Bier in Allentsteig im Waldviertel. Ich erinnere mich, dass es in diesem Winkel Österreichs im Sommer nie warm wurde und der Winter von einer sibirischen Kälte war. Wie kalt es war, konnte man daran sehen, dass das Eis im sogenannten amerikanischen Eiskeller, in dem das Bier gelagert wurde, auch im Sommer nicht geschmolzen ist. Obwohl Wilhelm Schnürmacher ein Vaterlandsverteidiger und Invalide war, ist er mit einem großen Teil seiner Familie, wie man nach dem Krieg sagte, »ins Gas gegangen«.

Eine andere Schwester meines Vaters, die ich sehr gern hatte und die sehr intelligent war, wohnte ebenfalls im Waldviertel, in Gars. Sie war mit einem Arzt verheiratet, den ich aber nicht mehr kennengelernt habe. Ihr Sohn war Zionist der ersten Stunde, und zwar am rechtesten Flügel, ein Anhänger des Revisionisten Wladimir Jabotinski. Dieser Cousin, Viktor Much, hat einen ganzen Sommer hindurch mit viel Geschick versucht, mich für den Zionismus zu begeistern. Der Erfolg war, dass ich mich für diese Richtung zwar zu interessieren begann, sie aber ablehnte. Es ist also nicht so, dass ich erst sehr spät mit dem Zio-

nismus konfrontiert worden wäre. Obwohl die zionistische Jugendbewegung in dem berühmten Psychoanalytiker Dr. Siegfried Bernfeld, einem der führenden Schüler Sigmund Freuds, einen Gründer besaß, der, wenn man so will, der große Theoretiker der Jugendbewegung überhaupt gewesen ist, konnte ich mich für die Ideen des Zionismus nicht erwärmen. Mein Cousin ging konsequenterweise sehr früh nach Palästina und wurde ein weithin berühmter Augenarzt; zu seinen Patienten zählten Scheichs aus vielen arabischen Ländern, da es ja bei den Arabern bekanntlich sehr häufig schwere Augenkrankheiten gibt. Nach dem Tod seiner Mutter 1958 ist er nach Wien zurückgekehrt.
Tante Rosa war übrigens die letzte aus der Familie, die ich sah, bevor ich an jenem Dienstag nach dem »Anschluss« wieder in Haft ging. Ich wollte meiner alten Großmutter, die damals 92 Jahre alt war, einen letzten Besuch abstatten, weil ich das Gefühl hatte, sie nie wiederzusehen. Es war eine der ergreifendsten Begegnungen dieser Zeit. Einst war sie eine der ersten Lehrerinnen der Monarchie gewesen, und nun saß sie da mit weißem Haar, wunderschönen Augen und sehr alten, schon sehr müden Händen und blickte mich traurig über den Tisch an und meinte: »Dein Vater und deine Brüder, alle meine Kinder waren immer sehr ehrliche, aufrichtige Menschen; in einer Sache haben sie mich nur leider angelogen, über deine Gefängniszeit. Da wollten sie mir begreiflich machen, dass du im Ausland studierst. Ich wusste es besser.« Sie hörte Radio und wusste um die Veränderungen in Österreich. »Und jetzt kommst du, weil du wieder ins Gefängnis gehen wirst. Sie sagen mir nichts, aber ich weiß ganz genau, da ein großes Unglück passiert ist.« Und obwohl sie an keiner akuten Krankheit litt, ging sie zwei Tage später ganz einfach sterben. Meine Tante Rosa übersiedelte zunächst zu meinen Eltern und dann zu ihrem Sohn nach Tel Aviv.
Mein Großvater war ein sogenannter Deutsch-Freiheitlicher. Wiederholt kam er auf die Sozialdemokratie zu sprechen, der er es verübelte, dass sie ihrem Kampf gegen den Kapitalismus eine, wie er behauptete, antisemitische Note gab. Dies war darauf zurückzuführen, dass die Kapitalisten dieser Zeit sehr oft Juden waren und die ehrlichen Karikaturisten sie auch als solche dargestellt haben. Mein Großvater pflegte zu sagen: »Gott sei Dank kommen die Sozis nie ans Ruder!«
In der Familie meines Großvaters waren drei politische Richtungen vertreten. Mein Vater, Max Kreisky, war ein der Sozialdemokratie mit Sympathie gegenüberstehender Mann. Als junger Fabriksleiter hatte er

an einer Demonstration für die volle Sonntagsruhe teilgenommen, weil er in seinem jugendlichen Übermut dafür war, dass der ganze Sonntag frei sein sollte – für Angestellte wohlgemerkt, von den Arbeitern war bei diesem Punkt noch lang keine Rede. So grotesk dies aus heutiger Sicht scheinen mag, damals hat man ein solches Engagement mit seinem Posten bezahlt. Mein Vater, der es in dieser Textilfabrik bereits ziemlich weit gebracht hatte, geriet daraufhin in die Nähe der sozialdemokratischen Angestelltengewerkschaft. Die Privatangestellten waren die ersten, die eine Pensionsregelung hatten, die zwar nicht überwältigend, aber immerhin ein Anfang war. Wie eng und menschlich das Verhältnis meines Vaters zu den Arbeitern war, geht daraus hervor, dass 1918 einer der Betriebsräte des Unternehmens, dem er damals vorstand, zu ihm nach Wien kam, um ihn zu bitten, sich im Namen der Arbeiter und Angestellten des Gesamtunternehmens in den Arbeiterrat wählen zu lassen. Später hat er sich in den erbitterten Kämpfen zwischen Arbeitern und Unternehmern einige Male als Schlichter zur Verfügung gestellt.

Zwei Brüder meines Vaters, der eine, Oskar Kreisky, Professor für Deutsch und Französisch, der andere, Otto, ein angesehener Advokat in Wien, waren Mitglieder einer schlagenden Verbindung gewesen, die »Budovisia« hieß, weil ihre Mitglieder aus Budweis stammten. Bei jedem sich bietenden Anlass, so schien es mir, sangen die beiden mit großer Ergriffenheit die deutschen Turn- und Studentenlieder, und ich kann heute noch viele dieser Lieder auswendig, von *Burschen heraus* bis zur *Wacht am Rhein*. In der Mittelschule wurde ich durch entsprechend deutschnationale Professoren – es gab ja nur die Wahl zwischen deutschnational und klerikal, und der eine oder andere Sozialdemokrat fühlte sich dazwischen wie das hässliche kleine Entlein – ebenfalls dazu angehalten, derartige Lieder zu singen.

Ludwig, der älteste der Brüder, ebenfalls deutsch-freiheitlich, setzte die Lehrertradition fort und war Schuldirektor in Iglau. Er hat sich nicht ohne Erfolg für die Erhaltung des Deutschtums in Böhmen eingesetzt und in seiner Eigenschaft als Schulrat um jede deutschsprachige Schulklasse in seinem Bezirk gekämpft. Das hat ihn aber nicht davor bewahrt, später, mit seiner ganzen Familie, von den Nazis »ins Gas« geschickt zu werden.

Der vierte Bruder meines Vaters, Rudolf, war in meinen Augen der hervorragendste und derjenige, der mich eigentlich zur Sozialdemokratie

Fünf Brüder stehen für drei politische Richtungen: Max, der Vater Bruno Kreiskys, Oskar, Ludwig, Otto und Rudolf (von links).

hingeführt hat, soweit es noch eines Hinführens bedurfte. Er war einer der leitenden Funktionäre der sudetendeutschen Konsumgenossenschaften.

Mein Onkel Rudolf Kreisky hat mir in einer entscheidenden Phase meines Lebens – nach jenem erschütternden 15. Juli 1927, an dem ich mit seinem Sohn Artur Zeuge der blutigen Demonstration vor dem Justizpalast wurde – den unmittelbaren Kontakt mit der Realität verschafft. Meine Erschütterung war so groß, dass ich damals vielleicht sogar zu jenen gehört hätte, die der Sozialdemokratie unter dem Eindruck der Führungsschwäche den Rücken kehrten. Es ist ja immer das große Problem für Leute, die im bürgerlichen Milieu aufwachsen, dass sie über ihre Bücher und ein paar Freunde aus ähnlichem sozialen Milieu nur selten hinauskommen. Die Arbeiterschaft präsentiert sich ihnen im Hausbesorger und vielleicht noch im Chauffeur. Mein Onkel nun wanderte mit mir während der Sommerferien von Dorf zu Dorf im Böhmerwald und im Riesengebirge. An den Vormittagen besuchten wir die kleinen Konsumvereine, die Abende verbrachten wir in den Versammlungen. Obwohl mir Fußwanderungen eigentlich immer zuwider waren, musste ich mit ihm ziehen, und so lernte ich das Elend in den Sudetengebieten kennen. Während mein Onkel die Bücher prüfte, die der Konsumvereinsleiter führte, saß ich draußen auf einem Stockerl oder bin durchs Dorf gegangen und sah mir die Leute an: Bergarbeiter, Glasbrenner, Weber, abgehärmte Frauen.

Die neue Tschechoslowakei war ein reiches Land, insbesondere für einen, der aus dem armen Österreich kam, aber um die Sudetendeutschen kümmerte man sich damals nicht. Politisch haben sie sich allerdings rasch gefangen. Die Parteien aus dem alten Österreich hatten im Sudetengebiet zum Teil längere Traditionen als bei uns; auch die ersten sozialdemokratischen Vereine waren dort gegründet worden.

Die politische Situation in der Tschechoslowakei war sehr viel besser als je im alten Österreich. Unter den Ministern gab es viele tschechische und deutsche Sozialdemokraten; es gab die Christlichsozialen, die große Agrarpartei und die Liberalen, die es bei uns nicht mehr gab, die sogenannten tschechischen »National-Sozialisten«, die Partei von Beneš.

Wenn ich mir die Siedlungen der Sudetendeutschen anschaue, die nach dem letzten Krieg überall in der Bundesrepublik und in Österreich aus dem Boden geschossen sind, die netten kleinen Häuschen und die Autos, die vor diesen Häuschen stehen, und das vergleiche mit dem, was ich in den zwanziger Jahren in Böhmen gesehen habe, dann frage ich mich oft, wonach sie sich eigentlich zurücksehnen. Es erscheint mir ungereimt, sich aus dem Wohlstand der neuen Heimat in die Armut der verlassenen zurückzuwünschen. Allmählich wird es Zeit, dass man aufhört, mit dem Begriff »volksdeutsch« oder »vertrieben« politische Interessen durchsetzen zu wollen. Aber natürlich gibt es eine gefühlsmäßige Komponente, und die habe auch ich kennengelernt: dieses besondere Heimweh, das man empfindet, wenn man dorthin, wo man zu Hause ist, nicht gehen kann, die Sehnsucht nach den Bergen und Tälern, wo man geboren wurde, nach den Flüssen und Seen, aber auch nach den Friedhöfen. Carl Zuckmayer hat in der Emigration den schönen Satz geprägt, Heimat sei nicht das Land, wo man geboren wurde, sondern das, nach dem man sich sehnt, um dort zu sterben.

Politisch sind die Deutschen in der tschechoslowakischen Republik nie verfolgt worden. Weder von meinem Großvater noch von meinem Vater, die sich beide als »Deutsch-Böhmen« betrachteten, habe ich je etwas Derartiges gehört. Das, was die Deutsch-Böhmen – ich bleibe absichtlich bei diesem alten klassischen Wort – in eine solche Gegnerschaft zum tschechischen Staat gebracht hat, war ihr materielles Elend. Nun waren diese Gebiete zu einem großen Teil seit eh und je Elendsgebiete – man denke an die vielen Märchen um Rübezahl. Das Weberelend hat es seit langem gegeben, und wenn Heine 1844 in seinem berühmten Gedicht über die schlesischen Weber schrieb: »Deutschland, wir weben dein Leichentuch, wir weben hinein den dreifachen Fluch – Wir weben, wir weben!«, dann galt das gleichermaßen für die Weber in Böhmen. Es war die offenbare Unfähigkeit der tschechischen Wirtschaftspolitik der zwanziger Jahre, die Arbeitslosigkeit dort zu bekämpfen, während im tschechischen Kernland eine uns Österreichern unbekannte Prosperität herrschte.

Wann und wo meine Eltern sich zum ersten Mal begegnet sind, habe ich nie erfahren. Als sie 1909 heirateten, war mein Vater dreiunddreißig Jahre alt und hatte bereits eine gute Stellung in Wien. Meine Mutter, Irene Kreisky, geborene Felix, war, wie es sich gehört hat damals, acht Jahre jünger. Mein Großvater hatte jeder seiner Töchter eine beachtliche Mitgift mitgegeben, und sofern sie nach Wien heirateten, erhielten sie meist ein Mietshaus, von dem man damals sehr gut leben konnte. Unter den Häusern, die meinen Verwandten gehörten, waren einige der höchsten Wiens. Materielle Sorgen hat es in dieser Familie bis zu meiner Emigration nicht gegeben.

Meine Mutter war die jüngste Tochter von sechzehn Kindern, von denen ich selber noch neun gekannt habe: Karl, Fritz, Berthold, Julius, Robert, Rachelle, Therese, Berta und Eugenie.

Wie groß der Altersunterschied war, konnte man daran ermessen, dass die älteste Nichte meiner Mutter so alt wie sie selber war, was ich als Bub komisch fand. Meine Mutter war sehr sportlich erzogen worden, ist geritten und war eine gute Eistänzerin. Um Politik hat sie sich erst ganz spät ein bisschen gekümmert. Sie soll einmal bei einer Wahl aus lauter Abneigung gegen die Sozialdemokraten den bürgerlichen Schober-Block gewählt haben, aber nur deshalb, wie sie mir gestand, weil sie irritiert darüber war, dass ich nichts anderes im Kopf hatte als Politik.

Meine Eltern haben bei meiner Erziehung niemals zu körperlicher Züchtigung Zuflucht genommen. Nur ein einziges Mal ist meiner Mutter, wie sie sagte, die Hand ausgerutscht. Ich muss zugeben, dass mir diese Ohrfeige heute noch in Erinnerung ist: Als ich mich konsequent weigerte, meine Aufgaben zu machen, und trotz wiederholter Mahnungen immer weiter dummes Zeug trieb und dann noch eine vorlaute Antwort gab, ist ihr die Geduld gerissen. Sie hat das Strickzeug weggelegt und mir eine Ohrfeige gegeben, die sie aber nachher sehr viel mehr bedauert hat als ich. Ansonsten bewahre ich eine Erinnerung an eine gütige Frau, die 84 Jahre alt wurde und so manches schweigend erlitten hat. Sie hat den Verlust meines Vaters nie verwunden; in den letzten Monaten, als sie schon leicht geistig umnachtet war, hat sie mich immer für ihn gehalten und leicht vorwurfsvoll gefragt, warum ich denn so selten nach Hause komme. Meinen Cousin Herbert Felix hat sie damals für ihren im Konzentrationslager ermordeten Bruder gehalten. Vielleicht liegt in dieser sonderbaren Verwechslung eine versöhnliche Geste des Schicksals, denn so sind ihr die Liebsten wiedererstanden in uns: der Mann durch den Sohn und der Bruder durch den Neffen. Sie starb, wie alte Menschen oft sterben, eigentlich nicht an einer Krankheit, sondern an den Folgen eines gebrochenen Beins.

Meine Mutter war eine unendlich gütige Frau und ertrug fast alles mit Ruhe und Gleichmut. Sie hat gern gelacht und mit einer Herzlichkeit, die ich heute noch aus der Ferne zu vernehmen glaube. Sie hätte es mir sicherlich nicht verübelt, wenn ich in ihrer Gegenwart gesagt hätte, dass sie nicht den Ehrgeiz besaß, die intelligenteste unter ihren Schwestern zu sein. Sie selber war der Ansicht, dass diese oder jene viel intelligenter sei als sie. Es war ein Phänomen – und nicht nur unter den reichen jüdischen Familien –, dass in der zweiten und dritten Generation nicht alle mit herausragender Intelligenz gesegnet waren. Eine gewisse Problematik rührte auch daher, dass es nach jüdischem Religionsgesetz kein Ehehindernis zwischen Cousins und Cousinen gab. Religiöse Motive spielten aber in beiden Familien kaum eine Rolle; sie waren auf ihre Art liberal, und Heiraten mit Katholiken oder Protestanten stand nichts im Wege.

Ich war das zweite Kind meiner Eltern, und der Liebling meiner Mutter war eigentlich mein zwei Jahre älterer Bruder Paul, der sich aufgrund einer Kinderlähmung kurze Zeit nach seiner Geburt geistig nur sehr langsam entwickelte. Man kann das ja oft beobachten, dass leidende Kinder zu Lieblingskindern werden. Mein Bruder lebte als alter Mann in Israel und bereitete mir durch seine Absonderlichkeiten große Sorgen. Die Springer-Presse und andere haben meinen Bruder immer wieder gegen mich auszuspielen versucht, vor allem in Israel. Regelmäßig ließ die Springer-Presse Reporter ausschwärmen, und manche

Israelis halfen ihnen dabei, diesem kranken Mann einzureden, er müsse diese oder jene Erklärung abgeben. Einmal hat man ihm eine hohe Gage versprochen für seine Mitwirkung in einem Film, in dem er einen Bettler an der Klagemauer darstellen sollte. Das Foto ist dann durch die gesamte Presse gejagt worden: Der Bruder des österreichischen Kanzlers bettelt an der Klagemauer! Ich scheue mich nicht, zu sagen, dass ich meinem Bruder neben seiner kleinen österreichischen Pension jährlich einen Betrag zukommen lasse, der dem Bezug eines Rentners entspricht, und alle Spesen übernehme. Unlängst hat er wieder eine Erbschaft gemacht, und zudem bezieht er die israelische Altersrente. Man kann also nicht behaupten, dass mein Bruder am Hungertuch nage. Nur hat er zu Geld überhaupt keine Beziehung; am dritten Tag hat er es entweder verschenkt, verborgt oder verspielt. Der Zeuge für meine Angaben ist der österreichische Generalkonsul in Tel Aviv, der im Übrigen berechtigt ist, meinem Bruder in urgenten Fällen kleinere Beträge auszuzahlen.

Meine Mutter war mir schon deshalb eine große Hilfe, weil sie immer wieder meine Jugendstreiche deckte. Sie wusste mit fast instinktiver Sicherheit, wann ich in der Schule war und wann nicht. Sie merkte, wenn ich mit meinem Taschengeld am Ende war, und erwartete meine Anleihen. Im Haushaltsbuch, das sie nur widerwillig, dem Ordnungssinn meines Vaters zuliebe führte, notierte sie die Groschen, die sie mir gab, einfach als Ausgaben und Trinkgelder. Sie spielte gern Bridge, zwar nicht sehr gut, aber doch blieb von ihrem Spielgeld genug übrig, um kleinere Beträge für mich abzuzwacken. Ich habe ihr davon nie etwas zurückgezahlt. Dass sich mein Vater jemals das Wirtschaftsbuch angeschaut hat, glaube ich nicht. Es war dies eine jener sinnlosen Einrichtungen, die sich aus übertriebenem Ordnungssinn ergeben haben. Meine Mutter hat ihr Haushaltsbuch bis zuletzt geführt, lange unter dem Druck meines Vaters, so wie sie bis zuletzt die großartigen Bäckereien und Torten nach dem Kochbuch ihrer Mutter und Großmutter machte.

Ich war immer wieder darüber erstaunt, dass sie sich das Rezept der Panamatorte in all den Jahren nicht hat merken können. Das Kochbuch war handgeschrieben, und alle Rezepte begannen mit: »Man nehme«. Immer wieder war im Familienkreis von diesem legendären Kochbuch die Rede, und sooft eine neue, wunderbare Speise aufgetischt wurde, mussten die Tanten und Onkel das Rezept erraten. In den Kriegs- und

Nachkriegsjahren war dieses Kochbuch allerdings nicht in Gebrauch, denn es verlangte opulente Zutaten. Eines Tages machte sich eine meiner frechen Cousinen, die in Wien Kunstgewerbe studierte, über das Kochbuch her und korrigierte es auf die denkbar einfachste Weise: Sie reduzierte wichtige Ingredienzen kurzerhand auf ein Zehntel, und es stellte sich heraus, dass die Torten fast ebenso gut schmeckten wie zuvor. Alle sprachen nur noch vom »Republikanischen Kochbuch«. Einer der Gründe, warum diese Köstlichkeiten so köstlich schmeckten, war der, den auch Torbergs *Tante Jolesch* nennt: Es war nie genug da.
Ich erinnere mich noch sehr genau an das Zeremoniell eines damaligen Wochenendes. Am Samstag hat man noch bis in den Nachmittag hinein gearbeitet, so dass das eigentliche Wochenende für die meisten bürgerlichen Menschen erst am Spätnachmittag oder frühen Abend des Samstags begann. Für das Abendessen mit Verwandten und Freunden war schon während der Woche sehr viel Mühe aufgewendet worden. Wenn der »Speisezettel« feststand, führte die Köchin ihre Bestellungen bei den Kaufleuten in der Umgebung durch. Manchmal zogen Hausfrau und Köchin gemeinsam in entlegene Bezirke, weil dort zum Beispiel das Rindfleisch von besonderer Qualität war. Am Samstagabend gab es allerdings kein Rindfleisch, das vom Zeremoniell her eine traditionelle Mittagsspeise war: In manchen Häusern – so auch bei uns – bekam man viermal in der Woche zu Mittag Rindfleisch, meistens gekocht mit Beilagen.
Vom Sonntagsessen erzählte man, dass es in den Bürgerhäusern und in den Adelshäusern das Gleiche gewesen sei und dass es auch in etwas besser situierten Arbeiterfamilien nichts anderes gegeben habe. Zum sonntägigen Mittagessen wurde die Familie eingeladen, Söhne, Töchter und Enkelkinder. Von besonderer Bedeutung aber war die Sonntagsjause. Nach dem Essen hielt man in einem bequemen Fauteuil ein kleines Nachmittagsschläfchen, das dreißig Minuten nicht überschreiten sollte, und zwischen drei und halb vier trafen die Gäste ein. Bei uns waren gelegentlich Musiker eingeladen – es waren fast immer Philharmoniker oder ehemalige Philharmoniker –, und nach einer halben Stunde setzte sich einer von ihnen ans Klavier und begann zu spielen. Gegen halb fünf wurde zur Jause aufgefordert. Sie bestand in der Regel aus einem Wiener Kaffee mit ein bisschen Obers – sehr elegante Leute tranken nur Tee, eine Gewohnheit, die von den ursprünglichen Wiener Familien allerdings nicht goutiert wurde –, und dazu gab es herrliche,

selbstgemachte Bäckereien, für die Hausfrau und Köchin entsprechend gelobt wurden.
Die Jause wurde meistens dadurch beendet, dass man zum Nachtmahl rüstete. Weil man sozial mitfühlend war und den Hausangestellten für den Abend freigegeben hatte, damit sie sich im Prater oder irgendwo am Land bei einem Kirtag belustigen, war es meist ein »kaltes Nachtmahl«. Man nahm dann vorlieb mit dem, was die benachbarten Selchermeister und Delikatessengeschäfte zu bieten hatten. Manchmal machte man auch einen kleinen Ausflug zum guten Wirten in der Nachbarschaft. Die Kinder freilich blieben zu Hause; für sie war das sogenannte »gute Gasthaus« eine verschlossene Welt, deren Genüsse ihnen versagt blieben. Es gab noch eine zweite Alternative für den Sonntagabend: Man ging ins Theater. Normalerweise ist man in bürgerlichen Familien jedoch wochentags ins Theater gegangen; die Samstag- und Sonntagabende waren den anderen Bürgern, sofern sie kunstbeflissen waren, vorbehalten.
Es kam immer wieder vor, dass die Jausengesellschaft so animiert war, dass die Dame des Hauses die Gäste aufforderte, doch noch zu bleiben. »Wir haben genug vorbereitet.« – »Habt ihr wirklich genug?« war die entsprechende Antwort, und dann entspann sich eine Situation, für die es den schönen Wiener Ausdruck gibt: »Halt' mich, ich bleib' gern!«. Das waren die in Tausenden Familien gebräuchlichen Formen, in denen sich die Samstag- und Sonntagabende abspielten. Dann saß man noch lange beisammen, und die sogenannten feinen Leute sind meist erst sehr spät nach Hause gekommen; sie hatten am nächsten Tag die Möglichkeit, eine halbe Stunde länger zu schlafen oder ein Nachmittagsschläfchen zu halten.
Während des Krieges musste meine Mutter sich oft, zusammen mit der Köchin und der Hausgehilfin, um Lebensmittel anstellen, weil die Versorgung immer schlechter wurde. Und da sind unsere mährischen Verwandten auf die glorreiche Idee gekommen, in die großen Brotlaibe kleine Schinken einzubacken. Viel später habe ich erfahren, dass das eine Delikatesse ist; ich bin sicher, dass sie von meiner Familie erfunden wurde.
Das Kochen war für meine Mutter ein sehr spannendes Erlebnis. Die Güte der Mahlzeit war in meiner Jugend sehr viel unberechenbarer als heute. Das fing bereits damit an, dass man im Herd Feuer machen musste. Ob der Herd genug Zug hatte, das wiederum hing vom Wetter ab.

Wenn das Feuer im Herd zu stark wurde, ist so manches Gericht angebrannt. Später kam der Gasherd, aber auch hier ist nicht immer alles gelungen. Meiner Mutter standen eine Köchin und eine Hausgehilfin zur Verfügung. Es waren lange Zeit zwei böhmische Schwestern, später junge Frauen aus Kärnten, die immer aus derselben Familie stammten. Sie waren alle echte Familienangehörige. Man lachte mit ihnen, bei besonderen Anlässen tanzte man mit ihnen, schließlich weinte man mit ihnen, und es gab während des Krieges viel Anlass zu Trauer, auch später wieder, als Hitler kam. Die Böhminnen stammten aus einem kleinen Dorf, und obwohl es 70 Jahre her ist, kann ich mich an die beiden gut erinnern. Meine Eltern sprachen mit ihnen tschechisch, was ihnen den Aufenthalt in Wien sehr erleichterte. Tschechisch war für meinen Vater und für meine Mutter die zweite Sprache, obwohl sie sich als deutsch sprechende Österreicher empfunden haben. Marie und Julie waren unentbehrlich, und wir liebten sie. Wie sehr sie zur Familie gehörten, beweist ein abscheuliches Bild, das zum Hochzeitstag meiner Eltern bei einem Fotografen gemacht wurde. Marie sitzt in der Mitte, links und rechts von ihr mein Bruder Paul und ich: zwei ausgehungerte Buben, den total unterernährten Körper in Ruderleiberln, in Schuhen und Hosen, die auf Wachstum eingerichtet sind, und kahlgeschoren, weil das nach Auffassung meines Vaters sehr gesund war.
Der böhmischen Marie und der böhmischen Julie, aber auch Frau Josefine Hoffmann und den drei Schwestern aus der Hafnerfamilie Jobst in Hermagor, ihnen allen bewahre ich eine lichte und freundliche Erinnerung, denn sie alle haben es mit uns immer gut gemeint und besonders mit mir. Sie haben vieles für mich getan und manches verheimlicht, zum Beispiel, dass unsere beiden Dobermänner während eines Opernbesuchs meiner Eltern in deren Betten lagen und, als man sie hinaustrieb, aus Schreck sich nicht gut benahmen. Marie und Julie haben auch viel zu meiner Erziehung beigetragen; sie besaßen den gesunden Instinkt zweier junger bäuerlicher Wesen.
Die hübsche Julie ging mit mir regelmäßig in den Park, der neben der zum Militärspital umgewandelten Mollardschule lag. Sie setzte sich immer auf dieselbe Bank und fand Kavaliere, meist sogenannte *vojáks,* Soldaten aus dem Spital, die rekonvaleszent waren und mittags in den Park gehen durften. Es waren meist Tschechen, und sie verstanden sich ausgezeichnet. Ich war sehr glücklich über den Anschluss, den unser Kindermädchen fand, denn so besaß ich vollkommene Freiheit in die-

»Maria sitzt in der Mitte, links und rechts von ihr mein Bruder Paul und ich: zwei ausgehungerte Buben, den total unterernährten Körper in Ruderleiberln.« Ein Foto, das zum Hochzeitstag der Eltern entstand.

sem Beserlpark und konnte mir meine Freunde aussuchen, ohne dass sie mir zurief, dass ich mit dem oder jenem nicht spielen dürfe. Andere kleine Bürgerkinder haben oft stark gelitten unter den ständigen Ermahnungen ihrer Aufpasserinnen, und wenn sie sie befolgten, waren sie für uns der Anlass zu sehr viel Spott. Dann liefen sie zu ihren Fräuleins, beklagten sich über uns und heulten. Das herrliche Leben im Park haben sie nie wirklich genossen.

Sehr viel später waren die Hausgehilfinnen die Verbündeten unserer ersten kleinen Affären. Man ging ins Kino; als besonderes Zeichen der Vertraulichkeit galt es, wenn einem die Freundin ihren Handschuh in die Tasche steckte. Ich erinnere mich noch an den strengen Blick der Köchin, die mir sagte: »Bruno, hier ist ein Damenhandschuh«, worauf ich meinte: »Na und, was ist da dabei?« »In der andern Tasche war auch ein Handschuh.« »Zwei gehören ja wohl zusammen.« »Aber es waren verschiedene.« Sie hat auf diese Art ihre Missbilligung darüber zum Ausdruck gebracht, dass ich damals im Alter von fünfzehn, sechzehn Jahren mit verschiedenen Mädchen ins Kino ging. Später, als ich im Gefängnis saß, hat sie immer irgend etwas Besonderes für mich gebacken, was mir meine Mutter dann mitbrachte.

Dank der leidenschaftlichen Satzanalysen meines Großvaters hatte ich sehr rasch lesen gelernt. In der Schule genierte ich mich dessen, zum einen, weil das so aussah, als wolle ich meine Künste vor der ganzen Klasse demonstrieren, zum anderen, weil ich glaubte, meine Lehrerin, ein adeliges Fräulein, könnte sich bei mir überflüssig vorkommen. Fräulein Helene von Valčic und anderen meiner Lehrerinnen tat es sehr weh, als sie eines Tages das »von«, das offenbar ihre Väter als Offiziere erworben hatten, nicht mehr gebrauchen durften. In den ersten beiden Jahren meines Schullebens konnten sie es noch verwenden, dann musste es plötzlich wegbleiben. Die Deutschen haben es viel klüger gemacht und das Adelsprädikat zu einem Teil des Namens erhoben. Mich hätte das »von« in Österreich nie gestört. Wenn nur sonst dem Gleichheitsbegriff der Demokratie stärker Rechnung getragen worden wäre in der Ersten Republik.

Zu Hause machte ich von meinen Lesefähigkeiten reichlich Gebrauch. Unsere tschechische Köchin konnte die in Fraktur gedruckten Zeitungen nicht lesen, und so musste ich ihr die wichtigsten Tagesereignisse vorlesen. Das hatte übrigens einen erfreulichen Nebeneffekt. Die Köchin und ich wurden dadurch sozusagen Komplizen, und das hat mir manche Gerichte, die ich nicht gern aß, erspart. Eines Tages hatte ich von mir aus das Bedürfnis, Marie einen Artikel vorzulesen. Ich ging in die Küche, wo sie gerade mit dem Schmirgeln des Ofens beschäftigt war. Dabei mussten wir ihr gelegentlich helfen. Die Küchenherde hatten an der Seite eine Stahlplatte, auf die man die fertigen Speisen zog; daneben war ein Stangen angebracht, auf das man die Tücher hängen konnte. Das Schmirgeln des Ofens war eine anstrengende, eintönige Beschäftigung.

Es war am letzten Tag des Krieges, und während Marie den Ofen saubermachte, habe ich ihr den Leitartikel *Das Ende des Krieges* aus der *Neuen Freien Presse* vorgelesen. Mit siebeneinhalb Jahren ist mir das Lesen dieses furchtbar langen Artikels sicher nicht leichtgefallen. Plötzlich merkte ich, dass Marie gar nicht zuhörte. Ihr genügte die Mitteilung, dass nun der Friede gekommen sei. Ich werde nie ihre Worte vergessen, dass ich das Lesen einstellen könne: »Wer weiß, für was gut ist!« Sie hat sich vom Frieden keine sehr deutlichen Vorstellungen gemacht und verwendete eine Formulierung aus dem Wienerischen, die nicht ganz passte. Damit wollte sie ausdrücken, dass eigentlich jeder Zustand schlecht und jede Veränderung positiv sei. Ein vier Jahre dauernder Krieg mit all dem Leid, das er verursachte, wurde von vielen Menschen offenbar als etwas Unabänderliches akzeptiert.

Weder in den Staaten, die den Krieg verloren hatten, noch bei den Siegern kam Freudenstimmung auf. Restlos glücklich war man nur in den neutralen Staaten.

Ich habe viel gelesen in meiner Kindheit. Merkwürdigerweise nie eine Zeile von Karl May, was ich später sehr bedauert habe, da ich die Geheimsprache meiner Schulkameraden kaum verstand. Ich las auch keine für Kinder präparierten Detektivgeschichten, dafür aber sehr gerne Märchen. Am liebsten die von Andersen, dessen Hintergründigkeit ich sehr früh verstand. Die Geschichte von *Des Kaisers neuen Kleidern* begleitet mich heute noch. Auch *Das hässliche Entlein* traf meine sich behutsam entwickelnde soziale Ader. Von den Grimm'schen Märchen schätzte ich besonders *Hans im Glück*. Er war für mich der Inbegriff des Menschen, der immer wieder alles falsch macht. Ich erinnere mich an einen Wortwechsel im Parlament, als ich die wirtschaftlichen Erfolgszahlen meiner Regierung vorlas und irgendein bäuerlicher Abgeordneter dazwischenrief: »Glück ham'S gehabt!«, und wie ich mich unterbrach und zu ihm sagte: »Ja, Herr Abgeordneter, aber was macht der Dumme mit dem Glück?«

Mein Interesse am Lesen war so auffällig, dass mein Vater sehr früh begann, mir Bücher zu schenken, vor allem Geschichtsbücher, und die Bücher, die ich meinem Vater schenkte – dabei ließ ich mich beraten von einem benachbarten kleinen Buchhändler, dem buckligen Herrn Ferber –, habe ich regelmäßig zunächst selber gelesen. An meinem 14. Geburtstag bekam ich von meinem Vater, als Krönung sozusagen, eine antiquarische Ausgabe der sehr teuren und kostbaren

Ullstein'schen Weltgeschichte. Ich hätte zwar lieber ein Fahrrad gehabt, aber sehr bald schon liebte ich diese sechs Bände über alles, nicht wegen der langen und für mich damals schwer verständlichen Aufsätze, sondern wegen der wunderbaren Reproduktionen, von denen ich manche vorsichtig herauslöste und sie an gute Freunde weitergab.
Stundenlang habe ich diese Bände durchgeblättert, bis ich alle Abbildungen im Kopf hatte. Ich erinnere mich noch heute, zum Beispiel an das Bild »Napoleon betrachtet den Brand von Moskau«; in diesem Prachtgemälde enthüllte sich mir die ganze Tragik des Franzosenkaisers. Vielleicht bin ich deshalb nie ein Bewunderer Napoleons geworden, obwohl er sich in meiner Familie einer gewissen Wertschätzung erfreute, vor allem, weil er die Emanzipation der Juden so energisch vorangetrieben hat. Das hat nicht nur meine Vorfahren, sondern offenbar auch die von Marx und Heine an ihm beeindruckt. Noch heute klingt mir das Heine-Gedicht *Die Grenadiere* im Ohr, das mir mein Onkel Oskar, der literarisch besonders interessiert war, immer wieder vorgelesen hat: »Mein Kaiser, mein Kaiser gefangen!«
Später habe ich auch die Texte der Ullstein'schen Weltgeschichte gelesen, denn ich wollte immer dem Unterricht voraus sein, in der Klasse ging mir alles viel zu langsam. Allerdings war ich hierbei sehr wählerisch. Ich habe nicht gelesen, wie man ein Buch normalerweise liest, sondern mal hier, mal dort, und eher von hinten nach vorn. Den großartigen Aufsatz von Felix von Luschan über Rassen und Völker habe ich auch später bei vielen Gelegenheiten herangezogen. Dort heißt es an einer Stelle: »Von einem arischen Typus oder einem arischen Schädel zu sprechen, ist genau so töricht, als wenn man von einer blauäugigen oder von einer langköpfigen Sprache reden wollte. Der anatomische Begriff der Rasse und der linguistische Begriff der Sprachenfamilie dürfen nicht miteinander verwechselt werden.«
Natürlich hat mich, so wie meine ganze Generation, das Buch *Onkel Toms Hütte* von Beecher-Stowe ungeheuer beeindruckt. Ich fühlte ganz mit den Schwarzen, wenngleich ich heute weiß, dass die kämpferischen Schwarzen, die sich um meinen Freund Jesse Jackson scharen, dieses Buch nicht gerade als Inbegriff der *civil rights* betrachten. Aber auch wenn ich erst sehr viel später erst begriffen habe, welche materiellen Hintergründe der Amerikanische Bürgerkrieg und die Befreiung der Schwarzen hatten und dass dies eine wichtige Voraussetzung für die Entwicklung Amerikas zur Industrienation war, so habe ich das Ende

der Sklaverei doch immer als eine der großen historischen Leistungen angesehen.

Habent sua fata libelli, heißt es, aber Bücher haben nicht nur ihre Schicksale, sondern sie gestalten auch das Schicksal derer, die sie lesen. Ich könnte ein Buch nach dem andern aus meiner Jugendzeit nennen, das mich beeinflusst und geformt hat. Wenn ich heute eines dieser Bücher aus dem Regal ziehe und die vielen Eselsohren sehe, dann fühle ich mich zurückversetzt in eine Zeit, in der es so vieles zu entdecken gab. Hier und da habe ich die Seiten auch mit Anmerkungen vollgeschrieben, allerdings nur, wenn es sich um wissenschaftliche Bücher handelte, die ich immer anders betrachtet habe als Bücher der sogenannten »schönen Literatur«.

Es gibt Bücher, die ich mehrmals gelesen habe und auch heute immer wieder lese. Eines meiner Lieblingsbücher ist *Der Mann ohne Eigenschaften* von Robert Musil. Ich gehöre, das kann ich wohl sagen, zu den wenigen, die Musils Werke schon lange vor dem Zweiten Weltkrieg gut kannten, und mit meinen Hinweisen auf ihn habe ich meinen Teil zur Musil-Renaissance beigetragen. In Schweden habe ich mich sogar als Übersetzer versucht, bin aber nach wenigen Absätzen gescheitert, weil die Sprache Musils in keinem Verhältnis zu meinen damaligen Kenntnissen des Schwedischen stand. Romane habe ich immer gern gelesen, aber ich gebe zu, dass ich sie mir mit sehr viel Bedacht ausgesucht habe, damit ich mir nicht am Ende die Frage stellen musste: Wozu hast du so viele Stunden in die Lektüre dieses Buches investiert?

Eine Facette meiner Zuneigung zu Büchern ist meine große Lust, selbst zu schreiben und zu fabulieren. Dieser Lust am Schreiben hätte ich in besonderer Weise huldigen können, wenn es zur Erfüllung meines ursprünglichen Berufswunsches gekommen wäre: Journalist zu werden. Eine große Zahl heute sehr bekannter amerikanischer Schriftsteller hat so angefangen, mit Reportagen, die sie mit einer immer größeren literarischen Fähigkeit verfassten, bis sie schließlich aufgehört haben, Journalisten zu sein und nur mehr Schriftsteller, ja Dichter waren. Zu ihnen zählt Hemingway mit seinen Reportagen aus Spanien – bis hin zu seinem großen Roman *Wem die Stunde schlägt.* Oder John Steinbeck, der über das Elend der amerikanischen Farmer berichten sollte und dieses aufwühlende Werk *Früchte des Zorns* schrieb, einer der großen Schriftsteller unserer Zeit.

Ein anderer ehemaliger Journalist war Arthur Koestler, der ebenfalls als Reporter nach Spanien ging. Auch wenn nicht alle seine Bücher Meisterwerke waren, so habe ich doch sein Spanienbuch *Spanish Testament* gelesen. Auch Erich Kästner begann als Journalist und war bald einer der meistgelesenen Lyriker unserer Zeit. Obwohl manche Banausen die Nase über seine Art von Gedichten rümpfen: Er hat kein einziges Gedicht geschrieben, das unkritisch gewesen wäre.

Im Laufe meines Lebens, vor allem während meiner Gefängniszeit, habe ich viel über das Erbgut nachgedacht, das in mir steckt. Heute kommt es mir so vor, dass ich beiden Familien manches verdanke. Zur Formung meines Charakters hat natürlich auch der Umstand beigetragen, dass ich jüdischer Herkunft bin. Um so lächerlicher sind die teils versteckten, teils offenen Vorwürfe, ich versuchte, mich meines Judentums zu entledigen.

Ein wichtiges Erbteil meiner väterlichen Familie ist mein Sinn für das Politische. Der Bruder meiner Großmutter, mein Großonkel Joseph Neuwirth, hat fast genauso lang dem österreichischen Reichsrat angehört wie ich dem österreichischen Nationalrat – nur fast hundert Jahre vor mir. Er starb am 20. Mai 1895. In einem Nachruf hieß es damals: »Seit dem Jahre 1873 vertrat Joseph Neuwirth die Brünner Handelskammer im Abgeordnetenhause, woselbst er in kurzer Zeit in die Reihe der hervorragendsten Mitglieder trat. Es war ihm als volkswirthschaftlicher Schriftsteller ein bedeutender Ruf vorangegangen, den er durch seine parlamentarische Thätigkeit vollauf rechtfertigte. In den vielen wichtigen Fragen wirthschaftlicher Art, deren Lösung die Volksvertretung in den letzten Decennien beschäftigte, konnte Abgeordneter Neuwirth sein großes Wissen, seine klare Auffassung und seine genaue Kenntniß der wirthschaftlichen Verhältnisse aufs glänzendste bethätigen … Seine Reden zeichneten sich stets durch eine Fülle von Inhalt und durch großen Ernst in der Auffassung aus. Zahlreiche wichtige Referate, darunter auf dem Gebiete der socialpolitischen Gesetzgebung, waren ihm anvertraut und insbesondere im Budgetausschusse ... war er einer der unermüdlichsten Arbeiter. Neuwirth war ein treuer, überzeugter Anhänger der liberalen Partei von entschieden fortschrittlicher Gesinnung, die er jederzeit offen zur Schau trug. Sein Tod hinterlässt eine große Lücke, die schwer auszufüllen sein wird.«

Joseph Neuwirth war einer der bedeutendsten unter meinen väterlichen Vorfahren und wurde in der Familie dementsprechend verehrt. Er hat viel für die Familie meines Vaters getan. In seinem Testament von 1889 bat er seine »geehrten Freunde und Kollegen, Abg. Dr. Ernst von Plener«, den späteren Finanzminister, »und Dr. Guido Freiherr von Sommaruga«, seinen »verwaisten Kindern auf ihrem Lebensweg nach Kräften schützend und fordernd beizustehen«. Überdies sprach er in diesem Testament den »Wunsch aus, dass meinen beiden Schwestern Katharina Kreisky in Kaladey« – meine Großmutter – »und Lina Bratmann (in Iglau Mähren) jener Erziehungsbeitrag für ihre zahlreichen Kinder, welchen sie seit einer langen Reihe von Jahren von mir bezogen haben, in gleicher Weise wie bisher, fortan seitens meiner Kinder zugewendet werde«. Joseph Neuwirth war kein reicher, aber auch kein armer Mann. Er stiftete Legate nicht nur für die sechzehn Kinder seiner Schwestern, sondern auch für das Dienstpersonal sowie für die Armen in Triesch, seinem Geburtsort in Mähren, die Armen in Meran, Obermais, Brünn und Linz.

Bei seiner Bestattung, so verfügte Joseph Neuwirth in seinem Testament, sollte auf »religiöse Zeremonien irgendwelcher Art« verzichtet werden. Weil er konfessionslos war, soll er von Kaiser Franz Joseph einmal aus einer vorgelegten Ministerliste gestrichen worden sein. Man hatte ihn für den Posten des Finanzministers vorgeschlagen. Der Kaiser hörte sich die Vorschläge an, nahm die Mitteilung der Meriten der einzelnen Herren gnädig zur Kenntnis und stellte schließlich die obligatorische Frage nach ihrer Konfession. Fast alle dürften römisch-katholisch gewesen sein; beim Finanzminister Joseph Neuwirth stockte der designierte Ministerpräsident einen Augenblick und sagte schließlich: »Konfessionslos.« Der Kaiser horchte auf und soll der Überlieferung zufolge gesagt haben: »Ja, was ist denn das?« Als er die entsprechende Aufklärung erhielt, soll er den Namen ausgestrichen haben mit der Bemerkung: »Da wär' mir schon lieber, er wär' ein Jud'.«

Diese kleine Anekdote wurde oft in meiner Familie erzählt. Trotz ihrer Neigung, konfessionslos zu werden, weil das ihrer liberalen und agnostischen Einstellung entsprach, wurden viele Mitglieder meiner Familie aufgrund dieser Anekdote sonderbarerweise religiös. Joseph Neuwirth spricht in seinem Testament daher auch die Hoffnung aus, dass seinen Kindern, die dem römisch-katholischen Glauben angehören, aus dem Umstand, dass er sich »religiöse Zeremonien irgendwelcher Art« ausdrücklich verbittet, keine Probleme erwachsen.

Von der großbürgerlichen Familie Felix habe ich wahrscheinlich die

Neigung mitbekommen, ungeachtet meiner politischen Gesinnung jenen Lebensstil beizubehalten, den ich von zu Hause kannte. Die Männer in der Familie Felix waren meist Bonvivants, die Frauen durchwegs sehr noble, intelligente Personen. Ebenso wie die Brüder meines Vaters spielten fast alle Mitglieder der Familie Felix in meinem Leben eine große Rolle.

Das erste Dokument, in dem einer meiner Vorfahren erwähnt wird, stammt aus dem Jahre 1694. Es ist ein Empfehlungsschreiben der Reichsgräfin Zierotin für ihren Bader Felix Sachs – ein Zuname, der später nicht mehr auftaucht. Nachdem Felix Sachs acht Jahre unter ihrer Herrschaft gearbeitet hatte, wollte er sein Glück offenbar anderswo suchen und bat um ein Zeugnis.

Sowohl mein Urgroßvater als auch mein Großvater waren sehr unternehmerische Leute und haben das Neue stets sofort erfasst. Mein Großvater, Moritz Felix, der ein knorriger, sehr selbstbewusster Mann gewesen sein muss, machte aus der Spiritusbrennerei eine Likörfabrik und errichtete außerdem eine Konservenfabrik in Znaim.

Das tschechischsprachige Trebitsch war ein schönes Städtchen in Mähren, das zu meiner Zeit 13.000 Einwohner zählte. An einem dieser ungeheuer großen Plätze, wie es sie nur im alten Österreich gegeben hat, besaß die Familie seit vielen Generationen ein stattliches Haus. Während mir die deutschen Städte im Kern immer als etwas eng erschienen, hatte man in Böhmen und Mähren den Eindruck, dass alle Bürger um den zentralen Platz herum lebten, was ursprünglich bei der Anlage solcher Plätze vielleicht auch beabsichtigt gewesen ist. Im Haus der Familie Felix in Trebitsch verlebte ich den Großteil meiner Ferien, und es war für mich sehr schmerzlich, als das Haus nach dem Krieg von der tschechischen Regierung in brutaler Weise erst zur städtischen Wasserverwaltung umfunktioniert und in den Siebzigerjahren schließlich weggerissen wurde. Seither habe ich mich geweigert, jemals wieder nach Trebitsch zu fahren. Denn seitdem es das Haus nicht mehr gibt, sind die schönsten Erinnerungen aus meiner Kindheit und Jugend verloren.

Das großelterliche Haus lag im Herzen der Stadt und direkt neben dem Rathaus, was eine gewaltige Ausnahme darstellte, denn die Juden wohnten in der Regel in eigenen Vierteln außerhalb der Stadtmauern. Die Judenstadt von Trebitsch lag auf der anderen Seite der Iglau. Oberhalb der Judenstadt lag das Schloss der Grafen Waldstein. Man musste also durch die Judenstadt zum Schloss hinauf, und ich erinnere mich sehr gut an diesen Weg, weil ich dort oben immer Tennis spielte. Eine alte Gräfin Waldstein hat mir einmal erzählt, dass ihr Vater Leute auf einem Turm postiert hatte, die ihm mitteilen mussten, wann mein Großvater sein Haus verließ. Dann hat sich der Graf aufgemacht, um ihm zufällig zu begegnen, weil er wissen wollte, wie die Kurse an der Börse in Prag notierten.

Aus Trebitsch stammt auch der berühmte Schuhkönig Bat'a, der in meiner Familie eine gewisse Rolle spielte, weil man an seinem ersten großen wirtschaftlichen Erfolg nicht ganz unbeteiligt gewesen war. Bat'a stellte damals Hausschuhe vom Fließband her; die Patschen bestanden aus einem besonderen Wollgemisch und hatten eine Ledersohle. Die Idee war völlig neu, und niemand wollte dem Bat'a das Leder für die Sohlen kreditieren.

Schließlich hat der Mann der ältesten Schwester meiner Mutter, der eine große Lederfabrik in Znaim besaß, das Material zur Verfügung gestellt. Der Schuhkönig, der später ganz Zlín beherrschte und heute überall auf der Welt Schuhfabriken besitzt, hat meinem Onkel diese Geste nie vergessen und dieses bestimmte Leder immer bei ihm bestellt.

Zlín war ein amerikanisches Wunder mitten in Mähren. Im Warenhaus der Stadt, das ebenfalls Bat'a gehörte, konnte man von der Wiege bis zum Sarg alles bestellen. In der Haupthalle hing das Flugzeug, mit dem Tomás Bat'a abgestürzt ist. Die Lehrlinge bei Bat'a wurden in Massen aus den Dörfern des Balkans geholt – man kaufte sie ihren Eltern sozusagen ab – und in riesigen Schlafsälen untergebracht. In der Früh mussten sie sehr zeitig raus und zwecks moralischer Aufrüstung in Reih und Glied singend durch die Straßen Zlíns ziehen, Gott preisend und Bat'a als seinen Propheten. Auch die Mauern der Stadt waren mit Bat'a-frommen Sprüchen verziert. Wahrscheinlich gab es in Zlín keine einzige Wand, an der man ein anders lautendes oder gar kritisches Plakat hätte anbringen können.

Als ich mir im Sommer 1933 diese sonderbare Stadt etwas genauer anschauen wollte – natürlich war das Hotel, in dem ich wohnte, ein Bat'a-Hotel –, wurde ich höflich, aber energisch veranlasst, Zlín binnen 48 Stunden zu verlassen, weil ich unfreundliche Artikel über den Bat'a-Konzern geschrieben und darin die raffinierten Ausbeutungsmethoden geschildert hatte, die an den Lehrlingen praktiziert wurden. In der tschechoslowakischen Demokratie besaß der Schuhkönig Bat'a sein eigenes Königreich.

Blick auf eine versunkene Welt: Bruno Kreisky mit Onkel Rudolf Kreisky, dessen Kindern Artur und Anka und dem Leiter des böhmischen Konsumvereins auf einer Wanderung im Böhmerwald.

Mein Onkel, seine Brüder und Freunde waren leidenschaftliche Jäger, und aus uns wollte man das gleiche machen. Wir wurden also früh auf die Jagd mitgenommen. Die Ausfahrt mit kleinen Jagdwägelchen in guter Ordnung war für mich das Schönste, das Jagen selbst das am wenigsten Spannende und die Heimfahrt das Ekelhafteste. Die nassen Jagdhunde haben fürchterlich gestunken. Die kleineren Beutestücke, zum Beispiel Rebhühner, bekamen lederne Bänder um die Brust gelegt, und auf diese Weise mussten wir sie nach Hause tragen. Die langsam auskühlenden kleinen Vogelkörper, die glasigen Augen, das lässt sich in seiner ganzen Widerlichkeit gar nicht beschreiben. Noch heute habe ich eine Abneigung gegen die Jagd und esse sehr ungern Wild.
Wenn sich die Neffen und Nichten im Haus der Vorfahren in Trebitsch einfanden, klagte der Bruder meiner Mutter, Berthold, der vom Großvater das Trebitscher Unternehmen übernommen hatte, als erstes über die schlechten Zeiten. Aber jedesmal konstatierten wir Veränderungen, die auf wachsenden Wohlstand schließen ließen. Damit wir uns das Umsteigen nach Trebitsch ersparten, ließ er uns mit der Kutsche auf der Bahnstation Okrischko abholen. Aber eines Tages kam er selber mit

einem Automobil vorgefahren. Aus den Ställen wurden Garagen, und jedesmal stand dort, trotz des Jammerns über die schlechten Zeiten, ein neues Automobil. Beim Abschiednehmen bekamen wir von ihm immer ein fürstliches Zehrgeld mit auf den Weg, und immer sagte er dann dasselbe: »Brav sein und sparsam!« Und wenn wir, die Neffen und Nichten, uns später begegneten, haben wir uns gleichfalls mit diesen Worten verabschiedet: »Brav sein und sparsam!« Berthold Felix ist eines sogenannten natürlichen Todes gestorben, das heißt, er hat sich bei der deutschen Okkupation der Tschechoslowakei so aufgeregt, dass er einem Herzschlag erlag – ein gnädiges Schicksal, angesichts des Endes seiner Frau, seiner drei Kinder und Enkelkinder im Gas.

Ein weiterer Bruder meiner Mutter, Julius, war der große Kavalier der Familie. Er lebte in Mödling bei Wien das Leben eines österreichischen Grandseigneurs und ging immer mit einem dicken gelben Bambusstock spazieren. Ursprünglich war er ein hoher Richter – Bezirksrichter in Schärding und später Hofrat und Vizepräsident des Handelsgerichts –, hat sich dann aber als Advokat etabliert, und zwar ausschließlich zu dem Zweck, das Vermögen seiner Verwandten zu verwalten. Er war, weil er anders nicht Richter hätte werden können, aber wohl auch aus innerer Überzeugung, Katholik geworden. Nach dem »Anschluss« blieb er relativ lange unbeachtet, bis ihn eines Tages doch das Schicksal ereilte und er eine Vorladung der Gestapo erhielt. Er wusste, was ihm bevorstand, hat seinen besten Wein aus dem Keller geholt, ein paar Freunde eingeladen, und am nächsten Tag fand ihn die Wirtschafterin tot im Bett. Die Kirche gewährte Selbstmördern damals kein kirchliches Begräbnis, aber im Hinblick auf das Ansehen, das er genossen hatte, machte der Erzbischof von Wien, Kardinal Innitzer, eine Ausnahme.

Mich hat dieser Onkel zeitlebens freundlich, aber sehr distanziert behandelt, denn er hielt mich für ein auf Irrwege geratenes Familienmitglied. Er mochte »die Roten« nun einmal nicht, die Sozialisten waren ihm, wie übrigens allen Mitgliedern der Familie Felix, höchst suspekt. Ich bezweifle, dass er sie ernsthaft gehasst hat, denn seiner ganzen Lebensart nach war der Hass ein zu mühsames Gefühl für ihm. Mit mir fand er sich offenbar ab, weil er der Auffassung war, dass man sich bei einer so alten und großen Familie nicht wundem dürfe, wenn es hin und wieder skurrile Erscheinungen gäbe. Dennoch ist das Verhältnis zwischen den Familienmitgliedern durch politische Zwistigkeiten nie-

mals gestört worden. Es war eine Gemeinschaft von großer Harmonie und von einer Wärme, die ich noch heute nachempfinde.
Der jüngste Bruder meiner Mutter war Friedrich Felix, der Besitzer der Konservenfabrik meines Großvaters in Znaim. Auf den Ansichten von Znaim aus dem 19. Jahrhundert ist in der Mitte ein großer rauchender Schornstein zu sehen. Dieser Schornstein war der Stolz meines Großvaters, weil er das Zeichen dafür war, dass dort eine der frühen Dampfmaschinen betrieben wurde. Dieses Unternehmen, das von meinem Großvater vor mehr als einem Jahrhundert begründet worden war, ist heute in tschechischem Volkseigentum – eine Umschreibung für Konfiskation. Vom einstigen Glanz ist nichts geblieben.
Damals, zu meiner Zeit, waren die Konservenfabriken das Kernstück des Familien-Konzerns; ihre Erzeugnisse, vor allem die Znaimer Gurken, wurden nach vielen europäischen Ländern exportiert, unter anderem nach Schweden. Friedrichs Sohn, mein Cousin Herbert Felix, dem der Verkauf nach Schweden oblag und der mit einer Schwedin verheiratet war, ging sehr früh nach Schweden und hat nach dem Krieg zusammen mit seinem Schwiegervater unter dem Namen Felix eine der größten Konservenfabriken des Kontinents aufgebaut.
Herbert Felix war mir von allen Verwandten der liebste. Wir waren einander nahe wie zwei Brüder und haben uns bei jeder sich bietenden Gelegenheit getroffen. Das letztemal 1973, wenige Tage vor seinem Tode, beim Skifahren in Lech. Ein prächtiger und sehr fähiger Mann. 1958 trafen wir uns in Bad Wildungen zu einem ernsten Gespräch. Er stellte mir zum letzten Mal die Frage, ob ich bereit sei – ich war damals Staatssekretär –, in seinen Betrieb als Partner einzutreten. Es schmerzte ihn ganz offensichtlich, als ich mich definitiv für die Politik entschied. Ob dann nicht wenigstens Peter, mein Sohn, dafür zu interessieren sei, fragte er. Als auch daraus nichts wurde, eröffnete er mir, dass er das Unternehmen dann nicht weiterführen und dem Wunsch seiner schwedischen Freunde folgen werde, ihnen seinen Anteil zu verkaufen. Allmählich zog er sich vollkommen aus der Firma zurück und übernahm einen sogenannten *One-dollar-a-year-Job* bei der FAO *(Food and Agriculture Organization);* ab 1965 kümmerte er sich innerhalb der UNO um die industrielle Verwertung von Agrarprodukten. Als er 1973 starb, hinterließ er ein beträchtliches Vermögen.
Ich kann sagen, dass meine beiden Familien den Nazismus in seiner grauenhaftesten und umfassendsten Form erfahren haben und dass nur

wenige von uns übrig geblieben sind. Über die Welt verstreut, trifft man hier und da den einen oder anderen. Jedesmal, wenn jemand herumzudividieren beginnt, ob das vier oder sechs Millionen gewesen seien, die dem Holocaust zum Opfer fielen, kann ich trotz eines gewissen Verständnisses für die Schwächen der Menschen nur sagen: Von den mir Nahestehenden wurden so viele umgebracht, dass Zahlen mich nicht mehr interessieren.

Die Brüder meiner Mutter sind allesamt zugrunde gegangen; auch einige Schwestern meiner Mutter und viele Cousins, die mir sehr lieb waren und sehr nahegestanden sind. Eine Cousine, Elfi Felix, kam als einzige aus der Hölle zurück, war aber wahnsinnig geworden. Vor ihren Augen hatte man ihre Tochter umgebracht. Sie überlebte den Krieg nur um wenige Wochen.

In einer Liste, die dem polnischen Botschafter in Wien, Karski, vom damaligen Direktor von Auschwitz übermittelt wurde, findet sich eine ganze Reihe meiner Verwandten: eine große Zahl von Angehörigen der Familie Felix, darunter mein Vetter Dr. Wilhelm Felix, ein strenggläubiger Katholik, der aufgrund der Gebote seines Glaubens die Eltern nicht im Stich lassen wollte, als diese nach Theresienstadt deportiert wurden. Er selber war Halbjude und stand den katholischen Neuländern nahe.

Auf jener Liste steht auch meine Tante Grete Felix, die verheiratet war mit dem Bruder meiner Mutter, der den Trebitscher Betrieb vom Großvater übernommen hatte, eine Frau von unendlicher Güte und außergewöhnlicher Schönheit. Auf der Liste stehen noch weitere Vettern von mir, alle aus der Familie Felix, auch Ernst Felix mit allen seinen Kindern. Dann kommen die Fischers, Berta Fischer, die Schwester meiner Mutter, mit ihren Kindern, und dann die Kreiskys, Otto Kreisky, Friederike Kreisky, Karl Kreisky, auch viele Kreiskys, von denen ich bis dahin nichts wusste. Aus der kleinen mährischen Stadt Trebitsch meldet der Bericht 650 Deportierte. Ich hatte einmal grob geschätzt, dass von unserer Familie aus Trebitsch über zwanzig der nächsten Angehörigen von den Nazis ermordet worden sind; als ich jedoch die Namen durchging, stellte sich heraus, dass es viel mehr waren. Aber ich habe nicht mehr die Kraft, diese Statistik des Grauens zu vervollständigen.

Diese Auslöschung hat so viele Zeugen gefunden, es gibt eine große Anzahl mehr oder weniger bedeutender Bücher, mehr oder weniger eindrucksvoll nachempfundener Filme und Theaterstücke, und den-

„So viele wurden umgebracht, dass Zahlen mich nicht mehr interessieren": Bruno Kreisky im NS-Vernichtungslager von Auschwitz.

noch zweifle ich manchmal, ob das alles ausreicht, die Menschheit vor Ähnlichem zu bewahren. Ich glaube es nicht. Der Massenmord hat seither nicht aufgehört, und in den letzten Jahren hat er eine so unfassbare Steigerung erfahren, dass ich mich immer wieder aufs Neue frage, ob der Kampf dagegen nicht vergeblich ist. Man kann einfach nicht überall dagegen ankämpfen; wenn man einiges Gehör finden will, muss man sich auf weniges konzentrieren. So lasse ich es bei einer sehr nüchternen Feststellung bewenden: Nur dann kann man die Menschen zu Mitgefühl und Einsicht bringen, wenn man irgendeine Saite ihres eigenen Schicksals zum Schwingen bringt. Deshalb habe ich oft gesagt, was 1938 für die österreichischen Juden begonnen hat, ging bald weit darüber hinaus. Erst kamen Juden anderer europäischer Nationen an die Reihe, dann die »Arier«, die Norweger, die Holländer, und eigentlich blieb niemand verschont. Ganz am Schluss stand die schreckliche Bilanz: Millionen Tote, Hunderttausende Vermisste, über Europa hin und her ziehend die Heere der Vertriebenen.

Es war für mich eine wirkliche Genugtuung, als ich nach dem Krieg den größten Wunsch meiner Mutter erfüllen konnte: ihre noch lebenden

Schwestern nach Wien einzuladen. So gab ich ihnen noch einmal die Möglichkeit, einige Zeit miteinander zu verbringen. Aus England kam die älteste noch lebende Schwester meiner Mutter, Rachelle. Sie war die Witwe eines Mannes, der mir in meiner Kindheit ungeheuer imponiert hatte. Er war »Oberoffizial bei der k.k. privilegierten österreichischen Nordwestbahn« gewesen, ein stattlicher Mann, und in seiner roten Pelerine hatte er auf mich als Kind einen gewaltigen Eindruck gemacht. Außerdem hatte er immer sehr spannend von einem Freund erzählen können, der in der englischen Geschichte eine große Rolle gespielt hat, der berühmte Slatin Pascha. Der Sohn meines Onkels Gustl Herschmann war einer der erfolgreichsten Wiener Advokaten und vertrat zahlreiche Schauspieler des Theaters in der Josefstadt. Er hatte ein besonderes Faible fürs Theater. Als ich ihn das letzte Mal sah – er war an die neunzig und hatte ein sonderbar feines Gesicht –, hat er mir ganze Passagen aus dem Repertoire von Josef Kainz vorgetragen.

Die zweite Schwester, Eugenie Mayer, kam aus Israel, wo sie gar nicht gern lebte. Ihr Sohn war eines der Vorbilder meiner Jugend gewesen, ein schlanker, hochgewachsener Führer der Jugendbewegung »Blau-Weiß«. Er hatte sich früh dem Zionismus angeschlossen und war nach Palästina gegangen. Bei Kriegsende war er Major der britischen Armee. In der israelischen Armee wurde er später General der Pioniere. Seine Schwester, die mit einem polnischen Textilfabrikanten verheiratet war, »ging ins Gas«.

Die dritte Schwester, die überlebt hatte, war Therese Kantor, die reichste von allen, bei der ich die Stelle eines Wahlsohnes eingenommen habe – doch darüber später. Die vierte schließlich war meine Mutter. Als ich die vier Frauen nach Wien einlud, fürchtete ich, dass das Beisammensein überschattet sein werde von dem Gefühl, sich zum letzten Mal zu sehen. Wenn sie auseinandergehen, werden sie vom Abschiedsschmerz überwältigt sein, dachte ich mir. Aber das war ganz falsch. Die alten Damen waren alle froh, dass das Zusammensein, das sie sich doch so sehnlich gewünscht und auch genossen hatten, zu Ende war; endlich konnten sie wieder in ihre gewohnte Umgebung zurückkehren. Wie ich überhaupt das Gefühl habe, dass Frauen mit zunehmendem Alter immer weniger sentimental werden, während alten Männern bei jeder Gelegenheit die Tränen kommen.

Erlebnisse: Der eigene Weg in die Politik

Am 8. November 1924 nahm ich zum ersten Mal an einer Demonstration teil. Ich war noch nicht vierzehn Jahre alt. Der Sohn eines Industriellen namens Thomas Schwarz hatte sich aus dem Fenster der elterlichen Wohnung auf der Wieden gestürzt, weil er die Quälereien eines seiner Lehrer nicht mehr ausgehalten hat. Die Vereinigung sozialistischer Mittelschüler rief zu einer Protestkundgebung vor dem Gebäude des Wiener Stadtschulrats auf, und zwei Mitschüler hatten mich aufgefordert mitzukommen. Einer von ihnen wurde später Generalkonsul in Johannesburg – ein glühender Verfechter der Apartheid. So geht's halt manchmal mit den Menschen.

Mit dieser Kundgebung für einen an den Schulverhältnissen zugrunde gegangenen Mittelschüler begann mein eigentliches Engagement und ich wurde Mitglied in der Vereinigung sozialistischer Mittelschüler. Da ich sehr jung war, gehörte ich in den sozialistischen Wanderbund, einen Ableger der deutschen Wandervogelbewegung. Diese große Aufbruchbewegung der deutschen Jugend hat im Leben Tausender junger Menschen eine entscheidende Rolle gespielt. Der Wandervogel hatte sich ja mehrfach gespalten; es gab unter anderem einen katholischen, einen deutschnationalen, einen eher liberalen und auch einen sozialistisch-kommunistischen Zweig.

»Jugendbewegt« zu sein, war auch zu meiner Zeit noch eine bestimmte Grundhaltung. Von einem gewissen Alter ab wurde das freilich mit einem leicht kritischen Unterton vermerkt. Nun machte man jedoch einen Unterschied zwischen Jugendbewegung und Jugendpflege. Unter Jugendpflege verstand man die Tätigkeit der Pfadfinder unter der Obhut von Erwachsenen, unter Jugendbewegung die sich selbst verwaltende Form des Zusammenschlusses junger Menschen.

Im Wanderbund hat es mir sehr gut gefallen. Es war die ideale Verkörperung einer neuen Gemeinschaft. Nicht mehr auf den engen Kreis der Mitschüler und der Jungen aus der Nachbarschaft begrenzt, verbrachte ich fortan meine freien Nachmittage inmitten eines Kreises, der mir das Gefühl von Geborgenheit gab und vor allem die Empfindung, einer

Anstatt in die Tanzschule ging's zur Sozialistischen Jugend: Ausflug zum Völkerballspiel Ende der Zwanzigerjahre.

großen, irgendwie auch politischen Aufgabe zu dienen. Meiner Neigung entsprechend, die mein Sohn einmal »missionarisch« genannt hat, habe ich mich einer intensiven Werbetätigkeit hingegeben.

Ständig strebte man nach neuen Formen des Zusammenlebens. Auch wenn wir im grundsätzlichen übereinstimmten, wurden dennoch harte Diskussionen geführt, bei denen ich freilich ein sehr stiller und passiver Teilnehmer war, denn es gab ja die »Großen«, allen voran Paul Lazarsfeld und Marie Jahoda, den redegewaltigen Alex Weissberg, der später in der polnischen Widerstandsbewegung als Oberst Cybulski aktiv war, Professor Victor Weisskopf, einen der CERN-Direktoren und Bürgermeister von Los Alamos, ferner den berühmten Mathematiker Hans Motz, der dann in Oxford lehrte, Hans Zeisel in Chicago und viele andere, die später einen großen Namen hatten.

Dieser Gruppe von Intellektuellen meist jüdischer Herkunft stand eine andere Gruppe gegenüber: die Söhne aus Arbeiterfamilien. Sie mussten sich durch besondere Tüchtigkeit bewähren, weil vielen das Studium sonst nicht möglich gewesen wäre. Da sie nicht wie andere über Beziehungen oder über Familienbande verfügten, hatten sie es von Vornherein sehr viel schwerer. Die meisten von ihnen waren Techniker, und dies lag sehr oft in ihren Familien begründet: Es war fast selbstverständlich, dass der Sohn eines Metallarbeiters Ingenieur oder der Sohn eines Bauarbeiters Architekt wurde.

In meiner Mittelschülergruppe gab es zwei junge Leute, die später eine gewisse Berühmtheit erlangt haben, aber in sehr verschiedenartiger Weise. Der eine war mein Mitschüler, der spätere SS-Sturmführer Felix Rinner. Er war einer der Unbelehrbarsten und ist vor einiger Zeit als unverbesserlicher Nazi gestorben. Der andere ist der heute sehr bekannte Dichter Jura Soyfer, der Sohn eines russischen Emigranten, der in Wien reich geworden war. Jedenfalls hielt ich ihn für sehr reich, da ich ihn einmal in einem dicken Pelzmantel mit großer Pelzmütze gesehen habe. Überhaupt ist mir damals zunehmend aufgefallen, dass unter den sozialistischen Mittelschülern nur sehr wenige Arbeiterkinder waren, dafür um so mehr Kinder aus bürgerlichem Haus. Unsere Zusammenkünfte fanden meist in eleganten Bürgerwohnungen statt.
Am 15. Juli 1927 kam es vor dem Justizpalast zu ersten großen und gewalttätigen Auseinandersetzungen zwischen Demonstranten und Polizei. Tags zuvor waren jene Frontkämpfer freigesprochen worden, die bei einem Zusammenstoß mit dem Republikanischen Schutzbund im burgenländischen Schattendorf für den Tod von zwei Menschen verantwortlich waren – einem Invaliden und einem Kind. Wegen dieses Freispruchs kam es zu spontanen Arbeiterdemonstrationen gegen die »Schandjustiz«. Ich war neugierig, schnappte mir meinen Cousin Artur Kreisky, der damals mit seinen Eltern bei uns zu Besuch war, und gemeinsam gingen wir zum Justizpalast, um uns anzuschauen, was wir zunächst für ein bloßes Spektakel hielten. Plötzlich peitschten Schüsse. Wir haben die Salven nicht nur gehört, wir haben auch die fallenden Menschen gesehen, das Blut. Zum ersten Mal sah ich Menschen sterben. Das Herz klopfte uns bis zum Halse.
Als wir wieder wohlbehalten zu Hause eintrafen, hatte sich in der Stadt mit Windeseile das Gerücht verbreitet, in der Babenbergerstraße sei ein Mann namens Artur Kreisky erschossen worden. Da alle Kreiskys, die es auf der Welt gibt, vor zwei, drei und mehr Generationen miteinander verwandt waren, muss auch er weitläufig zu uns gehört haben. Nun war dies aber ein anderer Artur Kreisky, weder ein rebellierender Arbeiter noch ein Neugieriger, sondern ein angesehener Juwelier aus der Kärntner Straße, der gerade auf dem Nachhauseweg war. Er erlitt mehrere Durchschusswunden und starb drei Tage später. Die Presse hat den Fall breit ausgeschlachtet, um zu zeigen, wie sinnlos die Polizei herumgeschossen hat und dass es gar nicht darum gegangen ist, Arbeitermassen zurückzudrängen, sondern Macht zu demonstrieren. Insge-

samt wurden an diesem Tag 89 Menschen getötet, darunter viele Angehörige der Sicherheitswache, und mehr als sechshundert verletzt. – Mein Cousin wurde sechzehn Jahre später, im Juni 1943, wegen Widerstandstätigkeit in Berlin-Plötzensee hingerichtet.

Betrachtet man die Geschichte der österreichischen Sozialdemokratie in der Ersten Republik, so wird man wahrscheinlich zu dem Schluss kommen müssen, dass ihr Abstieg damals im Jahre 1927 begonnen hat. Bis zu jenem 15. Juli war die Partei von einem bis dahin unbekannten, fast rauschhaften Hochgefühl durchdrungen. Soeben erst hatte sie einen glänzenden Wahlsieg errungen, und Otto Bauer hatte die Parole ausgegeben: »Noch einmal 200.000 Stimmen, und wir haben die Mehrheit.« Einige meiner Freunde, darunter Victor Weisskopf, haben damals ein politisches Kabarett gemacht, in dem sie das Wort »Noch einmal 200.000!« selbstherrlich aufgriffen. In dem Sketch wurde der Tag geschildert, an dem wir endlich die Mehrheit hätten. Man ließ das Rathaus festlich beleuchten – an so etwas hatten die Wiener besonderen Gefallen –, und dann endete die Strophe:

Was tamma jetzt, was tamma jetzt?
Jetzt wird a bisserl ausgesetzt.
Was tamma dann, was tamma dann?
Dann fang' ma halt wieder vom Anfang an.

Es war ein ungeheures Kraftgefühl, das uns damals durchströmte. Schließlich hatten wir die Wahlen gegen die von Seipel konstruierte, sogenannte bürgerliche Einheitsliste gewonnen, die von dem Antisemiten Riehl, einem der Urnazis, bis hinüber zu den jüdischen Kandidaten in der Leopoldstadt reichte. Und gegenüber den Wahlen von 1923 hatten wir noch einmal drei Mandate hinzugewonnen (insgesamt 71), während die Christlichsozialen 9 Sitze verloren (insgesamt 73). Mitten in diese Hochstimmung fiel der furchtbare Schock vom 15. Juli.

Im Nachhinein lässt sich natürlich leicht behaupten, dass es ein schwerer politischer Fehler war, in einem Moment, wo ganz Österreich im Bann der Sozialdemokratie stand, den Generalstreik auszurufen. Wer die Vorgeschichte kannte, musste wissen, dass er nicht lückenlos befolgt werden würde. Man konnte sich auf die Eisenbahner verlassen, die einen sicheren Arbeitsplatz hatten und lange die Treuesten der Treuen waren, auch auf die Postbeamten und Metallarbeiter. Aber das große Wort, das uns alle in unserer Jugend faszinierte: »Alle Räder stehen still, wenn dein starker Arm es will«, das hat sich eben nicht als zutreffend erwiesen.

Und wer hätte gedacht, dass die Polizei schießen würde? Das war ja die eigentliche Tragödie. Nichts hat sich das österreichische Bürgertum sehnlicher gewünscht, als dass die von Wahl zu Wahl erfolgreichere Sozialdemokratie auf die eine oder andere Weise einen schweren Rückschlag erleiden möge. Im gleichen Moment, in dem der Staat bewies, dass er sich traute, auf demonstrierende »Rote« zu schießen, war der Bann ihrer Politik gebrochen. Man kann also, dachten seither viele, mit der Sozialdemokratie fertig werden, sofern man nur den Mut hat, in die Leute hineinzuschießen. Diesen »Mut« hat der Staat am 15. Juli 1927 gezeigt, und der Held der Stunde war der Wiener Polizeipräsident Schober, ein im Grunde empfindsamer Beamter aus den Zeiten der Monarchie, der sich oft beschwerte, dass er ungerecht behandelt werde.

Das Ärgste war, dass die Sozialdemokratie der Gegenseite einen Anlass geboten hat oder zumindest einen Vorwand. Denn ich glaube nicht, dass der Leitartikel des Chefredakteurs der *Arbeiter-Zeitung,* auf den sich Schober berief und den man in der Tat als sehr heftig bezeichnen kann, von den Arbeitern wirklich gelesen worden ist. Die *Arbeiter-Zeitung* hatte zwar eine große Auflage, aber die Masse der Leute hat nicht um fünf Uhr in der Früh den Leitartikel gelesen, um dann um sechs Uhr in die Fabriken zu gehen und zu sagen: Jetzt marschieren wir! Das war eher ein impulsiver Entschluss, und instinktiv zogen die Massen auch zum Justizpalast als dem Inbegriff der Schandjustiz. Die Eskalation, zu der es dort kam, hat sich aus der Situation ergeben. Vielleicht steckten sogar bolschewistische Agenten dahinter, denn das Wien jener Jahre war ein Tummelplatz für sie. Viele von ihnen betrieben damals sehr stark die anarchistische Propaganda der Tat.

Die Österreicher der Ersten Republik waren leicht erregbare Menschen. Hatte man den Krieg glücklich überlebt und war nicht als Krüppel zurückgekehrt, dann wurde der Krieg im Rückblick zu dem großen Abenteuer eines sonst ereignislosen Lebens. Zwar wollte man in den ersten Jahren vom Krieg nichts hören und nichts sehen; dann aber wurde das Ereignis literarisch verarbeitet, und am Ende stand sehr oft die Apotheose des Soldatentums an sich. Der Nazismus war ja auch und ganz bewusst eine Verlängerung der Kriegserlebnisse und machte aus der Fronterfahrung den Inbegriff menschlichen Erlebens.

Ein Sohn aus gutem Haus, fein „geschalt": Gymnasiast Bruno Kreisky mit seinem Dobermann, 1926.

Auch der Republikanische Schutzbund verdankte seine Entstehung nicht nur dem Wehrwillen der Arbeiterbewegung gegen die präfaschistischen Kampfbünde, sondern entsprang auch dem Bedürfnis der Menschen, die Erinnerung an das größte Erlebnis ihres Lebens wach zu halten. Ich erinnere mich deutlich an viele Nächte, die ich bei Schutzbundbereitschaften zubrachte. Man saß in irgendwelchen Kellern, döste vor sich hin und langweilte sich; eine allgemeine Munterkeit kam erst auf, wenn endlich die Würstel gebracht wurden. Und während dieser nächtelangen Schutzbundbereitschaft haben die Leute am liebsten vom Isonzo geredet, von Gorlice und von Wolhynien. So lernte ich sämtliche Schlachten kennen, auch wer ein guter General und ein tüchtiger Feldwebel gewesen war. Die Mentalität des Feldwebels steckt in vielen Menschen, auch in Zivilisten. Hinzu kam die krankhafte Uniformsucht, die gerade in Österreich sehr stark verbreitet ist. Wir hatten auf der Wieden einen etwas zu kurz geratenen Schutzbundführer, der mit Hochglanzreitstiefeln und in einer Fantasieuniform an der Spitze seiner Schutzbündler immer dicht am Rathausplatz vorbeimarschiert ist, und vielen hat das sehr gut gefallen.
Es gab nach dem Krieg eine Reihe von militanten Organisationen: die österreichischen Frontkämpfer, die in Wirklichkeit eine monarchistische Vereinigung mit präfaschistischem Einschlag waren; die Heimwehren, denen sich vor allem die Bauern anschlossen, ebenfalls präfaschistisch; eine ganze Reihe kleinerer Organisationen in der Politik, und natürlich die sozialdemokratischen Ordnerverbände, allen voran der Republikanische Schutzbund, die bei Demonstrationen die Leut' im Zaum hielten. Den sentimentalen Militarismus, der allen diesen Organisationen gemeinsam war, habe ich stets für eine große Gefahr gehalten. Für mich war hier eine Entwicklung vorgezeichnet, die die Jugend eines Tages zum Opfer einer viel umfassenderen, politischen Militarisierung machen würde.
Die versteckten Waffenlager aus dem Ersten Weltkrieg wurden instand gesetzt, neu versorgt. Statt dass die schwarzen und roten paramilitärischen Verbände einander mieden, hat es immer wieder Sonntage gegeben, an denen die Rechten in provokatorischer Absicht in großen Arbeiterstädten demonstrierten, und da rückte dann auch der Schutzbund aus, um den terrorisierten Bewohnern die Angst zu nehmen. Ich erinnere mich noch, wie wir zu diesen Aufmärschen hinausgefahren sind, mit Zügen ähnlich denen, die früher einmal an die Front fuhren.

Am Südbahnhof standen weinende Frauen und Mütter, und alle hatten nur eine Sorge: Hoffentlich kommst' gut heim! Diese ewigen Aufmärsche und Gegenaufmärsche waren eine gewaltige Herausforderung an die Exekutive. Wenn sie mit ihren »Spanischen Reitern« zwischen den demonstrierenden politischen Armeen standen, müssen die Ordnungskräfte das Gefühl gehabt haben, ein Opfer dieser Spannungen zu sein. Aufgrund ihrer politischen Herkunft – die meisten kamen vom Land – haben sie ihre Abneigung natürlich vor allem gegenüber den »Roten« zum Ausdruck gebracht.

Am 15. Juli 1927 konnte sich der Schutzbund deshalb nicht bewähren, weil er einfach nicht zusammengerufen worden war, um Brandstiftung zu verhindern. Eine vorausblickende Parteiführung hätte sich sagen müssen, dass es am nächsten Tag wegen dieses Urteils unter Umständen eine sehr aufgebrachte Stimmung geben werde, und daher hätte der Schutzbund in Bereitschaft sein müssen. Dann hätte man den Justizpalast gegen die anstürmenden Demonstranten abriegeln können. Schon an ihren Uniformen wären die Schutzbundbereitschaften erkannt worden, und Karl Seitz wäre die furchtbare Enttäuschung erspart geblieben, dass man das Feuerwehrauto, auf dem er stand, nicht hat vordringen lassen. Wenn dieser beliebte Bürgermeister dann erschienen wäre, hätten die Leute Platz gemacht. So aber haben sie ihn niedergeschrien – als »Bremser« und »Arbeiterverräter«, was beweist, dass unter den Demonstranten viele Nichtsozialdemokraten waren. Es war ein furchtbarer Tag für die Partei und, wie sich bald zeigen sollte, für die österreichische Demokratie. Es war ein furchtbarer Tag auch für mich.

Bis dahin hatte ich immer nur die wohlgeordneten Reihen demonstrierender Arbeiter und Sozialdemokraten gesehen. Das schien mir nun plötzlich wie harmloses Flanieren im Vergleich zu den zornigen Wogen der demonstrierenden Massen vor dem Justizpalast, die man mit Gewalt und unter Blutvergießen vertrieben hatte. Damals ist mir bewusst geworden, dass die Arbeit, die ich in der Vereinigung sozialistischer Mittelschüler leistete, eigentlich sinnlos war, und dass ich, wenn ich wirklich etwas tun wollte, in die Bewegung der Arbeiterjugend hineingehen musste.

Mit diesem Entschluss zum wirklichen Engagement stand ich ziemlich allein. Plötzlich war ich die Diskussionen um der Diskussion willen satt. Denn es waren Auseinandersetzungen ohne realen politischen

Mit den Mitschülern der Bundesrealschule Wien-Landstraße: Bruno Kreisky in der letzten Reihe, Dritter von links. 1929 legt er hier die Matura ab.

Sinn. Auch spielte in diesen Debatten etwas ganz anderes mit: Die Mittelschüler aus Arbeiterkreisen fühlten sich in diesem Milieu nicht wohl. Sie hielten sich auf ihre Art für eine Elite ihrer Klasse, während die Mittelschüler aus bürgerlichem Milieu sich als vom Bürgertum wegstrebende Außenseiter empfanden. Da diese oft aus jüdischen Familien kamen, schwang in allen Diskussionen immer auch eine kleine Spur des speziellen österreichischen Antisemitismus mit. Es mögen interessante Themen gewesen sein, über die wir da diskutierten, und man hat viele große Leute geholt, um sich belehren zu lassen, ob zum Beispiel in der Sowjetunion der Thermidor schon ausgebrochen sei oder nicht. Aber ich wollte mehr. Ich suchte, was mir aus meiner Klassenlage heraus nicht so leicht zu finden möglich war: den Kontakt zur jungen Arbeiterschaft.

Und so habe ich mich auf den Weg zur Arbeiterjugend gemacht. Ich wusste, dass das kein einfacher Weg war, aber so schwierig, wie er dann wurde, hatte ich es mir nicht vorgestellt. Das erste Problem war meine Mutter. Sie wollte immer wissen, wo man mich finden könne, aber ihr wollte ich von meiner neuen Welt nichts erzählen. Infolgedessen habe ich mich von ihr zum Schein überreden lassen, eine Tanzschule zu besuchen. Sie hat Elmayer geheißen und wurde von einem Rittmeister geleitet, der Generationen von Wienern nicht nur das Tanzen beibrachte, sondern auch gutes Benehmen oder was man darunter verstanden hat. Die Einschreibgebühr habe ich noch bezahlt, 20 Schilling. Aber bereits die ersten Monatsbeiträge, die ich von meiner Mutter einkassierte, habe ich schlicht veruntreut. Ausstaffiert, als ginge es zu einem Jugendball, in einem blauen Gabardineanzug mit weißem Hemd und passender Krawatte, bin ich bei der sozialistischen Arbeiterjugend in der Wiedner Hauptstraße 60 b aufgekreuzt. Mein Aufzug war offensichtlich Anlass zum Spott; manche gaben ihrem Misstrauen auch direkt Ausdruck. Nach dem Krieg wurde ich einmal gefragt, warum ich immer so fein »geschalt« gewesen sei. Als ich daraufhin zugab, dass ich meiner Mutter hatte vorgaukeln müssen, dass ich in die Tanzschule Elmayer ginge, rief das allgemeine Heiterkeit hervor. Zuhause habe ich mich dann in vieles leichter gefügt. Ich hatte geschnittene und saubere Fingernägel, die Haare waren in Ordnung, und meine gütige, naive Mutter war der Meinung, ich sei vernünftig geworden.

Das eigentliche Problem bereitete mir die Sozialistische Arbeiterjugend selbst. Schon am ersten Tag ist mir das widerfahren, was man die »Intellektuellenfeindlichkeit« nennt. Die beiden Obmänner waren zwei baumlange Kerle: Ferdinand Nothelfer, einer der Sekretäre der Gewerkschaft der Arbeiter im Hotel- und Gastgewerbe, kam aus der Bahnhofswirtschaft in Linz, der andere war Heinrich Matzner. Sie haben mich in die Mitte genommen und gesagt: »Du gehörst eigentlich nicht zu uns, für dich gibt's die Vereinigung sozialistischer Mittelschüler!« Aber von dort kam ich ja!

Verwirrt über diese ungnädige Aufnahme, wandte ich mich an einen Freund, der den Sprung bereits geschafft hatte, und der hat mich aufgeklärt: Diese Haltung sei auf Victor Adler zurückzuführen, der immer gesagt habe, Intellektuelle müsse man dreimal wegschicken, und wenn sie dann noch immer zur Mitarbeit bereit seien, dann dürfe man sie behalten. Unter denen, die von Victor Adler dreimal weggeschickt worden waren, gab es denn auch eine ganze Reihe von Leuten, die später erbitterte Feinde der Partei wurden, wie zum Beispiel der bekannte Journalist Dr. Wengraf, der im *Neuen Wiener Journal* Woche für Woche seine Tiraden gegen die Sozialdemokraten losließ. Er war ein sehr begabter Literat, aber Victor Adler hatte ihn nicht haben wollen, und das hat ihn wohl in seinem Stolz maßlos gekränkt.

Das Gespräch mit meinem Freund Baczewski, der aus einem großbürgerlichen Hause kam, hat mir wieder Mut gemacht. Es gehört zu den Paradoxien des politischen Lebens, dass er, dem ich meine Standhaftigkeit verdankte, derjenige war, an dessen Ausschluss aus der Sozialistischen Arbeiterjugend ich kurze Zeit später mitwirken sollte. Er wurde nämlich Kommunist und stand in dem berechtigten Verdacht, innerhalb der Sozialistischen Arbeiterjugend sogenannte Zellenarbeit zu leisten. Jedenfalls brachte ich nun genügend Ausdauer mit und habe die Bewährungsprobe bestanden.

Bald schon entdeckte ich, dass ich mich in diesem neuen Kreis nicht nur gesinnungsmäßig, sondern auch persönlich sehr wohl fühlte. Ich traf dort mit jungen Menschen zusammen, die die Personifizierung all dessen waren, was mich zum Sozialismus hindrängte. Das Erlebnis der letzten Kriegsjahre, die Inflation, die Entwertung aller Werte, die Arbeitslosigkeit, alles das hatte mich aufgerüttelt und in mir das Bedürfnis geweckt, diesem Phänomen auf den Grund zu kommen. Hinzu kam, dass ich in einer intellektuellen Opposition zur Gesellschaft stand. Sonderbarerweise nicht zu meinem Elternhaus, denn im Unterschied zu vielen anderen jungen Leuten war ich mit meiner Familie nicht zerfallen.

Aber die Kluft zwischen den Klassen war mir schon früh deutlich geworden, nicht theoretisch, sondern in ihrer Realität. Beeinflusst wurde ich wohl auch durch die Individualpsychologen, die sich um meinen kranken Bruder bemühten und wochenlang bei uns im Haus verkehrten. Sie waren zum größten Teil Sozialdemokraten. Mein politisches Interesse war also längst geweckt, als ich den entscheidenden Schritt tat. Die Entwicklung war völlig unpathetisch vor sich gegangen, und den Parteibeitritt selbst empfand ich im Grunde als selbstverständlichen Formalakt.

So bin ich in die Bewegung hineingewachsen, und da ich hartnäckig blieb und immer wiederkam, hat man mich eines Tages auch in der Arbeiterjugend gelten lassen. Meine erste Rolle war, dass ich an einem Sprechchor beteiligt wurde. Das war eine vom kommunistischen »Proletkult« wiedererweckte und von der sozialdemokratischen Kulturbewegung übernommene Kunstform. Musisch interessierte und begabte Leute, die in der Lage waren, aus verschiedenen Stücken ein neues zusammenzustellen, sollten den Zuhörern auf künstlerische Art die Geschichte der Arbeiterbewegung vermitteln.

ÖSTERREICHISCHE PORTRÄTS
BRUNO KREISKY
MANN
AUF
DRAHT

Kreisky.
Unser Draht zur Weltpolitik.

Aufbruchsstimmung bei der SPÖ-Führung: Feierlichkeiten zum 1. Mai mit Felix Slavik, Otto Probst, Anton Benya, Otto Rösch und Karl Waldbrunner (von links nach rechts).

Seite 81: Ein Staatsmann, der österreichische Identität stiftete: Bruno Kreisky vor dem Porträt Kaiser Franz Josephs.

Seite 82: Weltoffen und kommunikativ: Bruno Kreisky präsentiert sich als „Mann auf Draht". Wahlwerbung auf Zündholzschachtel zur Nationalratswahl 1975 (oben) und Image-Broschüre von Spectator (Hellmut Andics).

Seite 83: Die historische Chance ist da: SPÖ-Spitzenkandidat Bruno Kreisky hat die Nationalratswahl vom 1. März 1970 für sich entschieden – für Österreich der Beginn einer neuen politischen Ära.

Der erste Sprechchor, an dem ich mitwirkte, begann mit Heines Gedicht auf die schlesischen Weber:

Im düstern Auge keine Träne,
sie sitzen am Webstuhl und fletschen die Zähne:
Deutschland, wir weben dein Leichentuch,
wir weben hinein den dreifachen Fluch –
Wir weben, wir weben!

Ein sehr politisches, sehr klassenkämpferisches, sehr antireligiöses Gedicht, das dem Zorn und nur sehr unterschwellig der Hoffnung Ausdruck verleiht.

Wie sehr die Kompilatoren sich über Zeit und Raum hinwegsetzten, geht daraus hervor, dass in diesem Sprechchorwerk auch die düsteren Stellen aus der *Braut von Messina* Verwendung fanden. Am Schluss dann die Apotheose, die durch mitreißende Arbeiterlieder zum Ausdruck gebracht wurde.

Manchmal trat bei diesen Feiern auch ein Redner auf, der dann irgendwo in der Mitte oder gegen Ende ein paar Worte sagte. Zu einer Jubiläumsveranstaltung hielt Otto Bauer eine kurze, aber wunderbare Rede. Es war großartig, wie er sich dieser Veranstaltung anpasste. Ich werde das deshalb nie vergessen, weil ich das Glück hatte, mit dem Obmann zu Otto Bauer gehen zu dürfen und ihn zu bitten, bei uns zu sprechen. Es war meine erste Begegnung mit ihm. Wir waren sehr stolz, wenn die »Alten« kamen, und hatten das Gefühl, die Veranstalter einer sozialdemokratischen Monsterkundgebung zu sein.

Es gab in den Reihen der Bewegung natürlich auch Lyriker, die für die Sprechchöre gedichtet haben, und Komponisten, die die Musik schrieben. Über diese Kunstwerke würde heute vielleicht so mancher die Nase rümpfen, aber sie waren das, was uns mitgerissen hat.

Leicht wurde es mir in der Arbeiterjugend nicht gemacht. Wenn ich einmal etwas sagen wollte und mich zu Wort meldete, was selten genug der Fall war, haben sie mich meist geflissentlich übersehen – wie der Speaker im britischen Unterhaus einen Hinterbänkler. Für diejenigen, die von vornherein gegen mich waren, war meine Herkunft noch Jahre später ein entscheidendes Argument.

Eines Tages kam, wie gesagt, mein Freund Baczewski in den Ruf, Kommunist zu sein. Er hat sich auffallend still verhalten, so still, dass einige Verdacht schöpften. Nach einer Versammlung nahmen mich die beiden

Obmänner zur Seite: »Du, der Baczewski g'fallt uns net! Den haben uns die Kommunisten hereingeschickt. Im Herbst, wenn wir unsere Hauptversammlung haben, wird uns der viel zu schaffen machen. Jetzt brauch' ma einen, der bereit ist, sich darauf vorzubereiten.« Ich hatte damals schon zahlreiche theoretische Schriften gelesen, vor allem von Lenin, und galt als sehr beschlagen in allem, was die Diskussion mit den Kommunisten betraf. Das hatte eine sehr einfache Erklärung: Ich empfand mich als linker Sozialist und musste mich daher in besonderem Maße mit der Frage beschäftigen, warum ich nicht mit den Kommunisten gehe. Den ganzen Sommer habe ich dann in Trebitsch damit verbracht, Material zu studieren. »Wenn es soweit ist«, habe ich nicht ohne Stolz gesagt, »bin ich auch bereit, von Brünn nach Wien zu fliegen.« Da gab es eine erste Flugverbindung. »Ich werde sparen und mir den Rest ausborgen. Jedenfalls bin ich da, wenn ihr mich braucht.« Diese Bereitschaft hat man mir hoch angerechnet, und als es dann zu der erwarteten Auseinandersetzung mit Baczewski kam, habe ich unsere Sache anscheinend gut vertreten. Von da an galt ich sozusagen als Spezialist für die Bekämpfung von jungen Kommunisten.
Sehr wertvoll in der Auseinandersetzung mit dem Moskauer Kommunismus waren mir die Schriften Max Adlers. Für einen Siebzehnjährigen war es geradezu eine Offenbarung, wenn er bei Adler Sätze fand wie diesen: »So wurde aus der Diktatur des Proletariats die Diktatur über das Proletariat, aus der Diktatur der Klasse die Diktatur einer Partei.« Auch Trotzki hat das in seinem Buch gegen Kautsky *Terrorismus und Kommunismus* indirekt zugegeben. Kautsky selbst, den Epigonen des Marxismus, zitierte ich allerdings nicht, weil er allgemein als rechtsstehend galt. Meine Trumpfkarte war Lenins Buch *Der »Radikalismus«, die Kinderkrankheit des Kommunismus,* in dem er mit einer erstaunlichen Offenheit die Schwächen und Fehler der kommunistischen Parteien enthüllte und seine Parteifreunde mit einer Schärfe sondergleichen behandelte.
So habe ich meine politische Laufbahn in der Jugendbewegung meines Bezirkes begonnen, und noch im gleichen Jahr, 1928, wurde ich 3. Obmannstellvertreter der Sozialistischen Arbeiterjugend (SAJ) auf der Wieden. Die Wieden, der 4. Wiener Gemeindebezirk, ist einer der kleinsten Bezirke und überdies ein bürgerlicher. Die Nazis konnten dort sehr früh Fuß fassen. So entspann sich um jeden einzelnen jungen Menschen schon bald ein harter Kampf zwischen der SAJ und der Hitlerjugend.

Auch Kommunisten zogen ständig vor unseren Heimen auf und ab und haben uns Scherereien bereitet. Ein Kommunist war ein richtiges Schreckgespenst. Da ich vor der Matura stand, hatte ich einige Übung in der Lektüre schwieriger Texte, und so habe ich mich weiterhin in die Auseinandersetzung mit dem Kommunismus vertieft.

Als im Sommer 1928 die Schüler aus der Pflichtschule entlassen wurden, bekam ich wie immer die undankbarste Aufgabe. Man gab mir eine Liste von 200 Buben und Mädeln, zu denen ich gehen musste, um sie für die sogenannten »Roten 28er« zu gewinnen. Für die SAJ waren sie noch zu jung, und für die Roten Falken waren sie schon zu alt. Also hat man die Bewegung auf Vorschlag von Felix Kanitz, dem bedeutendsten Führer der Sozialistischen Jugend, sehr fantasievoll die »Roten 28er« genannt. Jeder Jahrgang sollte seinen eigenen Namen bekommen, jeweils nur ein Jahr bestehen und dann liquidiert werden: eine großartige Idee. Das war meine erste verantwortliche Tätigkeit.

Ich bin damals in viele Häuser gekommen, wurde oft von den Hausmeistern hinausgeworfen, habe aber doch einen überraschenden Werbeerfolg erzielt. Einer von denen, die ich gewonnen habe, war der kleine Sedlacek, der mich noch heute bei jeder Veranstaltung begrüßt. Das Eis war gebrochen. »Der kann mit die Buam und die Madln reden, der Kreisky«, hieß es, und so bin ich der Führer dieser kleinen Gruppe gewesen. Dann aber haben sich einige der Verantwortlichen gedacht, den Kreisky, den ziehen wir uns zu anderen Aufgaben heran. So wurde ich Obmann des gesamten Bezirkes und kam in die zentrale Obmännerkonferenz der Jugendorganisation. Dort lernte ich viele gute Leute kennen, von denen manche berühmt wurden; unter anderem kam der spätere Bundespräsident Franz Jonas aus diesem Kreis.

Meinen politischen Aufstieg verdanke ich sicherlich zum Teil dem Umstand, dass ich im Frühjahr 1929, nach der Matura, viel Zeit hatte und mich folglich der Zentrale unserer Jugendorganisation bei der Vorbereitung des Internationalen Jugendtreffens zur Verfügung stellen konnte, das vom 12. bis 14. Juli in Wien stattfinden sollte. Es war ein gewaltiges Ereignis für die jungen Sozialisten in ganz Europa, und noch heute – 1986 – gibt es überall auf dem Kontinent Leute, die an das Wiener Jugendtreffen als an ihr größtes Erlebnis zurückdenken.

Bei einer Konferenz in Wien-Favoriten waren der Führer der Gesamtjugendbewegung, Felix Kanitz, und Alois Piperger auf mich zugekommen und hatten gefragt, was ich denn jetzt nach der Matura so vorhätte.

Die SAJ-Gruppe Wieden: letzte Reihe, Zweiter von rechts (halb verdeckt) Bruno Kreisky; in der Mitte, mit weißem Hemd, Ferdinand Nothelfer; links

hinter ihm Heinrich Matzner, daneben Camillo Possaner. Ganz links außen Viktor Stedronsky.

»No ja, jetzt werd' ich mir's erst einmal gut gehn lassen«, habe ich geantwortet, »und im Herbst werd' ich auf die Hochschule gehen.« Ich hatte also nichts vor, und da hat mir der Kanitz, der mich gern hatte, erklärt, sie brauchten Leute zur organisatorischen Vorbereitung dieses Jugendtreffens, ob ich mitmachen wolle? Ich war sehr stolz auf dieses Angebot und wurde dem internationalen Organisationsbüro zugeteilt, das man für die Veranstaltung ins Leben gerufen hatte.
Die Vorbereitungen liefen recht gut. Aber angesichts der zu erwartenden Massen überkamen mich doch gewisse Bedenken. Eines Tages meldete ich mich bei Felix Kanitz. »Wenn da tatsächlich 50.000 Leute aus ganz Europa nach Wien kommen, allein 15.000 in Sonderzügen aus Deutschland, das wird doch einen Riesenwirbel in Wien geben. Das werden wir nicht bewältigen. Wo sollen wir die Leute denn hinlotsen, wo ist die Anlaufstelle? In unserem Büro wird das nicht gehen.« Kanitz schaute mich verdutzt an, gab mir dann aber völlig recht: »Ja, das wird ein heilloser Wirbel! Vielleicht könnten wir uns in den Bahnhöfen einrichten ... Sag, was schlagst denn vor?«
Da habe ich das denkbar einfachste vorgeschlagen. Die Sonderzüge brauchten von der Grenze nach Wien ungefähr drei bis vier Stunden. Wenn wir unsere Leute mit allen Unterlagen an die Grenze schickten, sie sich im Zug etablierten und alles ausgaben, im einen Abteil die Karten für die Veranstaltungen, im andern Abteil die Formulare für die Quartiere und so weiter, dann war das ganze Problem doch bis Wien gelöst. Kanitz fand meinen Vorschlag gut.
In Pipergers Buch *Rote Jugendfahnen über Wien* gibt es einen Passus über mich: »Da war der 19-jährige Bruno, Obmann einer Wiener Ortsgruppe, er stellte sich zur freiwilligen Mitarbeit zur Verfügung und übernahm das Expedit der Teilnehmerkarten und die Einteilung der Eintrittskarten für die künstlerischen Veranstaltungen. Eine schwierige, nur durch eine glückliche Verbindung von Selbständigkeit und Präzision zu vollbringende Aufgabe. Und der 19-Jährige, der niemals zuvor eine so schwierige, größte Aufmerksamkeit und Hingabe erfordernde Tätigkeit geleistet hatte, nimmt die Sache in Angriff und führt sie musterhaft durch.« So war ich plötzlich da, und nichts schien meinem Aufstieg entgegenzustehen.
Das Wiener Jugendtreffen war für mich eine große Erfahrung. Zum ersten Mal erlebte ich die Idee der Internationale. Damals lernte ich die wichtigsten europäischen Jugendführer kennen, aus denen später zum

Teil bedeutende Politiker wurden: den Holländer Koos Vorrink, nach dem Krieg der populärste Politiker seines Landes, den früh verstorbenen Vorsitzenden der schwedischen Arbeiterjugend, Rikard Lindström, die Dänen Hans Christian Hansen und Hans Hedtoft-Hansen, beide nach dem Krieg Ministerpräsidenten, und natürlich den Sekretär der Sozialistischen Jugendinternationale, Erich Ollenhauer. Wegen seines Humors und seiner rundlichen Bonhomie war Ollenhauer überall gern gesehen. Die Deutschen hielten es in besonderer Weise mit der »jugendbewegten« Einheitstracht, und wenn der kleine, dicke Ollenhauer in kurzen Hosen und blauem Hemd erschien und sich genüßlich eine große Zigarre anstreckte, dann wirkte das schon ziemlich komisch. Auf diesem Jugendtreffen hat sich auch in Österreich das blaue Hemd durchgesetzt, das noch heute von sozialistischen Jugendlichen getragen wird.

Knapp ein Jahr später, zu Ostern 1930, fand in Eisenstadt eine Tagung des Gesamtverbands der Jugendorganisationen statt, an der ich als Delegierter teilnehmen sollte. Als ich den Saal betrat, hörte ich vom Podium, wie einer sagte: Man könne nicht akzeptieren, dass in den Verbandsvorstand als Stellvertretendes Mitglied jemand komme, der ein Intellektueller sei und zudem aus dem Großbürgertum stamme. Man müsse dieser Art von Unterwanderung Einhalt gebieten. Ein zweiter hat das bestätigt und hinzugefügt, man müsse den proletarischen Charakter der Jugendbewegung wahren. Ich habe das eigentlich ganz plausibel gefunden, jedenfalls für vertretbar, bis ich plötzlich erkennen musste, dass kein anderer als ich damit gemeint war. Tief gekränkt ging ich zu meinem Freund Alois Piperger und sagte, ich hätte mich ja nie um eine solche Funktion beworben, warum also diese Gehässigkeit. Ich wolle doch nur meine Arbeit machen. Aber wenn man mich nicht haben wolle, dann ginge ich eben. Ich war, um ehrlich zu sein, den Tränen nahe. Es war eine Mischung von Trauer und Zorn. Piperger hat mir lange zugeredet, und zu guter Letzt bin ich dann doch geblieben. Alois Piperger, später Präsident des Aufsichtsrates der Länderbank, betrachte ich noch immer als meinen wichtigsten politischen Freund. Dass er mich damals zurückgehalten hat und sich auch später oft als wohlwollender älterer Freund erwies, habe ich ihm mein Leben lang nicht vergessen.

Die Delegierten aus den Bundesländern haben auf diese Weise zum ersten Mal von mir erfahren. Da die Kritik an mir von den Wienern kam

– die erst später meine guten Freunde wurden –, beharrten sie darauf, dass ich meine Kandidatur aufrechterhalte. So habe ich eine ganz komfortable Mehrheit bekommen, ungefähr die gleiche wie bei meiner Wahl zum Parteivorsitzenden 1967. Da waren es wieder vor allem die Bundesländer, die mich gewählt haben.
Ich war nun Ersatzmitglied des Verbandsvorstandes und gehörte damit zu denen, die an den Sitzungen des Führungsgremiums teilnehmen durften. Etwas später wurde ich Vollmitglied, und auf dem Verbandstag in Salzburg, 1933, avancierte ich zum Vorsitzenden des Reichsbildungsausschusses. Damit trug ich die Hauptverantwortung für die politische und kulturelle Erziehungsarbeit der Sozialistischen Arbeiterjugend.
Es fällt mir schwer, retrospektiv die Gefühle zu schildern, die mich nach dieser Wahl beseelt haben. Als ich den Saal verließ, war ich ganz einfach glücklich. Mehr wollte ich für mich in dieser Zeit nicht erreichen. Ganz bestimmt wollte ich nicht der erste Mann der Arbeiterjugendbewegung werden, weil ich mir immer vorstellte, dass ihr Wortführer, der erste Mann oder die erste Frau, ohne Zweifel aus der Arbeiterjugend kommen musste. Ein Sohn aus bürgerlichem Hause besäße bei aller Integration in den Kreis der jungen Arbeiter und Angestellten nicht jene absolute Glaubwürdigkeit, die man hierfür braucht. Man darf ja nicht vergessen, dass eine solche Funktion zwei Seiten hat. Zum einen ist man der Vertrauensmann einer sozialen Gruppe, aber andererseits muss man auch zu Zeiten ihr Wortführer sein. Der Beste in meinen Augen war also der, der beides in idealer Weise verband, und wenn es einen solchen gab, dann war es Roman Felleis.
Roman Felleis war mein engster Freund. Ich habe ihn aufrichtig bewundert, und er verdient in diesem Buch eine Schilderung schon deshalb, weil er den seltenen Typ darstellte, der alles, was man sich wünschen kann, verkörpert. Er war ein Arbeiterbub im echtesten Sinn des Wortes: armer Leute Kind, die aber sehr auf sich und ihren Sohn geschaut haben. Sicher, er sprach »Erdbergerisch«, die Sprache eines besonderen Wiener Stadtteiles, aber er beherrschte auch ohne Mühe Wiener Hochdeutsch. Seine Ausdrucksfähigkeit war bemerkenswert. Er war bildungshungrig, nicht um der Karriere willen, sondern, wie man heute sagen würde, der Lebensqualität wegen. Er war mutig, opferbereit und von einer menschlichen Wärme, die mir heute noch bewusst ist; durch materielle Werte absolut unbestechlich, jahrelang arbeitslos und doch

rastlos tätig. Was ich an ihm besonders geschätzt habe, war sein Humor. Noch den ernstesten Situationen haben wir eine heitere Seite abgewinnen können.
Als ich im Juni 1945 von seinem Tod im Konzentrationslager erfuhr, habe ich in tiefer Erschütterung einen Nachruf verfasst, aus dem ich zitieren möchte: » ... Roman Felleis war ein ungewöhnlicher Mensch, und trotzdem waren sein Leben und sein Tod ähnlich dem Leben und dem Tod vieler Tausender Unbeugsamer aus unseren Reihen. Wie sie, kam er aus den Reihen der jungen Arbeiterschaft, weihte seine Dienste der Arbeiterbewegung, hielt ihr die Treue in den Zeiten der Niederlage, blieb ungebrochen auch in den düstersten Tagen der Hoffnungslosigkeit und musste sein Leben lassen in den furchtbaren Mordfabriken der Nazisten.
Roman Felleis war ein leuchtendes Beispiel für den Aufstiegswillen des jungen Arbeiters. Seine Schulbildung würde gemeiniglich als ›mangelhaft‹ bezeichnet werden. Das war nicht sein Fehler, sondern der der Gesellschaftsordnung, in der er aufwuchs ...
Trotz der ›mangelhaften‹ Schulbildung wusste Roman Felleis mehr von den Zusammenhängen des gesellschaftlichen Lebens, waren sie ihm klarer als den meisten akademisch Gebildeten. Ausgerüstet mit einem scharf denkenden und rasch arbeitenden Gehirn, konnte er sich die kompliziertesten Erkenntnisse rascher als die meisten aneignen. Roman Felleis war nicht nur ungewöhnlich begabt, er hatte eine Eigenschaft, die nicht immer mit Begabung zusammenfällt, er war auch fleißig. Alle Erkenntnisse, erworben durch das Studium wissenschaftlicher Werke, gingen bei ihm durch den Filter einer bei einem so jungen Menschen nicht alltäglichen Lebenserfahrung.«
Natürlich wäre es falsch zu glauben, die Jugendbewegung sei ein einziger Rausch der Kameradschaft gewesen. Es gab Menschen, die dem anderen den Aufstieg nicht gönnen wollten, und es war auch nicht jeder jedem gleich sympathisch. Aber alles das, was die menschliche Gemeinschaft im Negativen kennzeichnet, Intrigensucht, Feindschaft, Antipathie, war unter den Jungen damals sehr viel weniger entwickelt. Fast wäre ich geneigt zu sagen, dass es sich bei den Jungen um bessere Menschentypen handelte. Vielleicht ist das auch eine nostalgische Verklärung.
Ich weiß nicht, ob ich mit Gleichgesinnten gegen andere intrigiert habe, jedenfalls vorgeworfen wurde es mir eigentlich nie. Ich hatte auch wenig Gelegenheit dazu. Und dennoch waren einige meiner Genossen

in Wien darauf aus, mir ein Bein zu stellen. Es gab in Niederösterreich ein paar ländliche Bezirke, die ohne Leitung waren, obwohl sie von Wien aus hätten betreut werden sollen, weil das aufgrund der damaligen Verkehrssituation am einfachsten gewesen wäre. Da haben einige hinterlistig gemeint: »No, des soll der Kreisky machen!« Insgeheim hofften sie natürlich, dass ich mich dabei »derstess'n« werde, wie man auf wienerisch sagt, weil sich dort noch jeder »derstess'n« hat.

Aber das, was mir das Genick hätte brechen sollen, ist ein großer Erfolg für mich geworden. Die drei Bezirke Purkersdorf, Klosterneuburg und Tulln waren der steinigste Boden, auf dem ich bis dahin gearbeitet hatte. Das Tullnerfeld war ein extrem agrarisches Gebiet und eine der schwärzesten Bastionen, die es in Österreich gab. Klosterneuburg war eine reine Bürgerstadt, mit hoher Arbeitslosigkeit, und Purkersdorf war von alters her eine Art Sommerfrischengebiet. Noch heute zeugen viele der Häuser dort von der Pracht des Fin de Siècle. Nicht zu Unrecht werden Stücke von Schnitzler, Hofmannsthal und anderen Wiener Autoren dieser Zeit mit Bühnenbildern inszeniert, die diese Sommervillen des Bürgertums nachahmen. Immer im Mai ist man hinausgezogen in seine Villa, oder man hat eine gemietet, und dort verlebte man dann den Sommer. Während die Eltern einige Wochen nach Abbazia in Istrien oder in einen anderen Kurort der Monarchie fuhren, verbrachten die Kinder die Sommerfrische in der zauberhaften Umgebung Wiens.

Diese drei Bezirke also waren mir zugeteilt worden, und im Tullnerfeld musste man sich schon etwas einfallen lassen, um die Bauern zu unseren Veranstaltungen zu locken. In einem besonders ungastlichen Ort wollte man uns nicht einmal ein Lokal zur Verfügung stellen. So kamen wir auf die Idee, den sehr populären Generalstabschef der Isonzoarmee zu gewinnen, den unter dem Eindruck des Krieges zur Sozialdemokratie übergetretenen späteren Bundespräsidenten Theodor Körner. Ich habe Körner gebeten, über die Isonzoschlachten zu reden, weil die meisten Bauern im Tullnerfeld am Isonzo dabeigewesen waren und ihn deshalb kannten. Er wisse ja, sagte ich ihm, dass wir eine politische Rede erwarteten, aber in Sieghartskirchen könnten wir so etwas nicht ankündigen. Nach ein paar einleitenden Sätzen über die Isonzoschlachten solle er dann das Thema wechseln.

So geschah es. General Körner hatte eine für damalige Verhältnisse große Zuhörerschaft, und es brauchte lange Zeit, bis die Bauern dahinterkamen, um was es sich wirklich handelte. Eine deutlich spürbare Wut begann sich aufzuspeichern, und kaum hatte Körner zu Ende gesprochen, schwang ich mich auf mein Fahrrad und machte mich aus dem Staub. Obwohl sie mich überall abgepasst haben, erreichte ich glücklich die nächste Bahnstation. Ein Bauer aus Sieghartskirchen, der später im Aufsichtsrat der Länderbank saß, hat viele Jahre später zum Generaldirektor der Länderbank, der ebenfalls aus Sieghartskirchen stammte, gesagt: »Weißt, was mich heut' noch gift? Dass mir den Kreisky damals nicht derwischt haben.«

Im Laufe der Zeit kümmerte ich mich immer stärker um diese niederösterreichischen Bezirke. Ich habe die mühevolle und bisweilen hoffnungslos scheinende Arbeit in der Provinz sehr gern gehabt, und ich habe dort viele Freunde gefunden. Nach dem Krieg bin ich nach Niederösterreich zurückgekehrt, habe dort 1956 mein erstes Parlamentsmandat bekommen und wurde 1966, acht Monate vor meiner Wahl zum Parteivorsitzenden, Obmann dieses zweitgrößten Bundeslandes. Es ist mehr als ein halbes Jahrhundert her, dass ich in Niederösterreich meine politische Heimat gefunden habe, und noch immer interessiert mich sehr, was in diesen Orten los ist. Es gibt wohl kaum ein Dorf in Niederösterreich, in dem ich nicht mindestens ein- oder zweimal gewesen bin.

Auch als Parteivorsitzender habe ich den 1. Mai immer in Niederösterreich wahrgenommen. Am Vormittag nahm ich an der Wiener Großkundgebung teil, am Nachmittag sprach ich in irgendeiner kleinen Gemeinde meines politischen Heimatbezirkes, und immer freute ich mich aufs Neue, wenn ich unter den Zuschauern Frauen und Männer aus meiner Jugendzeit traf: Man hat oft eingewendet, dass ich kein Niederösterreicher, sondern eine Art Leihgabe aus Wien gewesen sei. Aber wenn ich meine Schulzeugnisse aus der Monarchie zur Hand nehme, dann lese ich dort: Wien in Niederösterreich. Und so war es auch. Es war selbstverständlich, dass Wien die Hauptstadt Niederösterreichs war. Erst neuerdings ist man auf die skurrile Idee gekommen, eine künstliche Hauptstadt zu schaffen. Es ist mir unbegreiflich, wie man auf ein so gewaltiges kulturelles und gesellschaftliches Zentrum wie Wien verzichten kann. Wie hat doch Herzmanovsky-Orlando gesagt: »Auf was die Fachleut' alles draufkommen, wenn man sie lasst« – auch Quasi-Politiker.

Denke ich zurück an meine Jahre in der sozialistischen Jugendbewegung, muss ich mir selber immer wieder Grenzen setzen. Ich empfinde diese Jahre noch heute als so erlebnisreich, dass ich fast geneigt wäre, sie zu den schönsten meines Lebens zu rechnen. Man muss die Leute gern haben – dieses Wort Victor Adlers war von früh auf mein ethischer Grundsatz in der Politik. Ich habe mich in der Jugendbewegung unendlich wohl gefühlt, und das Zusammensein mit Menschen, die über den Tag hinaus lebten, große Ziele verfolgten und doch zugleich mit beiden Beinen fest auf der Erde standen, sehr genossen. Auch habe ich dort Freunde gefunden, mit denen ich den größten Teil meiner freien Zeit verbrachte.

Meinem Äußeren nach und meinem Auftreten nach war ich, was man unter einem jungen Mann aus gutem Hause verstand. So habe ich gar nicht erst versucht, mich in meiner Kleidung, in meinem Gehaben oder in meiner Sprache anzubiedern, bin also nicht, wie das damals und auch heute allerorten üblich ist, in irgendeiner Einheitskleidung herumgegangen. Vielmehr galt ich immer als sehr gut gekleidet.

Nun hatte es damit allerdings etwas Besonderes auf sich.

Ich hatte eine Tante, eine Schwester meiner Mutter, die mich wie ihren eigenen Sohn geliebt hat und die auch ich sehr gern hatte, weil sie voller Lustigkeit war. Ihr Sohn galt als große Begabung; schon in jungen Jahren war er einer der Direktoren einer Wiener Automobilfabrik geworden und war mithin das, was man in Wien leichtfertig ein Genie nennt.

Es gab damals in Österreich eine ganze Reihe von Automobilfabriken. Steyr, eine über die Grenzen hinaus bekannte Automarke, hatte einige sehr geglückte Modelle auf den Markt gebracht, unter anderem ein Auto für den Taxiverkehr, das noch lange nach dem Zweiten Weltkrieg gefahren wurde und immer wieder repariert werden konnte, weil es eine ausgezeichnete Werkmannsarbeit war. Zu den schönsten Automobilen der Zeit gehörte der Austro-Daimler. Dann gab es noch den österreichischen Rolls-Royce, er hieß Gräf & Stift.

Ich halte es für einen folgenschweren Fehler, dass wir uns 1955 nicht entschließen konnten, die Automobilproduktion in Steyr wieder aufzunehmen. Steyr war ein Markenname, und wir hatten hervorragendes Personal. Wir hätten leicht einen Mittelklassewagen produzieren können und eines Tages vielleicht einen ähnlichen Erfolg am Weltmarkt erzielt wie Volvo. Als Außenminister habe ich oft und oft mit dem damaligen Generaldirektor der Steyr-Werke gesprochen und ihn aufgefordert, sich doch nicht so stark auf eine Branche einzulassen, in der man mit gewaltigen Weltfirmen nicht konkurrieren könne – ich meine die Landmaschinenerzeugung. Man solle sich auch nicht mit dem *Finishing* des italienischen Fiats begnügen, wo bestenfalls einige wenige Stunden österreichischer Arbeit drinsteckten. Der Generaldirektor aber hielt die Krisenanfälligkeit der Automobilindustrie für sehr groß. Die Steyr-Werke waren in den dreißiger Jahren tatsächlich in besonderem Maße von der Krise erfasst worden; die Stadt Steyr hatte die meisten Arbeitslosen in Österreich gehabt und war eine Stadt des Jammers und des Elends geworden. Die Erinnerung an diese Zeit veranlasste ihn, lieber Geld zu horten, als eine neue Automobilproduktion in Angriff zu nehmen.

Mein Cousin war früh zuckerkrank geworden und starb. Für meine Tante war dies ein unfassbarer Verlust; dass sie überlebte, grenzte an ein Wunder. Nach dem Tod ihres einzigen Sohnes wendete sie ihre ganze Zuneigung mir zu, und bald nahm ich die Stelle eines Wahlsohnes bei ihr ein. Sie bat mich sogar darum, ihr die Freude zu machen, seine Kleidungsstücke zu tragen. Da mein Cousin ein eleganter Herr war und bei den besten Schneidern, Hemdenmachern und Schustern arbeiten ließ, bin ich in diese Art der Equipierung gewissermaßen hineingewachsen. Ich muss gestehen, dass ich nichts dagegen hatte. Noch heute trage ich – ohne Rücksicht auf das, was gerade modern ist – im Wesentlichen die gleichen Anzüge, die gleichen Schuhe, die gleichen Hemden und die gleichen Krawatten.

Das war aber auch alles, was ich mit meinem Cousin gemeinsam hatte, denn er war ein geschworener Feind der Sozialdemokraten. Ich erinnere mich noch, wie er anlässlich eines großen Automobilarbeiterstreiks im Familienkreis hasserfüllt von den »Roten« sprach, und wie gern ich ihm widersprochen hätte, nur fehlte mir damals noch die nötige Sachkenntnis. Meine Unfähigkeit, das Gewusste auch zu formulieren und mit Argumenten aufzuwarten, hat mich zum ersten Mal gelehrt, wie wichtig für eine Diskussion die gründliche Vorbereitung ist. Gefühl und Instinkt reichen nicht aus. Ein Sozialdemokrat, hat Willy Brandt einmal gesagt, muss bereit sein, täglich aufs neue zu überzeugen. So habe ich es immer gehalten. Ich habe mich nie wissentlich in eine Diskussion eingelassen, wenn ich das Gefühl hatte, ich wüsste über die Zusammenhänge zu wenig Bescheid.

Auf der anderen Seite war ich sehr streng mit mir selbst. Ich bin während meines ganzen Lebens kaum je in einem Nachtlokal gewesen.

Nicht, dass ich Nachtlokale und Leute, die dort verkehren, verachtete, aber es hat nicht zu meinem Lebensstil gepasst. An ein einziges Mal erinnere ich mich: Mein erster Jugendobmann, Ferdinand Nothelfer, wollte, dass ich am Abend mit ihm agitieren gehe. »Wo gehst denn hin?« hab' ich ihn gefragt. »Ins ›Moulin Rouge‹.« Wir haben uns fein herausgeputzt – für ihn war der Smoking die Berufskleidung – und sind ins »Moulin Rouge« gezogen. Als gleich ein Kübel mit einer riesigen Champagnerflasche an den Tisch gebracht wurde, ist mir ganz schwindlig geworden. Ich habe mich über den Tisch gebeugt und leise gefragt: »Ja, sag amal, wer zahlt denn das?« Er hat auf mich geschaut mit einem müden Lächeln, wie es Kellner manchmal an sich haben, und geantwortet: »Der b'soffene ungarische Graf da drüben.« Nobel wie er war, hat er wohl darauf verzichtet, die Rechnung zu prüfen.

Die sozialdemokratische oder sozialistische Arbeiterbewegung hat seit Anfang dieses Jahrhunderts in den demokratischen Staaten Europas gewaltige gesellschaftliche Veränderungen bewirkt. Die sozialistischen Parteien sind somit Parteien im historischen Sinne geworden. Zwar haben sie die Grundprinzipien der kapitalistischen Gesellschaftsordnung nicht verändert, aber durch ihre gesellschaftspolitischen Ideen haben sie ihr ein etwas menschlicheres Gepräge verliehen. In einigen Ländern droht durch den sogenannten »Neokonservativismus« allerdings eine Rückkehr zu den alten Zuständen. Die Sozialdemokratie müßte, um dem zu begegnen, wieder eine große Aufklärungs- und Kulturbewegung werden, freilich in einem ganz neuen Sinne. Früher hat sie neue Institutionen geschaffen oder vorhandene in einer Weise verändert, dass sie der nach Kultur hungernden Elite der Arbeiterbewegung entsprachen. Dazu gehören die Volkshochschulen in Skandinavien, die der Arbeiterbewegung trotz ihrer Unparteilichkeit gewaltige Dienste erwiesen haben, und alle Arten von Volksbildungseinrichtungen. In Österreich war eine davon die sogenannte Arbeitermittelschule, wo Arbeiter und Angestellte am Abend Unterricht von Mittelschullehrern erhielten; auf diese Weise wollte man ihr intellektuelles Bewusstsein stärken und sie auf die Matura vorbereiten.

An der Wiener Arbeitermittelschule unterrichtete unter anderen Otto Koenig, ein witziger und wortstarker Theaterrezensent. Das Theater war seine Leidenschaft, und als alter Sozialdemokrat wollte er auch gerne junge Arbeiter und Angestellte in diese Welt einführen. Das Fach nannte er »Dramaturgie«. Wegen dieser Dramaturgiestunden gab es bei den für die Arbeiterjugendbildung Verantwortlichen regelmäßig Verdruss. Der Arbeitermittelschule insgesamt stand man sehr positiv gegenüber, aber Robert Danneberg, eine der großen Persönlichkeiten der Partei, hat immer wieder gefragt: »Wozu braucht ein Arbeiterbub Dramaturgie?« Ich antwortete dann, dass das in Wirklichkeit qualifizierte Literaturgeschichte sei, die da auf besondere Weise vorgetragen werde. Ganz überzeugen konnten wir Danneberg wohl nicht.

Warum ich diese Episode erzähle? Weil aus dieser Arbeitermittelschule einer der bedeutendsten Dramatiker des modernen Österreich hervorgegangen ist: Fritz Hochwälder. Ich lernte ihn in den Dreißigerjahren kennen. Er war damals arbeitsloser Tapezierer – man soll über Tapezierer keine voreilige Meinung haben - und trug in den Jugendgruppen unter dem Titel *Ernstes und Heiteres* Stücke vor. Die Arbeiterbildungsbewegung zahlte für solch einen Abend fünf, manchmal sogar zehn Schilling. Das Niveau war sehr unterschiedlich. Viel Erfolg hatten diejenigen, die alte Kalauer vortrugen und damit besonders bei den älteren Leuten Anklang fanden, während die Jungen kritischer waren. Hochwälder war sehr geschätzt. Er trug Brecht, Tucholsky, Becher, Mehring, Kästner und andere vor. Eines der schönsten Gedichte, das ich bei einer solchen Gelegenheit zum ersten Mal hörte, war die *Ballade von den Augen des Heizers* von Jiří Wolker. Sie schildert die Tragik eines Mannes, der eine Dampfmaschine bedient, damals die übliche Energiequelle der Industrie. Mit jeder Schaufel Kohle warf er ein Stück seiner Augen in die Glut

Wenn aus der Arbeitermittelschule mit ihrem Fach »Dramaturgie« auch nur ein Dichter oder Gelehrter vom Format Fritz Hochwälders hervorgegangen ist, dann hat sie sich gelohnt. Darüber hinaus aber gab die Arbeiterkulturbewegung den Menschen ein Gefühl für das, was man heute als »Lebensqualität« bezeichnen würde. Die Institutionen dieser Bewegung haben das Leben für sie erst lebenswert gemacht; Lebensqualität war also kein Luxus, sondern eine existentielle Frage. Die meisten waren arbeitslos, und wenn sie nur ein Stück Brot und eine Erbsensuppe hatten, waren sie zufrieden.

Glücklich waren sie, wenn wir ihnen am Sonntagvormittag in einem gemieteten Kino die *Dreigroschenoper* oder einen der großen Filme von G. W. Pabst vorführten; als Arbeitslose konnten sie sich eine Kinovorstellung nicht leisten. Wir haben große und kleine Arbeiterbüchereien aufgebaut, in denen Werke zur Verfügung standen, die die öffentlichen

Bibliotheken gar nicht erst anschafften, und wir haben den Menschen die Möglichkeit geboten, mit den »Naturfreunden« hinaus in die Natur zu kommen. Dieser Verein – die Grünen von damals – wurde zum Kern einer gewaltigen Massenbewegung; »weg von den Wirtshäusern« lautete die Parole. Auch gesundheitspolitisch war diese Bewegung bedeutsam; Wien galt als die Stadt der Tuberkulose, die auch »Morbus Viennensis« genannt wurde.

Die Arbeiterbewegung wurde für viele zur neuen, zur eigentlichen Heimat. Man vermittelte ihnen das Gefühl, dass ihr Leben trotz allen Elends menschenwürdig sei, und der alte Heimatbegriff verblasste immer mehr. Er hatte seine materielle Berechtigung verloren; das Leben in der »Heimat« wurde für Hunderttausende Arbeitslose immer schwieriger. Aus der Erinnerung an diese Jahre und aufgrund meiner Erfahrungen in Skandinavien war es eine zentrale Idee meiner Politik nach dem Krieg, den Begriff eines neuen österreichischen Patriotismus zu verwirklichen. Ich habe immer wieder gesagt: Was wir Sozialdemokraten wollen, ist, Österreich zu einer guten Heimat des Volkes zu machen. Mit diesem »Österreichischen Weg« – das war die Parole – haben wir immer wieder die Mehrheit gewonnen, und wenn ich vor älteren Leuten, die wussten, wovon ich redete, sagte: »Niemals ist es so vielen Menschen so gut gegangen wie jetzt in Österreich«, erntete ich immer stürmischen Beifall.

Verglichen mit heute war die Jugendbewegung meiner Zeit nicht nur zahlenmäßig stark, sondern genoss auch innerhalb der Partei eine sehr viel größere Wertschätzung. Da die Partei sich in Opposition befand und im Kampf gegen eine politische Übermacht stand, bedurfte sie zur Durchführung ihrer politischen Arbeit dringend der jungen Menschen. Heute vermissen viele in der Bewegung das Kämpferische. Es ist sehr schwer für junge, aktive Kräfte, in einer Partei zu wirken, die als Koalitionspartner Regierungsverantwortung mitzutragen hat. Regiert die Partei allein, wird sie immer unter dem Zwang stehen, ihre politischen Entscheidungen den kritischen jungen Leuten aus den eigenen Reihen zu erklären. In einer Koalition mit sogenannten bürgerlichen Parteien aber muss sie nicht nur ihre eigene Politik rechtfertigen, sondern auch die Politik des Koalitionspartners, und es ist schwer, jungen, politisch kämpferischen Menschen die diffizilen Manöver in einer Koalitionsregierung plausibel zu machen. Die Jungen legen dies schnell als politische Schwäche aus, berufen sich auf den einstigen Kampfgeist der

Bewegung und üben härteste Kritik an der Partei, was aber nur dazu führt, dass diejenigen vertrieben werden, die sie durch diese Kritik zu gewinnen vorgeben. Die These, dass man junge Leute leichter gewinnt, wenn man sich kämpferisch zeigt, ist falsch; was soll einen jungen Menschen veranlassen, sich einer Partei anzunähern, von der er bestenfalls sagen kann, dass sie die Tätigkeit der Jungen toleriert.
Heute gibt es allerdings eine neue politische Situation, die es der sozialistischen Jugendbewegung leichter macht, den kämpferischen Geist der Jungen voll zum Einsatz zu bringen, ohne dabei den Zusammenhalt mit der Partei aufs Spiel zu setzen. Im Vordergrund steht das sehr berechtigte Interesse an der Erhaltung des Friedens. Ohne mich an dieser Stelle lange mit einer sehr komplizierten Materie auseinanderzusetzen: Es geht ganz einfach um das Leben auf diesem rollenden Planeten. Den tiefen Zukunftspessimismus der Jungen verstehe ich gut. Da ich in meinem Leben Zeuge furchtbarer Ereignisse war, sage ich mir, wenn nur ein Bruchteil dessen, was an sträflichem Leichtsinn, an grenzenloser Dummheit und an politischen Verbrechen zwischen den beiden Weltkriegen geschehen ist, wieder geschieht, dann ist das Unglück tatsächlich unaufhaltsam. Hier sehe ich die große Aufgabe der jungen Generation: Sie darf sich nicht irre machen lassen, auch nicht von Politikern, die sich aus sogenannten realpolitischen Erwägungen möglichst wenig Opposition wünschen. Das ewige Beschwichtigen und Beschwören, man möge doch die Beziehungen zu den Vereinigten Staaten nicht stören, darf uns nicht davon abhalten – als echte Freunde Amerikas –, wo es notwendig ist, unsere Meinung zu sagen. Es handelt sich ja in Wirklichkeit nicht um das Wohl Amerikas, sondern um die politischen Ansichten seiner herrschenden Administration. Die Einstellung, dass man um keinen Preis Kritik an dieser Administration üben dürfe, entspringt demselben Geist, mit dem man 1914 und 1938 in das Unglück rannte – nur mit dem Unterschied, dass dieser Geist damals als offizielle Politik Österreichs und Deutschlands galt. Gerade weil wir wissen, wie wenige es damals waren, die die Schuld an dem Unglück trugen, und dass es heute vieler Millionen bedarf; um eine ähnliche Entwicklung zu verhindern, dürfen wir die Auseinandersetzung nicht scheuen. In solchem Engagement sehe ich die Aufgabe der Jungen. Das Maß, in dem sich die Sozialdemokratie hier einsetzt, wird über ihre Zukunft entscheiden. Sie muss klare Fronten beziehen und darf keinen Zweifel aufkommen lassen, ganz gleich, ob sie in der Regierung

oder in der Opposition ist. Es hat geradezu die Bedeutung einer Vision, sich vorzustellen, dass die Sozialdemokratie ein echter Faktor einer permanenten Friedensbewegung wird. Trotzki sprach einmal von der Notwendigkeit der »permanenten Revolution«. Wir müssen überzeugend dartun, dass wir für den permanenten Friedenskampf sind, dass wir durch unsere Politik das Leben in Frieden gewährleisten.

Ein anderes großes Gebiet, auf dem die Jungen sich engagieren können, ohne dabei mit der Sozialdemokratie in Konflikt zu geraten, ist die Bekämpfung der Arbeitslosigkeit. Der Anteil der Jugendlichen unter den Arbeitslosen ist überdurchschnittlich hoch. Es muss von Sozialdemokraten und demokratischen Sozialisten ein sehr viel gründlicheres und sehr viel wirksameres Eingreifen verlangt werden. Auch sollte man weniger beckmesserisch an die Probleme herangehen. Über John Maynard Keynes schrieb der berühmte österreichisch-amerikanische Ökonom Joseph Schumpeter 1946, dass er am Anfang immer eine Vision gehabt habe. Selbst die Ökonomen kommen ohne Visionen nicht aus, nicht einmal die konservativsten; sie sprechen sogar von »monetaristischer Revolution«. Es ist schon bemerkenswert, dass, während man sich in Europa hütet, das Wort Revolution zu verwenden, es in den Vereinigten Staaten bei jeder möglichen und unmöglichen Gelegenheit gebraucht wird. Es scheint ähnlich einem Muttermal zu sein: Man wird es nicht los.

Wenn also selbst die Ökonomie ohne Visionen nicht auskommt, so müssen erst recht wir demokratischen Sozialisten im Hinblick auf die ökonomische Entwicklung den Mut zu Visionen haben. Wie anders sollten wir der Situation in unseren modernen Industriestaaten mit Mitte der 1980er Jahre über dreißig Millionen Arbeitslosen – in den OECD-Staaten – Herr werden? Wir müssen uns um die dauernde Aktualisierung des Problems bemühen und konkrete Vorschläge zu seiner Überwindung machen. Dabei dürfen wir uns vor einer phantasievollen Politik nicht scheuen. Für konservative Ökonomen ist die Arbeitslosigkeit ja nur mehr ein als Dauererscheinung akzeptiertes Phänomen, geradezu eine innere Notwendigkeit unseres Wirtschaftslebens.

Ein drittes Feld, auf dem es der politischen Vitalität der Jungen bedarf, betrifft die Umweltpolitik. Die Problematik ist durchaus neu: Man hat die Umweltpolitik bisher meist als kommunalpolitische Angelegenheit betrachtet, als Aufgabe von Naturschutzvereinen. Doch auch diese Frage ist für die Zukunft unserer Welt von entscheidender Bedeutung: Sind wir in der Lage, die Produktionsmöglichkeiten, die uns zur Verfügung stehen, vom reinen Profitdenken wegzubringen, ein neues Verhältnis von Ökonomie und Ökologie zu entwickeln und dadurch Beschäftigungsmöglichkeiten zu schaffen, wie es sie bisher nicht gab? Gelingt dies, dann wird man auch von dieser Seite der Arbeitslosigkeit zu Leibe rücken können.

Eine letzte Frage von entscheidender Bedeutung, die ich hier anschneiden möchte, ist die Frage nach neuen Beziehungen zwischen den Industriestaaten und den Ländern der Dritten Welt. Wir haben auf diesem Gebiet einen totalen wirtschaftlichen und politischen Bankrott erlebt. Alles, was sich als unwirksam erwiesen hat, muss über Bord geworfen werden, vor allem auch die These, dass Entwicklungshilfe nichts mit der eigenen Wirtschaft zu tun habe. Entwicklungshilfe kann nur wirksam sein, wenn ihre Bedeutung für die eigene Wirtschaft erkannt wird. So wie wir heute bereits die Möglichkeiten unseres Produktionsüberschusses im Hinblick auf die Staaten der Dritten Welt überlegen, so müssen wir uns auch daran gewöhnen, den großen Überschuss an Intellektuellen, den uns die kulturelle Demokratisierung schafft, in Entwicklungsländer einzubringen. Die europäischen Staaten des 19. und 20. Jahrhunderts haben Hunderttausende Bürger zu Soldaten gemacht, die der Eroberung und Erhaltung ihrer Kolonialgebiete dienten. Damit ist es vorbei. Und könnte uns eine schönere und nützlichere Aufgabe zufallen als die, Ärzte, Lehrer und Leute aus anderen Berufen, von denen wir bald viel zu viele haben werden, dazu zu bringen, in die Welt hinauszuziehen und dort zu helfen, wo an diesen Berufen Mangel herrscht? Wir haben oft von einem neuen Menschenbild gesprochen. Hier könnten wir es mitgestalten, und zwar im globalen Sinne.

Die Sozialdemokratie in den Zwanzigerjahren

Die österreichische Sozialdemokratie – zumindest ihre theoretisch denkende Jugend – träumte von einer Revolution, einer sozialdemokratischen Revolution, was für viele in der Welt draußen als Widerspruch in sich gilt. Was soll man sich darunter vorstellen, wie sollte die Verwirklichung des demokratischen Sozialismus, noch dazu in einem bettelarmen Land, aussehen? Oder anders herum gefragt: Wie stellte sich dem 18-jährigen Aktivisten der SAJ diese Revolution konkret dar? Vor allem als ein eindeutiger Auftrag an die Sozialdemokratie, die Geschäfte des Staates zu besorgen, und zwar so, wie es im Linzer Parteiprogramm von 1926 mit der für mich nötigen Eindeutigkeit festgeschrieben war. Nur hatte das Linzer Parteiprogramm einen furchtbaren verbalen Fehler: den Satz von der »Diktatur des Proletariats«, der der Partei wie ein Brandmal anhaftete. Es hieß dort: »Wenn sich aber die Bourgeoisie gegen die gesellschaftliche Umwälzung, die die Aufgabe der Staatsmacht der Arbeiterklasse sein wird, durch planmäßige Unterbindung des Wirtschaftslebens, durch gewaltsame Auflehnung, durch Verschwörung mit ausländischen gegenrevolutionären Mächten widersetzen sollte, dann wäre die Arbeiterklasse gezwungen, den Widerstand der Bourgeoisie mit den Mitteln der Diktatur zu brechen.« Es wird bestritten, dass dieser Satz von Otto Bauer stammt, aber ich schließe mich doch denen an, die meinen, dass die Dialektik, die sich um dieses Wort herum rankt, eine typisch Otto Bauersche gewesen ist. Es war eine gefährliche Formulierung, und sie stand im Gegensatz zu allem, was im Programm zu lesen war: Die Demokratie sollte gefestigt, am Proporzsystem sollte nicht gerüttelt werden. Die wesentliche Voraussetzung der Machteroberung war eine so starke Veränderung des Bewusstseins der Menschen, dass sie bei den Wahlen gar keine andere Möglichkeit hatten, als sich diesmal im Unterschied zu 1919 für die Sozialdemokratie zu entscheiden.

Einer der »Linkesten« der Linken in der österreichischen Sozialdemokratie, der bekannte Philosoph, Neokantianer und Marxist Max Adler, hat sich in seiner *Staatsauffassung des Marxismus*, einem der

Standardwerke des Austromarxismus, große Mühe gegeben, den Begriff der »Diktatur des Proletariats« zu demokratisieren. Mir schien dieser Versuch nicht gelungen zu sein. Andererseits glaube ich, dass der »Verbalradikalismus« sehr dazu beigetragen hat, die Spaltung der österreichischen Sozialdemokratie zu verhindern. Dabei hat es sich nicht, wie man heute sagen würde, um ein semantisches Manöver gehandelt, sondern um echte Überzeugung. Indem Max Adler immer wieder die Irrwege des russischen Kommunismus schilderte hat er Tausende junger, theoretisch interessierter Sozialdemokraten daran gehindert, sich dem Kommunismus anzuschließen.

Um die Vorstellung von der sozialdemokratischen »Revolution« richtig zu verstehen, muss man wissen, dass die österreichische Sozialdemokratie in der Sozialistischen Internationale eine besondere Rolle gespielt hat. Die Spaltung in einen demokratisch-sozialistischen und einen kommunistischen Zweig, die für fast alle europäischen Länder bezeichnend war, hat in Österreich niemals wirklich stattgefunden. In Deutschland hat diese Spaltung zu einer großen kommunistischen Partei geführt; in der Tschechoslowakei waren die Kommunisten die stärkste Partei, weil in ihr alle Nationalitäten der neuen Republik vereinigt waren; und in Norwegen wollten Sozialisten und Kommunisten sogar geschlossen zur Komintern übertreten. Die damit verbundenen theoretischen Auseinandersetzungen haben natürlich auch die österreichische Sozialdemokratie stark beschäftigt, aber wir hatten das Glück, dass auf der Linken zwei Männer standen, die entschiedene Gegner des Kommunismus waren: Otto Bauer und Friedrich Adler.

Diesen beiden Männern vor allem ist es zu danken, dass sich in Österreich nicht wie in Ungarn oder München die Räterevolution ereignet hat. Sie haben es fertiggebracht, dass in der berühmten Sitzung des zentralen Wiener Kreisarbeiterrats vom 13. Juni 1919 nach heftigen Diskussionen die Ausrufung der Räterepublik nach dem Vorbild von München und Budapest mit großer Mehrheit abgelehnt wurde: Ein Wunder hatte sich ereignet. Otto Bauer und Friedrich Adler haben überzeugend dargelegt, dass man ohne die Kohle aus den Nachbarländern nicht länger als eine Woche überleben werde. Nicht nur Frankreich wollte seinen Sieg über Deutschland auskosten – England war hier viel zurückhaltender, wie man den Erinnerungen des Grafen Ottokar Czernin entnehmen kann –, sondern auch die neuen kleinen Sieger wollten ihren Triumph haben, und der sollte sich in Aktionen gegen das zer-

schlagene Österreich manifestieren. Auch wenn nach außen hin Staatskanzler Karl Renner als Exponent der sogenannten »Rechten« die führende Rolle gespielt hat, in der Partei selbst hat die Linke gesiegt. Und es war das historische Verdienst der Linken, dem Drängen von Béla Kun, dem Führer der Räterepublik in Ungarn, standgehalten zu haben.
Die erste große Spaltung in der Geschichte der Sozialistischen Internationale war die Spaltung der Sozialdemokratischen Arbeiterpartei Russlands. Sie fand 1903 in Brüssel und London statt. »Bolschewik« ist ja historisch kein Schimpfwort, sondern so nannten sich diejenigen, die auf diesem II. Parteitag die Mehrheit errangen (von russisch *bolschinstwo*, »Mehrheit«). Zu ihnen gehörte vor allem Lenin. Die Menschewiken waren die Minderheitler; und zu ihnen zählten so gelehrte Marxisten wie Plechanow, Axelrod und Martow. Zwischen beiden Gruppierungen gab es zwar ein ständiges Hinüber und Herüber, aber vom Londoner Parteitag an war die russische Sozialdemokratie tief gespalten.
Lenin war kürzere, Trotzki längere Zeit in Österreich-Ungarn im politischen Asyl. Leo Trotzki hat in Österreich sogar Dauerasyl genossen und war ein häufiger Gast im Café Central, wo er hinter einem Berg von Zeitungen regelmäßig seinen Kaffee trank.
Es gibt Wissende, die meinen, wenn Trotzki in den Tagen der Revolution nicht zu Lenin gestoßen wäre, hätte sie einen anderen Verlauf genommen. Jedenfalls kann niemand bestreiten, dass es Trotzki war, der die Rote Armee geschaffen hat. Die Armee unter Kerenski war zerfallen, weil man den Soldaten, die vorwiegend kleine Bauern waren, befohlen hatte, weiterzukämpfen, und Trotzki ihnen durch seine Emissäre sagen ließ, dass bei ihnen zu Hause der Boden verteilt werde: Wollt ihr das den Weibern überlassen? Und da sind die Bauern einfach nach Hause gegangen, um dabei zu sein, wenn man die Gutsbesitzer enteignete und verjagte. So ist eine mächtige Armee in den Weiten Russlands versickert. Als dann die Bolschewiki die Macht erobert hatten, sie aber durch die »Weißen« und ihre Armeen bedroht sahen, hat Trotzki den Bauern abermals durch seine Emissäre sagen lassen: Hinter den weißgardistischen Generalen, den Koltschaks, Denikins und Wrangels, kommen die alten Gutsbesitzer zurück und werden euch das Land wieder wegnehmen. Das hatte einen gewaltigen Mobilisierungseffekt, und die Rote Armee hat gesiegt.
Die Unbesiegbarkeit der Roten Armee hat natürlich die Idee der Weltrevolution beflügelt. In den Köpfen der Führer der bolschewistischen

Revolution entstand eine neue Ideologie: Man müsse gleich bis Warschau weitermarschieren, um die neue polnische Armee unter Pilsudski zu schlagen, dann mit den sich solidarisch erklärenden Regimentern der polnischen Armee weiter nach Deutschland und von dort zusammen mit den revolutionären Soldaten des Spartakusaufstandes an den Rhein. Am Rhein sollte es dann zur welthistorischen Begegnung mit dem revolutionären Frankreich kommen. Aber dieser Traum war bereits vor Warschau ausgeträumt. Dort wurden die Russen von Pilsudski und seiner neuen polnischen Armee total besiegt. Nur war das längst nicht mehr die Rote Armee. Denn als die große Masse der Soldaten, die Bauern, merkten, dass sie nicht mehr auf russischem Boden kämpften, sondern für Ziele eingespannt wurden, die nicht die ihren waren, sind sie abermals in der Weite des russischen Raumes verschwunden und haben sich in ihre Dörfer durchgeschlagen. Besiegt wurden vor Warschau die Arbeiterregimenter, vor allem aus Petrograd und Moskau. Die Machtergreifung des Kommunismus mit den Mitteln des Krieges war gescheitert.

Noch einmal möchte ich sagen, dass die Niederlage vor Warschau im August 1920 die kommunistischen Arbeiterregimenter erlitten haben und nicht die Rote Armee, wie sie von Trotzki konzipiert worden war. An unseren Schulen wird diese Art Geschichte leider nicht unterrichtet, obwohl sie von folgenschwerer Bedeutung noch für unsere Zeit ist. Würde man sich mit diesen Fragen intensiver befassen, könnte man vieles besser begreifen, auch die heutige Entwicklung in China.

Alte Bolschewiken erzählten mir, dass im Entwurf der Gründungsstatuten der Kommunistischen Internationale ursprünglich gestanden habe, ihr Sitz solle in Moskau sein. Als Lenin das las, habe er ironisch gemeint: Und die Delegierten seien im Hotel Lux unterzubringen. Er habe den Kopf geschüttelt und gefragt, wie man denn so etwas Unsinniges festlegen könne. Wenn es eines Tages in Deutschland oder in einem anderen hochindustriellen Staat zur Revolution komme, dann wäre es doch zweckmäßig, das Zentrum der Internationale in ein fortschrittlicheres Land zu verlegen. *De facto* ist es natürlich bei Moskau geblieben. Die Komintern hat sich zu einem immer stärkeren ideologischen Zentrum entwickelt, und die kommunistischen Parteien Europas wurden ihre immer willfährigeren Werkzeuge – und damit zu Werkzeugen der Sowjetunion. Deutlichster Ausdruck war die Breschnew-Doktrin, die das Recht zur militärischen Intervention in jedem Land statuierte, in dem eine kommunistische Partei herrscht. Diese Doktrin diente als formale Rechtfertigung für den Einmarsch in die Tschechoslowakei.

Die Niederlage vor Warschau hat die Ideologie des Kriegskommunismus beendet. Lenin selbst beendete sie, indem er das Signal zur sogenannten »Neuen Ökonomischen Politik« (NEP) gab. Um es drastisch, aber adäquat zu formulieren: Er rief nicht mehr die Proletarier aller Länder zum Kampf auf, sondern die Kapitalisten aller Länder, nach Russland zu kommen, um sich dort zu bereichern. Und sie kamen aus allen Ländern: die Automobilfabrikanten aus Amerika, die Textilfabrikanten aus Europa, und auch die deutsche Wirtschaft, die sich vom Krieg noch kaum erholt hatte, war zur Stelle. Aber nicht nur die Konsumgüterindustrie kam in Schwung, auch zu essen gab es in Hülle und Fülle, und die sogenannten Kulaken – Bauern mit familienfremden Arbeitskräften – sorgten für ausreichende Ernährung.

Nach dem Tode Lenins wagte Stalin diese Politik nicht gleich zu verändern. 1928 war jedoch endgültig Schluss mit der NEP; der Machtkampf war zu Stalins Gunsten entschieden. Trotzki wurde ausgewiesen, auf die türkische Insel Büyük Ada (Prinkipo); von dort ging er nach Oslo und übersiedelte dann, offenbar aus klimatischen Gründen, nach Mexiko. Es dürfte allerdings nicht nur das Klima gewesen sein, das ihn dazu veranlasste, denn der Arm Stalins reichte weit, und Norwegen war ein offenes Land. Ich will die ideologischen Gegensätze zwischen Stalin und Trotzki nicht unterschätzen, aber sie scheinen mir nur der sichtbare Ausdruck dafür zu sein, dass, wie so oft in der Geschichte, derjenige den Kampf für sich entschied, der den Apparat beherrschte. Das war eindeutig Stalin, auch wenn er der weniger begabte Führer gewesen sein mag. Ich konnte mich nie zu dem Gedanken durchringen, dass es sich bei Trotzki um eine andere Art von Kommunismus, um einen »Kommunismus mit menschlichem Antlitz« gehandelt haben soll. Ich bin davon überzeugt, dass Trotzki als Sieger seine Gegner ähnlich brutal behandelt hätte wie Stalin.

Natürlich war auch die bolschewistische Führung nicht frei von Gegensätzen. Es erfordert ja eine ganz besondere psychologische Struktur, für ein politisches Ziel zu kämpfen, das weit in der Zukunft liegt. Deshalb entzündet sich in der Anfangsphase interner Diskussionen oft der Streit um die Frage »Weg und Ziel« beziehungsweise »Ziel und Weg«. Viele Kommunisten sind mir deshalb oft politisch schizophren vorgekommen: Einerseits erklärten sie, dass das Endziel ihrer politischen Bestrebungen, die Verwirklichung des Kommunismus, in weiter Ferne liege, andererseits taten sie so, als ob es unmittelbar vor der Verwirklichung stehe. Das ist einer der Gründe, warum das Wort Sozialismus in der stalinistischen Ara »annektiert« wurde: nicht nur, um Verwirrung zu stiften, sondern vor allem, um den Sozialismus als den Weg und den Kommunismus als das Ziel zu postulieren. Aus dieser Schizophrenie heraus ist auch die politische Wanderung vieler Kommunisten zu verstehen. Wie viele haben nicht die kommunistische Bewegung verlassen – dort jedenfalls, wo sie sich das leisten konnten, ohne in ihrer physischen Existenz bedroht zu sein –, von Arthur Koestler bis Herbert Wehner, von Henri Barbusse bis Ernst Bloch. Sie mögen mancherlei Gründe angegeben haben, aber irgendwie sind sie sich doch ihrer schizophrenen Situation bewusst geworden, und einige haben sich denn auch in ein ganz unpolitisches Dasein zurückgezogen. So manche, die zu den Sozialdemokraten gegangen sind, haben bis zuletzt – jedenfalls in ihrer Agitation – nicht ganz verschleiern können, dass sie aus einem Lager kamen, in dem ein gewisses Maß an Intoleranz zur Grundausrüstung gehört.

Aus der Diskussion innerhalb der deutschen Sozialdemokratie am Ende des Ersten Weltkriegs geht eines klar hervor: Der eigentliche Grund für die Spaltung der Arbeiterbewegung war nicht die Russische Revolution, sondern der Krieg. So war es auch in Österreich; die Geister schieden sich nicht an der Frage, wie man die Ereignisse in Russland zu bewerten habe, sondern daran, dass 1914 eine der Grundpositionen der Internationale aufgegeben worden war.

Die Sozialdemokratie war die bis dahin größte und bedeutendste pazifistische Bewegung, die es in der modernen Geschichte gegeben hat, allein schon aufgrund ihres weithin hörbaren Internationalismus. Dieser Internationalismus hatte sich als erstes Ziel die Verhinderung eines Krieges vorgenommen. Vielleicht hatte man sich in dieser Frage allzu großen Illusionen hingegeben, denn am Vorabend des Ersten Weltkrieges ist der Pazifismus der Arbeiterklasse wie ein Fluss im Karst verschwunden. Der Pragmatismus forderte aufgrund einer allgemeinen, unverständlichen Hochstimmung ein Bekenntnis zur Nation. Den katastrophalsten Beleg hat das in Deutschland an jenem 4. August 1914 gefunden, an dem die deutsche Sozialdemokratie geschlossen für die Kriegskredite stimmte, was Wilhelm II. zu der Feststellung veranlasste: »Ich kenne keine Parteien mehr; ich kenne nur noch Deutsche.« Und der energische August Bebel hatte schon 1904 gesagt, dass in einem Krieg, »in dem es sich um die Existenz Deutschlands handelt«, die Sozialdemokraten »bis zum letzten Mann bereit seien, die Flinte auf die Schulter zu nehmen«.

Und wie sah es in Österreich aus? Am 5. August 1914 erschien in der *Arbeiter-Zeitung* ein Leitartikel des Chefredakteurs Friedrich Austerlitz mit der Überschrift: *Der Tag der deutschen Nation.* Ein Beweis dafür, dass die österreichische Sozialdemokratie, soweit sie deutschsprachig war, von einer großdeutschen Grundgesinnung getragen war. In Deutschland haben sich die Gegensätze, wie gesagt, bald sehr nachdrücklich manifestiert, und am Ende des Krieges gab es zwei Parteien, die Mehrheitssozialisten und die USPD. Die Haltung zum Krieg ist also die wirkliche Ursache der Spaltung gewesen. Das hat nichts mit dem allgemeinen Gegensatz zwischen Radikalen und Gemäßigten zu tun. Es ist im Gegenteil eine Lebensvoraussetzung der europäischen Sozialdemokratie, dass sich in einer so mächtigen Bewegung sehr verschiedenartige Gesinnungen beheimatet fühlen müssen. Eine Auseinandersetzung zwischen Rechten und Linken hätte kaum zur Spaltung geführt, denn ein solcher Zwist kann immer wieder überbrückt werden. In der Geschichte der österreichischen Sozialdemokratie gibt es hierfür ein beredtes Beispiel.

Auf dem Parteitag im Oktober 1917 prallten die Gegensätze besonders hart aufeinander. Victor Adler mit Karl Renner in seinem Gefolge stand auf der Rechten, auf der Linken führten vor allem Otto Bauer und Robert Danneberg das Wort. Die Auseinandersetzung verlief durchwegs kultiviert, ohne jeden persönlichen Hass. Victor Adler, schon vom Tode gezeichnet, hat sich furchtbar müde und elend gefühlt. Als man für den letzten Tag verabredete, die gegensätzlichen Standpunkte in Resolutionsvorschlägen dem Parteitag vorzulegen, ging Adler zum Wortführer der Linken, zu Otto Bauer, dem er menschlich eng verbunden war, und forderte ihn auf, auch den Text der Resolution der Rechten zu schreiben. Und Otto Bauer hat in vollster Übereinstimmung mit den Forderungen der Rechten auch deren Resolutionsentwurf verfasst, so wie er den der Linken geschrieben hat. Das war keineswegs so, wie es seinerzeit nach Gustav Freytags *Journalisten* über den Schmock hieß: »Er kann schreiben rechts, er kann schreiben links.« Nein, es war Bauers Genialität, Gedankengänge anderer nachzuempfinden, zu verstehen

und zudem auch überzeugend zu formulieren – besser vielleicht, als einer der ihren es hätte können.
Als der Krieg zu Ende war, hatten sich innerhalb der sozialistischen Bewegung sehr viele Richtungen herausgebildet. Die einen wollten die alte Internationale wieder errichten; diejenigen, die von Anfang an gegen den Krieg gewesen waren, bildeten die »Zweieinhalbte« Internationale; und dann gab es noch die Dritte, die Kommunistische Internationale. Die Diskussionen wurden von den besten Köpfen geführt, und sie waren von großem Gehalt. Dennoch sind die Ideen von damals irgendwo im ideologischen Weltall verflogen und spielen in der aktuellen theoretischen Debatte kaum mehr eine Rolle. Wer die Protokolle heute nachliest, hat das Gefühl, als ob uns Lichtjahre von damals trennten. Es war die große Zeit der eloquenten Intellektuellen. Ihre gewaltigen Rededuelle uferten immer mehr aus, bis man sich entschloss, die Zeit fur die einzelnen Redner zu beschränken. Und wieder möchte ich eine Anekdote aus dieser Zeit beisteuern, die mir der französische Sozialist Salomon Grumbach, ein Vertreter der Zweiten Internationale, erzählte. 1922, beim Berliner Kongress der drei Internationalen, nachdem fast alle Delegierten schon stundenlang geredet hatten, bekam Grumbach das Wort. Er war Elsässer und sprach in französischer Sprache, aber als er kaum bei der Hälfte angelangt war, bedeutete ihm der Vorsitzende, dass seine Redezeit abgelaufen sei. Grumbach wandte sich an den Vorsitzenden mit der Bitte, seine Rede ins Deutsche übersetzen zu dürfen. Das konnte ihm nicht verwehrt werden; aber statt zu übersetzen, hat Grumbach seine Rede auf deutsch einfach fortgesetzt. So hatte er als einziger die doppelte Redezeit.
Zu den ideologischen Grundsätzen in meiner Jugendzeit gehörte die These der Einheit von Theorie und Praxis. Heute würde ich sagen, dass die sozialdemokratische Praxis von allem Anfang an der Theorie davongelaufen ist, und zwar in dem Maße, wie die Sozialdemokratie groß geworden ist und eine gewisse Mitverantwortung, wenn auch in der Opposition, übernommen hat. Seitdem sie in Parlamenten vertreten war, gab es verschiedene Formen der Bereitschaft zur Mitverantwortung.

Das Studium

Nachdem ich im Juni 1929 an der Bundesrealschule in der Radetzkystraße die Reifeprüfung abgelegt hatte, stand ich vor der Frage, welches Studium ich nun wählen sollte. Meiner Neigung nach hätte ich am liebsten Medizin studiert. Mein Vater hatte mir zwar wiederholt nahegelegt, auf die Technische Hochschule zu gehen, aber dazu fehlte mir nach meinem Gefühl die Begabung. Dass bereits die erste Voraussetzung, die Mathematik, besondere Anforderungen stellte, wurde mir deutlich, wenn ich mich mit meinem Freund Hans Motz verglich, der später als Mathematiker in Oxford lehrte.

Da das Studium nicht drängte, stellte ich mich der Jugendbewegung zur Verfügung. In diesem Sommer 1929 kam es zu einem für mich denkwürdigen Gespräch mit Otto Bauer, dem Listenführer der Partei im 4. Wiener Bezirk, meinem Wohnbezirk. Wenn Bauer bei uns eine Rede gehalten hatte, pflegte er beim Weggehen einen von uns Jüngeren aufzufordern, ihn in die Redaktion der *Arbeiter-Zeitung* zu begleiten, wo für ihn dann die Nachtarbeit begann. Das war ein Spaziergang von zwanzig Minuten – für Funktionäre gab es damals noch keine Autos –, und dazu eingeladen zu werden, galt als eine besondere Auszeichnung. Ich habe nie erlebt, dass Otto Bauer von einer noch so provokanten Frage verletzt gewesen wäre oder sie als Zumutung betrachtet hätte, obwohl wir Jungen in hastigem Übermut viele Dinge zur Sprache brachten.

Bei einem dieser nächtlichen Spaziergänge nun wandte sich Otto Bauer plötzlich an mich und fragte, was ich denn eigentlich werden wollte. So kam das Gespräch auf das Studium und bald auf die Medizin. »Nun ja«, meinte Bauer, »wenn Sie Arzt werden und sich gleichzeitig politisch betätigen wollen, dann werden Sie es nicht leicht haben. Wir haben ja einige Ärzte im Parlament, zum Beispiel den Doktor Ellenbogen. Die haben ihren Beruf an den Nagel hängen müssen. Auch Victor Adler musste seinen Beruf aufgeben. Natürlich gibt es Ausnahmen, etwa den Professor Tandler, der war aber schon ein bekannter Arzt, als er sich der Politik zuwandte.« So fragte ich Bauer, was er mir riete. »Sie müßten eigentlich, wenn Sie mir folgen, Jurist werden«, sagte er. »Die Partei braucht gute Juristen und hat davon zu wenige. Die meisten wollen eigentlich nicht ins Parlament, weil das ein großes materielles Opfer für sie ist. Für die guten jedenfalls, denn die sind sehr beschäftigt, und die schlechten können wir nicht brauchen. Also, wenn Sie der Partei wirklich einen Dienst erweisen wollen, müssen Sie Jurist werden. Studieren Sie Jus! Das kann man für alles verwenden. Und wenn Sie nebenbei auch noch Ökonomie und anderes lernen wollen, wird Ihnen dieses Studium am ehesten helfen.«

Mein Vater hatte von jeher eine große Sympathie für Advokaten und war mit einigen sehr bedeutenden Anwälten persönlich befreundet; die meisten kannte er aus der Freimaurerloge. Meine eigentlichen Motive hat er vielleicht nie ganz verstanden, aber meine Entscheidung hat ihm gefallen. So entschloss ich mich, zunächst das Latinum zu machen und einen Kurs »philosophische Propädeutik« zu belegen. Latein habe ich ohne große Begeisterung gelernt. Wie unzählige Lateinschüler vor mir und nach mir hatte ich mir für die Prüfung sogenannte »Schmierer« angelegt mit Übersetzungen verschiedener lateinischer Texte. In der Straßenbahn habe ich mir noch einmal die Cicero-Reden gründlich angeschaut, und in allem anderen verließ ich mich auch hier auf mein sehr gutes Gedächtnis – und auf das Glück.

Und ein Wunder geschah. Eine Cicero-Rede wurde verteilt, die ich so gut in Erinnerung hatte, dass ich sie nahezu aus dem Kopf wiedergeben konnte. Meine einzige Sorge war, die Arbeit nicht zu früh abzugeben und einige kleine Fehler einzubauen. Ich habe auf diese Arbeit eine gute Note bekommen und bin dann einige Tage später zur mündlichen Prüfung angetreten – bei der ich total versagte. Daraufhin hat mich der alte Professor gütig gefragt: »Sagen'S, haben'S g'schwindelt?« Nun war Schwindeln bei der schriftlichen Prüfung so gut wie ausgeschlossen: Jede Reihe wurde von einem Assistenten kontrolliert, und es waren zwei verschiedene Texte verteilt worden, so dass keiner bei seinem Nachbarn abschreiben konnte. »Das hab' ich nicht.« – »Ja, wie ist denn des möglich? San Sie so aufgeregt oder krank?« Sage ich: »Ich bin eigentlich ganz g'sund.« – »Also, ich änder' die Note nicht, aber sagen'S mir, was is g'scheh'n?« Und da habe ich ihm die Wahrheit erzählt. Da er sein Versprechen hielt, habe ich meine Lateinprüfung bestanden. Später, für die erste Staatsprüfung, bei der man wegen des Römischen Rechts dringend Latein gebraucht hat, habe ich noch ein bisschen nachgelernt.

Was mich damals am meisten faszinierte, waren die Wiener psychologischen Schulen und vor allem Alfred Adlers Individualpsychologie.

Der Kampf der Freudianer gegen die Adlerianer zählte zu den großen geistigen Auseinandersetzungen meiner Jugendzeit, denen ich direkt beiwohnen konnte. Die Leitfiguren beider Seiten habe ich gehört und gesehen. Es ist gar keine Frage für mich, dass die Individualpsychologie von vornherein eine sehr viel praktischere Schule gewesen ist. Die Psychoanalyse hingegen war im Grunde eine Individualtherapie für einige Privilegierte. Den wirklichen Durchbruch schaffte sie erst in Amerika, jedenfalls was die Zahl der Psychoanalytiker betrifft und derer, die sich ihrer bedienen. Ich habe mich in die Werke Freuds vertieft und einige seiner Schriften sehr gründlich gelesen, vor allem seine *Vorlesungen zur Einführung in die Psychoanalyse,* aber auch kleinere Werke wie *Massenpsychologie und Ich-Analyse* oder *Der Witz und seine Beziehung zum Unbewussten, Die Zukunft einer Illusion* oder *Der Mann Moses und die monotheistische Religion.* Doch so sehr ich die Psychoanalyse und die Leistung Freuds hochschätzte, so schien mir doch die Individualpsychologie praxisorientierter zu sein. Wenn, wie Alfred Adler sagt, die Probleme der Psyche im Menschen auf Minderwertigkeitsgefühle zurückzuführen sind, dann ist deren Überwindung ein pädagogisches Ziel, und so hat die Individualpsychologie denn auch eine für die moderne Pädagogik solide Grundlage geschaffen. Ende der zwanziger Jahre setzten sich diese Anschauungen immer mehr durch, und viele junge Leute, die intellektuell etwas auf sich hielten, besuchten Montag abends die Vorträge des Vereins für Individualpsychologie. Die Individualpsychologie wurde zwar von den Psychoanalytikern als eine Art Halbwissenschaft abgetan, aber ich habe mich dort sehr viel mehr zu Hause gefühlt als in der Schule Freuds.
Die Ablösung der Psychoanalyse durch die Individualpsychologie hatte ich bereits sehr früh und aus unmittelbarer Nähe erlebt. Bei einem Jugendtreffen auf dem Sportplatz in Steyr war mein Bruder von einer schweren Eisenkugel am Kopf getroffen worden; mehrere Monate war er schwerst invalidisiert gewesen, so dass mit seinem Aufkommen gar nicht mehr gerechnet werden konnte. Nach diesem Unfall war er zusätzlich gehirngeschädigt, zusätzlich deshalb, weil er in seiner frühen Kindheit an Kinderlähmung erkrankt gewesen war. Jedenfalls war er geistig behindert und hatte große Schwierigkeiten im Leben; er selbst hat aber – wie es mir schien – nie darunter gelitten. An dem Unfall trug er selbst Schuld, weil er gedankenlos über das Sportfeld gegangen war, während dort das Kugelstoßen stattfand.

Mein Vater gab sich der Hoffnung hin, dass Psychoanalytiker in der Lage wären, meinem kranken Bruder zu helfen, und er hat ein Vermögen ausgegeben für immer neue Behandlungen. So begann auch ich mich für diese Lehre zu interessieren und habe mir als erstes Freuds »Einführung« angeschafft, ein kleines, handliches, typographisch schönes Buch, dessen Lektüre mich sehr beeindruckte. Von Anfang an hatte ich das Gefühl, dass es sich bei Freud um einen großen Mann handelte, aber ich wurde auch das Gefühl nicht los, dass es unter seinen Schülern, vor allem unter den selbsternannten Epigonen, eine ganze Reihe von Scharlatanen gab. Auch wenn die Psychoanalyse in meinen Augen eine bedeutende Wissenschaft ist, uneingeschränkt konnte ich mich für sie nicht erwärmen.

Da die Psychoanalytiker meinem Bruder nicht helfen konnten und bestenfalls bestätigten, was wir ohnehin wussten, kam mein Vater, der unter allen Umständen verhindern wollte, dass mein Bruder in irgendeinem Heim verschwand, wo er zu langem geistigen Siechtum verurteilt gewesen wäre, zu dem Entschluss, es mit der »neuen Lehre« zu versuchen. Er hatte deren Entwicklung genau verfolgt und sich von Freunden – wenn ich mich recht erinnere, war es Alfred Adler selbst – einen Individualpsychologen empfehlen lassen. Der hieß Paul Fischl und war ein junger Arbeitsloser aus einer ehemals reichen Familie, die eine Prachtvilla am Wörthersee besaß und sie jetzt als Pension weiterführte. Fischl erwarb sich um meinen Bruder große Verdienste. Er brachte ihn durch die Elementarschule, so dass mein Bruder gut lesen, schreiben und rechnen lernte und manchmal sogar einen erstaunlichen Stil schrieb.

Der Doktor Fischl, wie wir ihn einer Wiener Neigung entsprechend gern nannten, hat auch mir viel gegeben, indem er mir in eindrucksvoller Weise gewisse Erscheinungen und gesellschaftliche Zusammenhänge aufdeckte. Er war auffallend klein und hatte sehr kurze Finger, mit denen er aber seine Sätze eindrucksvoll zu unterstreichen vermochte. Ich habe viele Jahrzehnte nicht an ihn gedacht; erst jetzt, da ich meine Erinnerungen aufzeichne, kommt er mir wieder in den Sinn, und ich erinnere mich seiner mit großer Dankbarkeit. Er nahm mich auf die Wanderungen mit, bei denen er mit meinem Bruder ins Gespräch zu kommen suchte, was sehr schwierig war.

Paul Fischl lud mich auch zu den Vorträgen des Vereins für Individualpsychologie ein, die in den Räumen des Physiologischen Instituts statt-

fanden. Die Diskussionen waren oft so langweilig, dass ich es vorzog, meinen Platz in den hinteren Bänken einzunehmen, um bei Gelegenheit verschwinden zu können.
Dennoch habe ich sehr viel mitbekommen, und die Individualpsychologie ist mir als junger Mensch immer wieder nützlich gewesen. Einmal kam ich auf die Idee, einen jungen arbeitslosen Schlosser zu meinem Stellvertreter als Obmann in der SAJ-Wieden zu machen, um ihn auf diese Art von seinem traumatischen Stottern zu befreien. In der Tat litt er mit der Zeit und den ihm gestellten Aufgaben zusehends weniger unter diesem Handikap. Überhaupt empfinde ich es als merkwürdig, dass Menschen, die stottern – worauf man ja in England häufig trifft, wo es geradezu zum guten Ton gehört –, im Gespräch mit mir diese Sprachhemmung überwinden. Ich führe das auf den Umstand zurück, dass ich sehr langsam zu reden pflege und meine Zuhörer es folglich mit dem Sprechen auch nicht mehr so eilig haben. Es mag sein, dass langsames Reden auf manche in meiner Umgebung enervierend wirkt. Aber die pädagogischen Fähigkeiten, die man mir zuspricht, sind vielleicht und unter anderem darauf zurückzuführen. Oft hat man über mich gesagt, den Kreisky könne man verstehen. Dies offenbar deshalb, weil ich den Leuten Zeit zum Mitdenken ließ.
Viel Zeit habe ich dem Studium am Anfang nicht gewidmet. Dank der damaligen Studienordnung konnte man sich während der ersten beiden Semester sehr viele Vorlesungen ersparen, wenn man die Bücher der entsprechenden Professoren las, da ja ihre Fragen über die Jahre hinweg die gleichen blieben. Ich erinnere mich noch an einen sehr liebenswerten Professor in Deutschem Recht, Emil Goldmann, den man vollkommen zufriedenstellen konnte, wenn man nur die deutschen Kaiser und Könige auswendig und in richtiger Reihenfolge abspulte. Dieser Professor Goldmann war ein nobler Herr. Er fühlte sich von Jugend an der Sozialdemokratie verbunden und gehörte zur »Gesellschaft für Soziologie«, einer Vereinigung, in der sich liberale und sozialdemokratische Akademiker trafen. Die besondere Vorliebe dieses jüdischen Professors galt den altgermanischen Rechtseinrichtungen, über die er mit großer Begeisterung vortrug; manche Formulierungen sind mir durch ihre Schönheit in Erinnerung geblieben. Wenn man etwa zum Ausdruck bringen wollte, dass eine Rechtsnorm ewige Gültigkeit habe, so hat man, laut Jacob Grimm, gesagt: »So lange der Wind aus den Wolken weht und die Welt steht« – eine der schönsten Alliterationen, die ich kenne.

In der österreichischen Reichsgeschichte kam es vor allem darauf an, zu wissen, worüber der eigene Professor mit einem anderen seit Jahren im Streit lag. Sofern man nun seine Meinung vertrat und die seines Widersachers verwarf, hatte man es auch in diesem Fach leicht. Hart wurde das Studium erst vor der zweiten Staatsprüfung, bei der man eine ungeheure Stoffmenge durcharbeiten musste, und am Ende gehörte eine große Portion Glück dazu, gerade solche Fragen zu erwischen, auf die man gründlich vorbereitet war. Mich hat das alles nicht sonderlich interessiert – ich blieb aber dabei und musste es eben lernen.

Einen gewaltigen Vorteil hat mir das Studium dennoch gebracht. Während meiner Schulzeit hatte ich große Schwierigkeiten beim Lesen des *Kapitals* und anderer Schriften von Marx. Stundenlang saß ich da und quälte mich furchtbar. Um am Text zu bleiben und mich zu zwingen, hatte ich damals mit einem Lineal Satz für Satz die wichtigsten Begriffe unterstrichen (was gegenüber Büchern an sich barbarisch ist). Marx schrieb ja einen extrem schwierigen Stil. Aber nachdem ich jetzt meine beiden Staatsprüfungen hinter mir hatte, ging es mit der Lektüre theoretischer Werke plötzlich viel besser: Ich hatte auf eine neue Art zu lesen gelernt. In späteren Jahren habe ich mir dann die Fähigkeit des *Crossreading* angeeignet, was mir das Lesen sehr erleichtert hat. Man kann dieses Querlesen nicht als bloße Flüchtigkeit abtun. Ich weiß oft noch nach Jahren, wo eine Passage, die ich zitieren will, zu finden ist; ich habe mich selten dabei geirrt.

So bin ich allmählich Jurist geworden. Damals und auch noch später habe ich das oft bedauert. Denn das schien mir ein Studium zu sein, das für die praktische Arbeit in der Politik wenig Hilfen gibt. Immerhin hat diese Berufswahl mir die Möglichkeit gegeben, mich ausführlich mit anderen Dingen zu beschäftigen. So habe ich mich damals sehr viel mit der Rassenfrage, der Geschichte und der Ökonomie beschäftigt. Solche Freiräume gibt wahrscheinlich nur das Rechtsstudium, und hätte ich mich beispielsweise für die Medizin entschieden, wäre mir das wohl kaum möglich gewesen. Natürlich habe ich von meinem Jusstudium am Ende auch direkten Nutzen gehabt, denn es ermöglichte mir, Gesetze zu lesen und zu verstehen.

Mit dem Studium der Ökonomie, dem ich mich bald intensiver zuwandte, hatte ich es leichter. In Österreich war auf diesem Gebiet zu meiner Zeit allerdings nicht mehr viel los. Denn die bedeutendsten Ökonomen waren zum Teil lange vor dem Durchbruch des Faschismus

aus Österreich weggegangen: Gottfried Haberler, Ludwig Mises und natürlich Joseph Alois Schumpeter. Oskar Morgenstern emigrierte erst 1938; ihm bin ich zu besonderem Dank verpflichtet, weil er mir als Leiter des österreichischen Instituts für Konjunkturforschung in den Jahren 1936/38, als ich von sämtlichen Hochschulen Österreichs relegiert war, heimlich Zutritt zu seinem Institut gewährte. Eine Reihe österreichischer Wirtschaftswissenschaftler konnte sich in den USA etablieren; gefördert von einem der größten amerikanischen Nationalökonomen, Paul Samuelson am Massachusetts Institute of Technology, sind sie in den Vereinigten Staaten zu erheblichem Einfluss gelangt. Der ewige Spötter, mein Freund John Kenneth Galbraith, meinte einmal in einer Tischrede für mich, dass das österreichische ökonomische Wunder darauf zurückzuführen sei, dass wir unsere Nationalökonomen an die Vereinigten Staaten losgeworden sind.
Symbolhaft für den Ungeist und die Intoleranz des damaligen wissenschaftlichen Lebens erscheint mir bis heute die Ermordung des Begründers des sogenannten Wiener Kreises, Moritz Schlick. Obwohl sich diese Schule um politische Neutralität bemühte, hat es dennoch unterirdische Strömungen hinüber zu den sozialistischen Theoretikern gegeben; den Rechten jedenfalls war Schlick ein Dorn im Auge. Aus Wien gingen in diesem Jahrhundert übrigens auch drei Große in der Philosophie hervor: Ludwig Wittgenstein, dem ein entscheidender Durchbruch in der angelsächsischen Welt gelang, Kurt Gödel, der heute als einer der größten Mathematiker und Logiker betrachtet wird – auch unter seinen Fachkollegen kannten ihn die wenigsten; ich selbst wurde durch einen Brief Oskar Morgensterns auf ihn aufmerksam gemacht –, und als dritter Karl Raimund Popper, dem ich zu meinem Glück noch begegnen konnte. Dass alle drei, sobald sie konnten, weggingen, zeigt, in welch üblen Dunstkreis die österreichische Wissenschaft geraten war.
Der Inbegriff eines neuen »Typus« von Wissenschaftler, der in den kommenden Jahren immer mehr gefragt sein sollte, war der Nationalökonom Othmar Spann. Spann hat sich als wissenschaftlicher Wegbereiter des korporativen Staates, des Ständestaates und letztlich des Nationalsozialismus betrachtet, was ihn allerdings nicht davor bewahrt hat, später von den Nazis eingesperrt zu werden. Ursache dafür war wahrscheinlich seine Zugehörigkeit zur »Deutschen Gemeinschaft«, einem von Klerikalen und Studentenverbindungen gegründeten Verein zur Förderung des Anschlusses an Deutschland, dem auch später so

prominent gewordene Nationalsozialisten wie Arthur Seyss-Inquart angehörten.

Othmar Spann war ein Romantiker; einer seiner Säulenheiligen, derjenige, mit dem seiner Meinung nach die moderne Wissenschaft begonnen hatte, war der Freiherr von Gentz, der engste Mitarbeiter Metternichs. Sein ganzes sozialökonomisches Wissen hatte er in einem kleinen Büchlein mit blauem Umschlag zusammengefasst, und wer dieses blaue Büchlein, *Haupttheorien der Volkswirtschaftslehre,* kannte und seinen Inhalt zum Besten geben konnte, brauchte zumindest bei Spann keine Prüfungssorgen mehr zu haben.

Die Theorien Othmar Spanns und anderer rechtsstehender Professoren fanden in den späten zwanziger Jahren immer mehr Anhänger. Der große Staatsrechtler Hans Kelsen war einer der ersten, der die Konsequenzen zog; bereits 1929 verließ er Wien, ging zunächst nach Köln, später nach Genf und schließlich nach Prag an die Karls-Universität. Heute will jeder bessere Jurist Kelsen-Schüler gewesen sein. Aber damals wollte niemand etwas mit jüdischen Professoren zu tun haben. Noch als Mittelschüler hatte ich mir einmal einen Vortrag Kelsens angehört, und 1929 nahm ich als Gasthörer an einer Staatsprüfung teil, bei der er den Vorsitz führte. Der Prüfer sollte eigentlich Othmar Spann sein, doch der war aus irgendeinem Grunde nicht erschienen. So musste Kelsen einspringen. Er verstand zwar ein wenig von Nationalökonomie, war aber auf diesem Felde nicht sehr versiert. In seiner Not fragte er den Kandidaten: »Sagen Sie, was ist denn eigentlich der Merkantilismus?« Und der Kandidat, der natürlich ganz auf Spann eingestellt war, hat so geantwortet, wie es Spann gern gehört hätte. Da hat Kelsen nur den Kopf geschüttelt und gemeint: »Komisch, zu meiner Zeit war das ganz was anderes.«

Das Klima an der Universität war schon dadurch verpestet, dass man bei Professoren inskribieren musste, die aus ihrer antisemitischen Gesinnung überhaupt kein Hehl machten. Das gehörte offenbar zu jener Lehrfreiheit, die verfassungsmäßig garantiert war. Natürlich gab es Ausnahmen. In meinen Fächern gehörten Professor Hans Voltelli, ein Südtiroler, und mein Lehrer für österreichische Reichsgeschichte, Alfons Dopsch, zu denjenigen, die sich nie zu irgendwelchen Exzessen *ex cathedra* herbeigelassen haben.

Die jüdischen Professoren waren natürlich allen möglichen Schikanen ausgesetzt. So wurde Max Adler trotz seiner hohen Gelehrsamkeit nie

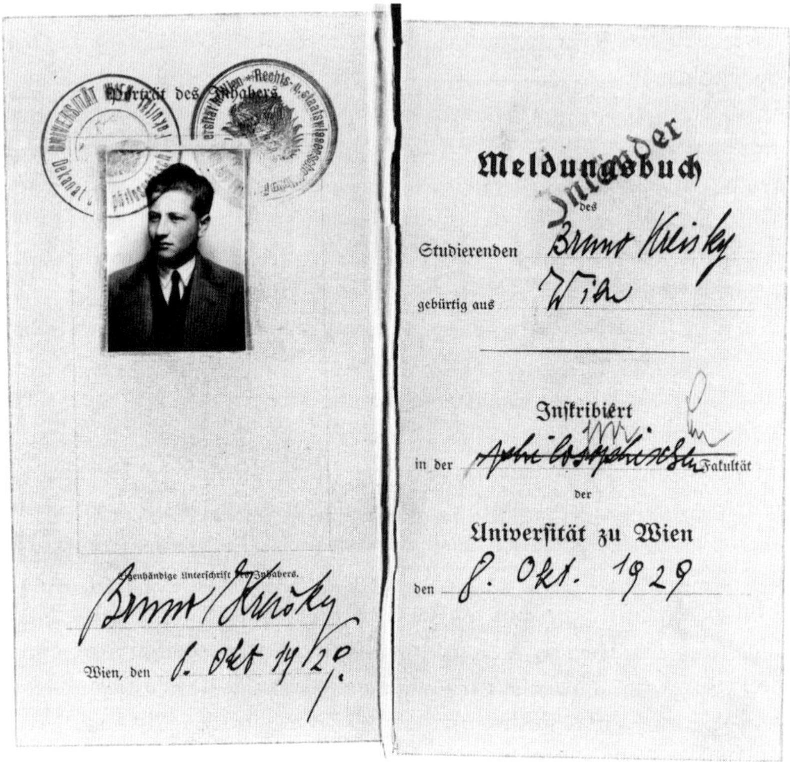
Porträt des Inhabers.

Meldungsbuch
Inländer
des
Studierenden Bruno Kreisky
gebürtig aus Wien

Inskribiert
in der Fakultät
der
Universität zu Wien
den 8. Okt. 1929

Eigenhändige Unterschrift des Inhabers.
Bruno Kreisky
Wien, den 8. Okt 1929.

Der Studentenausweis Bruno Kreiskys. Die Naziausschreitungen waren für den sozialdemokratischen jüdischen Studenten »schlicht und einfach eine Hölle«.

zum ordentlichen Professor ernannt. Er war infolgedessen gezwungen, seine Vorlesungen am Nachmittag zu halten. Im Grunde war das ein Glück für ihn, denn um diese Zeit waren die meisten Studenten nicht mehr auf der Universität und standen daher für Störaktionen nicht zur Verfügung. Die Hörer jüdischer Professoren waren meist selbst jüdischer Herkunft oder kamen aus sozialistischen Kreisen. Im Allgemeinen aber gehörte es einfach zum guten Ton, Vorlesungen jüdischer Professoren nur zu besuchen, wenn man sie stören wollte.
Der Antisemitismus trieb die kuriosesten Blüten. Anatomie zum Beispiel, sollte man meinen, ist ein unpolitisches Fach. An der Wiener Universität war das jedoch anders, wie das Beispiel des berühmten Anatomen Julius Tandler zeigt. Tandler saß auch im Wiener Gemeinderat, und das Wiener Gesundheitswesen nach dem Ersten Weltkrieg hatte ihm viel zu verdanken. Unter jungen, theoretisch interessierten Sozialde-

mokraten war es damals Mode, auch einige naturwissenschaftliche Fächer, zumindest als Gasthörer, zu besuchen. Meist wurde man von Freunden aus der Bewegung mitgenommen, die meinten, diesen oder jenen Professor müsse man einfach gehört haben. Die Vorlesungen von Professor Tandler zu besuchen war auch ein Akt der Solidarität, denn sein Hörsaal war meist ziemlich leer. So bin auch ich, obwohl mein Interesse für Anatomie eher bescheiden war, einige Male dorthin gegangen. Offenbar in der Absicht, zu provozieren, hat einmal ein Nazi, als Tandler einen Witz machte, dazwischengerufen: »Herr Professor, den Witz haben Sie aber schon voriges Jahr erzählt!« Und Professor Tandler erwiderte: »Herr Kollege«, was schon an sich eine Bosheit war, »Herr Kollege, für 20 Schilling Kollegiengeld kann ich Ihnen nicht jedes Jahr einen neuen Witz erzählen.«

Das österreichische Universitätsleben jener Jahre hatte nichts, aber auch gar nichts von dem legendären *Gaudeamus igitur.* Es war schlicht und einfach eine Hölle. Hörer, von denen man wusste, dass sie jüdischer Abkunft waren, oder die so aussahen, wurden immer wieder aus den Universitäten hinausgeprügelt. Man saß in einer Vorlesung, und plötzlich stürmte ein Haufen Nazistudenten in den Hörsaal – meist in Stiefeln –; sie sprangen auf die Bänke und riefen »Juden raus!« und »Rote raus!«. Bei den Roten war die Herkunft natürlich nicht so deutlich sichtbar, aber wer von ihnen sich profiliert hatte, zählte unumstößlich zu den ersten Opfern der sogleich beginnenden Prügelei. War man aus dem Hörsaal einigermaßen heil heraus, stand das Schlimmste noch bevor. Auf den langen Gängen und auf den Stiegen pflegten die Nazis nämlich sogenannte »Salzergassen« zu bilden, durch die man hindurchgeprügelt wurde, bis man mit Müh und Not den Ausgang erreichte – meistens verletzt.

Immer häufiger kam es zu dramatischen Zusammenstößen.

Bei den Resten der alten Bastei sammelten sich einmal die sozialistischen Studenten, ein andermal die jüdischen. Die Sozialisten standen unter der Führung des späteren Staatssekretärs Raimund Gehart – damals Vorsitzender der Akademischen Legion des Republikanischen Schutzbundes – und des späteren Feuerwehrhauptmanns von Floridsdorf, Georg Weissel, der sich 1934 als Funktionär des Republikanischen Schutzbundes mutig zu seinem Widerstand und dem seiner Männer bekannte und vom Dollfußregime hingerichtet wurde. Auf der anderen Seite, auf der Rampe der Universität, standen die Nazistudenten. Sie

kamen zum größten Teil aus schlagenden Verbindungen, und während sie ihre Lieder absangen, haben wir auf der anderen Seite zum Trotz unsere Lieder angestimmt. So sind wir uns eine ganze Weile singend und grölend gegenübergestanden, bis diejenigen, die sich in der Überzahl gefühlt haben, losstürmten. So kam es zu wilden Prügeleien, die aber auf die Rampe der Universität beschränkt blieben, weil dort die Polizei nicht eingreifen durfte. Es war bezeichnend für die reaktionäre Gesinnung der Wiener Polizeibehörden, dass sie unter dem Vorwand der akademischen Freiheit auch den Aufgang zur Universität als Gelände außerhalb ihres Zuständigkeitsbereiches betrachteten. Die Rampe war ein Teil der Straße, und die Polizei wäre durchaus berechtigt gewesen einzugreifen. Das ist aber nur einmal, im Mai 1933, nach einer Schlägerei zwischen katholischen Studenten und Nazis geschehen.
Ich selbst war von den Prügeleien nicht besonders begeistert und bin, wenn Gewalttätigkeiten vorauszusehen waren, meist nur aus Gründen der Solidarität erschienen, damit man mich nicht für einen Drückeberger hielt. Nicht, dass mir Prügeleien in der Seele zuwider gewesen wären oder dass mir die natürliche Rauflust junger Leute gefehlt hätte. Aber von früh an waren mir andere Formen der Auseinandersetzung sehr viel sympathischer. Im politischen Bereich jedenfalls war ich oft in der Lage, mich auszuraufen – bis in ein Alter hinein, in dem man das eigentlich längst überwunden haben müsste. Politische Versammlungen der frühen dreißiger Jahre, zumal in sogenannten bürgerlichen Bezirken, sind vom politischen Gegner jedoch fast immer gestört worden, und auch wir haben auf diese Methode nicht ganz verzichten können – manchmal haben wir es sogar bewusst darauf angelegt. Unsere jungen Männer wollten gegenüber gleichaltrigen Kommunisten, Nazis und Austrofaschisten nicht als »Seicherln« erscheinen (ein schwer definierbarer, ins Hochdeutsche fast nicht zu übersetzender Begriff: eine Mischung aus Zögerer und Feigling). Die Auseinandersetzungen lagen sozusagen in der Luft und verliehen den Versammlungen beträchtliche Spannung.
Auch beim Aushecken eigener Provokationen ließen wir uns nicht lumpen. Einmal wollten wir eine Versammlung unbedingt auf der Wieden abhalten. Die Wieden war ein bürgerlicher Bezirk, in dem die Nazis sehr früh hatten Fuß fassen können; wir rechneten damit, dass viele von ihnen kommen würden, denen wir dann das Wesen des Nazismus enthüllen wollten. Ein provokantes Plakat wurde entworfen, dessen Text

von mir stammte: Die deutsche Schwerindustrie habe den Nazismus mit Millionen Mark gefördert – wenn ich mich richtig erinnere, wurden auch Namen von deutschen Industriellen genannt, die nachweisbar Spender waren –, und da sich die Partei »Nationalsozialistische Deutsche Arbeiterpartei« nennt, stelle sich die Frage, ob sie tatsächlich noch eine Arbeiterpartei sei.
Die Nazis kamen tatsächlich, nur leider sehr viel mehr, als uns lieb sein konnte. Auch SA wurde aufgeboten, und die ganze Versammlung nahm ein schmähliches Ende. Die Drei-Engel-Säle auf der Wieden – ein Ballokal aus der Zeit der Strauß-Dynastie – haben sich entsprechend den rauen Zeiten in ein ideales Versammlungslokal verwandeln lassen, das etwa vier- bis fünfhundert Personen fasste. Unsere Niederlage war schon so gut wie sicher, als ein kühner Kellnerlehrling aus dem Hotel Imperial der Schlacht eine entscheidende Wendung gab. Dieser Lehrling hörte auf den wunderschönen Namen Achilles Sebesta; seine Mutter, so hieß es, war Stubenmädchen in der österreichischen Gesandtschaft in Athen gewesen und wusste vom Vater nicht mehr als den Vornamen Achilles. Dieser Riesenlackel von achtzehn Jahren, sonst die Gutmütigkeit in Person, kam auf die grausame, aber kampfentscheidende Idee, von der Galerie der Drei-Engel-Säle einen Tisch genau an der Stelle herunterzuwerfen, wo sich die SA zum Gegenstoß formierte. Das hat eine solche Verwirrung unter ihnen angerichtet, dass sie das Lokal fluchtartig räumten. Es war ein Pyrrhussieg. Unsere Parteileitung war nämlich verpflichtet, den Lokalbesitzern den Schaden zu ersetzen.
Ich wurde in einer unglaublichen Weise abgekanzelt, die in der Drohung gipfelte, dass man uns aller unserer Funktionen entheben werde. Beim Geld hat die Partei auch damals keinen Spaß verstanden, und es hat lange gedauert, bis die Sache einigermaßen vergessen war.
Noch ein weiterer Zwischenfall steht mir anschaulich vor Augen, weil ich dabei sehr hart angefasst wurde. Es war in einer Versammlung der Heimwehr, zu der wir als Störenfriede erschienen sind. Mit von der Partie war der Arbeiterdichter Josef Luitpold Stern, ein großer Pazifist aus dem Ersten Weltkrieg und ein in der Bewegung sehr populärer Mann. Er kam aus der jüdischen Arbeiterschaft und hat einige sehr schöne Gedichte geschrieben. Als die Heimwehr mit ihrer Marschmusik begann, alles in Uniform, alles sehr militant, rief Josef Luitpold Stern in den Saal hinein: »Aufhören, aufhören!« Und als alles still wurde, rief er:

»Mörder sollen nicht musizieren!« Das war der Auftakt zu einem Riesentumult. Da man mich in diesem winzigen Bezirk gut kannte, packten mich sogleich ein paar kräftige Heimwehrleute, um mich hinauszubefördern. Da aber die Schwingtür blockierte, warfen sie mich kurzerhand durch die Glasscheibe. Blutüberströmt wurde ich in das damals noch bestehende Wiedner Krankenhaus gebracht, wo mir meine Kopfhaut genäht werden musste.

Manche gefallen sich heute sehr in ihrer Kritik der zunehmenden Politisierung der Universität. Damals gab es hierüber wenig Klagen, denn die Studenten waren vielfach nach dem Sinn der Professoren und so manche Professoren nach dem Sinn der Studenten.

Die Nazifizierung der deutschen und österreichischen Universitäten scheint mir einer der Gründe für die geistige Verarmung Mitteleuropas zu sein. Eine Gelehrtenflucht trat ein, wie es sie bis dahin nicht gegeben hat. Die Listen der Nobelpreisträger nach 1933 zeugen davon. Wer diese Entwicklung miterleben musste, der weiß, wie großartig die Leistung derer war, die nach 1945 für den Wiederaufbau der Universitäten verantwortlich gewesen sind. Es waren nicht nur die akademischen Lehrer, die Wissenschaftspolitiker, die Regierungen, die mehr Geld als je zuvor zur Verfügung stellten – es waren auch die Studenten, deren Begabungen aufgrund einer gewissen Demokratisierung sehr viel stärker ausgeschöpft werden konnten.

Sehr bald begann ich unter der Enge und Intoleranz der Wiener Universität zu leiden, und zeit meines Lebens habe ich sie nur ungern und mit gemischten Gefühlen betreten. Ich habe nie ein Hehl daraus gemacht – auch nicht vor den Honoratioren dieser Institution –, und noch heute ist jeder Schritt auf akademischem Boden für mich eine Erinnerung an etwas sehr Unangenehmes. Mich verbindet nicht das geringste Gefühl der Dankbarkeit mit der berühmten *Alma Mater Rudolphina*, und so hat es seinen guten Grund, dass man dort niemals auf die Idee gekommen ist, mir eine Ehrung zuteil werden zu lassen. Ich hätte sie, jedenfalls was diesen Abschnitt ihrer Geschichte betrifft, nicht verdient.

Wie sehr mir trotz oder gerade wegen dieser Erfahrungen die Sache der Universität am Herzen lag, kann man aus dem Umstand ersehen, dass ich in dem Augenblick, als ich erstmals über die Zusammensetzung einer Regierung zu entscheiden hatte, trotz des Widerstandes der Kleinbürgerlich-Konservativen, die Gründung des Ministeriums für Wissenschaft und Forschung verwirklichte. Wenn man nämlich, wie es bei uns der Fall war, lediglich ein Unterrichtsministerium hat, so dominieren dort diejenigen, die sich mit dem Grund- und Mittelschulwesen beschäftigen, denn darauf richtet sich das Hauptinteresse sowohl jener Staatsbürger, die Eltern sind, als auch das der Lehrer, die eine sehr aktive *pressure group* bilden und die sich mit besonderer Vorliebe im Bereich der Politik bewegen. Für sie ist die Beschäftigung mit der Politik der zweite Beruf. Deshalb schien uns ein eigenes Wissenschaftsministerium so wichtig. Dieses Ministerium hat in den dreizehn Jahren unter der Führung einer sehr gescheiten und energischen Ressortleiterin, der Frau Minister Hertha Firnberg, eine wissenschaftliche Epoche herbeigeführt, wie es sie in Österreich nie zuvor gegeben hat. Es galt, einen jahrhundertealten Nachholbedarf wettzumachen, denn immer, auch in den als vorbildlich hingestellten Epochen der Monarchie, hat es ein hohes Maß an Einmischung gegeben. Erst jetzt hat Österreich ein wissenschaftsfreundliches Klima, und ich bin glücklich, diesen Prozess administrativ eingeleitet und gefördert zu haben.

Im Schatten kommender Ereignisse

Über die sozialistische Jugendbewegung in Österreich legte sich in diesen Jahren der Schlagschatten kommender Ereignisse. Von Woche zu Woche wurde die faschistische Gefahr für uns greifbarer. Das hat unter anderem dazu geführt, dass wir über die Barrieren der Theorie hinweg Formen pragmatischer Zusammenarbeit mit den sogenannten Bürgerlichen suchten. Obwohl die Sozialdemokraten und die Christlichsozialen kaum noch Berührungspunkte hatten, gelang es uns Jungen, gewisse Gemeinsamkeiten herauszufinden. In der Zeit der größten Feindschaft zwischen der Regierungspartei und der sozialdemokratischen Opposition brachten wir neue Verbindungen zustande.

Es war die Not der Zeit, besonders die Not der jungen Arbeiter, die uns zusammenführte. Gemeinsam mit den katholischen Jugendverbänden riefen wir Einrichtungen für die arbeitslose Jugend ins Leben und begannen unter dem Motto »Jugend in Not« eine rege Tätigkeit zu entfalten. Wenn wir am Nachmittag die Heime öffneten, gaben wir erst einmal Erbsensuppe und ein Stück Brot aus, und wer Glück hatte oder mithalf, bekam sogar zwei Stück Brot. Finanziert wurde das Projekt zum größten Teil von der Gemeinde Wien. In weiterer Folge entstand die Institution »Jugend am Werk«. Das waren, so würde man heute sagen, Hobbywerkstätten, in denen junge Leute Dinge herstellten, die den Arbeitsmarkt nicht noch mehr verengten. 1933 schließlich haben wir uns den faschistischen Vorstellungen vom »Arbeitsdienst« durch eine Institution »Jugend in Arbeit« entzogen.

Unter anderem haben wir in den Wäldern um die Wiener Hochquellwasserleitung Säuberungsarbeiten zur Reinerhaltung des Quellwassers durchgeführt. Abends saßen wir dann oft zusammen und haben die Jugendbewegung wieder aufleben lassen.

Die Bedeutung der Kommunalpolitik für die Sozialdemokratie und umgekehrt die Bedeutung der Sozialdemokratie für die Kommunalpolitik sind ein Kapitel für sich. Hier findet eine Wechselwirkung statt, von der sich viele keine Vorstellung machen, die aber nicht hoch genug eingeschätzt werden kann. Ich gehöre zu denen, die glauben, dass in der

Kommunalpolitik die eigentlichen Erfolge erzielt werden, die das tägliche Leben der Menschen beeinflussen. Hier entfaltet sich die Demokratie am grünen Holz der Praxis, hier muss sie sich bewähren, hier liegen die *grassroots* der Demokratie. In den zwanziger und dreißiger Jahren vollbrachte die Wiener Kommunalverwaltung Glanzleistungen, die in der ganzen Welt als leuchtendes Vorbild einer modernen Kommunalpolitik galten. Sie nahm Rücksicht vor allem auf die ärmeren Schichten der Bevölkerung.

Im Sommer 1930 fuhr ich zum ersten Mal nach Deutschland. Zum einen wollte ich dort Freunde besuchen, die ich mir im Jahr zuvor beim Internationalen Treffen der Sozialistischen Arbeiterjugend erworben hatte, zum anderen hatte ich den Wunsch, einige Hochburgen der deutschen Arbeiterbewegung kennenzulernen. So fuhr ich zunächst nach Berlin. Im Sekretariat des Verbands der Sozialistischen Arbeiterjugend (SAJ) wollte ich mich informieren und meine Reise, für die ich mir relativ viel Zeit genommen hatte, besprechen.

Ich freute mich auf das Zusammensein mit alten und neuen Freunden, mit Erich Ollenhauer – damals Sekretär der Jugendinternationale –, Max Westphal, dem einarmigen Ideologen der SAJ, und August Albrecht. Berlin war eine hektische, faszinierende Stadt. Ich hatte nie zuvor dergleichen erlebt. Dass diese brodelnde Kulturmetropole – gegen die Wien eine tote Stadt zu sein schien – zweieinhalb Jahre später von einer Diktatur gebändigt werden sollte, lag außerhalb meines Vorstellungsvermögens. Was ich in Berlin sah, war in Wirklichkeit der Totentanz der Demokratie.

Von Berlin fuhr ich ins Ruhrgebiet. Dort präsentierte sich die deutsche Arbeiterbewegung in ihrer ganzen Zerrissenheit, und ich spürte zum ersten Mal die politische Krise. Unter den katholischen Arbeitern gab es eine starke Anhängerschaft der Zentrumspartei, und auch die Losungen der Kommunisten fanden Zuspruch. In voller Breite aber brach die NSDAP in das politische Leben ein. Am 14. September sollte der Reichstag neu gewählt werden, und die Nazis, die sich in einer unvorstellbaren Aufbruchsstimmung befanden, überzogen Deutschland mit einer totalen Propaganda- und Versammlungskampagne, wie es sie nirgends und niemals zuvor gegeben hat. Für den 15. August war in den Essener Ausstellungshallen eine Großkundgebung angekündigt, auf der der Führer der NSDAP als Hauptredner auftreten sollte. Ich beschloss, hinzugehen.

Die Halle war zum Bersten voll, und es herrschte eine brodelnde Stimmung, die durch Marschmusik immer aufs neue angeheizt wurde. Ich kann mich natürlich nicht für alle Einzelheiten, die ich hier darstelle, verbürgen, aber im Rückblick stellt es sich mir so dar: In regelmäßigen Abständen wurde bekanntgegeben, was der Führer gerade tut. »Der Führer verlässt unter dem Jubel der Massen den Versammlungssaal in Dortmund ... « – »Der Führer eilt zu seinem Mercedes; am Steuer sitzt sein treuer Fahrer Schreck ... « Dazwischen immer wieder Militärmärsche, Parolen, Propagandareden unterer Chargen. Das alles war so fein abgestimmt und so perfekt organisiert, dass man den Eindruck hatte, als rolle ein Film ab. Und dann betrat der »heißersehnte Führer« mit bewusst kalkulierter Verspätung endlich den Saal. Die Nervosität, mit der man auf ihn gewartet hatte, entlud sich in einem Orkan der Begeisterung. Alles sprang auf und schrie. Ich habe mich so klein wie möglich gemacht, und da alle auf den »Führer« starrten, ist es mir auch gelungen, nicht aufzufallen. Natürlich war ich gefährdet, da ich durchaus als Jude erkennbar war – zumindest konnte ich nicht ganz ausschließen, dass plötzlich jemandem mein Gesicht nicht passte. Ich fühlte mich fortwährend von bösen Blicken gemustert und fürchtete, dass die SA-Leute, die als Ordner fungierten, jeden Moment auf mich losstürzten. Zum Glück haben mich meine beiden Begleiter, eine Freundin und ihr Bruder, ein bisschen abgedeckt.

Am Schluss des grandiosen Spektakels wurde eine neue Fahne geweiht. Neben dem Führer wurde die sogenannte Münchner »Blutfahne« aufgepflanzt; auf die andere Seite stellte man die zu weihende Fahne. Dann streckte Hitler beide Arme aus und berührte die Fahnen mit den Händen, so dass gewissermaßen durch den Körper des »Führers« der Geist des 9. November 1923 auf das neue Tuch überging. Es war ein Ritual, das die Menschen in einer Weise ergriffen hat, dass mir der kalte Schauer über den Rücken rann.

Bei jenen Septemberwahlen trugen die Nazis einen gewaltigen Sieg davon; plötzlich waren sie die zweitstärkste Partei in Deutschland. Von zwölf Mandaten auf 107! Damit stand das Thema Nationalsozialismus auch für die österreichische Sozialdemokratie auf der Tagesordnung. Alle starrten wie gebannt nach Deutschland. Vor allem unter den jungen Leuten hat es viele gegeben, die meinten, man müsse aus der Strategie und der politischen Dramaturgie der Nazis lernen und den Kampf gegen sie mit ihren eigenen Waffen führen, bevor es auch in

Österreich zu spät wäre. Ich hielt diese Furcht für maßlos übertrieben. »Es wurde davon gesprochen«, schrieb ich im Februar 1931 in der *Sozialistischen Erziehung*, »dass wir unsere Arbeit nicht der marktschreierischen Art der Nationalsozialisten anpassen sollen. Dazu wäre zu sagen: Erstens sind die Erfolge der Nationalsozialisten nicht so überwältigend, dass man ihre Methode übernehmen sollte, zweitens liquidiert man Arbeitsmethoden erst dann, wenn sich herausgestellt hat, dass sie falsch und unbrauchbar sind. Trifft das bei den unseren zu? Also nur keine Wendepunktpsychose und Voreiligkeit! Ein Übernehmen der Nazimethoden wäre eine Veräußerlichung unserer Arbeit und damit eine Verflachung. Können wir uns so etwas erlauben? Im Gegenteil, gerade heute eher denn je sollten die Parolen lauten: Mehr Arbeit nach innen, mehr Vertiefung unserer Arbeit, mehr politische Schulung!«

Das politische Alltagsgeschäft mit aller Nüchternheit anzugehen, war schon damals eines meiner Grundprinzipien. Die furchterregende Dynamik, die die Nazis entfalteten, war für mich in erster Linie ein Exzess der Propaganda, eine Demonstration von Widerwärtigkeit und Hass. Aber ich habe es selbst erlebt: Wenn einer in einer marschierenden, begeisterten Masse plötzlich einen unendlich dummen oder ordinären Spruch erfindet, stimmen die anderen begeistert ein; er verbreitet sich wie ein Lauffeuer durch den ganzen Zug und wird zur Parole. Man denke an das berüchtigte: »Heute gehört uns Deutschland und morgen die ganze Welt.« Ursprünglich lautete es viel banaler: »Heute, da hört uns Deutschland, und morgen die ganze Welt«. Aber im jugendlichen Überschwang wird eines Tages einer gesungen haben: »Heute gehört uns Deutschland … « Im Grunde war das sogar logisch, denn das war die Richtung, in die es gehen sollte.

Meine zuversichtliche Einschätzung der politischen Situation in Österreich war gar nicht so falsch gewesen. Bei den Nationalratswahlen am 9. November 1930 – knapp zwei Monate nach ihren spektakulären Gewinnen in Deutschland – erreichten die Nazis in Österreich nur drei Prozent der Wählerstimmen und kamen zu keinem einzigen Mandat. Gut anderthalb Jahre später zog die NSDAP mit 230 Abgeordneten als weitaus stärkste Partei in den Berliner Reichstag ein: 37,8 Prozent der Deutschen standen am 31. Juli 1932 hinter ihr. Hätten in diesem Sommer auch in Österreich Nationalratswahlen stattgefunden, die Nazis hätten – so jedenfalls wurde errechnet – nicht mehr als 20 Prozent der Stimmen erreicht.

Natürlich haben wir die Entwicklung in Deutschland zwischen 1930 und 1933 sehr aufmerksam verfolgt. Eine Fülle einschlägiger Propaganda bezogen die österreichischen Nazis aus der Essener *National-Zeitung;* sie kam zwar aus Essen, war aber auch für die Nazis in Österreich gedacht. Vor allem nach dem Juli-Abkommen 1936 war sie eine in Österreich viel gelesene Zeitung. Die Ereignisse sind mit rasender Geschwindigkeit vor uns abgelaufen, und ihre innere Logik ist auch heute noch schwer fassbar.

Auch die Sozialdemokratische Partei Österreichs war in diesen Jahren alles andere als eine einem besonderen Konzept verpflichtete Partei. Mit der Brutalisierung der Politik, wie sie sich seit 1927 abzeichnete, ist sie einfach nicht fertig geworden. Im österreichischen Parlament kam es immer häufiger zu rüden Auseinandersetzungen, die alles in den Schatten stellten, was es an stürmischen Debatten im alten österreichischen Reichsrat gegeben hatte. Die politische Stimmung im Land war durch und durch vergiftet. Das Bürgertum war zutiefst uneinig, einig nur in einem: die Sozialdemokraten um keinen Preis an die Regierung kommen zu lassen.

Selbst der Republikanische Schutzbund war geistig nicht in der Lage, sich auf die neue, bürgerkriegsähnliche Situation einzustellen. Theodor Körner, der legendäre Generalstabschef der Isonzoarmee, von dem man angenommen hatte, dass er den Republikanischen Schutzbund militärisch führen werde, hat sehr bald erkannt, dass der Schutzbund nur die Aufgabe hatte, präventiv zu wirken, und da Körner für eine solche Aufgabe nichts übrig hatte, zog er sich bald zurück. So blieb es bei einer von ehemaligen Offizieren und Unteroffizieren geführten Parteiarmee, die bestenfalls eine warnende Wirkung auf Leute ausüben konnte, die von Bürgerkriegen nichts verstanden. Schon Friedrich Engels, von Karl Marx scherzhaft »der General« genannt, hatte festgestellt, dass gegen die intakte Exekutive des Staates keine Revolution zu machen ist – eine Ansicht, die Körner, ein begeisterter Anhänger von Engels, übernommen hat.

Gewisse Ereignisse unserer Zeit lassen allerdings den Schluss zu, dass diese Erkenntnis einer gewissen Modifizierung bedarf. Als Militär hatte Körner sofort durchschaut, dass die Schutzbündler zwar gerne als Soldaten auftraten und kriegsähnliche Situationen besprachen, dass sie aber den Anforderungen eines echten Bürgerkrieges schon vom Politischen her nicht gewachsen sein würden. Bürgerkriege gelten als das

Grausamste und fordern die Mobilisierung des ganzen Volkes. Es gehe um jedes Haus, um jede Straße, und auch die Frauen müssten beteiligt sein, wie Körner mir einmal sagte. Der spätere militärische Führer des Schutzbundes, der Berufsoffizier Alexander von Eifler, Sohn eines Feldmarschalleutnants, und der politische Führer des Schutzbundes, der Parteisekretär Julius Deutsch, nach dem Ersten Weltkrieg Staatssekretär für das Heer, haben das alles, so glaube ich, nicht bedacht. Julius Deutsch meinte, die Angst vor dieser großen paramilitärischen Organisation werde ausreichen, und der Major Eifler, der durch seinen Tod im Konzentrationslager zum Märtyrer wurde, sah sich überhaupt nur als eine Art militärischer Fachmann. Ich erinnere mich an eine Episode während einer jener Übungen, die meiner Meinung nach sinnlos waren. Einem Jungen wurde irgendeine Weisung gegeben, die ihm nicht einleuchtete, und als er seinen Einwand vorbringen wollte, wurde ihm befohlen, zu schweigen. Ich wollte das nicht einsehen, aber Eifler herrschte mich an: »Das ist eben das, was Sie nicht begreifen. Das ist eben das Militärische.« Alles, was lediglich aus Pflichtgefühl getan wurde, war mir in der Seele zuwider.

Unerklärlicherweise haben sich viele kluge Sozialdemokraten der Selbsttäuschung hingegeben, der Schutzbund sei die letzte Trumpfkarte der Demokratie. Das einzig Reale daran war, dass der Schutzbund offenbar Eindruck auf die Bürgerlichen machte, indem er unterstrich, dass ein Abgehen von der Demokratie nicht ohne Bürgerkrieg möglich wäre. Dass am Ende nichts von dem verwirklicht wurde, was in unzähligen Übungen immer wieder durchgespielt worden war, lag an der Einstellung der Parteiführung, die einen von ihr provozierten Bürgerkrieg im Grunde ihrers Herzens ablehnte und ihn auch dann nicht wirklich akzeptieren wollte, als er ihr förmlich aufgezwungen wurde. So kam es im Februar 1934 zu einem heroischen Kampf der wenigen Aufrechten. Es waren Gefechte einer verzweifelten Nachhut, der Nachhut des österreichischen Proletariats, dessen Niederlage schon längst besiegelt war.

Der Generalstreik ist eine wirkungsvolle Drohung, solange man ihn nicht zur Anwendung bringt. Für diese Erkenntnis, die in der Arbeiterbewegung Skandinaviens und Großbritanniens eine große Rolle spielt, gibt es in der Geschichte der österreichischen Sozialdemokratie zwei Belege. Der Generalstreik funktionierte nach dem 15. Juli 1927 nur teilweise und fast überhaupt nicht nach dem 12. Februar 1934. Vielleicht hätte er 1933 Erfolg gehabt. Als in der Nacht vom 11. zum 12. Februar 1934 der Führer des Schutzbundes in Linz, Richard Bernaschek, Otto Bauer davon unterrichtete, dass am nächsten Morgen im Linzer Parteiheim eine Hausdurchsuchung bevorstehe, empfand man dies mit Recht als einen Akt reiner Provokation. Das Signal zum Losschlagen war gegeben. Aber es war zu spät; das ununterbrochene Zurückweichen hatte die Partei in ihrer Organisationsstruktur so geschwächt, dass ihre Kraftquellen versiegt waren. Ich wiederhole, dass wir Jungen damals erkannten, dass es ein schwerer taktischer Fehler war, so lange zugewartet zu haben. Hätte man im 33er-Jahr losgeschlagen, hätte man die Dinge noch retten können. Einem Prinzip in der Politik folgend, bin ich der Auffassung, dass dies richtiger gewesen wäre, denn die Streiks wären damals viel lückenloser erfüllt worden. 1933 hätten wahrscheinlich noch die Eisenbahner ziemlich geschlossen mitgetan, vielleicht auch die Brotfabriken und andere lebenswichtige Industrien. Und Leute aus den bürgerlichen Parteien hätten möglicherweise Verhandlungen aufgenommen und Dollfuß fallenlassen. Es hätte theoretisch eine Möglichkeit bestanden, zur Demokratie zurückzukehren, und es hat auch diesbezüglich parteiinterne Diskussionen gegeben. Heute wissen wir, dass Mussolini einen Ausgleich niemals erlaubt hätte.

Warum man aber eine Koalition mit den beiden anderen möglichen Partnern nie ernsthaft erwogen hat, ist mir nie recht klargeworden. Es gab 1933 durchaus Anknüpfungspunkte, und auch im Parlament hatte man mit den Stimmen des Landbunds – einer großdeutsch orientierten Bauernpartei – und der Großdeutschen Volkspartei hin und wieder Mehrheiten erzielt, vor allem, wenn es um sogenannte antiklerikale Schulfragen ging. Ob eine solche Koalition regierungsfähig gewesen wäre, mag dahingestellt bleiben. Jedenfalls wäre es eine denkbar bessere Alternative gewesen.

Auf dem Parteitag im Herbst 1927 hatte Karl Renner eine für die Geschichte der Partei entscheidende Rede über das Für und Wider einer Koalition gehalten. Zum Entsetzen vieler verlas er ein Manuskript, statt, wie es damals üblich war, frei, auf Notizen gestützt zu reden. Und das Thema war meiner Ansicht nach ganz und gar unzeitgemäß. Die gewalttätigen Ausschreitungen vor dem Justizpalast einige Monate zuvor waren eine katastrophale Niederlage gewesen, und nach Niederlagen redet man nicht über Koalitionen. Es war übrigens

der erste Parteitag, an dem ich als Zuhörer auf der Galerie teilnahm, und er ist mir auch deshalb gut in Erinnerung geblieben, weil ich neben der Prinzessin Windisch-Graetz saß, die ihre bildhübsche Tochter mitgebracht hatte.
Die »rote Prinzessin«, wie sie genannt wurde, war Mitglied der Partei und mit einem niederösterreichischen Sozialdemokraten verheiratet, der Petznek hieß. Sie war eine interessante Erscheinung, eine der schönsten Enkelinnen Kaiser Franz Josephs und seine Lieblingsenkelin obendrein. Den Namen Windisch-Graetz trug sie, weil sie sich bei einem Hofball in den Fürsten Otto zu Windisch-Graetz verliebt hatte, und wenn die Enkelin des Kaisers einen Windisch-Graetz heiraten wollte, musste ein Windisch-Graetz sie eben heiraten, auch wenn er mit einer Schauspielerin in Prag liiert war.
Vier Jahre später, 1931, sah sich Ignaz Seipel, der Führer der Christlichsozialen, ein erbitterter, aber zugleich auch kluger Gegner der Sozialdemokratie, einer schier ausweglosen Situation gegenüber. Die Weltwirtschaftskrise war auf dem Höhepunkt, die Banken brachen zusammen. Da hat Seipel – die dominierende Erscheinung auf der Rechten – Otto Bauer eine Koalition angeboten. Wenn Leute wie er und Bauer sich zur Zusammenarbeit entschließen würden, könnte man das nicht als eine Regierung der »Packler« bezeichnen. Wie diese beiden politischen Gegner zueinander standen, beweist der ergreifend schöne Nachruf Otto Bauers auf Seipel: ein Beispiel politischer Noblesse, wie es sie in Österreich nicht oft gegeben hat. Mit Seipels Vorschlag ist Bauer zum Parteivorstand gegangen. Nun gibt es Historiker, die behaupten, dass Bauer diesen Vorschlag nicht ernst genommen habe. Aus den Protokollen des sozialdemokratischen Abgeordnetenklubs geht hervor, dass Otto Bauer im Jahre 1931 meinte, dass eine Mitverantwortung »nicht zu früh« übernommen werden dürfe und dass die Sozialdemokraten zum aktuellen Zeitpunkt in einer Regierung »sehr schwach« wären. Man solle eine Konzentrationsregierung jedoch nicht völlig ausschließen, »weil das eine vernünftige Möglichkeit verschütten würde«. Die Forderungen, die von den Sozialdemokraten dann gestellt wurden, konnten von den bürgerlichen Parteien zwar nicht angenommen werden, aber aus heutiger Sicht scheinen sie durchaus nicht übertrieben: Kontrolle der Creditanstalt durch das Finanzministerium, Kontrolle der Industrie durch den Bund, was damals wohl eine wenig zweckmäßige Forderung war. Sinnvoll dagegen war das Getreidehandels-

monopol gegen Zölle, um Mehl- und Brotpreise niedrig zu halten. Andere Forderungen betrafen einen Finanzplan auf Kosten der Besitzenden, die Stabilisierung der Arbeitslosenversicherung und die vollständige Abrüstung der Selbstschutzverbände. Ein Abbau des Bundesheeres war zu diesem Zeitpunkt undenkbar, Ernennung einer Wahlübergangsregierung und Neuwahlen hielt Bauer für möglich. Wie immer man diese Forderungen beurteilen mag, im Rückblick scheint es mir eindeutig falsch, dass man nicht stärker für einen Kompromiss eintrat, um in einem so kritischen Augenblick in der Regierung zu sein. Der Fehler lag aufseiten der Sozialdemokraten, die, ähnlich wie in Deutschland, eine Tolerierungspolitik führten.

In der Politik gibt es eine gewisse Gesetzmäßigkeit, und eines der Gesetze würde ich das Gesetz des Minimums nennen. Es besagt, dass die kleinsten Veränderungen im Zentrum eines Kreises große Auswirkungen an der Peripherie haben. Die Physik spricht von Zentrifugalkraft: je mehr ich mich vom Zentrum entferne, desto gewaltiger ist die Fliehkraft. Genauso ist es in der Politik. Die kleinsten Veränderungen haben an der Peripherie der politischen Ereignisse, dort, wo sich politische Entscheidungen letztlich manifestieren, oft unvorhersehbare Folgen. Hätten die Franzosen im Frühjahr 1936 ein paar Divisionen an den Rhein geworfen – so sagte mir einmal De Gaulle, der damit seine Gegnerschaft zu Léon Blum zum Ausdruck brachte –, dann hätte sich Hitler, wie er nachträglich selbst eingeräumt hat, sofort zurückgezogen, und der misslungene Coup hätte ihn bloßgestellt. Und hätte man 1938 im Fall der Tschechoslowakei Entschiedenheit an den Tag gelegt, dann hätte Hitler es vermutlich nicht gewagt, einzumarschieren und anschließend Polen zu überfallen. Zwei Beispiele von vielen in einer langen Kette von Verstrickungen. Hätte man dies oder jenes nicht zugelassen und anders reagiert, niemand weiß, wie es ausgegangen wäre. Ich kann nicht an jene berühmte Schicksalhaftigkeit glauben, deren Apologeten behaupten, alles sei zwangsläufig, von Station zu Station gegangen, bis sich am Ende die Deutschen unserer bemächtigten. Wenn Hitler in Österreich mit dem Widerstand katholischer Bauern und sozialdemokratischer Arbeiter hätte rechnen müssen – die sehr kämpferische Traditionen gehabt haben –, und wenn er sich überdies einer entschlossenen Regierung gegenübergesehen hätte, hinter der 75 Prozent des österreichischen Volkes standen: er hätte sich den Einmarsch sehr gründlich überlegt.

Der 12. Februar 1934 und die Folgen

Am 12. Februar 1934 saß ich zu Hause über meinen Büchern, um mich auf Prüfungen vorzubereiten, als plötzlich das Licht ausging. Da hatte ich gleich das Gefühl, dass etwas los sei. Ich bin hinunter zum *Vorwärts,* dem Hauptquartier der Partei auf der Rechten Wienzeile, und sah, wie dort die großen Tore des Parteihauses – ein Glanzstück aus der Jugendstilzeit – geschlossen wurden. Die Leute gingen einfach weg. Ich hatte immer angenommen, dass beim Ausbruch eines Konflikts das erste Angriffsziel der Austrofaschisten natürlich das *Vorwärts*-Gebäude sein werde und dass man deshalb Vorkehrungen getroffen habe, dieses Gebäude, das in einem Arbeiterbezirk lag, wenigstens symbolisch zu verteidigen. Das Hauptquartier der Partei preiszugeben war der erste schwere Fehler. Der zweite – noch größere – war, dass man stattdessen aus den Wohnhäusern der Arbeiter in den berühmten Gemeindebauten zu schießen begann. Es sprach gegen jede Vernunft, den Kampf dorthin zu verlegen, wo Frauen und Kinder waren.

Ich habe auch später nie begriffen, warum der Stabschef des sozialdemokratischen Schutzbundes, der Major Eifler, diese Strategie entworfen hatte. Allerdings saß er am entscheidenden Tag schon einige Zeit im Gefängnis. Der Hauptschuldige, wenn man von einem solchen überhaupt reden will, war ohne Zweifel der Obmann des Schutzbundes, Julius Deutsch. Dadurch, dass er seine Führungsrolle nach den blutigen Ereignissen weiterhin als selbstverständlich betrachtete, machte er sich bei uns besonders unbeliebt.

So stand ich da, enttäuscht, dass anscheinend gar nichts vorbereitet war. Da kam eine enge Freundin aus der Jugendbewegung, Paula Mraz, auf mich zu, die später eine große Rolle gespielt hat und im Mai 1935, weil sie als Illegale kein Spital aufsuchen konnte, an einer harmlosen Angina gestorben ist. Sie teilte mir mit, dass die Partei einen Aufruf verfasst habe, der in einer kleinen Druckerei in Margareten hinterlegt worden sei. Diese Druckerei hat »Kamus« geheißen. Offenbar hatte jedoch niemand daran gedacht, dass es an diesem Tag keinen Strom zum Betrieb der Druckerei geben würde.

In der Nähe der Druckerei, auf der Margaretenstraße, lag das Hauptquartier der Holzarbeitergewerkschaft. Dort trafen wir Franz Olah, den ich flüchtig kannte, und zusammen gingen wir dann in die Wohnung eines Funktionärs der Holzarbeiter in der Fendigasse – in der Nähe lag eines der ersten Kampfgebiete –, um auf einem alten Apparat den Aufruf zu vervielfältigen. Als wir den Text auf die Matritze brachten, entdeckten wir zu unserem Entsetzen, dass der Aufruf zwei Seiten umfassen würde. »Das ist ja der helle Wahnsinn! Wie sollen wir das in die Arbeiterbezirke hinausschaffen? Jetzt wiegt alles das Doppelte!« Also musste der Aufruf gekürzt werden, damit er auf eine Seite ging. Man muss sich das sonderbare Satyrspiel vorstellen. Da saßen die besten Köpfe der Partei zusammen und verfassten einen Aufruf, der ein historisches Dokument werden sollte. Sicherlich hatte man tagelang an jedem Satz herumgefeilt, den Text nach allen Seiten hin diskutiert, und keiner hatte gemerkt, dass er viel zu lang war. Und nun stehen drei Leute beieinander, alle um die zwanzig, und sagen: »Des muss ausse und des; auf des könn' ma a verzichten! Hauptsache, es wird eine Seite!« Und es wurde eine Seite. Paula Mraz, die meine Art zu diktieren gewohnt war, nahm dem, der gerade damit anfangen wollte, den Text aus der Hand und gab ihn mir. So ist mir – obwohl mir das erst sehr viel später bewusst wurde – aufgrund der Stümperhaftigkeit, mit der alles vorbereitet worden war, eine historische Aufgabe zuteil geworden.
Anschließend bin ich zu den beiden Fortbildungsschulen in die Mollardgasse und in die Märzstraße gegangen, dafür war ich schließlich zuständig. »Jetzt gehts z'Haus«, habe ich zu den Lehrbuben gesagt. Aber die haben mich ganz ungerührt angeschaut und keine Anstalten gemacht zu gehen. In meiner Verzweiflung habe ich argumentiert, jetzt sei Schluss mit allen ihren Rechten, Achtstundentag und so weiter. Da hat einer eine sehr typische Antwort gegeben: »No, den möcht ich sehen, der mi zwingt, mehr als acht Stunden zu arbeiten.« So tief waren die sozialen Rechte in den Menschen verwurzelt. Aber die Problematik der Situation ist ihnen verschlossen geblieben.
Nach dieser Niederlage machte ich mich mit Paula Mraz auf den Weg zur sogenannten »Kampfleitung«, die sich in einem Gemeindebau in Wien-Favoriten, im sogenannten Ahornhof, befand. Noch ehe wir hinkamen, trafen wir vor dem Café Westbahn den damals sehr bekannten August Forstner, den Vorsitzenden der Transportarbeitergewerkschaft. Forstner war ein alter Arbeiterführer und ein berühmter Parlamenta-

rier, ein ehemaliger Droschkenkutscher, der sich durch seine Ursprünglichkeit im Parlament einen Namen gemacht hatte. Paula Mraz war eine der jungen Funktionärinnen in seinem Bezirk, die er sehr gefördert hat, und mich kannte er von meiner Arbeit im Tullnerfeld, wo er ein kleines Häuschen besaß, das ihm von der damaligen Skandalpresse nicht vergönnt wurde. Er war ziemlich verzweifelt, der große, traurige Mann, schaute uns wohlwollend und mitleidsvoll an und sagte: »Ihr seids arm! Ihr seids grad zum Zusperrn z'rechtkommen!« Damit meinte er offenbar, dass wir Jungen bei keinem der großen Siege der Partei noch dabei waren, sondern erst zu ihr stießen, als die Niederlagen begannen. Ich weiß noch, dass mir damals das Wort Georg Herweghs durch den Kopf schoss: »Partei! Partei! wer sollte sie nicht nehmen, die stets die Mutter aller Siege war.« Die Partei, wie wir sie kannten, war eigentlich – so wenig uns das damals auch bewusst war – die Mutter vieler Niederlagen, und doch hielten wir zu ihr, war die Bewegung für uns die große Mutter.

Später suchte ich Julius Braunthal auf, den großartigen Zeitungsmacher, den Schöpfer des *Kleinen Blattes,* das eine für unsere Verhältnisse hohe Auflage hatte. Seine Frau wusste nicht, wo er war. Dann ging ich noch hinaus zu einigen Gruppen, die mir anvertraut waren und denen ich sagen wollte, dass es lebensgefährlich und aussichtslos sei zu kämpfen. Sie würden sich nur dem Standrecht ausliefern.

Als ich zu einer der noch kämpfenden Gruppen kam, begann ein junger Mann, ein Freund aus Mödling, in den Wäldern draußen sinnlos mit dem Maschinengewehr herumzuschießen. »Ja, sag einmal, bist du verrückt geworden?« habe ich ihn angeschrien. »Du rufst ja geradezu die Heimwehren und die Gendarmerie her.« – »Ja«, hat er gesagt, »ich werd' kämpfen! Man soll nicht sagen, der Jockel, der Jud, ist feig!«

Am darauffolgenden Sonntag, als die Kämpfe schon vorbei waren, sind wir in den tiefverschneiten Wienerwald gegangen und haben auf einer Lichtung, die wir alle aus schöneren Tagen kannten, die »Revolutionäre Sozialistische Jugend« (RSJ) gegründet. Revolutionär deshalb, weil wir überzeugt waren, dass nur eine Revolution die Demokratie zurückbringen könne. Es müsse – so meinten wir – eine revolutionäre Demokratie sein, die den Arbeitern und den Menschen endlich das bringe, was ihnen 1918 versagt geblieben war. Als wir nach Hause fuhren, hörten wir in der Straßenbahn, das Radio habe eben mitgeteilt, dass Koloman Wallisch, den sie als »Räterevolutionär« denunzierten – er kam aus

Westungarn und war nicht radikaler als andere Funktionäre der Partei auch – verhaftet worden sei. Er wurde am nächsten Tag hingerichtet und für uns damit zum Symbol des 12. Februar – des Tages, an dem nicht nur die Partei unterging, sondern auch die Demokratie endgültig verloren war.

Ich möchte bei dieser Gelegenheit ein Phänomen erklären, das unsere Freunde draußen nie verstanden haben. Für die österreichische Arbeiterschaft war der Tag, an dem sie vernichtet und ihr Wiedererstehen in die ferne Zukunft verlegt wurde, ein so schwerer Schlag, dass sie diesen 12. Februar als *die* Konfrontation erachtete, mehr als vier Jahre später den Einmarsch Hitlers.

Damit begann die Diskussion über die Niederlage der Sozialdemokratie. Die einen haben gesagt: das ist die Schuld der Führer; die anderen meinten: die ganze Partei hat keine Zukunft mehr. Wieder andere sind zu den Kommunisten übergelaufen und wollten nichts mehr mit uns zu tun haben. Schließlich gab es noch die, denen alles recht war, Hauptsache, das Dollfuß-Regime verschwindet. Dollfuß war der unmittelbare Gegner, der auf sie hatte schießen lassen. Vielleicht würden die Nazis mit ihm fertig werden.

Meine Verwandten sahen zwar meine sozialistischen Aktivitäten nicht gern, waren aber doch der Meinung, ich solle erst einmal nach Trebitsch in das großelterliche Haus ausweichen. Mein Vater war immer auf meiner Seite gewesen und meinte, das müsse ich natürlich selbst entscheiden, meine Mutter hingegen drängte mich, zu ihren Brüdern nach Mähren zugehen. Ich blieb, weil viel zu viele in diesen Tagen weggegangen sind, nicht nur die Großen, die in Lebensgefahr schwebten. Aber warum sollte jemand wie ich, der doch der Polizei nur von kleinen Zusammenstößen her bekannt war, weglaufen? Ich entschied, dass das Weglaufen für Leute, die eine Untergrundbewegung aufbauen wollten, der falsche Weg war, und ich beschloss ohne Pathos, hierzubleiben. Das haben mir diejenigen, die noch Zweifel an mir hatten, hoch angerechnet. Ich habe an diesem 12. Februar 1934 mit großer Deutlichkeit erkennen müssen, dass das, was ich für meine Welt hielt, zusammengebrochen war. Eine neue zu finden wäre für mich gewiss einfacher gewesen als für viele andere. Ich hätte mich mehr der Wissenschaft widmen und eine akademische Laufbahn einschlagen können. Ich hätte wahrscheinlich auch ein ganz guter Advokat werden können. Auch in die Wirtschaft hätte ich gehen können. Es hätte aber auch die Möglichkeit bestanden, ein neues Studium, Medizin, zu beginnen und später ins Ausland zu gehen. Ich hatte immer einmal in den Norden gehen wollen, da ich eine große Liebe für die Länder Nordeuropas, insbesondere Schweden, hegte. Ich habe das alles nicht getan. Im Bewusstsein, dass meine Welt zerschlagen war, half ich, eine neue im Untergrund aufzubauen. Es wurde meine Bewährungsprobe in der sozialistischen Bewegung. Sie führte knapp ein Jahr später ins Gefängnis, wo sie dann zwangsläufig weiterging.

Als die Partei zerschlagen wurde, galt ich, zusammen mit Roman Felleis, als einer der hoffnungsvollen jungen Leute der Partei. Aber es war sehr schwierig, einen neuen Anlauf zu nehmen, weil wir unsere Herkunft aus der Sozialdemokratie ja nicht verleugnen konnten, und die hatte gerade schmählich versagt. Es gab damals noch keine Romantisierung der Februarereignisse. Sie waren schlicht und einfach die Niederlage.

Es entstanden damals überall neue Bewegungen mit neuen Führern, und niemand konnte sich so recht vorstellen, wie die Versprengten gesammelt werden sollten, zumal die KP bereits illegale Sammelbewegungen mit besten Verbindungen hatte. Wir Jungen waren besser dran als die Älteren, da man uns nicht in gleichem Maße die Verantwortung für die Niederlage anlasten konnte und wir vom Vorwurf des Nahverhältnisses zur Parteiführung frei waren. Junge Leute sind auch gegen die Bedrohung der Familie und der gesicherten Existenz immun. Da die meisten arbeitslos waren, fanden sie sich eher bereit, im Untergrund zu wirken. Hinzu kam, dass wir uns zu jeder beliebigen Tages- und Nachtzeit versammeln konnten. Und so banal es klingen mag, wir konnten auch sehr rasch laufen. Denn davonlaufen zu können, sobald die Polizei auftaucht, ist eine wesentliche Voraussetzung erfolgreicher illegaler Arbeit. Von den älteren Leuten, die ohnedies den Ideen der Partei treu blieben, konnte man das nicht erwarten. Wir Jungen konnten auf Schornsteine klettern, ganz oben eine rote Fahne befestigen und dann beim Abstieg die Steigleiter mit Stacheldraht umwickeln. Die Menge, die dieses Schauspiel von der Straße aus verfolgte, wuchs in Windeseile oft auf mehrere hundert Leute an. Aber bevor die Polizei erschien, waren wir schon wieder weg. Dann mischten wir uns unter die Zuschauer und amüsierten uns über die Bemühungen der Polizei oder der Feuerwehr, die Fahne zu entfernen. Man konnte sehen, wie unwillig sie dabei zu Werke gingen, und alles dauerte furchtbar lang. Solche

Aktionen symbolischer Art haben eine ungeheure Bedeutung für eine Untergrundbewegung.
Natürlich organisierten wir auch Kundgebungen. Dann gaben wir die Parole aus, wir treffen uns am soundsovielten um soundsoviel Uhr an dem und dem Platz. Das wurde immer ganz kurzfristig geplant, und da es sehr schnell gehen musste, hing alles von einem perfekten Nachrichtensystem ab. Bis die Polizei dahinterkam, verging viel Zeit, und wenn sie dann anrückte, waren auf dem Platz nur noch die Marktfrauen. Mit solchen Aktionen haben wir natürlich beträchtliche Aufmerksamkeit auf uns gezogen, und genau darum ging es ja – der Öffentlichkeit zu beweisen: Wir sind noch da, oder genauer, wir sind wieder da. Die Kommunisten und die Nazis, die seit langem illegalisiert waren, haben das ganz ähnlich gemacht. Abgesehen davon, dass die österreichische Sozialdemokratie ihre bis dahin schwerste Niederlage erlitten hatte, gab es für uns ein zusätzliches Dilemma. Einige unserer bedeutendsten Führer saßen im sogenannten »Anhaltelager« Wöllersdorf oder im Landesgericht, andere waren ins Ausland geflohen. Das Dollfuß-Schuschnigg-Regime fürchtete sich vor langen Prozessen, aber vielleicht hätte sich doch eine Methode finden lassen, die einen Prozess unumgänglich gemacht hätte. Dann hätten unsere Führer, ähnlich wie Léon Blum, ihre große Reputation wieder herstellen können. Wer weiß, wie es dann gekommen wäre. Vor allem nach außen hin war die Flucht sehr schwer zu rechtfertigen. Wenn die Funktionäre in die Betriebe kamen, hat man sie mit Spott empfangen: »Na, eure Führer, die san ja davong'rennt!« Das hat die neue Bewegung sehr belastet. In den alten Industriegebieten, vor allem in der Steiermark und in Oberösterreich, sind wir immer wieder auf Ablehnung auch in den eigenen Reihen gestoßen. Dann mussten wir hören: »Liebe Freunde, was habt's denn für Aussichten? Was könnt's denn machen? Die Partei wird net wiederkumma.«
Dass diese so geliebte Partei, die für viele eine wirkliche Heimat war, ihrer zutage getretenen Unzulänglichkeiten wegen vom einen auf den anderen Tag abgelehnt, ja verachtet wurde, traf mich hart. Ich habe das lange nicht verwinden können. Die Ablehnung quer durch die Reihen war unter den jungen Funktionären besonders stark. Wenn ich mit ihnen diskutierte und sie zu überzeugen suchte, dass die Partei eben nicht zu existieren aufgehört habe, dass sie nicht tot sei, sondern dass es nur vom einzelnen Genossen abhänge, wie erfolgreich der Widerstand

geführt werde, meinten sie am Ende meist, sie wollten sich das alles noch einmal überlegen. Am wichtigsten sei doch, mit dieser »schwarzen Brut«, gemeint war der Kleriko-Faschismus, fertig zu werden, und wenn das den Nazis gelinge, dann sei es ihnen auch recht. Es gab also vor allem unter den militanten Leuten der alten Partei eine gewisse Tendenz, nach den Braunhemden zu schielen und von dort, vom militant rechten Flügel, das Heil zu erwarten – aus einer Art Rachsucht, die aus der Niederlage kam. Insgesamt vertrauten sie wohl darauf, dass die Nazis mit dem Dollfuß-Regime aufräumen würden.

Ihre Kinder, die dann höhere Schulen besucht haben, sind aufgrund dieser radikalen Gefühle Mitglieder der NSDAP geworden; sie haben sich an den Untergrundkämpfen beteiligt und nach dem Einmarsch Hitlers dann Funktionen übernommen. Ein typischer Fall ist der ehemalige FPÖ-Obmann Friedrich Peter. Sein Vater war – so viel ich weiß – Lokomotivführer in Attnang, Sozialdemokrat und Schutzbündler. Sein Großvater mütterlicherseits war hingegen ein Großdeutscher, und der Bruder seiner Mutter wurde als Nationalsozialist von einem Heimwehrmann erschossen. Diese so gespaltene Familie war, wie ich glaube, der Nährboden für Peters damalige Gesinnung. Da ich verstanden habe, warum Leute wie er Hitler-Anhänger wurden und auch die materiellen Ursachen einer solchen Bewusstseinsänderung aus der Nähe gesehen habe – nämlich die Beseitigung der Arbeitslosigkeit, zuerst in Deutschland, dann in Österreich –, ist mein Verhältnis zu ehemaligen Nazis ein anderes.

Der Hass auf Dollfuß war stärker als die Angst vor allem anderen. Als nach Hitlers Einmarsch 1938 die Führer des klerikofaschistischen Regimes in den Konzentrationslagern landeten, haben die Nazis eine aufwendige Ausstellung unter dem Titel *Der ewige Jude* veranstaltet. Dort waren unter anderem Fotos aus den KZs zu sehen. »No, des ham's jetzt davon!« So oder ähnlich konnte man es damals in Arbeiterkreisen hören. Das Rachegefühl hat dominiert.

Mir schien Dollfuß zunächst eine jener Persönlichkeiten zu sein, mit denen sich unter normalen Bedingungen eine akzeptable Zusammenarbeit zwischen Opposition und Regierung hätte herstellen lassen. Ich selbst habe ihn ein einziges Mal gesehen. Das war 1929. Ich schrieb damals an einer Matura-Arbeit *Die Wirtschaftsverhältnisse und ihre Entwicklung in der Republik Österreich*, die mein Professor nur widerwillig akzeptieren wollte. Der Professor, ein sogenannter »Nationaler«, war der Ansicht, es widerspreche gewissermaßen der Theorie der Sozialdemokratie, wenn ein junger Parteifunktionär in einer solchen Arbeit zu dem Schluss komme, Österreich sei wirtschaftlich unter bestimmten Bedingungen lebensfähig. »Damit befinden Sie sich«, und dabei grinste er ironisch, »doch im Gegensatz zu Ihren Parteifreunden!«

Auf der Suche nach Quellen und Beweisen, die meine These stützten, ging ich zu meinem Lehrer Benedikt Kautsky, dem Sohn Karl Kautskys, der als Sekretär der Kammer der Arbeiter und Angestellten besonders mit Landwirtschaftsproblemen wie dem Milchausgleichfonds und solchen Dingen befasst war und der eine sehr große Personenkenntnis im Bereich der österreichischen Landwirtschaft hatte. Jeden Sonntag sprach Kautsky vor sozialistischen Jugendfunktionären. Bei diesen Vorträgen hat er viele originelle und nützliche Gedanken entwickelt.

Benedikt Kautsky war einer von jenen, die den Marxismus theoretisch nicht abgeschrieben hatten, in der Praxis aber der Auffassung zuneigten: Da wir ein kapitalistisches System haben, müssen wir auch, wenn wir in diesem System Politik machen wollen, in diesen Kategorien denken. Jedenfalls kann man nicht umhin, den Kapitalismus funktionell zur Kenntnis zu nehmen und zuzusehen, wie man sich darin einrichtet. Das entsprach im Grunde der marxistischen Auffassung, wonach man sich keinen Illusionen hingeben dürfe, solange die sozialistische Gesellschaftsordnung noch nicht verwirklicht sei.

Dennoch waren Revisionismus und Reformismus antimarxistisch. Es gelang Benedikt Kautsky, dies in überzeugender Weise zu demonstrieren. Nach dem Zweiten Weltkrieg und nach den ersten Versuchen, sich kritisch vom Marxismus zu lösen und zu profilieren, flüchtete man in der Phase des Kalten Krieges unter das Dach einer Überideologie – der Demokratie an sich. Danach entstand das dringende Bedürfnis nach neuen, möglichst profunden Parteiprogrammen. Kautsky, der viele Jahre im Konzentrationslager überlebt hatte, wurde damals für die deutschen und österreichischen Sozialdemokraten gleichermaßen die Zentralfigur

Zu diesem Benedikt Kautsky ging ich also und fragte, wer mir über die Landwirtschaftsprobleme des kleinen Österreich Auskunft geben könne. »Da gibts«, meinte er, »einen Landwirtschaftskammerdirektor, Dr. Engelbert Dollfuß. Das ist ein sehr kenntnisreicher und umgänglicher Mann. Gehen Sie zu dem, und berufen Sie sich auf mich. Er wird Sie sicher empfangen.«

So habe ich mich bei Dollfuß angemeldet. Bis dahin hatte ich seinen Namen kaum gehört. Dollfuß erläuterte mir die Probleme der österreichischen Landwirtschaft sowie Fragen des Getreideanbaus, des Milchausgleichfonds, die Problematik der Forstwirtschaft und Elemente einer agrarischen Planwirtschaft, die damals schon in den Köpfen der Agrarier war. Da mir vor allem an Literatur gelegen war, habe ich Dollfuß gefragt, ob er mir eine kurzgefasste Geschichte der österreichischen Landwirtschaft empfehlen könne. »Sie sind ja Sozialdemokrat«, meinte Dollfuß in etwa, »für die konzentrierteste Darstellung der österreichischen Landwirtschaft halte ich die Einleitung zum Agrarprogramm der Sozialdemokraten, die Otto Bauer unter dem Titel ›Kampf um Wald und Weide‹ geschrieben hat.«

Später wurden diese Männer zu den größten Gegnern der Dreißigerjahre, aber sie hatten lange Zeit große Achtung füreinander. Als Dollfuß Bundesbahnpräsident wurde, schrieb Otto Bauer in einem Artikel in der *Arbeiter-Zeitung*, Dollfuß sei ein kenntnisreicher Agrarier und auch ein umgänglicher Mann, aber auf manchen anderen Gebieten sei er gar nicht beschlagen, von der Bundesbahn zum Beispiel verstehe er nichts. Es kommt ja immer wieder vor, dass Menschen füreinander hohen Respekt bekunden, dies sogar öffentlich zum Ausdruck bringen und dann doch durch einen politischen Streit zu Todfeinden werden. Ich erinnere mich an die berühmte Auseinandersetzung am 21. Oktober 1932, als Otto Bauer Dollfuß einen Zwischenruf machte, indem er sagte: »Eine Woche tragen Sie den Demokratenhut und eine Woche den Heimwehrhut!« Dollfuß erwiderte, ganz der vulgärösterreichische Reaktionär: »Sie sind in Ihrer Gesinnung ständig ein Bolschewik!« Mit diesem Phänomen, wie Hochachtung für den politischen Gegner plötzlich in Todfeindschaft umschlagen kann, bin ich des Öfteren konfrontiert worden; ich habe immer darauf gedrungen, dass man, wo so etwas passiert, sich sofort entschuldigt. Dass die Diskussionen im Parlament eine gewisse Schärfe haben, halte ich nicht für schlecht, weil sie sonst noch weniger Interesse fänden. Doch sollte man nicht zu viele Gräben aufreißen.

Dollfuß wurde am 20. Mai 1932 Bundeskanzler. Zunächst war er einer von vielen: Die Erste Republik hatte zwölf Kanzler in zwanzig Jahren, die Zweite Republik acht in einundvierzig Jahren. Offensichtlich hat sich Dollfuß, bei aller Abneigung gegen die Sozialdemokratie im Allgemeinen und gegen Otto Bauer im Besonderen, bald ganz nüchterne

Gedanken darüber gemacht, was man gegen den wachsenden Nazismus unternehmen könne. Er konnte versuchen, eine Zusammenarbeit mit jenen herzustellen, die niemals mit den Nazisten paktieren würden, das heißt mit den Sozialdemokraten. Oder er konnte sich auf Mussolini verlassen, also auf eine ausländische Macht, die damals sicherlich stärker als die deutsche und überdies den Westmächten verbunden war. Dollfuß entschied sich eindeutig zugunsten Italiens, und wann immer irgendwelche Sonntagsredner der Christlichsozialen den Versuch machten, auch nur die kleinste Brücke zu den Sozialdemokraten zu schlagen, hat Mussolini interveniert, so im Januar 1934, als er seinen Staatssekretär Fulvio Suvich schickte und ausrichten ließ, das ginge zu weit.

Mussolini empfand geradezu Hass auf die österreichische Sozialdemokratie, vor allem wegen Wilhelm Ellenbogen, der perfekt Italienisch sprach und als regelmäßiger Gastredner auf den Parteitagen der italienischen Sozialisten antifaschistische Reden gehalten hatte. Ellenbogen kannte Mussolini aus der Zeit, als dieser noch Redakteur des *Avanti* war. Er hat sehr früh die Gefahren des Faschismus gesehen und schon 1923 ein Buch veröffentlicht *Faschismus! Das faschistische Italien,* in dem die Verfolgung der Gegner Mussolinis geschildert wird. Auch mit den führenden Persönlichkeiten des italienischen Antifaschismus hat er uns vertraut gemacht, vor allem mit Giacomo Matteotti, dem großen Gegner Mussolinis, der 1924 ermordet worden war – ein Name, der damals um die ganze Welt ging. Wegen des kleinen Wilhelm Ellenbogen und seiner Stellungnahmen zur Südtirolfrage ließ Mussolini sich sogar zu der Drohung hinreißen, wenn solche Reden im österreichischen Parlament nicht unterblieben, werde er die Trikolore über den Brenner tragen. Er hat sie dann indirekt bis Wien getragen, damals, als die Sozialdemokratie verschwand und der »christliche Ständestaat« eingerichtet wurde.

In der Politik muss man immer wieder abwägen, wo die wirkliche Macht liegt. Wenn man sich Irrtümern hingibt, sind sie folgenschwer. Dollfuß entschied sich 1934 dafür, sich auf die Machthaber im faschistischen Italien zu verlassen, und verzichtete auf Alternativen. Die unglaubliche Freundschaft mit Mussolini machte ihn zum Komplizen des Faschismus. Dollfuß ist an dieser Politik nicht nur gescheitert, sondern hat dafür auch mit seinem Leben bezahlen müssen. 1936, in der Rede während meines Prozesses, habe ich die Alternative folgendermaßen formuliert: »Es ist nicht ausgeschlossen, dass sich die Bauern mit den Arbeitern für die Wiederherstellung der Freiheitsrechte zusammenschließen; die Rückkehr zur Demokratie muss nicht eine Folge blutiger Kämpfe sein.« Was für die Rückkehr zur Demokratie gegolten hätte, hätte erst recht der Erhaltung und Bewahrung der österreichischen Unabhängigkeit dienen können.

Noch am 25. Juli 1934, nach der Ermordung von Dollfuß durch die österreichischen Nazis, hat Mussolini seine Truppen am Brenner und an der Grenze zu Kärnten aufmarschieren lassen. Hitler zeigte sich beeindruckt. Aber als er wirklich hätte eingreifen müssen, um Österreich zu schützen, hat Mussolini uns preisgegeben.

Dollfuß war ein auffallend kleiner Mann mit einer wenig eindrucksvollen Stimme. Vulgärpsychologisch ließe sich das Phänomen Dollfuß leicht erklären. Es liegt mir fern, mich über körperliche Eigenheiten lustig zu machen, aber sie haben natürlich Auswirkungen auf den Charakter. Dieser Mann von unnatürlicher Kleinheit hatte zu allem Unheil noch jene Uniformsucht, die in Österreich sehr verbreitet ist. Er war »Kaiserschütze« gewesen und als solcher sicher sehr tapfer. Kleine Leute sind oft sehr tapfer – das ist eine Art Überkompensation. Übrigens war auch der bekannte österreichische Kabarettist Fritz Grünbaum von ähnlicher Kleinheit. Als ich mit ihm in der Nazizeit eingesperrt war, entdeckte ich im Bad eine breite Schramme auf seinem Rücken, die er bei einem Säbelduell erhalten hatte.

In der vollen Kriegsmontur der Kaiserjäger hat Dollfuß sehr komisch ausgeschaut. Wenn bei einer dieser bombastischen Heimwehrdemonstrationen der winzige Dollfuß neben dem baumlangen Starhemberg stand, der seinen Stahlhelm tief ins Gesicht gezogen hatte, sofern er nicht mit dem feschen Hahnenschwanzhütchen erschien, dann war das schon ein groteskes Bild, das allseits große Heiterkeit weckte. Für die Welt war das eigentlich ein eher rührendes Schauspiel: der kleine Dollfuß, der dem großen Hitler Widerstand leistet. Nur war es mit diesem Widerstand nicht weit her. Ihrer ganzen politischen Einstellung nach hätten Dollfuß und Hitler nämlich durchaus zusammenfinden können – ähnlich wie Hitler und der Katholik Franz von Papen. Es verging kaum ein Monat, wo nicht von Wien ein Versuch unternommen wurde, sich mit Berlin zu arrangieren. Einmal waren einige Heimwehrführer schon auf dem Weg in die Reichshauptstadt, da wurden sie per Funk zurückgerufen, weil in der Zwischenzeit neue Entwicklungen eingetreten waren; Dollfuß erschien es plötzlich unzweckmäßig, so offen mit dem Reich zu verhandeln. Er selbst führte Anfang Mai 1933 vertrauliche Gespräche mit dem »Landesinspekteur« der NSDAP für Österreich, Theo Habicht. Solche und ähnliche Versuche korrigieren jedenfalls das Bild vom »unerschütterlichen Feind Hitlers«, mit dem sich Dollfuß dem demokratischen Ausland zu präsentieren suchte, jenes Bild vom »Retter des Vaterlands«, zu dem er hochstilisiert wurde.

Das Bündnissystem zwischen Österreich, Ungarn und Italien: Das war gewissermaßen die Königsidee des Austrofaschismus, gedacht als Gegengewicht gegen die kleine Entente der Tschechen, Rumänen und Jugoslawen. Das Nahverhältnis zum kryptofaschistischen Ungarn des Miklós Horthy hat unter anderem dazu geführt, dass die Italiener auf dem Wege über Österreich Waffen an die Ungarn lieferten. Die österreichischen Eisenbahner sind übrigens bald dahintergekommen, dass die Waffenkisten falsch deklariert waren. Angeführt von Berthold König, dem Vorsitzenden der Eisenbahnergewerkschaft, machten die Sozialdemokraten Dollfuß auf die verdächtigen Transporte durch Österreich aufmerksam. Er hat den Eisenbahnern überschwänglich für ihren Patriotismus gedankt und ließ die Transporte an den Brenner zurückschaffen. Dort sind die Waffen aber lediglich umgepackt und geschickter deklariert nach Ungarn gebracht worden. Dass Österreich bei diesen Waffenschiebungen zwischen Rom und Budapest mit im Bund war, kam aber doch heraus und hat nicht nur die innenpolitische Lage verschärft, sondern auch den Druck von Mussolini und Horthy auf Dollfuß verstärkt, solchen Elementen wie den Sozialisten den Garaus zu machen.

Wer Wind sät, erntet Sturm. Ein Mann wie Dollfuß, der verantwortlich war für die faschistische Entwicklung im eigenen Lande und für das Bündnis mit Mussolini, ein Mann, der an den Exekutionen sozialdemokratischer Arbeiter Mitschuld trug, der es geschehen ließ, dass ein schwerverwundeter Schutzbündler, Karl Münichreiter, gegen alles Recht zum Galgen geschleppt wurde – als dieser Mann am 25. Juli 1934 von den Nazis ermordet wurde, war ich keines Mitleids fähig. Ich will das ganz offen sagen. Auch wenn Dollfuß noch heute in der ÖVP heroisiert wird, für mich ist er ein Mann, der in der Geschichte nur einen sehr kleinen Platz hat. Dennoch ließ ich in meiner Zeit als Bundeskanzler die Gedächtnisstätte an der Stelle, wo er starb, nicht beseitigen und gab den Beamten des Bundeskanzleramtes die Möglichkeit, alljährlich am Tag seiner Ermordung an dieser Stätte der Gewalttat zu gedenken.

Die österreichische Sozialdemokratie verfügte über eine große, heute würde man sagen »Umweltschutzorganisation« – die Naturfreunde. Die Freude an der Natur war eines der Motive bei ihrer Gründung; die wichtigere Aufgabe aber sahen ihre Gründer und Förderer darin, die Arbeiter, und in diesem Fall wirklich nur die Arbeiter, aus den Wirtshäusern wegzuholen und ihnen eine würdige Gestaltung ihrer Freizeit anzubieten. Im Kampf gegen die Trunkenheit, die damals unter der Arbeiterschaft so verbreitet war, dass eine Arbeiter-Abstinenzbewegung gegründet wurde, prägte Victor Adler das Wort: »Der trinkende Arbeiter denkt nicht, der denkende Arbeiter trinkt nicht.« Diese Tradition wurde Jahrzehnte später von Otto Bauer aufgegriffen, der in einem faszinierenden Vortrag aus Anlass des Jubiläums des Arbeiter-Abstinentenbundes über Idealismus und Nüchternheit gesprochen hat. Die österreichischen Intellektuellen, vor allem die jüdischer Herkunft, waren große Spötter, was seinen Niederschlag auch in der österreichischen Literatur gefunden hat. Sie wussten die Vielseitigkeit der Arbeiterbewegung immer aufs neue zum Anlass ihres Spottes zu machen und sprachen vom sozialdemokratischen »Kanarizüchterverein«. Als dann die große Arbeitslosigkeit über das Land kam, erwies sich das breite Angebot der Arbeiterbewegung für viele Menschen als ein persönliches Glück. Sie wussten, wohin sie gehen, wofür sie tätig sein konnten und wo sie einen geheizten Raum fanden. Als Ausgestoßene der Gesellschaft waren sie dankbar für alles. Auf der einen Seite das Erlebnis der Arbeitersymphoniekonzerte – oft dirigiert von Anton Webern –, auf der anderen Seite die Arbeiter-Sportvereine bis hin zu den Arbeiter-Olympiaden der Gleichgesinnten aus aller Welt.
Der 12. Februar hat für Zehntausende eine unvorstellbare Wende gebracht: das Gefühl plötzlicher Heimatlosigkeit. Nichts konnte ihnen die illegale Partei mehr bieten, nicht einmal mehr die ideologische Grundlage. Die Sozialdemokratie musste ihre Einstellung von Grund auf ändern und sich in eine Rolle fügen, mit der sie sich in ihrem Legalitätsdenken nicht einmal theoretisch abzufinden wusste.
Ganz anders die Kommunisten. Schon beim Studium ihrer Parteigeschichte lernten sie, was Illegalität bedeutet. Sie unterhielten darüber hinaus enge Beziehungen zu ihren Genossen in Jugoslawien, Ungarn und in den übrigen Balkanländern und profitierten nun von deren Erfahrungen im Untergrund. Eine literarische Darstellung finden wir in Manès Sperbers Romantrilogie *Wie eine Träne im Ozean.* So waren

die Kommunisten sowohl von ihrer Einstellung her als auch organisatorisch auf den 12. Februar vorbereitet gewesen.
Den Kommunisten blähte damals ein starker Wind die Segel. Sie haben uns viele gute Leute abspenstig gemacht, und viele unserer Besten haben mit ihnen zu sympathisieren begonnen. Das wurde dadurch erleichtert, dass sie in zahlreichen überparteilichen Organisationen wie etwa in den Gewerkschaften stark verankert waren. Im Vergleich zu den straff geführten, seit Jahren eingespielten »Kaderleuten« der Kommunisten agierten wir anfänglich ein bisschen wie der Elefant im Porzellanladen. Wir zerbrachen uns 1934 noch immer den Kopf darüber, wie denn dieser berühmte Zusammenhang zwischen Theorie und Praxis herzustellen sei. Eine Frage, die die Sozialdemokraten seit dem Erfurter Programm von 1891 beschäftigte. Da ich zu den Mitbegründern der Jugendorganisation der neuen illegalen Partei gehörte, befand ich mich in einem zusätzlichen Dilemma. Denn die revolutionäre Bewegung zog einen deutlichen Trennungsstrich zwischen sich und den alten Führern, die ja auch in unseren Augen versagt hatten.
Auf der anderen Seite durften wir uns nicht allzu stark von der alten Partei absondern, weil uns sonst nichts geblieben wäre, was unsere neue Bewegung hätte motivieren können. Gewiss, wir schrieben auf die Wände der Gemeindebauten: »Wir kommen wieder«, aber das war eher der Ausdruck politischen Trotzes. Und doch gab es etwas, was uns beeindruckte. Das war die in vielem ungebrochene Autorität Otto Bauers, des großen Alten, der die Einheit der Partei gerettet hatte. Eine Spaltung damals wäre gefährlicher gewesen, als man heute glaubt. Wie kompliziert das Verhältnis zwischen den Generationen geworden war, habe ich am eigenen Leib erfahren, als ich Ende Februar nach Brünn geschickt wurde, um Briefmarken hinüberzubringen, und dort mit Otto Bauer zusammentraf.
Ich habe mich mit dem Wort Charisma nie sehr beschäftigt. Und doch ist es meiner Ansicht nach überaus wichtig, was man darunter zu verstehen hat. Wenn man herauszufinden versucht, warum ein junger Mann oder eine junge Frau einer Partei beitritt, stellt sich die Frage, ob es eher ein Programm und mithin ein Abstraktum oder nicht vielmehr diese oder jene Persönlichkeiten sind, die den Einzelnen motivieren, so dass am Ende aus der Begeisterung für die Personen an der Spitze eine Begeisterung fur die Sache erwächst. Alles in allem lassen sich die Parteien natürlich nicht von ihren Protagonisten trennen. Es gibt eine

In den TV-Diskussionen mit den ÖVP-Spitzendandidaten Alois Mock (oben) und Josef Taus (Seite 150 oben) brillierte Bruno Kreisky durch Natürlichkeit und Schlagfertigkeit.

Seite 149: Einfach und prägnant: Als Redner mobilisierte Bruno Kreisky sowohl Arbeiter als auch Intellektuelle.

Seite 150 (unten): Konstruktive Zusammenarbeit nach anfänglicher Gegnerschaft: im Gespräch mit Gewerkschaftspräsident Anton Benya; links Bundespräsident Rudolf Kirchschläger, Kreiskys ehemaliger Mitarbeiter im Außenministerium.

Seite 152: Ein Konflikt bahnt sich an: mit Vizekanzler Hannes Androsch, 1980.

Feind der Menschheit
der Alkohol
Bibel steht geschrieben
auch Deine Feinde
lieben

ganze Reihe von Gründen, sich einer Partei anzuschließen, wobei ich einmal von jenen absehe, die einfach der Meinung sind, dass ihnen ein Parteibeitritt nützt – und dazu haben sie in der Demokratie durchaus das Recht. Wir Sozialdemokraten haben jedenfalls immer versucht, die Menschen zu überzeugen, dass wir, je stärker wir werden, desto mehr für sie tun können.

Eine oder zwei eindrucksvolle Persönlichkeiten sind die *conditio sine qua non* für das Gewinnen neuer Mitglieder. Wenn es nicht gelingt, diese Persönlichkeiten heranzuziehen, wobei die anderen Großen in der Partei sich sozusagen mit der Rolle der Paladine begnügen müssen, dann nimmt die Partei Schaden. Immer dann, wenn die Partei keine oder nur blasse Bezugspersonen gehabt hat, rutschte sie in eine Identitätskrise. Wenn ich all die großen Männer, denen ich begegnet bin, Revue passieren lasse, so scheint mir Otto Bauer auch heute noch trotz mancher Fehlbeurteilung von überlegenem Intellekt. Was seine intellektuelle Ausrüstung betraf, gehörte er zu den Größten, denen ich je begegnet bin. Er besaß die unglaubliche Gabe, das Gedachte in Worte umsetzen und sich in einer Art ausdrücken zu können, die dem Intellektuellen nicht als Zumutung erschien und dem Stahlwerksarbeiter begreifbar war. In den größten Versammlungen sprach er, als ob er zu einem Einzelnen redete. In dieser Kunst war mir Otto Bauer das große Vorbild. Ich habe mich immer bemüht, die Dinge so einfach wie möglich zu sagen, und glaube, dass mir das gelungen ist.

Bevor ich Otto Bauer kennenlernte, war ich, wenn ich mich zu Wort meldete, von hastiger und nervöser Dialektik. Aber ein Redner, das habe ich durch das Zuhören bei Bauer gelernt, muss vor allem Zeit haben. Das habe ich so sehr praktiziert, bis es mir zur zweiten Natur wurde. Noch heute neige ich dazu, lieber etwas länger bei einem Punkt zu bleiben, weil mich der Gedanke quält, im Publikum könnten Leute sitzen, die nicht wirklich erfassen, worum es mir geht. Das mag eine Schwäche sein, aber der Lohn war groß. Ausländer, die in Wien lebten, sagten, dass sie das bisschen Deutsch, das sie erlernt haben, beim Zuhören meiner Reden im Fernsehen begriffen hätten. Auch alte Leute hören mir gern zu, da ich so langsam spreche, dass sie gut folgen können.

Auch was meine Art zu schreiben betrifft, ist Otto Bauer mein Lehrmeister gewesen. Er hatte einen so prägenden Stil, dass auch andere, wie beispielsweise Oscar Pollak, sich darin zu üben versuchten. Das hat dazu geführt, dass man bei ungezeichneten Artikeln in der *Arbeiter-*

Zeitung manchmal nicht mehr wusste, wer von beiden der Autor war. Auch sie selbst nicht.

Viele Formulierungen Otto Bauers, etwa zur Judenfrage, habe ich mit großer Begeisterung übernommen; sie bildeten die theoretische Grundlage meiner späteren Haltung zum Judentum: » ... wenn wir uns erinnern, dass die letzte Berufserhebung unter den österreichischen Juden 42.681 Angestellte, 81.455 Arbeiter, 31.567 Taglöhner und 16.343 Dienstboten ermittelt hat und dass überdies zu den 235.775 Juden, die die Statistik als Selbständige anführt, sehr viele proletarische Existenzen, kapitalshörige Handwerker und Heimarbeiter gehören. Die Frage ist also für die sozialdemokratische Arbeiterpartei wichtig genug, um diesen Exkurs zu rechtfertigen ... Mit dem Fortschritte der kapitalistischen Produktionsweise ändert sich auch die Stellung der Juden in der Gesellschaft ... Im 18. Jahrhundert beginnt die jüdische Bourgeoisie sich aus der alten jüdischen Kulturgemeinschaft loszulösen und in die Kulturgemeinschaften der europäischen Völker einzugliedern. Die jüdische Bourgeoisie fängt an, sich den Völkern, in deren Mitte sie lebt, anzupassen, zu assimilieren ... Seit auch der Jude am öffentlichen und politischen Leben der Nationen teil hat, auch das jüdische Kind die öffentliche Volksschule besucht und auch der Jude im Heer seine Wehrpflicht erfüllt, geht die kulturelle Anpassung der Juden schnell vor sich ... «

Bauer glaubte an die Eigendynamik der Dinge und hielt nicht viel davon, in den Lauf der Ereignisse einzugreifen. Den Zerfall der Monarchie nahm er als ebenso schicksalhaft hin wie die Gründung der Nachfolgestaaten und beurteilte beides eigentlich positiv. Das neue Österreich betrachtete er als das Rudiment eines Staates und eigentlich nicht als lebensfähig. Er war es, der ab 1918 für die Vereinigung mit dem Deutschen Reich eintrat. Bis Hitler an die Macht kam. Dann übernahm er es, seine Ablehnung zu begründen: »So blieb die Partei dem Gedanken des Anschlusses mit friedlichen Mitteln an die Deutsche Republik treu, so lange, bis in Deutschland die Katastrophe kam, die die Republik vernichtete und an ihre Stelle den Despotismus Hitlers gesetzt hat. Da war es klar, dass es einen Anschluss mit friedlichen Mitteln nicht geben kann, und jeder Sozialdemokrat und Arbeiter in Österreich war sich darüber klar, dass wir den Anschluss an die Deutsche Republik, nicht aber an das Zuchthaus Hitlers wollten.

Daher hat die Partei eine Wendung vollzogen, auch noch bevor ein Parteitag stattfinden konnte. Wir haben in einer Erklärung, die die Partei-

vertretung mit dem Klub der Abgeordneten gemeinsam am 13. Mai 1933 beschlossen hat, die Forderung gestellt, in diesem Europa, in dem es wieder mehr als je seit 1914 nach Krieg riecht, die größtmögliche Sicherung davor, in Kriegsabenteuer gezogen zu werden, durch die völkerrechtliche Neutralisierung Österreichs zu schaffen. Und diesen Gedanken haben wir verbunden mit dem anderen, dass gerade, wenn wir politisch neutralisiert werden, jene wirtschaftlichen Verbindungen mit den Nachbarn erst möglich werden, deren Österreich, den politischen Machtkämpfen der Großmächte entrückt, im Interesse seiner Volkswirtschaft und der Arbeitsbeschaffung für die Arbeitslosen bedarf.
Wir haben diese Wendung bereits vollzogen. Aber da kein Parteitag stattfand, war es nicht möglich, diese Grundsätze in unser Parteiprogramm aufzunehmen. Daher entstand ein Widerspruch zwischen dem Parteiprogramm und unserer Politik . ... Das ist der einzige Punkt, von dem ich meine, dass wir eine programmatische Änderung heute machen müssen. Im Übrigen ist es unsere Aufgabe heute nicht, das Programm zu revidieren, sondern die Taktik im gegenwärtigen Augenblick, im Kampf gegen die unmittelbare Gefahr der beiden Faschismen, die hier miteinander konkurrieren und sich morgen miteinander verbinden können, gegen den schwarz-grünen und braunen Faschismus, festzulegen.«

Da ich es mir leisten konnte zu reisen und dies für die Bewegung keinerlei finanzielle Belastung mit sich brachte, da ich zudem Verwandtschaft in Mähren hatte und somit einen unverdächtigen Grund für eine Reise in die Tschechoslowakei, wurde ich Ende Februar nach Brünn geschickt. Dort war das Auslandsbüro der Sozialistischen Partei, das sogenannte ALÖS. Anders als die SPD, für die sich die Entscheidung, den Parteivorstand im Ausland zu etablieren, sehr bald als fatal herausstellte, hatten wir in der Tschechoslowakei lediglich ein Auslandsbüro gegründet. So wurde denn in Brünn auch die erste illegale *Arbeiter-Zeitung* ins Leben gerufen, und die Exemplare, die gerade frisch ausgedruckt waren, sollten nun, Ende Februar, über die Grenze geschmuggelt werden. Man hat sie nach Znaim gebracht und dort in Gurkensäcke verpackt – in Znaim nämlich wurden Gurken eingelegt, und zwischen Znaim und Retz auf der österreichischen Seite der Grenze wurden die Gurkensäcke hin- und her transportiert. Auch die Familie Felix besaß Gurkenfelder in dieser Gegend und stellte Säcke zur Verfügung.

Es waren rund tausend, auf Dünndruckpapier hergestellte Exemplare, die auf diese Weise die Grenze passierten und dann auf verschiedenen österreichischen Grenzpostämtern aufgegeben wurden. Die Empfänger waren vielleicht noch mehr verblüfft als die Polizei, hatten wir doch den gesamten Adressenbestand noch vor dem 12. Februar aus Österreich herausgeschafft, auf Papierrollen, wie man sie damals für Rechenmaschinen verwendete. Ich erzählte bereits, dass ich Tausende österreichische Briefmarken nach Brünn brachte. Wir hatten sie in Wien gekauft, natürlich auf verschiedenen Postämtern, und mit dieser sonderbaren Fracht bin ich dann über die Grenze gefahren.

Nachdem ich meine Briefmarken abgeliefert hatte, ergab sich eine Gelegenheit, mit Otto Bauer zusammenzutreffen. Ich wollte darüber nicht recht froh werden und war ein wenig befangen, denn die Stimmung in Wien war alles andere als Bauer-freundlich. Vor allem Karl Czernetz, der damals Mitglied der Leitung der »Funke«-Gruppe war – »Funke« war die Übersetzung von *Iskra,* der von Lenin mitherausgegebenen Exilzeitschrift –, dem zentralen Schulungsausschuss der Revolutionären Sozialisten angehörte und später einer der ideologisch beschlagensten Spitzenfunktionäre der Partei wurde, zog mit fast alttestamentarischem Zorn immer wieder gegen Bauer los. Er forderte, dass wir uns von ihm lösen sollten, da seine wankelmütige Politik mitverantwortlich an der Katastrophe sei. Dabei war Bauer selbst einer der ersten, der weithin verkündet hatte, dass die neue Führung im Lande entstehen müsse, weil sie, die Emigranten, nur als diejenigen angesehen würden, die versagt hätten. Ähnlich wie Czernetz argumentierten auch Joseph Buttinger sowie die beiden Kulczars, Leopold und Ilse.

Mein Gespräch mit Otto Bauer hatte nur ein einziges Thema: die Entwicklung des Austrofaschismus. Als ich ihn fragte, wie lange dieses System wohl dauern werde, holte er weit aus, um mir, als erstem aus der illegalen Jugendbewegung und vielleicht als erstem überhaupt, seine später so bekannt gewordene »lange Perspektive« zu entwickeln. »Schauen Sie«, sagte er, »ein Regime, wie es Dollfuß errichtet hat, kann höchstens mit einer vier- bis fünfjährigen Lebensdauer rechnen. Innerhalb dieses Zeitraums kann es eine partielle Redemokratisierung geben. Wenn das Regime erkennen lässt, dass es zu schwach ist, dass sich unter ihm Kräfte entwickeln wie etwa um Ernst Karl Winter und andere (Winter war damals Vizebürgermeister von Wien), die halt doch eine Rückkehr zur Legalität fordern, dann hätte der eigentliche Putsch noch

nicht stattgefunden. Das ist die kurze Perspektive, und sie ist der wenig wahrscheinliche Fall.
Wahrscheinlicher dagegen ist, dass der sehr viel mächtigere Nationalsozialismus dieses Regime ablösen wird, und das wird für die Illegalen, ob Sozialisten oder Kommunisten, eine weit gefährlichere Situation schaffen. Denn die verfügen über eine große Personenkenntnis und können unserer neuen Bewegung ein furchtbares Ende bereiten. Vielleicht solltet ihr euch überlegen, dass die lange Perspektive die wahrscheinlichere ist.« – »Lange Perspektive«, habe ich ihn gefragt, »wie schaut das zeitlich aus?« Und Otto Bauer erwiderte – das war Anfang März 1934: Nationalsozialismus und Faschismus würden in einem neuen Weltkrieg enden. Das Buch, an dem er damals schrieb und das er 1936 veröffentlichte, hat er denn auch prophetisch *Zwischen zwei Weltkriegen?* genannt. Ein Krieg werde, aus Gründen der Kriegstechnologie, ungefähr sieben Jahre dauern. »Der erste hat vier Jahre gedauert, rechnen wir also mit sieben Jahren.« Das könne man aus der Entwicklung der Tanks und anderer Waffen im ersten Krieg ableiten. »Es wird das Ganze also unter Umständen zwölf bis dreizehn Jahre dauern, und da werden ungeheure Opfer gebracht werden müssen. Die Frage, die ihr euch also stellen müßt, lautet: Wie sieht eure illegale Tätigkeit aus, wieviel persönlichen Mut wollt ihr einsetzen?«
Bauers intellektuelle Unbestechlichkeit und die Schärfe seiner Logik waren überwältigend. Plötzlich taten sich ganz neue Dimensionen auf, und angesichts der Verwirrung, in die wir Jungen damals gestürzt waren, hätten seine Nüchternheit und sein Zuspruch eine mehr als wohltuende, Hoffnung spendende Wirkung gehabt. Denn dass er unser Führer war, daran gab es für mich nach diesem Gespräch, das Stunden dauerte, nichts zu rütteln. Auch wenn ich mich nach dem Tode Bauers politisch von ihm distanzierte, so zähle ich diese nächtlichen Stunden in Brünn – nach allem, was in der Zwischenzeit geschehen ist – nach wie vor zu den ganz großen Glücksfällen meines Lebens.
Auf Vermittlung von Otto Bauer kam ich in Brünn auch mit Karl Frank zusammen, alias Willi Müller, alias Paul Hagen, alias Josef, alias Maria. Frank, ein sehr eindrucksvoller junger Mann, der mit der Schauspielerin Liesl Neumann liiert war, leitete die Auslandsabteilung von »Neu Beginnen«, jener radikal aktivistischen Gruppe meist junger, intellektueller Sozialisten, die sich in Deutschland schon vor Hitlers Machtübernahme auf die Illegalität vorbereitet hatten. Im August 1933 hatte

ihr Organisationschef, Walter Löwenheim, unter dem Pseudonym »Miles« eine Faschismus-Analyse veröffentlicht, die auch unter den österreichischen Sozialisten beträchtliches Aufsehen erregte, weil Miles einen jahrelangen, erbitterten Kampf voraussagte. Diese lange Perspektive von »Neu Beginnen« hat sich unter dem Einfluss Franks, der diesen Standpunkt sehr überzeugend vertreten konnte, Otto Bauer angeeignet. Auch ich habe mich der intellektuellen Brillanz und Eindringlichkeit Karl Franks nicht entziehen können.

Die Nachricht, dass ich in Brünn mit Otto Bauer zusammengetroffen war, verbreitete sich bei den Illegalen in Windeseile. Immer wieder musste ich berichten, was Bauer gesagt hatte. Da ich damals alle seine Argumente noch im Kopf hatte und ziemlich wörtlich wiedergeben konnte und weil wohl auch die Faszination, die Bauer auf mich ausgeübt hatte, spürbar gewesen sein muss, kam es in diesen Tagen zu zahlreichen, recht heftigen Grundsatzdiskussionen über die lange und die kurze Perspektive. Wir wollten einfach nicht, aus allzu großer Rücksichtnahme auf die Konspiration, die mühsam begonnene Tätigkeit preisgeben; wir wollten nicht, wie wir damals sagten, die neue Bewegung zu Tode konspirieren. Einer derjenigen, die am eifrigsten für eine stärkere Konspiration eintraten, war Hans Kunke, ein liebenswerter, bescheidener, in seiner Bescheidenheit aber dominierender Mann, der 1938 mit einem der ersten Transporte in ein KZ gebracht wurde. Wir dagegen meinten, in erster Linie käme es darauf an, den Leuten zu zeigen, dass wir wieder da sind. Allein die Tatsache, dass über die Perspektiven diskutiert wurde, war eine theoretische Rehabilitierung Bauers, auch wenn manche ihn später zu einem Säulenheiligen degradieren und keine anderen Götter neben sich dulden wollten. Bauer aber blieb für die meisten von uns bis zu seinem Tode im Juli 1938 der große Alte.

Ich habe mir immer die Frage gestellt, ob ich den Bruch mit der These Otto Bauers – gesamtdeutsche Revolution statt Rückkehr zur österreichischen Unabhängigkeit – auch dann vollzogen hätte, wenn er noch am Leben gewesen wäre. Wie wäre eine Diskussion zwischen uns wohl ausgegangen? Ich fürchte, dass Otto Bauer mit seiner intellektuellen Überlegenheit seine Wirkung auf mich nicht verfehlt hätte. Ich erinnere mich, dass ich bei meiner Rückkehr aus Brünn zu Manfred Ackermann ging, der mit meinem Vater beim Militär gedient hatte, und sagte: »Du, die können sagen, was sie wollen, der bleibt unser Führer. So g'scheit, wie der mir das alles erklärt hat, was da jetzt kommt, so g'scheit ist keiner von uns.« Geistige Überlegenheit muss also nicht immer und unbedingt Ressentiments wecken, sie kann einem auch wirklichen Respekt abnötigen.

In den folgenden Wochen und Monaten bin ich in der Vorbereitung illegaler Aktionen vollkommen aufgegangen. Von *Neu Beginnen* haben wir sehr viele, für die tägliche Untergrundarbeit nützliche Techniken gelernt. Wenn zwei unserer Leute zum Beispiel Schriftstücke austauschen sollten, gingen sie zu dem verabredeten Treffpunkt mit gleich aussehenden Aktentaschen. Und wenn sie dann auseinandergingen, nahm der eine die Tasche des anderen. Oft auch hatten diese Taschen doppelte Böden, die sehr kompliziert zu verschrauben waren.

Auch sonst haben wir uns eine Menge einfallen lassen. So haben wir zum Beispiel ein privates Gymnastikinstitut, das einer der früheren Funktionäre der Arbeitersport- und Turnbewegung eingerichtet hatte, ganz einfach in ein illegales Parteilokal umfunktioniert. Jeden Montag sind wir in Turnhosen angetreten und haben dann auf einer Matte sitzend unsere nächsten Aktionen besprochen. Auch andere Vereine haben wir schamlos missbraucht. Mein Vater war in einer Freimaurerloge, und der Jugendvereinigung dieser Loge bin ich beigetreten, allerdings nicht in der Absicht, Freimaurer zu werden. In der relativen Sicherheit des Freimaurerhauses in der Dorotheergasse habe ich innerhalb der sogenannten »Kette« organisiert und eine gewisse konspirative Tätigkeit entfaltet.

Ehemalige Funktionäre der Gewerkschaft der Gastgewerbebediensteten machten kleine Kaffeehäuser auf, in denen wir uns trafen, um bei einem »kleinen Schwarzen« Weisungen auszutauschen. Wir überlegten, ob es zweckmäßig wäre, dass hübsche Mädchen mit weniger gut aussehenden Burschen zusammenkamen, um den Eindruck von Liebespaaren zu erwecken. Als einmal ein sehr hübscher Junge bei einer bestimmten Bank in der dunklen Prater-Hauptallee mit einer Funktionärin zusammentreffen sollte, die nicht eben als Schönheit galt, weigerte er sich:

Es sei unkonspirativ, ihm eine so hässliche zuzumuten.

Eines Tages kam es in einer Buchbinderei zu einem unangenehmen Zwischenfall. In großen Säcken, die mit Sägespänen ausgestopft waren, wurde dort die *Arbeiter-Zeitung* angeliefert. Einer der Lehrlinge begann, mit einem Messer, wie man es in Buchbindereien verwendet, die Säcke in großer Hast aufzuschneiden. Dabei rutschte er ab und traf eine Ader in seinem Arm. Das Blut schoss heraus und färbte die Sägespäne rot. Man musste die Rettungsgesellschaft verständigen; die wiederum glaubte, dass es einen Überfall gegeben habe, und rief die Polizei. So flog eine der verlässlichsten Verteilungsstellen auf. Der Fahrer der Rettungsgesellschaft, ein alter Sozialdemokrat, musste am nächsten Tag als Zeuge auftreten.

Die Großverteilung der *Arbeiter-Zeitung* wurde von Tag zu Tag gefährlicher, und so ging man zu einem anderen System über. Jeder Verteiler sollte nur noch fünf Exemplare bekommen. Wurde er erwischt, spielte es keine Rolle, ob er fünf oder fünfhundert Exemplare bei sich hatte: das Strafmaß war dasselbe. Aber die Chance, nicht erwischt zu werden, war sicher größer. Im Gefängnis hatte ich einen Zellengenossen, einen Straßenbahner aus dem Wiener Arbeiterbezirk Favoriten, in dessen Spind in der Remise der Straßenbahn fünf Exemplare der *Arbeiter-Zeitung* gefunden worden waren. Wegen Betätigung für eine verbotene Partei hatte man ihm zwei Jahre Kerker aufgebrummt. Außerdem wurde er entlassen. Und da er in einer Gemeindewohnung wohnte, erhielt seine Frau obendrein nach einiger Zeit die Kündigung der Wohnung. Als seine zwei Jahre um waren – ich erzähle diesen Fall so ausführlich, weil er die ganze Heimtücke des Regimes zeigt –, kam er anschließend in das sogenannte Anhaltelager Wöllersdorf. Nachdem er bereits vor Abbüßung der zweijährigen Gerichtsstrafe eine dreimonatige Verwaltungsstrafe ohne Verfahren abgesessen hatte! Im Austrofaschismus konnte man also drei Strafen für ein und dasselbe »politische« Delikt bekommen. Ein Schwerverbrecher allerdings wurde nur einmal bestraft.

Nach einem grauenhaften Mord, bei dem die Polizei die Bevölkerung aufforderte, an der Aufklärung mitzuwirken, prägten wir den Satz: »Die Kriminellen soll die Bevölkerung finden, die Politischen findet die Polizei«.

Die österreichischen Nazis wurden langsam ungeduldig. Nach den Februarkämpfen, die die Schwächen des Regimes bloßgelegt hatten, dachten sie noch intensiver über die Möglichkeiten nach, eine Machtergreifung in Österreich zu beschleunigen. Aber Hitler, der ja der oberste Führer auch der österreichischen NSDAP war, hatte ganz anderes im Sinn. In Österreich wollte er nicht darauf warten, bis ihn ein greiser Bundespräsident rufen würde. Die österreichische SA gab sich anfangs zwar demokratisch und verlangte immer wieder Neuwahlen, aber gleichzeitig betätigte sie sich illegal. In der Teinfaltstraße saß der sogenannte »Siebener-Ausschuss«, der einen Plan ausgeheckt hatte, Unruhen in Österreich hervorzurufen, um die Regierung zum Einsatz von Bundesheertruppen zu provozieren und Hitler so einen Vorwand zum Eingreifen zu liefern.

Im Juni 1933 hatte Dollfuß ein Betätigungsverbot der NSDAP sowie die Auflösung ihrer Verbände angeordnet, den Landesleiter der NSDAP, Theo Habicht, ausgewiesen und mehrere NS-Funktionäre verhaften lassen. Bereits einen Monat zuvor war die KPÖ verboten worden. Bei allen diesen Schritten konnte er sich der Rückendeckung Mussolinis sicher sein, der seinen Willen, eine deutsche Einmischung in Österreich nicht zu dulden, mit den Römischen Protokollen im März 1934 noch einmal unterstrich.

Theo Habicht hatte aus München im Rundfunk verkündet, dass bei dem ersten Todesurteil, das vollstreckt werde, eine folgenschwere Antwort zu erwarten sei. Der Zufall wollte es, dass der erste Hingerichtete einer aus der illegalen Sozialistischen Jugend war. Er hieß Josef Gerl. Gegen unseren Rat hatte er sich an einem unbedeutenden Sprengstoffattentat beteiligt, nicht gegen Menschen, sondern gegen einen Pfosten der Donauuferbahn. Es gab keine Toten, aber er wurde dennoch hingerichtet.

Am nächsten Tag haben die österreichischen Nazis ihren Putsch gemacht. Am Vormittag trafen sich Mitglieder der illegalen SS-Standarte 89 in der Bundesturnhalle in der Wiener Siebensterngasse. Der Ministerrat wurde unterbrochen, Dollfuß jedoch blieb im Bundeskanzleramt. Es wurde von 154 Nationalsozialisten besetzt, ebenso der Rundfunksender. Zur selben Zeit, als der Sender zurückerobert werden konnte, wurde Dollfuß im Bundeskanzleramt schwer verwundet. Knapp drei Stunden später erlag er seinen Verletzungen. 107 Tote auf Regierungsseite und 153 getötete beziehungsweise hingerichtete Putschisten sowie neun unbeteiligte Opfer: das war die traurige Bilanz des Putschversuchs.

Der 25. Juli war nicht nur ein Aufstand der Nationalsozialisten, er war auch und vor allem ein Verrat innerhalb der eigenen Reihen. Keiner hat dem andern vertraut in der Regierung, und jeder verriet den anderen. Der frühere christlichsoziale Landeshauptmann der Steiermark, Anton Rintelen, ließ sich als »Nachfolger« von Dollfuß aufstellen. Aber der Mann, der in diesen Tagen die dunkelste Rolle gespielt hat, war ohne

Zweifel der Maria-Theresien-Ritter Emil Fey, der radikale Wiener Heimatschutz-Führer. Den Maria-Theresien-Orden hat man angeblich für eine befehlswidrige Tat bekommen, mit der man dennoch Erfolg hatte, obwohl diese Bestimmungen nicht in den Ordenssatzungen zu finden sind. Jedenfalls war es der höchste Tapferkeitsorden, den man in Österreich für militärische Leistungen bis 1918 bekommen konnte. Dass er Träger dieses Ordens war, erlaubt doch einige Rückschlüsse auf den Charakter des Majors Fey. Man war immer der Meinung, dass dieser Scharfmacher indirekt mit der Ermordung von Dollfuß zu tun und sehr früh von den Attentatsplänen erfahren hatte. Es wurde ihm auch vorgeworfen, dass er den Putsch mit Gewalt hätte verhindern können, es aber nicht getan hat, weil er hinterher als Retter des Vaterlandes auftreten wollte. Da war es allerdings zu spät, denn Dollfuß war schon tot.

Eine weitere zentrale Figur in diesen Tagen war Ernst Rüdiger Fürst Starhemberg. Er ist mir in seiner ganzen Haltung zutiefst fremd gewesen, und dennoch hatte seine Persönlichkeit Kraft und Ausstrahlung. Politisch war der hünenhafte Mann mit seinen extrem faschistischen Tendenzen eine Gefahr für die Republik. Im Parlament ist er durch sein rüpelhaftes Wesen aufgefallen und hat ständig für Krawalle gesorgt. Ich selbst war Augenzeuge, als Starhemberg bei irgendeinem Streit den Griff in die Tasche machte und ein sozialdemokratischer Abgeordneter entsetzt aufschrie: »Der Kerl schießt!« Starhemberg, zum Gaudium seiner Leute, zog eine goldene Tabatiere aus der Tasche. Das war so sein Stil.

Starhemberg kam aus einer der ältesten österreichischen Adelsfamilien. Seine Vorfahren waren die Verteidiger Wiens gegen die Türken gewesen. Er galt als Playboy und hatte zahlreiche Affären, bis er sich mit der Schauspielerin Nora Gregor verheiratete. Seine Mutter war anscheinend eine sehr gescheite Frau. Als Seipel einmal gefragt wurde, wie er es sich erkläre, dass eine solche Frau einen so dummen Sohn habe, soll er lakonisch geantwortet haben: »Der hat auch einen Vater gehabt!«

Meine Beurteilung Starhembergs, der später von Schuschnigg abgehalftert wurde, hat sich geändert, als ich während des Krieges sein Buch *Between Hitler and Mussolini* las. Es war die größte Rechtfertigung der österreichischen Sozialdemokratie, die es überhaupt geben konnte. Die Schuld am 12. Februar habe einzig und allein bei Fey gelegen, der genau wusste, dass die Sozialdemokraten gar nicht mehr an einen bewaffneten Aufstand dachten. Am Tag vor dem Zusammenprall sagte er in einer Rede: »Wir werden morgen an die Arbeit gehen und wir werden ganze Arbeit leisten«, womit er offensichtlich den Überfall auf das Linzer Arbeiterheim meinte, der ja das auslösende Moment für die Unruhen gewesen ist.

Starhemberg schildert die österreichische Arbeiterbewegung eigentlich mit einem gewissen Respekt. Natürlich unterlässt er es nicht, an einigen Stellen die jüdischen radikalen Führer anzuschwärzen, fügt aber korrekterweise hinzu, dass sie 1934 schon bedeutungslos gewesen sind. Im Ganzen wird die Sozialdemokratie freigesprochen. Bemerkenswert ist Starhembergs Feststellung, »dass sehr viele unnütze Härten, mit denen in den folgenden Wochen und Monaten, ja in den folgenden Jahren sogar, Sicherheitsorgane des Staates und Vertreter der Justiz gegen Sozialisten und ehemalige Schutzbündler vorgingen, von Personen angewendet wurden, die auf Grund ihrer nationalsozialistischen Einstellung ein Interesse daran hatten, die Verbitterung in den Kreisen der Sozialisten gegen die österreichische Regierung zu vergrößern. Denn vieles, was sich später ereignete, ist nur so zu erklären.« Starhemberg gibt offen zu, dass er ursprünglich nazistisch orientiert war, und erzählt von seiner Begegnung mit Hitler, von dem er später angewidert gewesen sei – wenn auch vielleicht mehr aus aristokratisch-snobistischen Gefühlen heraus. Alles in allem ist sein Buch das wertvolle Dokument eines politischen Condottieres.

Als der Krieg begann – Starhemberg lebte damals noch in Frankreich –, wollte er eine eigene österreichische Brigade gegen Hitler aufstellen. Aber die Österreicher sind damals ebenso schnöde abgeblitzt wie später, als sie sich im Sinne der Moskauer Deklaration bereit erklärten, als Gegengewicht gegen das kommunistische Bataillon unter Honner Freiwilligen-Legionen gegen Hitler einzuberufen. Das habe ich später immer wieder als Argument verwendet, wenn Paris oder London fragten, was wir denn zu unserer Befreiung beigetragen hätten. »Hier sind die Listen«, sagte ich dann, »von den ersten dreihundert Freiwilligen. Ihr habt sie nur nicht genommen.«

Starhemberg ist nach dem Kriege nach Österreich zurückgekommen. Eine politische Rolle wollte er nicht mehr spielen; er war heilfroh, dass man ihn in Österreich in Ruhe ließ. Eines Tages ging er in Schruns spazieren, wo er ein Herzleiden ausheilen wollte. Da ist ihm der Fotograf Georg Auer in den Weg getreten. Starhemberg hat sich so erregt, dass er mit seinem Spazierstock auf ihn losgegangen ist; dabei hat er einen Herzanfall erlitten und starb. Der Fotograf hat das Bild erst neun Jahre später veröffentlicht. Es gibt also auch solche Fotografen.

Für die Linke stellte sich am 25. Juli natürlich die Frage, inwieweit sie den Nazi-Putsch unterstützen sollte. Die Kommunisten hatten – ich weiß immer noch nicht, ob auf zentrale Weisung – die Parole zum Streik ausgegeben. Wir Revolutionäre Sozialisten waren jedoch der Meinung, dass im Falle unserer Unterstützung die Nazis unter Umständen Erfolg haben könnten – wir hörten bereits von Kämpfen in Kärnten –, und so waren wir dagegen. Die Sitzung des Wiener Zentralkomitees, auf der das entschieden wurde, fand in der Wohnung meiner Eltern statt, die als relativ sicher gelten konnte. Dort wurde beschlossen, die Anti-Streik-Parole auszugeben, und dann wurde festgelegt, wer von uns in welche Arbeiterbezirke gehen sollte, um mit den Vertrauensmännern der Betriebe zu reden. In den niederösterreichischen Bezirken, die ich zu betreuen hatte, gab es kaum einen industriellen Großbetrieb, und überdies galt Niederösterreich als extrem schwarz. Ich habe mir daher gesagt, du gehst am besten nach Simmering, denn in diesem großen Arbeiterbezirk kannte ich einige Funktionäre und einen Schutzbundführer. Ich selbst hatte dort meine erste Polizeistrafe verbüßt – im Anschluss an die Demonstration vom 11. November 1933.

Über den Schutzbundführer wollte ich versuchen, an die Leute heranzukommen. Ich verabredete mich mit ihm in einem Kaffeehaus, in dem sich überwiegend Stoßspieler – ein Hasardspiel der Unterwelt – aufhielten. Man musste sich an einer Wand entlangtasten, bis man einen Knopf erreichte und die Tür aufsprang. Das war für die Illegalen ein idealer Platz, denn die Polizei, die den Auftrag hatte, nach »Politischen« Ausschau zu halten, wäre kaum auf den Gedanken gekommen, sie unter Spielern und Kriminellen zu suchen.

Indem Raum saßen etwa dreißig Leute aus den Betrieben Simmerings, aus dem Gaswerk, dem Elektrizitätswerk, der Waggonfabrik. Die anwesenden Kommunisten waren keine gewählten Funktionäre, sondern durchweg kommunistische Berufsrevolutionäre. Einer von ihnen, ein Mann namens Othmar Strobl, der nach dem Krieg Vizepräsident der Wiener Polizei wurde, war mit einer sehr hübschen Freundin angerückt, die auch sehr politisch argumentierte. Die beiden haben dort alle Register gezogen. Die Attraktivität der Freundin von Strobl war in dieser Männergesellschaft ein kaum zu widerlegendes Argument. Das hat mich an die Anekdote vom alten Hugo Haase erinnert, einem unabhängigen Sozialdemokraten, der einmal in einer Diskussion mit Berliner Arbeitern, in der die berüchtigte Schwester des Komponisten Hanns Eisler, die Trotzkistin Ruth Friedländer, Stürme des Beifalls erntete, gesagt haben soll, nachdem sie während der Diskussion sehr gekonnt ihre Schultern entblößt hatte, dass er, Haase, den »nackten Tatsachen« der Genossin Friedländer keine ebensolchen entgegenhalten könne.

In jenen Tagen hat übrigens der frühere Chefredakteur der *Arbeiter-Zeitung*, Oscar Pollak, ohne dass das vorher verabredet worden wäre, dem Nachfolger von Dollfuß als Kanzler, Schuschnigg, ein bemerkenswertes Angebot gemacht. Durch den Wiener Vizebürgermeister Ernst Karl Winter hat er Schuschnigg wissen lassen, wenn eine gewisse Demokratisierung, vor allem der freien Gewerkschaftsbewegung, stattfinden würde, ließe sich angesichts der Bedrohung durch das Deutsche Reich und die Nazis vielleicht ein gemeinsamer Weg finden.

Wenn die Austrofaschisten noch die Spur einer Einsicht gehabt und das Ausmaß der tödlichen Gefahr erkannt hätten, hätte es noch einmal eine Chance gegeben, die Demokratie und damit Österreichs Selbstständigkeit zu retten. Aber auch dieser letzte Hoffnungsfunke ist von den überzeugten Austrofaschisten ausgetreten worden – so sehr waren sie Mussolini verfallen.

Weihnachten 1934 waren wir so weit, dass wir in einem alten Bauernhof am Lahnsattel, an der niederösterreichisch-steirischen Grenze, die erste Jugendkonferenz der RS einberufen konnten. Wir standen unter dem Druck von links, so dass wir auch den kommunistischen Jugendfunktionären die Gelegenheit geben mussten, dort ihre Sache zu vertreten. Sie hatten uns die Vereinigung beider Jugendorganisationen vorgeschlagen. Wir erklärten uns bereit, alle anzuhören und dann abzustimmen: Soll die Sozialistische Jugend, die RSJ, ihre eigene Organisation entwickeln, oder soll sie sich mit der Kommunistischen Jugend zusammenschließen und damit zur Kommunistischen Jugendinternationale gehen?

Wir trafen uns am Westbahnhof und fuhren mit einem gemieteten Bus auf den Lahnsattel. Von uns waren ungefähr achtzig Leute da. Oscar Pollak und der spätere Gewerkschaftsführer Thaller hielten Referate. Später tauchten führende Kommunisten auf, unter ihnen die als Brüder Lauscher bekannten, nicht unsympathischen Funktionäre.

Nach unendlich langen Diskussionen, die Tage und Nächte dauerten, wurde endlich abgestimmt. Schlafen hat's kaum gegeben, außer es ist einer eingeschlafen, wie jener kommunistische Führer, der, als er erwachte, nur gerufen hat: »Zur Sache, zur Sache, Genossen!« Wir haben mit großer Mehrheit entschieden, einen Zusammenschluss der beiden Organisationen vorerst nicht zu forcieren. Das war ein großer Sieg für uns, auch wenn wir die Einschränkung »zur Zeit nicht« in die Resolution aufnehmen mussten. So konnten wir auch zu der einige Tage später, zu Silvester 1934/35 stattfindenden ersten Reichskonferenz der »Vereinigten Sozialistischen Partei«, wie sie sich nun nannte, zwei Delegierte nach Brünn schicken. Die Wahl fiel auf Roman Felleis und mich.

Vier Wochen später, Ende Januar, kam es plötzlich zu einer Verhaftungswelle, die uns vollkommen mysteriös war. Während wir bis dahin relativ sicher sein konnten, hatten die Kommunisten sehr viele Spitzel in ihren Reihen, weil diese Bewegung schon viel länger von der Polizei beobachtet wurde. Wir hatten auch Beweise, dass an der Silvesterkonferenz in Brünn ein Spitzel teilgenommen hatte.

Einige Monate zuvor hatte ich mir wohlweislich einen zweiten Pass beschafft. Meinen ersten hatte ich als verloren angegeben, und so wurde mir ein neuer ausgestellt. Von da an benutzte ich die beiden Pässe abwechselnd. Durch diesen zweiten Pass erfüllte sich mein Schicksal.

Die dümmsten Zufälle konnten sich oft verhängnisvoll auswirken. Ich fuhr einmal mit Roman Felleis, der einen gefälschten Pass besaß, in die Tschechoslowakei. Bei einem Wiener Kriminalbeamten – keine Zierde seiner Zunft – hatten wir den Pass ein paar Tage zuvor abgeholt. Weil es in der Illegalität keine Quittungen geben durfte, musste bei solchen Transaktionen möglichst ein Zeuge dabeisein, der bestätigen konnte, dass ein bestimmter Betrag für den angegebenen Zweck verwendet worden war. Wir hatten ein sehr kompliziertes Buchhaltungssystem. Wir gingen also zu der angegebenen Adresse; es war bei einer sehr stark gealterten Prostituierten offenbar der übelsten Sorte. Dieses ganz sonderbare Milieu aus Slum und Unterwelt war eigentlich ein bisschen schauerlich, jedenfalls war es neu für mich. Während wir da so standen, hat der Mann den Pass ausgefertigt; er hatte alles, was er brauchte, eine ganze Batterie von Stempeln. Dann hat er uns das gefälschte Dokument für ein paar hundert Schillinge ausgehändigt, was damals sehr viel war.

Als wir dann endlich, getarnt als Wintersportler, im Zug nach Brünn saßen, die Skier draußen auf dem Gang – da sind die Skier plötzlich umgefallen und einer Frau auf den Kopf geschlagen. Es gab eine riesige Aufregung, und wir zitterten ganz schön, denn der Pass, das wussten wir, war nicht sehr gut gefälscht.

Es war ein Samstag – der 26. Januar 1935 –, als ich zu Otto Bauer nach Brünn fuhr. Da ich dort sehr spät eintraf, musste ich ihn in seiner Wohnung aufsuchen. Natürlich wusste ich nicht, wo er wohnte; das wurde geheimgehalten. Aber wir hatten einen Treffpunkt ausgemacht, und dort ließ er mich abholen. Er und seine Frau lebten in einem kleinen möblierten Zimmer, in dem nichts als ein Messingbett und ein Diwan standen, das war alles. Er war ein wirklicher Puritaner. An diesem Abend hat er über einen Schmerz im linken Arm geklagt; als ich ihm in den Rock half, sagte er: »Ich hab' da so einen Rheumatismus im Arm.« Aber seine Frau, Helene Bauer, die bekannte Marxismus-Theoretikerin, hat mir zugeflüstert: »Das ist kein Rheumatismus, das sind die Moskauer Prozesse.«

Bauer, der perfekt Russisch sprach – er war als Offizier in russischer Gefangenschaft gewesen –, hat nämlich alles verfolgt, was in der Sowjetunion geschah, und diese Inquisitionswelle, die damals auf vollen Touren lief, hat ihn tief erschüttert. Ich berichtete ihm dann, welches Malheur wir zu Hause hätten und dass wir nicht herausfinden könnten, was es mit den vielen Verhaftungen auf sich habe. Außer mir seien gar nicht mehr so viele übrig. Dann haben wir besprochen, was geschehen und wer gegebenenfalls nachrücken solle. Wahrscheinlich war ich einer der letzten aus der österreichischen Illegalität, der Otto Bauer noch gesehen hat.

Auf der Rückfahrt am Sonntag fielen mir im Nebencoupé zwei Männer auf, die deutlich erkennbar Kriminalbeamte waren. Damals hatte man ja einen Blick dafür, und ich war darauf vorbereitet, dass bei meinen häufigen Reisen nach Brünn eines Tages so etwas passieren würde. Kurz entschlossen bin ich nicht bis zum Nordbahnhof gefahren, sondern schon vorher in Floridsdorf ausgestiegen und ihnen tatsächlich entkommen.

Die Freude, der Polizei ein Schnippchen geschlagen zu haben, sollte nicht lange währen. Einige Tage später – es war die Nacht vom 30. Januar – läutete es um 6 Uhr in der Früh an der Tür. Wir hatten eine Tür aus Mattglas mit einem sehr schönen Jugendstilgitter, und noch bevor ich öffnen konnte – ich war der erste an der Tür, weil ich geahnt habe, was da kommt –, haben sie mit der Taschenlampe hereingeleuchtet und nur gesagt: »Staatspolizei«. Mir blieb nichts anderes übrig, als sie hereinzulassen. Allmählich kam das ganze Haus zusammen. Die Polizei hatte inzwischen mit der Durchsuchung angefangen. Am meisten Mühe hat ihnen meine Ullstein-Weltgeschichte gemacht. Sie blätterten alle sechs Bände durch, aber das Dokument, das sie offenbar suchten, haben sie nicht gefunden.

Ich musste mich anziehen. Dann nahmen sie mich in die Mitte, und zu dritt stapften wir durch die Dunkelheit zur Straßenbahnhaltestelle. Als wir einstiegen, verlangte der Schaffner, dass ich einen Fahrschein löse. Ich sagte: »Die Fahrt trete ich nicht freiwillig an, das müssen die Herren zahlen, die da sitzen.« Da begann erst einmal ein Streit, wer die Fahrt bezahlt. Sehr österreichisch. Ziel der Reise war das zentrale Wiener Polizeigefangenenhaus. Zunächst passierte eine Zeitlang gar nichts. Ich nahm die Gelegenheit wahr, mit den Beamten auf dem Gang laut und vernehmlich zu reden, damit möglichst viele hörten, wer da eingeliefert worden ist. Dann sperrte man mich in eine Zelle. In der Nachbarzelle saß der später bekannt gewordene kommunistische Chef der Wiener Staatspolizei, Dr. Heinrich Dürmayer.

Irgendwann begannen die Verhöre. Der Kommissar war vor allem an der Brünner Konferenz interessiert, aber ich habe geleugnet, dass ich in Brünn dabeigewesen bin. Eines Nachts hat er mich wieder zum Verhör rufen lassen und gesagt: »Na, was is mit Brünn? Also machen'S uns des Leben net so schwer.« – »Na, i war net in Brünn.« Er beharrte: »Sie waren doch in Brünn. Erzähln'S ma nix.« Und dann hielt er mir meinen Pass unter die Nase: »Na, was is mit dem Pass?« Der kann mir lang den Pass zeigen, dachte ich, den Stempel, den er sucht, findet er in diesem Pass bestimmt nicht. Und auf einmal bin ich ganz bleich geworden: Er hatte tatsächlich den Pass, den ich auf der Reise zur Brünner Konferenz benutzt hatte. Die Tatsache, dass ich damit überführt war, hat mich weniger beschäftigt als die Frage, wie denn die Freundin, bei der ich den Pass deponiert hatte, auf die Idee kam, ihn der Polizei zuzuspielen. Das war ein Verrat, so ungeheuerlich, wie ich es nie für möglich gehalten hätte. Dieser Gedanke war mir unerträglich.

Sehr viel später erst erfuhr ich, was passiert war. Die Freundin war von der Maria-Treu-Gasse in eine andere Wohnung umgezogen, und beim Umzug hatten die Packer den Schreibtisch, in dem mein Pass versteckt

Der Revolutionäre Sozialist auf der Anklagebank: Polizeifotos, angefertigt nach der Verhaftung Bruno Kreiskys am 30. Jänner 1935.

war, so ungeschickt getragen, dass der Pass herausfiel. Irgendjemand hat ihn dann auf das Fundamt gebracht. Der brave Beamte auf dem Fundamt hat gemeint, na, einen Pass, den werden wir gar nicht lange aufheben, bis der Besitzer kommt, den werden wir gegen Erlag der Postgebühr gleich zustellen. Man hat also beim Meldeamt gefragt, wo wohnt der Bruno Kreisky. Und daraufhin wurde sehr gründlich, wie man war, mitgeteilt: derzeit Roßauer Lände, Gefangenenhaus. Der Pass wurde also vom Fundbüro an mich ins Gefängnis geschickt. Der Oberpolizeirat Haslinger, der mich verhört hat und der auch meine ganze Post zensurierte, hat die Sendung eine Weile liegenlassen, weil schließlich ein Gefangener nicht so rasch die Briefe zu bekommen braucht. Meistens waren das private Briefe von Freunden oder Freundinnen, und nun plötzlich kam ihm so etwas in die Hände!
Leugnen hatte jetzt keinen Sinn mehr. »Wenn mir vorgehalten wird«, sagte ich ganz beamtenmäßig, »dass ich aufgrund der Eintragungen in diesem Pass in Brünn gewesen bin, so gebe ich das zu.« Wer noch dabeigewesen sei, wollte er wissen. Der Proksch und der Wirlandner hätten ja bereits gestanden. Hab' ich gesagt: »Bitte, i kann nur sagen, das sind so gute Bekannte von mir, der Proksch jedenfalls, dass, wann die dort gewesen wären, hätte ich sie jedenfalls sehen müssen. I hab die aber dort net g'sehen.« Und so ging das Spiel noch stundenlang weiter, und ich habe niemanden denunziert. Denn das war das Ärgste, wenn einer umgefallen ist und alles ausgeplaudert hat.

Der entscheidende Tag war natürlich der Tag der Anklageerhebung. Darauf haben wir alle gewartet, darauf haben wir uns vorbereitet. Wir ließen bei der Partei anfragen, ob wir uns offensiv oder defensiv verteidigen sollten. Aber während die Kommunisten für solche Prozesse eindeutige Weisungen erhielten, wurde uns lediglich mitgeteilt, das müsse jeder für sich entscheiden. Die maßgebenden Angeklagten sollten sich allerdings nicht zu klein machen und sich durch ihre Anwälte nicht als harmlose Mitläufer darstellen lassen. Für diesen oder jenen könne man gewisse Vorschläge machen, und natürlich sei die Partei froh, wenn der Prozess zu einer Art Demonstration der Revolutionären Sozialisten werden würde. Aber wir seien politische Menschen, und jeder müsse wissen, was er tue. Man wolle uns nicht gefährden. Das war eine sehr sozialdemokratische und noble Haltung. So blieb uns nichts anderes übrig, als uns untereinander abzusprechen.

Es war ein »Amalgamprozess«. Dieser Ausdruck war im Zusammenhang mit den stalinistischen Schauprozessen entstanden.

Wir waren dreißig Angeklagte, darunter zwei namhafte Kommunisten, der spätere Staatssekretär für Inneres, Franz Honner, und der ewige Zentralsekretär Friedl Fürnberg. Beide hatten gar nichts mit der Brünner Konferenz zu tun. Man nahm sie nur deshalb hinzu, um uns bloßzustellen. Man wollte die Revolutionären Sozialisten in der Welt draußen als Krypto-Kommunisten denunzieren, und wenn ausländische Diplomaten intervenierten, wurde ihnen geantwortet: »Aber das sind doch Kommunisten!«

Meine Überzeugung war, dass der Prozess, schon aufgrund der großen Zahl der Angeklagten, von uns zu einer politischen Demonstration genutzt werden müsse. Sehr schwierig war die Wahl der richtigen Verteidiger. Es gab einen Rechtsanwalt, Dr. Hugo Sperber, der seine Mandanten dadurch freizubekommen hoffte, dass er sie lächerlich machte. Einem verdienten Parteifreund zum Beispiel, Pepi Cmejrek, der einer der wichtigsten Großdistributeure der illegalen *Arbeiter-Zeitung* war, warf der Staatsanwalt düstere revolutionäre Gesinnung vor. Cmejrek wohnte in einer Souterrainwohnung, wo gewöhnlich die Hausmeister wohnten. »Der Staatsanwalt hat meinen Mandanten zu einem Weltrevolutionär gestempelt«, rief Dr. Sperber pathetisch, »ich sage Ihnen, Hoher Gerichtshof, er ist bestenfalls der Hausmeister der Weltrevolution gewesen.« So sehr uns die Erfolge Dr. Sperbers belustigten, so wenig wollten wir auf diese Art verteidigt werden.

"These Brave Men," Counsel Says Of Vienna Socialists

DEATH SENTENCES UNLIKELY

"GOOD WILL COME OF TRIAL"

From Our Own Correspondent
VIENNA, Friday.

"THE picture of this trial is sad and yet, at the same time, gladdening. For nobody can deny the deep personal impression that the defendants have made.

"What a loss for the State that these brave men remain idle. . . . But probably good will come from the trial if it serves as a wheel to drive forward history."

This was the passionate declaration of Dr. Steinitz, chief counsel for the defence, addressing the court at the trial of the 30 Vienna Socialists to-day.

"CANNOT BE HIGH TREASON"

"WE ask," he went on, "for just moderation and understanding of the great political importance of the judgment in this trial."

Dr. Steinitz submitted that it could not be high treason if the accused continued to do what they had done before the suppression of their party.

Such activities might, perhaps, be punishable by the police as forbidden political action but not by the court as high treason.

The party had had the same democratic aims as long ago as 1889, and yet its supporters had not been accused of high treason under the old Austro-Hungarian Monarchy.

The Public Prosecutor, Dr. Scheibert, in his summing up, said the events of February, 1934, had been a great blow to the Austrian Social Democratic Party.

It had been forbidden, and its members had lost the possibility of engaging in legal activity.

"THE PARTY HAS CHANGED"

THEY had, however, soon collected again and had carried on illegally. But they had changed.

The change of name from Social Democrats to Revolutionary Socialists was the sign of a similar change in their ideas.

They were preparing a revolution against the regime and working to undermine the power of the State.

"It is untrue," said Dr. Scheibert, "that we prosecute anybody for his convictions. The defendants are prosecuted not for their convictions but for their activities."

He then said it would be a matter for the discretion of the court whether the activities of Herr Sailer and Frau Emhart were sufficient to stamp them as ringleaders.

This is believed to indicate that the prosecutor himself does not insist on the death sentences which he originally asked for.

Defence lawyers of Frau Emhart and Franz Rauscher addressed the court late to-day.

To-morrow the last speech will be made.

Sentences will be delivered either to-morrow afternoon or Monday.

TRIAL HASTENED

IT is believed that the trial has been hastened so that the sentences can be made public while Chancellor Schuschnigg is still on his visit to Rome.

Schuschnigg could then show Mussolini that he is still using a strong hand against the Socialists.

Captain Kendrick, of the British Consulate in Vienna, attended the trial to-day.

This again disproves the contention of the Austrian Government that it could not allow Mr. Phillips Price, M.P., to be present owing to lack of room.

NEW PICTURE of Frau Emhart, and (left) Bruno Kreisky, two of the thirty defendants.

LAST SPEECH TO BE MADE TO-DAY

HE DIDN'T LIKE THE LIONS

»Für mich, den jungen Intellektuellen, war es die Bewährungsprobe«: Die Verteidigungsrede Bruno Kreiskys fand internationale Beachtung. Bericht im »Daily Herald«, 21. März 1936.

Am 16. März 1936, also mehr als ein Jahr nach meiner Verhaftung, kam es zur Hauptverhandlung. Die Anklage lautete auf Hochverrat. Der Vorsitzende des Gerichtshofs, Alois Osio, war ein österreichischer Italiener. Er war bekannt für harte Strafen und endete in einem deutschen KZ. Ich war für ihn ein Objekt tiefster Abneigung. Ein Freund meines Vaters, der ungarische Adelige Carl Lónyay – ein Vetter der »roten Erzherzogin« Elisabeth –, hatte ihn vorsichtig auf mich aufmerksam gemacht. Osio war der Ansicht, dass ein Junge aus »gutem Hause« unter den »Proletariern« nichts verloren habe. Dass ein Arbeitsloser in der illegalen Partei tätig sei, verstehe er noch. »Aber was machen eigentlich Sie da, der Sie in Ihrem ganzen Leben keine nützliche Arbeit geleistet haben? Sie wurden nie ausgebeutet, im Gegenteil, für Sie war das nur eine Hetz!« So versuchte er mich immer wieder zu provozieren.

In meiner Rede legte ich dar, was ich glaubte, darlegen zu müssen, und die Rede hatte eine gewisse Bedeutung für die Partei. Alle Angeklagten haben sich gleichermaßen richtig verhalten. Besonders eindrucksvoll, weil menschlich großartig, war die Rede der Textilarbeiterin Marie Emhart. Karl Hans Sailer sprach sehr nuanciert und maßvoll. Die kämpferischste Rede, die uns alle begeisterte, hielt mein guter Freund Roman Felleis. Alle haben ihr Bestes gegeben.

Für die Leute draußen war jeder Prozesstag ein Ereignis. Der Verlauf der Verhandlungen wurde in den Betrieben diskutiert, und die Parolen, die wir zu formulieren versuchten, wurden weitergegeben. Jeder wollte uns die Begeisterung vermitteln, die überall in den Betrieben herrschte. Diese Zeichen der Solidarität waren die Luft unter den Flügeln, die wir brauchten. Die Menschen haben gesehen, dass die Partei wieder da ist, und die Namen der Angeklagten wurden bekannt. Man sprach von Felleis, Probst, Kratky, Kreisky und anderen. Für mich, den jungen Intellektuellen, den man einmal hatte verstoßen wollen, war es die Bewährungsprobe. Ich erlebte einen Durchbruch, der, um offen zu sein, ein Hochgefühl der Freude bei mir auslöste. 1970 wurde ich der erste wegen »Hochverrats« verurteilte Bundeskanzler. Ich habe nie den Versuch unternommen, dieses Urteil tilgen zu lassen, und weiß bis heute nicht, wie damit verfahren wurde.

Diejenigen, die wegen Hochverrats angeklagt waren, haben zwischen einem Jahr und achtzehn Monaten bekommen, die meisten ein Jahr, und die mit achtzehn Monaten wurden später vorzeitig entlassen. Ziemlich viele sind freigesprochen worden, weil ihnen nicht nachgewiesen werden konnte, in Brünn dabeigewesen zu sein. Die Urteile waren vergleichsweise mild, wohl auch deshalb, weil am Tag vor Prozessbeginn der Wiener Kardinal Innitzer gemahnt hatte, man solle die Arbeiterschaft nicht noch mehr in die Enge drängen. Vor allem aber gab es eine außerordentliche Aufmerksamkeit des Auslands, nachdem es Friedrich Adler im Sekretariat der Internationale gelungen war, Léon Blum, Arthur Henderson, Emile Vandervelde, kurz alles, was einen großen Namen hatte, für die Sache zu interessieren. Auch die französische Botschaft in Wien hat sich nach der Intervention von Joseph Paul-Boncour an unserem Schicksal interessiert gezeigt; ebenso waren die Schweden mobilisiert worden. Und da hat die Staatsanwaltschaft wohl die Weisung bekommen, keine zu harten Anträge zu stellen. So haben die sehr sympathischen Staatsanwälte Dr. Scheibert und Dr. Bulla im Wesentlichen die Anständigkeit und hohe Moral der Angeklagten hervorgehoben und darauf hingewiesen, dass wir nicht aus Gewinnsucht gehandelt hätten. Am Ende des Prozesses hat es einige eindrucksvolle Plädoyers der Anwälte gegeben. Die längste und ergreifendste Rede hielt Dr. Heinrich Steinitz, ein Dichter und im wahrsten Sinne des Wortes ein Anwalt des Rechts. Er zitierte Philipp II. aus dem *Don Carlos:* »Wenn solche Köpfe feiern, wieviel Verlust für einen Staat.«

In Haft

Die Hochstimmung des Prozesses war vorüber, der Gefängnisalltag begann von Neuem. Für einen so lebenslustigen Menschen, wie ich es eigentlich immer war, gehört die Freiheitsberaubung sicher zum Unerträglichsten. Gewiss, es gibt noch Ärgeres, Konzentrationslager, Folter, Zwangsarbeit. Aber für mich mit meinen damals 24 Jahren war es das Ärgste, was ich bis dahin durchgemacht hatte. Ich bin weder leichten Herzens noch als Märtyrer ins Gefängnis gegangen, aber ich entschloss mich, die vor mir liegende Zeit, von der ich wusste, dass sie sich sehr lange hinziehen würde, ganz bewusst als Charakterprobe aufzufassen. Unter allen Umständen aber wollte ich mich in meine Lage schicken. Dazu gab es, wie sich bald herausstellen sollte, genügend Möglichkeiten.

Ich habe immer großen Wert auf *privacy* gelegt. Nun saß ich Tag und Nacht mit Leuten beisammen, die ich mir nicht aussuchen konnte. Immer in meinem Leben hatte ich einen Raum für mich allein gehabt, und Einlass fanden nur die, die ich einlassen wollte. Hinzu kam, dass ein Leben ohne Frauen für einen jungen Menschen eine besondere Belastung darstellt. Das war nun anderthalb Jahre lang meine Wirklichkeit, und als alles vorüber war, empfand ich es doch als eine gewisse Genugtuung, eigentlich keinen Augenblick die Beherrschung verloren zu haben. Nur einmal wäre es beinahe soweit gewesen. Einer meiner Mithäftlinge, ein Nazi, der Tapezierer auf dem Schloss der Liechtensteins war, fiel mir irgendwie auf die Nerven. Einmal, bei einer Essensausgabe, stand er neben mir und goss eine heiße Suppe, die schlecht genug war, aus einem Blechnapf in einen anderen. Ein paar kochendheiße Spritzer fielen mir dabei auf die Hand, so dass ich aufsprang und ihm eine Ohrfeige runterhauen wollte. Glücklicherweise besann ich mich noch rechtzeitig, aber die Blicke, die wir uns zuwarfen, waren wirklich voller Hass. Dennoch blieb uns nichts anderes übrig, als uns am Abend desselben Tages wortlos zu versöhnen. Das habe ich als charakterliche Bewährung betrachtet und immer scherzhaft gemeint: Wer das ausgehalten hat, mit ein und demselben scheußlichen Kerl Tag und Nacht beisammen zu sein, der hält alles aus.

Von irgendeiner Überzeugung konnte bei dem Weninger Sepp, wie er geheißen hat, keine Rede sein. Er war der typische antisemitische Kleinbürger, obwohl er bei der Fürstin Liechtenstein angestellt war, einer geborenen Baronin Gutmann, und Juden ihm immer nur Gutes getan hatten. Aber als Tapezierer fühlte er sich offenbar von Hitler besonders angesprochen. Er war ins Gefängnis gekommen, weil er als »Illegaler« im Verdacht stand, an einem Sprengstoffattentat beteiligt gewesen zu sein. Einmal wollte ich einen Kassiber für ihn hinausschmuggeln, den mein Anwalt an seinen Anwalt weiterleiten sollte. Bei einer überraschenden Kontrolle durch die Justizwache musste ich den Kassiber verschlucken. Wie mir der Weninger Sepp gestand, war der Kassiber so leichtfertig formuliert, dass er einem Geständnis gleichkam, und so habe ich ihn vor einem viel härteren Urteil bewahrt.
Wir waren zu dritt in einer Einzelzelle: der Weninger, ein junger Kommunist namens Auerhahn und ich. Auerhahn war mir menschlich sympathisch, ein lieber, frecher Kerl, sehr eloquent, politisch allerdings unerträglich, weil er Stalin in allem und jedem verteidigte. Es war die düstere Zeit der Moskauer Prozesse. Die Kommunistische Internationale stand voll und ganz hinter dieser Politik und hielt an der Strategie des Trojanischen Pferdes fest, das heißt, in die bürgerlichen Organisationen hineinzugehen, um sie zu unterwandern.
Gewaltakte wie Sprengstoffanschläge sollten hart bestraft werden, jedenfalls war das die erklärte Absicht des Regimes. Als der Weninger einmal strafweise verlegt wurde, kam an seiner Stelle ein anderer Nazi in unsere Zelle, der gerade seinen Prozess hatte. »No, wie viel hast ausg'fasst?« fragte ich ihn. »Sieben Jahr«, sagte er und hat dabei höhnisch gelacht. Wir beiden anderen waren doch ein bisschen nachdenklich. Denn die Verhandlung eines politischen Gefangenen ist immer seine Hoch-Zeit, und wenn nachher der Katzenjammer kommt, dann merkt man allmählich, was das bedeutet: sieben Jahre! Infolgedessen haben wir ihn ob seines Frohsinns einigermaßen erstaunt angesehen. »Schaut's, liebe Freunde«, hat er da gesagt – wir waren alle Freunde in der winzigen Einzelzelle –, »schaut's, übers Jahr kommt der Hitler, und dann bin i frei, dann bin i wer, und des werd i noch aushalten.« – »Na ja«, hat der Auerhahn gesagt, dem dann später im Spanischen Bürgerkrieg eine Bombe den Schädel zerrissen hat, »aber der Hitler wird ja Krieg machen, und er wird den Krieg verlieren, dann kommt der Stalin, und dann sind wir dran!« Und da saß der kleine Sozialdemokrat

Kreisky zwischen diesen beiden, die einen Stalin und einen Hitler hatten, und er hatte gar nichts.
Dennoch habe ich mich eigentlich nicht sehr bedrückt gefühlt. Denn die Ideen, die wir vertraten, das war mir klar, würden sich eines Tages gegen alle Despoten durchsetzen. Es kam der Stalin, es kam der Hitler, beide verschwanden wieder, aber übrig geblieben ist die österreichische Sozialdemokratie. Nach dem Krieg habe ich mich übrigens nochmals für den Weninger Sepp verwendet: Wenige Tage vor Kriegsende – in Wien verhandelte Karl Renner bereits über die Bildung einer provisorischen Staatsregierung – war er als Beisitzer eines Standgerichts mitverantwortlich gewesen für die widerrechtliche Erschießung von fünf Volkssturmangehörigen. Er ist dafür vor ein Gericht gestellt worden.
Meine Entlastung hat ihm freilich nichts genutzt, er wurde hingerichtet. Da ich die Neigung habe, unangenehmen Dingen immer etwas Heiteres abzugewinnen, und ein meiner Auffassung nach relativ glücklicher Mensch bin, der auch in düsteren Zeiten immer irgend etwas Positives findet, ist mir die Gefängniszeit lebhaft in Erinnerung geblieben. Es gibt eine Fülle von komischen Erlebnissen und Anekdoten. Ich weiß allerdings nicht, ob der Leser genügend Vorstellungsgabe für den Gefängnisalltag mitbringt, um an diesen Geschichten tatsächlich etwas Komisches zu finden.
Wenn man im Polizeigefängnis auf der Roßauer Lände Klosettpapier gebraucht hat, musste man an die Zellentür klopfen. Die Zellen sind ja gleichzeitig die Klos, was in einer Einzelzelle als Erleichterung empfunden werden mag, in einer Zelle mit mehreren Insassen jedoch zur Höllenqual wird. Nach einiger Zeit brachte einer der Wachbeamten – meistens altgediente Polizisten, die nicht mehr auf Streife gingen – ein paar zusammengeschnittene alte Zeitungen und Zeitschriften. Wenn man diese Zettel geschickt zusammenlegte und ein bisschen Glück hatte, erwischte man eine Seite aus der illegalen *Arbeiter-Zeitung*. Viele von uns, die wegen Verteilung dieser Zeitung im Gefängnis waren, haben auf diese Art die Nummern, die sie draußen nicht mehr kennengelernt haben, nachgeliefert bekommen. Das war sehr österreichisch! Da suchen sie die *Arbeiter-Zeitung* mit Akribie und Eifer im ganzen Land, konfiszieren sie und liefern sie – da es für den Einkauf von Klosettpapier keine Mittel gab – franko in die Zellen!
Die Bibliothek des Polizeigefängnisses war dagegen völlig veraltet. Ich hatte nach einiger Zeit zwar eine Lesebewilligung für die Bibliothek

bekommen, aber da es kein Verzeichnis gab, konnte ich mir die Lektüre nicht aussuchen. Es wurde einem irgendwelches buchartige Zeug in die Zelle gebracht. So bekam ich einmal einen Jahrgang der *Gartenlaube,* einen dicken gebundenen Band, in dem unter anderem über den Boxeraufstand berichtet wurde und auch ein Foto Kaiser Wilhelms abgebildet war, als er die ausfahrenden Marinesoldaten aufforderte: »Wie vor tausend Jahren die Hunnen unter ihrem König Etzel sich einen Namen gemacht haben, der sie noch jetzt in Überlieferung und Märchen gewaltig erscheinen lässt, so möge der Name Deutscher in China auf tausend Jahre durch Euch in einer Weise bestätigt werden, dass niemals wieder ein Chinese es wagt, einen Deutschen auch nur scheel anzusehen.« Da sage ich zu einem der altgedienten Polizisten, den wir scherzhaft Erbsensackl nannten, weil er solche Hängebacken hatte: »Haben Sie nichts Interessanteres als die *Gartenlaube*?« Und da sagt der zu mir: »I kann für Ihna ka *Arbeiter-Zeitung* aus Brünn daherschmuggeln.«

Wer von Natur aus ein unverträglicher Mensch ist, dem wird die Zelle zur Hölle. Drei Menschen rund um die Uhr auf engstem Raum beisammen, da gibt es Tage, an denen man nicht ein Wort miteinander wechselt, nicht einmal in der Früh, denn wozu soll man sich im Gefängnis einen guten Morgen wünschen? Der tägliche Spaziergang im Hof war die einzige Gelegenheit, seinen Zellengenossen für eine Dreiviertelstunde zu entrinnen. Man muss ein hohes Maß an Langmut und Verständnis für die mannigfachen Äußerungen der physischen und psychischen Not von Menschen aufbringen, die einem fremd sind.

Das Wichtigste aber ist wohl die Selbstdisziplin. Um nicht zu versandeln, muss man sich ein paar eiserne Regeln machen und den Tagesablauf sehr genau unterteilen. Das fängt bei der Hygiene an. Bäder gab es damals in den Gefängnissen nicht, und da man von dem Wasser, das man einmal in der Früh und einmal am Abend in einer Kanne hereinbekam, sich nicht auch noch waschen konnte, mussten wir ein kompliziertes Reinigungssystem entwickeln. Wir hatten ein Wasserklosett in der Zelle, so konnten wir aus der Toilette frisches Wasser gewinnen, um wenigstens den primitivsten Regeln der Hygiene zu genügen. Ich schildere das nur deshalb, um zu zeigen, wie leicht sich das so sagen lässt, dass man sich im Gefängnis schon irgendwie zu helfen wusste. Aber es war schwer, sich Tag für Tag aufs Neue zu überwinden.

Für die Aufseher war Hygiene anscheinend ein Fremdwort. Da der Staat sparen musste und der Hahn für uns nur ein Viertel aufgedreht werden durfte, war der Wasserstrahl lächerlich dünn, und alles dauerte entsprechend lang. Als einmal ein Häftling aus seiner Hose eine Zahnbürste herauszog und begann, sich die Zähne zu putzen, meinte der Aufseher, der solches wohl noch nie gesehen hatte, fassungslos: »Was, Sie putzen Ihnen die Zähnd, san Sie a Hur?«
Es gab die skurrilsten Gestalten. So erinnere ich mich an einen Mann, der im »Metropol«, das damals noch ein relativ gutes Hotel war, von der Hotelpolizei verhaftet worden war. Er erzählte mir eine abenteuerliche Geschichte. Danach war er der verlorene Sohn und auf dem Weg zu seinem Vater nach Debrecen. Unterwegs habe ihn die Polizei verhaftet und ihm all sein Geld abgenommen. Er war sehr elegant gekleidet, und ich habe ihm alles aufs Wort geglaubt. In der Zelle saß noch ein Einbrecher jüdischen Glaubens – jüdische Einbrecher waren eine Rarität.
Dieser Mann hieß Brossmann, ein gutmütiger Kerl mit einem ganz vernarbten Gesicht, und als der verlorene Sohn zur Einvernahme geführt wurde, sagte der Brossmann zu mir: »Herst, des is alles erlogen. Des is entweder a Schlafwagendieb oder a Taschelzieher.«
Nachdem wir ein paar Tage beisammen waren, trennte er vor meinen Augen plötzlich das Innenfutter seines Rockes auf, und darin eingenäht waren eine Menge von Valuten, Schweizer Franken, englische Pfund und französische Francs. Als er den Rock wieder zunähen wollte, gelang ihm das nicht. Da ich in den Lagern der Jugendbewegung ein wenig nähen gelernt hatte, übernahm ich es. Er sah mir fassungslos eine Weile zu, bewunderte meine Technik und sagte dann: »Schade, dass du ein Politischer bist. Aus dir könnt' ich noch was machen.«
Der verlorene Sohn war einer der erfolgreichsten Schlafwagendiebe Europas. Schlafwagen waren ein Ausdruck höchsten Luxus und wurden nur von sehr reichen Leuten benutzt. Es war die Zeit der strengen Devisenkontrollen, und der Besitz von Geld in fremden Währungen war in vieler Hinsicht wichtig: Man konnte damit sehr viel Geld verdienen und war in diesem währungspolitisch restriktiven Europa ein relativ unabhängiger Mann. Für einen Schlafwagendieb hatten Valuten noch eine zusätzliche Bedeutung: Er weckte so das nötige Vertrauen, um an neue Valuten heranzukommen.
Ich bin mit solchen Leuten eigentlich gut ausgekommen, und selbst unter härteren Burschen habe ich mich alles in allem ganz gut behaup-

ten können. Im Gefängnis herrschen ja nicht die Aufseher oder gar der Präsident des Gerichtshofes. Es herrschen vielmehr einzelne Gefangene, meist Schwerkriminelle, die lange Strafen absitzen und schon deshalb ein ganz anderes Verhältnis zum Gefängnisalltag entwickeln.
Manche von den »Politischen« ließen sich damals einen Bart wachsen, um sich von den Kriminellen zu unterscheiden. Vor allem sozialdemokratische Arbeiter hatten große Scheu, mit den Kriminellen in irgendein Nahverhältnis zu kommen, und lehnten strikt alles ab, was einem das Zellenleben erleichtert. Mein Sinn für das Komische und Merkwürdige hat mir über das Schauerliche vieler Situationen hinweggeholfen; jedenfalls wurde ich von den Kriminellen gut behandelt. Ich habe immer wieder das psychologisch Interessante gefunden, und so wurde mir viel von den »Nachtseiten der menschlichen Seele« vermittelt.
In der sogenannten Transportzelle bin ich einmal mit einem richtigen Verbrecher ins Gespräch gekommen. Er gehörte zu den Langsitzern, war schon mehrfach in dem großen Gefängnis in Stein an der Donau gewesen und wartete nun darauf, wieder dorthin gebracht zu werden. Er war ein origineller Mann, versonnen, nachdenklich, und da er lungenkrank war, hat er in der Gefängnisbibliothek von Stein Dienst gemacht. Wir sprachen über die Unterdrückung des Proletariats. »Du, pass auf, die Proleten sind nichts wert.« Ich fragte ihn, wie er zu diesem Urteil komme. »Schau«, meinte er, »wenn irgendwas geschieht und du rennst weg und die Polizei ist hinter dir her und schreit ›Aufhalten, aufhalten, Polizei!‹, na, wer halt dich auf? A Schaffler, a Prolet halt dich auf! Die Polizei hätt dich nimmer derwischt, aber der halt dich auf. Also, was sind das für Leut?« Bei seinem Dienst in der Gefängnisbibliothek war er einmal auf das Wort »Expropriation« gestoßen, und er fragte mich nach der Bedeutung. Nachdem ich ihm das zu erklären versucht hatte, meinte er nach einer Pause nachdenklich: »Des ist ja desselbe, was wir auch woll'n, aber ihr redt's nur davon!«
Es ist nicht immer leicht, mit Mitgefangenen ins Gespräch zu kommen, und so habe ich die meisten zuerst einmal gefragt, warum sie denn hier seien. Da habe ich die komischsten Ausreden gehört. Einer hat mir zum Beispiel gesagt, ein Zigeuner: »Allerweil bin i gangen mit einem Strickel über Grenz.« Sag ich: »Des is ja net strafbar.« – »Allerweil is gangen.« Darauf ich: »No, was ist dann passiert?« Sagt er: »Amal war halt a Kua dran.« Ein anderer hat gesagt: »I bin einekommen wegen dem verfluchten Kartenspielen.« Sag ich: »Des is ja net strafbar in Österreich, des

Kartenspielen.« Was kam am Schluss heraus? Er hatte am Pferdemarkt einen wunderschönen Rappen verkauft und ist, wie es sich gehört nach einem guten Handel, mit dem Käufer ins Wirtshaus gegangen und hat den Kauf sozusagen konfirmiert. Und da ist ein Sommergewitter aufgezogen, und als sie aus dem Wirtshaus traten, war aus dem Rappen ein Apfelschimmel geworden.
Von den Kriminellen konnte man unter anderem auch lernen, wie man mit dem Wachpersonal umzugehen hat. Unter den Beamten im Landesgericht gab es zum Beispiel einen Milizionär der Vaterländischen Front, den wir sehr gequält haben. Während er von einem von uns in ein Gespräch verwickelt wurde, hat ihm ein anderer mit der Zigarette Löcher in die Uniform gebrannt, bis er am Ende ganz kleinlaut war und gefragt hat, was wir denn gegen ihn hätten. Haben wir gesagt: »Was hast du gegen uns?« Damit war das Eis gebrochen, und von da an behandelte er uns geradezu zuvorkommend.
Auch mit kleinen Bestechungen konnte man sich eine ganze Reihe von Annehmlichkeiten verschaffen. Käuflich war zum Beispiel ein Mann in der Zahnarztordination des Gefängnisspitals, allerdings auf eine sehr komplizierte Art. Wenn man sich bei ihm zur Zahnbehandlung angemeldet hatte, wollte es der Zufall, dass man im Wartezimmer mit den Leuten zusammenkam, mit denen man zusammenkommen wollte. Eine Plombe hat fünf Schilling gekostet, und so hat man sich ein paar überflüssige Plomben einsetzen lassen, um im Wartezimmer ungestört konspirieren zu können. Vor unserem Prozess habe ich auf diese Weise mit dem späteren Bundespräsidenten Franz Jonas die gemeinsame Verteidigungsstrategie durchgesprochen.
Den »Roten« gegenüber war das Wachpersonal besonders scharf. Zwar gab es unter den Wärtern offensichtlich auch einige Sozialdemokraten, aber sie hielten sich mit Sympathiebekundungen sehr zurück; die meisten waren eben doch eingefleischte Reaktionäre mit einer weit in die Kaiserzeit zurückreichenden Dienstauffassung. Man hat uns manchmal in einer unglaublichen Art schikaniert. Wenn wir Lebensmittel von draußen bekamen, haben die Wachbeamten auf der Suche nach Verstecktem darin herumgestochert, bis am Schluss nur noch Krümel übrig waren. In einer Zelle, in der ausschließlich Politische saßen, hatten wir eine Art Kommune gebildet. Alles, was wir von zu Hause bekamen, wurde auf dem Tisch ausgebreitet und zu gleichen Teilen verteilt. Der eine hat viel bekommen, der andere wenig, und es wäre unerträglich

gewesen, wenn sich da in einer Ecke einer hingesetzt und sich aus einem wunderbaren Schinken etwas herausgeschnitten hätte, während der in der anderen Ecke nicht einmal ein Stück Brot bekam.
Eines Tages kam der Chef des Gefangenenhauses herein, ein Polizeimajor mit riesigen O-Beinen und Ledergamaschen. Er wollte wissen, was los sei. »Wir essen grad einen Kuchen, den einer unserer Mitgefangenen bekommen hat.« Das sei nicht erlaubt, schrie er, dies sei ein Akt politischer Betätigung, und wenn es noch einmal vorkäme, würden wir bestraft. Dann hat er den Erbsensackl, den Aufseher mit den Hängebacken, furchtbar beschimpft, und der kam herein und sagte ganz zerknirscht: »Jetzt hab' i's aber kriagt, wegen euerm bleden sozialdemokratischen Kuchen.« Dieser »sozialdemokratische Kuchen« war von da an ein geflügeltes Wort.
Das Wachpersonal war zum Teil unglaublich beschränkt. Da gab es einen Lackel bei der Polizei, der hat die Bücher angeschaut, die man sich zur Lektüre von zu Hause kommen ließ. Marxistische Bücher ließ er ohne weiteres passieren, weil er gar nicht begriff, um was es da ging. Aber eines Tages schlug er zu. Das Buch hat geheißen *Aufruhr des Herzens,* und da hat er gesagt: »Was, Aufruhr? Hier gibt's kan Aufruhr. Bleibt da, Schluss, aus, net wahr.«
Ich habe in dieser Zeit viel gelesen, das Gefängnis war, wie der alte Bebel einmal gesagt hat, meine Universität. Zum ersten Mal hatte ich wirklich Gelegenheit, die Originalliteratur zu studieren. Ich habe also tatsächlich *Das Kapital* durchgearbeitet, als sollte ich darüber geprüft werden, und dabei den ganzen Text mit Unterstreichungen, Ausrufungszeichen und Bemerkungen versehen. Ich wollte es genau wissen, im Unterschied zu vielen, vor allem kommunistischen Mithäftlingen, die ihren Marx zwar nicht so gründlich gelesen hatten, aber um so uneingeschränkter dafür waren.
Ich habe die unglaublichsten Dinge gelesen, die *Utopia* von Thomas Morus, *Materialismus und Empiriokritizismus* von Lenin und eine Menge Standardwerke, aber auch Literarisches. In meinem Gefängnistagebuch finde ich die folgenden Namen: Polgar, Ehrenburg, Rilke, Altenberg, Torberg, Robert Neumann, H. G. Wells, Heinrich Mann, Einstein, Silone, Kautsky, Hilferding und Max Adler. Besonders interessierten mich Bücher historischen Inhalts und Biographien. Notgedrungen musste ich in vielen Fällen auf die Werke des damaligen Erfolgsautors Emil Ludwig zurückgreifen; man bekam alles und

brauchte nur Listen aufzustellen. Zwar durfte man sich keine Bibliothek einrichten und musste, was man gelesen hatte, wieder zurückgeben, aber jede Woche gab es Nachschub. Später unter den Nazis, als ich noch einmal für sechs Monate eingesperrt wurde, war es mit dem Lesen allerdings vorbei. Nicht einmal der *Völkische Beobachter* ist uns erlaubt worden, weil das eine Schande gewesen wäre, den *Völkischen Beobachter* von Juden oder Roten lesen zu lassen. Dennoch habe ich eine der traurigsten Nachrichten meines Lebens – die Meldung vom Tod Otto Bauers – dieser Zeitung entnommen. Ein Mitgefangener hatte sie auf dem Weg von einem Verhör zurück in die Zelle angeblich zugesteckt bekommen.

Für den Fall einer längeren Kerkerstrafe legte ich mir zwei Pläne zurecht und begann, dafür Material zu sammeln. Ehrgeizig wie man als junger Mensch nun einmal ist, wollte ich mich literarisch auseinandersetzen mit der Formel Treitschkes, wonach Männer die Geschichte machen. Ich habe viel über die Großen der Geschichte gelesen, über Wallenstein, über Napoleon, und auch über die neuen »Großen« wie Hitler und Mussolini. Provoziert durch den ungeheuren Personenkult dieser Zeit, wollte ich ein Buch schreiben, um den Zusammenhang zwischen diesem Kult und dem Faschismus darzustellen. Aus diesem Grund las ich auch viele rassentheoretische Werke. Aber bald schon musste ich feststellen, dass es über die damals zur politischen Mode gewordenen und in der Folge zur gigantischen Tragödie führenden Rassentheorien kaum eine seriöse, wissenschaftliche Literatur gab.

Die Absicht, dieses Buch zu schreiben, habe ich noch heute, auch wenn die Literatur, sieht man vom Schrifttum zum Thema Antisemitismus ab, noch immer nicht sehr viel umfangreicher geworden ist. Rassismus gehört mit zu den ältesten Zwangsvorstellungen der Geschichte. Es braucht viel Sachkenntnis und sehr viel Mut, hierüber wahrheitsgemäß zu schreiben. Die eigentlichen Widersacher der Wahrheit auf diesem Gebiet findet man bei den zionistischen Juden. Dass ihre Staatsräson kein Interesse daran hat, die wissenschaftliche Forschung voranzutreiben, zählt zu meinen großen Enttäuschungen. Vielleicht hat die tiefgehende Ablehnung, die es gegen meine Person in Israel gibt, hier ihre eigentliche Motivation.

Zwangsläufig ist der Politiker schon von seiner Tätigkeit her stark auf die Außenwelt hin orientiert. Er muss seine Überzeugung vermitteln und kann es sich nur selten leisten, wirklich zuzuhören. Das ist ja sein

Malheur und macht ihn oft ein bisschen zu selbstgefällig. Die Politiker glauben alles am besten zu verstehen und alles über einen Leisten schlagen zu können. Im Gefängnis war man einfach gezwungen, zuzuhören. So habe ich, auf der Pritsche liegend, mir das Leben vieler Menschen erzählen lassen und zum Beispiel verstanden, was viele in der Partei eben nicht begriffen und nach dem Krieg nicht verstehen wollten: warum Leute aus proletarischem Milieu Nazis geworden sind. »Na, wie bist du a Nazi worden?« habe ich gefragt, und dann haben sie drauflos erzählt.

Bei vielen war es die Überzeugung, dass an dem Elend, in das sie geraten waren, die Juden schuld seien. Oft haben sie sich ihr Elend nicht erklären können, und die Art, wie wir es ihnen erklärt haben, war ihnen viel zu kompliziert. Zu sagen, dass das, was sie erleiden, ein unentrinnbares Klassenschicksal ist und dass man dem nur entrinnen kann, wenn man eine neue Gesellschaftsordnung schafft, war für die meisten nicht überzeugend. Die kurze Erklärung, dass die Juden an ihrem Elend schuld seien, war weitaus einleuchtender. Sie alle haben in Wien oder irgendwo einen Juden gekannt, dem es besser ging als ihnen. Es war der genialste Schurkenstreich, den Antisemitismus in die Politik einzuführen. Karl Lueger hat laut Spitzmüller treffend formuliert: »Ja, wissen S', der Antisemitismus is a sehr gutes Agitationsmittel, um in der Politik hinaufzukommen; wenn man aber amal oben ist, kann man ihn nimmer brauchen; denn dös is a Pöbelsport!« Hitler hat in *Mein Kampf* zugegeben, dass er diese Personifizierung der Schuld als Patentlösung von Lueger übernommen habe.

Das ist das eine, was mir damals deutlich wurde, dass diese Komponente des Nazismus schon die ausschlaggebende war, weil sich die Leute damit alles, was ihnen Unangenehmes widerfuhr, von der Seele schimpfen konnten. Man darf nicht vergessen, dass in dieser Zeit die meisten, wenn sie sich etwas kauften, eine Hose oder ein Paar Schuhe, nur in Raten zahlen konnten. Und meistens war der, mit dem sie es dann zu tun bekamen, ein jüdischer Trödler. Daraus ist der einfache Schluss gezogen worden, wer einem die unangenehmen Raten abverlangt, ist der unmittelbar Schuldige. Dem Besitzlosen hat man eingeredet, dass er eigentlich der Herrenmensch sei. Der Antisemitismus hat ihm das Gefühl gegeben, immer auf einer höheren Stufe zu stehen; ein Wissenschaftler konnte noch so hochbegabt sein, war er ein Jude, so war er ein Untermensch. Der Nichtjude sei ihm auf jeden Fall überlegen. Ich habe eine grausliche Szene in Erinnerung: da wurde der berühmte Professor Ferdinand Blumenthal, einer der großen Krebsforscher Deutschlands, den man in Wien verhaftet hatte, zu einer sogenannten »Häuseltour« verurteilt. Mit bloßen Händen und einer kleinen Zahnbürste musste er ein Klosett in furchtbarem Zustand reinigen. Und daneben stand, am Türpfosten angelehnt, ein SA-Mann und hat so überlegen auf diesen Professor herabgeschaut, dass der Herrenmensch geradezu aus ihm heraussprang.

Im Ersten Weltkrieg gab es einen jüdischen Oberstleutnant mit Namen Emil Sommer. Er war mit mir im Gefängnis, ein richtiger Frontoffizier, worauf er auch sehr stolz war. Mit Recht. Die Nazis sind von Zelle zu Zelle gelaufen und haben aufgenommen, wer im Krieg gewesen sei. Viele haben sich da Hoffnungen gemacht. Aber Sommer ist sehr zurückhaltend gewesen. Als sie bei uns vorbeikamen, fragten sie auch ihn ironisch, welche Auszeichnungen er habe. Sommer hat in der Tat eine Fülle von Auszeichnungen gehabt und bis auf den Maria-Theresien-Orden praktisch alle hohen Orden. Da fragte der impertinente SS-Mann: »Wo ham S' denn die her? Von welchem Trödler?«

Ohne Zweifel hat der Nazismus vielen ein gewisses Elitebewusstsein vermittelt. Wer bei den Nazis war, gehörte nicht einfach zu irgendeiner beliebigen Partei, sondern zu einer, die angab, ein Tausendjähriges Reich zu schaffen. Da viele, vor allem Arbeitslose, gleichzeitig der SA beitraten, bekam ihr Leben, das bis dahin von Hoffnungslosigkeit gekennzeichnet war, einen gewissen Inhalt. Man muss im Übrigen zwischen Arbeitern und Kleinbürgern unterscheiden. Der Arbeiter hat es als etwas Besonderes empfunden, wenn er als Proletarier kein Sozialdemokrat war. Er war anders als die anderen, die in seinen Augen wie Stimmvieh hinter der roten Fahne herliefen. Man hat in dieser Zeit nach jedem Strohhalm gegriffen. Wenn Hitler kommt, so suggerierte man ihnen, wird es Arbeit geben: So war es in Deutschland gewesen, und so, glaubten sie, werde es auch in Österreich sein. Und was die Berichte über die Gräuel der Nazis anging, war man durch Dollfuß schon abgestumpft oder sagte sich auch, so arg werde das schon nicht werden.

Auch das Bewusstsein, dass man es mit einer ganz fremden, die politischen Spielregeln völlig außer Acht lassenden Bewegung zu tun hatte, war in Österreich viel weniger ausgeprägt als in Deutschland. Für deutsche Demokraten, ganz gleich, wo sie standen, war die Machtergreifung Hitlers im Jahr 1933 das Ende von allem, was Demokratie bedeutete.

Sie erlebten – und das galt auch für die deutschen Kommunisten – ein politisches Trauma. Für sie waren das Ende der Demokratie und die Grausamkeit der Diktatur eine selbstverständliche Folge des Nazismus. Nicht so in Österreich. Dort kam das Ende der Demokratie mit dem 12. Februar 1934. Dieser Tag war, wenn man so will, das antifaschistische Fronterlebnis für große Teile der österreichischen Arbeiterschaft. Die Machtergreifung Hitlers in Österreich war die lange vorausgesehene unentrinnbare Konsequenz der Niederlage gegen Dollfuß: Die »Dollfuß-Straße«, wie man die Errichtung des Ständestaates nannte, musste unweigerlich zu Hitler führen.

In den Augen so mancher war die Hitlerbewegung, wie man sie früher einmal nannte, auch eine Art Rache der Geschichte für die unter dem Schutz des Faschisten Mussolini etablierte österreichische Diktatur. Dass Mussolini ein Italiener war, schuf zusätzliche Aversionen. Denn unter den verschiedenen Xenophobien, die es in der alten Monarchie gegeben hat, war die gegenüber den Italienern eine der stärksten. Die Italiener hatten dem Dreibund angehört und waren in dem Moment abgesprungen, als sich das Kriegsglück wendete. Begreiflicherweise wurden sie als Verräter betrachtet.

Die Wahrheit jenes Wortes, wonach das gesellschaftliche Sein das Bewusstsein bestimmt, habe ich in den vielen Erzählungen von Mitgefangenen immer wieder bestätigt gefunden. Ein arbeitsloser Arbeiter, der sich als Ausgestoßener empfand, hatte tatsächlich ein anderes Bewusstsein als ein arbeitender Arbeiter. Die Sorge um die Sicherheit zum Beispiel hat es für jenen nicht gegeben, weil er keine Sicherheit mehr hatte. Der arbeitende Arbeiter dagegen sah mit Angst in die Zukunft. Immerhin hatte er noch Arbeit. Dann gab es noch eine dritte Gruppe wie etwa die Eisenbahner, die ein hohes Maß an Sicherheit eingetauscht hatten für ein relativ bescheidenes Gehalt. Das waren sehr deutliche Trennlinien, und sie liefen quer durch die gesamte Arbeiterklasse.

So muss man vieles betrachten, wenn man versucht, das Verhältnis Österreichs zum Nazismus zu deuten. Es versteht sich von selbst, dass das auf meine spätere Haltung nicht ohne Einfluss bleiben konnte. Wenn es wahr ist, so habe ich immer wieder meinen Freunden gesagt, dass das gesellschaftliche Sein das Bewusstsein bestimmt, dann ändert sich das nicht von einem auf den anderen Tag. Wer will denn ein paar hunderttausend kleinen Leuten vorwerfen, dass sie Nazis geworden sind? Sie sollten doch – das Wort Jacob Burckhardts abgewandelt – die Chance haben, klüger zu werden für ein andermal. Und eine Partei, die Menschen gewinnen und überzeugen will, kann doch gar nicht anders, nach alldem, was uns widerfahren ist, als konsequenterweise davon ausgehen, dass die Menschen nicht die Alleinschuld für das tragen, was sie unter bestimmten Umständen geformt und politisch beeinflusst hat. Intellektuellen gegenüber, die es besser wissen müssten, bin ich sehr viel härter.

Aber damals – wer kann sich zum Richter machen über die Menschen dieser Zeit? Doch nur der, der die Verhältnisse selbst gesehen hat, der die Verzweiflung der Menschen mitempfunden hat und ihre brennende Sehnsucht nach Arbeit. Die meisten von ihnen haben damals nicht verstanden, dass die Arbeit, die sie erhielten, zu ihrem raschen Tod führen würde. Wir sind mit unserer Überzeugung, wonach der Nazismus Krieg bedeutete, nicht bis zu ihnen durchgedrungen. Und wahrscheinlich hätten sie es uns damals gar nicht geglaubt.

Als Hitler kam, waren sich im Übrigen viele Sozialdemokraten, wenn ich so sagen darf, ihrer Sache nicht mehr ganz sicher. Immerhin kann man ja wirklich die Frage aufwerfen, ob und wie lange, wenn Hitler gesiegt hätte – was zeitweilig gar nicht ausgeschlossen schien –, der Nazismus die Geschichte beeinflusst hätte. Die Nazis jedenfalls haben vom Tausendjährigen Reich gesprochen, und wenn auch die meisten nicht geglaubt haben, dass es tausend Jahre dauern werde, weil noch kein Reich tausend Jahre gedauert hat, so haben viele sich doch gedacht: Nun, fünfzig Jahre genügen auch! Unser Leben erfüllt sich ja in einer relativ kurzen Zeit.

Ein kurzes Intermezzo

Insgesamt habe ich einundzwanzig Monate im Gefängnis verbracht. Sieht man von den zehn Tagen Haft im November 1933 ab, dann begann alles mit meiner Festnahme am 30. Januar 1935. Bis zum Prozess, vierzehn Monate später, bin ich vier Monate im Polizeigefängnis auf der ehemaligen Elisabethpromenade (Roßauer Lände) gesessen, danach fast zehn Monate in ein und derselben Zelle im Landesgericht I. Nach meiner Entlassung im Juni 1936 genoss ich eindreiviertel Jahre die Freiheit, bis ich am 15. März 1938 noch einmal für sechs Monate hinter Schloss und Riegel kam.

Als ich im Juni 1936 aus der Haft entlassen und das Gefängnistor hinter mir geschlossen wurde, überkam mich ein einzigartiges Lustgefühl. Dieses Gefühl hatte vor allem damit zu tun, dass ich zu meinen nahen Angehörigen, fast möchte ich sagen, ein neues Verhältnis fand. Die Trennung über eine so lange Zeit hatte mich spüren lassen, was Familienbande bedeuten. In den Beziehungen zu meinen Eltern gab es jetzt sehr viel mehr Augenblicke des Glücks und der Freude, mehr Verständnis und etwas, was ich als Güte bezeichnen möchte.

Es ist eine wohl allgemeine Erfahrung, dass Eltern zwar zu ihren Kindern ein Verhältnis besonderer Art empfinden, dass aber die Kinder dieses Verhältnis oft als selbstverständlich voraussetzen, weil junge Menschen weniger zur Sentimentalität neigen. Arthur Schnitzler hat die Sentimentalität als Surrogat für Gefühle bezeichnet. Die Beziehungen zu meinen Eltern waren bis dahin zwar immer gut, aber von meiner Seite aus emotionsfrei gewesen. Nach meiner Rückkehr aus dem Gefängnis bekamen sie eine neue Qualität. Auch meine Verwandten lernte ich nun sehr viel mehr schätzen, weil die meisten von ihnen während der vergangenen Monate, auch wenn sie meine politischen Ansichten nach wie vor nicht teilten, doch zu mir gehalten hatten.

Mich traf es besonders hart, dass ich mein Studium nicht fortsetzen konnte, da man mich von allen Hochschulen Österreichs ausgeschlossen hatte. Ich begann mich nach Möglichkeiten im Ausland umzusehen. Freunde in der Sozialistischen Internationale, die mich aufgrund meiner Rede bei dem Prozess als einen der Ihren feierten, luden mich auf ihre Universitäten ein, darunter der spätere Statthalter des Königs in

Stockholm, Hjalmar Mehr, der damals Führer der Linken war. Ich hätte nach Uppsala gehen können, und mein Vater erklärte sich bereit, mir ein solches Studium zu finanzieren. Aber von den österreichischen Behörden wurde mein Antrag auf Ausreise brüsk abgewiesen und die Ausstellung eines Passes verweigert. Zudem verfügte der »Generalstaatskommissär für außerordentliche Maßnahmen zur Bekämpfung staats- und regierungsfeindlicher Bestrebungen in der Privatwirtschaft«, dass ich in Wien nicht bei privaten Firmen arbeiten dürfe, nicht einmal in Betrieben, die meinem Vater nahestanden. Ich würde nur die Arbeiter verhetzen, hieß es. Ich durfte nicht studieren, ich durfte nicht verreisen, ich durfte keine Stelle antreten. Auf diese Weise war ich, wie ich es einmal dem Chef der Staatspolizei, Hofrat Weiser, gegenüber formulierte, eigentlich gezwungen, wieder illegal zu arbeiten.

Der Weg zurück in die illegale Arbeit war weit schwieriger, als ich mir das vorgestellt hatte. Ich musste meiner Freunde im Untergrund wegen eine gewisse Vorsicht üben, die ich bis dahin nicht praktiziert hatte. Alle wussten, dass man unter besonderer Beobachtung stand. Das war einer der Gründe, warum die in der Zwischenzeit nachgerückten Funktionäre uns fernhalten wollten. Sie mussten fürchten, dass wir einen Rattenschwanz von Agenten hinter uns herziehen würden.

Aber es gab noch einen anderen Grund, der einer Wiedereingliederung im Wege stand. Auch in der Politik ist nicht alles hell und klar wie in einem Kristall; es gibt, um bei diesem Bild zu bleiben, kleine egoistische Einschlüsse, Animositäten, Rivalitäten. Die Neuen, die draußen auf den inzwischen allerdings gefährlichen Plätzen der Alten saßen, wollten sie denen, die aus dem Gefängnis kamen, nicht wieder freimachen. Das war in jeder Hinsicht vernünftig und auch selbstverständlich. Aber es machte sich doch Enttäuschung breit, die bei manchen »Herausgekommenen« bis zur Verbitterung ging. Der neue Führer der illegalen Partei, Joseph Buttinger, lehnte Otto Bauer auf sehr entschiedene Weise ab, ließ es aber nie an Respekt vor seiner außerordentlichen Intelligenz fehlen. Buttinger und ich trafen uns nach meiner Haftentlassung in regelmäßigen Abständen bei einem meiner Freunde aus der Jugendbewegung, einem wohlbestallten Gewerbetreibenden in der Hauptstraße meines Bezirkes, der es zu einem schönen Haus mit Garten gebracht hatte. Dort, am Rande der Stadt, saßen wir, reich versehen mit Speis und Trank, und verbrachten unter Bäumen mit reifenden Kirschen und Marillen so manche Stunde mit Diskussionen über die politische Situation und die Zukunft unserer Bewegung. Diese Zusammenkünfte taten mir wohl und entschädigten mich dafür, dass ich nach meiner Freilassung keinen meinem vormaligen Platz entsprechenden Einbau in die illegale Bewegung gefunden habe. Ich kann nicht bestreiten, dass ich, ohne Buttingers Auffassungen zu teilen, seine Klugheit außerordentlich schätzte. Vielleicht schmeichelte es mir auch, dass er meine theoretischen Überlegungen ernst nahm. Buttinger hatte vor allem pädagogische, politisch-psychologische Gründe für seine Distanz zu den aus der Haft Entlassenen. Er war vor allem daran interessiert, dass wir uns ruhig hielten, damit die neue Schicht, die aus einer eigentlich peripheren Umgebung stammte, etwa aus der Sportbewegung, besser zum Zuge käme. Das stand im Gegensatz zur Realität, denn die Mehrheit in der Partei war eigentlich der Auffassung, dass die neuen Leute Felleis, Jonas, Probst, Kreisky und andere wären.

Buttinger, der mit der reichen Amerikanerin Muriel Gardiner verheiratet war, die er während ihres Medizinstudiums in Wien kennengelernt hatte, kehrte nach dem Krieg nur mehr gelegentlich nach Österreich zurück. Wir haben bei seinen Besuchen immer mehr zueinandergefunden, und nachdem ich Bundeskanzler geworden war, schien es mir, als ob er es tief bedauerte, der Tätigkeit der Partei in den Nachkriegsjahren so kritisch gegenübergestanden zu haben. Mit der Zeit habe ich es ihm auch nicht mehr verübelt, dass er 1945 nicht dorthin gegangen war, wo sein Platz gewesen wäre – einen so intelligenten Menschen hätte man in der Partei dringend gebraucht –, sondern es vorgezogen hat, in Amerika zu bleiben.

Dass er nicht zurückgekommen ist, hing wohl auch damit zusammen, dass die politische Landschaft eine andere geworden war. Ich glaube nicht, dass Buttinger die Zähigkeit besessen hätte, in einer höheren und einflussreicheren Funktion in der Partei durchzuhalten. Und wenn er diese Rolle hätte spielen können, hätte er sie ungern gespielt. Er huldigte nun einmal einer gewissen politischen Intransigenz, doch war damals alles andere gefragt als das. Er wäre des Dogmatismus, vielleicht sogar des sturen Dogmatismus beschuldigt worden. An der Ambivalenz der österreichischen Situation, an der Notwendigkeit pragmatischen Handelns wäre er gescheitert, ähnlich wie Otto Bauer. Man hätte dann vielleicht auch für ihn jene Formel gefunden »zu groß für dieses Land«. Das mag anerkennend gemeint sein, aber es trifft die Sache nicht. Eine sozialistische Spitzenpersönlichkeit muß mit den vorgegebenen Proportionen rechnen. Wer das nicht kann, ist für ein Führungsamt nicht geeignet. Gerade in der sozialistischen Bewegung gibt es viele Möglichkeiten, das eine und das andere zu sein. Oscar Pollak, Adolf Schärf, Karl Czernetz, Karl Renner und andere hätten in kleinen und großen Bewegungen die gleiche Rolle gespielt, die gleiche, durch niemand anderen zu ersetzende Rolle. Und für Victor Adler – wenn er die Erste Republik erlebt hätte – wäre es das Gleiche gewesen!

In dem Buch, das Buttinger nach dem Krieg veröffentlichte, bin ich, im Vergleich zu anderen, sehr gut weggekommen. Buttinger hat sich damals wohl ein bisschen wie Lenin gefühlt. Mit ähnlicher Rücksichtslosigkeit wie Lenin einst Abrechnung gehalten hatte, zog er alle zur Rechenschaft. Dabei mag eine Rolle gespielt haben, dass er sich getrieben sah, zu begründen, warum er nicht nach Österreich zurückkehren wollte. Es war in der Tat ein ziemliches Dilemma: Er führte das Leben eines amerikanischen Millionärs, hatte ein eigenes Haus in der Nähe der Fifth Avenue und eine große Bibliothek, die zum Teil auf die versteigerte Bibliothek Otto Bauers zurückging und jedem offenstand. Andererseits wollte er den Anspruch auf eine Führungsrolle in der Partei nicht aufgeben. So blieb er in den Vereinigten Staaten und war dort erfolgreich. Er war ein ausgezeichneter Südostasienkenner und hat grundlegende Bücher über Vietnam geschrieben.

Psychologisch gesehen stand Buttinger vor der Wahl, sich entweder in einen Schmollwinkel zurückzuziehen und sich von der Partei abzuwenden oder aber seinen Frieden mit ihr zu machen. Zu Letzterem hat er sich schließlich durchgerungen; bei seinen vielen Reisen nach Österreich trat das immer wieder zutage. Er war am Schluss mit der Partei im Reinen, hat sich aber nie mehr mit ihr identifizieren können. Joseph Buttinger ist eine der großen Begabungen der österreichischen Arbeiterbewegung, die nicht voll zur Entfaltung gekommen sind. Er hätte sicherlich ein anderes politisches Schicksal verdient.

Die Zeit vom Sommer 1936 bis zum Frühjahrsbeginn 1938 verging sehr rasch. Ich hatte das Gefühl, dass meine Tage in Freiheit kurz sein würden, und in der dumpfen Vorahnung, ich könnte am nächsten Tag schon wieder hinter Gittern sein, führte ich ein hektisches Leben. 1936 erschien Otto Bauers Buch *Zwischen zwei Weltkriegen?*, das er uns, den jungen kämpfenden Sozialisten, gewidmet hat: »Ich widme dieses Buch meinen jungen Freunden, den Revolutionären Sozialisten in Österreich: denen von ihnen, die der österreichische Faschismus in seinen

Kerkern, Polizeigefängnissen und Konzentrationslagern gefangenhält, und denen, die, Tag für Tag und Stunde für Stunde von den Schergen des österreichischen Faschismus gesucht, verfolgt, gehetzt, den heroischen illegalen Kampf gegen die faschistische Despotie führen.«
Durch die liebenswerte Frieda Nödl, die zu Otto Bauer Kontakt hatte – nach 1945 war sie Wiener Landtagsabgeordnete –, erhielt ich ein Exemplar mit einer persönlichen Widmung. Bauer habe ihr gesagt, versicherte Frieda Nödl, er habe dieses Buch vor allem im Hinblick auf unser Verhalten im Prozess geschrieben und widme es daher uns, das heißt, denen, die sich vor Gericht besonders bewährt hatten.
Ich verschlang das Buch und war abermals fasziniert von der Klarheit der Otto Bauerschen Gedanken und seiner Fähigkeit, sie auszudrücken. Alles war so geschrieben, wie wenn er vor uns säße und zu uns redete. An vielen Stellen ist noch heute spürbar, wie sehr er den Staatsmännern seiner Zeit voraus war, und man empfindet es als um so schmerzlicher, dass kein Daladier und kein Chamberlain die Entwicklung auch nur annähernd so klar erkannt haben wie dieser Mann. »So ist die Gefahr, dass die großen Arbeiterparteien im Kriege abermals zu Organen der Kriegführung kapitalistischer Regierungen werden, heute nicht kleiner, sondern größer als 1914.« Andererseits darf man aber den historischen Irrtum Otto Bauers nicht verschweigen. Er gab sich der Hoffnung hin, dass angesichts der Fronten, die der Krieg aufreißen werde und die Bauer, auch wenn er den Hitler-Stalin-Pakt nicht einkalkulierte, alles in allem richtig voraussah, es am Ende zu einer Versöhnung der Arbeiterbewegung kommen werde.
Mein Vater hatte damals geschäftlich mit einer kleinen Tuchfabrik in Kärnten zu tun. Da ich nach Meinung der Wiener Staatspolizei in Jadersdorf im Gitschtal nicht viel anstellen konnte, ging ich 1937 für einige Monate nach Kärnten. Der kleine Ort, inmitten einer Hügellandschaft nahe der italienischen Grenze, bot ein gespenstisches Bild. Es gab fast keine jungen Männer dort. Die meisten hatten, um der Eintönigkeit und Armut ihres Bergbauernschicksals zu entrinnen, einen einfachen Weg gefunden: Sie malten auf eine Kapelle, auf ein öffentliches Gebäude oder auf einen Felsen ein großes Hakenkreuz und hatten damit – die NSDAP war ja seit Juni 1933 verboten – einen Anlass zur Flucht nach Deutschland, wo sie in die »Österreichische Legion« eintraten. Waren sie verheiratet, konnten sie mit einem so großen Sold rechnen, dass sie ihre Angehörigen unterstützen konnten. Nazi-

Deutschland war sehr großzügig, wo es um die Aufstellung einer antiösterreichischen Schattenarmee ging. Diese Legion rekrutierte sich aus Tausenden von Flüchtlingen, und man kann sich gut vorstellen, wie sehr dieses Potential die Nationalsozialisten in Österreich zwischen 1934 und 1938 beflügelte. Man musste sich nur illegal betätigen, und schon konnte man in das ersehnte Deutschland gehen.
Weder die Kommunisten noch die Sozialdemokraten hatten ähnliche Möglichkeiten. Bei den Sozialdemokraten gab es ein strenges Reglement, wer wann ins Ausland gehen dürfe. Wenn ich mich richtig erinnere, musste einem eine Gefängnisstrafe von mindestens fünf Jahren drohen, und das Risiko, möglicherweise für Jahre hinter Gittern zu sitzen, hat die meisten vor radikalen Aktionen abgeschreckt. An einer regulären Auswanderung konnte man natürlich niemanden hindern. Aber eine politische Emigration war das dann nicht. Diesen Unterschied hat man bis in die vierziger Jahre hinein gemacht.
Jadersdorf ist einem kleinen Kreis deshalb bekannt, weil der österreichische Kommunistenführer Koplenig aus diesem Dorf stammte. Sein Vater war dort Holzfäller, er selbst wurde Schuster. Koplenig soll zwar ein extrem linientreuer Kommunist gewesen sein, aber nicht ohne eine gewisse Eignung zur Politik. Bei seinen Parteifreunden galt er als aufrichtiger Kerl. Die österreichischen Kommunisten haben es ja nie zu etwas gebracht. In der Ersten Republik lagen die Prozentsätze, die sie bei Nationalratswahlen erreichten, zwischen 4,9 Prozent (1920) und 3 Prozent (1927). Ihre Führungsgremien bestanden fast zur Gänze aus Intellektuellen und Berufsrevolutionären. Schon deshalb waren Leute wie Koplenig und Honner aufgrund ihrer proletarischen Herkunft herausragende Figuren, die durch ihre politische Betätigung zweifellos persönliche Statur gewannen.
In Jadersdorf also gab es kaum noch junge Männer, ein paar Dorftrottel, wie sie in jedes Dorf gehören, ein paar zugewanderte Burgenländer, die in der Weberei arbeiteten, einen bayrischen Werkmeister, dazu ein paar Greise und natürlich viele Frauen. Arbeit gab es fast keine; zwei oder drei Männer waren bei der Regulierung der Drau beschäftigt und kamen deshalb nur sonntags nach Hause.
In Jadersdorf habe ich gelernt, wie man Textilmaschinen bedient. Ich weiß, wie man Wolle reißt und krempelt; ich verstehe den sehr komplizierten Prozess des Spinnens. Auch habe ich gelernt, den sogenannten »Selfaktor« zu bedienen und schließlich auch den einfachen Tuchweb-

stuhl, der sich vom Baumwollwebstuhl in Vielem unterscheidet. Die über dreißig Meter langen, feuchten Tuche wurden im Freien auf Rahmen gespannt, und da das bei eisiger Kälte geschehen musste, war man immer vollständig durchgefroren. An den Nägeln der Rahmen riss man sich die Finger wund, aber wenn dann die Kälte die Feuchtigkeit aus dem Tuch herausgetrieben und man mit einem Staberl das Eis abgeschlagen hatte, bekam der Loden einen besonders schönen Glanz. Ich bin also, wenn man so will, ein angelernter Hilfsarbeiter der Textilindustrie – leben hätte ich davon allerdings nicht können.

Eines Tages ging ich einfach nach Wien zurück. Ich schrieb wieder manches illegale Flugblatt, manchen Aufsatz in illegalen Schriften. In der Illegalität hatte das Wort seine eigene große Bedeutung. Es musste vorsichtig gehandhabt werden. Es war wie eine Kugel, die aus dem Lauf war, und niemand konnte sie zurückholen. So war auch hier am Anfang das Wort. Die Tat kam erst danach, wenn, wie sich immer wieder zeigte, das Wort versagte. Vor allem die Jungen neigten zur »Propaganda der Tat«. Es genüge nicht, meinten viele, Fahnen auf Schornsteinen zu hissen und es der Polizei schwerzumachen, die Fahnen herunterzuholen. Vielmehr solle man auch wirkliche Zeichen setzen, ein bisschen krachen müsse es schon. Es war allerdings eine eiserne Regel, dass dabei niemals Menschen gefährdet oder gar geopfert werden durften. Ich glaube, dass terroristische Aktivitäten sich erst im Laufe der Zeit entwickeln. Am Anfang steht der Protest, der hörbare, sichtbare Protest, die mörderische Tat kommt erst als *ultima ratio.*

Noch immer musste ich mich regelmäßig bei der Polizei melden, und wiederholt, wenn das Regime eine Aktion der Sozialdemokraten befürchtete, etwa am 1. Mai, am 12. November oder an anderen Erinnerungstagen der Arbeiterbewegung, sollte ich in Verwahrungshaft genommen werden. Nur war ich dann meistens nicht da, so dass die Versuche, mich zu holen, regelmäßig scheiterten. Schließlich gab die Polizei auf.

Schuschnigg setzte das autoritäre Regime und die handfeste Diktatur, die Dollfuß errichtet hatte, konsequent fort: Parteienverbot, Zeitungsverbot, Zensur, Verbot der freien Gewerkschaften, Überwachung bis hinein ins privateste Leben. Menschen, die sich für eine verbotene politische Partei auch nur von fern interessierten, indem sie etwa illegale Zeitungen lasen, verloren ihre Existenz. Eine politische Clique, die sich am Ende auf bestenfalls dreißig Prozent der Bevölkerung stützen konnte, hat sich mit den Mitteln eines Polizeistaats an der Macht gehalten. Als das Ultimatum Hitlers kam, ist sie nackt und wehrlos dagestanden.

Was das Studium betrifft, so konnte ich erst im November 1937 meine staatswissenschaftliche Staatsprüfung ablegen, obwohl ich bereits im Juli 1934 die judizielle erfolgreich bestanden hatte. Aufgrund meiner Relegierung von allen Hochschulen des Landes hatte ich dreieinhalb Jahre verloren. Im Frühjahr 1938 nun sollte die letzte Prüfung stattfinden, das sogenannte »Romanum«, eine meiner Meinung nach ganz sinnlose Prüfung, die in der neuen Studienordnung auch abgeschafft worden ist. Man musste noch einmal den Stoff der ersten rechtshistorischen Staatsprüfung lernen, den man längst vergessen hatte und den man als praktizierender Jurist nie wieder brauchen würde.

Mitten hinein in die Vorbereitungszeit kam die Verschärfung der außenpolitischen Lage. Am 12. Februar 1938 wurde Schuschnigg nach Berchtesgaden vorgeladen. Hitler behandelte ihn in erniedrigender Weise und drohte: »Wer weiß – vielleicht bin ich über Nacht auf einmal in Wien; wie der Frühlingssturm. Dann sollen Sie etwas erleben.« Man findet das Zitat bei Joachim Fest, dem meiner Meinung nach besten und objektivsten Hitler-Biographen.

Die Lage hatte sich damit auch für uns schlagartig verändert.

Waren wir in der Widerstandsarbeit während der vorangegangenen Wochen und Monate nicht übermäßig aktiv gewesen, so erfasste uns plötzlich Aufbruchstimmung. Ich bin damals mit dem späteren Justizminister Christian Broda zusammengekommen, und wir befassten uns mit der Vorbereitung einer neuen Zeitung für die Arbeiterjugend, die in einer der uns wieder zur Verfügung stehenden Druckereien erscheinen sollte. Aber für Theorie war nun keine Zeit mehr. Jetzt musste gehandelt werden. Schuschnigg war von Hitler so in die Ecke gedrängt worden, dass er, wie wir glaubten, einfach nicht umhin konnte, sich im Interesse Österreichs mit den Sozialdemokraten und den illegalen Gewerkschaften zu verbünden. Wir mussten also dekonspirieren, wie der Fachausdruck lautete, um Schuschnigg deutlich und in aller Öffentlichkeit unsere Mitarbeit im Kampf gegen Hitler anzubieten.

Ich erinnere mich noch sehr lebhaft, wie ich einen alten Lehrer aus der Jugendbewegung, einen Bankdirektor aus einer streng luegertreuen Familie, traf, der aus ideellen Gründen Sozialdemokrat geworden war. Er war sehr aufgeregt: »Seid ihr denn alle verrückt geworden? Wie könnt ihr euch denn so der Gestapo ausliefern? Jetzt wissen sie, wer ihr seid, und sie werden euch alle einsperren! Sie werden die Bewegung köpfen!« Ich antwortete ihm, ein letzter Versuch müsse einfach unternommen werden, jedenfalls dürften wir uns nicht mit dem Vorwurf belasten, im entscheidenden Augenblick nichts getan zu haben. Wenn Schuschnigg uns entgegenkomme, gäbe es eine gewisse Chance. »Und selbst, wenn es vergeblich sein sollte: es gibt Dinge in der Politik, die einfach getan werden müssen!« Das war der Standpunkt, den auch Zehntausende Arbeiter teilten; nur sind wir damit in Gegensatz zu Buttinger und seinen Freunden gekommen. Vielleicht war bei uns der Wunsch der Vater des Gedankens, denn von heute aus beurteilt, war es eigentlich zu spät. Wie ja überhaupt das »zu wenig und zu spät« die Signatur der österreichischen Politik bis zum Jahre 1938 gewesen ist. Die Politik vom alten Österreich über die Erste Republik bis hin zur austrofaschistischen Epoche war durch dieses »zu wenig und zu spät« gekennzeichnet.

Wenige Tage nach der Rückkehr Schuschniggs aus Berchtesgaden, als ich mittags nach Hause kam, sagte mir unsere Kärntner Haushälterin, ein Hofrat von der Polizei habe angerufen, ich sollte mich melden. Wenn die Polizei etwas von mir wollte, habe ich mir gedacht, dann hat sie noch immer gewusst, wie sie mich holen kann. Ich telefonier' nicht. Ich habe dann aber doch den Hofrat angerufen, weil ich sicher sein wollte. »Gehn'S, kommen'S zu mir«, hat der Hofrat gesagt, »es geschieht Ihnen nix.« So gute Erfahrungen hatte ich mit der Polizei bis dahin zwar nicht gemacht, aber ich riskierte es. Kaum war ich bei ihm im Büro, stellte er mir die Frage: »Was werdet ihr jetzt tun?« Unter »ihr« verstand er die illegalen Sozialisten. Etwas frech, wie immer, antwortete ich: »Merkwürdig, wenn die Regierung mit der Opposition zu sprechen wünscht, muss sie sich der Staatspolizei bedienen!« Hofrat Weiser wies diese Bemerkung ärgerlich zurück, aber ich meinte, wieder sehr forsch, es stünde ja für die Regierung sehr viel mehr auf dem Spiel als für uns. Was sie denn eigentlich vorhabe. Dann begann das Gespräch ernst zu werden. Ich schlug ihm vor, doch mit den Vertretern der illegalen Gewerkschaften zu reden; die hätten über die Betriebe den Kontakt zu den Massen und müssten zuerst eingeschaltet werden.

Am 3. März 1938 kam es zu einem Gespräch zwischen Fritz Hillegeist, einem der maßgebenden Gewerkschaftsfunktionäre, und Schuschnigg. Die Vertrauensleute von vierzehn der wichtigsten Wiener Betriebe

stellten vier Hauptforderungen, die Hillegeist in seiner Autobiografie folgendermaßen beschreibt:
»1. Bekenntnisfreiheit auch für Sozialisten und Freigewerkschaften in gleicher Weise, wie sie den Nazis zum Teil schon vor, aber jedenfalls nach Berchtesgaden gegeben worden war.
2. Freie Wahlen in der offiziellen Einheitsgewerkschaft.
3. Zulassung einer freien Gewerkschaftspresse mit Rede- und Diskussionsfreiheit auch für unsere Anhänger.
4. Aufhebung aller durch das vaterländische Regime nach 1934 verfügten Notverordnungen, durch die die wirtschaftliche und soziale Lage der Arbeiter und Angestellten verschlechtert worden war.«
Also nichts Übertriebenes, um nur Hitler keinen Vorwand zu liefern, in Österreich stehe eine kommunistische Revolution vor der Tür. Aber Schuschnigg hat die Verhandlungen dem Führer der regimeabhängigen Einheitsgewerkschaft, Staud, anvertraut, und dieser hat, offenbar aus reiner Ranküne, die Gespräche sabotiert. Staud war sicherlich kein brutaler Faschist. Aber er wollte das Monopol, das ihm die Diktatur eingeräumt hatte, nicht preisgeben und hat sich zu viel Zeit gelassen.
Die Arbeiterbewegung schien in diesen Tagen wie neugeboren. In den sozialdemokratischen Kerngebieten brach ein ungeheurer Jubel aus, und die Versöhnungsbereitschaft war außerordentlich. Bei Siemens & Halske und Siemens-Schuckert in Floridsdorf unterzeichneten Tausende von Arbeitern mit ihrem Namen, dass sie zum Kampf bereit seien.
Es ist nie zu spät für eine sinnvolle Aktion: Das ist mein politisches Credo gewesen. Selbst wenn alles vergeblich war, ist sie doch verzeichnet auf irgendeinem Blatt der Geschichte und hat Konsequenzen, die man nicht abschätzen kann. So war der 12. Februar 1934 für uns zwar eine vernichtende Niederlage, und ist in der Geschichte doch ein stolzes Blatt. Und so hätte man auch vier Jahre später, beim Einmarsch Hitlers, bei sofortigem Widerstand, wahrscheinlich ein Volksaufgebot zustande gebracht, und der Widerstand wäre wahrscheinlich zu einem Ruhmesblatt für Österreich geworden. Wenn es möglich war, im Februar 1934 unter den ungünstigsten Verhältnissen Widerstand zu leisten, wenn auch nur ein paar Stunden lang, so musste das erst recht denkbar sein mit der eigenen Staatsgewalt im Rücken. Unter ihrem Schutz hätte man gewiss einen echten Streik organisieren können, der im ganzen Land gezündet hätte. Ich kann es zwar nicht beweisen, aber die anderen können nur das beweisen, was sie verursacht haben, nämlich die

würdeloseste Kapitulation. Fünf Jahre lang haben sie geschrien, sie hätten nur das Vaterland im Sinn; dann kommt das Vaterland in die größte Gefahr, und der Führer der Vaterländischen weiß nur eines zu sagen: Er weiche der Gewalt – »So verabschiede ich mich in dieser Stunde von dem österreichischen Volk mit einem deutschen Wort und einem Herzenswunsch: Gott schütze Österreich!«
Ich bin am Ende meines politischen Lebens glücklich darüber, dass ich kein Menschenleben auf dem Gewissen habe. Und dennoch kann ich mir Augenblicke vorstellen, in denen man den Mut haben muss, zu sagen, dass man sogar das Leben riskieren solle. Wenn es uns in Österreich nach dem Zweiten Weltkrieg gelungen ist, uns von einer »Russifizierung« zehn Jahre lang freizuhalten, obwohl die Sowjets mit ungeheurer Macht präsent waren, hätten wir dann nicht auch einer damals gar nicht so gut vorbereiteten deutschen Armee, die, wie wir wissen, nicht einmal genügend Benzin hatte und sich aus österreichischen Quellen für die Weiterfahrt nach Wien versorgen musste, einige Tage standhalten können? Wenn nur wenige Tage in und um Österreich gekämpft worden wäre, hätte uns dies nach dem Krieg das moralische Recht gegeben, gegen die Viermächteokkupation zu protestieren.
Es ist meine Überzeugung, dass es keine ausweglose Situation gibt und dass man grundsätzlich zum Widerstand bereit sein muss. Das war übrigens auch meine Überzeugung während der tschechischen Krise 1968. Bundeskanzler Klaus hatte mich damals zu einer vagen Besprechung des Landesverteidigungsrats eingeladen, bei der überhaupt nichts herauskam. Da habe ich ihn gefragt, ob er denn mit dem Führer der größten österreichischen Arbeiterpartei im Zusammenhang mit dem, was passieren könnte, nichts Konkretes zu besprechen habe. Er wisse doch, dass wir fast 90 Prozent der Eisenbahner hinter uns haben könnten, die für eine Behinderung des militärischen Nachschubs sorgen würden für den Fall, dass der Einmarsch der Warschauer-Pakt-Truppen in der Tschechoslowakei Konsequenzen habe. Daraufhin sah er mich an wie ein neugeborenes Kind und sagte: »Ich wüsste nicht, was wir eigentlich noch weiter reden sollen.« Damals gab es innerhalb der österreichischen Regierung Überlegungen, wie die katholische *Kleine Zeitung* in Graz meldete, unter gewissen Umständen den Regierungssitz nach Linz und Bad Aussee zu verlegen.
Schuschnigg persönlich habe ich nie kennengelernt, ich kann ihn daher nur politisch beurteilen. Sein erster Fehler war, dass er als Justizminis-

ter keinen Antrag stellte, den bei den Februarkämpfen 1934 schwer verletzten Schutzbundführer Karl Münichreiter vor dem Galgen zu retten. Er hätte ohne weiteres einen Antrag auf Begnadigung beim Bundespräsidenten stellen können. Diese Rigorosität Schuschniggs war für mich immer ein Beweis dafür, wie Menschen, die Religiosität mit Politik vermengen, in der Politik zur Härte neigen. Der katholische Prälat Ignaz Seipel ist ein weiteres Beispiel für einen hochintelligenten und hochbegabten, aber trotz seiner Religiosität unnachgiebigen Mann. Nach den Juliereignissen 1927 prägte er als Bundeskanzler den Satz: »Verlangen Sie nichts vom Parlament und von der Regierung, das den Opfern und den Schuldigen an den Unglückstagen gegenüber milde scheint, aber grausam wäre gegenüber der verwundeten Republik.« Führende Sozialisten waren entweder Atheisten oder Agnostiker, und so war uns die unerschütterliche Härte eines Seipel oder eines Schuschnigg fremd. Darin lag für uns ein großer innerer Widerspruch.

Während Dollfuß starke Sympathien und bei seinen Anhängern geradezu eine Hingabe besonderer Art erweckte, war Schuschnigg ein frustrierter, verschlossener Mann ohne jegliche Popularität. Er war die Inkarnation des Kleriko-Faschismus. Weil er den Eindruck erweckte, österreichischer Patriot und Deutscher zu sein, hat er am Ende alles verloren. Als er aus Berchtesgaden zurückkam, war er eigentlich erledigt. Immer wieder fragten wir uns, ob es denn in den Reihen der Kleriko-Faschisten nicht wenigstens drei oder vier beherzte Männer gäbe, die zum Widerstand gegen Hitler bereit wären? Wozu hatte man denn die Milizen über Jahre hin zu einer Art Mittelpunkt des Staatsinteresses gemacht, wenn man den damit bekundeten Verteidigungswillen mit ein paar Sätzen über Bord werfen konnte? Dieses Regime ist zugrunde gegangen, wie es an die Macht kam: an den Sünden wider die Demokratie.

Das Wort Republik war aus der Verfassung praktisch ausgemerzt, es war immer nur vom Bundesstaat die Rede, für den man das Letzte geben wollte: Das war angesichts der nationalsozialistischen Bedrohung eine fatale Akzentverschiebung. Und wenn manche sagen, die einen seien zu wenig österreichisch-patriotisch, die anderen zu wenig demokratisch gesinnt gewesen, so ist das eine auf den ersten Blick vielleicht faszinierende Formel, eine jener griffigen Zweckformeln, denen das vielzitierte Prinzip einer gewissen ausgleichenden Gerechtigkeit zugrunde liegt. Nur gestimmt hat diese Formel nie. Es gab innerhalb der österreichischen Arbeiterschaft nie jenen rückwärtsgewandten Kulturpatriotis-

mus, der sich vor allem in Salzburg manifestierte. Es gab nichts, wofür sich die große Masse des österreichischen Volkes patriotisch hätte begeistern können. Und die sogenannten Patrioten haben keineswegs für Österreich gekämpft, sondern lediglich die Demokratie zugrunde gerichtet. Sie versagten in dem Augenblick, wo sie sich hätten bewähren müssen, obwohl ihnen die Sozialisten und auch die Kommunisten, die in dieser Frage zur Zusammenarbeit bereitstanden, die Zusage gegeben hatten, in allem zurückzustecken und sich ihnen im Kampf um die Behauptung der Unabhängigkeit anzuschließen. Die Zurückweisung dieses Angebots war die große politische Untat des Kleriko-Faschismus am österreichischen Volk. Ich bin diesem Regime gegenüber deshalb so unversöhnlich, weil es nichts, einfach nichts gegeben hat, was die Diktatur wenigstens im Nachhinein gerechtfertigt hätte.
Dieses Regime erwies sich als stark nur uns gegenüber, nur brutal gegenüber den Arbeitslosen, von arrogantem Übermut. Überall aber, wo es der echten Stärke bedurfte, Hitler gegenüber und Mussolini gegenüber, war es unterwürfig und servil, immer zur Kapitulation bereit. In seinen letzten großen Reden in Innsbruck und vor dem Wiener Parlament hat Schuschnigg scharfe Töne gegen Hitler angeschlagen. Wir waren damit einverstanden – wären die Worte nur Unterpfand tatsächlichen Widerstands gewesen. Seine eigenen Leute aber haben diese Töne verurteilt, weil sie glaubten, Schuschnigg habe Hitler damit zum sofortigen Einmarsch provoziert. Das ist natürlich ein Unsinn. Hitler war zum Einmarsch gegen dieses Regime, dessen Schwäche er kannte, entschlossen. Die Eskalation seiner Forderungen im letzten Augenblick zeigte deutlich, dass längst nicht mehr Schuschnigg, sondern Hitler den Gang der Dinge bestimmte. Das einzige, was Hitler noch hätte aufhalten können, wäre die Volksbefragung gewesen, die Schuschnigg für den 13. März 1938 angekündigt hatte. In einem Plebiszit sollte das österreichische Volk über die Unabhängigkeit und Freiheit seines Landes entscheiden. Am 11. März ließ Hitler mitteilen, dass er eine solche Volksbefragung nicht wünsche. Eine Mehrheit für Österreich hätte seine Pläne durchkreuzt und einem Einmarsch, zunächst jedenfalls, vor der Welt die Motivation entzogen.
Schuschnigg ging auf Hitlers Forderung ein. Für die Volksbefragung gab es zwar keine Vorbereitungen, nicht einmal ein Wählerverzeichnis, nichts. Aber ein großer Teil von uns war willens mitzutun, um zu zeigen, dass wir bis zum Äußersten gehen würden, Österreich gegen

Hitler zu verteidigen. So weit ist es nicht mehr gekommen, denn am Freitag vor der Volksbefragung kapitulierte die Regierung.

Historisch gesehen hat es meiner Meinung nach vier Chancen gegeben, die sich abzeichnende Machtergreifung Hitlers in Österreich abzuwehren: Die erste war das Koalitionsangebot Seipels im Jahre 1931. Ich habe darüber ausführlich berichtet und festgestellt, dass der Fehler auf Seiten der Sozialdemokraten lag. Eine zweite Chance war das Angebot Oscar Pollaks über Ernst Karl Winter nach dem Juli-Putsch 1934, eine maßvolle Forderung nach einer Redemokratisierung in Österreich. Schuschnigg lehnte ab. Eine dritte Gelegenheit war das Bekenntnis der illegalen Sozialisten zu Österreich, im Sozialistenprozess am deutlichsten formuliert, und die letzte, wohl unsicherste, bot sich nach Schuschniggs Rückkehr aus Berchtesgaden: die Volksbefragung.

Wenn Schuschnigg daran festgehalten oder wenn man sie ein Jahr zuvor durchgeführt hätte, wäre Hitler nicht so leicht nach Österreich gekommen. Der österreichische Historiker Erich Zöllner konnte nachweisen, dass sich zwar bei den am 24. April 1932 in Wien, Niederösterreich und Salzburg abgehaltenen Landtagswahlen und bei den Gemeinderatswahlen in Kärnten und Steiermark der Nationalsozialismus als politische Kraft etablierte, dass aber bei Nationalratswahlen in ganz Österreich wohl nicht mehr als 20 Prozent der Stimmen für die Nazis abgegeben worden wären. In Deutschland gewann die NSDAP am 31. Juli 1932 hingegen 37,3 Prozent der Stimmen und wurde stärkste Fraktion im Reichstag. Auch bei der letzten relevanten Wahl in Österreich, den Landtagswahlen im extrem konservativen Vorarlberg, erreichten die Nationalsozialisten nur rund 10,5 Prozent der Stimmen.

Was wäre geschehen, wenn man diese letzte Chance rechtzeitig wahrgenommen und sich nicht auf Mussolini verlassen hätte? Wenn das klerikofaschistische Österreich nicht diesem Aberwitz Schuschniggs gefolgt wäre, ein zweiter, sogar besserer deutscher Staat zu sein? Hätte man sich auf die Grundlagen einer demokratischen Republik berufen, hätte sich manches anders gestalten lassen. Sein 1937 erschienenes Buch *Dreimal Österreich* habe ich seinerzeit hastig durchgelesen – natürlich mit den Augen eines Illegalen. Schuschniggs These, Österreich sei der zweite deutsche Staat, sozusagen das katholische Gegenstück zum Deutschen Reich, war im Grunde eine vorweggenommene Kapitulation. Mit dieser These provozierte er nämlich die Frage, wozu man eigentlich zwei deutsche Staaten brauche, zumal beide im höchsten Maße autoritär waren.

Der »Anschluss« kam anders

Die österreichische Diktatur, die gut vier Jahre gedauert hatte, war der fruchtbarste Boden für die Drachensaat des Nazismus. Im Grunde war der Kleriko-Faschismus ein einziges Vakuum. Und in dieses Vakuum stieß eine Bewegung vor, die ihre politischen Ziele sehr viel hemmungsloser manifestierte. Das Regime hatte immer mehr an Boden verloren und in steigendem Maße Unsicherheit verbreitet. Zwar wusste niemand genau, was der Nazismus bringen würde, aber dass er anders aussehen würde als das mit den Mitteln der Diktatur mühsam aufrechterhaltene System der Unfreiheit, lag auf der Hand. Anders als das, was man hatte – das hieß für die meisten eben, dass es nur besser werden könne.

Das alte Kampflied der sozialistischen Bewegung hieß: »Den Feind, den wir am tiefsten hassen ..., das ist der Unverstand der Massen.« Aber der Austrofaschismus war eine solche Realität, dass man nicht mit »Unwissenheit« argumentieren kann. Man muss die Menschen verstehen, die diese Realität erlebt haben: Für die einen war der »Anschluss« eher ein Akt der Befreiung, für die anderen zunächst nur das Loswerden des verhassten Regimes. Nicht anders ist das hohe Maß an Zustimmung für Hitler zu erklären. Denn charakterlich sind die Österreicher nicht schlechtere Menschen als andere. Nur war im Bewusstsein der Österreicher die Demokratie nicht so tief verwurzelt wie etwa bei Schweizern, Engländern oder Skandinaviern. Sie verbanden mit der Demokratie viel zu wenig Positives. Die Erste Republik war für sie ein Staat der Unordnung, der Bürgerkriege und der großen Arbeitslosigkeit gewesen, und sie waren außerstande, den Sinn der Parteien in der Demokratie der zwanziger Jahre zu verstehen. Mit Hitler hat sich die Vorstellung verknüpft, dass sich das eigene Schicksal wenden würde.

Deutsch-national im eigentlichen Sinne waren die Österreicher nicht. Vielleicht zwanzig Prozent haben sich als Deutsche empfunden, aber politisch hätte sich das kaum manifestieren können. Diesen Prozentsatz an gefühlsmäßigen Deutsch-Nationalen hat es wohl auch im alten Österreich gegeben. Verzichten auf den eigenen Staat wollte die große Mehrheit der Österreicher jedoch erst, als die Demokratie vernichtet worden war.

Österreich hatte eines nicht in jenen Jahren: einen zuverlässigen politischen Liberalismus. Er beschränkte sich auf einige sehr wenige, aber prominente Träger des kulturellen Lebens. Zu einem Teil waren sie jüdischer Herkunft und stießen schon deshalb auf der rechten Seite auf Ablehnung oder fanden eine nur scheinbare Anerkennung, wie etwa Hofmannsthal und Reinhardt durch die Salzburger Festspiele. Hinzu kamen einige Journalisten, die aber aus Angst vor Hitler die Konservativen stützten. Und es gab jene, die, wenn auch nicht aus ganzem Herzen, die politische Heimat ihres Liberalismus in der Sozialdemokratie sahen.

Das Bild jener Tage im März 1938 wird dadurch verzerrt, dass man nur den Jubel auf den Straßen und Plätzen gesehen hat und nichts von den Millionen, die zu Hause blieben oder sich gar auf einen Widerstandskampf vorzubereiten begannen. »Und man sieht nur die im Lichte, die im Dunkeln sieht man nicht.« Protestieren hieß damals zu Hause bleiben und die Fenster zumachen. Die ganz Mutigen hatten keine Hakenkreuzfahne zum Fenster hinausgehängt; das war ein erhebliches Risiko angesichts einer siegestoll gewordenen »Volksgemeinschaft«.

Betrachtet man die Dinge genauer, konnten sich die Nazis auf nicht mehr als ein Drittel der Bevölkerung stützen. Die NSDAP hatte ja, anders als etwa die Kommunistische Partei in der Sowjetunion, am Anfang keine Mitgliedersperre. Wer zu ihnen kommen wollte, durfte kommen, vorausgesetzt er war kein Anhänger des früheren »Systems« gewesen. Infolgedessen konnte jeder zu ihnen stoßen; auch jeder frühere Sozialdemokrat durfte Nazi werden.

Im Jahre 1946 gab es 536.662 registrierungspflichtige Nationalsozialisten. Das sind viele, und wenn man noch die Familienmitglieder dazurechnet, kommt man sicher auf eine Million. Man kann davon ausgehen, dass jeder, der ein Nazi war, es auch durch seine Mitgliedschaft demonstrieren wollte, so dass die sogenannten »Mitläufer« hierbei schon eingerechnet wären. Ein Austritt aus der Nationalsozialistischen Partei war undenkbar, weil das zur Existenzvernichtung geführt hätte. Österreich hatte damals fast 6,8 Millionen Einwohner. Den kühnen Schluß zu ziehen, wonach alle Österreicher oder doch die gewaltige Mehrheit Nazis waren, ist also falsch. Eine Berufsstatistik der Parteimitglieder zeigt, dass etwa 120.000 Arbeiter und Arbeiterinnen zur NSDAP gehörten, das heißt ungefähr ein Fünftel. Es waren vor allem Arbeiter bei selbständigen Betrieben. Selbständige hatten den

Ehrgeiz, die bei ihnen Beschäftigten zu Parteigenossen zu machen, um als Musterbetrieb zu gelten. Die Zahl der Angestellten lag höher: 161.346.

Prozentuell gesehen, gab es bei uns allerdings mehr Nazis als in Deutschland, wo am 1. Mai 1933, dem Tag der Mitgliedersperre, auf eine Gesamtbevölkerung von 66 Millionen 3,9 Millionen Parteimitglieder kamen. Nach dem Krieg waren von den sogenannten Spruchkammerverfahren in den drei westlichen Zonen Deutschlands etwa 6 Millionen betroffen. Aber mit Blick auf die Entwicklung in Deutschland muss man zugeben, dass es die meisten bei uns sehr viel eiliger hatten, sich rechtzeitig unter das schützende Dach der Parteimitgliedschaft zu flüchten, vor allem die Massen des Kleinbürgertums. Ich sage das alles nicht, um die Österreicher besser zu machen als sie sind, sondern um zu zeigen, dass sie, jedenfalls in ihrer großen Mehrheit, keine überzeugten Nazis waren.

Nehmen wir an, dass alle Plätze der Republik, auf denen sich von Freitag an die Menschen versammelten, zum Bersten überfüllt waren. Nehmen wir den Heldenplatz, auf dem Hitler am 15. März den Eintritt in das Deutsche Reich verkündete. Ich selber hatte einmal eine Großkundgebung auf dem Heldenplatz mitzuorganisieren. Dichtgedrängt haben dort etwa 250.000 Menschen Platz, aber Wien hatte damals 1,8 Millionen Einwohner.

Wo waren die anderen? Braunau, Linz, St. Pölten, Wiener Neustadt – nehmen wir an, dass sich überall, wo es Plätze gab, Menschen versammelt haben: dann kommt man im besten Fall auf 500.000 bis 600.000. Aber Österreich hatte 6,8 Millionen Einwohner. Schließlich sind auch sehr viele Jugendliche und Kinder durch dieses Schauspiel mobilisiert worden, und so kann man mit Recht sagen, es haben doch beträchtliche Millionen gefehlt. Wo sind sie geblieben?

Das Schicksal des österreichischen Ständestaates vollendete sich an einem Wochenende, am Freitag, dem 11. März 1938. Ich habe an einem Vorbereitungskurs für meine letzte Prüfung teilgenommen, aber es hielt mich dort nicht lange. Ich ging aus meinem Kurs weg und hörte dann vor dem Radio Schuschniggs Kapitulationserklärung. Wir, die Sozialdemokraten, hatten in der Hoffnung, dass es in den Verhandlungen mit Schuschnigg doch zu einem Durchbruch kommen werde, überall unsere Leute versammelt, um ihnen zu sagen, dass sie sich trotz aller Feindschaft gegen das Regime an der Volksbefragung beteiligen sollten, die für den Sonntag festgesetzt war. Unsere Parole lautete vieldeutig: Nach diesem Sonntag wird der Montag anders ausschauen in Österreich. Er sah in der Tat anders aus, als wir erhofften, und ärger, als wir befürchteten.

An diesem Montag wollte ich rasch mein Rigorosum ablegen, um dann voll mit dabei zu sein, falls ... Aber nach der deplorablen Rücktrittserklärung Schuschniggs war alles verloren, jede Illusion zerstört, jeder Traum ausgeträumt. Und unsere Leute, die sich überall wieder versammelten, haben es mit Entsetzen zur Kenntnis genommen. Sie hatten das Gefühl, dass es endgültig aus war, und zwar für lange, lange Zeit; wieder einmal waren sie betrogen worden. Noch am 11. März unterschreibt Hitler den Befehl für den Einmarsch in Österreich mit dem Decknamen »Unternehmen Otto«, und am 12. März überschreitet er in der Nähe seiner Heimatstadt Braunau die deutsch-österreichische Grenze. In der Nacht noch hat sich die Machtübernahme der österreichischen Nazisten verwirklicht, und am Abend des 13. März – es war der Sonntag, an dem die Volksbefragung hätte stattfinden sollen – proklamierte Hitler die Eingliederung Österreichs in das Deutsche Reich. Für Montagmorgen war seit langem mein letzter Prüfungstermin angesetzt. Ich war immer sehr bemüht gewesen, meine Prüfungen rechtzeitig zu machen, denn nichts war damals in der Sozialdemokratischen Partei mehr verpönt als ein Student, der seine Prüfungen nicht machte, denn viel zu viele unter den intelligenten Arbeitern berührte es schmerzhaft, dass sie trotz ihrer intellektuellen Voraussetzungen nicht das Glück hatten, studieren zu dürfen. Vier Jahre lang hatte ich wegen meiner Relegierung und Haft darauf gewartet, endlich fertig zu werden, und so konnten mich auch die Ereignisse vom Wochenende nicht davon abbringen.

Einige der Professoren allerdings waren so verschreckt, dass sie zum Teil gar nicht erschienen sind; man musste sie aus den Betten holen, weil an diesem Tag auch einige Nazis Prüfungstermine hatten. Die Professoren waren, sofern sie nicht selbst seit langem sogenannte »Nationale« waren, relativ klerikal. Einer der klerikalsten sagte uns: Da heute für viele ein Freudentag sei, wolle er ihnen die Prüfungen ersparen, und nur der, der mehr als »Genügend« haben wolle, werde geprüft werden; es werde aber nur eine einzige Prüfungsfrage gestellt werden. Der Professor in Kirchenrecht war besonders zuvorkommend. Er meinte: »Fragen werde ich Sie nicht. Welche Frage wollen Sie denn beantworten?«

Ein anderer, ein sehr boshafter und hasserfüllter Nazi mit einer ekelhaften Fistelstimme, hat, nachdem er meinen Akt gelesen hatte und den Grund meiner Vorstrafen wusste, mir die Frage gestellt: »Herr Kandidat, sagen Sie mir, wie begründen Sie staatsrechtlich den ›Anschluss‹ Österreichs an Deutschland?« Ich erwiderte, vor so manchem Zeugen: »Herr Professor, ich bitte vielmals zu entschuldigen, aber ich bin ja, wie Sie aus den Unterlagen erkennen, aus politischen Gründen im Gefängnis gewesen, eben weil ich mich schon mit der Rechtsgrundlage des früheren Regimes nicht abfinden konnte. Ich bitte um eine andere Frage.« Schönbauer meinte: »Wären Sie nicht von dieser Abstammung, hätte man das vielleicht als mutig bezeichnen können, so aber kann ich das nur als Chuzpe bezeichnen.« Da aber heute ein so großer historischer Tag sei, wolle er mir kein Hindernis in den Weg legen; ich werde ja, meinte er, ohnehin nicht viel Freude haben.
Auf den Gängen draußen randalierten die Nazis. Die Universität war wie eine große Kaserne; es wurden Hemden, Stiefel und Hosen anprobiert. Dann stürmten einige in den Prüfungssaal. Einen von ihnen erkannte ich als meinen alten Mitschüler Felix Rinner, der, aus einer sozialdemokratischen Arbeiterfamilie kommend, während seines Studiums ein leidenschaftlicher Nazi geworden war. Dies ist er bis zu seinem Ende auch geblieben. Ich war mit Rinner in der Mittelschule sehr befreundet gewesen. Aus Bewunderung teilte ich oft mit ihm mein bescheidenes Taschengeld. Er war sehr sportlich und galt als einer der besten Mittelstreckenläufer. Bei der Olympiade in Berlin zeichnete er sich allerdings dadurch aus, dass er sich als Österreicher zu »Großdeutschland« bekannte. Dies machte ihn zum beliebtesten aller österreichischen Nazis. In Rinner personifizierten sich sehr viele soziologische Aspekte. Sein Vater war Rentner, und da es damals für Arbeiter keine Altersrente gab, waren die Verhältnisse zu Hause erbärmlich. Wie ich bereits erzählt habe, hatte sich Felix Rinner durch mich für die Sozialistischen Mittelschüler im dritten Wiener Gemeindebezirk anwerben lassen, war aber wahrscheinlich nur ein einziges Mal bei einem Gruppenabend erschienen. Seine freie Zeit verbrachte er lieber in einem Sportklub im Prater. Dort hat er seine ersten Nazifreunde getroffen, die ihn später, als er unsere Schule verlassen musste, und auch während des Studiums finanziell unterstützten.
Felix Rinner stürmte also an der Spitze einiger Leute in den Saal, um zu sehen, ob da Juden wären. Er hat mich natürlich sofort erkannt, ging

aber ostentativ an mir vorüber. So kam ich an diesem 14. März ohne Schwierigkeiten aus der Universität, während ich bei früheren Anlässen sehr oft unter denen war, die mit den anderen jüdischen und sozialistischen Studenten hinausgeworfen wurden. Es ist eine Laune des Schicksals, dass ich gerade an diesem Tag ungeprügelt davonkam.
Das Doktordiplom habe ich nicht mehr selbst in Empfang genommen, sondern einer meiner gesinnungsfestesten Freunde, Dr. Kurt Scheffenegger, hat das für mich erledigt. Ohne ihn wäre ich kein österreichischer Doktor geworden. Und noch einer hatte mir dabei geholfen und sicher ein Auge zugedrückt: der Nationalökonom Prof. Dr. Hans Mayer.
Glücklich aus der Universität heraußen – ich glaube mich noch an das laute Pochen meines Herzens zu erinnern –, ging ich, um mich ein wenig zu beruhigen, in mein geliebtes Stammcafé, das leider nicht mehr bestehende Café Schottentor. Dieses Café spielte zwar keine so herausragende Rolle wie die zehn Minuten entfernt liegenden Cafés Central und Herrenhof, aber es gab auch hier eine sehr intellektuelle Klientel, bedingt durch die Nähe zur Universität. Im Café Schottentor gab es den berühmten Oberkellner Tschada, einen der schönsten Oberkellner Wiens. Er war bekannt dafür, ihm unsympathische Gäste auf eine einzigartige Weise zu vertreiben. Wenn ein solcher Gast das Lokal betrat, konnte Tschada durch das ganze Kaffeehaus rufen: »Herr Doktor, eine Dame hat angerufen, aber es war sicher nicht die Frau Gemahlin!«
Jeder, der die erste Staatsprüfung hinter sich hatte, wurde von Tschada mit einem leicht ironischen Unterton »Herr Doktor« genannt. Besonders prononciert tat er das bei einem Mann, der angeblich bereits elf Jahre lang Jus studierte. Wieder einmal vor einer Prüfung stehend, geht er nervös, die Gäste irritierend, in dem kleinen Kaffeehaus auf und ab. Immer wieder hört man die Kellner rufen: »Bitte Vorsicht, Herr Doktor! Bitte Herr Doktor, danke Herr Doktor!« Schließlich soll einer der irritierten Gäste – man sagte, es sei Anton Kuh gewesen – die Geduld verloren haben: »Was ist, Herr Doktor, den ganzen Tag hier so herumpromovieren?«
An besagtem Montag war der Oberkellner Tschada zutiefst bedrückt. Auch für ihn ist damals eine Welt untergegangen. Er teilte mir mit, dass man mich bereits von zu Hause angerufen und mir in verschlüsselter Weise empfohlen habe, nicht nach Hause zu kommen. Ich rief meinen Vater im Büro an. Ich hätte wieder Besuch gehabt, sagte er, und ich verstand sofort, dass es die Polizei war. Mein Vater riet mir, an dem

geplanten Skiausflug nach Lech teilzunehmen, zu dem sich auch eine englische Studentengruppe angemeldet hatte. Es wäre mir ein Leichtes gewesen, mit dieser Gruppe Österreich zu verlassen, indem ich den Pass eines englischen Studenten genommen hätte, dem beim nächsten Konsulat sofort ein neuer ausgestellt worden wäre. Ich wollte das nicht. Als ich das Café Schottentor verließ, verabschiedete ich mich mit Galgenhumor vom Oberkellner: »Herr Tschada, wenn wir wiederkommen, dann werden Sie unser Zeremonienmeister.«

Als ich nach Hause kam, war die Polizei tatsächlich bereits dagewesen. Unserer Haushälterin hatte man gesagt, wenn man mich nicht fände, werde die Familie »drankommen«. So ging ich am nächsten Tag aufs Polizeikommissariat. Die Polizisten kannte ich aus der Zeit meiner Meldepflicht. »Meine Herren, Ihr habts mich verlangt, da bin ich.« Dann wurde ich in die nächste Zelle gesteckt. Es war die übliche schlechte Beleuchtung, der schlechte Geruch, das schlechte Essen, alles, was ich schon kannte – aber eine andere Klientel.

Es gab einen einzigen Sozialdemokraten, Hermann Lackner. Er war der nächste Mitstreiter des sagenumwobenen Koloman Wallisch gewesen. Von den elf Jahren Diktatur in Österreich saß Lackner 10 Jahre, 6 Monate und 5 Tage im Gefängnis, am längsten von allen Sozialdemokraten. Er war gerade aus der Haft entlassen worden und wollte vom Südbahnhof aus nach Hause in die Steiermark fahren, als er schon wieder festgenommen wurde. Mit ihm freundete ich mich damals an, und wir blieben Freunde bis zu seinem Tode 1984. Er war für mich die Inkarnation des neuen Menschen, wie ihn die Sozialdemokratie schaffen wollte: aus der Arbeiterschaft kommend und von einem brennenden Wissensdurst erfüllt.

Nach kurzer Zeit brachte man mich auf die mir wohlvertraute »Elisabethpromenade« und von dort ins Landesgericht II, in dem ich bis dahin noch nicht gewesen war. Im Einser hatte man es uns immer als ein Dorado gepriesen, natürlich mit den Einschränkungen, die ein Gefängnis mit sich bringt, und so war ich sehr neugierig. Es war weder ein schönes noch ein besonders komfortables Gefängnis. Aber es hatte einen leicht provinziellen Charakter und wirkte dadurch etwas milder als der Gefangenensilo des Einser. Auch war das Essen besser, was Häftlinge besonders zu schätzen wissen.

Im »Grünen Heinrich«, dem Transportwagen für Gefangene, saß mir ein Mann gegenüber, den ich nur vom Sehen und aus der Zeitung kannte, der

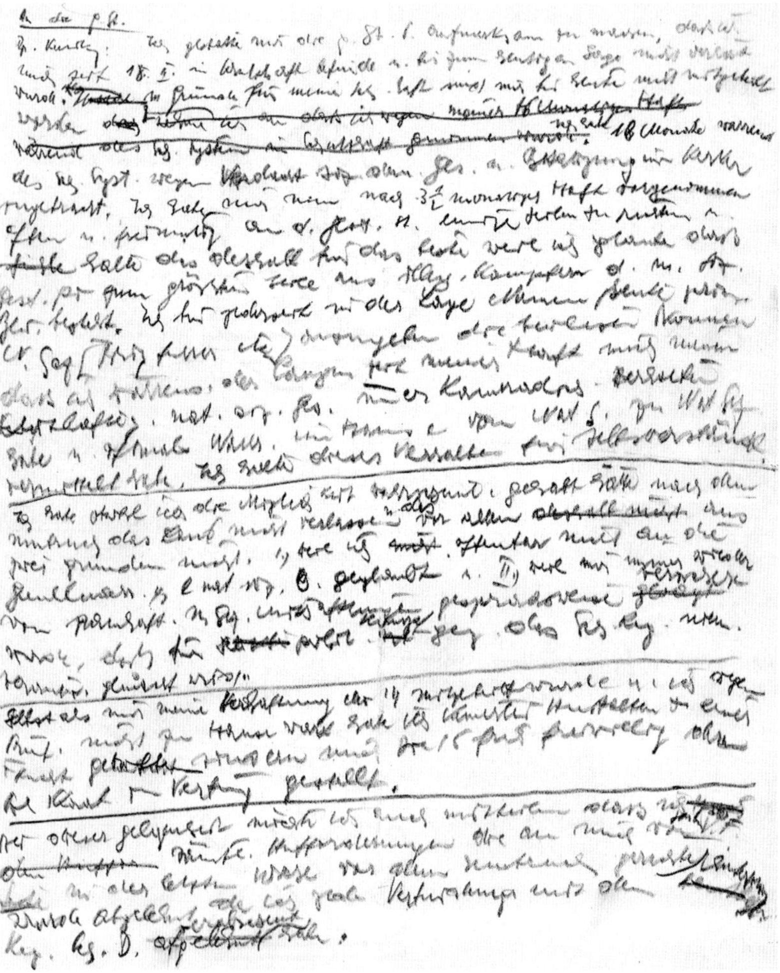

»(...) Ich habe 16 Monate während des Sch[uschnigg] Syst[ems] wegen Verdacht[s] soz[ial]dem[okratischer] Gesinnung u[nd] Betätigung im Kerker zugebracht. (...)«

Finanzminister Dr. Ludwig Draxler. Er hätte seinem Habitus nach und mit den Schmissen im Gesicht eigentlich ein Nazi sein können. Dr. Draxier hatte es als Anwalt zu einer großen Kanzlei gebracht und, als er Finanzminister wurde, ungeniert auch alle jene Fälle übernommen, die in die Kompetenz seines Ministeriums fielen.

Dr. Draxler saß dann mit mir im Zweier Landesgericht in der gleichen Zelle. Da ich als einziger die Gebräuche des Gefängnisses kannte und

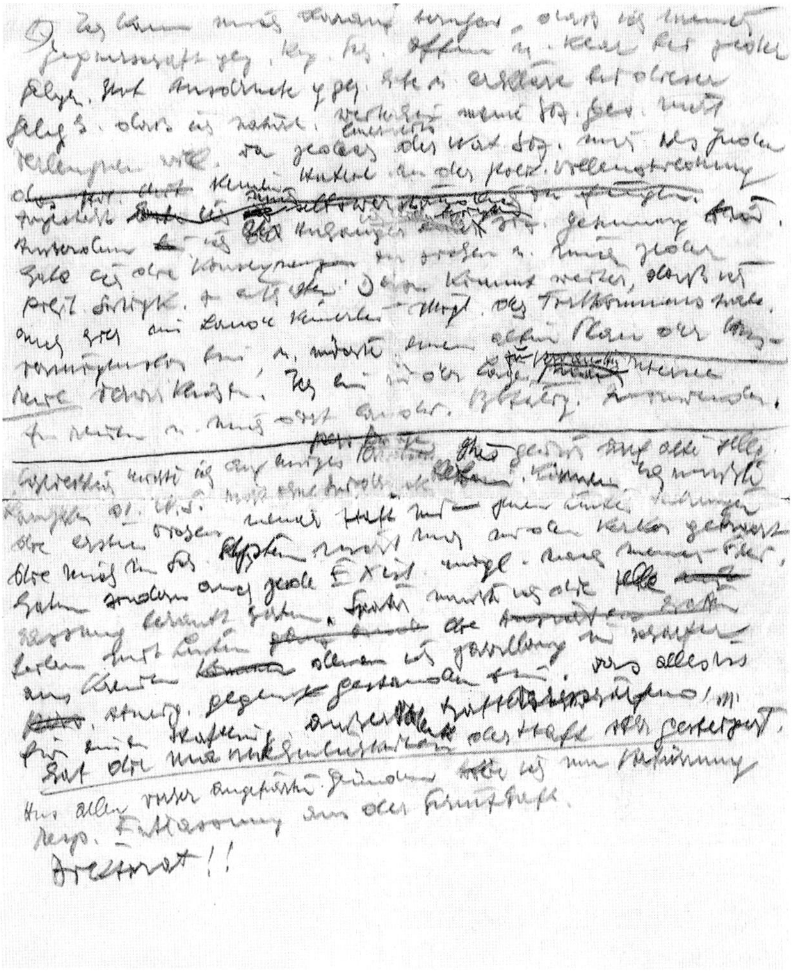

Handschriftlicher Entwurf eines Schreibens an die Gestapo auf der Rückseite eines Briefes seines Vaters vom 23. Juni 1938. Bruno Kreisky bittet darin um Entlassung aus der Schutzhaft.

auch die Sprache verstand, die man sprechen musste, begann ich sofort mit einem »Fazi«, einem der Kriminellen, die Dienst gemacht haben, alles mögliche zu organisieren: Rasierklingen, Schreibzeug, Zigaretten und was so dazugehört. Und da stand neben mir ganz fassungslos der Herr Bundesminister a. D. Dr. Draxler: »Herr Doktor«, sagte er zu mir, »woher wissen Sie denn das, woher können Sie denn das alles?« Ich habe ihm süffisant geantwortet: »Weil Sie mich eingesperrt haben.«

»Wieso?« fragte er, »wieso ich? Ich hab nie jemanden …« Ich fiel ihm ins Wort: »Nein, aber Ihre Regierung. Und jetzt sitzen wir alle da, und das habe ich euch schon vor ein paar Jahren in meinen Aufsätzen vorausgesagt, dass das so ausgehen wird.«

Als einer der Gefolgsleute des Fürsten Starhemberg ist der Dr. Draxler auf der falschen Seite gestanden, aber irgendwie waren wir uns sympathisch, und daraus entwickelte sich eine regelrechte Freundschaft, die bis zu seinem Tode gedauert hat. Er war ein angenehmer Zellengenosse, weil er ganz einfach ein zivilisierter Mann war und auf sich geschaut hat. Außerdem war er zutiefst deprimiert und hat mich immer wieder gefragt, wie ausgerechnet ihm Derartiges widerfahren konnte. Seine Argumentation ist im wesentlichen in die Richtung gegangen: Was hab' ich eigentlich hier verloren – ehemaliger Kriegsflieger, abgestürzt, schlagender Student, ein grenzenloser Bewunderer Mussolinis. Vielleicht, so fragte er sich, war es falsch von mir, mich mit der ehemals demokratischen Partei, den Christlichsozialen, einzulassen, wo ich doch aus dem nationalen Lager kam. Was er nicht einbekannte, war, dass er in erster Linie eigentlich ein großer Karrierist war.

Allmählich wurde ich Tröster vom Dienst. Ich war so etwas wie sein Beichtvater und Ratgeber. Als die SS Dr. Draxler verhörte, wurde er auch nach seinen Konten gefragt; man vermittelte ihm den Eindruck, er sei ein Verirrter und könne daher mit Gnade rechnen, und Dr. Draxler, beeindruckt von der Höflichkeit des SS-Offiziers, gab bereitwillig Auskunft über seine Vermögensverhältnisse. Der SS-Mann, erzählte Dr. Draxler nach der Rückkehr in die Zelle, habe ihm sogar sein Offiziersehrenwort gegeben. »Na, da werden Sie sich noch wundern«, sagte ich nur, und wenige Tage später war sein Bankkonto ganz und gar ausgeplündert. Sicher hat seine Familie noch genug zum Leben gehabt, denn er war in wenigen Jahren ein reicher Mann geworden.

Als Dr. Draxler später nach Dachau abtransportiert wurde, hat er mir beim Abschied eines seiner Hemden geschenkt, hergestellt bei der nobelsten Hemdenfirma Wiens. Das Hemd war mir um vieles zu groß, und ich hab' ausgeschaut wie ein »Kropferter«, der plötzlich seinen Kropf verloren hat. Aber da meine eigenen Hemden fast alle zerschlissen waren, lief ich mit dem Hemd des Dr. Draxler herum. In der Emigration ließ ich es dann in Erinnerung an ihn und diese Zeit umarbeiten. Als wir uns nach dem Krieg wiedersahen, sagte ich ihm: »Du, ich trag noch immer dein Hemd.«

In der Haft war auch ein alter, sympathischer Direktor der christlichsozialen Druckerei, ein armer Teufel, der schwer unter Arthritis litt. Als er eines Tages ins Konzentrationslager abmarschieren musste, habe ich ihm meinen Wintermantel mitgegeben, weil ich sah, wie krank er war. So bildete sich eine neue Gefängnisgemeinschaft, bestehend aus den Ehemaligen – den Sozialisten und den Kommunisten – und den Neuen, den Vertretern des Kleriko-Faschismus, die die Stelle der Nazis eingenommen hatten. Wir waren ohne Rachegefühle diesen Leuten gegenüber, und auch Schadenfreude haben wir nicht empfunden; wir haben sie einfach als Mitgefangene betrachtet, die mit uns jetzt dasselbe Schicksal teilten. Es war eine kuriose Mischung, und durch das viele Umschaufeln der Gefangenen kam ich im Laufe der Zeit mit vielen prominenten Vertretern des Kleriko-Faschismus zusammen.

Unter ihnen befanden sich Schuschniggs Pressechef Walter Adam sowie der Chauffeur des »Propagandaministers« Guido Zernatto, Franz Kriklan. Der hatte seinen Chef noch über die Grenze nach Pressburg gebracht und war dann zurückgekehrt, mit Ross und Wagen sozusagen. Er war später, nach dem Krieg, unter Bundeskanzler Figl Fahrer im Bundeskanzleramt. Die führenden Persönlichkeiten der Vor-Hitler-Diktatur haben mir natürlich – ohne Details auszuplaudern – viele Interna erzählt; dadurch ist mir die Ohnmacht dieser sich omnipotent gebenden Regierung noch bewusster geworden.

Alles, was Rang und Namen hatte unter den Kleriko-Faschisten, war jetzt eingesperrt. Es hat deshalb so gut geklappt, weil die österreichischen Polizeibeamten größtenteils Nazis waren und genau wussten, wen sie einzusperren hatten. Sehr viele Sozialisten dagegen sind damals merkwürdigerweise noch nicht eingesperrt worden, und vor allem die Schutzbundführer sind meist ungeschoren geblieben. Ich glaube, man war deshalb so zurückhaltend, weil die Gestapo sich gesagt hat, die sollen sich nur sicher fühlen; aus dem Gefühl der Sicherheit heraus werden sie zu arbeiten beginnen, und wenn sie dann – um in der Sprache der Gestapo zu bleiben – aus ihren Löchern hervorkommen, werden wir zuschlagen.

Eines Tages verbreitete sich das Gerücht, aus Anlass des ersten offiziellen Besuches von Göring in Wien werde man alle politischen Gefangenen auf Bewährung entlassen. Dies sei ein Akt Göringscher Generosität. Als wir spätabends in die Grünen Heinriche verladen wurden, mussten wir durch ein Spalier von SS-Leuten, die uns schärfstens bewachten. Da sagte ich zu Ludwig Draxler: »Du, wenn das wahr wäre, dass wir jetzt freikommen, dann würden uns die wegen der halben Stund' nicht so bewachen!« Die Fahrt schien endlos. Dann sah ich durch den Schlitz des Grünen Heinrichs etwas glitzern – das Wasser des Donaukanals. Das bedeutete, dass wir über eine Brücke fuhren und entweder in den 2. oder in den 20. Bezirk geführt wurden.

Das Ziel der Fahrt ins Ungewisse war eine ehemalige Volksschule in der Karajangasse. Dort hatte man ein Notgefängnis eingerichtet. Jedes andere Gefängnis wäre mir lieber gewesen, aber was half's. Man gab uns Stroh, das wir in Säcke füllen mussten; das waren unsere Betten. Tagsüber mussten die Säcke an der Wand aufgestellt werden, damit wir Platz hatten, uns zu bewegen. Wir sind den ganzen Tag im Kreis gegangen, was eine beträchtliche Strafverschärfung war. Da sagte der berühmte Wiener Kabarettist Fritz Grünbaum zu mir: »Und die draußen glauben, wir sitzen.«

Die Freunde aus der Bewegung waren auch in der Karajangasse nicht sehr zahlreich. Mein Freund Hans Kunke war dabei und Friedrich Hillegeist.

Nicht so klar ist mir gewesen, warum gerade ich verhaftet worden war; eine so prominente Rolle habe ich eigentlich gar nicht gespielt. Die offizielle Begründung lautete, dass ich wegen »staatsabträglichen« Verhaltens in »Schutzhaft« genommen worden sei. Verhört wurde ich in dieser Sache nie. Im Entwurf eines Schreibens an die Gestapo hielt ich fest, dass ich nicht geflüchtet sei, sondern mich freiwillig gestellt und schon deshalb Anspruch auf ein Verhör hätte. Gleichzeitig betonte ich, »dass ich natürlich weiterhin meine sozialistische Gesinnung nicht verleugnen« werde.

Nahezu alle Juden, die man verhaftet hatte, waren in der Karajangasse zusammengebracht worden: Industrielle, die von Angestellten ihrer eigenen Betriebe angezeigt worden waren, Schauspieler und Kabarettisten, die, wie Grünbaum, irgendwann einmal eine antinazistische Bemerkung gemacht hatten, Journalisten und Literaten und andere. Unter ihnen befand sich auch der bekannte Librettist Alfred Grünwald, der zusammen mit Julius Brammer zahlreiche Libretti geschrieben hatte, unter anderem für Leo Falls *Die Rose von Stambul* und Emmerich Kálmáns *Gräfin Mariza.* Viel später lernte ich auch seinen Sohn, den Herausgeber vom *Time Magazine,* Henry A. Grünwald, kennen.

Im April ging der erste Transport nach Dachau. Fünf Jahre lang hatten wir Berichte über deutsche Konzentrationslager gelesen, aber den Gräuelgeschichten hatten wir nicht geglaubt. So arg kann es gar nicht sein, sagten wir uns. Man wird halt arbeiten müssen, ziemlich schwer sogar, aber frische Luft haben und wahrscheinlich eine einigermaßen erträgliche Verpflegung. Von Panik war jedenfalls keine Rede. Und von denen, die schon einmal in Dachau gewesen und freigelassen worden waren, erfuhr man überhaupt nichts. Sie waren so verängstigt, dass sie den Mund nicht mehr aufmachten. Bald kursierten die ersten Witze: Einer, der aus dem KZ kam, wurde gefragt, wie es dort gewesen sei. Er schilderte das Leben in den leuchtendsten Farben. Sein Gesprächspartner meinte, er habe von einem anderen Freund etwas ganz anderes gehört. »Ja, aber der ist auch jetzt wieder dort.«
Als die Liste mit den Namen derer verlesen wurde, die für den Transport nach Dachau bestimmt waren, wurde auch mein Name aufgerufen, und ich meldete mich. In dem allgemeinen Durcheinander ging das unter. Und beim zweiten Mal wurde ich nicht mehr aufgerufen. Es gibt eine alte Regel, die wohl vom Militär stammt und die sich auch im Gefängnis bewährt hat: Man soll, lautet sie, wenn man einmal aufgerufen wird, dann aber nicht mehr, sich ja nicht vordrängeln und fragen, ob das ein Versehen sei. Das kann schlecht ausgehen, denn dann wird nachgeschaut. Später habe ich erfahren, dass sich einer der damals wachhabenden Polizisten, ein alter Sozialdemokrat – der Bruder eines mir bekannten Gewerbetreibenden auf der Wieden –, offenbar gesagt hat, dass bei der Schlamperei, der auch die deutschen Nazis zum Opfer gefallen sind, es durchaus passieren könne, dass es den Kreisky gar nicht gibt. Im Gegensatz zu den meisten Häftlingen wusste er, was Dachau bedeutete, und so bin ich das erste Mal davongekommen.
Meine Eltern hatten offenbar die Nachricht erhalten, ich sei bereits in Dachau, und so habe ich vergeblich auf ein Lebenszeichen von ihnen gewartet. Auch die Mitteilungen des Auslandsbüros der österreichischen Sozialdemokraten in Paris schrieben am 22. April 1938: »Nach Dachau wurde auch der Student Bruno Kreisky gebracht ...« Ich trug mein letztes Hemd auf dem Leib – das Hemd vom Dr. Draxler –, war sehr verkühlt und litt zum ersten Mal unter meiner Isolation. Eines Sonntags kam ein Polizeiwachkommandant – ich nehme heute noch an, dass er es war, der mich kurz zuvor aus der Liste gestrichen hatte – und sagte: »Sie sind doch der Kreisky?« Er nahm mich mit in seine Wach-

stube und gab mir eine Schale Tee. Von seiner Menschlichkeit und seinem Tee gewärmt, berichtete ich ihm von meinem Schicksal. »Wissen'S was«, sagte er, »ich lass Sie mit Ihren Eltern telefonieren! Aber nur kurz, nur sehr kurz!« Ich hatte Tränen in den Augen. Meine Eltern waren natürlich froh, meine Stimme zu hören, auch wenn ich sehr verkühlt klang; ich hatte eine schlimme Angina. Einer der Ärzte, die noch da waren, ein sehr bekannter Frauenarzt, behandelte mich, so gut es eben ging. Damals habe ich erfahren, dass man auch ohne Medikamente gesund werden kann. Meine Genesung war in der Tat ein Wunder.

Bei der nächsten Bestandsaufnahme wurde ich dann gewissermaßen wiederentdeckt. Man stellte fest, dass ich mich eigentlich gar nicht mehr in der Karajangasse befinden dürfe. Nach Dachau gehörte ich aber ebensowenig. Es war nämlich noch ein Verfahren gegen mich anhängig. Schließlich einigte man sich darauf, mich ins Landesgericht I zu überführen. Im Landesgericht, das ich nach den wenig erfreulichen Verhältnissen in der Karajangasse wie eine alte Heimat empfand, erwartete ich mir eine gewisse Ordnung und Ruhe. Aber bevor man mich tatsächlich in Ruhe ließ, holte man mich erst noch zu Verhören ins berüchtigte Hotel »Metropol«, wo die Gestapo ihr Hauptquartier eingerichtet hatte.

Das Hotel lag am Franz-Josefs-Kai und gehörte einem Deutschen jüdischer Herkunft, der mit mir in der Karajangasse war. Er behauptete, er sei der Erfinder eines speziellen Verfahrens zur Herstellung von Pektin, dem Stoff, den man aus einem französischen Apfel gewinnt, der sonst nicht verwertet werden kann. Pektin wurde damals zum Konservieren von Marmeladen benutzt. Aber das war nicht der Grund seiner Verhaftung; er war einfach eingesperrt worden, weil er einer der Besitzer des »Metropol« war, und er sollte so lange in Haft bleiben, bis er sich bereit erklärte, das Hotel für einen von der Gestapo bestimmten Preis herzugeben. Nun hatte er mit der Deutschen Wehrmacht schon sehr weitgediehene Verhandlungen über das Pektin geführt, das möglicherweise zum Blutstillen verwendet werden konnte. Er war deshalb ganz sicher, dass man seine Entlassung durchsetzen werde. Das ist dann auch geschehen.

Stefan Zweig schildert in seiner *Schachnovelle* sehr eindrucksvoll, wie man in den Badezimmern des »Metropol« mit ihren getönten Scheiben endlos gewartet hat. Wie ich da so an meinem Fenster herumtastete, ging es plötzlich einen Spalt auf, und ich konnte in ein Verhörzimmer sehen. Am Schreibtisch des Gestapo-Mannes saß einer meiner Mitgefangenen. Sofort wurde mir klar: Er war ein Spitzel. In einer Zelle von sechzehn Leuten saß also ein Gestapo-Agent, der offenbar auf einen in dieser Zelle angesetzt war. Aber auf wen? Wir hatten gehört, dass unter uns Häftlingen auch einige Nazis seien, die zu irgendeiner Clique gehörten, die ihren gerade an die Macht gekommenen Rivalen nicht passte. Die waren nach den Verhören immer besonders niedergeschlagen, denn sie waren ja sicher gewesen, dass sie unter den Aufsehern und nicht unter den Gefangenen sein würden. Durch einen reinen Zufall hatte ich also diesen Spitzel entdeckt. Aber was sollte ich tun? Wie warnte man die anderen? Ich habe diesen Mann dann ständig beobachtet und versucht herauszufinden, wen er besonders im Auge behält, aber ich weiß bis heute nicht, was sein Auftrag war.

Ich habe dann ein sehr unangenehmes und brutales Verhör durchgemacht. Halb bewusstlos und blutüberströmt kam ich zurück in die Zelle. Mit einem »Überschwung«, so nannte man die breiten Militärgürtel, hatte man mir zwei Zähne ausgeschlagen. An diese Stunden erinnere ich mich nicht gerne.

Die Fragen waren vollkommen sinnlos gewesen. Angeblich hatte ich eine Tätigkeit entfaltet, die zum Wiederaufleben des kommunistischen Jugendverbandes hätte führen sollen. Die Deutschen meinten offenbar ganz jemand anderen. Sie haben mich noch ein bisschen geprügelt, dann musste ich unterschreiben, dass ich gut behandelt worden bin. Danach kam ich ins Landesgericht I, und man ließ mich in Ruhe.

Beim Eintreffen im Einser standen wie üblich alle wieder auf dem Gang. Der erste alte Bekannte, den ich traf, war der Chefarzt des Inquisitenspitals, jener Dr. Kretschmer, der für die fingierten Zahnschmerzen zuständig war. Die Plomben kosteten noch immer fünf Schillinge. Die Nazis, mit denen er seinerzeit ja auch seine Plombengeschäfte gemacht hatte und die ihm deshalb zu Dank verpflichtet waren, ließen ihn zwar ungeschoren, aber die einträglichen Tage im Inquisitenspital waren für ihn gezählt. Denn dieses segensreiche Plombieren konnte man nun, da man selbst an der Macht war, natürlich nicht dulden.

Dr. Kretschmer erkannte mich sofort als alten Patienten und sagte: »Kreisky, was machen Sie denn wieder hier?« »Ich bin nur da, weil ich das letzte Mal auch da war«, habe ich geantwortet, denn einen anderen Grund wusste ich selbst nicht. »Da werde ich mal mit Ihren alten Haftgenossen reden«, sagte der Dr. Kretschmer und meinte damit natürlich die Nazis. Er hat es sicher auch getan, davon bin ich überzeugt, denn

anders kann ich mir nicht erklären, dass ich eines Nachts zum Verhör gerufen wurde.
Mir gegenüber saßen ein österreichischer und ein deutscher SS-Offizier höheren Rangs; um mich einzuschüchtern, hatten sie ihre Gürtel und Pistolen auf den Tisch gelegt. Sie eröffneten mir, da ich mich in der »Systemzeit« – damit war die Dollfuß-Schuschnigg-Diktatur gemeint – als wider Erwarten mutig erwiesen hätte, und aufgrund der Tatsache, dass ich einigen ihrer Parteigenossen als kameradschaftlicher Mithäftling bekannt sei, bekäme ich die Möglichkeit, ins Ausland zu gehen. Um zu verhindern, dass ich die Ausreisegenehmigung missbrauchte und illegal wieder zurückkäme, halte man es für gut, wenn ich als Emigrationsland irgendeinen Staat weit weg von Europa anvisierte. Leute wie ich sollten weit weg von Deutschland sein, damit den Deutschen das Unheil des Ersten Weltkrieges, der Dolchstoß von hinten, erspart bliebe. Sie warnten mich: der Arm der Gestapo reiche weit. »Also, wohin können Sie auswandern?« Aufs Geratewohl erwiderte ich: »Nach Bolivien.« Ich habe zwar nicht gewusst, wo Bolivien liegt, aber es war das erste weit entfernte Land, das mir in den Sinn kam.
Kurz darauf, am 8. August 1938, wurde ich tatsächlich entlassen. Man hatte mir nicht viel Zeit gegeben, und so klapperte ich in den nächsten Tagen eine ganze Reihe südamerikanischer Konsulate und Botschaften nach Einreisevisa ab. Unterdessen kam eine Nachricht von Torsten Nilsson, man habe mir eine Einreisebewilligung für Schweden besorgt. Nilsson, der später schwedischer Außenminister wurde, spielte damals in der Jugendinternationale eine beträchtliche Rolle, und dort hatte man nach dem Einmarsch Hitlers alle Hebel in Bewegung gesetzt, um mich aus Österreich herauszuholen. Ebenso hatte Alan Sainsbury, der Besitzer der großen englischen Ladenkette, von dem ich gar nicht gewußt hatte, dass er ein bekannter Sozialist war, für mich eine Einreisebewilligung nach England erwirkt, verbunden mit der Zusage, dass ich bei ihm arbeiten könnte. Das hatte ich einer englischen Freundin zu verdanken, die in Wien studiert hatte und deren Mutter wiederum mit Sir Stafford Cripps befreundet war, der während meiner Haft 1935/36 sozusagen mein Schutzherr gewesen war.
So hatte ich also Einreisevisa für zwei europäische Länder, aber mein deutscher Reisepass war nur gültig für Großbritannien, Südamerika und Mexiko; außerdem für die Tschechoslowakei und Polen, weil ich über den polnischen Hafen Gdingen auswandern sollte. Die polnischen

si 80
VIENNA
Leaders'
SOCIALIST INTERNATIONAL
Vice President

Ringen um eine friedliche Lösung des Nahost-Problems: Pressekonferenz mit Willy Brandt, Anwar al-Sadat und Shimon Peres am 11. Februar 1978 in Salzburg.

Seite 217: Global Management im Rahmen der Sozialistischen Internationalen: mit Willy Brandt in Wien 1980.

Seiten 218/219: Als scharfsinniger Analytiker ein begehrter Gesprächspartner: Treffen mit US-Außenminister Henry Kissinger und US-Präsident Richard Nixon, 1972.

Behörden waren damals willfährige Vollzugsorgane der Gestapo. Mein Pass trug kein »J«, wie es ab 5. Oktober 1938 gesetzlich vorgeschrieben war, und auch der zweite Vorname »Israel«, den man einige Wochen später jedem Mann jüdischer Herkunft verpasste, fehlte. Ich besaß also einen »arischen« Pass; das Land aber, für das ich mich entschieden hatte, Schweden, war in diesem Pass nicht aufgeführt.

Der Reisebüroleiter, ein alter Parteifreund, Jenschik, hat sich die Schrift in meinem Pass angeschaut und gesagt: »Ja, ich weiß, wer den Pass geschrieben hat. Ich geh' morgen zu dem Mädchen hin und sag', sie soll auch noch Schweden dazuschreiben. Das kostet fünf Mark.« So ist dieses ganze komplizierte Überwachungssystem, das die Gestapo um mich herum aufgebaut hatte, mit fünf Mark aus der Welt geschafft worden.

Für meinen Weggang aus dem Dritten Reich brauchte ich auch ein sogenanntes »Wehrunfähigkeitszeugnis«. So ging ich zu der zuständigen Behörde in der Millergasse und sagte zu dem diensthabenden Offizier, ich sei jüdischer Herkunft und brauchte ein Wehrunfähigkeitszeugnis. Ich könne meine Herkunft allerdings nicht belegen, da die Israelitische Kultusgemeinde erklärt habe, ich fände mich nicht in ihren Papieren. Die Israelitische Kultusgemeinde wollte mir keine Bescheinigung ausstellen, da ich seit 13. Oktober 1931 auch offiziell konfessionslos war. Der Angestellte teilte mir mit, er habe keinerlei Unterlagen über mich – was sicher nicht wahr gewesen ist. Die Kultusgemeinde hat damals eine politische Wandlung durchgemacht. Da ich meine jüdische Herkunft also nicht nachweisen könne, die Gestapo mir aber zur Auflage gemacht habe, innerhalb kürzester Zeit das Land zu verlassen, wüsste ich mir keinen Rat. Da sagte der Offizier zu mir: »Herr Kreisky, Sie sind der erste, der zu mir kommt und von mir seine jüdische Herkunft reklamiert.« Dann stellte er mir, auch ohne Bestätigung der Israelitischen Kultusgemeinde, mein Wehrunfähigkeitszeugnis aus, und damit konnte ich mir die letzten noch fehlenden Papiere und Ausweise beschaffen.

In diesen Tagen hatte ich zwei höchst merkwürdige Begegnungen. Einmal traf ich in der Straßenbahn die Schwester zweier guter Freunde aus der Jugendbewegung, die ich sehr verehrte. Nach landläufigen Vorstellungen sah sie sehr »arisch« aus. Sie trug zwar kein Hakenkreuz, aber sie hatte sich doch dem neuen Geist angeschlossen, obwohl in ihrer Familie ein anderer Geist herrschte. Ich fühlte, dass ihr die Begegnung mit mir nicht ganz angenehm war, verabschiedete mich rasch, stieg aus und ging den Rest traurig zu Fuß.

Ganz anders die Begegnung mit einer jungen Verkäuferin, die ich auch aus der Jugendbewegung kannte und die gleichermaßen sehr arisch aussah. Im Autobus erzählte ich ihr, dass ich in den nächsten Tagen nach Schweden gehen würde. Sie werde mitfahren, meinte sie auf der Stelle. Sie war überzeugt, dass, wenn wir es geschickt einfädelten, auch ihre Eltern zustimmen würden. Natürlich konnte ich an so etwas nicht denken, da ich selbst nicht wusste, welches Schicksal meiner harrte. In dieser unsicheren Situation ein so hohes Maß an Verantwortung zu übernehmen und sich obendrein nach den strengen Rassegesetzen strafbar zu machen, dazu konnte ich mich nicht entschließen. In Stockholm habe ich später einmal einen Brief von ihr erhalten, in dem mir ein ähnliches Angebot gemacht wurde, auf das ich aber ebenfalls eine ausweichende Antwort gab. Die Entwicklung in Skandinavien hat mir schließlich recht gegeben. Norwegen und Dänemark waren okkupiert, Finnland hatte sich dem Krieg gegen Rußland angeschlossen, und es war nicht abzusehen, ob Schweden unbesetzt bleiben würde. Man kann sich die Unsicherheit der damaligen Lage nur sehr schwer vorstellen. Den wenigsten gelingt es, sich in das Denken derer hineinzuversetzen, deren Zukunft so viele Unbekannte enthielt. Gefühlsfragen sind für Außenstehende voll von Imponderabilien, und ein Versuch, meine Gefühle an dieser Stelle vermitteln zu wollen, wäre von vorneherein zum Scheitern verurteilt.

Bis zur Abreise musste ich mich regelmäßig auf dem Wiedener Polizeikommissariat melden, und jedesmal war ich erleichtert, wenn ich wieder draußen war. Der Ausreisetermin rückte immer näher. Als ich eines Tages einen Wink bekam, dass ich in Gefahr sei, wieder verhaftet zu werden, beschleunigte ich meine Ausreisevorbereitungen.

Ein erhebliches Problem war die Finanzierung meiner Reise. Das Konto meines Vaters war gesperrt, und er durfte pro Tag nur einen kleinen Betrag abheben. Meine Verwandten waren in der gleichen Situation, und aus dem Ausland durfte man ohnehin kein Geld bekommen. Die dänische Fluggesellschaft, mit der ich weiter fliegen musste, verkaufte ausschließlich Tour-Retourkarten, und die kosteten etwa sechshundert Mark. Das war eine unerschwingliche Summe.

Da kam mir mein alter Freund Beppo Afritsch zu Hilfe. Er arbeitete damals bei den Quäkern, die nach dem Februar 1934 eine große Aktivität in Österreich entfaltet hatten. Sie wurden von der englischen Arbeiterbewegung und den englischen Gewerkschaften mit Geld versorgt, das sie für die Unterstützung der verfolgten Schutzbündler und ihrer Familien zur Verfügung stellten. Beppo ging kurzerhand mit mir zu dem Luftfahrtsbüro und kaufte mir ein Ticket.

Mit Beppo war ich seit früher Jugend befreundet. Er war von sehr dickem und besonders sympathischem Äußeren; wann immer man mit ihm zusammentraf, war er heiter und frohgemut. Ursprünglich Gärtnergehilfe, hatte er es zu einem hohen Posten in der Gartenverwaltung der Stadt Wien gebracht. Als Stadtrat hat er beim Wiederaufbau nach dem Zweiten Weltkrieg einen besonderen Beitrag geleistet. Er war der Erfinder des Begriffs vom »sozialen Grün«, gewissermaßen der erste »Grüne« im politischen Sinn. Ihm ist es zu verdanken, dass der Anteil der Grünfläche in Wien wesentlich vergrößert wurde und auch in den Vorstädten, wo es ja in der Monarchie nichts als Mietskasernen gab, neue Gärten entstanden. Mit einem großen Teil dieser Entwicklung ist der Name Josef Afritsch untrennbar verbunden.

Sein Vater war der Gründer der großen sozialen Kinderbewegung, der sogenannten »Kinderfreunde«. Eine jener genialen Ideen, die aus der österreichischen Sozialdemokratie eine umfassende Kulturbewegung machten und für zahlreiche andere Parteien in Europa vorbildlich wurden. Die theoretische Grundlage dieser Organisation waren die Ergebnisse und Errungenschaften der modernen Psychologie, vor allem der Individualpsychologie. Diejenigen, die dort wirkten – vor allem Lehrer –, haben in der Sozialdemokratischen Partei eine große Rolle gespielt. An der Wiener Schulreform zum Beispiel – getragen von dem Namen des Präsidenten des Wiener Stadtschulrates, Otto Glöckel – haben sehr viele hervorragende Pädagogen mitgewirkt, unter anderem Anna Freud, Siegfried Bernfeld und August Aichhorn. Die Erkenntnis, dass Erziehungs- und Schulfragen eine gesellschaftliche Rolle erhalten müssen, war ein wichtiges ethisches Element der österreichischen Sozialdemokratie. Das Recht auf Menschlichkeit anstelle privater Wohltätigkeit hatte damals geradezu axiomatischen Charakter.

Außer einer großen Reisekiste, für die ich ziemlich hohe Frachtkosten zahlen musste, durfte ich nichts mitnehmen. Dazu kamen die üblichen zehn Mark, mehr war nicht erlaubt. Mein Vater hatte mir noch schnell einen kostbaren Winterrock machen lassen, der nicht ganz zu dieser warmen Jahreszeit passte. »Wer weiß«, meinte er, »wann du dir einen Winterrock wirst leisten können, und dort oben, wo du hinfährst, pflegt es sehr kalt zu werden.« In den großen Taschen dieses Mantels ließ sich allerhand verstauen. Bei der Suche nach einer Reiselektüre fiel mir die kartonierte Rowohlt-Ausgabe von Robert Musils *Der Mann ohne Eigenschaften* in die Hände. Das ist wohl das beste, was ich mitnehmen kann, dachte ich mir, es wird mich immer an Österreich erinnern und ein Mittel gegen allzu großes Heimweh sein.

Aber wie es mit Büchern so geht: Das, was mir helfen sollte gegen Heimweh, hat es nur gefördert. Denn vieles von dem, was ich bis dahin als literarisch bedeutsame und kritische Schilderung meines Landes empfunden hatte, erschien mir plötzlich liebenswert. Ein melancholischer Ernst lag über diesem Österreich, und in dem Maße, wie die Jahre gingen, und jenes Österreich, das ich kennengelernt hatte, in der Erinnerung verblasste, trat in mir ein anderes Österreich hervor, eines, das es erst zu schaffen und zu erwerben galt.

Und so hat Robert Musil mir zu einem, wenn ich so sagen darf, sublimierten Patriotismus verholfen, der sicher auch meine politische Vorstellungswelt beeinflusst hat. Fast sieben Jahre lang sollte ich Österreich nicht wiedersehen. Und noch einmal über fünf Jahre sollte es dauern, bis ich endgültig in meine Heimat zurückkehrte.

Die ersten Jahre in Schweden

Es war ein sonniger Spätsommertag, der 21. September 1938, als ich mich auf dem Asperner Flugplatz von meinem Vater und meinem Freund aus der illegalen Jugendbewegung, Alois Reitbauer, verabschiedete. Nach meiner Haftentlassung 1936 war Reitbauer, ein Funktionär der illegalen Sozialistischen Jugend, ein enger Freund geworden; diese Freundschaft fand in Schweden ihre Fortsetzung. Ich bestieg eine Junkers-Maschine der Deutschen Lufthansa, und da es sich um den offiziellen Eröffnungsflug der Strecke Berlin–Wien handelte, waren fast nur geladene Gäste an Bord. Neben mir saß ein begeisterter Holländer, der davon schwärmte, wie wunderbar alles bei den Deutschen sei. Wir flogen über die Tschechoslowakei, als eine Karte verteilt wurde: »Sie sind Gast der Deutschen Lufthansa«.

In Berlin gab es für mich einen Zwischenaufenthalt von einigen Stunden. Seltsamerweise fühlte ich mich wie in einer von den Nazis befreiten Stadt. Auf der Tauentzienstraße sah ich einen müden Zug der Deutschen Arbeitsfront, und kein Mensch hatte, wo immer ich ging, ein Hakenkreuz angesteckt. Ich musste an Wien denken, wo jeder, der nur konnte, eine so große *Pletschn* als möglich trug – ein Wiener Ausdruck für Orden – und manch einer sich in Ermangelung alter Parteiabzeichen mit Fantasiehakenkreuzen verschiedener Größe dekorierte. Auf dem Flughafen Tempelhof, beim Einsteigen in das rote Flugzeug der dänischen Luftfahrtgesellschaft, hatte ein Beamter der Grenzpolizei plötzlich Einwände gegen mich. Ich sei ein Jahrgang, der, wie er wisse, einberufen werde; er müsse meine Ausreise erst überprüfen. Sein Kollege, der dabeistand, meinte, er solle keine Geschichten machen.

In Kopenhagen auf dem Flugplatz Kastrup wollten die dänischen Grenzbeamten mich nicht durchlassen, weil ich kein Visum hatte. Um nach Schweden zu gelangen, war ein Transitvisum für Dänemark nötig, aber der dänische Konsul in Wien hatte es mir verweigert, obwohl er wusste, dass man mich mit einem solchen Visum jederzeit nach Stockholm hätte abschieben können. Als ich kurz nach Kriegsende in Gesellschaft des dänischen Außenministers und späteren Ministerpräsidenten

H. C. Hansen nach Wien kam, waren wir bei diesem Konsul eingeladen. Nach langem Zögern entschloss ich mich, die Einladung anzunehmen, konnte es mir aber nicht verkneifen, ihn zu fragen, ob er mich kenne. Als er dann die Geschichte von damals erfuhr, hat er sich viele Male entschuldigt.

»Wenn Sie mich jetzt zurückschicken«, habe ich in Kopenhagen einem dänischen Beamten gesagt, »liefern Sie mich den Leuten aus, denen ich gerade entkommen bin.« Der Grenzbeamte behauptete, auch für einen Zwischenaufenthalt sei eine Einreiseerlaubnis nötig; wenn ich die nicht hätte, müsse er mich mit dem Abendflugzeug zurückschicken.

In diesem Augenblick kam der Flughafenbus aus Kopenhagen, und Freunde aus der Dänischen Sozialistischen Partei sowie Joseph Simon, ein alter Freund aus Wien, hatten alle Dokumente mit, die ich brauchte. Ich erinnere mich noch heute, wie ich in diesem Augenblick das fast unabweisbare Bedürfnis hatte – ich sage das ohne jegliches Pathos –, auf dem freien Boden Dänemarks auf die Knie zu sinken. Es gibt Augenblicke, in denen auch nicht religiöse Menschen danken wollen. Die Ähnliches erlebt haben, verstehen's. Wer nahezu fünf Jahre lang den bitteren Becher der politischen Drangsalierung bis zur Neige geleert hat, ist überwältigt, wenn er endlich den Boden eines freien Landes betritt, das ihm die Menschenwürde zurückgibt. Hat man das einmal erlebt, so wird man das Gefühl für die Freiheit sein Leben lang nicht mehr verlieren.

Am Abend holte mich ein deutscher Sozialdemokrat ab, ein alter Freund aus der Jugendbewegung, Max Geissler, der bereits in der dritten Emigration war. Er war zunächst nach Österreich, dann in die Tschechoslowakei und schließlich nach Dänemark geflüchtet. Bei der Familie, bei der er wohnte, konnte ich die folgenden Tage unterkommen. Ich blieb länger als geplant, denn mich umfing eine sympathische Atmosphäre, wie sie in einem Land mit freundlichen Menschen und gemütlichen Lebensgewohnheiten eben herrscht. Am ersten Abend schon gingen wir auf den großen Platz vor dem Rathaus. *Berlingske Tidende* und *Politiken,* die beiden großen Zeitungen des Landes, hatten auf dem Dach eine Leuchtschrift, die für den nächsten Tag ein Treffen zwischen Chamberlain und Hitler in Bad Godesberg ankündigte.

Die Dänen waren sehr hilfsbereit, und da sich meiner zudem eine sehr hübsche junge Dänin annahm, wollte ich eigentlich nicht so bald aus Kopenhagen weg. Die Verteilung der sozialistischen Emigranten über die verschiedenen, noch freien europäischen Länder war von der Sozia-

»Ich wollte kein Davonlaufer sein«: Bruno Kreisky im schwedischen Exil, 1944.

listischen Internationale in groben Zügen jedoch vorgegeben: Die Österreicher sollten nach Norwegen gehen, die Sudetendeutschen und die deutschen Sozialdemokraten waren für Schweden und Dänemark vorgesehen. Allerdings hat man sich nicht so genau an diese Richtlinien gehalten.

Als ich an einem düsteren Herbsttag zum ersten Mal schwedischen Boden betrat, reute es mich sehr, dass ich das freundliche Dänemark bereits nach einer Woche verlassen hatte. Die Umstände waren anders, als ich es mir gewünscht hätte. Ich hatte ja aus Österreich nicht endgültig weggehen wollen und bis zum Schluss gehofft, dass es mir möglich sein werde, in meinem Heimatland zu bleiben. Sehr bald musste ich jedoch einsehen, dass ich unter dem nazistischen System nicht die geringste Überlebenschance haben würde, und ich erinnere mich gut, wie einer meiner Freunde, Roman Felleis, der nicht in der gleichen Weise wie ich doppelt bedroht war, während einer langen Nacht mir klarmachte, es sei meine Pflicht, für die gemeinsame Sache zu leben und nicht sinnlos zu sterben.

Ich war schweren Herzens weggefahren. Ich wollte kein Davonlaufer sein, weder damals noch irgendwann sonst in meinem Leben. Nach dem 12. Februar 1934 bin ich nicht zu den reichen und freundlichen Verwandten in Mähren gefahren, um dort Zuflucht zu suchen, und nach Kriegsausbruch bin ich nicht aus Schweden weggegangen, obwohl mir von Joseph Buttinger alle Möglichkeiten geboten wurden; ich hätte den langen Weg über Moskau mit der transsibirischen Eisenbahn nach Wladiwostok und über Japan in die Vereinigten Staaten nehmen oder mit einem der letzten Frachter aus der Sowjetunion nach Amerika fahren können. Buttinger hatte ein nahes Verhältnis zu Eleanor Roosevelt und beschaffte damals Visa für politisch gefährdete Leute; er forderte mich sehr eindringlich auf, aus Schweden wegzugehen – es werde nicht frei von Hitler bleiben. Noch einmal wurde ich beschworen, mein Heil in der Flucht zu suchen: im Sommer 1940, nach der Besetzung Dänemarks und Norwegens, diesmal von Friedrich Adler. Ich bin geblieben. Ich wollte nicht wieder auf der Flucht sein. Sollte es zum Schlimmsten kommen, so dachte ich irgendwo in den riesigen Wäldern im Norden Schwedens unterzutauchen.

Das kalte und neblige Stockholm am Tag meiner Ankunft machte auf mich einen trostlosen Eindruck und war in allem das Gegenteil des heiteren und damals noch glücklichen Kopenhagen. Am Flugplatz wurde ich von österreichischen und schwedischen Freunden abgeholt, und als die Österreicher am Abend unter sich waren, machte ich meiner Enttäuschung Luft: »Was war ich doch für ein Dummkopf, dass ich aus Dänemark weggegangen bin! Ein so fröhliches Land! Und hier ist alles so grau und feucht.« Ich war unglücklich wie lange nicht. Am zweiten Tag fühlte ich mich noch immer verloren, und als ich spätabends in meine Pension zurückfand, war meine Konsternation komplett. Ich wusste genau, dass links von der Flurtür mein Zimmer lag, nur hatte ich mich im Stockwerk geirrt und war in ein falsches Zimmer gegangen. Zimmerschlüssel gab es in dieser Pension nicht. Als ich mich zu meinem Bett vorgetastet hatte – wo man Licht macht, wusste ich nicht –, stellte ich mit Entsetzen fest, dass da schon jemand schlief. Zu allem Unglück hatte man mir also auch noch mein Bett weggenommen. Ich fand es furchtbar! Nachdem ich von Stockwerk zu Stockwerk gelaufen war, kam ich schließlich in das richtige Zimmer. Meine Orientierung war nicht zuletzt durch eine ausgedehnte Begrüßungsfeier getrübt worden, bei der ich reichlich mit schwedischen Schnäpsen traktiert worden war. Zwar hatte ich von den Gläsern, die mir zugedacht waren, nur einige geleert; alle anderen hatte der einladende Schwede selber ausgetrunken. Aber die schwedische Trinkfestigkeit war mir damals noch fremd, und richtig habe ich sie nie erlernt.

Nachdem ich die Nostalgie, die mich nach den schönen Tagen in Kopenhagen erfasste, überwunden hatte, erschien mir das Leben in Stockholm von Woche zu Woche freundlicher. Dazu trugen in erster Linie meine österreichischen Exilgefährten bei, die mir einen rührenden Empfang bereiteten und mir versprachen, mich in jeder Hinsicht zu unterstützen. Einige von ihnen hatten schon Arbeit gefunden, darunter Franz Novy, ein Gewerkschaftsfunktionär, der später in Wien eine entscheidende Rolle spielen sollte, ferner Erwin Billmaier von den Revolutionären Sozialisten, mit dem ich 1935 im Gefängnis gesessen war. Sie arbeiteten beide am Bau, und Billmaier, der allein war, sagte mir – und das wird mir unvergesslich bleiben: »Du, ich verdien' sehr viel Geld, und solang i a Geld hab, hast du auch eins.« Von der Flüchtlingsunterstützung, hundert schwedischen Kronen, konnte man nicht leben. Die Schweden haben die Unterstützung mit Absicht so niedrig gehalten; es gab damals genügend freie Arbeitsplätze im Land, und hinsichtlich der Zukunft Europas war man so pessimistisch, dass man die Assimilation der Emigranten anstrebte.

Einige Zeit später wurde mir in einem der neuen Stadtteile außerhalb Stockholms eine nagelneue Wohnung angeboten, die ich mit dem Ehepaar Neumann, früheren Kommunisten, teilen sollte. Ich schaute mir die Wohnung an und war sehr zufrieden; es gab ein herrliches Badezimmer, eine komplett eingerichtete Küche, Einbauschränke und einen Lift. Alles war sehr modern und durchaus praktisch; am typischsten aber war der Fahrstuhl, den es sonderbarerweise in jedem Haus in Schweden gibt, auch wenn es nur ein paar Stockwerke hat. Manche Emigranten, die zu Anfang oft nicht einmal einen Spiegel besaßen, sind im Lift auf- und abgefahren und haben sich dabei rasiert.
Es war eine Dreizimmerwohnung. Ein Zimmer sollte mir gehören, die beiden anderen den Neumanns. Ihn kannte ich von Wien her flüchtig. Nachdem er aus der Kommunistischen Partei ausgetreten war, wurde er – wie es so oft geschah – ein kämpferischer Antikommunist. Einige Zeit nach dem Krieg kehrte er wieder in den Schoß Moskaus zurück, um Jahre später erneut die Fronten zu wechseln. Seine Frau, Grete Neumann, war einmal Sekretärin Trotzkis gewesen.
Nachdem ich die Wohnung besichtigt hatte, traf ich mich mit Moritz Robinson, dem Chefredakteur des ehemaligen Grazer *Arbeiterwillens*, einem noblen Herrn von großer politischer Erfahrung, mit dem ich damals jeden Tag um vier Uhr ins »Kaffeehaus« ging. Es handelte sich eigentlich um eine gewöhnliche Konditorei im Zentrum Stockholms, wo man rasch einen Kaffee trank, ein Stück Kuchen aß und wieder ging. Wir, das heißt einige Emigranten, machten daraus ein Kaffeehaus nach unserem Sinn und blieben oft stundenlang sitzen. Allmählich gewöhnten sich die hübschen Serviererinnen an unsere Gruppe und brachten – was durchaus nicht selbstverständlich war – neue Gläser frischen Wassers. In dieser Konditorei ist mir so manche Lehre fürs Leben zuteil geworden.
Moritz Robinson versuchte mich davon zu überzeugen, dass Assimilation für mich das Beste sei – »Schweden ist ein gutes Land, in dem Sie große Chancen haben, und die erste Voraussetzung dafür ist, dass Sie sich freimachen von der Emigration. Nur nicht im Emigrantenmilieu leben, sonst werden Sie ein ewiger Emigrant bleiben«, meinte er in seiner ruhigen, ernsten Art.
Ich habe mir diese Ermahnungen des alten Moritz Robinson sehr zu Herzen genommen, und binnen kurzer Zeit haben schwedische Freunde mir ein anderes Quartier besorgt. Es war zwar ein winziges Zimmer,

eigentlich das Hausgehilfinnenzimmer in einer altmodischen Stockholmer Wohnung, in das mit knapper Not ein Bett, ein Schrank, ein Schreibtisch und meine Wiener Kiste hineingingen. Aber es war eine noble Adresse im Osten der Stadt. Das entsprach auch einer Lebensweisheit, die mir mein Vater schon früh mit auf den Weg gegeben hatte: »Wenn du in der Welt herumfährst, dann wohne immer im billigsten Zimmer des besten Hotels. So genießt du die Vorteile eines reichen Gastes.« Die Dame, bei der meine Freunde mich einlogierten, war die Witwe eines deutschen Konsuls. Wenn ich ihr meinen monatlichen Zins bezahlt hatte – inklusive Frühstück, denn ich bin ein Frühstücksfanatiker –, dann blieben mir ganze vierzig Kronen zum Leben. Das hat hinten und vorn nicht gereicht. Große Sorgen habe ich mir darüber allerdings nicht gemacht. Schließlich hatte ich für den Notfall Verwandte in Schweden, meinen Vetter Herbert Felix.

Schon nach ein paar Wochen erhielt ich meinen ersten journalistischen Auftrag. Für das Organ des sozialdemokratischen Jugendverbandes sollte ich über die letzten Tage in Wien berichten und schildern, was unter den Nazis aus dem »singenden und klingenden Wien« geworden sei. Der Artikel erschien unter einem Pseudonym am 7. Dezember 1938; das Honorar, einen Hunderter, hatte ich im Voraus bekommen und schon bald ausgegeben.

Mein Gesellenstück war gut aufgenommen worden und ich sollte weitere Aufträge bekommen. Der Haken an der Sache war, dass ich meine Artikel notgedrungen auf deutsch schrieb. Ole Jödahl, der spätere schwedische Botschafter in Bonn, übersetzte sie als der zuständige Redakteur, aber ewig konnte ich es ihm neben seiner Arbeit nicht zumuten, meine Artikel zu übersetzen.

Mitten in dieser Bedrängnis, als ich schon fürchtete, bald wieder auf dem Trocknen zu sitzen, besuchte ich den sozialistischen Jugendverband. Dort stellte man mir mit der größten Bereitwilligkeit ein Zimmer mit Telefon zur Verfügung. Was mich dabei am meisten freute, war, dass ich Zugang zur Portokasse hatte. Emigranten schreiben ja ununterbrochen Briefe in die ganze Welt, und das konnte ich nun nach Herzenslust, ohne an die Portokosten denken zu müssen.

Ich bin immer sehr viel länger in meinem Büro gesessen als die anderen. Eines Abends, als ich gerade gehen wollte, trat aus einem der Zimmer des langen Korridors ein Mann mittleren Alters, dessen asketisches Gesicht mir bekannt vorkam. Wer als letzter das Haus verließ, musste

die Tür abschließen, und so fragte ich ihn radebrechend, ob er oder ich das tun sollte. Er konnte ebensowenig schwedisch wie ich. Es war, was ich aber erst später herausfand, Bertolt Brecht, der damals beim Reichsverband der Amateurtheater, der sein Sekretariat in der Partei hatte, Lehrstücke schrieb.
Brecht ist dann über Finnland und die Sowjetunion nach Amerika ausgewandert. Wenn ich mich recht erinnere, so wurde er durch den russisch-finnischen Winterkrieg aufgehalten. Während dieser Zeit traf ich ihn bei einer finnischen Schriftstellerin. »Warum bleiben Sie nicht in Moskau?« fragte ich ihn, »Sie sind doch Kommunist.« Brecht antwortete barsch, das sei seine Sache, wohin er fahre! Ich hätte ihn besser nicht fragen sollen, denn die Antwort ergab sich von selbst: Das Stalinsche Schreckensregime hatte seinen Höhepunkt erreicht, und Brecht wollte sein Werk nicht vorzeitig beenden.
Anfang Dezember war mein Geld restlos aufgebraucht. Ich begleitete eine gute Freundin, die nach Finnland reiste, zum Schiff und gab anschließend in einem kleinen Seemannskaffeehaus für einen heißen Kaffee die letzte Krone aus. Auf dem Weg zurück vom Hafen überkam mich eine recht zuversichtliche Stimmung: Es konnte nur besser werden. Bei der Ankunft im Jugendsekretariat, wo es warm und behaglich war, erfassten mich aber doch Zweifel. Natürlich konnte ich mir Geld ausborgen. Aber in dieser Frage hatte ich einen Grundsatz: Schulden machen wollte ich nur, wenn ich auch eine gewisse Vorstellung davon hatte, wie ich sie zurückzahlen könnte, aber die Aussichten waren nicht gut. Da kam einer meiner neuen Freunde, ein großer dicker Schwede, in mein Zimmer: »Du anrufen, du telefonieren« – das hatte ich schon verstanden -, »einen Herrn ... «Er zeigte mir den Zettel; dort stand Habsburg! »Das ist ein blöder Witz«, meinte ich. Wenig später ging ich hinüber ins Flüchtlingssekretariat, wo mein Freund Karl Heinz, der Sekretär des Republikanischen Schutzbundes und Vorsitzende der Sozialistischen Jugendinternationale, saß, und dort erlaubte sich ein anderer den gleichen Scherz: Ich solle Habsburg in der Skandinaviska Banken anrufen.
Einer, der nicht ein Öre in der Tasche hatte, sollte ausgerechnet einen Habsburg in der größten Bank des Landes anrufen: Das schien mir allzu barock, und ich rätselte, was wohl dahinterstecke. Ich erkundigte mich nach dem Kontor der Bank, ging hin und fand heraus, dass es dort in der Tat einen Beamten namens Habsburg gab, einen Nachfahren des

Erzherzogs Karl, des Herzogs von Teschen, wie sich später herausstellte. Herr Habsburg war zwar gerade nicht da, aber für Herrn Kreisky gab es ein Telegramm und – eine Geldüberweisung! Man fragte an, ob ich eine Korrespondententätigkeit bei der radikalen, der Labour Party nahestehenden Zeitschrift, *Tribune* übernehmen wolle. Die *Tribune* war das Organ der Linken in der Labour Party. An ihrer Spitze stand Sir Stafford Cripps; unterstützt wurde sie von einem der berühmtesten britischen Kaufleute, Alan Sainsbury. In einem Brief erinnert sich Lord Sainsbury: »Als Bruno untergetaucht war und Gefahr lief, verhaftet zu werden, haben Freunde von mir namens Chance, Bruder und Schwester, die ihn in Österreich getroffen hatten, bevor es bedrohlich für ihn wurde, mich gebeten, ihm zu helfen, Österreich zu verlassen. Ich konnte ihm ein wenig Geld für die Reise schicken und hoffte, dass er nach England käme, aber er hielt es wahrscheinlich für leichter, über Skandinavien zu entkommen.« Ohne mir weiter Gedanken zu machen, ließ ich mir die stattliche Summe von fünf Pfund auszahlen, was damals recht viel Geld war.

Mitte Dezember stand ich also finanziell gut da. Nach einiger Zeit entschloss ich mich, in ein geräumigeres Quartier umzuziehen. Es lag wiederum in einem guten alten Viertel; im selben Haus war die Schweizer Botschaft einquartiert. Ich hatte diese »großartige« Wohnung durch eine gute Freundin bekommen und wohnte dort mit einem schwedischen und einem englischen Künstler zusammen, die beide kräftig dem Alkohol zusprachen.

Auch wer gelernt hat, das Schicksal der Emigration bewußt auf sich zu nehmen, wird ein wenig schwermütig, wenn jene Feiertage nahen, die ihn zwangsläufig an sein Zuhause erinnern. Den 1. Mai, den konnte man noch überwinden, indem man an den Feiern der Freunde teilgenommen hat. Aber Weihnachten, das war ein so ausgeprägtes Fest der Familie, dass einen unwillkürlich Erinnerungen und tiefes Heimweh überfielen.

Als ich gerade von diesem schmerzhaften Gefühl des Alleinseins überfallen wurde, kam der Hausbesorger und teilte mir mit, dass auf jedem Stockwerk die Treppen gereinigt seien, nur nicht auf unserem. Jeder Mieter habe die Verpflichtung, für sein Stockwerk zu sorgen. Meinen Mitbewohnern, die von den Weihnachtsfeiern in ihren Ateliers schon stark hergenommen waren, konnte diese Aufgabe nicht zugemutet werden. Vom Landesgericht her war ich eigentlich ein Spezialist für

Bodenreiben. Als ich fertig war und wieder in meinen beiden Zimmern saß, klingelte plötzlich das Telefon. Am Apparat war die Frau meines späteren Chefs, des Generaldirektors Carl Albert Anderson, und fragte mich, was ich denn vorhätte. Ich wusste es selbst nicht. Ich hätte zwar zu Verwandten gehen können, aber dazu verspürte ich keine Lust. »Dann kommen Sie doch zu uns«, meinte sie. Das tat ich auch, und so verbrachte ich meine ersten Weihnachten in Schweden im Kreis dieser Familie. Es war ein schönes Fest, und ich bekam sogar einige Geschenke.

Meine Tätigkeit für die *Tribune* brachte mich auf die Idee, dass ich auch bei anderen ausländischen Zeitungen mitarbeiten könnte. Interessiert war man unter anderem an Reportagen über das Erzgebiet von Kiruna, weit oben im Norden Schwedens. Gleichzeitig war ich von meinen schwedischen Parteifreunden eingeladen worden, an der Maifeier in Kiruna teilzunehmen und dort eine Rede zu halten. Alles passte gut zusammen, und die Kosten waren auf jede Weise gedeckt. Die Reisespesen, die mir die schwedische Partei zur Verfügung stellte, und das Honorar, das ich für die Reportagen zu erwarten hatte – das Tagegeld betrug, glaube ich, fünfzig Kronen, jedenfalls war es eine irrsinnig hohe Summe –, erlaubten es mir sogar, ein paar Tage Skiurlaub zu machen in einem der herrlichsten Skigebiete des europäischen Nordens.

Im Frühjahr 1939 bekam ich bei den schwedischen Genossenschaften eine Anstellung. Nicht, dass ich qualifiziert gewesen wäre und mich dadurch vor anderen ausgezeichnet hätte. Schwedische Parteifreunde haben mich vielmehr zu dem neuen Generaldirektor der Genossenschaften geschickt, dem ich Deutschunterricht erteilen sollte. Carl Albert Anderson, der spätere Stadtpräsident von Stockholm, war ein sehr beschäftigter Mann; wenn wir verabredet waren, ließ er mich oft über eine Stunde warten, bis er mir eines Tages gestand, er habe keine Zeit, Deutsch zu lernen, ein bisschen könne er ja schon, und das andere werde sich finden. Als Entschädigung könne ich jedoch eine Stelle beim Konsum Stockholm bekommen. Später wurde ich, wie es in meiner Arbeitsbewilligung hieß, *kommersiell rådgivare,* also Konsulent in wirtschaftlichen Angelegenheiten. Mein kleines Arbeitszimmer, das direkt neben dem des Generaldirektors lag, zeigt man heute noch: Da ist der österreichische Bundeskanzler Kreisky gesessen. Ich habe dort anfangs halbtags gearbeitet und soviel verdient, dass ich davon gut leben konnte. Hinzu kamen die steigenden Einnahmen aus meiner journalis-

tischen Tätigkeit; je besser ich schwedisch sprach, desto leichter brachte ich meine Artikel unter. Es war ein gutes Leben, und finanzielle Sorgen brauchte ich mir von da an nicht mehr zu machen.
Weil niemand befürchten musste, dass ich als Ausländer in die Geschäftsführung des Konsumvereins aufrückte, war ich vor Rivalitäten sicher und habe mich nützlich zu machen versucht, was mir, wie ich glaube, auch gelungen ist. In Voraussicht auf einen möglichen Krieg habe ich aus österreichischen Publikationen unser seinerzeitiges Rationierungs- und Rayonierungssystem studiert, wie es vom späteren Minister für Volksernährung, Hans Löwenfeld-Russ, während des Krieges und danach praktiziert wurde. Ich konnte meinen Chef davon überzeugen, dass es wichtig sei, die Schwächen dieses Systems rechtzeitig zu erkennen, um im Kriegsfall gut vorbereitet zu sein.
Auch meine zweite Aufgabe habe ich gleichsam selbst an mich herangetragen. Eine große Gefahr für das moderne Konsumgenossenschaftswesen war in meinen Augen das schweizerische Migros-System; von dieser Gefahr habe ich meinen Kollegen erzählt, und die meinten, dass das sehr interessant sei, ich sollte es studieren. Da ich zu dieser Zeit auch Korrespondent der von Duttweiler, dem Schöpfer des Migros-Systems, gegründeten schweizerischen Wochenzeitung *Die Tat* war, habe ich mich nicht nur mit dem Migros-System und Duttweiler befasst, sondern auch noch Artikel für seine Zeitung geschrieben. Nur wenige wurden gebracht. Ich saß in einem Winkel Europas, für den sich damals kaum jemand interessierte, und musste mir die Themen suchen.
Im Juli 1939 sollte ich als österreichischer Delegierter zum Kongress der Sozialistischen Jugendinternationale nach Lille fahren.
Die Kosten wollten meine schwedischen Freunde tragen. Eingeladen war ich in meiner Eigenschaft als Exponent der österreichischen Jugendbewegung im Untergrund. Wir fuhren von Göteborg mit dem Schiff über England nach Frankreich. Das Visum, das mir die Franzosen in meinen deutschen Reisepass stempelten, sollte mir noch einiges Kopfzerbrechen bereiten.
Ohne mir zu viel einzubilden, möchte ich behaupten, dass ich in Lille sehr dringend gebraucht wurde. Zum einen war ich einer der letzten österreichischen Genossen, die aus dem Lande herausgekommen waren. Die eigentliche Rolle aber, die ich bei diesem Kongress übernahm, war alles andere als einfach. Auf dem Programm stand eine intensive Debatte mit dem Führer der Vereinigten Jugend Spaniens, Santiago

Carrillo. Im Lichte der Niederlage in Spanien vertrat Carrillo den Standpunkt, so wie sich der Sozialistische Jugendverband Spaniens mit den kommunistischen Jugendorganisationen des Landes im Kampf gegen Franco verbunden habe, so solle es die SM in Zukunft auch halten. Über die Frage der Vertretung der spanischen Sozialistischen Jugend in der Sozialistischen Jugendinternationale musste in Lille endgültig entschieden werden.

Unter den sozialdemokratischen Emigranten in Stockholm begann in den letzten Augusttagen des Jahres 1939 eine hektische politische Diskussion. Nicht nur, dass wir angesichts des nun sicheren Krieges nach der Sicherheit des skandinavischen Exils fragten; genauso beschäftigte uns die Frage nach den Überlebensmöglichkeiten und mithin nach der Zukunft der österreichischen sozialdemokratischen Bewegung.

Ich fand damals einen starken Rückhalt bei Helene Bauer, der Witwe Otto Bauers, mit der ich mich sehr gut verstand. Gemeinsam stellten wir unter anderem ein Thesenpapier zur Beurteilung der Sowjetunion auf, die sie allerdings sehr viel besser kannte als ich. Helene Bauer war eine elegante, äußerst gepflegte Polin, nicht hübsch, aber eine eindrucksvolle alte Dame. Sie war viel älter als Otto Bauer. Ihre Ehe lebte stark von dem Intellektualismus beider, sie ergänzten einander in idealer Weise. Wenn Otto Bauer über ökonomische Fragen arbeitete und zusätzliche Fakten benötigte, vertiefte sie sich in die Literatur und hielt ihn sozusagen auf dem Laufenden; das tägliche Gespräch zwischen beiden war die Quelle vieler Bücher. Übrigens ging auch die Ehe selbst auf ein Buch zurück: *Die Nationalitätenfrage und die Sozialdemokratie* des jungen Bauer hatte Helene Bauer so beeindruckt, dass sie sich scheiden ließ und den Autor heiratete.

Nach dem Februar 1934 wurde diese Ehe dadurch getrübt, dass eine Freundin Otto Bauers aus Wien, eine außergewöhnlich hübsche Frau, nach Brünn reiste und so dieses lange verborgene Verhältnis nicht mehr zu verheimlichen war. Ich selbst bin durch einen Zufall etwas früher auf diese Liebesaffäre gekommen. Ich begleitete Otto Bauer von einer Versammlung in der Wipplingerstraße hinunter zur sogenannten Stadtbahn. Er wollte wie immer zur *Arbeiter-Zeitung*, und eigentlich wollte ich ihn begleiten, denn von dort hätte ich einen Anschluss nach Hause gehabt. Vor der Stadtbahnstation bekam ich plötzlich das Gefühl, dass Otto Bauer auf meine weitere Begleitung offenbar keinen Wert legte. Um mich möglichst unauffällig von ihm zu verabschieden, habe ich

mich zur gegenüberliegenden Station begeben, um von dort aus weiterzufahren; da bemerkte ich die hübsche Frau, die auf ihn wartete.
Helene Bauer, die bis zuletzt mit ihrem Mann zusammenlebte, wurde Zeugin seines frühen Todes in Paris. Danach übersiedelte sie nach Stockholm, das sie 1941 verließ, als sich die Gefahr andeutete, dass auch Schweden in den Bannkreis Hitlers gezogen werde. Sie fuhr mit der transsibirischen Eisenbahn nach Wladiwostok und von dort mit dem Schiff nach Amerika – zusammen mit Moritz Robinson. 1942 ist sie in Berkeley gestorben.
Der finnisch-russische Winterkrieg hat mir als Journalisten, ganz ohne mein Zutun, eine Reihe von Zufallsengagements gebracht. Wenn Korrespondenten anderer Blätter nicht durchkamen oder nicht rechtzeitig eintrafen, benachrichtigte mich ein finnischer Freund, und ich sprang ein. So habe ich mir damals ein beachtliches Honorar zusammengeschrieben, aber dennoch endete der Krieg in finanzieller Hinsicht sehr schlecht für mich. In den Unterständen der Finnen habe ich nämlich zum ersten Mal in meinem Leben Karten gespielt, eine Art von leichtem Hasard; der Verlierer hatte zu zahlen, sobald man wieder friedlichen Boden betrat. Da wurde ich meine Honorare wieder los. Der einzige Trost war, dass ich mein Geld an meinen Freund Torsten Nilsson verlor.
Im Februar 1940, während ich an der finnischen Front meine ersten und letzten unmittelbaren Kriegserfahrungen machte, trafen endlich meine Eltern in Schweden ein. Immer wieder hatte ich sie beschworen, mir nachzukommen, aber mein Vater wollte Wien nicht verlassen. Ihm werde schon nichts passieren, hatte er mir geschrieben. So musste ich ein Druckmittel anwenden und erklärte ihm, dass ich in meiner politischen Tätigkeit immer Rücksicht würde nehmen müssen, falls er und meine Mutter im Dritten Reich blieben. Dies bürde mir eine zusätzliche Verantwortung auf. Hinzu käme, dass ich um ihr Schicksal bangte. Schließlich stimmte ich meinen Vater um. Das Leben in Wien war Ende 1939 bereits unerträglich geworden; in der Wohnung meiner Eltern hatte man andere Familien einquartiert, und wahrscheinlich wären sie innerhalb weniger Wochen deportiert worden. Meine Eltern durften einen kleinen Liftvan vollpacken und aus jedem Zimmer ein Möbelstück mitnehmen. Alle Wertgegenstände, vor allem die Bilder, wurden konfisziert, darunter ein berühmter Segantini, den ich Jahre später bei einer Ausstellung in der Schweiz wiedergesehen habe. Das Bild hatte

schon den dritten Besitzer, und deshalb war an eine Rückstellung nicht mehr zu denken.
Vom ersten Tag seines Exils an lebte mein Vater in der Hoffnung, so bald als möglich zurückzukehren. Er war nicht unglücklich in Schweden, aber er hat, wenn ich so sagen darf, mit der Seele nur in Österreich gelebt. Die Rückkehr war für ihn nicht einen Augenblick lang fraglich. Mein Vater litt auch in Schweden keine Not; er starb jedoch vergleichsweise jung, mit achtundsechzig Jahren, und in Wirklichkeit starb er an der Emigration. Er hat dreieinhalb Jahre schwer an ihr gelitten. Sein Leben in Wien war in geregelten Bahnen verlaufen; er hatte seinen Beruf, ging von seinem Büro zu Fuß in sein Kaffeehaus – Milan Dubrovic, der Chefredakteur der *Presse* und spätere österreichische Presseattaché in Bonn, erzählt in seinen Erinnerungen, wie mein Vater das beim Tarock gewonnene Geld weniger gut situierten Besuchern des Café Herrenhof für die Konsumation zur Verfügung stellte –, und er hatte seine über alles geliebten Brüder um sich, die alle in guten Positionen waren und eine gute Reputation besaßen. Seine einzige Sorge war ich. Dennoch stand er zu mir, vor allem während meiner verschiedenen Gefängnisaufenthalte. Gewiss wär's ihm lieber gewesen, ich hätte meine Abschlussprüfung gemacht und meinen Namen endlich mit dem Doktortitel verbunden.
In Schweden kam mein Vater bei einer kleinen Textilfabrik unter, die Decken für militärische Zwecke produzierte, und entwickelte ein Verfahren zu ihrer Herstellung. Die Arbeit war ihm offenbar zu viel. Und dennoch: Eines Tages besuchte ich ihn in einer dieser Fabriken und sah ihn unter einer in Montage befindlichen Maschine am Boden liegen: Er zeigte den Mechanikern, wie sie es machen sollten. Ich habe ihm lange ins Gewissen geredet, sich zu schonen, aber sein Pflichtgefühl war zu groß. Er erkrankte und starb sehr bald – einen Monat nach der Geburt meines Sohnes.

Neue Freunde

Unter den zahlreichen Emigranten, die nach dem deutschen Überfall auf Norwegen über die Grenze kamen, war ein junger Deutscher, mit dem man mich schon lange hatte zusammenbringen wollen: Willy Brandt. Über ein halbes Jahr hatte er im norwegischen Untergrund gearbeitet, ehe er sich im Dezember 1940 entschloss, nach Schweden zu gehen. Eines Tages begegneten wir einander, wobei ich nicht einmal genau weiß, was der Anlass war. Vom ersten Augenblick an haben wir Sympathie füreinander empfunden; zudem gab es gemeinsame Freunde. Brandt arbeitete vor allem für ein norwegisch-schwedisches Pressebüro. Mit den Norwegern war ich bereits 1939 in Kontakt gewesen. Ein Artikel über Österreich erschien in einem illegalen, weitverbreiteten Blatt in Norwegen. In diesem Aufsatz schrieb ich am Schluss, wir hätten keinen Tito, ich sähe auch weit und breit keinen, der eine ähnliche Rolle spielen könnte, und so werde sich Österreich wohl damit abfinden müssen, nach dem Ende des Krieges wieder auf die alten führenden Leute der ehemaligen Parteien zurückzukommen. So ist es dann auch geschehen.

Brandt war ein junger, sehr gut aussehender Mann, der über eine starke Ausstrahlung verfügte und überall sofort Freunde fand. Die Schweden schätzten ihn bald ebenso wie die Norweger, auch bei den Engländern und Amerikanern in Stockholm war er gern gesehen. Er hatte es schon deshalb leicht in Skandinavien, weil er ein sehr geselliger Mensch ist. Es wird dort am Abend gern gelacht und gern gesungen und natürlich auch getrunken. Brandt und ich waren, das darf ich wohl sagen, gern gesehene Gäste bei unseren schwedischen Freunden.

Unter den deutschen Emigranten gab es einige bedeutende Persönlichkeiten, ich denke etwa an Kurt Heinig. Heinig, bis 1933 Mitglied es Reichstages, hat in der Emigration ein dreibändiges Werk über das Budgetwesen geschrieben, aus dem ich viel gelernt habe. Ansonsten wollte er lieber in einer *splendid isolation* leben. Er stand, soweit ich mich erinnern kann, nicht gerade in einem Nahverhältnis zu Willy Brandt und schon gar nicht zu dem berühmten Gewerkschaftsführer Fritz Tarnow, den er offenbar als Laienökonomen betrachtete. Diesen Gegensatz gibt es in allen Gewerkschaftsbewegungen der Welt: auf der

Rede bei einer Veranstaltung des Schwedischen Sozialdemokratischen Jugendbundes (SSU) in Rösjön, 1943.

einen Seite Gewerkschafter mit einem beachtenswerten Talent für das Ökonomische, und auf der anderen die Wissenschaftler.

Zu Fritz Tarnow stand Willy Brandt in engstem Kontakt. Tarnow war der Mann, der auf dem letzten Parteitag in Leipzig 1931 von der Sozialdemokratie als dem »Arzt am Krankenbett des Kapitalismus« gesprochen hatte; dieser Vergleich plazierte ihn bei den Sozialdemokraten in der ganzen Welt auf die extrem rechte Seite. Wir, Willy Brandt, Fritz Tarnow und einige andere Exil-Sozialdemokraten, haben uns zu einer internationalen Arbeitsgemeinschaft zusammengefunden, die von manchen die kleine Stockholmer Internationale genannt wurde. Wir leisteten, glaube ich, gute Arbeit und waren sehr unvoreingenommen. Das Manifest dieses Kreises, dem Tschechen, Polen, Ungarn, Franzosen, Dänen, Norweger, Amerikaner, Engländer und Österreicher angehörten, wurde am 1. Mai 1943 in Stockholm in einer großen Veranstaltung, an der nicht nur Emigranten teilnahmen, unter starker schwedischer Beteiligung veröffentlicht.

An den Diskussionen der »Kleinen Internationale« haben auch andere teilgenommen, die ihren Parteien nach dem Krieg wertvolle Dienste leisteten, so Ernst Paul aus Prag, der später Mitglied des Bundestages und Repräsentant der Sudetendeutschen war; ferner Vilmos Böhm, ein ungarischer Sozialdemokrat und der erste ungarische Botschafter in Stockholm nach dem Krieg; Stefan Szende, ursprünglich ungarischer Kommunist, ein intimer Freund Willy Brandts; Norman Lamming, der im Genossenschaftsverband und später als Presseattaché auf der englischen Botschaft tätig war und der die Labour Party vertrat; oder Jules Guesde, der auf der französischen Gesandtschaft arbeitende Enkel des berühmten Mitbegründers der französischen Sozialistischen Partei. Unter den skandinavischen Sozialdemokraten, die sich an unseren Gesprächen beteiligten, waren der große norwegische Sozialistenführer Martin Tranmael, der wie eine Figur aus *Peer Gynt* wirkte, sowie die Schweden Alva und Gunnar Myrdal. Dazu kamen viele andere – »nicht zu zählen die, die der Fluss verschlang«.

Es gab eine nicht endende Diskussion um die Frage, wie Europa nach dem Krieg aussehen sollte. Im Wesentlichen sind die Ergebnisse dieser Diskussion in dem Buch *Efter segern* („Nach dem Sieg") von Willy Brandt festgehalten. Brandt hatte ja damals die Gewohnheit, jedes Jahr ein Buch erscheinen zu lassen, und zwar in einem der großen Verlage Schwedens. Schon damals hat er sich dadurch ausgezeichnet, dass er immer wieder mit einem Einfühlungsvermögen sondergleichen das Ergebnis der Diskussionen in sehr brauchbaren Formulierungen zusammenfasste.

Der große Protektor dieser internationalen Arbeitsgemeinschaft war der nächste Mitarbeiter Myrdals, Richard Sterner, ein sehr bedeutender Wissenschaftler, der an einem Standardwerk über die »Negerfrage« mitarbeitete, *An American Dilemma.* Myrdal ist einer der Mitbegründer der Stockholmer Schule gewesen, die die Keynes'schen Ideen auf neue Art und fast unabhängig von Keynes weiterführte; Weltruhm erlangte er durch viele, gemeinsam mit seiner Frau Alva publizierte Arbeiten. Alva und Gunnar Myrdal spielten eine ähnliche Rolle wie das berühmte Ehepaar Sidney und Beatrice Webb, die Begründer der für die moderne Arbeiterbewegung so bedeutenden »Fabian Society«, der auch George Bernard Shaw angehört hat.

Willy Brandt vertrat auf eine sehr einprägsame Weise neue politische Ideen für die Zeit nach dem Krieg. Zudem hatte er die Fähigkeit, die sehr divergenten Strömungen dieses so divergenten Kreises zusammenzufassen. Mir ist aufgefallen, dass er, der seinerzeit in dem Ruf stand,

auf dem linken Flügel der neuen deutschen Sozialdemokratie zu stehen, in Stockholm gar keinen Zweifel daran ließ, dass er ein Sozialdemokrat sei und nicht die geringste Neigung zum Dogmatismus habe. Ich hatte auch das Gefühl, dass er sich gar nicht sehr mit der marxistischen Literatur befasst habe; sich da hindurchzuarbeiten ist für Aktivisten rein physisch ein Problem. Er hatte sicherlich beträchtliche Kenntnisse auf diesem Feld, aber wirklich profund waren sie, wie ich glaube, nicht. Wer sich nicht mindestens einmal für längere Zeit elf Stunden am Tag mit diesen Dingen befasst, kann durch die Menge dieser Literatur nicht hindurchkommen. Wenn das wie Selbstgefälligkeit klingt, so will ich gleich hinzufügen, dass ich ohne meine relativ lange Zeit im Gefängnis auch nicht dazu gekommen wäre, mich in das Gedankengebäude des Marxismus einzulesen. Brandt war in den dreißiger Jahren ununterbrochen tätig, er hat große und kühne Reisen unternommen; ich hingegen war eingesperrt in einer Zelle von sechs Quadratmetern, und da ist das Lesen das einzige, was einen sozusagen aufrechthält.
Entgegen allen böswilligen Behauptungen, er habe sich nie konzeptiv und programmatisch betätigt, bin ich in Stockholm zu der Überzeugung gelangt, dass Brandt auf diesem Gebiet Beträchtliches geleistet hat. Jedenfalls war Willy Brandt damals der Inbegriff des politischen Verstandes in dieser Zeit und darüber hinaus eine politische Führungskapazität. Er war auch der hervorragendste Exponent der deutschsprachigen politischen Emigration, weil er in die skandinavische Landschaft passte; norwegisch sprach er wie ein Norweger, so dass er nicht nur von der norwegischen Arbeiterpartei, sondern von den Norwegern überhaupt als einer der ihren betrachtet wurde. So wurde Willy Brandt fast zwangsläufig zur repräsentativsten Figur der deutschsprachigen Emigration. Und als er nach dem Krieg in einer norwegischen Pressefunktion nach Deutschland ging, war mir vom ersten Augenblick an klar, dass das sozusagen nur das Seil war, das ihm geholfen hat, über die Mauern zu klettern, die die Alliierten für viele von uns errichtet hatten.
Wir sind damals enge Freunde geworden – eine Freundschaft, die sich im Laufe der Jahre noch verstärkt hat. Nach dem Krieg haben wir, jeder an seiner Stelle, Aufgaben übernommen, mit denen wir uns viele Jahre vorher schon beschäftigt hatten. Wenn wir trotz der Unzulänglichkeit alles menschlichen Strebens nicht ganz erfolglos waren, so verdanken wir das auch jener beträchtlichen Gedankenarbeit, die wir in den langen Jahren des Exils geleistet haben. Vieles ist unerfüllt geblieben, und

Der Beginn einer lebenslangen Freundschaft: Bruno und Vera Kreisky mit Willy und Carlota Brandt, Schweden 1944.

doch gab es in unserem Kreis einen immer anwesenden, unsichtbaren, aber jederzeit spürbaren Gast – das andere, das bessere Deutschland. Wenn dieser Begriff irgendwo lebendig war, dann unter diesen Menschen, zu denen auch Angehörige derjenigen Völker zählten, die von Hitler-Deutschland vergewaltigt wurden, die Norweger, die Polen, die Tschechen.

Ruth Brandt habe ich zum ersten Mal bei einem Abendessen gesehen, das einer der begabtesten norwegischen Parteiführer, Nils Langhelle, gegeben hat. Langhelle ist früh verstorben, sonst wäre er heute noch ein führender Mann im norwegischen politischen Leben. Ich erinnere mich an eine attraktive junge Frau, die sich bei ihm verabschiedete. Nachdem sie gegangen war, sagte mir unser Gastgeber, das sei Ruth Hansen gewesen, die jetzt zu Willy Brandt nach Berlin fahre, um ihn wahrscheinlich zu heiraten. Ich kannte auch Brandts erste Frau, Carlota.

Während des Krieges traf ich Brandt regelmäßig, fast jede Woche, und nach dem Krieg bin ich mit ihm öfter in Berlin zusammengekommen. 1948 war ich in Stockholm dabei, als er dort über die Berliner Blockade berichtete – mit großer Loyalität Ernst Reuter gegenüber, dem er die

Rolle der Hauptfigur zuteilte. Dennoch waren es Ernst Reuter, damals Regierender Bürgermeister, und Willy Brandt gemeinsam, die diesen großen Akt des Widerstandes gegen die sowjetische Diktatur vollbracht hatten. Über Nacht waren sie mit der Stalinschen Blockade Berlins konfrontiert worden, und als die Alliierten ihnen die Frage stellten, was sie jetzt zu tun gedächten, haben Brandt und Reuter die Gegenfrage gestellt, was eigentlich sie beabsichtigten – sie, die Alliierten. Die Berliner würden durchhalten, wenn die Alliierten ihre Pflicht erfüllten; die Bevölkerung sei bereit, mit einem Minimum an Lebensmitteln auszukommen, sofern die Alliierten die Position nicht räumten. So entstand die Idee einer Luftbrücke. Am Ende wurde die Berliner Blockade zu einer der schwersten Niederlagen Stalins im Kalten Krieg und zu einem großen Erfolg der *Policy of Containment.* Ein Beispiel auch dafür, was Spontaneität in der Politik bedeuten kann.

Die Frage Berlin bleibt primär eine Leistung der Berliner und der beiden großen deutschen Sozialdemokraten Ernst Reuter und Willy Brandt. Um so unverständlicher ist es, dass die Sozialdemokratie in Berlin heute nur mehr eine zweitrangige Rolle spielt. So unsympathisch vereinfachend mir das Wort Treitschkes scheint, wonach Männer die Geschichte machen, so beweist doch das Verhalten Reuters und Brandts, wie sehr es auf den subjektiven Faktor ankommt. Die Überwindung der Stalinschen Blockade hat Willy Brandt zum natürlichen Nachfolger Reuters gemacht – nach dem Zwischenspiel des CDU-Abgeordneten Walther Schreiber und des SPD-Politikers Otto Suhr – und 1964 auch zum Nachfolger Erich Ollenhauers, obwohl so manche in der deutschen Sozialdemokratie das nicht haben wollten.

Berlin war für uns von da an eine Heldenstadt. Es gibt solche Städte in der Geschichte, nicht nur in der Antike, sondern auch in der modernen Zeit. Schon Marx hat von den Opfern der Pariser Commune gesagt, dass sie eingeschrieben bleiben würden in die großen Herzen der Arbeiterklasse; die Pariser Commune als solche wurde von Marx und Engels kritisiert. Andere Städte dämmern in der Geschichte dahin; sie mögen schöner und reicher sein, aber sie sind Städte – sonst nichts.

Eines Tages wurde ich von meinem Vorgesetzten zu einer Besprechung über Unternehmensprobleme geholt. Vor allem das, was man damals in amerikanischen Unternehmungen *human relations* nannte, ließ nach Meinung aller sehr zu wünschen übrig. Das war auf die Taktik des

Unternehmens zurückzuführen, die Vertreter der Angestellten grundsätzlich zu Personalchefs zu befördern. Durch ihre neue Position gerieten sie in einen natürlichen Gegensatz zu den Leuten, die sie früher vertraten, und verloren infolgedessen ihr Prestige. Da ich bei der Sozialistischen Arbeiterjugend in ihrer legalen Zeit die Bildungs- und Kulturtätigkeit geleitet und einige Erfahrungen auf diesem Gebiet gesammelt hatte, wurde ich gefragt, was da meiner Meinung nach zu machen sei. Mir schwebte vor, für das Personal in der Stockholmer Konsumgenossenschaft – das waren immerhin Tausende – eine Einrichtung zu schaffen, die ihnen das Gefühl vermittelte, dass ihre Unternehmen nicht nur Lohn- und Gehaltsauszahler sind. Wir renovierten ein kleines, sehr altes Haus in der Nähe der Zentrale und etablierten dort den Buchklub des Konsumpersonals – vorerst natürlich nur für eine Elite.

Das Verlagswesen in Schweden wie in ganz Skandinavien war sehr entwickelt. Trotz der geringen Bevölkerungszahl erreichten selbst literarisch anspruchsvolle Werke hohe Auflagen. Was mich am meisten beeindruckte, war das gewaltige Interesse dieses Sechs-Millionen-Volkes an Gedichten. Einer der bedeutendsten Verlage in Schweden war Bonnier, und auch er veröffentlichte zahlreiche Gedichtbände lebender Autoren. Das gehörte zum Renommee des Hauses. Bonnier hat für die schwedische Literatur eine ähnliche Rolle gespielt wie S. Fischer zu Anfang des Jahrhunderts für die deutsche.

Bonniers waren eine alte, schwedisch-jüdische Familie. In seinen Erinnerungen, die er mit 90 Jahren schrieb, teilt Tor Bonnier eine Lebensweisheit mit, die sich ein naher Verwandter der Familie, der Polizeichef von Stockholm, Rubenson, zu eigen gemacht hatte: Es gäbe zwei Arten von Menschen, die höflicher und ordentlicher sein müssten als andere – Polizisten und Juden. Auf die achte man besonders. Bonnier fügt hinzu: »Da war es für uns klar, dass wir unter diesen Umständen auf keinen Fall Polizisten werden wollten ... « In Schweden enden ja bekanntlich die meisten Namen auf -son, und es gibt für alle diese Namen zwei Möglichkeiten: Man kann Abrahamson heißen und kann ein Urschwede sein, man kann Abrahamson heißen und kann Jude sein. Heißt man Philipson mit Ph, ist man jüdischer Herkunft, heißt man Filipson mit F, ist man ein Christ.

Mit meiner Buchklubidee bin ich zu Bonnier gegangen und habe einem der Brüder meinen Plan dargelegt. In Schweden war es üblich, mit Neuerscheinungen um die Weihnachtszeit herauszukommen und die nicht

»Die Zeit war wunderbar und konfliktfrei«: Bruno Kreisky und Vera Fürth mit österreichischen Freunden; rechts Alois Reitbauer, später Generalsekretär im Außenministerium.

verkauften Exemplare ziemlich bald in die Lager zu legen. Ich schlug vor, der Verlag solle mir zu einem günstigen Preis die Restposten guter Bücher verkaufen. »Sie haben eine ganze Reihe von sehr guten Büchern herausgegeben, die aber kein Erfolg geworden sind. Sie müssen doch riesige Lagerbestände haben.« So kaufte ich unter anderem Ignazio Silones *Fontamara* – ein großartiges Buch –, Werke von Erich Kästner und vieles andere, selbst Lyrikbände, aus Prinzip jedoch nur solche Bücher, die ich für gut hielt.

Mit diesem Grundstock habe ich eine Lotterie eingerichtet, bei der jedes zweite Los gewann. Mit den erzielten Überschüssen finanzierte ich andere Bildungsaktivitäten. Das Lotterieprojekt wurde ausgebaut und hat einem Freund die Möglichkeit gegeben, in der Konsumgenossenschaft eine eigene Buchabteilung zu entwickeln. Dafür schlug ich den schwedischen Arbeiterdichter Carl-Emil Englund vor, der als Vorstand einer Konsumfiliale immer wieder beurlaubt werden musste, weil er an einer Lungenkrankheit litt und in einem Lebensmittelladen nicht gerade am rechten Platz war. Wir wurden bald Freunde. Englunds Buchabteilung war schließlich so erfolgreich, dass ein Literaturpreis gestiftet werden konnte, dessen Verleihung auch heute ein Ereignis in Schweden ist.

Mit Englunds Hilfe habe ich bekannte schwedische Dichter zu Vorträgen eingeladen, die sehr gut besucht waren und großzügig honoriert werden konnten. So lernte ich die meisten schwedischen Schriftsteller kennen, mit denen ich dann auch gesellschaftlich verkehrte. Besonders gern denke ich an den bekannten schwedischen Lyriker Nils Ferlin zurück, der ein großer Trinker und ein gottbegnadeter Dichter war. Er hat in Wolf Biermann einen kongenialen Übersetzer gefunden. Ich habe mich in diesem Kreis sehr wohlgefühlt und begann mich immer mehr für die schwedische Literatur zu interessieren. Auf diesen Umstand führe ich es zurück, dass ich – ohne Schwedisch systematisch gelernt zu haben – über einen großen Wortschatz verfüge und mir eine beträchtliche Geläufigkeit in dieser Sprache erworben habe. Ich halte auch häufig Vorträge auf Schwedisch – meistens ohne Manuskript. Durch die schwedische Literatur und durch meine Freunde habe ich mir den Sinn für die tiefere Bedeutung der Wörter und Ausdrücke verschafft. Ich liebe diese Sprache, die so wenige in der Welt sprechen. Sie scheint mir mehr Ausdrucksmöglichkeiten als das Deutsche zu bieten; es gibt Wendungen, die prägnant und unübersetzbar sind.

Gewissermaßen als Gegengabe brachte ich meine Kenntnisse der österreichischen Literatur mit, von der man damals in Schweden so gut wie nichts wusste. Ich konnte meinen Freunden von Musil, Kafka und Broch erzählen, die damals noch Außenseiter waren, und die an Literatur interessierten Schweden waren fasziniert. Arthur Schnitzler blieb ihnen allerdings fremd.

Die Zeit war wunderbar und konfliktfrei. Eines Tages erschienen jedoch zwei Polizeibeamte in meinem Büro und forderten mich auf, nachdem sie unauffällig meinen Schreibtisch überprüft hatten, sie in meine Wohnung zu begleiten, da sie dort eine Hausdurchsuchung durchführen müßten. Der Besuch war mir schon deshalb unangenehm, weil mein Büro Glaswände hatte und also jedermann zuschauen konnte. Ich hatte aus der Zeit der Illegalität die Gewohnheit, möglichst wenig in meinen Schreibtischladen aufzuheben, und noch heute türmen sich bei mir die Papiere: Alles, was wirklich wichtig ist, liegt immer obenauf. Schreibtischladen sind Briefgräber, und was einmal in den Schreibtisch gerät, ist für lange Zeit, wenn nicht für immer verschwunden.

Als wir das Gebäude des Konsumvereins verließen, fragten mich die Beamten, ob wir nicht ein Taxi nehmen sollten. Hierin kam ein Unterschied zwischen der schwedischen und der österreichischen Polizei zum Ausdruck: Die Schweden haben mir für etwa 500 Meter ein Taxi angeboten, während die beiden österreichischen Kriminalbeamten 1935 mit mir darüber gestritten haben, wer von uns meinen Straßenbahnfahrschein zu zahlen habe. Da es nicht weit zu meiner Wohnung war, gingen wir zu Fuß, und unterwegs versuchte ich herauszubekommen, worum es eigentlich ging. Die Beamten waren sehr verschlossen; anscheinend hatte es mit einem Brief zu tun, den ich aus London erhalten hatte. Eine andere Gewohnheit aus der illegalen Zeit war es, Briefe, die gefährlich werden konnten, weder in Büchern noch sonstwo zu verstecken – bei Hausdurchsuchungen pflegt die Polizei zuerst ein Buch nach dem anderen durchzublättern –, sondern sie ganz offen herumliegen zu lassen. Kurz und gut: Die Schweden gaben endlich offen zu, dass sie einen Brief aus England suchten, und ich sagte, dass ich keine Ahnung hätte, worum es gehe. Am Schluss musste ich in die Polizeizentrale mitkommen.

Beim Weggehen steckte ich den ominösen Brief in die Tasche. Er war von Oscar Pollak, der mir für einige Informationen dankte. Gerade das war damals das Gefährliche, denn bei Informationen, gleich welcher Art, handelte es sich grundsätzlich um *förbjuden underrättelseverksamhet,* »verbotene Nachrichtentätigkeit«. Die Schweden wollten mit strengen Bestimmungen verhindern, dass Stockholm zu einer Nachrichten- und Informationszentrale für die Kriegführenden werde. In der Polizeidirektion musste ich alle meine Habseligkeiten in meinen Hut tun – Uhr, Ring und alles, was ich in den Taschen hatte –, und natürlich habe ich auch den gesuchten Brief hineingetan. Bei meiner Entlassung bekam ich ihn mit allen anderen Sachen wieder zurück.

Der einvernehmende Beamte enthüllte mir, um was es ging.

»Sie wissen, dass in Schweden jede Nachrichtentätigkeit für Ausländer verboten ist!« Auf nachrichtendienstliche Tätigkeit stand bis zu einem Jahr Gefängnis, und war man erst angeklagt, war man so gut wie verloren. Die Art und Weise, wie man meinen Briefwechsel mit Oscar Pollak entdeckt hatte, war bemerkenswert. Ich verfügte über keinen besonderen Kurier, aber es war mir gelungen, mich an den wohlorganisierten norwegischen Kurierdienst anzukoppeln. Man hatte einige in diesem Kurierdienst mitarbeitende Schwedinnen verfolgt, als sie mir den Brief überbrachten. Der Chef des Kurierdienstes war übrigens Malcolm Munthe, der Sohn des als äußerst rechtsstehend bekannten Axel Munthe. Malcolm hieß er offenbar seiner englischen Mutter wegen.

Das Ganze ereignete sich im Frühjahr 1941, auf dem Höhepunkt der Hitlerschen Macht, und die Schweden waren äußerst empfindlich in allen Fragen, die ihre Neutralität betrafen. Es war allgemein bekannt und für die schwedischen Behörden sehr irritierend, dass in der britischen Gesandtschaft ein »press reading office« bestand und dass in diesem Büro verschiedene Emigranten angestellt waren, die Nachrichten in deutschen Provinzblättern auswerteten. Auf diese Weise erfuhr man sehr viel über die inneren Ereignisse im Dritten Reich.

Das Verhör begann mit der Aufnahme meiner Personalien: Name, Geburtsort, Wohnort, politische Gesinnung, Verdacht auf Fortsetzung der politischen Tätigkeit im Zusammenhang mit nachrichtendienstlicher Tätigkeit. Bei der Frage nach meiner Nationalität zögerte der Beamte einen Augenblick: »Deutsch.« Ich antwortete rasch: »Nein, Österreicher.« Der Beamte wurde streng: »Das gibt es nicht, Österreicher gibt es nicht mehr. Aus! Wir schreiben in das Protokoll: Deutsch.« Ich bestand darauf, dass ich Österreicher bin. »Meine ganze Familie ist österreichisch.« Ganz brüsk sagte er: »Ich schreibe hinein, was gilt. Deutscher, punktum!«

Ich habe meine Haft mit einem Hungerstreik eröffnet; nur so hatte man eine Chance, in die Zeitung zu kommen. Das Essen, das aus einem nahegelegenen Gasthof geholt wurde, sah sehr verlockend aus, aber ich habe es zurückgehen lassen.

Mein Freund Franz Novy – während des Krieges der Repräsentant der illegalen österreichischen Gewerkschaften, später ein bedeutender Funktionär der Sozialistischen Partei in Wien – war sehr dick und im Gefängnis sehr hungrig. Wie schade um das schöne Essen, hat er sich offenbar gedacht, ohne von meinem Hungerstreik zu wissen, und übernahm mein Essen als Zubuße. Damit war der Hungerstreik gescheitert. Freunde aus der schwedischen Regierung haben schnell und nachdrücklich interveniert, und da außerdem keine Beweise gegen mich vorzubringen waren, bin ich nach zwei Tagen wieder freigelassen worden. Immerhin – es war der einzige unerfreuliche Zwischenfall in zwölf langen Jahren gewesen.

Der schwedische Lebensstil sagte mir sehr zu. Viele leben ab Mittsommer auf dem Lande; fast alle schwedischen Familien, auch Arbeiterfamilien, haben ein kleines Häuschen draußen, und dort verbringt man die Sommermonate. Im September gibt es ein besonderes Fest: *Kräftor* (»Krebse«). An diesen Abenden werden in Dill gekochte,

kalte Krebse vertilgt, und es wird viel Schnaps getrunken – ein teurer Spaß. So wird der Sommer in heiterer Weise verabschiedet.
Dann kommt der Herbst mit den Theaterabenden, für die ich damals noch sehr viel mehr Zeit hatte. Das schwedische Theater hat ein sehr hohes Niveau; klassische und moderne schwedische Stücke werden in großartigen Aufführungen auf die Bühne gebracht. Ich sah einmal eine Inszenierung des *Kaufmanns von Venedig*, die mir nach fast einem halben Jahrhundert noch in Erinnerung ist. Mitten im Krieg, in der grauenhaften Zeit der Judenverfolgungen, den Shylock auf die Bühne zu bringen, war ein problematisches Unterfangen, das Fingerspitzengefühl und hohes schauspielerisches Können verlangte. Die Theaterbesucher waren von vornherein entschlossen, sich reserviert zu verhalten. Holger Löwenadler aber, ein mit mir befreundeter Schauspieler, hat es durch seine Darstellung verstanden, das Publikum für Shylock zu gewinnen, und Shylocks grenzenlose Liebe zu seiner Tochter in den Vordergrund gerückt.
Auch zu anderen Schauspielern habe ich einen recht guten Kontakt entwickelt. Man ahnt gar nicht, wieviele Möglichkeiten man hat, wenn man nicht Abend für Abend zu politischen Veranstaltungen gehen muss! Als einer, dem das Beisammensein mit Freunden immer sehr viel bedeutet hat, muß ich einbekennen, dass, wenn ich nicht ein so tief überzeugter und an der Veränderung der Gesellschaft leidenschaftlich interessierter Sozialist wäre, ich der Politik an sich wenig hätte abgewinnen können.
Auf den schönen Frühherbst folgt in Schweden eine kurze scheußliche Spätherbstperiode, die kalt und feucht ist. Um den anschließenden langen Winter zu verkürzen, beginnen die Schweden früh zu feiern. Ein Fest besonderer Art ist der heiligen Lucia gewidmet. Es ist eine Art Lichtfest, für das man immer die hübschesten blonden Mädchen aussucht, die dann mit Lichtern im Haar einen Umzug veranstalten. 1941 war ich mit einer dieser hübschen Lucias für den Abend verabredet. Mittags rief mich ein Freund an, den ich beim Skifahren in Lappland kennengelernt hatte, und bat mich, ihm den Gefallen zu tun, zu ihm zu kommen. Er habe eine Verabredung mit einem Mädchen, das aber unter gar keinen Umständen allein zu ihm kommen wolle und deshalb zwei Freundinnen mitbringen werde. Er brauche daher zwei zusätzliche Kavaliere. Schweren Herzens habe ich das Rendezvous mit meiner Lucia verschoben. An diesem Abend habe ich dann meine spätere Frau getroffen, Vera Fürth. Sie studierte Sprachen, Italienisch, Französisch,

Hochzeit am 23. April 1942 mit einem Mittagessen im feinen Stockholmer Grand Hotel Royal.

Englisch, Deutsch und Religionsgeschichte, auch an ausländischen Universitäten, und war einige Semester an der Sorbonne gewesen.
Am 23. April 1942 fand die Hochzeit statt – sehr zum Missvergnügen meiner Schwiegereltern nicht im traditionellen Rahmen. Auf dem Standesamt fand ich den Ehering nicht gleich, und es entstand eine peinliche Situation. Anschließend gab es in einem feinen Hotel Stockholms, dem Grand Hotel Royal, das Mittagessen, zu dem meine Frau ihre und ich meine Freunde einlud. Zunächst wohnten wir in verschiedenen Pensionen, im Sommer draußen in Skärgärden, später in Stockholm. Unsere erste Wohnung – schön und sehr modern – lag im Süden der Stadt, in der Nähe meines Büros. Bei uns würde man Söder als Arbeiterbezirk bezeichnen. 1944 kam mein Sohn Peter zur Welt, vier Jahre später wurde meine Tochter geboren. Da ich damals schon im diplomatischen Dienst war, zogen wir in den Osten der Stadt, ins Diplomatenviertel, wo auch die österreichische Gesandtschaft untergebracht war. In diesem Teil der Stadt, in den alten noblen Häusern, hatte ich immer den Eindruck, als spielten hinter den Türen Strindbergs Dramen, was wohl auch sehr oft zutraf. Für ein jungvermähltes Paar war

das Milieu im Süden der Stadt, wo wir anfangs gewohnt hatten, sehr viel freundlicher gewesen.

Die Fürths stammten ursprünglich aus Österreich. Sie gehörten zu den ersten industriellen Familien; Papier-, Textil- und Zündholzfabriken waren von ihnen errichtet worden. Mein Schwiegervater, Theodor Fürth, war 1908 nach Schweden ausgewandert. Er hatte sich im Dunstkreis dieser reichen Leute nicht wohl gefühlt und gründete in Schweden zunächst eine Textil-Importfirma. Er war ein Mann mit erheblichen Vorurteilen; von Sozialpolitik und Arbeitszeitbegrenzung hielt er nichts, obwohl er ansonsten recht großzügig war. Von meiner politischen Tätigkeit hielt er ebenfalls nichts. Er war ein Kapitalist und immer der Meinung, dass das, was ich vertrat, eigentlich ein Unfug wäre. Infolgedessen machte er mir das seiner Meinung nach großzügige Angebot, mir zu seinen Lebzeiten noch ein Viertel des Eigentums an seinem sehr gutgehenden Unternehmen zu überlassen, den gleichen Anteil, den sein Sohn bekam. Nach seinem Ableben sollten wir das Unternehmen dann teilen. Die Bedingung war, dass ich der Politik den Rücken kehrte. Politik war in seinen Augen ein undankbares Geschäft, das noch dazu nichts einbrachte. Als ich im Frühjahr 1946 zum ersten Mal nach Österreich einreisen konnte, meinte er ironisch: »Mit großen Blumensträußen werden sie dich nicht empfangen.« Mein Schwiegervater war ein Anhänger des rigorosesten Manchester-Liberalismus und fand den Staat eigentlich überflüssig. Er vertrat das, was heute als »Neo-Konservativismus« bezeichnet wird: Arbeitslosenunterstützung fördere nur die Arbeitsunwilligkeit der Menschen, Altersversorgung hindere sie bloß daran, für ihr Alter vorzusorgen, und dem Gleichheitsgedanken zu frönen sei nichts als zerstörerisch.

Ich war als politischer Flüchtling nach Schweden gekommen, und was ich an ideologischen Vorstellungen mitbrachte, passte nur bedingt in diese ganz anders geartete Welt. Ich wurde mit anderen politischen Kategorien konfrontiert. In allen skandinavischen Ländern konnte ich so etwas wie einen neuen Patriotismus erkennen. Überall sang man lieber als die eigene Nationalhymne das jeweilige Königslied, ein Lied, das für die demokratischen Schweden schließlich die eigentliche Nationalhymne geworden ist. Wenn die Armee eine Feier veranstaltet, spielt man nach wie vor den *Kungssången.* Ein drittes, populär gewordenes Lied kam aus Dänemark; es hieß: *Danmark för Folket* und wurde abgewandelt in *Sverige för Folket* – »Schweden dem Volk«.

Ein skandinavischer Patriotismus entfaltete sich vor allem innerhalb der Arbeiterbewegung; er stand im Zusammenhang mit den wirtschaftlichen und politischen Integrationsbemühungen des Nordens. Man hatte das Gefühl, die sozialdemokratischen Skandinavier wollten dem aufbrechenden Faschismus auf dem Kontinent instinktiv Paroli bieten. Dieser soziale Patriotismus – eines der vielen Schimpfworte, mit denen die Sozialdemokratie von den Kommunisten bedacht wurde; Sozialfaschisten war ein anderes – beeindruckte mich sehr. Ich nahm mir damals vor, eines Tages auch in Österreich einen solchen Patriotismus zu verwirklichen. Das Ziel der Sozialdemokraten sollte sein, diesen neuen Patriotismus, in dem der Wohlfahrtsstaat seine höchste Entfaltung erfuhr, zu motivieren. Es war nicht leicht, nach den Erfahrungen des Jahres 1934 und dem Exzess eines falschen Patriotismus durch die Vaterländische Front diese Botschaft in Österreich zu verkünden. Dennoch habe ich so manches von dem neuen Patriotismus verwirklichen können, und ich glaube, dass er dauern wird.
Schweden war für mich das große Erlebnis einer funktionierenden und lebendigen Demokratie, wie es sie in dieser Form auch im alten Österreich nie gegeben hat. Vor allem der Ton, in dem Opposition und Regierung miteinander verkehrten, das politische Klima, imponierte mir. Hier allerdings muss ich das erschütterndste Ereignis im Zusammenhang mit Schweden erwähnen: die Ermordung Olof Palmes.
Ich weiß nicht, wer Olof Palme ermordet hat, aber es ist gar keine Frage, dass in den letzten Jahren der Ton in der Politik sich rapide verschlechtert hat. Ich war immer wieder entsetzt, in den Familien meiner Verwandten – »Bürgerlicher«, wie man in Schweden sagt – Hassgesänge auf Olof Palme zu hören. Erst als er tot war, hat er sich die Zuneigung fast der ganzen Nation erworben. Man hat mir erzählt, dass so mancher von denen, die vor einiger Zeit den bösen Ton angaben, tiefe Gewissensbisse hatte, an seinem Tod mitschuldig zu sein. Ich glaubte, das auch beim Begräbnis zu erkennen. Nach Palmes Ermordung ist das politische Klima wieder ähnlich dem, das ich in den vierziger Jahren erlebte. Es ist also nicht wahr, dass, wenn die politischen Sitten sich einmal verschlechtert haben, es immer so bleiben muss. Das gilt glücklicherweise auch für Österreich.
Olof Palme war der dritte sozialdemokratische Ministerpräsident Schwedens und er starb lange vor der Zeit. Ich weiß seine Persönlichkeit nicht besser zu schildern, als wie ich es unmittelbar nach dem

Drei sozialdemokratische Visionäre, drei Freunde: Bruno Kreisky und Willy Brandt mit Schwedens Ministerpräsidenten Olof Palme und dessen Sohn Mathias in Harpsund, Siebzigerjahre.

Attentat getan habe: Olof Palme war wahrscheinlich der weitaus brillanteste unter den schwedischen Ministerpräsidenten, und das war zunächst auch sein großes Problem. Dieser junge, hochintelligente, aus dem schwedischen Bürgertum stammende Sozialdemokrat hatte es anfänglich sehr schwer. Er war durchaus nicht der Typ von Politiker, den man in Schweden gewöhnt war, schon gar nicht als sozialdemokratischen Arbeiterführer nach Per Albin Hansson und Tage Erlander. Olof Palme hatte es auch schwer aus einem anderen Grund. Schweden war damals, als er kam, einer der höchstentwickelten Sozialstaaten der Welt. In der Sozialpolitik war das meiste geschehen, sie konnte bestenfalls noch ausgebaut und ergänzt werden. Aber er hat ein psychologisches Phänomen bewirkt, ähnlich wie 1961 Kennedy. Durch ihn haben die jungen Menschen das Gefühl bekommen, dass es Sinn hat, in der Politik zu wirken, und vielleicht sogar mehr als das, dass man sie braucht.

Palme hat viel dazu beigetragen, dass auch andere sozialdemokratische Parteien in der Welt allmählich begannen, sich mit besonderer Intensität brennenden Fragen der internationalen Politik zu widmen und alte Grundthesen, die im Laufe der Zeit verblasst waren, wieder zur Geltung zu bringen. So hat die Parole von der internationalen Solidarität eine neue Dimension erhalten, und die Sozialistische Internationale, die früher ein Klub vor allem sozialdemokratischer Parteien in Europa war, ist heute unter Willy Brandt so etwas wie ein internationales *clearinghouse* sozialdemokratischer und liberaler Ideen geworden, in dem die alten traditionellen Parteien Europas mit den neuen Bewegungen in Lateinamerika, in Afrika und Asien zusammentreffen und zusammenwirken. Sicher, diese Institution bringt keine konkreten Lösungen, aber sie hat sehr viel dazu beigetragen, einige wichtige Probleme der Lösung näherzubringen.

Olof Palme war einer der ersten, der die Apartheidfrage vor vielen Jahren in besonderer Weise aktualisiert hat. 1986 hat sie ihre extreme Aktualität erreicht.

Es ist merkwürdig: Man hat Olof Palme, als er als Minister an einer Vietnam-Demonstration teilnahm, des Anti-Amerikanismus geziehen, und er war eine Zeitlang recht unpopulär in den Vereinigten Staaten. Und das, obwohl er sich auf den amerikanischen Universitäten in für ihn entscheidender Weise zu entwickeln begann. Er war fasziniert von den großen amerikanischen Wissenschaftlern und von der Unerschütterlichkeit der amerikanischen Demokratie und ihren Einrichtungen. Er war ein Freund bedeutender amerikanischer Zeitgenossen, sein intellektueller Habitus ist in den Vereinigten Staaten geprägt worden. Es hat sich abermals das Sonderbare ereignet, dass Olof Palme sich in Wirklichkeit als Pro-Amerikaner erwies, als er durch den Kampf für die Beendigung des Vietnamkrieges dem amerikanischen Volk eine militärische Niederlage – die erste in seiner Geschichte – ersparen wollte. Diejenigen, die glaubten, sie müßten eine Politik der Stärke führen, haben das Gegenteil bewirkt.

Olof Palme war der Mann, der die unabhängige Kommission für Abrüstungsfragen geschaffen hat, in der hervorragende Spezialisten aus den USA und der Sowjetunion zusammenwirkten. Der Bericht seiner Kommission hat den großen Vorteil, dass sich seine Vorschläge auf Nüchternheit und Idealismus gründen und vertrauensbildende Maßnahmen herbeiführen könnten, die die Voraussetzungen für ein neues politisches Klima zwischen den Mächten zu schaffen in der Lage wären. Hinzu kommt, dass vor etwa einem Jahr Olof Palme einer der Autoren der sogenannten Fünf-Kontinente-Initiative gewesen ist, an der mit ihm unter anderem der indische Ministerpräsident Rajiv Gandhi, der argentinische Präsident Alfonsín, der griechische Premierminister Papandreou und der ehemalige Präsident Tansanias Nyerere teilgenommen haben. Sie haben eine deutliche Aufforderung an die Adresse der beiden Supermächte gerichtet.

Diese hervorragende Rolle und dieser große persönliche Einsatz haben ihn aber nie gehindert, vor allem den jungen Menschen zu sagen, wie sehr es auf sie ankommt. Er ging überall hin, in die Schulen, in die großen Volksversammlungen, auf die Universitäten, zu Studenten und Professoren. Er ging, wenn es notwendig war, auf die Straße und verteilte Flugblätter. Er war immer bereit, für die Sache, für die er eintrat, mit dem Einsatz seiner ganzen Persönlichkeit zu wirken. In den großen Konferenzen vertrat er in faszinierender Weise seine Grundsätze, seine Vorschläge und seine Ideen. Sie reichten von den Menschenrechten über die Fragen der täglichen Politik bis hin zu den Aktivitäten der Diplomatie. Er vertrat sie mit einer stillen, fast möchte man sagen pathetischen Eindringlichkeit. Für schwedische Verhältnisse besaß er eine Leidenschaftlichkeit, die ihm da und dort sogar Feinde machte. Schließlich aber hat man seine kluge und vorsichtige Art, mit der er Innenpolitik machte und seine Mitarbeiter aussuchte, schätzen gelernt. Er gehörte zu jenen wenigen in der Politik, für die es fast undenkbar ist, jemanden zu finden, der seinen Platz füllen könnte. Bei all meiner großen Zuneigung und der tiefen Trauer über die Sinnlosigkeit dieses Mordes finde ich kein besseres Wort, ihn zu würdigen, als Conrad Ferdinand Meyers Beschreibung des Ulrich von Hutten: Er war kein ausgeklügelt Buch, er war ein Mensch mit seinem Widerspruch – aber ein großartiger.

Österreichische Politik im Exil

Es gibt einen Gelehrtenstreit, einen Juristenstreit und einen Politikerstreit darüber, ob das, was 1938 in Österreich geschah, eine »Annexion« oder eine »Okkupation« war. Nach dem Willen Hitlers und des nazistischen Deutschlands war Österreich ein integrierter Teil des »Dritten Reiches«, das man auch »Großdeutschland« nannte. Was sich in den zehn Jahren der Vier-MächteBesatzung, 1945 bis 1955 abspielte, wurde dagegen einfach »Okkupation« genannt.
Otto Bauer war nach der »Annexion« Österreichs von Brünn nach Paris übersiedelt. Er starb dort am 4. Juli 1938 an einem Herzversagen. Ich erzählte bereits, dass ich davon im Gefängnis erfuhr – aus dem *Völkischen Beobachter* – und zutiefst erschüttert war. Eine Epoche, in der ich meine politische Formung erhalten habe, war damit zu Ende gegangen – und sehr viel mehr mit ihr. Mein politisches Schicksal erfüllte sich auf eine merkwürdige Art.
In seinem letzten Artikel, erschienen im *Sozialistischen Kampf* in Paris, hatte Otto Bauer als Ziel der Revolutionären Sozialisten Österreichs die »Gesamtdeutsche Revolution« gegen Hitler vorgegeben. Ähnlich wie Renner war er der Meinung, der »Anschluss« Österreichs an Deutschland sei nun einmal eine vollzogene und irreversible Tatsache. Ein Kampf um die österreichische Selbständigkeit sei nicht nur eine Illusion, sondern habe seinen geschichtlichen Sinn verloren. Darin waren beide Männer einer Meinung: Österreich sei ein Teil Deutschlands geworden und daran führe kein Weg vorbei. Friedrich Adler hingegen war auch nach 1938 ein Vertreter des Selbstbestimmungsrechts der Österreicher und meinte bei Kriegsende, sie selbst müssten nun wieder frei über diese Frage entscheiden. Es war die große politische Schicksalsfrage der österreichischen Sozialdemokraten dieser Zeit.
Mein eigener Standpunkt war von Anfang an der, dass beide, der italienische und der deutsche Faschismus, nur in einem von ihnen angezettelten Krieg besiegt werden könnten. Innere Entwicklungen würden einen Mann, der von Erfolg zu Erfolg schreitet, nicht stürzen; es gehörte zum Wesen des Faschismus, dass das Volk, von dem in der Demokratie das Recht ausgeht, zum passiven Material der Diktatur wurde. Die Propaganda, der im Faschismus eine besondere Bedeutung zukam,

hatte die Massen mit einer Souveränität ohnegleichen mobilisiert. So bestand die Gefahr einer langen faschistischen Epoche. Ich hielt es sogar für möglich, dass Hitler und sein Faschismus Macht über das Denken der Massen gewinnen würden. Tatsächlich schien es zunächst ja so, als ob er vielen vieles bringen werde: Er brachte ihnen Arbeit, und nichts verlangten sie mehr als das; er versprach ihnen den »Volkswagen«, und jedermann sah schon die Straßen dafür. An den unausweichlichen Krieg dachten sie nicht; ganz im Gegenteil: sie glaubten nicht daran. Aufgrund dieser Erfahrungen konnte ich mir die »Gesamtdeutsche Revolution« einfach nicht vorstellen.

Meine Skepsis gegenüber dieser Idee hat mich die Situation sehr realistisch einschätzen lassen – lange bevor es zur Moskauer Deklaration kam. Und sie war der Grund für meine Haltung, dass man für die Wiederherstellung eines demokratischen Österreichs – des Österreichs vor 1933/34 – eintreten müsse, und nicht für die Wiederherstellung jenes »Vaterländischen Österreichs«, das so mancher mit hinaus trug. Ich war einer der wenigen unter den ins Ausland gegangenen höheren Funktionären, die die Wiederherstellung eines unabhängigen demokratischen Österreichs vertraten. Das brachte mich in Gegensatz zu vielen Freunden in England und Amerika.

Nach langen Diskussionen kam es zu jener »Stockholmer Erklärung«, die mir bei manchen Historikern der Zweiten Republik eine positive Beurteilung einbrachte:

Resolution
angenommen in der Vollversammlung des Klubs österreichischer Socialisten am 28. Juli 1943 in Stockholm:
1. Die österreichischen Socialisten in Schweden fordern die Wiederherstellung einer selbständigen, unabhängigen, demokratischen Republik ›ÖSTERREICH‹ und lehnen vorbehaltlos ein Verbleiben im Rahmen des Deutschen Reiches im Einverständnis mit der österreichischen Arbeiterschaft und in Kenntnis ihrer Anschauungen ab.

Die verschiedenen Auffassungen über den Weg der Sozialdemokratischen Partei nach dem Krieg haben die Diskussionen unter uns Emigranten sehr belebt. Alle machten den Eindruck, untereinander zerstritten zu sein – vor allem die Deutschen. In der deutschen Emigration wollte man, im Sinne Otto Bauers, zu einer Vereinigung aller deutschsprechenden Sozialisten kommen. Ich habe diese Initiative vom

Lebhafte Diskussionen über den Weg der Sozialdemokratie nach dem Krieg: Bruno Kreisky mit Paul Böhm, Alois Reitbauer, Falke Christenson, Marianne Blum, Egon Breiner, Willy Ernst, Ernst Lackenbacher (hintere Reihe von links), Mina Lackenbacher, Fredl Stern, Sophie Stern, Klara Böhm und M. Pergmann (vordere Reihe von links).

ersten Augenblick an nach allen Regeln der Kunst sabotiert. Ich war fest entschlossen, nicht nachzugeben, selbst wenn Willy Brandt, der damals schon eine gewisse Autorität besaß, es wollte. Eine leichte Spur der Enttäuschung findet man in Willy Brandts Buch *Links und frei*; in dem Kapitel *Von Bauer zu Kreisky* deutet er an, dass ich kein Schüler Otto Bauers sei. Er stellt fest, dass »... Kreisky ein linker Sozialdemokrat war. Doch anders als viele seiner exilierten Landsleute hielt er nichts von einer ›Großdeutschen‹ Initiative. Das Argument, Österreich habe sich als nicht lebensfähig erwiesen, ließ er nicht gelten. Er war engagierter Österreicher und blieb es.«
Von allem Anfang an war klar, dass es nach diesem Krieg nicht zu einer echten Annäherung zwischen Kommunisten und Sozialdemokraten kommen werde. Die Entwicklung hatte uns weit von all jenen Wiedervereinigungsbestrebungen abgebracht, wie sie nach dem »Anschluss« im Umlauf gewesen waren. Je näher das Kriegsende rückte, desto unverblümter erhoben die Kommunisten – getarnt als österreichische

Superpatrioten – ihren Monopolanspruch. Es war die Zeit, in der sie sich als die wahren Patrioten hinstellten und einem Nationalismus das Wort redeten, wie es ihn nie zuvor unter den deutschsprachigen Österreichern gegeben hat. In dieser Zeit gerieten auch der bereits mehrfach genannte Sozialdemokrat Hans Menzl und ein kommunistischer Metallarbeiter und ehemaliger sozialdemokratischer Betriebsrat in den Steyr-Werken in Streit. Der eine, Menzl, vertrat eine maßvolle Position in der Österreichfrage, der andere, August Moser, eine extrem nationalistische. Als der spätere österreichische Botschafter in Stockholm, Carl Buchberger, Menzl die Frage stellte, warum er so viel nüchterner sei als der kommunistische Repräsentant, erwiderte er: »Der Gusti Moser ist ein Oberösterreicher, und ich bin ja nur ein Niederösterreicher.«

Die Kommunisten hatten damals viele kleine Erfolge und gründeten das »Free Austrian World Movement«, eine Art österreichischer Volksfront. Die österreichischen Sozialdemokraten entschlossen sich in der Regel, ihm nicht anzugehören, und ich habe mich als Vorsitzender der »Österreichischen Vereinigung in Schweden« stets geweigert. Ich hatte ein Argument, das mir sehr stark erschien: Man müsse die Entwicklung im Lande selbst abwarten und dürfe sie nicht präjudizieren. Es bestand nämlich die Gefahr, dass eine kommunistisch beherrschte Bewegung ihren Widerhall auch in Österreich finden könnte. Wäre es dazu gekommen, hätten die Kommunisten in den ersten Nachkriegstagen in bewährter Manier alles an sich gerissen. Denn es war ihre Taktik in der Welt, die vorgeblich überparteilichen Gruppen zu unterwandern und in die Hand zu bekommen.

Die Österreicher haben vom ersten Tag der Befreiung an, also ab dem 27. April 1945, die Wiederauferstehung Österreichs trotz allen Elends als großes Glück empfunden. Es gab zum Unterschied vom 12. November 1918 keine Katastrophenstimmung, obwohl das Land noch schlechter dran war als damals. Die einen hatten zu jener Zeit um ein versunkenes Reich getrauert, die anderen vom Aufgehen in einem neuen Reich geträumt, und fast niemand wollte die eigenständige Republik. Die konnte man sich einfach nicht vorstellen. 1945 war das gerade Gegenteil der Fall. Über Nacht war ein österreichischer Patriotismus entstanden, wie ich ihn bis dahin nie wahrgenommen hatte. Die überwältigende Mehrheit – selbst viele unter den mehr als 500.000 registrierpflichtigen österreichischen Nazis – wollte plötzlich diesen Staat und glaubte in fast irrationaler Weise an seine Zukunft.

Dieser Wille zum Kleinstaat hat sich in allem geäußert. Der Anschlussgedanke war tot, ein für allemal. Und nicht aus Opportunismus, wie manche Leute meinen, sondern aus einer tiefen inneren Überzeugung, die sich aus der historischen Erfahrung ergab. Alles war menschlich so begreiflich. Adolf Schärf hatte das schon im Frühsommer 1943 dem prominenten deutschen Sozialdemokraten Wilhelm Leuschner gegenüber so ausgedrückt: »Der Anschluss ist tot. Die Liebe zum Deutschen Reich ist den Österreichern ausgetrieben worden ... «

Um so erschütternder war für mich jener Exzess an »Pflichterfüllung«, der bei der Bundespräsidentenwahl 1986 in Österreich zutage trat. Es waren Hunderttausende Österreicher gewesen, die 1945 glücklich waren, der weiteren »Pflichterfüllung« enthoben zu sein. Die Väter und Mütter von 247.000 Gefallenen und über 100.000 bei Kriegshandlungen ums Leben gekommenen oder vom NS-Terrorregime ermordeten Zivilisten verfluchten den Krieg, den Hitler und seine letzten getreuen Generäle – zu denen auch der Österreicher Löhr gehörte – bis zum bitteren Ende durchkämpfen wollten.

Wir bekamen also den eigenen Staat, die Demokratie; der Krieg war für uns aus. Das war zunächst einmal alles. Die Österreicher machten sich da weniger Gedanken als die Deutschen. Manche, auch wenn sie keine Nazis waren, mögen das Kriegsende als eine Niederlage empfunden haben, denn der Krieg, den ein Mensch, der in den Schlachten war, überlebt, ist sein persönliches »Weltereignis«. Das Feuer der Schlachten hinterlässt ein Engramm in der Seele, und je länger man von den furchtbaren Ereignissen entfernt ist, desto stärker empfindet man sie – mit Recht – als höchste Steigerung der persönlichen Existenz. Das lässt viele so schwer damit fertigwerden. Und so ist für den einen das Kriegsende dann die Niederlage, für den anderen ein unfassbares Glück.

Die historische Bedeutung des 8. Mai ist gewaltig. Hätte Hitler gesiegt, wäre die Geschichte auf unabsehbare Zeit anders verlaufen. Das »Großdeutsche Reich« wäre aufgrund eines beispiellosen Kolonialismus zu gewaltigem Wohlstand gelangt. Der ganze Kontinent wäre unterworfen gewesen. Es sind nur wenige, die sich heute Rechenschaft darüber ablegen, welcher Kelch an uns vorübergegangen ist. Wahnsinnige Herrschaftsträume und Herrschaftsmethoden wären verwirklicht worden. Die Wende war, ob man es will oder nicht, Stalingrad. Das Ausmaß des russischen Sieges ist nach den Vorstellungen mancher Konservativer im Westen Europas zu hoch ausgefallen. Aber dass Hitler ohne die Russen

nicht besiegt worden wäre, scheint ziemlich sicher, und man muss, ob man will oder nicht, diese Rolle der Sowjetunion sehen.
Das wichtigste Ergebnis des 8. Mai ist jedoch die Wiederherstellung der Demokratie in Westeuropa. Für die Länder, die eine lange und gute demokratische Tradition besessen haben, war das die Lebensluft, die ihnen 1940 geraubt wurde – für die Holländer, die Dänen, die Norweger, die Belgier, auch, wenn man will, für die Franzosen, obwohl viele von ihnen Pétain ähnlich zujubelten wie viele Österreicher Hitler. Für sie, alte Rechtsstaaten mit funktionierenden Verwaltungen, kehrte jenes Klima zurück, in dem sie sich ganz natürlich bewegt haben und das für sie einfach durch nichts anderes ersetzbar gewesen wäre.
Nicht aufgebaut werden konnten Demokratie und Rechtsstaatlichkeit in den Ländern, die man früher den »Balkan« genannt hat. Allen ungestümen Kritikern Jaltas muß man entgegenhalten, dass diese Völker, mit der einzigen Ausnahme der Tschechoslowakei, keine haltbare demokratische Tradition besaßen, weil sie nie Demokratien gewesen waren. In ihnen herrschten, von kurzen Perioden abgesehen, Generäle und korrupte Advokaten. Die Tschechoslowakei aber hat eine schwere Sünde gegen die Demokratie kurz nach dem Krieg begangen: durch die Vertreibung von Millionen Sudetendeutschen. Man behauptet, dass der europäische Osten auf der Konferenz von Jalta abgeschrieben wurde. Man wirft vor allem Roosevelt Leichtgläubigkeit und Naivität vor; durch seine nachgiebige Haltung habe er Ost- und Mitteleuropa dem Bolschewismus preisgegeben. Roosevelt habe den Russen »erlaubt«, bis nach Berlin und Wien vorzudringen. Der Umstand, dass für die Haltung des US-Präsidenten die Entscheidung seines Generalstabs von allergrößter Bedeutung war, wird dabei völlig ignoriert. Wie ich bereits 1963 in meinem Buch *Die Herausforderung* schrieb, war es lediglich General Clark, »der das britische Konzept eines Vordringens der Alliierten über den Balkan und in Richtung Jugoslawien unterstützte. Gravierender für Roosevelt aber war, dass eine Offensive vom Balkan her gegen die deutschen Armeen und die Errichtung einer zweiten Front in Europa – lange vor Stalingrad – mit Sicherheit Hunderttausenden alliierten Soldaten das Leben gekostet hätte; ganz abgesehen davon, dass eine ›Gallipoli-Offensive‹ wie im Ersten Weltkrieg hätte misslingen können. Roosevelt telegraphierte damals an Churchill: *For purely political reasons over here I should never survive even a slight set-back in Overlord if it were known that fairly large forces had been diverted to the Balcans.*

Chester Wilmot berichtet, dass Roosevelt alles zu vermeiden hatte, was ihm den Vorwurf hätte eintragen können, er verwende amerikanische Streitkräfte im Dienste britischer politischer Ziele. Er wußte, dass ein Feldzug auf dem Balkan ihn einem solchen Verdacht ausgesetzt hätte. Aber nur ein Feldzug auf dem Balkan, eine diesmal erfolgreiche ›Gallipoli-Offensive‹ hätte es gestattet, parallel mit den sowjetischen Truppen nach Zentraleuropa vorzudringen. Wobei es höchst zweifelhaft ist, ob Stalin einer solchen Offensive zugestimmt hätte und ob nicht damit die Gefahr eines Hitler-Stalinschen Separatfriedens heraufbeschworen worden wäre. Da aber weder die amerikanische noch die englische Regierung zur Errichtung einer zweiten Front in einem so frühen Stadium bereit und in der Lage waren, kam es nach der Niederlage der deutschen Armeen vor Stalingrad zur totalen Besetzung Ost- und Mitteleuropas durch die sowjetischen Truppen.
Der Vormarsch der sowjetischen Truppen nach Berlin und Wien, die Eroberung des Ostens und Südostens Europas, haben das Leben von Millionen russischer Soldaten gekostet. Weder Roosevelt noch Churchill konnten ihren demokratischen Staaten zumuten, diesen Preis zu bezahlen. Und so kam es zur Teilung Europas. Unbestreitbar ist: Bei Ausbruch des Zweiten Weltkrieges waren die Grenzen Russlands 600 bis 700 Kilometer weit von Wien und Berlin entfernt; erst Hitler und Goebbels haben mit ihrem ›antikommunistischen Feldzug‹ die sowjetischen Soldaten in die Mitte von Europa geholt; dass sie im Frühjahr 1945 über die Ringstraße und den Kurfürstendamm paradierten, war das Verdienst Hitlers.«
Stalins Zusage, in den eroberten Ländern demokratische Regierungen zu etablieren, war vielleicht von Vornherein gar kein politisches Betrugsmanöver gewesen; es gibt Hinweise, dass er – natürlich im Rahmen des Sowjetmperiums – nationale Marionettenregierungen akzeptieren wollte. So hat er Tito zum Beispiel befohlen, König Peter II. anzuerkennen, auch wenn man ihn später wieder loswerden müsse; das jedenfalls berichten Djilas und Dedijer. Es ist nicht ausgeschlossen, dass Stalin mit dem Gedanken spielte, eine Art Demokratie einzuführen; das dürfte auch die Tautologie von der »Volksdemokratie« erklären. Der Ausdruck hat sich bis heute gehalten. Er versinnbildlicht die Art, wie sich Stalin die Einhaltung seiner Zusagen in Jalta und die Einführung der Demokratie vorstellte. Sicher wäre ihm auch 1955 in Bezug auf Österreich eine ähnliche Interpretation des Begriffs Neutralität eingefallen.

Im diplomatischen Dienst

Der Krieg war aus, und dennoch dauerte es ein ganzes Jahr, bis ich zum ersten Mal wieder nach Österreich fahren durfte. Das Hindernis waren die Amerikaner. Ich kann mir das nur so erklären, dass der Gewährsmann, den ich bei den Amerikanern in Stockholm gehabt habe, mit einem Kurierflugzeug über Schottland abgestürzt ist; er hätte dem in Frankfurt am Main stationierten Oberkommando, das für Emigranten in Schweden zuständig war, über meine Person Auskunft geben können. Die Gründe für die Skepsis der Amerikaner kenne ich nicht; selbst eine Intervention von Staatskanzler Renner war erfolglos.

Im Herbst 1945, als es schon eine provisorische Regierung gab, flog ein schwedisches Rot-Kreuz-Flugzeug nach Österreich, und ich hätte als Vertrauensmann der schwedischen Regierung mit dabei sein sollen. Die Maschine sollte auf dem amerikanischen Flugplatz in Langenlebarn landen, aber die Amerikaner erklärten von vornherein, wenn Kreisky an Bord sei, würden sie keine Landeerlaubnis geben. Notgedrungen blieb ich also in Schweden, obwohl ich schon alles für Wien vorbereitet hatte. Als sich das schwedische Flugzeug Langenlebarn näherte, fragte die Bodenstation noch einmal nach, ob ich tatsächlich nicht im Flugzeug sei. Es ist eine Kuriosität, dass gerade ich von den Amerikanern daran gehindert wurde, nach Österreich zu kommen, während einige Zeit später die Russen mich anstandslos durchließen – obwohl ich in meinem schwedischen Fremdenpass das Visum aus dem Winterkrieg hatte und sie wußten, dass ich als Journalist dort tätig gewesen war.

Die Engländer hätten keine Bedenken gehabt, aber um in die britische Zone zu gelangen, nach Kärnten oder Steiermark, hätte ich den Weg über Jugoslawien nehmen müssen, und das kam nicht in Betracht. Mein Freund Dr. Kurt Grimm hatte großartige Beziehungen zu den Franzosen, und von ihnen bekam ich schließlich mein Permit. Die Zugänge zur französischen Zone lagen in Tirol und in Vorarlberg.

Im Mai 1946 fuhr ich mit einem der ersten Züge des »Arlbergexpress« nach Österreich. Für eine solche Fahrt brauchte man damals viel Zeit. Wir standen unendlich lange an der Grenze zur sowjetischen Besatzungszone an der Ennsbrücke. Schon in Innsbruck erwarteten mich zwei alte Freunde, der spätere Landeshauptmann-Stellvertreter Karl Kunst und der frühere Obmann der Tiroler Sozialistischen Jugend, Karl Knechtelsdorfer. Es war ein froher Empfang. Am Wiener Westbahnhof, der völlig zerstört war, standen viele Freunde, und zum Unterschied von dem, was mein Schwiegervater prophezeit hatte, empfingen sie mich mit gewaltigen Blumensträußen im Arm. Sie hatten sie natürlich nicht kaufen können, sondern aus ihren Gärten mitgebracht. Es war – ich weiß es noch heute – die Zeit der Blüte des Jasmins: duftende Sträuße in den Armen ausgemergelter Leute, gezeichnet vom Hunger und der Not der Zeit und durch die Gefängnisjahre, die viele hinter sich hatten. Die Seligkeit der Rückkehr, der Duft der Blüten: Ich war wie betäubt und »schwebte« über die Trümmer des Wiener Westbahnhofs. Binnen weniger Augenblicke schien es mir so, als wenn ich nie weggegangen wäre.

In Wien hatte ich einen alten Friseur, einen k.u.k. Sozialdemokraten, wie ich scherzte. Er hatte Lenin den Bart gestutzt, als dieser zu Gorki nach Italien reiste. Für jeden seiner Kunden hatte er ein eigenes Fach, in dem die Bürsten und sonstigen Utensilien lagen, und auf kleinen Emailschildern standen die Namen großer österreichischer Familien: Liechtenstein, Schwarzenberg, fast nur Adelige. Das »Ladl« für mich hatte er nie mit einem Schild versehen, mein Name war nicht nobel genug. Ich habe ihn immer Herr Jaroslav genannt; die anderen sagten zu ihm nur Jaroslav: Das war ein – auch ihm – sehr wichtiger Unterschied. Einmal kam einer seiner adeligen Kunden mit einem runden Gesicht, einer großen Glatze und einem dunklen Schnurrbart und sagte: »Jaroslav, der Bart muss weg!« – »Den können Sie Ihnen abschneiden lassen, wo'S woll'n, Hoheit«, antwortete Jaroslav, der Böhme. »Ich mach's nicht!« – »Ja, was heißt das, wenn ich sag', der Bart muss weg, dann haben Sie das zu machen.« Sagte Jaroslav: »Durchlaucht, wenn ich das mache, werden Sie ausschauen, mit Verlaub, wie ein Arschloch.«

Mich hat er sehr gern gehabt, und vollends begeistert war er von mir, als ich ihm im Mai 1946 zwei riesige Flaschen besten schwedischen Haarwassers mitbrachte. Er hat ganz kleine Portionen zugeteilt, und immer wenn ich nach Österreich kam, habe ich für Nachschub gesorgt. Später, als er seinen Friseurladen schon verkauft hatte, ist er noch zu mir »pfuschen« gekommen, bis er so schwach auf den Beinen wurde, dass er nicht mehr gebeugt arbeiten konnte. Als er starb, war ich bereits Bundeskanzler und gerade im Ausland. Gerne hätte ich ihm das letzte

Geleit gegeben. Er war ein Wiener Original: Monarchist aus Tradition, Sozialdemokrat aus Gesinnung, Österreicher aus seinem innersten Wesen, ein Hasser Hitlers – ein prächtiges Stück Mensch und voll von ursprünglicher Heiterkeit.

Meine alten Freunde aus der illegalen Bewegung, die sogenannten RS1er, bedrängten mich, für sie ins Zentralsekretariat zu gehen. Die Sozialistische Partei, wie sie sich damals nannte, war ein Gebilde, das man als schöpferische Parenthese bezeichnen könnte. Der Grund, warum die Partei nicht wieder Sozialdemokratische geheißen hat, lag in der Illegalität. 1934 hatten sich die Wege der Illegalen oder Revolutionären Sozialisten und die der alten Sozialdemokraten getrennt. Um nun die Partei zu vereinigen, hat man sie Sozialistische Partei genannt und in Klammern »Sozialdemokraten und Revolutionäre Sozialisten« hinzugefügt. Die Revolutionären Sozialisten wurden im Zentralsekretariat von Erwin Scharf vertreten. Ihm gegenüber war man sehr misstrauisch, weil er in einem österreichischen Bataillon in Jugoslawien gekämpft hatte. Manche sahen in ihm einen potentiellen Verbündeten der Kommunisten und sollten damit am Ende auch recht behalten.

Ich war von Anfang an der Meinung, dass man die »schöpferische Parenthese« auf Dauer nicht werde aufrechterhalten können und sie deshalb so bald wie möglich auflösen sollte. Zwei Parteien in einer kann es nicht geben, allein schon aus organisatorischen Gründen. Deshalb habe ich es abgelehnt, die Revolutionären Sozialisten im Zentralsekretariat zu vertreten.

Von vielen Seiten hat man mir zugeredet, in die Politik zu gehen. Das handfesteste Angebot – handfest jedenfalls angesichts der ungeheuren Not der Zeit – machte man mir im Wartezimmer des Parteivorstandes. Als Rückkehrer hatte ich das Recht, dem Klub der Abgeordneten und dem Parteivorstand über Schweden und über alle Vorgänge zu berichten, die für Österreich interessant waren. Überall wurde ich in der freundlichsten Weise empfangen. Als ich da im Wartezimmer des Parteivorstands saß, kam ein alter, berühmter Wiener Gemeindefunktionär, vorbei und sagte: »Ah, Genosse Kreisky, na, wie geht's Ihnen? Wollen'S Schlachthausdirektor werden?« Er hat das natürlich nicht ohne leichte Ironie gesagt, aber es traf den Nagel auf den Kopf, denn alles war zu haben damals, jeder Posten, sogar der des Schlachthausdirektors.

Ich war damals bei Renner und Schärf. In meinem Gespräch mit Renner ging es vor allem um die schlechten Beziehungen zum Ausland; Österreich habe es schwer, sich wieder darzustellen. »Wenn Sie mir folgen«, sagte Renner, »sind Sie für uns ein wichtiger Mann in der Diplomatie, denn bei der Bedeutung der skandinavischen Länder brauchen wir dort jemanden, der zu den Parteien Beziehungen hat. Uns würden Sie nach meiner Auffassung die besten Dienste leisten, wenn Sie ein paar Jahre noch im Ausland blieben. Wir haben ja keine geeigneten Diplomaten, und einige von euch haben das Zeug dazu.« Ich würde zwar, meinte Renner schmunzelnd, einen neuen Typ von Diplomatie repräsentieren, aber das mache nichts. Schärf hat ganz ähnlich argumentiert: Er wolle mich nicht aus der österreichischen Politik fernhalten, aber im Ausland würde ich vorerst dringend gebraucht. Ich solle zu Bundeskanzler Figl gehen, der mir wahrscheinlich ein Angebot machen werde. Und in der Tat, er machte eines, das aber inhaltlich nicht definiert werden konnte.

Ich überlegte hin und her und beriet mich mit meinen Freunden. Fast drei Monate blieb ich in Österreich. Im Juli wurde ich offiziell zum Vertreter Österreichs in Schweden bestellt und damit beauftragt, die Gründung einer Gesandtschaft in Stockholm vorzubereiten. Ich bekam den Titel eines Spezialattachés; was genau damit gemeint sein sollte, wusste ich allerdings nicht. Anfang August 1946 nahm ich meine Arbeit in Schweden unter sehr schwierigen Bedingungen auf. Unter anderem hatten wir überhaupt kein Geld. Wenige Tage nach meiner Ankunft in Stockholm besuchte ich den damaligen schwedischen Außenminister Östen Undén. Er war Professor für Völkerrecht in Uppsala, ein äußerst fähiger Außenpolitiker, einer der bedeutendsten, den die internationale Sozialdemokratie damals hatte. Jedenfalls genoss er einen sagenhaften Ruf. Ich schilderte ihm meine Eindrücke von der Lage in Österreich, und er hörte mit großem Interesse zu.

Am Schluss unserer Unterredung meinte er, ich solle zu einem der hohen schwedischen Beamten im Außenministerium gehen, der mit mir die technischen Fragen besprechen werde. Dieser Beamte überreichte mir ein Scheckbuch von gewaltiger Größe – die damaligen Scheckbücher der *Riksbanken* waren Ungetüme – und teilte mir mit, es stehe mir zur Verfügung, um die ersten Ausgaben tätigen zu können, bis zu dem Zeitpunkt, an dem die österreichische Regierung in der Lage sei, meine Arbeit zu finanzieren. Damit war ich einer großen Sorge enthoben, denn ich konnte mich ja nicht ewig von den Konsumgenossenschaften bezahlen lassen – meinen Posten dort musste ich definitiv aufgeben. Die andere Möglichkeit, mir bei meinem Schwiegervater Geld zu borgen, kam deshalb nicht in Betracht, weil er Emigranten grundsätzlich nichts borgte. Er hat sich über die Bereitschaft der Emigranten, geliehenes Geld zurückzuzahlen, nie Illusionen gemacht. »Borgen tu' ich ihnen nix«, sagte er, »da schenke ich's ihnen lieber gleich.« Überdies wäre es gegen seine Überzeugung gewesen, da er mich ja in sein Unternehmen verpflichten wollte.

Es war eine ungewöhnlich großzügige Geste, die mir da von schwedischer Seite zuteil wurde. Ich begann Schecks auszustellen, war jedoch sehr sparsam, und später wurde alles auf Krone und Öre zurückbezahlt. Im November erhielt ich Einführungsschreiben auch für Oslo und Kopenhagen. Im Februar 1947 schließlich kam der erste akkreditierte Gesandte nach dem Zweiten Weltkrieg nach Stockholm, Baron Paul Winterstein, ein echter Altösterreicher – im guten Sinne. Bei der Überreichung des Beglaubigungsschreibens wandte sich der alte König, Gustav V. Adolf, auch an mich. Man hatte ihm gesagt, dass ich schwedisch spreche, und deshalb sprach er mich auf Schwedisch an und fragte: »Wieso sprechen Sie so gut schwedisch?« – »Weil ich schon lange da bin, schon seit dem Krieg.« – »Ah, schon so lange?« Später entdeckte ich, dass er den ersten Krieg gemeint hat – er war halt schon sehr alt damals, 89 Jahre.

Alle Erwartungen meiner Wiener Freunde, die geglaubt hatten, ich würde zum Gesandten ernannt – ich selbst habe mir derartige Illusionen nicht gemacht –, sind mit der fortschreitenden Stabilisierung der politischen Verhältnisse zunichte geworden. Es wurde der alte Dienst wieder errichtet, mit vielen alten Botschaftern, und man war in Wien so generös, auch ehemalige Botschaftsangehörige, die im deutschen Dienst gewesen waren, sofern sie sich nicht allzusehr exponiert hatten, wieder aufzunehmen. Manche, die sich exponiert hatten, ließ man ein bisschen warten – vor allem, wenn sie unpopulär als Kollegen waren. Aber dann bekamen sie auch einen Posten. Innerhalb dieser wieder auflebenden alten, konservativen Bürokratie bekam ich den großartigen Titel eines Legationssekretärs erster Klasse – ein meinem Alter sicher adäquater Rang.

Den Botschafter, einen alten Aristokraten wie aus einer wohlwollenden Karikatur, hatte man in der Hoffnung hinaufgeschickt, dass wir uns gegenseitig nicht würden ausstehen können, so dass man allmählich uns

Als Legationssekretär erster Klasse kehrt Bruno Kreisky an der Seite von Botschafter Paul Winterstein nach Schweden zurück.

beide loswerde. Diese Rechnung ging nicht auf. Obwohl wir den denkbar größten Gegensatz darstellten und politisch überhaupt nichts miteinander gemeinsam hatten, sind wir gute Freunde geworden. Ich habe Winterstein als Menschen sehr respektiert, und er war in seiner Art ein guter Lehrmeister für mich. Er hat mir beigebracht, wie man mit Akten umgeht und wie man ein Dossier anlegt. Ich hatte zwar gar keinen Sinn dafür, aber weil ich der einzige ihm zugeteilte Beamte im diplomatischen Rang war, musste ich es schließlich lernen. Obwohl ich seither Tausende von Akten gelesen habe, könnte ich es wahrscheinlich heute nur nach langem Nachdenken zustande bringen, einen Akt anzulegen. Die meisten im Wiener Außenamt haben Winterstein grässlich gefunden. Zur Hysterie neigend, zerknüllte er unangenehme Weisungen und schmiss im Zorn gelegentlich den Telefonapparat zu Boden. Ich erinnere mich noch, dass ich während eines solchen Wutanfalls zu ihm ins Zimmer kam. Alles, was auf dem Schreibtisch war, landete auf dem Boden. Ich stand respektlos am Türpfosten angelehnt und beobachtete, wie er Blatt für Blatt aufhob und fein säuberlich glattstrich. Denn schließlich war er, auch im Zorn, ein Beamter.

Die Roten waren ihm in der Seele zuwider, aber er war zu nobel, über sie zu schimpfen. Der Gedanke, dass Österreich eine Republik geworden war, schien ihm grässlich, aber er war klug genug, sich kein Kaisertum Österreich auf dem Territorium der Zweiten Republik vorzustellen. Er war kein Monarchist im politischen Sinn, nur wollte er sich nicht seinen Kaiser rauben lassen. Da ich das nicht vorhatte, kamen wir sehr gut miteinander aus.

Eines Tages gab die österreichische Gesandtschaft einen großen Empfang im Stockholmer »Royal«. Anlass war die Ausstellung *Kunstschätze aus Österreich,* die ich angeregt hatte, weil ich mir davon eine gute Presse versprach. In Wien war man nicht sehr erbaut gewesen über diesen Vorschlag; es gäbe große Transportschwierigkeiten, und manche waren an einer Ausstellung im »protestantischen« Schweden grundsätzlich nicht interessiert. Aber die Ausstellung kam dann doch zustande und war auch deshalb ein Erfolg, weil der schwedische Kronprinz, der spätere König Gustav VI. Adolf, ein ausgezeichneter Kunstkenner und sehr beeindruckt davon war. Im letzten Moment wurde uns mitgeteilt, dass wir mit dem Erscheinen des Kronprinzen beim Soupé rechnen könnten, auch wenn noch keine definitive Zusage erfolgt sei. Dies hatte zur Folge, dass wir Hunderte von Gästen umplatzieren mussten. Mir fiel die Aufgabe zu, die mühsam erstellte Sitzordnung zu ändern. Und während ich schwitzend auf einem großen Tisch alle Namenskarten hin- und herschob wie auf einem Schachbrett, kam mein alter Gesandter herein, lächelte ironisch, tippte mir auf die Schulter und meinte: »Siehst du, das ist die Rache der Geschichte an jungen Revolutionären.«

Winterstein und ich galten in Stockholm als ein kurioses Paar. Wir fuhren beide mit dem Fahrrad zu unserer Gesandtschaft. Bereits im Kriege war ich ein leidenschaftlicher Radfahrer geworden, was während der langen Winterzeit eine ziemliche Geschicklichkeit erforderte, denn in Stockholm wird der Schnee nicht weggeräumt; kaum ist er getaut, fällt schon wieder der nächste, und deshalb lassen sie ihn einfach liegen.

Ich habe ihn gern gehabt, den alten Baron Winterstein, von seinen Freunden »Gauli« genannt – warum, weiß ich nicht. Er gehörte zu jener Gruppe, die man die »jüdischen Barone« nannte; es gab sie in Österreich in großer Zahl, ohne Rücksicht darauf, ob sie getauft oder ungetauft waren. Später, in Wien, habe ich ihn oft besucht, aber es ging mir mit ihm, wie mit anderen auch: Als er gestorben war, tat es mir leid, dass

ich nicht öfter mit ihm beisammen war. Es gab zwischen uns bis kurz vor seinem Tode irgendeine Saite, die von gleichem Klang war.
Meine diplomatische Tätigkeit war abwechslungsreich im wahrsten Sinne des Wortes. In Dänemark und Norwegen führte ich Verhandlungen über die Rückführung konfiszierten österreichischen Eigentums. Stichtag war der 13. März 1938: Wer an diesem Tag nachweisbar Österreicher war, bekam sein Eigentum zurück. In Finnland spielte diese Frage kaum eine Rolle, und in Schweden war nichts konfisziert worden. Einmal bekam ich den Auftrag, in Dänemark einige Millionen Forelleneier einzukaufen.
Die Russen hatten nämlich sämtliche Forellengewässer geplündert; sie sollten neu angesetzt werden.
Ich war verzweifelt, denn ich wußte nicht, wie ein solches Geschäft abzuwickeln ist – vor allem nicht, wie man Forelleneier zählt. Zum Glück half mir ein sehr ordentlicher dänischer Partner dabei; es war meine erste wirtschaftliche Transaktion im diplomatischen Dienst. Später, als ich in der wirtschaftspolitischen Abteilung des Außenamtes in Wien tätig war, habe ich die ersten österreichischen Handelsdelegationen nach Skandinavien geleitet.
Neben allen anderen Aufgaben kümmerte ich mich natürlich auch weiterhin um die Hilfsaktionen für das hungernde Österreich und konnte auf karitativem Gebiet einiges bewirken. Dank meiner vielfältigen und guten Beziehungen zu den Schweden gelang es mir, viele Österreicher zeitweilig in schwedischen Instituten unterzubringen, vor allem Ärzte, die dort nachholen konnten, was sie durch den Krieg versäumt hatten. Schweden war eine Oase des medizinischen Fortschritts und hatte einige der bedeutendsten Kliniken in Europa, besonders auf dem Gebiet der Gehirn-, Herz- und Lungenoperationen; bei Operationen von *blue babies* lagen die Schweden weltweit vorn. Von den dortigen Hilfsorganisationen war mir zugesichert worden, wann immer es ein *blue baby* in Österreich gebe, werde man sich darum kümmern; ich solle sie nur unterrichten. Die Operationen waren sehr teuer und mit monatelangen Spitalaufenthalten verbunden. Nachdem ich eine Reihe von *blue babies* nach Schweden vermittelt hatte, kam es zu einem sonderbaren Protest eines Professors. Er meinte, wenn ich alles, was an »Operationsmaterial« in Österreich vorhanden sei, nach Schweden transferierte, dann würden sie nie lernen, mit der gleichen Perfektion zu arbeiten. Ich sah das anders.

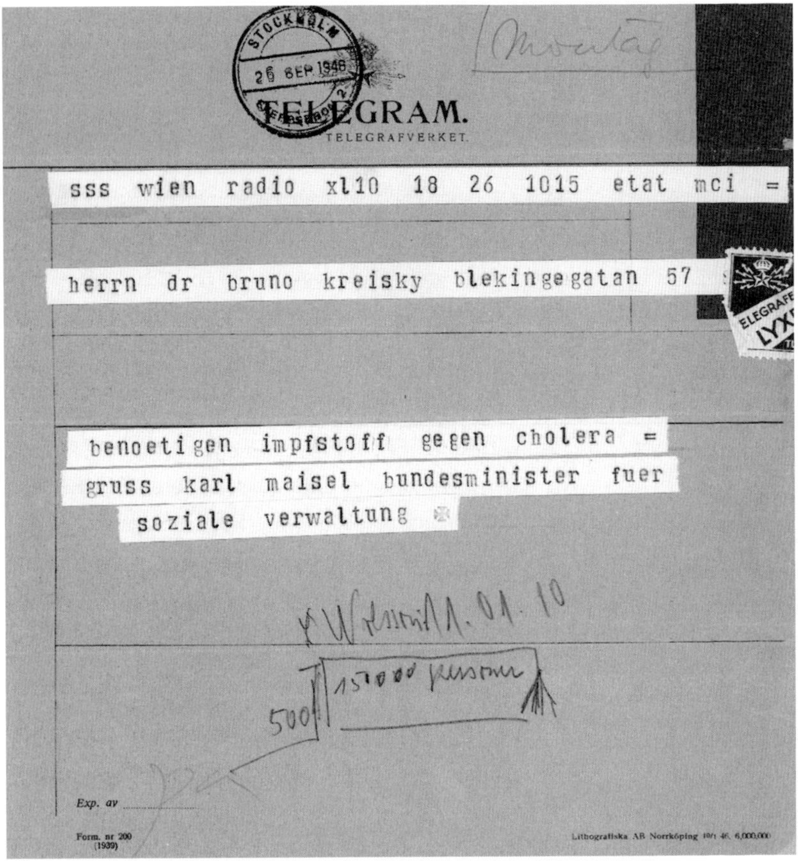

SOS aus Wien: Das Schwedische Hilfswerk unterstützte Bruno Kreisky bei Lieferungen von dringend benötigten Medikamenten nach Österreich.

Im Vordergrund stand für mich immer die Wiederbelebung und Neuanknüpfung politischer Kontakte, und so habe ich manche Reisen österreichischer Politiker nach Skandinavien vorbereitet. Unter den ersten, die kamen, war der Bürgermeister von Wien, Theodor Körner. Erst als wir uns in Stockholm begrüßten, hat er sich richtig erinnert, dass wir Anfang der dreißiger Jahre einmal eine gemeinsame Exkursion in ein niederösterreichisches Dorf gemacht hatten, wo er laut Ankündigung über die Isonzo-Schlacht sprechen sollte, aber nach wenigen Sätzen das Thema gewechselt hatte – zum Ärger der Bauern, die sich mit Recht getäuscht fühlten. Gleichzeitig mit Körner war der Gesandte Eduard Ludwig nach Stockholm gekommen, ein echter

Reaktionär aus der Dollfuß-Ära. Sie kamen in trautem Verein, und daran konnte ich ermessen, wie es jetzt in Österreich aussah. Unter anderem hat man mir erzählt, dass der Vertrauensmann der Sozialdemokraten in der Polizeidirektion jener Oberpolizeirat war, der seinerzeit vorbeikam, als ich von der Wache geprügelt wurde, damals, nach dem Grabgang für Victor Adler am 11. November 1933. Das, was man mit mir tat, hat ihn offenbar gar nicht berührt. Ich war natürlich sehr erstaunt, dass dieser Herr nun als unser Mann bei der Polizei galt.

In meiner Arbeit fühlte ich mich eigentlich recht wohl. Gleichzeitig verfolgte ich die Entwicklung in Wien. Im Herbst 1947 reiste ich mit meiner Frau nach Kärnten und Osttirol. Inzwischen hatten sich die osteuropäischen Sozialdemokraten mit den Kommunisten ihrer Länder arrangiert und versuchten jetzt durch Druck, auch uns zu einer ähnlichen »Verständigung« zu überreden. Um ein Gegengewicht zu schaffen, bat ich – im Einverständnis mit Adolf Schärf – die Führer der skandinavischen Sozialdemokraten, auf dem Parteitag aufzutreten. Sie kamen über Prag, und frühmorgens in aller Dunkelheit – in Wien funktionierten damals die Straßenlaternen noch nicht – holte ich sie am Bahnhof ab: den Führer der dänischen Sozialdemokraten, Hans Hedtoft-Hansen; einen der führenden Männer der schwedischen Sozialdemokratie, den späteren Verteidigungsminister Sven Andersson, und Nils Langhelle, den hochbegabten, aber früh verstorbenen Vertreter der norwegischen Partei.

Die Neigung zur Vereinigung mit den Kommunisten hat in Österreich nie bestanden und war auch aufgrund der osteuropäischen Entwicklungen gering geworden; alle Versuche in dieser Richtung wurden von den Sozialdemokraten sehr feindselig aufgenommen. Die Pressionen von außen waren sehr stark. Die Ungarn, die Polen und auch die anderen Osteuropäer waren auf dem Parteitag erschienen; der gefährlichste war Lausmann, der mit einem riesigen Stab aus der Tschechoslowakei angereist war. Er hat sich später nach Österreich abgesetzt, ist aber kurz darauf unter mysteriösen Umständen aus Salzburg verschwunden und wenig später wieder in der Tschechoslowakei aufgetaucht, wo er eine Pressekonferenz gab.

Noch Jahre nach Kriegsende traten die Russen mit der Willkür einer Siegermacht auf; Leute, die ihnen nicht passten, wurden einfach verschleppt. Die Aktion mit meinen skandinavischen Freunden war also nicht ungefährlich gewesen, denn rund um den Bahnhof konnte einem

in der Nacht allerhand zustoßen, zumal im 2. Bezirk, der zur russischen Zone gehörte.
Die Russen verschleppten fast täglich Leute, und die allgemeine Angst war groß. Gefährlich lebte man nicht nur in der russischen Zone, sondern auch im 1. Bezirk, in dem jeden Monat eine andere Besatzungsmacht sozusagen regierte. Oscar Pollak schrieb damals einen mutigen Leitartikel gegen die »Unbekannten« – nicht selten Mörder und Räuber. Er war der mutigste Journalist dieser Zeit und genoss einen unglaublichen Ruf.
Im Herbst 1949 schrieb mir Schärf, dass man mich in die Zentrale des Außenamts zurückholen wolle, um mich in Kürze nach England zu schicken. Darauf ließ ich mich jedoch nicht ein, weil ich keine große Neigung hatte, im diplomatischen Dienst zu bleiben und mein Leben lang ein bloßer Beobachter und Berichterstatter zu sein. Die Nachrichtenübermittlung durch die Auslandsvertretungen hatte damals schon längst angesichts der modernen Kommunikationsmittel an Bedeutung verloren. Heute glaube ich, dass der diplomatische Dienst, wenn man ihn von innen heraus neu gestaltet, durchaus wichtig und nützlich sein kann.
Zunächst sollte ich in die wirtschaftspolitische Abteilung des Außenamtes eintreten. Ich musste um einige Wochen Aufschub bitten, da meine Frau sehr schwer erkrankt war und ich sie nicht allein lassen konnte. Nur sehr widerwillig habe ich um diese Verlängerung angesucht; sie wurde mir gewährt.
Am 2. Jänner 1951 habe ich meinen Dienst in der wirtschaftspolitischen Abteilung angetreten. Von den beiden verantwortlichen Beamten, Max Löwenthal und einem alten Diplomaten namens Hudeczek, der nach dem »Anschluss« – vielleicht seinem tschechischen Namen zuliebe – gewisse Nazi-Sympathien gezeigt hatte, wurde ich besonders herzlich empfangen. Sie behandelten mich sofort wie ihresgleichen und redeten mich mit dem in Diplomatenkreisen üblichen Du an. Ich bekam zwei Mitarbeiter und ein nettes kleines Zimmer mit Blick auf den Ballhausplatz. Das Zimmer muss in Metternichschen Zeiten einem höhergestellten Beamten zugewiesen worden sein, denn es hatte eine Doppeltür. Der Abstand der beiden Türen war jedoch unverhältnismäßig groß; dazwischen hatte sich, wie ich von einem Amtsgehilfen aufgeklärt wurde, das Zimmerklosett dieses Beamten befunden. Die niedrigeren Beamten mussten sich einer Latrine bedienen.

»Alle waren sehr glücklich«: die Kinder Peter und Suzanne.

Noch im gleichen Monat avancierte ich zu etwas, was es bis dahin im Außenamt gar nicht gegeben hat, nämlich zum Legationsrat 3. Klasse. Das war, wie gesagt, ein Novum, eine Art Titular-Legationsrat. Die wirtschaftspolitische Abteilung des Außenamtes war ja nur eine kleine Abteilung und das Außenamt seinerseits wiederum nur eine Sektion des Bundeskanzleramtes. Es gab zwar einen Minister, aber kein Ministerium. Als ich acht Jahre später Außenminister werden sollte, habe ich nur unter der Bedingung angenommen, dass ein eigenes Ministerium mit eigenen Kompetenzen geschaffen werde. Das gab einen furchtbaren Wirbel, aber ich habe es durchgesetzt, und seitdem ist es unbestritten.
Nach zwölf langen Jahren der Emigration fühlte ich mich wohl in Wien. Meine Frau kam im April mit den Kindern nach. Wir wohnten in Grinzing, wo ich eine Wohnung gemietet hatte. Meine Frau hat sich sehr rasch den Verhältnissen angepasst, und alle waren sehr glücklich, nicht zuletzt meine beiden Kinder, mein Sohn Peter, der inzwischen sieben Jahre alt war und noch kein Wort deutsch sprach, und meine damals dreijährige Tochter Suzanne. Es war ein Frühling in Österreich, der wie ein Sommer war. Als wir von Stockholm abfuhren, lag noch der Schnee auf den Straßen.
Während meine Frau auf dem Weg zu mir nach Wien war, starb in einem dänischen Sanatorium ihr Vater. Kurz vor meiner Abreise aus Stockholm, in den Weihnachtsfeiertagen, hatte er einen letzten verzweifelten Versuch gemacht, mich in Schweden zurückzuhalten. Offenbar in Vorahnung seines Todes beschwor er mich noch einmal: »Wann immer du glaubst, dass es nicht geht in Wien, kannst du zurückkommen. Solange

ich lebe, kannst du in die Firma eintreten. Im Moment meines Todes allerdings sind die Würfel gefallen, dann übernimmt mein Sohn alles, und du wirst es gegenüber deiner Familie verantworten müssen, dass sie nie reich sein wird.« Bei aller Fremdheit, die es zwischen uns gab, war mein Schwiegervater eine beachtenswerte Erscheinung, der man Respekt zollen musste. Er hatte viel Vertrauen zu mir und hätte es gerne gesehen, wenn ich sein Testamentsvollstrecker geworden wäre.

Meine erste Aufgabe war es, gemeinsam mit dem späteren Präsidenten der Industriellenvereinigung Hans Igler von der Marshallplan-Abteilung des Bundeskanzleramts einen Wirtschaftsablaufplan und eine Devisenübersicht zu erstellen. Wir hatten 1951 rund hundert Millionen Dollar zur Verfügung, und mit diesem Betrag musste das Zahlungsbilanzdefizit ausgeglichen werden. Den Löwenanteil verschlangen die Kohlelieferungen aus Polen. Mit Hilfe eines schwedischen Freundes gelang es, ein Triangelgeschäft zwischen Schweden, Polen und Österreich zu arrangieren, das für die VOEST von lebenswichtiger Bedeutung werden sollte. Die Staubkohle, die die VOEST aus Polen bekam, wurde vom schwedischen Eisenhandel bezahlt; dafür lieferte die VOEST Roheisen, Stahl und später Bleche nach Schweden. Das wurde von den Schweden weiterverarbeitet und dann nach Polen verkauft; besonders wichtig war den Polen die Lieferung von Blechen.

Wien, Ballhausplatz

Am 31. Dezember 1950 starb Karl Renner, zweimaliger Kanzler und der erste Bundespräsident der Zweiten Republik. Am 6. Mai 1951 sollte sein Nachfolger gewählt werden. Die Partei nominierte, was mir völlig unverständlich war, den achtundsiebzigjährigen Bürgermeister von Wien, den k.u.k. Oberst und späteren General Theodor Körner. Achtundsiebzig Jahre waren für mich damals ein biblisches Alter, in dem man von einem Menschen eigentlich nicht mehr viel erwarten sollte. Der Gegenkandidat war Heinrich Gleißner, ein in Oberösterreich populärer Mann, der in der »vaterländischen Zeit«, in die sein Aufstieg fiel, bereits Landeshauptmann und daher anschließend lange im KZ gewesen war. Keiner der Kandidaten erreichte die absolute Mehrheit; so kam es am 27. Mai zur Stichwahl.

Ich habe zeitig in der Früh gewählt und bin dann nach Passau gefahren, weil ich dort mit einem schwedischen Bekannten verabredet war, der mir meinen Rover brachte, das erste Modell dieser englischen Marke. Ich fuhr ihm entgegen, um an der Grenze alles ordentlich abzuwickeln. Noch am Abend des Sonntag ging ich auf die Redaktion der *Passauer Nachrichten* und erfuhr, dass der alte General Körner gewählt worden war. Ich freute mich.

Als ich am späten Montagnachmittag in Wien eintraf, erfuhr ich, dass man mich den ganzen Tag schon fieberhaft gesucht hatte. Ich sollte als politischer Berater zu Körner gehen! Am Abend sprach ich mit meinen politischen Freunden darüber. Körner war, wie gesagt, ein sehr alter Mann, und es war klar, weshalb ihm die Partei jemand an die Seite stellen wollte. Ich sagte ohne Umschweife, dass ich mich nicht dazu hergebe, den Politruk zu spielen. »Wenn Körner mich nicht selber will, mach' ich's nicht.«

Ich ging zu Körner; er sah melancholisch aus. »Schau, ich bin sehr traurig. Ich war gern Bürgermeister in Wien, da konnte man was machen; jetzt soll ich der Bundespräsident werden. Hat ja gar keinen Sinn. Ich habe ja nur kandidiert, weil ich überzeugt war, dass ich nicht gewählt werde.« Wir sprachen sehr offen über die Absicht der Partei, mich zu seinem Mitarbeiter zu machen. »Du musst unbedingt zu mir kommen«, meinte er. »Ich kenn' mich ja gar nicht aus in diesen ganzen Sachen. Der, den ich mir von der Gemeinde mitnehme, ist ein guter Mann, aber von den politischen Sachen versteht er nicht viel.«

So kam es, dass ich vom Außenamt in die Präsidentschaftskanzlei hinüberwechselte, auf die andere Seite des Ballhausplatzes, in die Hofburg. Ich erhielt ein wunderbares kleines Zimmer, im Maria-Theresianischen Barock eingerichtet. Es soll einmal das Arbeitszimmer des Grafen Cobenzl gewesen sein. Am 22. Juni wurde ich mit den Funktionen eines Kabinettsvizedirektors betraut. Damit war ich praktisch der zweite Mann unmittelbar nach dem Kabinettsdirektor, wieder einem alten österreichischen Aristokraten, allerdings von anderer Art als Winterstein. Es war der Baron Klastersky. Ich sollte mich ausschließlich um die politischen Dinge kümmern. Die Reden des Bundespräsidenten wurden von einem altösterreichischen Journalisten, dem Hofrat Josef Carl Wirth, geschrieben, der schon während des Ersten Weltkrieges ein bedeutender Mann im Kriegspressequartier gewesen war. Klastersky, Wirth und ich begleiteten den Bundespräsidenten auch auf seinen Reisen. Wir fuhren lange Strecken mit der Eisenbahn im Sonderwaggon des letzten Kaisers von Österreich. Ich habe damals eine Fülle nicht nur von Anekdoten, sondern auch von interessanten Informationen aus der alten Zeit erfahren, wobei ich natürlich nicht weiß, was davon Wahrheit und was Legende war.

Körner war ein außerordentlich ehrenwerter Präsident, ein Mensch gewordener, gerade gewachsener Baum. Es gibt Leute, denen man mit Recht Sinn für Humor deshalb zuspricht, weil sie so gerne lachen. Körner hingegen hatte Humor auf andere Art: Er war ein Mann, der komische Situationen schuf. Um elf Uhr vormittags überkam ihn immer ein unüberwindbares Schlafbedürfnis, für einen Mann seines Alters, der um fünf Uhr aufstand, nichts Ungewöhnliches. Einmal schlief er während einer Rektoreninauguration ein, allerdings nicht er allein, sondern neben ihm auch der andere Theodor, nämlich der Kardinal von Wien, Innitzer. Nach wenigen Minuten sah man zur Rechten wie zur Linken einen »halben Schläfer« heruntersinken. Als beide zur gleichen Zeit aufwachten, sagte Körner zu Innitzer halblaut, so dass es das ganze Auditorium hören konnte: »Das ist schon eine komische Welt, Sie, der Schwarze, kommen rot daher, und ich, der Rote, komme schwarz daher.«

»Der Bundespräsident«, sagte mir sehr bald danach Vizekanzler Dr. Schärf, »darf nicht um elf Uhr schlafen. Außerdem muß er sich einen

Hörapparat anschaffen.« Alle ließen ihren Ärger an mir aus. Ich bekam den heiklen Auftrag, dem Bundespräsidenten mitzuteilen, dass er ein Hörrohr anschaffen müsse. Also sagte ich: »Die da drüben wollen, dass du dir ein Hörrohr anschaffst.« – »Warum?« – »Weil sie sagen, du hörst immer nur die Hälfte.« Darauf Körner ganz kurz: »Die genügt mir.«
Am 11. November 1951 mussten wir zu einer großen Veranstaltung nach Eisenstadt, wo die 30-Jahr-Feier der Eingliederung des Burgenlandes in die österreichische Republik gefeiert wurde. Körner sollte eine Rede halten. Ich fragte ihn, ob der Hofrat Wirth schon etwas vorbereitet habe. »Noch nicht, aber der schreibt ja immer so schöne Sachen, und da weiß ja jeder gleich, dass ich das von ihm hab'. Diesmal möchte ich eigentlich etwas zum Ausdruck bringen, was mir Freude macht.« Ich schlug ihm vor, auf dieser Feier im östlichsten Teil Österreichs über den Staatsvertrag und die Neutralität zu reden. Eisenstadt lag in der russisch besetzten Zone, und wir schrieben das Jahr 1951! Ich erinnerte den Bundespräsidenten daran, dass Karl Renner über dieses Thema bereits am 19. Jänner 1947 in der *Wiener Zeitung* geschrieben hatte. »Wenn sich nachher alle aufregen – vor allem die Amerikaner –, dann sagen wir: Das ist alles schon beim Renner gestanden.« Dem Bundespräsidenten hat dieser Vorschlag sehr gut gefallen, und der Hofrat Wirth hat ein paar historische Zusammenhänge geschildert, etwa wie das Burgenland zu Österreich kam. Ich habe die Sätze über die Neutralität formuliert. Wir sind ins Burgenland gefahren, und die Rede wurde gehalten. Anschließend reisten wir sofort ab. »Morgen werden wir einen feinen Wirbel haben«, sagte ich, »zurücknehmen können wir jetzt nichts.« Körner hingegen sagte heiter: »Ich bin froh, dass es heraußen ist.«
In der Stube des Amtsgehilfen des Landeshauptmannes stand übrigens ein herrlicher Barockschreibtisch. Im Büro des Bundespräsidenten fehlte ein solches Stück, da es angeblich keine Barockschreibtische gab. Körner musste sich mit einem von Metternich zufriedengeben. Den Tisch aus dem Vorzimmer in Eisenstadt haben wir sofort verlangt.
Wenn Körner eine kurze Rede zu halten hatte, wollte er das Zetterl nicht aus der Tasche ziehen, und dann konnte es manchmal recht komisch werden. Als einmal an einem Freitag eine Regierungskrise ausbrach, die Körner nicht zur Kenntnis nehmen wollte, reisten wir kurz entschlossen nach Villach, um dort bei der Eröffnung des neuen Rathauses dabei zu sein. Bis Montag werde sich in Wien schon alles finden. In Villach sagte er ungefähr folgendes: »Als ehemaliger Bürgermeister

von Wien beglückwünsche ich euch, dass ihr da so ein schönes Rathaus habt. Ich weiß sehr genau, wie schwer es ist, das Amt des Bürgermeisters ohne öffentliche Häuser zu führen.« Solche Sachen sind einige Male passiert.

Körner hat aber auch seine Eigenheiten gehabt. Im März 1953 war er zur Totenfeier für Stalin in die sowjetisch-österreichische Gesellschaft eingeladen worden. Ich habe versucht, ihm das auszureden. Nichts half; Körner wollte unbedingt hingehen, weil die Einladung von Ernst Fischer kam, und dieser war mit seiner langjährigen, sehr geliebten Freundin verwandt, die wiederum die Witwe seines Vorgesetzten war, eines Feldmarschalleutnants. Sage ich: »Du, der hat den Tuchatschewski hinrichten lassen.« Darauf Körner: »Für jeden Marschall, der umgebracht wird, gibt es einen Grund!« Das war jedenfalls ein apodiktisches Urteil. Körner ging zur Feier, und in der Regierung tobte man.

Als politischer Mitarbeiter des Bundespräsidenten kam ich in engen Kontakt mit allen Regierungsmitgliedern der Sozialistischen Partei. Man hatte nämlich den für mich einmal bedeutsam werdenden Beschluss gefasst, dass ich an den sogenannten inoffiziellen Montagabend-Essen beim Bundespräsidenten dabeisein solle. Diese Gesprächsrunde stammte aus der Zeit Renners und sollte jetzt unter Körner fortgesetzt werden. Der Beschluss, mich – aus welchem Grund auch immer – hinzuzuziehen, hatte deshalb eine solche Bedeutung für mich, weil ich dadurch in den innersten Kreis der obersten Spitze der SPÖ gekommen bin. Ich fühlte mich dort nicht als Fremdkörper. Im Gegenteil: alle hatten großes Vertrauen zu mir.

Unter den Älteren in dieser Runde gab es einen, dem antisemitische Bemerkungen leicht über die Lippen kamen. Da ich daraus keine *cause célèbre* machen wollte, bat ich den Parteivorsitzenden Dr. Schärf, mit dem ich mich großartig verstand, mir diese Montagabende zu ersparen. Schärf sagte, auch ihm sei das alles peinlich, aber er habe schon viele Meinungsverschiedenheiten mit dem Betreffenden gehabt und werde mit ihm reden. Das geschah offenbar, denn von da an war Schluss mit diesen Bemerkungen.

Der Innenminister Oskar Helmer war ein tüchtiger Mann, ein bedeutender Minister und einer der mutigsten dazu. Er hat viel für die Kriegsgefangenen getan; da er auch mit den sudetendeutschen Flüchtlingen zu tun hatte, entwickelte er sich zu einem großen Tschechenhasser. Den Russen war er ein Dorn im Auge; da er aber so wie die russischen Offiziere rund und groß war, verstanden sie sich. Österreich war in seinen Augen nicht lebensfähig. Einmal sagte er zu mir: »Was soll denn das alles? Selbst wenn wir frei sind, wie lang werden wir denn wirtschaftlich durchhalten können? Wir werden wieder dort enden, wo wir waren.« Innerlich hat er den Gedanken des »Anschlusses« wohl nie aufgegeben. Und dennoch: Er war eine große, innerhalb der Arbeiterschaft gewachsene Persönlichkeit.

Bei den alten Christlichsozialen war Helmer nicht unbeliebt. Zum einen war es ihm gelungen, vor dem Krieg in der niederösterreichischen Landesregierung eine friedliche und koalitionäre Stimmung zu erzeugen. Vor dem 12. Februar war er die letzte Hoffnung für Gespräche mit der anderen Seite gewesen, und er hat mit Dollfuß noch verhandelt, als dessen eigene Leute es schon nicht mehr konnten. Zum anderen war er seit dem Krieg eng mit Raab befreundet. In der Nazizeit war Helmer Versicherungsagent, und Raab gab oft die Geschichte zum besten, dass er sich fünfmal versichern lassen musste, nur damit der Helmer fünfmal die Provision kassieren konnte.

Was nun die jetzt wieder so aktuelle Entnazifizierung angeht – die man euphemistisch »Bewältigung der Vergangenheit« nennt –, so stellt sich als erstes die Frage: Wie sollte man den Aufbau eines Kleinstaates angehen, in dem vierzehn Prozent der Wahlberechtigten registrierpflichtige Nationalsozialisten waren, größere und kleinere? Viele waren darüber hinaus auch noch vom Groll gegen die Begründer der ersten Diktatur erfüllt – nicht alle haben das Erlebnis der Lagerstraße in den KZs gehabt, wo sich Sozialisten und Heimwehrführer dann nähergekommen sind. Hätte man auf sie alle verzichten wollen, dann wäre niemand übriggeblieben als die Sozialdemokraten und ein paar tausend sehr heldenhafte Widerstandskämpfer. Beide empfanden die Entnazifizierung als ungenügend. Viele, vor allem Ausländer, verstehen es heute noch nicht, warum die Nazis in Deutschland und Österreich nicht einfach kaltgestellt werden konnten. Aber ich wiederhole es noch einmal: Wir mussten darauf vertrauen, dass die Menschen, klüger geworden durch Erfahrung, ihren Weg zur Demokratie finden. Man kann niemanden in seiner materiellen Existenz vernichten, weil er sich, sei es aus Opportunismus, sei es aus Überzeugung, für den Nazismus entschieden hat und einer der Gliederungen der Partei beigetreten ist. Eine solche Massenbestrafungsaktion wäre zudem höchst unrealistisch gewesen.

Für mich – und das ist nach allen Richtungen hin eine Ironie des Schicksals – stellte sich dieses Problem ganz anders. Grundsätzlich habe ich mich immer an das Marxsche Prinzip gehalten, dass das gesellschaftliche Sein das Bewusstsein bestimmt. Langjährig aus der Gesellschaft ausgestoßene Arbeitslose haben eben ein anderes politisches Bewusstsein als diejenigen, die einen sicheren Arbeitsplatz haben. Es war jedoch nicht nur die theoretische Erkenntnis, sondern auch die praktische Erfahrung, die mich zu einer solchen Haltung geführt hat. Während meiner Gefängniszeit habe ich mir von nazistischen Mitgefangenen immer wieder schildern lassen, wie sie Nazis geworden sind. Bei den Intellektuellen war es primär eine großdeutsche oder deutschnationale Gesinnung. Bei vielen kam auch ein starkes Geltungsbedürfnis hinzu, weil ihnen, die einer Minderheitsgruppe angehörten, nun plötzlich die Mitwirkung an der Machtausübung winkte. Eine große Gruppe ist auch aus Zorn über die frühen Dreißigerjahre und die Politik der Christlichsozialen und der Heimwehren zu den Nazis gegangen; den Sozialdemokraten gaben sie keine Chance mehr, jemals wieder ihre politischen Ideen vertreten zu können. In der Bürokratie gab es zudem eine alte Rivalität zwischen den im klerikalen Lager Stehenden und den Deutschnationalen. Dasselbe galt für die Studentenbewegungen und Turnvereine. Unter ihnen gab es viele, die einem gewissen Totalitarismus huldigten.

Die große Masse des Volkes war in der Frage der Entnazifizierung eher neutral, weil es in jeder bürgerlichen Familie einen Betroffenen gab. Überhaupt sind meistens und fast überall die großen Massen der Menschen in Gesinnungsfragen eher neutral. Andererseits erleben wir auch patriotische Exzesse wie den Falkland-Rummel, der so stark war, dass sogar entschiedene Gegner der Mrs. Thatcher für eine Zeitlang total geschockt waren und sich schweigend verhielten. Ähnliches gilt für die Vereinigten Staaten. Man sollte sich hier keinen Illusionen hingeben: Die Menschen sind eben in hohem Maße, was wir Sozialdemokraten immer behauptet haben: das Produkt ihrer Erziehung, ihrer Umgebung und ihres gesellschaftlichen Seins.

Denjenigen, die Verbrechen begangen haben, darf man die Strafe nicht ersparen. Denen jedoch, die Einsicht zeigen, die wirklich geläutert sind – und das gibt es auch –, darf man das Recht nicht verwehren, dass sie sich bessern und ihnen verziehen wird. Die große Zahl von Mitläufern soll die Chance haben, sich in unsere demokratische Ordnung einzugliedern, ohne zur Lüge oder zur Vertuschung Zuflucht nehmen zu müssen. Das sage ich als einer, dem in seiner Familie so viele, die ihm teuer waren, durch unfassbare Brutalität geraubt wurden. Die Überwindung der Vergangenheit kann erst bei den Nachkommen Wirklichkeit werden – in der nächsten Generation.

Die Gesetze über die Entnazifizierung in Österreich waren eigentlich, wie mir einmal eine norwegische Juristin sagte, mit rechtsstaatlichen Vorstellungen nicht in Einklang zu bringen. Es waren Sondergesetze, die in ihrer praktischen Anwendung wenig gebracht haben. Der berühmte §27 übertrug dem Bundespräsidenten das »Recht der Gnade«. Die Akten kamen – fast wär' ich versucht zu sagen, in meterhohen Stößen – in die Präsidentschaftskanzlei. Dann erschien ein sehr ordentlicher ehemaliger Wiener Magistratsbeamter, Albert Markovics, ein Verfolgter des Naziregimes, und in einer Vorbesprechung mit einem Mann, der das besondere Vertrauen des Präsidenten Körner besaß, Dr. Antos von der Gemeinde Wien, wurden die Akten gründlich geprüft. Da beide von niedrigen Rachegefühlen frei waren, waren sie sich in den meisten Fällen auch einig, dem Bundespräsidenten eine positive Haltung zu empfehlen, was der von Rachsucht freie Körner immer befolgte. An der Beurteilung der Begnadigungsansuchen habe ich mich nie beteiligt – ja, ich habe sie vom ersten Tag an abgelehnt.

Eines Tages sollte der Gnadenerweis des Bundespräsidenten einem Mann gewährt werden, dem der Gauakt ein außerordentlich gutes Zeugnis der unerschütterlichen Treue zum NS-Staat attestierte. Auch in schwersten Zeiten habe dieser Mann, der einen bedeutenden akademischen Rang innehatte, den Glauben an den »Endsieg« nie verloren. Es war ein außergewöhnlicher Fall, und so musste sich einer der mächtigsten Männer Österreichs, der Präsident der Wirtschaftskammer, Julius Raab, der spätere Bundeskanzler, höchst persönlich in die Präsidentschaftskanzlei bemühen, um dem Bundespräsidenten den Fall zu explizieren. Er soll damals gesagt haben: ›Machen'S mir das, Herr Bundespräsident. Den Mann brauch ich. Der is mei Ziffernrabbiner.‹ Er wurde begnadigt, und ich bin der letzte, der das heute zu bedauern hätte. Er spielte dann eine große Rolle beim Aufbau der österreichischen Wirtschaft, und er war relativ lange Zeit Minister. Ohne das »Recht der Gnade« wäre er ein diesen Staat hassender Mann geworden.

Ich gebe zu, man könnte diesen Fall auch anders darstellen, die Akzente anders setzen. Aber wem wäre damit gedient? Im Übrigen sind einige der schärfsten Bekämpfer ehemaliger Kriegsverbrecher immer wieder bereit gewesen, gewissen Leuten die Absolution zu erteilen. Ganz unversöhnlich waren also auch sie nicht. Ganz und gar unverständlich sind mir jene, die es bei der Verfolgung ehemaliger Kriegsverbrecher zu professioneller Virtuosität gebracht haben.

Bei den Parlamentswahlen des Jahres 1953 wurde die Sozialistische Partei zur stärksten Partei in Österreich. Infolge des Wahlsystems behielt die ÖVP allerdings im Parlament die Führungsrolle mit einem Mandat Vorsprung. Dies war einer der Gründe, weshalb die Sozialistische Partei immer eine Wahlreform verlangte, von der sie sich eine gerechtere Mandatsverteilung versprach.

Nach der Niederlage der ÖVP im Jahre 1953 hat sich ihr Vorsitzender – das war inzwischen Julius Raab geworden – etwas Besonderes ausgedacht. Ohne sich um die Alliierten und ihre Reaktion zu kümmern, vereinbarte er mit dem Führer des VdU, dem aus Sachsen stammenden Oberst Stendebach, eine Drei-Parteien-Koalition. Taktlos und politisch unsensibel, wie sie waren, hatten sie alles bis ins Detail vorbesprochen. Innerhalb des VdU war damals das Wort von der unsichtbaren Grenze zwischen Deutschland und Österreich geprägt worden. Der Verband der Unabhängigen – die Vorläuferpartei der FPÖ – gab damit zu erkennen, wo man in Wirklichkeit stand.

Für mich in der Präsidentschaftskanzlei hat sich das Ganze so abgespielt: Es erscheint als erster der Führer der mandatsstärksten Partei und schlägt dem Bundespräsidenten den bisherigen Bundeskanzler Leopold Figl abermals als Kanzler vor. Dann erscheint der Führer der SPÖ, Adolf Schärf, und der Bundespräsident teilt ihm mit, Figl werde die Regierungsbildung übernehmen. »Aber ich mache gleich darauf aufmerksam: er wird eine Dreierkoalition vorschlagen.« Als mich der Bundespräsident informierte, hielt ich ihm sofort entgegen: »Die Russen sind im Land. Sie und auch andere werden die Politik, die der Stendebach vertritt, nicht dulden und ihn schon gar nicht in einer Regierung akzeptieren.« Dass Raab eine so gefährliche Politik vertrat, konnte nur eines seiner wohlbekannten Manöver sein, um die schwere Niederlage der ÖVP zu camouflieren. Schärf reagierte anders: Wenn die ÖVP eine solche Dreierkoalition wolle, dann nur auf Kosten ihrer eigenen Ressorts.

Die Gespräche zogen sich über Wochen hin, und abermals bewährte sich das hohe Ansehen, das dem Amt des Bundespräsidenten zusteht. Das erste Mal war es Bundespräsident Renner gewesen, der Figl mitge-

Mit Vera bei einem kurzen Zwischenstopp in der Nähe von Gösing, 13. Juni 1971.

Seite 285: Bruno Kreisky, der Kommunikator: Telefon-Manie bis ins hohe Alter.

Seite 287 oben: Bei der Eröffnung des Grußkartenverkaufs von UNICEF, 7. Oktober 1971.

Seite 287 unten: Mit Enkelsohn Oliver am SPÖ-Parteitag, 1980.

Seite 288: Im Kreis der Familie: Enkel Oliver, Tochter Suzanne, Sohn Peter, Schwiegertochter Eva und Enkel Jan Daniel (von links nach rechts), 1989.

OVOMALTINE

teilt hatte, er werde den damals wegen schwerer Korruptionsvorwürfe ins Gerede gekommenen Minister Krauland nicht ernennen. 1953 nun erklärte Körner, dass er für eine Dreierkoalition nicht zu haben sei. Er deutete den Wählerwillen so, dass es die gleiche Koalition wie vorher geben solle, denn beide Parteien seien mit diesem Programm in die Wahlen gegangen. Auf Wunsch seiner Partei musste Figl – das ist meine feste Überzeugung – jedoch weiterhin für eine Dreierkoalition plädieren, die ihm in der Seele zuwider war.

Während des endlosen Hin und Hers dieser Wochen gelang es mir, Schärf und die anderen zu überzeugen, dass wir den Vorschlag der ÖVP unter keinen Umständen annehmen könnten, weil wir es politisch nicht aushielten, wenn wir ununterbrochen einen Anlass für immer neue Schwierigkeiten mit den Russen hätten. Schließlich blieb es bei der Zweierkoalition: Raab wurde Bundeskanzler, nachdem Figl sich in den Verhandlungen abgemüht und abgenützt hatte. Die Sozialistische Partei erreichte allerdings Kompetenzverschiebungen. Ihr sichtbarer Erfolg waren ein Staatssekretär im Außenamt, dem weder Raab noch die Volkspartei irgendeine Bedeutung beimaßen, und ein Staatssekretär im Handelsministerium, den auszuhungern die ÖVP fest entschlossen war. Als Zugeständnis war auch betrachtet worden, dass die Sozialisten als der kleinere Koalitionspartner den Präsidenten des Rechnungshofs vorschlagen durften. Es war nur am Anfang ein Sozialdemokrat, ab 1964 einer von der Oppositionspartei, der FPÖ.

Eines Tages wurde ich zu Schärf gerufen, und ganz beiläufig sagte er: »Wir sind fast fertig mit der Regierungsbildung. Ich habe dich als Staatssekretär im Außenamt vorgeschlagen.« Ich war wie vom Blitz getroffen. Endlich sollte ich wieder den Weg in die wirkliche Politik finden. Bei aller Freiheit, die mir Bundespräsident Körner ließ, war ich ein Mann im Schatten; ich konnte zwar einiges bewirken, blieb aber ganz und gar im Hintergrund. Eine ganze Nacht also habe ich mir den Kopf zerbrochen, ob es irgendetwas in meinem Leben gibt, das unter Umständen eines Tages von irgendjemandem aufgebracht und meiner Partei oder diesem Amt schaden könnte. Ich habe nach strengsten Maßstäben gemessen und nichts gefunden. Gegen Morgen bin ich zu dem Schluss gekommen, dass ich im Grunde meist vernünftig und anständig gehandelt habe.

Ich war eher übervorsichtig, was ich, ohne mich damit brüsten zu wollen, an einem Beispiel erläutern möchte. Nach meiner Rückkehr wurde mir eine schöne Villa in der Grinzinger Allee angeboten, die der Familie eines berühmten Automobilfabrikanten der Vergangenheit gehörte. Sie hätte etwa 400.000 Schilling gekostet, was damals für mich nicht viel war. Aber ich wollte mich nicht dem Vorwurf aussetzen, für fette Schwedenkronen ein Haus gekauft zu haben, während andere mit ihren inflationierten Schillingen zurechtkommen mussten. Aus dem gleichen Grunde habe ich auch niemals das Haus, das ich seit nunmehr dreiunddreißig Jahren bewohne, wirklich gekauft, obwohl es mir relativ günstig angeboten worden ist. Man kann dies als Vorsicht bezeichnen, vielleicht aber steckt auch mehr dahinter: Ich überlasse es dem Leser, sich ein Urteil zu bilden.

Wenn es um die Moral in der Politik geht, ist es, was die Wirkung anbelangt, gleichgültig, welche Motive einer hat, ob er aus moralischen Gründen handelt oder klug genug ist, zu wissen, wo für einen, der in der Öffentlichkeit wirkt, die Grenze des Zulässigen ist.

1987 fand mein Freund und Mitarbeiter Dr. Oliver Rathkolb im Nachlass Schärf ein Dokument, in dem mich Körner mit sehr warmen Worten dem Vizekanzler Schärf für die Regierungsbildung des Jahres 1953 empfahl. Der Brief Körners scheint mir eines der kostbarsten Schriftstücke zu sein, die ich besitze. Zwar wollte ich seinen Inhalt zunächst für mich behalten, aber in der Zwischenzeit habe ich mich anders besonnen:

Wien, 31. 3. 1953
Lieber Freund!
Nach 24 h Überlegung: Ich glaube, es wäre für Dich und für die Partei sehr gut, wenn Kreisky Staatssekretär im Außenministerium würde. Er kennt sich glänzend aus im Außenministerium, im diplomatischen Dienst, in der Wirtschaftspolitik.

Besonders wertvoll wird seine Arbeit für und im Ministerrat sein, wo er Einblick in die gesamte Verwaltung erhält. Für Dich kann er eine große Hilfe, Stütze und Entlastung werden, wenn Du ihn entsprechend heranziehst. Ich brauche wohl nicht weiter vorzustellen. Ich halte ihn für einen kommenden Mann für die Partei. Was mich anbelangt, sorge Dich nicht. Er hat sich zweifellos im Amte durchgesetzt und das Getriebe in der Hand gehabt. Er wird mir deshalb als Mensch und Arbeiter fehlen.

Aber wegen Klastersky war ich in der Arbeit stets gehemmt und werde mir die Arbeit mit Toldt schon besser einrichten. Und außerdem bist Du

da, dann er, mit Dir arbeitend, und Ihr beide könnt mich eventuell verständigen, wann und wie ich der Partei irgendwie nützen kann! Wegen der diplomatischen Etiquettefragen können wir Kreisky jederzeit fragen.
Was ich Dich aber bitte, besonders zu beachten, ist der Umstand, daß Du keinen Sekretär hast und er Dir diesen in vieler Hinsicht ersetzen könnte. Du bist überlastet und mußt Dich schonen. Du bist Kopf und Seele der Partei.
Er hat mir auch fast zwei Jahre zugesehen in einer Zeit, in der Klastersky und mit ihm das ganze Amt mich eigentlich gehemmt haben. Ich glaube, daß er sogar imstande sein wird, Dich manchmal über mich aufzuklären, denn in so manchem verstehen wir uns nicht ganz, was mich einigermaßen kränkt.
Nochmals ganz ernst: Kreisky als Staatssekretär wäre für Dich und für die Partei sehr vorteilhaft. Auch kennen ihn die Genossen sehr gut, weshalb letztere es als einen politischen Gewinn buchen werden.
In warmer Freundschaft wie stets
Dein alter Körner

Unbeschwert ging ich also ins Außenamt zurück, wieder auf die andere Seite des Ballhausplatzes, und habe mich dort sehr bescheiden eingerichtet. Ich empfinde dennoch eine gewisse Genugtuung, dass in diesem Zimmer oft sehr wichtige Gespräche geführt wurden. In der Tat hat man mich als Staatssekretär nicht gut behandelt, am Anfang direkt feindselig und übel; später hat man sich offenbar an mich gewöhnt. Außenminister Figl hatte einen Sekretär, mit dem ich mich anlässlich eines Stockholmbesuches verfeindete. Er hatte Gelegenheit, sich auf das Höflichste zu revanchieren. In meiner Zeit als Bundeskanzler habe ich ihn schließlich zum Chef des Präsidiums des Bundeskanzleramts ernannt, und am Ende waren wir gute Freunde. Feindschaften zwischen Gleichrangigen können manchmal so lange dauern, bis sich beide an diesen Zustand gewöhnt haben; dies kann dann sogar zu einer gewissen, sagen wir partiellen Freundschaft führen. Wenn man einen schon dreißig Jahre kennt, von denen man fünfundzwanzig miteinander gestritten hat, dann wird man am Schluss, weil es nicht mehr dafür steht, sehr versöhnlich. Das gehört so zu den kleinen Lebensweisheiten, die man erkennt, wenn man älter wird.
Die große Koalition hat einundzwanzig Jahre bestanden, von 1945 bis

1966. Von diesen einundzwanzig Jahren habe ich ihr dreizehn Jahrelang angehört, von 1953 bis 1958 als Staatssekretär, von 1959 bis zu ihrem Ende als Außenminister. Deshalb kann ich ein relativ objektives, jedenfalls auf Detailkenntnissen basierendes Urteil über sie abgeben. Ihre Größe bestand in ihrem Anfang, in dem Entschluss, sie zu bilden: damals, als die Männer und Frauen, die in den dreißiger Jahren im wahrsten Sinne des Wortes auf verschiedenen Seiten der Barrikaden gekämpft hatten, sich im Interesse Österreichs zur Überwindung ihrer Gegensätze durch Zusammenarbeit entschlossen. Es waren wirkliche Patrioten, die alle begründeten Aversionen und Ressentiments zurückstellten und nur an die Republik und deren Wohl dachten. Es war nicht so sehr die Bereitschaft zu vergessen – was ja ein Unrecht gegen die Opfer der Diktatur gewesen wäre –, sondern eher ein Stück Realpolitik, schwerer zu vollziehen von denjenigen, die geschlagen worden waren, als von denen, die diese Schläge nur gezählt hatten. So lag trotz allem ein Schatten der Verdüsterung über der Koalition, wenn es um Fragen ging, die die Vergangenheit betrafen.

Viele wissen gar nicht, dass der Koalition anfangs noch die Kommunisten angehörten. Im November 1947 verließen sie die Regierung – ob aus Unbesonnenheit oder auf Druck von Moskau, weiß ich nicht. Sie sollen es jedenfalls lange bedauert haben. Wahrscheinlich wären sie jedoch eines Tages ohnehin hinausgedrückt worden durch politische Entscheidungen, die sie nicht hätten mittragen wollen.

Ich gehörte nun dem ersten Kabinett Raabs an und blieb es während seiner gesamten Amtszeit, die acht Jahre betrug. Ganz eindeutig ist die verfassungsrechtliche Stellung des Staatssekretärs nicht. Ich habe Raab als Bundeskanzler außerordentlich geschätzt und wollte auch ihm ein loyaler Mitarbeiter sein; zugeteilt war ich einem ÖVP-Minister eigentlich ohne Portefeuille, der die Sektion Auswärtige Angelegenheiten des Bundeskanzleramts leitete. Es war Karl Gruber, der, glaube ich, andere lieber gehabt hätte als mich.

Dr. Karl Gruber war ein Mann, der damals viel Bedeutung hatte. Irgendwie, so schien es mir, hat er nicht in die Volkspartei gepasst, vielleicht deshalb nicht, weil er der Sohn eines sozialdemokratischen Lokomotivführers war. Gegen Ende des Jahres munkelte man, dass er ein Buch geschrieben habe, das unglaubliche Enthüllungen enthalte. Eines Tages kündigte er es mir an. Ich meinte etwas skeptisch, wenn ein amtierender Außenminister ein Buch über seine Amtszeit schreibe, könne das unangenehme Folgen haben. Die Menschen würden sich doch zumindest fragen, warum er eigentlich dieses Buch geschrieben habe. Gruber, der im Übrigen sehr intelligent war, fühlte sich jedoch stark genug, allen Intrigen standzuhalten. Das Buch erschien und enthielt tatsächlich Enthüllungen, die ihm die Volkspartei nie verzeihen konnte: den Verlauf der Geheimverhandlungen, die der Bundeskanzler Figl und der KPÖ-Spitzenfunktionär Ernst Fischer 1947 über die Aufnahme weiterer kommunistischer Minister in die Regierung geführt hatten.

Grubers Nachfolger wurde der frühere Bundeskanzler Leopold Figl. Den Tiroler ÖVPlern war die Südtirolpolitik Figls nicht energisch genug, aber ich habe mich von vornherein aus den damals einsetzenden Intrigen herausgehalten. So kam ich bei Südtirolern und Tirolern in den Ruf, mich für ihre Probleme nicht zu interessieren. Die spätere Entwicklung hat gezeigt, dass kein anderer österreichischer Außenminister, weder in der Ersten noch in der Zweiten Republik, in dieser Frage zielbewusster und entschiedener agiert hat, als ich es tat. An dieser Stelle möchte ich aus einem Brief des Südtiroler Senators Dr. Friedl Volgger zitieren, der mir zu meinem 75. Geburtstag gratulierte und feststellte: »Südtirol ist Ihnen zu großem Dank verpflichtet. Ohne Ihren Einsatz hätten wir nie die heutige Autonomie, die heutige Plattform erreicht, auf der wir uns als Tiroler behaupten können, wenn wir wollen. Sie haben es verstanden, mit Geschick und Energie das kleine Südtirol vor den Vereinten Nationen groß zu machen.«

Später musste ein eigener Staatssekretär für die Südtiroler bestellt werden, weil die Tiroler nach dem Ausscheiden Grubers ihre Interessen nicht mehr vertreten glaubten. Der erste war der sehr angenehme Innsbrucker Professor Franz Gschnitzer; nachdem sie ihn schließlich wegintrigiert hatten, kamen die verschiedenen Maulwürfe, die sich bis hinauf durchgearbeitet hatten.

Figl war als Außenminister schon deshalb eine gute Wahl, weil er während seiner siebenjährigen Kanzlerschaft zu allen vier Alliierten vertrauensvolle Beziehungen hatte anknüpfen können. Zudem war es eine Wiedergutmachung von Seiten Raabs, der ihn wenige Monate vorher »gestürzt« hatte, um selbst Kanzler zu werden. Raab fühlte sich Figl innerlich zutiefst verbunden. Sie waren beide Niederösterreicher, hatten viel Zeit miteinander verbracht, und Raab, der kinderlos war, behandelte Figl oft wie einen Wahlsohn. Kinderlose Männer – und dies

Karriere im Außenamt: Bruno Kreisky als Staatssekretär im Kabinett Raab II, 1959.

gilt sicher in gleichem Maße für Frauen – neigen immer wieder dazu, jüngere Menschen, die bereit sind, dies zu akzeptieren, als Wahlsöhne zu behandeln.
Raab war eine bedeutende Persönlichkeit und hatte in der Koalition eine Autorität, die auch von den Sozialdemokraten anerkannt wurde. In seinen Aussprüchen war er oft kantig und widerspruchsvoll. Einmal kam ein prominenter bürgerlicher Journalist ganz entsetzt zu mir und meinte, es sei etwas Gefährliches im Anzug; es ging um irgendeine Demonstration, und Raab habe leichthin gesagt: »Jetzt brauch ich nur mehr ein paar blutige Schädln, und dann rennt die G'schicht gut.« Ich nahm das nicht sehr ernst. Viel ernster nahm ich das Wort Raabs über uns: »I hab' die Roten lieber in der Regierung als auf der Straß'n.« Die Sozialdemokraten waren ihm in der Seele zuwider.
Raab war kein Freund langer Reden. Seine größeren Reden schrieb ihm als sein bevorzugter Ghostwriter der Ministerialrat Meznik, der die unglaubliche Gabe hatte, sich in die Rollen von Raab und Figl hineinzudenken und die Reden bis auf das Idiom genau abzufassen. Über einen seiner begabten jüngeren Leute in der Politik hat Raab einmal zu mir gesagt: »Der derzählt den Leuten viel zu viel, dann fangen's zu denken an, gegen ihn.« Wenn er auf Widerstand in den obersten Gremien seiner Partei stieß, ließ er niemals abstimmen, sondern verkündete mit leicht ironischem Lächeln: »Einstimmig angenommen«, womit er sich gemeint hat. Eine Formel, der niemand zu widersprechen wagte; widersprochen hat in meiner Gegenwart einige Male nur ein kleiner, netter ÖVP-Staatssekretär aus Voralberg, Franz Grubhofer. Raab hat auch ihn übersehen. In der Koalition scherzte man, Raab habe den Ehrgeiz, wenn es sich nur irgendwie machen ließe, die Ministerratssitzung in dem Augenblick zu schließen, in dem sie gerade begonnen hatte.
Sehr schwierig war das Verhältnis zwischen Raab und seinem Vizekanzler Schärf. Von Schärf ging eine solche Kühle aus, dass Raab, der Figl und mich auf seinen Auslandsreisen mitnahm, immer wieder klagte, wie schwierig es für ihn sei, dem Vizekanzler näherzukommen. Raab, der in Wirklichkeit viele zurückwies und für Schmeicheleien unempfindlich war, kam es sehr auf ein besonderes Verhältnis zu Schärf an. Es ist psychologisch verständlich, dass der ewige Zweite in der Regierung der Zweiten Republik, Adolf Schärf, erst dann ein besonderes Verhältnis zu Raab fand, als er 1957 Bundespräsident wurde. Das war für Schärf die große Genugtuung dafür, dass er während seines gan-

zen Lebens mehr oder weniger im Schatten gestanden hatte. In der Ersten Republik war er der parlamentarische Berater von Renner und Seitz gewesen, wurde aber nie in der Öffentlichkeit genannt; erst in ihrer letzten Phase wurde er Mitglied des Bundesrates und als solcher deshalb wichtig, weil der Nationalrat nicht mehr bestand. In der Zweiten Republik wurde er Parteivorsitzender, was ihm viel, vielleicht alles bedeutete, aber in der Öffentlichkeit wurde er auch diesmal nicht sehr beachtet. Mit der Errichtung der Sozialpartnerschaft hatte ihm der große Gewerkschaftsführer Johann Böhm den Rang abgelaufen; andere, wie Waldbrunner, gerieten durch ihre Funktion ins Zentrum der Politik, und die großen Reden im Parlament hielt Pittermann.

Aber 1957 kam die große Erfüllung für Schärf. Von da an gab es zwischen ihm und dem Bundeskanzler einige Jahre lang ein gutes, ja fast freundschaftliches Verhältnis. Ich erinnere mich noch gut, wie einmal nach einem Empfang bei Schärf in den prunkvollen Räumen der Präsidentschaftskanzlei Bundespräsident und Kanzler gemeinsam hinausgingen und die anderen Gäste ihnen nachfolgten. Wie ich sie so gehen sah, sagte ich zu meinem Nachbarn, in diesem Lande zeige sich immer wieder der Doppeladler als Symbol: »Die beiden Männer da vorn symbolisieren ihn auf persönliche Art.«

Der Staatsvertrag

Stalin war gestorben. Allen Eingeweihten war klar, dass es nach seinem Tode ein hohes Maß an Verwirrung in der UdSSR geben werde, und so entstand nach dem 5. März 1953 überall in der Welt und natürlich auch in Österreich eine Mischung von Hoffnung und Unsicherheit. Wer würde der Nachfolger sein? Man sprach von Malenkow, aber man schloss einen Coup des NKWD-Chefs Berija nicht aus – also eine Machtübernahme der Geheimpolizei. Bald sickerte durch, dass Berija verschwunden sei; die genauen Umstände seiner Liquidation erfuhr man erst später. Niemand aber, nicht einmal eingeweihte Kreml-Fachleute, nannte den Namen Chruschtschow. Chruschtschow war damals eigentlich ein eher Unbekannter, zwar Mitglied des Politbüros, aber keines, das eine dominierende Rolle zu spielen schien.

Auf Stalin schien das Wort zu passen, dass er sich so in das Bewusstsein der Menschen eingegraben hatte, dass mit seinem Ableben nicht mehr gerechnet werden konnte. Ich habe mich mit ihm lange und intensiv beschäftigen müssen, weil er die Zeit meines frühen politischen Lebens im höchsten Maße dominierte – 27 Jahre lang. In den Dreißigerjahren trieben die Kommunisten einen solchen Personenkult mit ihm, dass er schließlich so etwas wie ein Abgott wurde; eine der damals in der Sowjetunion vielgesungenen Lobpreisungen auf ihn lautete: »Stalin, Du meine Sonne ... « Die Kommunisten in aller Welt unterwarfen sich diesem Kult. Stalin wurde auch zum größten Theoretiker hinaufgeschwindelt. Alle anderen traten in seinen Schatten, und selbst der Glanz des Leninismus verblich. Stalin war der Gott schlechthin. – Eine seiner ersten theoretischen Arbeiten war übrigens sein Werk über die Nationalitätenfrage, *Marxismus und nationale Frage,* das er während eines Studienaufenthaltes in Österreich konzipiert hatte, wobei er vor allem Renners Buch *Der Kampf der österreichischen Nationen um den Staat* studierte.

Lenin war noch Zeuge des beginnenden Kampfes seiner beiden Mitstreiter aus der Revolution gewesen: auf der einen Seite Trotzki, auf der anderen der damals der Welt noch unbekannte Stalin. Berühmt ist das Testament Lenins, in dem er vor Stalin warnte, aber sich auch nicht eindeutig für Trotzki aussprach, um dessen Schwächen er wusste und dessen Selbstgefälligkeit und Eitelkeit ihm offenbar missfielen. Nach Lenins Tod hat sich Stalin, den man nur im obersten Kreis der kommunistischen Bewegung kannte, zum Vollstrecker des Leninismus erklärt. Das war nicht nur ein Manöver; als einer, der nicht zu Lenins unmittelbarer und manchmal auch kritischer Umgebung gehörte, war Stalin sicher ein uneingeschränkter Bewunderer Lenins. Aus seiner geradezu byzantinischen Verehrung für ihn hat er nie ein Hehl gemacht.

Stalin betrachtete – und das galt später für alle Kommunisten, die sich der Bewegung verbunden fühlten – Lenin als den großen Theoretiker schlechthin und Marx und Engels als seine Lehrer. Auch der jetzige Generalsekretär des ZK der KPdSU hat in seinen ersten großen Reden bei aller Pragmatik diese theoretischen Anklänge nicht vermissen lassen. Lenin – ich will es hier noch einmal deutlich sagen – hat es mit seiner »Neuen Ökonomischen Politik«, wie sie in ähnlicher Weise jetzt in China durchgeführt wurde, ernst gemeint. Stalin dagegen war offenbar von Anfang an fest entschlossen, diese Politik so früh wie möglich zu beenden. Er gab vor, arge Missstände zu beseitigen, die ohne Zweifel bestanden. Aber er tat das mit einer bis dahin unfassbaren Grausamkeit: Hunderttausende Bauern wurden deportiert, und schließlich waren es Millionen, von denen jedoch viele in der Weite der Sowjetunion verschwanden. Hand in Hand mit dem Aufbau der Kolchosen ging eine massive Industrialisierung, die sich in gigantischen Fünfjahresplänen manifestieren sollte – was Stalin aber nicht hinderte, die Väter dieser Pläne, wie Georgij Pjatakow, am Ende hinzurichten.

So wie die Bauern sabotierten, sabotierten auch manche der bei dieser gigantischen Industrialisierung benötigten Ingenieure. Die mit ihnen veranstalteten Schauprozesse sollten das Misstrauen der Arbeiter in den Betrieben wecken. Der Kampf gegen die Religion wurde eingeleitet, das Weihnachtsfest verboten, der Sonntag durch die ununterbrochene Arbeitswoche abgeschafft. Ein unglaublicher Extremismus bemächtigte sich der Kommunistischen Partei, und ein großer Teil der russischen Intelligenz ist damals vernichtet worden. An ihre Stelle sollte die sogenannte »Arbeiterintelligenz« treten. Es gibt Beobachter aus dieser Zeit, die behaupten, dass die Masse des russischen Volkes angesichts dieses unglaublichen Terrors ungerührt geblieben sei. Es soll das die Folge eines jahrhundertealten Hasses gewesen sein. Man darf nicht vergessen, dass viele der alten Bolschewiken nicht aus dem Volk, sondern aus der Oberklasse kamen, aus dem russischen Adel wie Georgij Tschitscherin, aus Intellektuellenfamilien wie Anatolij Lunatscharski, oder wie Grigorij Sinowjew und Nikolai Bucharin aus dem Mittelstand. In den Augen des Volkes gehörten sie zur Klasse der früher Herrschenden. Ihrem alten Lebensstil konnten sie eigentlich nur frönen, wenn sie auf Auslandsmission geschickt wurden.

Stalin stammte aus Gori bei Tiflis, der Hauptstadt Georgiens. Als einem Nichtrussen hat man ihm nationalistische Gefühle abgesprochen. Dennoch war er es, der die »Tugend« jener Diplomatie, die nur die Interessen des eigenen Landes kennt, jener Diplomatie, die jahrhundertelang mit Erfolg nur von England und Frankreich praktiziert worden war, zur Virtuosität führte. In seiner Außenpolitik sah manch einer die Erfüllung zaristischer Bestrebungen – auch als er jenes Bündnis mit Hitler schloss, das ihm fast zum Verhängnis geworden wäre. Berichte, denen zufolge Stalin es am Morgen des 22. Juni 1941 nicht wahrhaben wollte, dass 153 deutsche Divisionen die Grenze der Sowjetunion überschritten hatten, dürfen als glaubhaft gelten.

Eine besondere Rolle in der Sowjetunion hat von Anfang an die Geheimpolizei gespielt. Aber erst unter Stalin konnte sie sich in einer Weise entfalten, die man bis dahin nicht für möglich gehalten hatte. Es ist merkwürdig, dass die Russen, wenn heute vom KGB gesprochen wird, nicht das gleiche Entsetzen erfasst wie uns. Nun hat die sowjetische Geheimpolizei in der Tat eine Entwicklung durchgemacht: Aus einem großen Unterdrückungsapparat – der sie allerdings wohl heute noch ist – ist ein gewaltiger Informationsapparat für Zentralkomitee und Präsidium geworden. Wer kann wissen, was sich im letzten Winkel der Sowjetunion abspielt, wenn nicht der KGB?

Am 24. März 1955, als noch immer weitgehende Unklarheit darüber bestand, wer sich endgültig als Herr im Kreml etablieren werde, erhielt die österreichische Regierung eine Einladung Molotows nach Moskau: »Der Sowjetunion ist aus veröffentlichten Erklärungen des österreichischen Bundeskanzlers J. Raab seine positive Einstellung zur Möglichkeit einer Reise nach Moskau in Fragen, die mit dem Abschluss des Staatsvertrages mit Österreich in Verbindung stehen, bekannt. In Anbetracht der erwähnten Erklärungen Herrn Raabs und indem sie die Herstellung eines persönlichen Kontaktes zwischen den führenden Staatsmännern der Sowjetunion und Österreichs als erwünscht erachtet, würde die Sowjetregierung die Reise Bundeskanzlers Raab nach Moskau in der nächsten Zeit sowie anderer Vertreter Österreichs, deren

Entsendung nach Moskau die österreichische Regierung zu diesem Zweck für erwünscht hält, begrüßen.«

In Wien rief diese Einladung beträchtliche Verwirrung hervor, weil niemand wußte, was die Russen eigentlich von uns wollten. Sehr bezeichnend dafür war, dass mir ein kommunistischer Redakteur, Richard Neumann, den ich aus Schweden kannte, Jahre später, als ich bereits Bundeskanzler war, im Café Landtmann gestand, man habe sich in seiner Redaktion der Hoffnung hingegeben, dass die österreichische Delegation in Moskau an die Wand gestellt werde und die Russen zumindest die Beteiligung der Kommunisten an der Regierung erzwingen, wie sie das in Prag und Budapest bereits vorgeführt hatten. Auch bei uns hielten es viele für möglich, dass die österreichische Delegation mit der Tatsache konfrontiert würde, dass an der Enns, der russisch-amerikanischen Demarkationslinie, der Eiserne Vorhang endgültig heruntergeht. Auf der anderen Seite gab es auch sehr positive Gerüchte. Der bekannte Journalist Nikolaus Basseches, der Kreml-Korrespondent der alten *Neuen Freien Presse,* machte unserem Botschafter in der Schweiz darüber Mitteilung, dass eine Wende in der Sowjetunion bevorstehe: ein Signal dieser Wende werde die Bereitschaft der Sowjetunion sein, mit Österreich einen Staatsvertrag abzuschließen.

Die Meinungen gingen weit auseinander. Auch innerhalb der österreichischen Regierung gab es zwei Fraktionen. Die einen gingen davon aus, dass in Moskau nichts Gutes für uns herauskommen werde; dieser Gruppe gehörten zwei einflussreiche Mitglieder der Bundesregierung an, der Innenminister Oskar Helmer und auch Außenminister Leopold Figl. Er vertrat den Standpunkt, man solle keine zu große Delegation nach Moskau schicken, um nicht unnötige Aufmerksamkeit und Hoffnung zu erregen. Figl meinte, es wäre am besten, Bundeskanzler Raab und Staatssekretär Kreisky, sozusagen den Ersten und den Letzten, nach Moskau zu senden. Raab und ich dagegen meinten, nach den Erfahrungen, die man mit Besuchen bei Diktatoren gemacht habe, sei es klüger, eine bedeutende Delegation zu schicken. Falls Moskau unangenehme Forderungen stelle, müsse die Abordnung stark genug sein, gleich an Ort und Stelle nein zu sagen; wären hingegen echte Zugeständnisse zu erlangen, müssten wir noch in Moskau Entscheidungen treffen.

An dieser Stelle drängt sich eine Erinnerung an die Außenministerkonferenz 1954 in Berlin auf. Auf der Tagesordnung der Viermächtekonferenz standen damals die deutsche und die österreichische Frage. Wir kamen relativ gut präpariert nach Berlin und hatten vor, die Neutralität Österreichs anzubieten. Bereits ein halbes Jahr zuvor hatten wir den Russen für den Fall des Abschlusses eines Staatsvertrages die Neutralität in Aussicht gestellt; auf dem Bürgenstock war unser damaliger Außenminister Karl Gruber mit Pandit Nehru zusammengekommen. Raab hatte Gruber ausdrücklich ermächtigt, den indischen Premier um eine Vermittlung in Moskau zu bitten. Der indische Botschafter Menon berichtete wenig später, Molotow habe erklärt, das genüge nicht.

Im Februar 1954 waren wir mit der Absicht nach Berlin gegangen, diese Formel noch einmal anzubieten, selbst wenn sie auch jetzt keinen Eindruck auf Molotow machen sollte. Zumindest innenpolitisch würde uns das entlasten, da die Kommunisten, die weiterhin eine potentielle Gefahr in der russischen Besatzungszone darstellten, uns unaufhörlich vorwarfen, dass wir die Neutralität nicht ins Spiel brächten. Sie sei eine Voraussetzung für einen Staatsvertrag. Würde Moskau unser Angebot ablehnen, konnte uns dieser Vorwurf jedenfalls nicht mehr gemacht werden.

Da der Teufel so oft im Detail steckt, möchte ich eine Randbegebenheit erzählen. Wir wohnten im Kempinski, das damals noch ein kleines, nur notdürftig renoviertes Hotel war. Da rief mich in der Früh ein Schwede an, dass er eine wichtige Mitteilung für mich habe; seinen Namen wollte er nicht nennen. Als ich hinunterkam, wartete in der Halle ein junger Mann, den ich in Schweden bei der sozialistischen Jugendorganisation kennengelernt und zu dem ich zu Beginn der Emigration ein enges Verhältnis gewonnen hatte. Er sprach ausgezeichnet deutsch und war in der schwedischen Militärverwaltung tätig. Als er mitten im Krieg in Hitler-Deutschland auftauchte, glaubten alle, er sei ein großer Verräter. Er habe gelesen, sagte er, dass ich in Berlin sei, deshalb komme er als erstes zu mir. Er stehe noch immer im Dienste der Briten, für die er auch im Krieg nach Berlin gegangen sei, um seinen Beitrag gegen den Hitler-Faschismus zu leisten. Nun habe er einen Funkspruch der Russen aufgefangen, aus dem hervorgehe, dass die Sowjetunion zum Abschluss eines Staatsvertrages bereit sei. Er habe nicht alles dechiffrieren können, der Hauptpunkt aber sei zweifelsfrei. Ich berichtete den Mitgliedern unserer Delegation sofort davon, und zum ersten Mal kam eine Spur von Optimismus auf.

Am 16. Februar waren Figl, ich und einige unserer Mitarbeiter bei Molotow auf der sowjetischen Botschaft in Ostberlin zum Mittagessen. Molotow empfing uns mit großer Freundlichkeit im Foyer; Gromyko stand hinter ihm – damals bin ich ihm das erste Mal begegnet. Wie das so oft bei Tisch ist, gingen die Gespräche an der eigentlichen Sache vorbei. Ich wollte die anschließenden Gespräche atmosphärisch vorbereiten, und so habe ich den Russen angedeutet, dass sie es mit einem gelernten Marxisten zu tun hätten; schließlich hatte ich auch ziemlich viel von Lenin gelesen. Selbst Lenins unverständlichstes Buch, *Materialismus und Empiriokritizismus,* hatte ich im Gefängnis Zeile für Zeile durchgeackert. Molotow meinte: »Wenn Sie so viel von Lenin gelesen haben, wieso sind Sie dann dort gelandet, wo Sie jetzt sind?« Meine Antwort war einigermaßen direkt: »Eben deshalb, Herr Außenminister.«

Molotow war darüber nicht gerade erbaut. Schließlich ging das Mittagessen zu Ende, und man wechselte den Raum. Unvermittelt präsentierte uns Molotow dann einen Vorschlag, der später bei den Verhandlungen in Moskau eine große Rolle spielen sollte. Die Sowjetunion sei bereit, den vorliegenden Entwürfen zum Abschluss des Staatsvertrags ihre Zustimmung zu geben unter der Bedingung, dass wir uns bereitfänden, eine symbolische militärische Präsenz der Sowjetunion in Österreich zu akzeptieren. Es wurde eine Zahl von 5.000 Mann genannt, während damals schätzungsweise an die 46.000 sowjetische Soldaten in Österreich standen. Die sowjetische Militärpräsenz sollte nur bis zum Abschluss eines Friedensvertrages mit Deutschland gelten. Auf deutscher Seite – die Delegation der Bundesrepublik war ebenfalls in einem Hotel am Kurfürstendamm untergebracht – setzte der Leiter der deutschen Delegation, Herr Blankenhorn, alles daran, einen österreichischen Staatsvertrag zu verhindern. Adenauer fürchtete, dass dies ein fatales Beispiel für Deutschland abgeben könnte. Später, nach Abschluss der Verhandlungen in Moskau, habe ich Mikojan gefragt, ob denn eine solche Lösung nicht auch für Deutschland in Betracht käme. Da meinte er sinngemäß, die Neutralität bestehe aus jenem Stück Papier, in dem sie verankert sei, weil sich der kleine Staat der Folgen bewusst sei, die ein Vertragsbruch für ihn haben kann. Für einen großen Staat, etwa für ein vereinigtes Deutschland, wäre das ein Stück Papier, das obsolet werden könnte – und was soll man dann tun? Krieg führen?

Das scheint mir eine Antwort auf die seit Neuem wieder vielfach erörterte Frage, ob eine Neutralität auch für Deutschland erreichbar gewesen wäre. Ich glaube das nicht. Ob die Stalin-Note vom März 1952 ein echtes Angebot war, über das sich hätte verhandeln lassen, kann ich nicht beurteilen. Zu der Zeit, als wir den Staatsvertrag verhandelten, war Stalin tot und die Stimmung in Moskau eine ganz andere. Als Molotow in seiner Rede zum Abschluss des Staatsvertrages sagte, dieser Vertrag könnte ein Vorbild für andere Staaten sein, hat er eher die kleinen Länder der NATO gemeint, nämlich Norwegen, Belgien und Holland. Allen unseren Eindrücken nach glaube ich nicht, dass auch Deutschland gemeint war. Die Deutschen wollte Molotow damit höchstens verwirren und natürlich die Westalliierten auch. Anthony Eden schreibt in seinen Memoiren, dass man sich 1954 wegen unserer Haltung in Berlin sehr unbehaglich gefühlt und gefürchtet habe, die Russen könnten den Deutschen tatsächlich ein ähnliches Angebot unterbreiten.
Wir waren uns vollkommen im Klaren darüber, dass wir Molotows Vorschlag nicht annehmen konnten, weil der Abschluss eines Friedensvertrages mit Deutschland ein *Dies incertus* war. Wir wollten unser Schicksal, wie die Dinge damals lagen, nicht eng an das deutsche binden. Für uns bestanden andere Voraussetzungen hinsichtlich eines Vertragsabschlusses als für die Deutschen, die nach Westen tendierten. Folglich antworteten wir, dass wir einen Staatsvertrag nicht akzeptieren könnten, der uns nicht einen vollen Abzug der Besatzungstruppen bringe. Wenn die Russen dablieben, fügte ich hinzu, hätten auch die anderen drei Besatzungsmächte das Recht, in ihrer Zone militärische Einheiten zu unterhalten, und das liefe auf eine »Gibraltarisierung Österreichs« hinaus. Ich gebe ehrlich zu, dass mir bei unseren Argumenten nicht wohl zumute war: Würde man uns zu Hause, angesichts der Neigung der Österreicher zu pragmatischen Lösungen, nicht den Vorwurf machen, dass wir aus Prinzipienstarre die Chance verspielt hätten, Niederösterreich und den Ostteil der Stadt Wien von den vielen Garnisonen russischer Soldaten zu befreien?
Molotow trug seinen Vorschlag immer wieder vor, auch noch in der Plenarsitzung der Außenminister. In einer Pause ließ er Figl rufen und fragte ihn, ob er Ibsens *Brand* kenne. Molotow erklärte, der Held dieses Dramas scheitere daran, dass er den Grundsatz Alles oder Nichts vertrete. Das wolle er uns zu bedenken geben. Allen seinen Äußerungen konnte man entnehmen, dass er damals stark an einer Lösung inte-

ressiert war; es war ihm offenbar sehr daran gelegen, uns zu einer einigermaßen konzessionsbereiten Haltung zu bewegen. »Überlegen Sie sich alles noch einmal«, meinte er. »Wir werden Ihnen volle Autorität geben, wir ziehen die ganze sowjetische Verwaltung ab, Sie werden vollkommen frei und souverän sein. Wir wollen lediglich in einem Teil Österreichs unsere Präsenz aufrechterhalten.«

Natürlich gab es auch Schwierigkeiten mit den Westmächten. Die Amerikaner waren durch John Foster Dulles vertreten, der ohne Zweifel der stärkste Mann des westlichen Lagers war; die Engländer durch den liebenswürdigen, aber sehr konsequenten Anthony Eden und die Franzosen durch den sehr geschäftigen, später zum Halbfaschisten gewordenen Georges Bidault. Gleich nach unserer Ankunft in Berlin sind wir in die britische Botschaft gerufen worden, wo wir vom Plenum der westlichen Außenminister freundlich empfangen wurden. Gemeinsam machten sie dann den Versuch, uns zu überzeugen, dass wir auf die Neutralitätsformel verzichten sollten. Ununterbrochen redete man auf uns ein, aber wir waren nur zu einer einzigen Konzession bereit gewesen: dass wir das Angebot der Neutralität offiziell erst bei einer späteren Verhandlungsrunde unterbreiten würden. Aus Wien erreichten uns unterdessen Mitteilungen, es gebe große Schwierigkeiten mit den westlichen Hochkommissaren.

Später ließ uns Dulles noch einmal rufen. Anwesend war außer ihm nur der *Assistant Secretary of State for European Affairs,* Merchant, ein sympathischer Amerikaner aus dem State Department. Ob wir denn nicht verstünden, begann Dulles, dass Österreich im Falle der Neutralität ein militärisches Vakuum darstelle, das jeden geradezu einladen müsse, hineinzustoßen. Ob wir weiterhin nicht begriffen, dass ein Bündnis mit den mächtigen Staaten des Westens Österreich ein höheres Maß an Sicherheit gewährleiste? Wir diskutierten das lange, und ich erinnere mich noch, wie ich zu Dulles sagte: »Ich will gar nicht bestreiten, dass eine Allianz mit den Westmächten aus sicherheitspolitischen Gründen sehr attraktiv ist. Aber nur für die eine Hälfte Österreichs. Denn die andere Hälfte bleibt dann weiterhin von den sowjetischen Truppen besetzt, genau wie das in Deutschland der Fall ist.« Das Axiom unserer Außenpolitik seit 1945 sei aber, die Einheit Österreichs zu erhalten. Immer wieder habe ich in Diskussionen mit amerikanischen Freunden festgestellt, wie sehr sie – zum Unterschied von vielen anderen – Argumenten zugänglich sind, auch dann, wenn es ihnen nicht passt. Es muss ihnen nur einleuchten. Gerade an John Foster Dulles ist mir das aufgefallen, obwohl er doch in dem Rufe stand, ein sehr harter Mann zu sein.

Unverrichteter Dinge fuhren wir also aus Berlin ab, und der österreichische Botschafter in Moskau beurteilte angesichts der deutschen Entwicklung nach dem Westen hin unsere Chancen sehr pessimistisch. Als sich in Moskau die Zeichen mehrten, dass Chruschtschow die Nachfolge Stalins antreten werde, legte der Botschafter aber plötzlich großen Optimismus an den Tag. Er war ein entschiedener Anhänger Chruschtschows. Sein Enthusiasmus für den neuen starken Mann brachte ihn bisweilen in den Ruf, ein *fellow traveller* zu sein. Einmal begann er einen Bericht über eine Rede Chruschtschows mit dem Satz, den ich ungefähr so in Erinnerung habe: Der Herr der vollen Scheunen und des Überflusses hat gesprochen.

Für mich standen in den nun folgenden Monaten drei Fragen im Mittelpunkt. Zum einen vertrat ich den Standpunkt, dass vor dem Abschluss des Staatsvertrages eine Lösung über das sogenannte deutsche Eigentum gefunden werden müsse. Viele der Fabriken und die wichtigsten Betriebe in der sowjetischen Zone waren von den Russen übernommen worden, berühmte österreichische Unternehmen, darunter auch die Donaudampfschifffahrtsgesellschaft. Die bereits verhandelte Lösung, der sogenannte Cherrière-Plan, sah vor, dass wir den Russen für die Freigabe 150 Millionen Dollar Abfindung zahlen sollten. Mein Vorschlag war, dass wir uns verpflichteten, statt der 150 Millionen Dollar im entsprechenden Wert, Waren aus der Produktion dieser und anderer Betriebe an die Sowjetunion zu liefern, um so die Beschäftigten der früheren USIA-Betriebe vor der Arbeitslosigkeit zu bewahren. Am Rande einer ECE-Konferenz in Genf 1955 arrangierte Professor Gunnar Myrdal dann ein Gespräch zwischen mir und Kumykin, dem stellvertretenden Außenhandelsminister der UdSSR. Kumykin zeigte sich an meinem Vorschlag interessiert, machte mir aber keine direkten Hoffnungen. Ich hatte dennoch das Gefühl, dass das Gespräch vielversprechend gewesen ist und dass es möglich sein müßte, den Russen vor den eigentlichen Staatsvertragsverhandlungen gewisse Konzessionen abzuringen.

Der damalige Finanzminister Kamitz vertrat mit durchaus begreiflichen Argumenten die Meinung, wir sollten diese 150 Millionen Dollar ohne große Umstände zahlen, und zwar in bar, um den Russen nicht die Möglichkeit zu geben, uns ununterbrochen Schwierigkeiten zu machen. Nur hatten wir diesen Betrag gar nicht, sondern hätten ihn uns bei den Amerikanern ausborgen müssen. Mir schien es gefährlicher zu sein, eine solche wirtschaftliche Abhängigkeit zu dokumentieren als die andere (ich muss zugeben, dass ich dabei vom finnischen Beispiel ausging). Mein zweites Argument wog wohl noch stärker: »Was machen wir denn mit den Zehntausenden von Arbeitern und Angestellten in diesen Betrieben, wenn wir keine Beschäftigung für sie haben?« Meine Auffassung, die ich innerhalb der österreichischen Delegation später, bei den Verhandlungen in Moskau, mit großem Nachdruck vertrat, hat sich schließlich durchgesetzt; es kam zur Gründung einer Gesellschaft für die Ablöselieferungen an die Sowjetunion, deren Vorsitzender Raab und deren stellvertretender Vorsitzender ich war.

Ein zweiter großer Komplex betraf das Erdöl. Vor allem den Vizekanzler Schärf, der in wirtschaftlichen Fragen nicht so engagiert war wie ich, habe ich sehr bestärkt, dass wir auf die Erdölfelder nicht verzichten könnten. Wenn wir den Russen die Schürfrechte und vor allem die Ausbeutungsrechte überließen, so lautete meine These, würden sie hier im Land eine Macht bleiben, und wir würden der Welt nie unsere eigene Souveränität beweisen können. Den Russen gegenüber argumentierte ich ideologisch. Immer wieder fragten sie, warum uns so sehr an dem Öl gelegen sei; sie hätten doch die viel besseren Techniker und verstünden vom Erdöl eine Menge. »Schauen Sie«, sagte mir Mikojan, der Ölmagnat der Sowjetunion, »wir fördern jetzt in Österreich 3,2 Millionen Tonnen jährlich. Das hat niemand bisher zustande gebracht, wir haben neue Techniken und Technologien.« Meine Antwort war: »Sie haben neue Technologien. Aber wie wollen Sie Ihren Kampf gegen den Erdölimperialismus führen, wenn Sie selbst gegenüber Österreich eine erdölimperialistische Politik betreiben? Sie werden unsere Ressourcen ausbeuten, und ich werde Sie beschuldigen, dass Sie dasselbe praktizieren wie die großen amerikanischen Ölgesellschaften.« Das hat schon einen gewissen Eindruck auf die Russen gemacht.

Was wäre denn geschehen, so kann man fragen, wenn die Russen dreißig Jahre lang auf unseren Erdölfeldern sitzengeblieben wären? Für die Erdölfelder, die sie innerhalb von acht Jahren neu erschließen würden, wollten sie eine Frist von fünfundzwanzig Jahren. Das heißt, wir hätten noch bis Ende 1988 die Russen im Land gehabt. Sie haben zwar beteuert, dass sie die österreichischen Gesetze anerkennen und Steuern

Der Weg zum Staatsvertrag: Außenminister Leopold Figl und Staatssekretär Bruno Kreisky begrüßen den russischen Außenminister Wjatscheslaw M. Molotow, 13. Mai 1955.

zahlen werden, und Raab hat ihnen das auch geglaubt. Er war an den Erdölquellen im Grunde nicht interessiert: »Des soll'n meinetwegen die Russen behalten, wenn sie Steuern zahlen. Die sind ja doch bald leergepumpt, da ist nichts mehr drin.« Wir anderen aber blieben hartnäckig, und am Ende behielten wir unsere Erdölfelder ebenso unter eigener Kontrolle wie die Donaudampfschifffahrtsgesellschaft.
Die dritte und bei weitem komplizierteste Frage war, wie die Neutralität Österreichs definiert werden sollte. Im Anschluss an die ECE-Konferenz in Genf fuhr ich nach Bern und fragte den für die Außenpolitik zuständigen Schweizerischen Bundesrat Max Petitpierre, ob es bei seiner Regierung auf Bedenken stoßen würde, wenn Österreich sich an das schweizerische Vorbild anlehne. Im Gegenteil, meinte Petitpierre, es sei der Schweiz sogar sehr recht, wenn Österreich eine solche Lösung anstrebe. Ich ging dann sicherheitshalber noch zum Generalsekretär des Schweizerischen Außenamtes, Alfred Zehnder, einem großen Russlandkenner, und zu dem für Österreich zuständigen Beamten in der Handelsabteilung im Eidgenössischen Volkswirtschaftsdepartement, dem späteren Bundesrat Hans Schaffner. Auch ihnen schien die Idee

eines neutralen Österreichs sehr verlockend, jedenfalls verlockender als der gegenwärtige Zustand. Dass ich mich in dieser Frage so gut vorbereitet und nach allen Seiten hin abgesichert hatte, erwies sich bei den Moskauer Verhandlungen als äußerst nützlich.

Die Einladung kam – wie schon berichtet – eher überraschend. Der Journalist Basseches hatte offenbar recht gehabt. Wir fuhren mit einer großen Delegation: Bundeskanzler, Vizekanzler, Außenminister und Staatssekretär, dazu die verschiedenen Referenten. Die Sowjets holten uns mit einer Maschine ab, die grotesk ausgestattet war – mit Perserteppichen auf dem Boden, gestickten Teppichen an den Wänden und roten Plüschmöbeln. Das Flugzeug selbst machte allerdings einen eher ramponierten Eindruck; als wir in Vöslau starteten, kam es kaum vom Boden. Wie einst der Zugführer bei der Eisenbahn immer hinausschauen musste, bis der letzte Waggon die Station verlassen hatte, so lehnte sich jetzt der Steward, ein russischer Unteroffizier, während des Starts bei offener Tür hinaus, und erst als das Flugzeug abzuheben begann, so schien es jedenfalls, hat er sie geschlossen. Während des Fluges wurden Mengen von Wodka und Kaviar serviert, und als wir über Moskau ankamen, stand unser Tisch noch immer voll mit Wodkaflaschen. Ich hatte bis dahin noch nie eine Landung mit gedeckten Tischen erlebt, und was der Pilot vollbrachte, grenzte an ein Wunder: Es hat lediglich ein ganz leichtes Klirren der Gläser gegeben.

Die Flugzeugtür wurde geöffnet, und wir stiegen entsprechend unserem Rang der Reihe nach aus. Auf dem Flugplatz hatte sich praktisch das gesamte ZK-Präsidium versammelt – allerdings ohne Nikita Chruschtschow, der in Leningrad bei einer Agrarkonferenz war. In langer Reihe stand das diplomatische Corps, wie das in Moskau üblich war, wenn man einem Besuch besondere Aufmerksamkeit erweisen wollte. Das Moskauer Gardebataillon war angetreten, und eine gewaltige Musikkapelle spielte die Nationalhymnen mit einem Schwung, wie ich es bei österreichischen Kapellen bis dahin nie erlebt hatte. Auch die ungewohnte Instrumentierung war eindrucksvoll. Allerdings war es den Russen zweckmäßig erschienen, unsere Bundeshymne mit kleinen kompositorischen Ergänzungen zu versehen. Ich flüsterte zu Schärf: »Wenn man uns mit so viel Sang und Klang begrüßt, wird man uns nicht sang- und klanglos abziehen lassen.«

Der österreichische Botschafter in Moskau war, wie wir noch auf dem Flugplatz erfuhren, in furchtbaren Schwierigkeiten, weil er längst seine

Tischordnung gemacht hatte in der Erwartung, dass vom ZK-Präsidium ohnehin keiner kommen werde. Nun hatten einige der wichtigsten Mitglieder des Präsidiums zugesagt, mit Ausnahme Chruschtschows. Das war die erste Sensation für das diplomatische Corps.

Bereits am Abend des ersten Verhandlungstages hatten wir ein Essen auf der österreichischen Botschaft, zu dem Molotow, Bulganin, Kaganowitsch, Kabanow, Semjonow und Gromyko erschienen. Es war eine riesige Gesellschaft – auch in den Nebenräumen hatte man Tische aufstellen müssen –, und es ging eine nicht endende Flut von Toasts auf uns nieder, die wir natürlich erwidern mussten. Zu später Stunde erhob sich Bulganin, um eine bedeutsame Erklärung abzugeben. »Die österreichische Frage«, so sagte er, »kann erst heute einer Lösung zugeführt werden. Diese Lösung entspricht bei aller Sympathie für das österreichische Volk, für Wien, das ich gut kenne und wo ich einige Male war, nicht lyrischen Empfindungen. Wir haben geglaubt, dass wir das deutsche und das österreichische Problem zusammen werden lösen können, das war nicht möglich. Jetzt hat man eine Lösung für das deutsche Problem gefunden, die unerfreulich ist. Wir haben das zur Kenntnis zu nehmen und unsere Konsequenzen zu ziehen. Aber es besteht für uns jetzt kein Grund mehr, die österreichische Frage aufzuhalten. Und sie soll deshalb jetzt gelöst werden im Geist der Freundschaft, und diese Lösung soll die Grundlage für die Neuregelung unserer Beziehungen im Geiste der Freundschaft sein.«

Nach dem Frühstück am nächsten Morgen wurden die Verhandlungen fortgesetzt. Zu Anfang waren die Russen zäh hinhaltend, aber schließlich zeigten sie sich sehr großzügig. Das ist eine Erfahrung, die man mit Russen immer wieder macht. Wenn sie einmal »Njet« sagen, ist das leider meistens endgültig, und kein Russe geht von diesem Nein ab. Wenn sie sich aber zu Zugeständnissen innerlich entschlossen haben, kennt ihre Großzügigkeit oft keine Grenzen.

Der Wortführer auf russischer Seite war Molotow. Er führte anstelle von Bulganin das große Wort. Während der Verhandlungen herrschte eine sehr joviale Atmosphäre, für die vor allem Mikojan sorgte, der ganz offenbar der Vertrauensmann Chruschtschows war und den Ausschlag gab. Wenn Molotow zögerte, in irgendeinem Punkt nachzugeben, sagte Mikojan ganz einfach: »Na, also gut.« Aber eigentlich war auch Molotow zu praktisch jedem Entgegenkommen bereit. Er war mir als hart und verschlossen geschildert worden, aber schon in Berlin hatte ich einen ganz anderen Eindruck gewonnen: den eines äußerst gut erzogenen, eher zurückhaltenden und ausnehmend höflichen Mannes. Dazu kam, dass er, wie alle russischen Revolutionäre der alten Garde, ein Mann von großer literarischer Bildung war. Er war mit einer kultivierten russischen Jüdin verheiratet, die 1949 unter Spionageverdacht verhaftet und vier Jahre lang festgehalten worden war, weil sie Stalin gegenüber eine gewisse Distanz gewahrt hatte.

Mit Mikojan verstand ich mich am besten, was, wie ich glaube, auf einer gewissen gegenseitigen Sympathie beruhte. Er war der umgänglichste unter allen Sowjetführern, die ich je getroffen habe, ein Mann, der gerne lachte, dabei ein souveräner Unterhändler. Er war sich, wie ich glaube, sehr der Effizienz der westlichen Wirtschaft bewusst, was Chruschtschow immer wieder zu spöttischen Bemerkungen herausforderte. Einmal, in irgendeiner Finanzsache, sagte Chruschtschow: »Wissen Sie, der größte Finanzfachmann unter uns ist Mikojan. Der war schon beim ›Postraub‹ dabei.« Er wollte damit auf eine bekannte Episode anspielen: In den Jahren der Illegalität der Bolschewiki war Stalin in einen Überfall auf einen Transportwagen der Tifliser Staatsbankfiliale verwickelt gewesen. Mikojan kann zwar nicht daran beteiligt gewesen sein, aber für Chruschtschow spielte das offenbar keine Rolle. Als die frisch gedruckten Rubelscheine kurz darauf im Ausland auftauchten, ist der Polizei von Paris übrigens auch der spätere Außenminister Litwinow ins Netz gegangen. Es wird erzählt, dass es, als Litwinow später offiziell nach Paris kam, gewisse Schwierigkeiten gemacht habe, die entsprechende Aktennotiz zu löschen.

Die Diskussion über die Art der Neutralität begann damit, dass Molotow fragte, wie wir uns eine Garantie gegen einen möglichen Anschluss an Deutschland vorstellten. Einer gemeinsamen Garantieerklärung der vier Mächte war ich schon in Wien entschieden entgegengetreten, weil ich fürchtete, dass dann überall, nur nicht am Ballhausplatz, entschieden werde, wann Österreichs Unabhängigkeit gefährdet sei.

Etwa vier Wochen zuvor, am 17. März 1955, gab ich bei mir zu Hause ein Abendessen, an dem Vizekanzler Schärf, der Chef der politischen Abteilung im Außenministerium, Josef Schöner, der stellvertretende sowjetische Hochkommissar Kudriawzew und ein weiterer sowjetischer Diplomat sowie der französische Geschäftsträger teilnahmen. Im Zentrum der Diskussion stand die »dauernde Neutralität nach Schweizer Vorbild«.

Über diesen Punkt gab es auch in Moskau sehr langwierige Diskussionen, sowohl intern als auch mit den Russen, die das Wort Neutralität unbedingt ins Memorandum aufnehmen wollten. Ich wollte statt dessen den Ausdruck »Allianzfreiheit« haben, den man nur hätte definieren müssen. Am Ende kam es zu einer Formel, die beide Seiten befriedigte: Österreich sei »international dazu verpflichtet«, hieß es dann im Memorandum, »eine Neutralität der Art zu üben, wie sie von der Schweiz gehandhabt wird«. Diese Formulierung hat sich bewährt. Aber als Mikojan zu seinem ersten Besuch nach Österreich kam – es war nach der ungarischen Erhebung 1956 –, begann das Spiel von Neuem, denn er sprach nicht von Neutralität nach Schweizer Vorbild, sondern wollte eine andere Interpretation. Das haben wir in unserer Antwort richtiggestellt.
Zwar beherrschte uns immer noch die Angst, dass im letzten Augenblick etwas dazwischenkommen könne. Aber am Ende bekamen wir eigentlich alles, was wir hatten erreichen wollen. Schwierige Diskussionen gab es nur noch darüber, ob der Abzug der Russen innerhalb eines Jahres, in neun oder in sechs Monaten erfolgen sollte. In dieser Frage vertraten wir beinhart die Auffassung, dass sämtliche Truppen in drei Monaten abgezogen sein müssten. Auch das haben wir schließlich durchgesetzt: Drei Monate nach dem Abschluss des Staatsvertrages haben die letzten russischen Truppen und auch die der Westalliierten Österreich geräumt. Am 26. Oktober, nachdem der letzte Soldat österreichischen Boden verlassen hatte, hat der Nationalrat das Bundesgesetz über die Neutralität Österreichs verabschiedet. Der Tag wurde 1965 zum Nationalfeiertag erklärt.
Der große Mann im Hintergrund, der in den Verhandlungen selbst nicht in Erscheinung getreten ist, war Nikita Chruschtschow. Ohne ihn hätten wir den Staatsvertrag wahrscheinlich nicht so leicht bekommen.
Als Bundeskanzler Raab bei seinem Moskau-Besuch im Jahre 1958 von Chruschtschow gefragt wurde, ob es irgendeine ungeklärte Frage gebe, hat der Bundeskanzler in seiner spontanen Art erwidert: »Eigentlich wollen wir Sie nur fragen, wieso es zum Abschluss des Staatsvertrages gekommen ist.« Da gab Chruschtschow eine Erklärung, die wahrscheinlich der Wahrheit entsprach. Man habe sich im ZK-Präsidium und später auch im Zentralkomitee darüber unterhalten, wie nach der Abkehr vom Stalinismus in der Innenpolitik auch in der Außenpolitik die neue Linie weithin sichtbar gemacht werden könne. Bei der Erörterung aller

Besuch aus der UdSSR: Ministerpräsident Alexej N. Kossygin vor dem »Staatsvertragsgemälde« von Robert Fuchs, Juli 1973.

Möglichkeiten sei dem Präsidium als das geeignete Exempel der Abschluss eines Staatsvertrags mit Österreich erschienen. »Wir mussten ja auch unserem Volk ein Zeichen geben«, meinte Chruschtschow. »Um den neuen Kurs im Westen glaubhaft zu machen, mussten wir Positionen aufgeben, die die Rote Armee im Krieg erobert hat, aber der Westen musste ja ebenfalls Österreich räumen.« Das war für die Sowjetunion auch deshalb von Bedeutung, weil damals die NATO im Entstehen war und manche Strategen mit Westösterreich als Brücke des westlichen Bündnisses rechneten. In diesem Augenblick ergriff ich das Wort und fragte ohne Umschweife, weshalb man eigentlich nicht schon in Berlin entgegenkommender gewesen sei. Chruschtschow sagte mit großer Offenherzigkeit, Molotow habe im Präsidium den Standpunkt vertreten, man könne ein im Krieg erobertes Gebiet nicht ohne weiteres aufgeben; das würde kein Russe verstehen, denn schließlich seien Zehntausende von Rotarmisten bei der Eroberung Österreichs gefallen. Aus diesem Grund hat Molotow zur Zeit der Berliner Verhandlungen auf der Beibehaltung eines militärischen Kontingents in Österreich insistiert. Schließlich aber hat sich Chruschtschow mit seinem Konzept des öster-

reichischen Staatsvertrages als eines weithin sichtbaren Zeichens der Entspannung durchgesetzt.
Im Oktober 1956 machten uns die Ereignisse in Ungarn noch nachträglich klar, warum Molotow so zäh für eine Stationierung sowjetischer Truppen gekämpft hatte. Die Niederschlagung des ungarischen Volksaufstandes erfüllte uns mit beträchtlichen Besorgnissen, denn obwohl es keine sowjetischen Garnisonen im Lande mehr gab, wurde eine Wiederbesetzung des Ostens Österreichs ganz ernsthaft für möglich gehalten. Alles, was Wien in dieser heiklen Situation unternahm, geschah im Hinblick auf unsere Vertragsverlässlichkeit. Jetzt zeigte sich, dass es unser Glück gewesen war, als Chruschtschow darauf beharrt hatte, die neue Linie auch in der sowjetischen Außenpolitik durchzusetzen. Der Kalte Krieg sollte mit dem Namen Stalins verbunden bleiben, während er die Koexistenzpolitik mit seinem Namen verknüpft sehen wollte.
Der Machtkampf im Kreml ging noch einige Zeit hin und her, und es war immer wieder zweifelhaft, ob sich Chruschtschow endgültig durchsetzen würde. Das Zentralkomitee hatte er längst mit seinen Leuten durchsetzt, und auch auf die Parteisekretäre draußen in den Republiken konnte er sich verlassen. Aber noch immer stand ihm die Mehrheit des Präsidiums sehr kritisch gegenüber. Bei einem dramatischen Konflikt im Juni 1957 soll es Chruschtschow mit einem grandiosen Coup gelungen sein, eine schon einberufene Sitzung des ZK-Präsidiums, bei der er hätte abgesetzt werden sollen, durch eine außerordentliche Sitzung des Zentralkomitees zu verhindern. Niemand im Präsidium hatte das für denkbar gehalten. Aber Chruschtschow schickte Flugzeuge aus und holte noch aus den fernsten Regionen seine Leute nach Moskau. Als das Präsidium die Sitzung des Zentralkomitees durch Verfahrenstricks zu verhindern suchte, verschafften sich die Mitglieder des ZK gewaltsam Eintritt in den Saal. Man darf vermuten, dass die Dinge damals auf des Messers Schneide standen.
Das Ende der stalinistischen Ära wurde mit der Geheimrede Chruschtschows am XX. Parteitag der KPdSU 1956 eingeleitet. Sie markierte den Beginn einer neuen Ära. Dieser Bruch mit dem Stalinismus hatte eine allgemeine Erleichterung zur Folge, nicht nur in der Sowjetunion, sondern auch im Westen. Chruschtschow hat damit eine historische Leistung vollbracht, die man nicht schmälern sollte. Nur ein Mann von seinem Zuschnitt konnte es wagen, eine solche radikale Abrechnung vorzunehmen. Er war ein nicht unsympathischer Drauf-

gänger – man hatte das Gefühl, es mit einem Kosakenhetman zu tun zuhaben –, und er war nicht ohne Großzügigkeit. Österreich ist nur ein Beispiel dafür. Es wird oft vergessen, dass damals auch Finnland die Halbinsel Porkkala zurückerhielt, eines der fruchtbarsten Gebiete des Landes, aus dem Tausende geflüchtet waren.

Auf die Frage, warum ich den österreichischen Staatsvertrag für den Anfang der Détente halte, möchte ich folgendermaßen antworten: Nach zehn langen Jahren, verschärft durch den Kalten Krieg, ist es aufgrund gemeinsamer Anstrengungen der vier Alliierten zu einem großen Ereignis gekommen, das internationale Signalwirkung gehabt hat: Österreich, in der Mitte Europas gelegen, hat seine volle Freiheit zurückerlangt.

Auf westlicher Seite haben wir große Dankesschuld gegenüber dem amerikanischen Hochkommissar und Botschafter Llewellyn Thompson, einem der bedeutendsten Diplomaten des *State Department.* Er gehört zu der Gruppe jener Spitzendiplomaten, die Großartiges bei der Durchführung der *Policy of Containment* vollbracht haben. Der britische Hochkommissar Geoffrey Wallinger und der französische Gesandte Lalouette haben ihn bei seiner schwierigen Aufgabe unterstützt.

Chruschtschow selber trat erst beim Abschlussdiner im Kreml in Erscheinung. Ich werde nie vergessen, wie wir uns alle zum Fotografieren aufstellten – es war das alte Stalinsche Politbüro vertreten: Bulganin, Chruschtschow, Molotow, Malenkow, Kaganowitsch, alles, was Rang und Namen hatte. Malenkow schien nicht genau zu wissen, wo er sich hinstellen sollte; er machte überhaupt einen sehr unsicheren Eindruck. Da sagte Chruschtschow: »Georgij, stell dich in die Mitte, dann werden die ausländischen Zeitungen wieder eine Menge zu kombinieren haben.« Aus dieser Äußerung habe ich nachträglich schließen können, dass das Schicksal Malenkows damals schon besiegelt war. Er hat es wohl geahnt. Er war eben doch zu sehr der Mann Stalins gewesen.

Während des Banketts haben wir auch über die Hintergründe der Liquidation Berijas einiges erfahren. Chruschtschow selbst erzählte, dass sie es mit der Angst bekommen hätten, als ihnen befohlen wurde, zu den Sitzungen des ZK-Präsidiums in Zukunft unbewaffnet zu erscheinen. Der einzige, der weiterhin mit seiner Pistole kam, sei Berija gewesen. Chruschtschow deutete an, dass er selber bei der Liquidation Berijas die maßgebliche Rolle gespielt habe. Aber man habe ihn liquidieren müssen, weil er tatsächlich ein Todfeind aller anderen Präsidiums-Mitglieder gewesen sei. Jeder habe das gewusst.

Mit Raab kam Chruschtschow viel besser aus als mit Schärf. Als Chruschtschow ihn als Kapitalist apostrophierte – Raab besaß eine Baufirma –, entgegnete Raab lächelnd: »Aber doch nur a sehr klaner.« Wann immer Chruschtschow ihm später begegnete, begrüßte er ihn: »Herr kleiner Kapitalist.« – Ich selbst habe mit Chruschtschow gelegentlich quasiideologische Auseinandersetzungen gehabt, denn ich war für ihn das Muster eines Sozialdemokraten und eines Antikommunisten obendrein. Mehrfach hat er mir das vorgeworfen.

Auch während der Verhandlungen waren Schärf und ich eher zögernd gewesen. Raab dagegen drängte auf einen schnellen Erfolg: Er hatte die Wahlen vor der Tür und wollte als »Staatsvertragskanzler« in den Wahlkampf gehen. Er wurde der »Staatsvertragskanzler«, und so gewann er die Wahlen 1956. Wenn der Staatsvertrag eine alles in allem so befriedigende Form bekommen hat, dass er uns heute – dreißig Jahre später – fast in keinem Punkt stört, ist dies auch ein Verdienst der sozialistischen Regierungsfraktion gewesen.

Unterschrieben haben wir am nächsten Morgen in folgender Reihenfolge: Raab, Schärf, Figl, Kreisky. Alles war sehr feierlich, trotz des vollen Tageslichts. Als die Zeremonie zu Ende war, sagte Molotow lächelnd: »Aber die Wiener haben das schon heute in der Früh in den Zeitungen gelesen.« Schärf hat gelächelt, Raab etwas gebrummt, und die Russen haben geschmunzelt.

Zu Mittag flogen wir nach Hause. Dort wurden wir mit ungeheurem Jubel empfangen. Tausende säumten die Straßen vom Flughafen Bad Vöslau nach Wien. Dieser 15. April 1955 war der größte Tag meines politischen Lebens. Nie wieder, so schien es mir, würde ich Ähnliches erleben. Und so ist es bis heute geblieben.

Politik Österreichs in den Fünfzigerjahren

Mit der Großen Koalition war ich persönlich nicht unzufrieden, vor allem in den ersten Jahren als Staatssekretär, in denen ich unumstritten zum Gehilfen des Bundeskanzlers wurde, was auch aus sehr vielen Aktenvermerken, unter anderem im Zusammenhang mit dem Staatsvertrag, hervorgeht. Unter den Ministern der Volkspartei gab es einige, mit denen ich mich – wie man bei uns zu sagen pflegt – »sehr gut sprach«. Ein Mann, der mir besonders auffiel, war der langjährige Unterrichtsminister Heinrich Drimmel, ein wunderbarer Gesprächspartner trotz seiner tief konservativen Gesinnung. So weit dies bei Leuten, die einem politisch so fern stehen, überhaupt möglich ist, empfand ich freundschaftlichen Respekt für ihn. Wir trafen uns manchmal sogar zu einem kurzen Lunch in dem einst sagenumwobenen Restaurant Schöner, das nach dem Krieg allerdings nicht mehr den alten Glanz besaß.

Ich erinnere mich noch sehr gut, wie einige meiner Gesprächspartner aus der ÖVP meinten, sie hielten für mich den Platz des Außenministers für den richtigen; ich hätte mich hierfür als Staatssekretär ihrer Auffassung nach meritiert. Das war vor der Wahl von 1959, die wiederum eine Siegerwahl wurde, diesmal unter Bruno Pittermann. Abermals wurden die Sozialisten zur stimmenstärksten, aber um ein Mandat schwächeren Partei, wieder wurde lange verhandelt, und wieder wurde Figl von Raab preisgegeben. Fast täglich wurde ein anderes Ministerium für mich vorgeschlagen. Raab war in seiner Neigung zur Übertaktik sogar bereit, den sehr beliebten Finanzminister Reinhard Kamitz aufzugeben, und erst durch eine geharnischte Reaktion der Vereinigung Österreichischer Industrieller wurde sein taktisches Spiel durchkreuzt. Ich habe diesen Raab-Vorschlag nie ernst genommen; jedenfalls schlug er das Finanzministerium vor, indem er, wohl nicht ohne Hintergedanken, behauptete, die Sozialdemokraten müssten sich endlich an diese wichtige Verantwortung gewöhnen. Ich hätte nicht ablehnen können. Schon vor der Wahl stand für mich fest, dass ich das Staatssekretariat verlassen würde, weil ich der Meinung war, sechs Jahre seien genug. Ich wollte um keinen Preis ein professioneller Staatssekretär werden und

Der Staatsmann in seinem Büro: Bis zum Ende der Großen Koalition 1966 leitet Bruno Kreisky die österreichische Außenpolitik.

hätte es sogar vorgezogen, eine Zeit lang aus der Regierung auszuscheiden. Als meinen Nachfolger schlug ich Peter Strasser vor, einen der begabtesten Jungen in der Sozialistischen Partei. Peter Strasser starb 1962 im Alter von nur 45 Jahren.

Als in unserer Fraktion das Angebot Raabs diskutiert wurde, war ich zwar nicht sehr begeistert davon, habe mich aber auf Zureden meiner Freunde dazu bereitgefunden. Dies wurde begeistert aufgenommen, auch im Parteivorstand. Es ist hier der Platz, wo ich gegen eine Legende auftreten muss, die von gehässiger bürgerlicher Seite immer wieder gegen mich vorgebracht wurde. Ich habe einmal sehr viel später in einer Pressekonferenz erklärt, daß ich von rein buchhalterischen Fragen im Zusammenhang mit dem Budget nicht viel verstehe, und daraus wurde das Argument geschmiedet, dass ich gesagt hätte, ich verstünde nichts von Wirtschaft. Das ist deshalb grotesk, weil ich mich seit frühester Jugend vor allem mit ökonomischen Fragen beschäftigt und schon zu einer Zeit Handbücher der Volkswirtschaft gelesen habe, wo von meiner künftigen Tätigkeit noch nicht die Rede war.

Während meines Studiums an der Wiener Universität hatte ich eine besondere Beziehung zu Professor Hans Mayer. Nachdem ich mit großer Mühe seinen Beitrag über die »Zurechnung« im *Handwörterbuch der Staatswissenschaften* gelesen hatte, räumte ich ein, dass mir der Aufsatz unverständlich sei, woraufhin Mayer in seinen roten Vollbart hineinschmunzelnd meinte, das ginge ihm heute nicht anders. Mayer war mir so zugetan, dass er mir versprach, trotz der Machtergreifung der Nazis in Österreich dafür zu sorgen, daß ich meine Promotionsurkunde bekäme. Da ich Österreich unmittelbar nach meiner Haftzeit schleunigst verlassen musste, hat – wie bereits erwähnt – mein Freund Kurt Scheffenegger die Urkunde für mich in Empfang genommen.

In Schweden habe ich dann regelmäßig Vorlesungen der Stockholmer Schule besucht und schließlich eine Abhandlung geschrieben, inwieweit die professionellen Ökonomen den Ausbruch der Weltwirtschaftskrise vorausgesagt hatten. Ich habe die Arbeiten Myrdals und anderer zur Arbeitslosenproblematik studiert und das Standardwerk zum Verständnis der damals immer moderner werdenden Ökonometrie gelesen, *Mathematics for Economists,* das heute natürlich längst überholt ist.

Einer meiner Freunde aus der Sozialistischen Jugendbewegung, Gerhard Tintner – er war wie ich Obmannstellvertreter einer Bezirksorganisation der SAJ, er in Hernals, ich auf der Wieden –, den ich von fern wegen seiner akademischen Meriten bewunderte, wurde zu einem der bedeutendsten Ökonometriker unserer Zeit. Er veranlasste mich, die in Pittsburgh erscheinenden *Econometrica* zu abonnieren, aber ich muss zugeben, dass alle meine Versuche, mit den Aufsätzen dieser Zeitschrift zurechtzukommen, gescheitert sind. Ich erinnere mich noch sehr gut an ein Gespräch mit dem Großmeister der Ökonometrie, Harrod, dem ich bei einem Abendessen auf der österreichischen Botschaft in London begegnet bin. Ich hatte sein kleines Buch *Die internationalen Wirtschaftsbeziehungen* gelesen, aber viel zu wenig davon verstanden. Ich sagte ihm, dass ich das Bestreben der Nationalökonomen, ihr Fach zu einer exakten Wissenschaft zu machen, indem sie es immer näher an die höhere Mathematik heranführen, für sehr gefährlich hielte, denn schließlich sollten ja auch Gewerkschaftsvertreter Verständnis für wichtige wirtschaftliche Fragen gewinnen und mit diesen Erkenntnissen und Problemen vertraut sein. Man müsse verhindern, dass sie die Ökonomie als Geheimwissenschaft empfinden. Harrod gab mir vollkommen recht: Er sei sich der Gefahren für die Ökonomie durchaus bewusst. Die Tendenz, alles zu mathematisieren, scheint mir auch heute eine große Gefahr zu sein, weil man damit vielen, auch akademisch gebildeten Menschen die Lust nimmt, sich mit den an sich wesentlichen Problemen der Statistik und Ökonomie zu beschäftigen.

Das Studium der Nationalökonomie war auch in späteren Jahren mehr als ein Hobby. Viele der großen nationalökonomischen Werke schienen mir wichtiger zu sein als historische, und ihre Lektüre geradezu eine existentielle Voraussetzung. Ich war deshalb sehr glücklich, dass sich im Österreich der Zweiten Republik nach geraumer Zeit wieder richtige Volkswirtschaftslehre und Volkswirtschaftspolitik entfalten konnten. Unter den jungen Ökonomen beeindruckte mich besonders Professor Erich Streissler, Ordinarius für Volkswirtschaftslehre, Ökonometrie und Wirtschaftsgeschichte an der Universität Wien, den ich als jungen Mann bei einem Vortrag in Freiburg kennengelernt hatte. Daneben entwickelten sich besondere Beziehungen zu dem langjährigen Rektor der London School of Economics, Harold Laski. Ich lernte die Bücher des amerikanisch-kanadischen Nationalökonomen John K. Galbraith kennen, der mir seit vielen Jahren ein naher Freund ist; seine Schriften waren schon kurz nach dem Krieg in Schweden erhältlich. Amerikanische Ökonomen beeindruckten mich vor allem deshalb, weil sie sich

Der Außenpolitiker und zwei Finanzminister der Großen Koalition: Bruno Kreisky im Gespräch mit Josef Klaus und Reinhard Kamitz (Mitte).

unvoreingenommen mit den Lehren von Karl Marx beschäftigten, deren Studium sie für unumgänglich hielten, während in Mitteleuropa die Erwähnung von Karl Marx und anderen Ökonomen noch immer ein arrogant-ironisches Lächeln hervorrief.

Nun, Kamitz blieb Finanzminister, und ich wurde nach sechs Jahren Tätigkeit als Staatssekretär Außenminister. Ich blieb es bis zum Ende der Großen Koalition 1966, war insgesamt also dreizehn Jahre in der Außenpolitik tätig. Meiner Nominierung war ein heißer Kampf vorausgegangen, zumal da ich nur bereit war, dieses Amt zu übernehmen, wenn es mit der Schaffung eines selbstständigen Außenministeriums verknüpft war. So entstand, sehr zum Unbehagen vieler, 1959 aus einer Sektion des Bundeskanzleramtes das österreichische Außenministerium. In jüngster Zeit wird wiederholt die Forderung nach Auflösung des Außenministeriums erhoben. Zwar ist nicht zu leugnen, dass das Außenministerium derzeit parteipolitisch in höchstem Maße missbraucht wird, aber deshalb seine Auflösung zu verlangen, ist mehr als kurzsichtig und zeugt von tiefstem Unverständnis für essentielle Fragen der österreichischen Außenpolitik und der damit zusammenhän-

Washington, Oval Office: US-Präsident John F. Kennedy schätzte die Analysen des österreichischen Außenministers – ein Lieblingsfoto Bruno Kreiskys!

genden Probleme. Das alles hat es schon einmal gegeben und würde auch heute wieder zu einem großen Malheur für Österreich werden. Die Beseitigung von einmal geschaffenen Ministerien führt zu einer Bürokratisierung und weg von der eigentlichen Politik.

Bevor ich versuchen will, das Verhältnis Österreichs zu den Signatarstaaten zu schildern, möchte ich einen Sprung ins Jahr 1965 machen, das Jahr des zehnjährigen Staatsvertragsjubiläums. Die Delegationsführer, diejenigen, die den Staatsvertrag vorbereitet hatten und mit denen ich im April 1955 nach Moskau geflogen war, waren alle tot. Raab war am 8. Januar 1964 gestorben, Schärf am 28. Februar 1965, und am 9. Mai, sechs Tage vor den Feierlichkeiten, starb auch Figl. Wenige Wochen zuvor hatte ich ihn noch in einer großen Rede gewürdigt.

Zehn Jahre nach dem Staatsvertrag sollte mit der Einweihung eines Brunnens in Bad Vöslau an den Abflug nach Moskau erinnert werden. Figl, damals Landeshauptmann von Niederösterreich, war bereits schwer gezeichnet; mit zitternder Stimme hat er seine Rede gehalten. Ich sollte nach ihm reden; bewegt vom Anblick dieses offensichtlich todkranken Mannes, ließ ich die Notizen, die ich mir gemacht hatte, in der Tasche und sprach statt dessen über Figl und seine Verdienste. Es war in der Tat ein Nekrolog zu Lebzeiten. Ich habe oft bedauert, dass das, was es Gutes und Schönes über einen Menschen zu sagen gibt, meist erst dann gesagt wird, wenn er selbst es nicht mehr hören kann. Ich war daher sehr glücklich, es diesmal anders halten zu können.

Am 15. Mai kamen in Wien die Außenminister der Signatarmächte zusammen: Andrej Gromyko, Dean Rusk, Robert Michael Stewart und Maurice Couve de Murville. Die Staatsvertragsfeier sollte zum Anlass genommen werden, die Entwicklung der Deutschlandfrage mit einem neuerlichen Versuch voranzutreiben. Ich habe die Herren zu mir nach Hause eingeladen und ihnen ein Zimmer zur Verfügung gestellt; sie haben nicht lange gebraucht und sich sehr bald auf einen Termin in Genf geeinigt. Alles sah vielversprechend aus, und es wurde ein sehr harmonischer Abend. Man feierte ein Ereignis, das zehn Jahre zurücklag, das heißt, es gab eine zehnjährige Remissionsperiode; so langsam haben sich die Dinge in der Weltpolitik damals entwickelt, und wer weiß, wie viel nicht versäumt wurde, weil die Westmächte beharrlich an der Einheit Deutschlands festhielten. Wäre damals schon Willy Brandts Ostpolitik eingeleitet gewesen, hätte man wahrscheinlich ganz andere Möglichkeiten gehabt; aber es ist müßig, über vergossene Milch zu klagen. Jedenfalls war es eine sehr idyllische Zusammenkunft, und es schien ein Zeitalter der Verständigung anzubrechen. Zwei Monate später tagte wieder die Genfer Konferenz der Abrüstungsausschüsse der 18. Dort freilich wurde eine neue Remissionsphase eingeleitet, und es hat fast zehn Jahre gedauert bis Helsinki. Es ist oft erschütternd, wie furchtbar langsam die Mühlen der Außenpolitik mahlen.

Bei der Staatsvertragsfeier stand auf österreichischer Seite also keiner mehr von denen, die in Moskau dabei gewesen waren, außer mir. Der neue Kanzler war Josef Klaus, der nach dem Tode Schärfs im Februar auch die Funktion des Bundespräsidenten ausübte; Vizekanzler war Pittermann. Es gab ziemlich viel Verwirrung damals, und ich habe das zum Anlass genommen, sehr intensiv die Verfassungsbestimmung zu bekämpfen, nach der der Bundeskanzler bei Vakanz auch Bundespräsident sein sollte; damit politisierte man das Amt des Bundespräsidenten und machte ihn zur Schlüsselfigur im Falle einer politischen Krise, mit der wir jederzeit rechnen mussten. Die Art, wie dilatorisch man diese Frage behandelte, war dazu angetan, im Falle des Todes des Bundespräsidenten eine Krise herbeizuführen. Erst in meiner Zeit als

Ägypten, 1964: Spazierritt bei den Pyramiden.

Kanzler wurde das Problem, wie ich glaube, auf befriedigende Art gelöst: »Wenn der Bundespräsident verhindert ist, gehen alle seine Funktionen zunächst auf den Bundeskanzler über. Dauert die Verhinderung jedoch länger als 20 Tage oder ist der Bundespräsident gemäß Art. 60 Abs. 6 an der ferneren Ausübung seines Amtes verhindert, so üben der Präsident, der zweite Präsident und der dritte Präsident des Nationalrates als Kollegium die Funktionen des Bundespräsidenten aus. Das Gleiche gilt, wenn die Stelle des Bundespräsidenten dauernd erledigt ist.« Es kostete mich zwar mehr Mühe als vieles andere, diese Regelung durchzusetzen, aber mir schien diese Frage besonders wichtig, weil ich weiß, aus welch nichtigen Anlässen schwere politische Krisen in Österreich entstanden sind.

Sehr eindrucksvoll waren die Gäste, die 1965 nach Wien kamen, nicht. Gromyko hat man immer nur als Vollzugsorgan betrachtet, zumal er 1955 lediglich Kandidat für das Zentralkomitee war, nicht einmal für das Politbüro. Dean Rusk war ein angenehmer amerikanischer Intellektueller, aber wenig auffallend; Robert Michael Stewart war nur Platzhalter, da Harold Wilson einen relativ schwachen Außenminister haben wollte und die Labour Party grundsätzlich der Innenpolitik die Priorität einräumt. Frankreich war durch Couve de Murville vertreten, den ich lange kannte und der der bemerkenswerteste unter den anwesenden Außenministern war – und der einzige, der unsere Osteuropapolitik nicht nur verstanden, sondern auch positiv gewürdigt hat. Es war eine Versammlung an sich nicht unbedeutender Männer, aber es waren nicht Leute, die die Welt hätten bewegen können.

Als wir das 25-jährige Jubiläum des Staatsvertrages feierten, war die Zusammensetzung der Gäste eine viel interessantere, auch wenn es sich in erster Linie um vergangene Größen handelte wie Harold Macmillan und Antoine Pinay, die 1955 zu den Unterzeichnern gehört hatten. Molotow hatten wir ebenfalls eingeladen, statt dessen kam wieder Gromyko. Carter schickte seinen mir ungewöhnlich sympathischen Außenminister Edmund Muskie. Auch alle Nachbarstaaten Österreichs in Ost und West waren damals hochrangig vertreten: Es war ein letzter Höhepunkt der Wertschätzung, die man allenthalben für Österreich empfand und die man weithin sichtbar zum Ausdruck bringen wollte. Wer hätte damals geahnt, wie rasch und wie tief unser Fall sein würde.

Begegnungen mit Deutschland

Das Verhältnis Österreichs zur Bundesrepublik hat sich in den Fünfzigerjahren rasch normalisiert, wenn wir auch aus den verschiedensten Gründen Wert auf eine gewisse Distanz legen mussten. Was die sogenannte »Vergangenheitsbewältigung« betraf, so nahm ich eine andere Haltung ein als »echte« Österreicher, für die es bis in die späten sechziger Jahre zum guten Ton gehörte, ihre Abneigung gegen Deutschland zu demonstrieren. Ich glaubte, mir ein weniger ressentimentbeladenes Verhältnis erlauben zu dürfen. In Diskussionen, in denen von der angeblichen Wahlverwandtschaft Österreichs mit Süddeutschland, insbesondere Bayern, die Rede war, führte ich immer wieder zwei Argumente ins Feld.

Zum einen war ich beim besten Willen nicht in der Lage, zwischen dem Norden und dem Süden Deutschlands politisch-moralische Unterscheidungsmerkmale zu erkennen: Die ausschließliche österreichische Sympathie für den Süden vermochte ich nicht zu teilen. Auch gibt es genügend Beweise dafür, dass sich der Nationalsozialismus nicht im Norden Deutschlands entwickelt hat, sondern in Bayern, und so habe ich jeglichen Versuch, den Norden Deutschlands als Heim-und Brutstätte des Nationalsozialismus abzustempeln, für absurd gehalten. Zum anderen war mir stets bewusst, dass zahlreiche große Persönlichkeiten gerade im Norden Deutschlands zu Hause waren; der Norden gehört ebenso zur deutschen Sprach- und Kulturgemeinschaft wie Österreich.

In der Ersten Republik hatte ein besonderes Nahverhältnis zwischen österreichischer und deutscher Sozialdemokratie bestanden. Fast jeder der führenden österreichischen Sozialdemokraten hatte seinen besonderen Freund in der deutschen Sozialdemokratie, und niemand fand etwas daran, dass bei Wahlen österreichische und deutsche Redner einander Wahlhilfe leisteten. Natürlich waren deutsche Redner bei uns, je nach der politischen Schattierung, beliebter oder weniger beliebt. Die Jungen in der österreichischen Sozialdemokratie neigten generell den Radikaleren zu; unter den sozialistischen Intellektuellen etwa gab es große Sympathien für Paul Levi, der 1922 vom Kommunismus zur Sozialdemokratie übergewechselt war.

Die Beziehungen zu Deutschland waren damals sehr eng gewesen; einzig und allein Otto Bauer stand, auch infolge seiner Sprachkenntnisse, mit französischen und britischen Sozialisten in regelmäßigen Kontakt. Manche Länder lagen außerhalb der Reichweite unseres Interesses. Ich selber gehörte zu den wenigen Jungen, die eine besondere Neigung zu Großbritannien und Skandinavien verspürten, vor allem zu den sehr starken skandinavischen Jugendorganisationen. Sie faszinierten mich von Anfang an, allein schon deshalb, weil sie ein entscheidendes Wort mitzureden hatten. Zwischen einem fünfzehnjährigen jungen Sozialisten, wie es damals viele gab, und einem zwanzigjährigen liegt eine Welt; wie groß aber ist erst der Unterschied zu den fünfundzwanzig- bis dreißigjährigen. Bei uns dominierten diese älteren Jugendlichen, für die wir eine eigene Bezeichnung hatten; wir nannten diese Gruppe die »Jugendbewegten«, also die ewig Jugendlichen. Sie konnten sich in den Parteiorganisationen der Älteren nur sehr schwer durchsetzen, weil es die erbeingesessenen Funktionäre nicht anders wollten, und so blieben sie weit über ihr Alter hinaus »jugendbewegt«. In dieser Hinsicht hat sich heute vieles verändert, gerade auch unter den führenden Persönlichkeiten der Sozialdemokratie.

Die herzlichen Beziehungen zu Deutschland entfalteten sich im Schatten des verhinderten Anschlusses von 1918/19. Das von den Alliierten in Saint-Germain diktierte Anschlussverbot gab den Beziehungen einen geradezu legitimen Charakter: Man wollte unterstreichen, dass es sich um zwei Parteien handelte, die in Wirklichkeit zueinander gehörten; man wollte so viel als möglich vom Anschlussgedanken auf Parteiebene verwirklichen. Aber je definitiver das Schicksal der Republik Österreich wurde, desto weniger wollte man von der alten Reichsidee wissen. Andererseits hatte man kein besonderes Interesse daran, die Idee des Bundesstaates zu unterstreichen, weil man sie lange Zeit für den konservativen Ausfluss der neuen Realität hielt. Dem wollte die »Sozialdemokratische Arbeiterpartei Deutsch-Österreichs« dadurch entgegenwirken, dass sie bis zum Ende der Ersten Republik die Bezeichnung »Reichspartei« beibehielt.

Die Beziehungen, wie sie sich in der Ersten Republik entfaltet hatten, fanden ihren scheinbaren Höhepunkt im Exil, als es zu einer Art Pseudo-Vereinigung der deutschsprachigen Emigrationsgruppen kam. Ich persönlich verhielt mich in Schweden von Anfang an sehr hinhaltend, vor allem, was die sogenannten »Einigungsgespräche« mit Willy Brandt betraf, der damals noch in Norwegen war. Trotz unserer engen Freundschaft, die 1940 begann, scheint Willy Brandt – wie bereits erwähnt – zu mehr nicht bereit zu sein als zur Anerkennung meiner österreichischen Gesinnung. Wenn man das Kapitel »Von Bauer zu Kreisky« in seinen Erinnerungen *Links und frei* liest, spürt man so etwas wie einen leisen Vorwurf – in sehr nobler Weise, wie das anders bei Brandt nicht zu erwarten ist –, dass ich den gesamtdeutschen Vorstellungen meines großen und verehrten Vorbilds und Vordenkers Otto Bauer nicht gefolgt sei. Es ist das sicher akademisch gemeint, denn die praktische Politik hat ja längst anders entschieden.

Nach dem Krieg waren die Beziehungen zwischen österreichischen und deutschen Sozialdemokraten zunächst relativ kühl. Nur die alten Sozialdemokraten in der neuen Partei haben sich den Deutschen immer noch als sehr nahestehend empfunden, und in schwachen Augenblicken konnte der eine oder andere in die gesamtdeutschen Visionen der zwanziger Jahre zurückfallen. So meinte einmal der zweite Mann der Partei, Oskar Helmer, nach Genuss einiger Viertel: »Bruno, glaub' mir, alle Versuche, Österreich von Deutschland loszulösen, werden scheitern, wir gehören nun einmal dazu, und auch unsere wirtschaftliche Lebensfähigkeit wird davon abhängen.«

Es kam zu lockeren Kontakten mit Kurt Schumacher, in dem sich uns das Schicksal Deutschlands zu personifizieren schien; man empfand ungeheures Mitleid mit ihm. Sein fast inbrünstiger Nationalismus ließ uns allerdings bald auf Distanz gehen. Ich begegnete ihm Ende 1946 auf der zweiten Nachkriegssitzung der Sozialistischen Internationale in einem englischen Wochenendhotel in Bournemouth. Es war eine unglückselige Reise. Ich arbeitete damals noch bei der österreichischen Gesandtschaft in Stockholm und war von Vizekanzler Schärf zu Gesprächen nach London geholt worden. Anschließend fuhr ich zu dem Treffen der Sozialistischen Internationale und traf dort einen verhärmten und verhärteten Schumacher, der es im Unterschied zu Erich Ollenhauer nicht der Mühe wert fand, uns auch nur ein freundliches Wort zu sagen. Schumacher war der Überzeugung, dass es niemals wieder bessere Deutsche als deutsche Sozialdemokraten geben dürfe: Große Popularität in der Sozialistischen Internationale war damit nicht zu erringen.

Meine Bezugspersonen in der deutschen Sozialdemokratie waren vor allen anderen natürlich Willy Brandt und Erich Ollenhauer, der 1952, nach dem Tod Schumachers, den Parteivorsitz übernahm. Ich war mit ihm seit dem Internationalen Jugendtreffen der Sozialistischen Arbeiterjugend 1929 in Wien bekannt, habe ihn menschlich geschätzt und mich später mit ihm befreundet – trotz mancher Reserven, die vor allem junge österreichische Sozialdemokraten gegenüber deutschen Sozialdemokraten nie ganz ablegten. Ollenhauer war für mich, nicht unähnlich der heutigen Situation in der Sozialdemokratie, der einigende Name; er war es, der die Partei zusammenhielt und der in dem Maße, wie er von Adenauer angegriffen wurde, auch mit der Loyalität der Partei rechnen konnte. Die Propaganda der CDU gegen Ollenhauer, der ein integrer Mann war, ließ sich in ihrer Gehässigkeit und in ihrem Spott kaum überbieten. Ich erinnere mich an Plakate, auf denen es hieß, wer Adenauer wählt, wählt CDU, und auf korrespondierenden CDU-Plakaten hieß es dann, wer SPD wählt, wählt Ollenhauer.
Zu Herbert Wehner fand ich nie ein sehr herzliches Verhältnis, wenngleich wir uns einige Male begegnet sind. Der gescheite österreichische Botschafter in Bonn, Josef Schöner, machte zwar immer wieder Versuche, mich mit Wehner zusammenzubringen, den er für den intelligentesten und taktisch geschicktesten unter den deutschen Sozialdemokraten hielt. Dennoch haben wir uns relativ selten getroffen. Und das, obwohl Wehner, ähnlich wie ich, ein inniges Verhältnis zu Schweden hatte. Ich bin ihm dort freilich nie begegnet, wohl deshalb, weil Wehner damals ja kein Sozialdemokrat und sein Name uns unbekannt war. Wenn ich erfahren hätte, dass er als Mitglied des Politbüros mit Ernst Wollweber zusammengekommen war, der als der fürchterlichste Terrorist in Schweden galt, hätte ich ihm auch nicht über den Weg getraut. Aus den Büchern Herbert Wehners, die ich später gelesen habe und die ihn mir in sympathischerem Licht erscheinen ließen, erfuhr ich von den Angriffen des Advokaten Georg Branting. Der Sohn des großen Führers der schwedischen Sozialdemokraten charakterisierte Wehner sehr unfreundlich. Wenn ich auch kein eingeschworener Freund Georg Brantings war, dessen unbestimmter Radikalismus mir zu weit ging – er teilte das Schicksal der Söhne großer Väter und litt sichtbar darunter –, so hätte ich mich doch zumindest von Brantings bestem Freund Hjalmar Mehr, der damals auch zu meinen Freunden zählte, beeinflussen lassen. Herbert Wehner jedenfalls

wäre, wie man so sagt, »kein Umgang für mich« gewesen, da man ihn nicht einzuordnen wusste. Die gemeinsame Vergangenheit in Schweden lag also eher als Hindernis im Wege und erzeugte – wohl auf beiden Seiten – unbewusste Aversionen.

Das Gegenteil von Herbert Wehner war der großartige Carlo Schmid, eine der faszinierendsten Figuren, denen ich je begegnet bin – der letzte große Polyhistor unter den Politikern. Wir luden ihn gern zu Reden nach Österreich ein, weil es einfach eine Lust war, zuzuhören und mit ihm zu lachen; er war eine unerschöpfliche Quelle seltener, völlig unbekannter Zitate. Ein Mann, der gleichermaßen des Französischen wie des Deutschen mächtig war; ein Mann, der über einen – fast möchte man sagen – prätentiösen Wortschatz verfügte; ein Redner, der auf jede Spur eines falschen Pathos verzichtete. Er war von beträchtlichem Körperumfang, und seine Korpulenz ließ den kleinen Kopf mit dem charakteristischen Gesicht direkt in den Körper übergehen. Aber wenn er am Rednerpult stand – und infolge seiner Körperfülle schwitzte er natürlich stark –, hing man an seinen Lippen. Er sprach immer mindestens eine Stunde lang, und wenn man den Saal verließ, wirkte das, was er gesagt hatte, noch lange nach. Die Deutschen besaßen in Carlo Schmid einen begabten Politiker, einen Mann von seltenem Format.

Wir fanden einander sehr sympathisch und brachten dies in Gesten auch zum Ausdruck, etwa wenn mir Carlo Schmid bei Kongressen zuwinkte. Im Dezember 1979, beim letzten SPD-Parteitag wenige Tage vor seinem Tod, stand er auf, um mich zu begrüßen: Er war vom Tod gezeichnet, aber trotz des großen Gewichtsverlustes durch die Krankheit noch immer ein Renaissancemensch im wahrsten Sinne des Wortes. Sein freies, ungebundenes Leben, auch seine Beziehungen zu Frauen, schienen ihm immer wichtiger zu sein als die Karriere, denn er musste ja wissen, dass man den Reportern der deutschen Regenbogenpresse auf Dauer nicht entgehen kann.

Der Tod Carlo Schmids hat eine Lücke gerissen, die nicht wieder geschlossen werden kann. Da die Politik jedoch immer mehr verflacht und an intellektueller Farbigkeit verliert, ist sein Verlust eigentlich nur wenigen bewusst geworden. Den älteren und denen, die ihn kannten, fehlt er, weil es zu den Glücksfällen des Lebens gehört, Menschen wie ihm zu begegnen, die einen über die Düsternis der Alltagspolitik hinwegheben: Ein Treffen mit Carlo Schmid war immer ein kleines Weltereignis.

Zu Hans-Jochen Vogel bestand in dessen Zeit als Münchner Oberbürgermeister allein schon aufgrund der geographischen Nähe ein besonderes Verhältnis. Ich habe ihn damals oft getroffen. In meinen Augen war es ein großer Fehler der Jungen in der Münchner SPD, sich Vogels zu entledigen; allerdings schien mir Vogel schon sehr bald zu »schad'« für den Posten des Oberbürgermeisters von München, und in Anbetracht der Entwicklung in Bonn bin ich früh zu der Meinung gelangt, er habe dort seinen Platz. Besonders beeindruckte an Hans-Jochen Vogel seine Wandelbarkeit im besten Sinne des Wortes, die immerhin dazu führte, dass er allmählich zur einzigen einigenden Persönlichkeit der SPD nach Brandt geworden ist. Unbegreiflich war für mich, dass Vogel 1981 als Nachfolger Stobbes nach Berlin ging: Der Mann, der von den Jungen in München gestürzt worden war, übernahm es, die sehr viel unruhigeren Jungen in Berlin zu zähmen. Dass Vogel eine Niederlage erlitt, hatte jedoch, wie ich glaube, andere Ursachen: Nur die wenigsten Großstädte akzeptieren es, wenn ihnen von außen jemand introyiert wird. Ich kann mir nicht vorstellen, dass wir in Österreich jemals auch nur den Versuch hätten wagen können, einem Bundesland einen Mann von außen aufzuzwingen.
Ich gehöre nicht zu den uneingeschränkten Bewunderern von Helmut Schmidt, obwohl ich mich in den letzten Jahren gut mit ihm vertragen habe. Ich kann mich nur an zwei Konflikte mit ihm erinnern. Da er schon immer ein Mann großer Offenheit war, hat er kurz nach seiner Ernennung zum Verteidigungsminister 1969 die österreichischen Verteidigungsbestrebungen scharf kritisiert. Manche von uns wollten einen gewissen Hochmut aus seiner Kritik heraushören und sprachen von »schurigeln«. Österreich liege gleichsam vor der Tür Deutschlands, meinte er, und die mangelhafte Bereitschaft Österreichs, mehr für seine Verteidigung zu tun, habe zu einer offenen Flanke geführt. Mir gefiel diese Äußerung nicht, denn Schmidt schien damit andeuten zu wollen, dass Deutschland gewissermaßen an der österreichischen Grenze verteidigt werden müsse. In meiner Antwort habe ich Schmidt klargemacht, dass die Verteidigung Österreichs nicht seine Sache sei, sondern unsere eigene. Wir haben diesen Streit ohne große Versöhnungsgesten beigelegt. Als sich 1980 die Wirtschaftskrise auf dem Höhepunkt befand, habe ich bei einem Abendessen mit führenden deutschen Sozialdemokraten erklärt, wie wir uns die Lösung der Wirtschaftsprobleme vorstellen. Schmidt meinte damals, dem Sinn nach: »Das mag schon

sein, aber Du wirst Österreich damit in eine donnernde Inflation hineinführen.« Im Endeffekt hatten wir, jedenfalls bis 1983, etwa die gleiche Inflationsrate wie Deutschland; nur statt der rund 10 Prozent Arbeitslosen hatten wir 3,2 Prozent.

Ein Wort noch zur historischen Würdigung Helmut Schmidts. Es ist sicher richtig, dass Konrad Adenauer das große Verdienst gebührt, Deutschland in den Kreis der christlichen Demokratien geführt zu haben. Es schien ja noch längere Zeit nach dem Kriege so, als ob dies ein vergebliches Bemühen bleiben würde, denn vielen im Westen ging die Integration der Bundesrepublik ein bisschen zu rasch.

Ich habe nie daran gezweifelt, dass die Teilung Deutschlands, so wie sie heute – 1986 – besteht, für lange Zeit bestehen wird, jedenfalls so lange es Ost und West als Machtblöcke geben wird. Daher habe ich die Politik Brandts sehr geschätzt, die unter dem mir gar nicht sympathischen Stichwort »Ostpolitik« den historischen Versuch unternahm, die Teilung Deutschlands zwar nicht anzuerkennen, sie aber dennoch nicht als Hindernis für den Entspannungsprozess zu sehen. Vielleicht ist die Idee auch deshalb so bedeutungsvoll gewesen, weil sie es den Deutschen auf beiden Seiten erlaubt, sich als Deutsche zu verstehen, ohne deshalb in absehbarer Zeit vereinigt zu werden. Willy Brandt hat diese Vision überzeugend verkörpert, und die jüngste Entwicklung dürfte ihm recht geben.

Helmut Schmidts Bedeutung schien mir auf drei Gebieten zu liegen. Zunächst gelang ihm die Weiterführung der Beziehungen zu Frankreich, wie sie unter de Gaulle und Adenauer eingeleitet worden war. Während Adenauer die Dominanz de Gaulles anerkannte, hat Helmut Schmidt die sehr viel kompliziertere Aufgabe zu lösen verstanden, eine gleichberechtigte Partnerschaft zu etablieren. Helmut Schmidt hat, wie mir schien, manche Schwierigkeiten überwunden und verlieh den deutsch-französischen Beziehungen einige neue Akzente. Die persönliche Freundschaft zwischen ihm und Giscard d'Estaing bildete die Grundlage; mein Eindruck war, dass beide unter dem Sieg Mitterrands zu leiden hatten.

Beide fühlten sich im besonderen Maße wirtschaftlichen Fragen verpflichtet, beide kamen aus der Welt der politischen Ökonomie, und die Probleme der Weltwirtschaft spielten für sie eine besondere Rolle. Für de Gaulle und Adenauer hatten Ökonomen ungefähr die Funktion von Zahlmeistern in der Armee. Dass Schmidt und Giscard das deutsch-

»Ich gehöre nicht zu den uneingeschränkten Bewunderern von Helmut Schmidt«: Besuch beim deutschen Bundeskanzler, April 1982.

französische Verhältnis auf eine neue Ebene hoben, war umso wichtiger angesichts der weltweiten ökonomischen Krise und brachte die europäische Gemeinschaft ein großes Stück weiter. Allerdings dominierten die Beziehungen zwischen Frankreich und Deutschland in dieser Zeit in einem solchen Maße, dass die kleineren Partner in der EG gelegentlich ein bisschen überstrapaziert wurden. Ich erinnere mich an so manchen Groll der Staatsmänner aus den kleineren Mitgliedsstaaten, die sich im Gespräch mit mir nicht zurückhielten.

Das zweite große Verdienst Helmut Schmidts ist die besondere Festigkeit, mit der er gegenüber den Vereinigten Staaten auftrat. Dass er dabei mit so manchem Präsidenten Probleme hatte, blieb nicht immer verborgen. Auch hat Helmut Schmidt durch seine Fähigkeit, in militärischen Kategorien zu denken, innerhalb der NATO sehr große Bedeutung erlangt.

Zum dritten hat Helmut Schmidt eine überragende Rolle im Bewusstsein des deutschen Volkes gespielt, und hierin ist er nur Adenauer vergleichbar. Es hat keinen Kanzler gegeben, der auch nach seiner Amtszeit ein so hohes Maß an Vertrauen und Popularität genoss wie er, und auch wenn man, so wie ich, nicht immer restlos mit ihm übereinstimmte, muss man diese bedeutende Stellung doch würdigen. Wir sind beide ungefähr zur gleichen Zeit aus unseren Funktionen ausgeschieden: Helmut Schmidt, weil die Koalition zerbrach, ich, weil ich bei den Wahlen 1983 nur 47,65 Prozent erhielt. In Deutschland läutete man 1983 endgültig die Wende ein, nachdem die CDU/CSU 48,8 Prozent erhalten hatte.

Helmut Schmidt hat viele Qualitäten, die den meisten verborgen sind. Er ist ein musischer Mensch, was man nicht unterschätzen soll in der Politik, denn es bedeutet sehr viel für die innere Grundeinstellung zu den Dingen. Er ist zudem, was ich erst sehr spät entdeckt habe, ein offenbar gläubiger Mensch. Allerdings begeht er bisweilen den Fehler, den viele religiöse Menschen begehen, nämlich Religion und Politik so eng miteinander zu verbinden, dass dadurch beides eine Abschwächung erfährt. Ich erinnere mich an einen Artikel in der *Zeit*, den er zu Weihnachten 1983 geschrieben hat. Unter der Überschrift »Fürchtet euch nicht« hat er viele Spalten lang sehr logisch entwickelt, wie die Welt heute aussieht, und am Schluss traf er dann die Feststellung, alles liege mehr oder weniger in Gottes Hand. Vielleicht hat er hier die Religion zu sehr strapaziert, denn wenn alles in Gottes Hand liegt, wozu zerbrechen wir uns dann den Kopf?

Infolge der ungebrochenen Popularität Helmut Schmidts ist im Bewusstsein vieler Deutscher Willy Brandt in den Schatten getreten. Die enge Freundschaft, die mich mit Willy Brandt verbindet, ist tief im Menschlichen verwurzelt, wobei »menschlich« im aphoristischen Sinn gemeint ist: Menschliches, Allzumenschliches. Wie kann ich diese alles überdauernde Freundschaft so darstellen, dass dem Leser das Besondere dieser Beziehung wenigstens andeutungsweise vermittelt wird? Natürlich besteht die Gefahr, dass ich mich von den Erfahrungen einer jahrzehntelangen Freundschaft leiten lasse, auch wenn sie nicht immer ungetrübt war, und mich einer Täuschung aus Sympathie hingebe. Wenn ich dennoch den Versuch unternehme, unsere Freundschaft zu charakterisieren, so muss ich das Urteil darüber dem Leser überlassen. Die Formulierung Conrad Ferdinand Meyers: »Ich bin kein ausgeklügelt Buch, ich bin ein Mensch mit seinem Widerspruch« hat mich oft das Besondere eines Menschen verstehen lassen, und auch auf Willy Brandt scheint mir dieses Wort zuzutreffen. Seine unprätentiöse Art, sein Schicksal in den Zeiten des deutschen Niedergangs zu meistern, hat bei mir eine besondere Art von Sympathie erzeugt. Nach der Besetzung Norwegens hat er sich auf die Flucht gemacht, ohne dass er dabei das Risiko scheute, in Kämpfe verwickelt zu werden. Beide fühlten wir uns unserem jeweiligen Gastland zutiefst verbunden: er Norwegen, ich Schweden. Es ist gar nicht so leicht, zu verdeutlichen, was das heißt. Einen Deutschen oder einen Österreicher kennzeichnen jeweils besondere Eigenschaften; man kann sich ja das Volk nicht aussuchen, zu dem man gehört. Anders ist das, wenn man durch das Schicksal in eine Gemeinschaft geführt wird, wie man sie sich eigentlich immer gewünscht hat. Die Freiwilligkeit ist hier das entscheidende Kriterium. Aber wir haben uns in Skandinavien nicht nur zu Hause gefühlt, sondern es ist uns beiden auch gelungen, unseren jeweiligen skandinavischen Freunden dieses Zugehörigkeitsgefühl zu vermitteln. Hinzu kam, dass sich das, wofür wir politisch eintraten, mit den Zielen unserer skandinavischen Freunde deckte.

Beide waren wir durch die politischen Umstände Vertriebene, und beide wurden wir später zu den höchsten Ämtern berufen, zu Kanzlern besiegter Länder. Ich sage bewusst »besiegt«, weil diese Feststellung der Realität entspricht. Österreich hat eine tiefgreifende Wandlung durchmachen müssen, ehe das Bewusstsein einer Niederlage sich allgemein durchsetzte. Es war eine grässliche Lebenslüge gewesen, sich selbst zu den Siegern zu zählen. Spätestens in der Waldheim-Affäre muss deutlich geworden sein, dass hier ein Stück Vergangenheitsbewältigung nachzuholen ist. Diese nationale Mystifizierung, wonach wir Österreicher etwas ganz Besonderes gewesen sind, hat jedenfalls zu einem grausamen Erwachen geführt. Wobei man sich der beiden Seiten der Medaille bewusst sein muss: Während die einen, die dem Nazismus zutiefst ablehnend gegenübergestanden waren, 1938 grollend ihre Niederlage eingestanden, empfanden die anderen erstmals ihre wirkliche Niederlage 1945. Alles das gilt natürlich nicht für diejenigen, die es weiterhin vorziehen, sich selbst zu belügen. Tatsache ist, dass wir die Augen vor der Realität verschlossen haben. Ich habe dies nie abgeleugnet, sonst hätte ich die Frage der Bewältigung der Vergangenheit nicht so früh schon problematisiert, indem ich dafür eintrat, den Menschen den Weg zurück in die demokratische Moralität zu öffnen.

Mancher wird sich vielleicht fragen, was diese Gedanken im Kapitel zu Willy Brandt zu suchen haben. Sowohl der Kampf gegen die Selbstverlogenheit nationalkonservativer Kreise als auch der Versuch zur

Alles überdauernde Freundschaft: Bundeskanzler Willy Brandt bei einem offiziellen Besuch in Wien, Mai 1972.

Überwindung der Vergangenheit findet sich in unser beider Schicksal. Willy Brandt ist als Bundeskanzler nicht zuletzt daran gescheitert. Natürlich gab es auch sehr subjektive Gründe, Gefühle der Abneigung gegen seine Person, von denen auch einige seiner sogenannten »Parteifreunde« von Anfang an beseelt waren.

Der Wiener hat in seiner volkstümlichen, nachsichtigen Art eine schlichte Antwort auf die Frage nach menschlichen Schwächen: »Menschen, Menschen san ma olle, Fehler hat a jeder gnua.« 1982, kurz nach dem israelischen Einmarsch im Libanon, gerieten wir sehr heftig aneinander. Brandt zeigte sich bereit, die Definition der israelischen Soldateska, für vierzig Kilometer Krieg zu führen, zu akzeptieren; ich widersetzte mich dem auf einer internen Besprechung der Internationale in Kopenhagen und wollte den Krieg als solchen in das Zentrum der Diskussion rücken. Wir hatten uns zum 60. Geburtstag von Anker Jørgensen getroffen, und Brandt hatte die Gelegenheit benutzt, eine kleine internationale Besprechung zu organisieren; Soares, der Vorsitzende der Nahost-Kommission der Sozialistischen Internationale, hatte einen Bericht vorgelegt. Shimon Peres eröffnete uns, dass die Labour Party einem Krieg gegen den Libanon ihre Zustimmung unter der Bedingung gegeben habe, dass der Krieg nicht weiter als vierzig Kilometer in den Libanon hineingetragen werde; diesen Streifen empfinde man nämlich als eine Bedrohung Israels. Der Likud-Block unter Begin habe statt dessen ein Vorgehen bis Beirut gefordert, aber dies sei durch seine, Peres', Partei verhindert worden. Ich war entsetzt: Eine sozialistische Partei, eine Arbeiterpartei, die Krieg gegen ein wehrloses Land führe, verdiene es meiner Meinung nach nicht, in der Internationale einen solchen Platz zu haben. »Ihr seid für vierzig Kilometer Einmarsch, und Begin geht bis Beirut vor: Ist das der ganze Unterschied, lieber Genosse Peres? Man kann nicht ein bisschen schwanger sein, das geht nicht. Entweder man ist gegen den Krieg und wirkt auch gegen den Krieg – und als Sozialdemokraten habt ihr die Pflicht, gegen den Krieg zu sein, zumal in der Opposition –, oder man ist dafür. Ihr könnt nicht für vierzig Kilometer Krieg sein und euch dann als Pazifisten geben, das geht nicht. Ich sag euch voraus, in diesem Krieg werdet ihr keines der Kriegsziele des Likud erreichen.« In der Tat wurde nichts erreicht, und am Schluss hat dieser Krieg Tausende von Toten gekostet.

Es kam damals zu einer heftigen Auseinandersetzung zwischen Peres und mir; Willy Brandt, verführt durch seine große Freundschaft zu Peres, stellte sich hinter ihn und akzeptierte am Ende eine scheinbar objektive Formulierung von Peres, mit der dieser sehr geschickt lediglich den eigenen Standpunkt durchsetzte. Peres ist ein Meister darin, die gegnerische Position scheinbar zu berücksichtigen, in der Substanz aber die eigene Sache zu behaupten. Willy Brandt ist darauf hereingefallen, wie er überhaupt dem eloquenten Peres gegenüber zu schwach ist. Natürlich hat er, wie jeder Deutsche und wie auch die meisten europäischen Politiker, Israel gegenüber ein Schuldgefühl. Andererseits hatte er immer schon das Bedürfnis, alle Kräfte miteinander zu versöhnen und einen Kompromiss herbeizuführen.

Es gab noch manch andere Kontroverse, und auch bei der letzten ging es um Israel. 1985 machten sich bei mir Zeichen einer schweren Krankheit bemerkbar, und so konnte ich an einer Bürositzung der Internationale in Wien nicht teilnehmen. Abermals triumphierte Peres und fand eine Mehrheit, die ihm zustimmte. Erst neuerdings wird deutlich, was ich schon seit Jahren vertrete, dass die israelische Arbeiterpartei unter der Führung von Shimon Peres und Yitzhak Rabin es nicht verdiente, in den Reihen der Sozialistischen Internationale zu wirken. Ich war mir bewusst, dass dieser sehr harte Standpunkt von der Mehrheit nicht ohne weiteres akzeptiert werden würde. Heute aber scheint der Bann gebrochen: Man muss zur Kenntnis nehmen, dass die Sozialistische Internationale mit der intransigenten israelischen Haltung überfordert war. Man ist, wie ich glaube, viel zu spät zu dieser Auffassung gelangt und hat dem sozialistischen Ideengut dadurch furchtbaren Schaden zugefügt. Willy Brandt hat bis zuletzt versucht, den Bruch zu vermeiden. Aber wenn die israelische Politik unverändert bleiben sollte, werden die Risse tiefer werden und unvermeidlich zur totalen Entfremdung führen. Ich werde auf diese Frage noch ausführlich zu sprechen kommen. Es war ein Schatten, der beide Male auf meine Beziehung zu Willy Brandt fiel, aber eine echte Freundschaft hält das aus. Eine bloß politische Freundschaft kann über so etwas zu Bruch gehen, nicht aber eine starke persönliche Bindung. Und es ist nun einmal so: Ich kann Willy Brandt aufgrund meiner langjährigen Freundschaft zu ihm nie wirklich gram sein. Ich glaube, er mir auch nicht.

Die deutsche Sozialdemokratie hat 1988 den 125. Jahrestag ihrer Gründung gefeiert, und niemand wird behaupten wollen, dass sie sich in diesen 125 Jahren immer gleich geblieben wäre. Was ihre Geschichte so bedeutungsvoll macht, ist eben, dass sie zu verschiedenen Zeiten eine sehr verschiedenartige Politik praktiziert hat. Die Politik des Jahres 1914 etwa war von anderen Gedanken beseelt als die Politik der siebziger und achtziger Jahre; beide waren zwar »realitätsbezogen«, aber während die eine mit der Bestätigung der Kriegskredite einen opportunistischen Realitätsbezug aufwies, war die andere konsequent auf die Vorbereitung der Entspannungspolitik gerichtet. Und doch war es beide Male dieselbe Partei.

Das alles überragende Ereignis dieser 125 Jahre scheint mir zu sein, dass es trotz der Verirrungen der Zeit gelungen ist, eine neue Staatsauffassung durchzusetzen. Aber auch hier muss man unterscheiden: Die einen wollen die Gesellschaft einem sukzessiven Veränderungsprozess unterwerfen – was dem dialektischen Prinzip des demokratischen Sozialismus entspricht –, andere vertreten die Meinung, dass es lediglich weiterer Retuschen bedarf, um die Gesellschaft zu perfektionieren. Die eine Auffassung fuhrt zu einer permanenten Reform der Gesellschaft, die andere in Wirklichkeit zu einer die gesellschaftliche Instabilität fordernden Gesinnungslosigkeit. Die Forderung, sich von gesellschaftlicher Gesinnung frei zu machen, wurde schon früh erhoben. Vom sogenannten »Revisionismusstreit« bis hin zur Diskussion um die systemimmanenten oder die systemkonformen Reformen hat diese Frage die Sozialdemokratie immer wieder beschäftigt.

Wenn es eine politische Bewegung gibt, die es zu einer historischen Partei gebracht hat, so ist es die Sozialdemokratie. Der Liberalismus ist zum allgemeinen Gedankengut der Demokratie geworden; gewiss ein Triumph des Liberalismus, aber als politische Bewegung hat er aufgehört zu existieren und damit an Bedeutung verloren. Der Konservativismus, dessen große Renaissance man noch vor zehn Jahren verhieß, ist wieder einmal an einem Endpunkt angelangt. Es werden andere Gedanken die Welt beherrschen, und schon jetzt, gegen Ende der Achtzigerjahre, deutet sich eine neue Entwicklung an, zu der die Sozialdemokratie beitragen kann. Aber nur wenn sie aus ihrer geistigen Enge ausbricht, wird sie Einfluss auf die Gestaltung der Zukunft nehmen können.

In der Opposition (1966–1970)

Die Große Koalition, die nach der Auffassung vieler ihre Funktion mit dem Staatsvertrag erfüllt hatte, war schon Anfang der Sechzigerjahre ins Wanken geraten. Die eine Regierungspartei trat als Opposition der anderen auf; dies wirkte auf die Menschen unaufrichtig und raubte dem Parlamentarismus seine Glaubwürdigkeit. Dass dem österreichischen Parlamentarismus nicht jene Bedeutung eingeräumt wurde, die er in der Demokratie verdient, daran ist ohne Zweifel die Große Koalition schuld. Zudem war die Presse, obwohl sie sich als überparteilich ausgab, immer antisozialdemokratisch eingestellt und hatte sich die Rolle der Opposition angeeignet, eine Aufgabe, die den Journalisten viel Freude machte.

1957 erlitt Raab einen schweren Schlaganfall, dem eine lange Rehabilitationsphase folgte, und als er zurückkehrte, konnte jedermann sehen, dass er nicht mehr der alte war. Indem Moment vollzog sich das, was die Fabel berichtet: Als die Tiere merkten, dass dem Löwen die Zähne zu wackeln begannen, wurden sie übermütig. Es krachte im Gebälk der Großen Koalition, und Bundeskanzler Gorbach, der Raab am 11. April 1961 ablöste und sie als kraftvoller Politiker retten sollte, scheiterte an dieser Aufgabe. Waren die Sitzungen unter Raab die kürzesten gewesen, so wurden sie unter Gorbach von Mal zu Mal länger; es schien, als ob die Dämme, die Raab errichtet hatte, gebrochen waren. Jedenfalls begann eine Phase, in der die Geschäfte der Koalition immer schwerer zu handhaben waren.

In dieser Zeit machten sich die sogenannten Reformer stark, die ihren Hauptsitz wieder einmal in Graz hatten; Raab nannte sie die »Fußmaroden der Awaren«. Obwohl Gorbach bei den Wahlen 1962 zwei Mandate hinzugewinnen konnte, wurde er anderthalb Jahre später gestürzt. Der vorwärtsdrängende Reformflügel unter dem alten steirischen Landeshauptmann Krainer und Generalsekretär Withalm erhob Josef Klaus auf den Schild, der im April 1964 Bundeskanzler wurde.

Ein sehr freimütiger ÖVP-Politiker meinte damals auf meine Frage, worauf er es zurückführe, dass seine Partei neuerdings so gut organisiert sei, der Generalsekretär Withalm, der starke Mann der ÖVP, habe es verstanden, die ehemaligen Hitlerjugendführer für die ÖVP zu gewinnen. Tatsächlich hatten sich die Führer der Hitlerjugend als gute Organisatoren erwiesen; daraus allerdings den Schluss zu ziehen, die Hitlerjugendführer seien ausschließlich bei der ÖVP zu finden gewesen, ist falsch. Hitlerjugendführer gab es allerorten. Sie haben zum Teil Bewährungsproben abgelegt, und man hat ihnen gern verziehen. Dies stimmte mit meiner Auffassung überein, dass Irrtümer in der Jugend durch konkretes Handeln beim Neuaufbau der österreichischen Demokratie gutgemacht werden konnten. Wer auf österreichischem Boden aufwuchs, der wuchs in einer politischen Atmosphäre auf, die einen derartigen Wandel möglich machte.

Die Koalitionsverhandlungen nach den 62er-Wahlen zogen sich über fünf Monate hin. Die ÖVP wollte, dass ich das Außenministerium aufgab, aber der Widerstand meiner Parteifreunde war groß. An der Spitze derer, die sich für mein Verbleiben im Außenministerium einsetzten, stand der Führer der Gewerkschaft, Franz Olah, der kurz vor Weihnachten öffentlich erklärte, dass für die »Schwarzen« das Außenministerium »nicht am Christbaum« hänge. Ohne ihn hätte die SPÖ wahrscheinlich aufgegeben und mich für irgendein anderes Ministerium vorgeschlagen, denn man wollte mich unter allen Umständen in der Regierung unterbringen. Ich habe jedoch deutlich gemacht, dass ich für keinen anderen Ministerposten in Betracht käme. Ich war immerhin seit dreieinhalb Jahren Außenminister und auf den Posten gewissermaßen vorbereitet; für andere Ministerien wie Inneres oder Justiz hatte ich weder Neigung noch Qualifikation.

Ende März 1963 endlich einigte man sich: Ich blieb Außenminister. Zwar waren meine Kompetenzen sehr stark zurechtgestutzt worden – in der Frage der europäischen Integration zum Beispiel –, aber die Unabhängigkeit des Außenministeriums, die ich 1959 durchgesetzt hatte, blieb erhalten. Dies schien mir vorerst das Wichtigste zu sein; die Kompetenzen würde ich mir ein anderes Mal zurückerobern. Es war eine Bewährungsprobe insoweit, als ich trotz der verminderten Kompetenzen, die teilweise zu Mitkompetenzen degradiert worden waren, die Aufgaben wahrnehmen und das Beste daraus machen musste. Die Frage der Teilnahme an der europäischen Integration wurde schließlich zur Kabinettsfrage.

1962/63 hatte sich die Koalition nur mit Mühe retten lassen. Am 6.

Beim Heurigen: Die erste Ausgabe der »Europäischen Rundschau« wird begutachtet, links der ÖGB-Finanzsekretär Alfred Ströer, 1973.

März 1966 dann erreichte die Volkspartei mit 48,35 Prozent der Stimmen die absolute Mehrheit im Parlament, und die Koalitionsverhandlungen scheiterten. Damit verließen die Sozialdemokraten nach zwanzig Jahren die Regierung und gingen in die Opposition.

Nach meiner Abschiedsrede an die Beamten des Außenministerium im Rittersaal der Hofburg verließ ich am Mittag des 21. April 1966 zu Fuß jenes Gebäude, von dem aus ich dreizehn Jahre lang die Geschicke der österreichischen Außenpolitik erst mitzulenken versucht und dann als Minister gestaltet hatte. Erich Bielka, der 1974 selbst Außenminister wurde, erzählte mir später, dass ich sehr langsam gegangen sei und dass er das Gefühl gehabt habe, ich sei traurig gewesen; retrospektiv muss ich sagen, dass Traurigkeit tatsächlich mein Gefühlszustand war. Das Haus am Ballhausplatz hatte ich nie geliebt, vom ersten Tag an nicht. Dennoch verließ ich das Amt, das ich aufgebaut und von einer Sektion des Bundeskanzleramts in ein selbstständiges Ministerium verwandelt hatte, nur schweren Herzens. Ich ging ins Parteisekretariat in der Löwelstraße.

Wenige Tage nach meiner Demission erreichte mich ein sehr ehrenvol-

les Angebot, über das zu berichten im Lichte der Affäre Waldheim von gewissem Interesse sein dürfte. Am 29. Juli 1966 kam der österreichische Botschafter in Bern, Dr. Johann Tursky, zu mir und teilte mir mit, dass verschiedene Botschafter, der iranische, der indische, der polnische und andere, gemeint hätten, ich sei ein geeigneter Kandidat für den Posten des UNO-Generalsekretärs. Die langjährigen Erfahrungen, die ich als Staatssekretär und Außenminister gesammelt hätte, würden mich für dieses Amt prädestinieren. Ich hörte mir mit Interesse an, was Tursky zu berichten hatte, äußerte mich aber nicht dazu.
In diesen Wochen bat mich auch der neue ÖVP-Außenminister Tončic-Sorinj am Rande einer Parlamentssitzung, in sein Zimmer zu kommen. Dort stellte er mir die Frage, ob ich mich nicht von der österreichischen Regierung als Generalsekretär der UNO nominieren lassen wolle. Ich antwortete, dass die Großmächte nach den Erfahrungen, die sie mit Hammarskjöld gemacht hätten, meiner Meinung nach kein zweites Mal bereit wären, einen selbständigen politischen Kopf an der Spitze der UNO zu dulden; ich aber hätte nicht den Ehrgeiz, erster Beamter der Welt zu werden. Im Übrigen habe meine Partei zwei Niederlagen hintereinander erlitten, und ich würde es vorziehen, dabei mitzuhelfen, sie aus diesem Debakel herauszuführen. Ich dankte Tončic, zu dem ich ein gutes Verhältnis hatte, für das Vertrauen: »Ich weiß das zu schätzen«, sagte ich, als ich mich verabschiedete.
Am 19. September hielt ich in Zürich die Rede zum zehnjährigen Jubiläum der berühmten Churchillrede vor dem Züricher Münster. Ich traf dort meinen alten Freund Klaus Dohrn, der mir erzählte, der in New York lebende Libanese Simon Malley – Herausgeber der Zeitschrift *L'Afrique Asie* – habe ihn gebeten, mir mitzuteilen, dass meine jüdische Herkunft für die Wahl zum UNO-Generalsekretär kein Hindernis sei. U Thant habe sich kürzlich mit Nasser darüber unterhalten, ob die Araber einen Mann wie Kreisky, der jüdischer Herkunft sei, als Generalsekretär akzeptieren würden, und Nasser habe ihm geantwortet, da Kreisky kein Zionist sei, wäre er für sie akzeptabel. Ich hatte damals das Gefühl, dass U Thant nicht sehr glücklich über diese Mitteilung zu sein schien.
1966 also erlitt die Partei eine schwere Niederlage. Nachdem sie bereits in der Wahl vom November 1962 um zwei Mandate zurückgefallen war, verlor sie im März 1966 noch einmal zwei Mandate; sie stand jetzt bei 42,56 Prozent. *Eine* Niederlage konnte man tolerieren, bei der zweiten

aber, zumal sie in einem ursächlichen Zusammenhang mit der ersten stand, aus der die Parteiführung keine Konsequenzen gezogen hatte, begann es zu kriseln. Die 66er-Wahl war deshalb besonders tragisch, weil sie der Volkspartei eine eindeutige, absolute Mehrheit brachte und die Große Koalition damit zum Untergang verurteilt war.

Unsere Vertrauensmänner sind damals einem immer wieder zu beobachtenden Irrtum unterlegen. In ihren Augen sind »Bombenversammlungen« oft genug ein Beweis dafür, dass auch die allgemeine Stimmung der Sozialistischen Partei günstig ist. Ich bin nicht ganz dieser Meinung. Sehr oft haben wir in einer Wahlbewegung eine sehr gute Stimmung, und die Veranstaltungen werden von sehr vielen Menschen besucht; das zeugt aber nicht unbedingt von großem Siegesbewusstsein, sondern eher von einem gewissen argumentativen Notstand, denn viele Anhänger der Partei gehen auf Versammlungen, um neue Argumente zu hören, die sie sich dann zu eigen machen können. In Gebieten, in denen die Partei eindeutig dominiert, gilt das natürlich viel weniger. Aber hier leben die Parteivertrauensmänner und -frauen – ein schöner Name, der mir lieber ist als das Wort »Funktionär« – oft zu sehr im Kreise der Gesinnungsfreunde, als dass sie sich über die wirkliche Stimmung Rechenschaft ablegen könnten. Deshalb schienen mir die Berichte von Vertrauensmännern und -frauen aus Gebieten, in denen der politische Gegner stark ist, oft sehr viel ergiebiger; Stimmen aus Tirol oder Vorarlberg habe ich jedenfalls immer sehr beachtet.

Hinzu kommt noch etwas anderes: Leute, die aus irgendwelchen Gründen zu Gegnern einer bestimmten Partei werden, pflegen sich in Österreich infolge der vielen politischen Veränderungen nicht gern zu deklarieren. Sie ziehen das Schweigen vor, und die Irreführung ist dann komplett. Das hat sich bei den Nationalratswahlen 1986 sehr deutlich in den sogenannten Kerngebieten gezeigt. Die extreme Demagogie, wie sie von Jörg Haider praktiziert wurde, hat zu dem sonderbaren Phänomen geführt, dass jüngere Leute, die das Parteibuch der SPÖ in der Tasche trugen, nicht einmal ihren Austritt demonstrierten, bevor sie diesen Mann wählten.

Ich hatte beide Male gewarnt, und zwar in sehr konkreter Weise. Im Vorfeld des 66er-Wahlkampfs hatte die Kommunistische Partei am 9. Jänner erklärt, nicht kandidieren zu wollen, und ihren Wählern empfohlen, ihre Stimmen den Sozialdemokraten zu geben. Bei manchen

Teilnahme an der Diskussion der Intellektuellen: mit Fritz Molden (2. von rechts) in Alpbach, um 1960.

Mitgliedern des Parteivorstandes herrschte darob große Befriedigung und ein hohes Maß an Zuversicht über den zu erwartenden Erfolg. Bruno Pittermann und einige andere schlugen vor, dass dieser Beschluss der Kommunisten zwar nicht begrüßt, aber stillschweigend zur Kenntnis genommen werden sollte. Ich aber habe meine Einstellung zu den Kommunisten auch damals nicht aufgegeben, als sie eine Politik zu machen schienen, die den Sozialdemokraten nützlich und hilfreich hätte sein können. Ich erhob im Parteivorstand meine Stimme und erklärte, »dass die kommunistische Wahlempfehlung uns nichts bringen wird. Die »rote Katze« hat es immer gegeben, aber sie hat uns auch immer geschadet. Ich bin für eine Distanzierung. Keine Fronten in der Politik, weil Politik kein Krieg ist.«

Ältere Parteifreunde, vor allem Pittermann und Waldbrunner, schienen mir einem psychologischen Irrtum verfallen zu sein. Sie verstanden nicht, dass die kommunistische Wahlempfehlung manchen Wähler zu der Annahme verleiten musste, eine Partei, die von den Kommunisten unterstützt werde, sei diesen irgendwie verpflichtet oder zumindest sympathisch. Die Zahl derer, die aufgrund solcher Erwägungen der Sozialistischen Partei den Rücken kehrten, musste sehr viel größer sein als die Zahl derjenigen, die dem Aufruf der Kommunisten folgten. Eine Frage, die übrigens auch im Zusammenhang mit den Grünen von nicht zu unterschätzender Bedeutung ist: Eine Koalition mit den Grünen anzuvisieren, scheint mir deshalb gefährlich zu sein, weil die Zahl derer, die man vertreibt, in keinem Verhältnis zu den möglichen Zugewinnen steht. Im Übrigen bin ich gar nicht davon überzeugt, dass die kommunistische Gefolgschaft die Wahlempfehlung tatsächlich annahm – dafür war der Hass auf die Sozialdemokraten, der jahrzehntelang gepredigt worden war, viel zu groß.

Pittermann, Waldbrunner und andere machten eine falsche Rechnung. Aus dem Umstand, dass man die Wahlunterstützung stillschweigend angenommen hatte, zogen sie den Schluss, dass uns die absolute Mehrheit sicher war. Das schien mir mehr als naiv zu sein. Da bereits während der Olah-Krise 1964 eine gewisse Entfremdung eingetreten war, sind meine Freunde und ich weiter auf Distanz gegangen. Diese Distanzierung war so sichtbar, dass es nach der Wahlniederlage 1966 zu einer offenen Gegnerschaft kommen musste.

Die sogenannte »Olah-Affäre« war ein die sozialdemokratische Bewegung zutiefst aufwühlendes Ereignis. Da das Ganze glücklicherweise einen versöhnlichen Ausgang nahm, möchte ich hier nicht endgültig Stellung beziehen. Auch mir von Anfang an übelwollende Kommentatoren können nicht bestreiten, dass ich »bis zuletzt zu Olah hielt«. Ich werde mich bei späterer Gelegenheit zu innerparteilichen Konflikten äußern.

Ich gebe zu, dass ich auf dem außerordentlichen Parteitag am 15. April einen entscheidenden Fehler begangen habe, indem ich meine Bereitschaft, mit der Partei in die Opposition zu gehen, nicht deutlich genug unterstrich. Zwar habe ich als erster den Standpunkt vertreten, dass wir bereit sein müssten, die Koalition notfalls zu verlassen, aber ich war der Meinung, dass die Schuld dafür eindeutig die anderen treffen sollte. Ich würde daher versuchen, sagte ich, in den Verhandlungen Lösungen zu finden, um den Weiterbestand der Koalition wenigstens kurzfristig zu ermöglichen.

Die Große Koalition war jedoch, wie sich zwei Tage später herausstellte, unrettbar verloren. Zu den Verhandlungen mit der ÖVP am 17. April wurden Bruno Pittermann, der steirische Landeshauptmannstellvertreter Schachner und ich als Unterhändler bestimmt. Damit war für mich klar, dass einige meiner Freunde erfolgreiche Verhandlungen eigentlich nicht wünschten, hatte ich doch im Parteivorstand, wie gesagt, erklärt, dass man notfalls auch in die Opposition gehen müsse. Dass ich zunächst dennoch für Koalitionsverhandlungen mit der ÖVP eintrat, hing mit meinen Erlebnissen aus der Ersten Republik zusammen; ich hielt es für sehr riskant, die Volkspartei allein regieren zu lassen, weil ich die Gefahr eines Rückfalls in vergangene Zeiten nicht ganz ausschließen konnte. Diese Sorge erwies sich damals glücklicherweise als unbegründet. Am Ende sah ich ein, dass uns von der siegreichen ÖVP, die über eine absolute Mehrheit im Parlament verfügte, in einer Großen Koalition keine Chance gelassen würde.

Die Koalitionsverhandlungen begannen, als wäre nichts geschehen. In dem Maße jedoch, wie die Volkspartei ihre eigene Politik durchsetzen zu können glaubte, wollte sie keine gemeinsamen Beschlüsse mehr fassen. Statt dessen stellte sie maßlose Forderungen. Nicht einmal eine Vereinbarung über die Dauer einer Koalitionsvereinbarung kam zustande; mein Vorschlag, dass die Koalitionsvereinbarung für die Dauer der Budget-Einigung gelten solle, wurde nicht angenommen. Klaus, der zu einer gewissen Versöhnlichkeit neigte, jedenfalls nach außen hin, war von dem damals sehr mächtigen Generalsekretär der ÖVP, Hermann Withalm, offenbar überzeugt worden, dass es gar keinen Sinn hätte, unter den gegenwärtigen Umständen eine Koalition fortzusetzen; die ÖVP müsse die Gelegenheit wahrnehmen zu zeigen, was sie könne, und das sei nur durch eine Alleinregierung möglich. Der Wortführer der ÖVP, Klaus, spielte in den Verhandlungen eine eher zurückhaltende Rolle; es war Withalm, der keinen Zweifel daran ließ, dass man unter Umständen zwar bereit sei, die Sozialdemokraten in die Regie-

rung hineinzulassen, aber zu so entwürdigenden Bedingungen, dass sie zu totaler Machtlosigkeit verdammt wären.
Im Verlauf der Verhandlungen wurde mir immer deutlicher, dass Withalm der Großen Koalition keine wirkliche Chance gab und uns nur hineinnehmen würde, um uns zu desavouieren. So erklärte ich dem Parteivorstand am 18. April, dass mein Votum unter den gegebenen Umständen nicht mehr für die Große Koalition ausfalle, weil die politischen Nachteile die möglichen Vorteile, an der Regierung beteiligt zu sein, überwögen. Die Antwort der ÖVP sei »zweifellos eine Ablehnung unserer Vorschläge. Allerdings eine geschickte Ablehnung. Wenn wir jetzt den Regierungseintritt ablehnen, müssen wir zumindest für die Öffentlichkeit sagen, warum wir ablehnen.«
Allmählich begann ein Erwachen, und in der Partei breitete sich das Bewusstsein einer Niederlage aus. Unzufrieden mit der Entwicklung war man vor allem in den Bundesländern, in Tirol, Vorarlberg, Kärnten, in der Steiermark, im Burgenland sowie in Ober- und Niederösterreich, am wenigsten in Wien, weil die Vertrauensmänner und -frauen in Wien eben keine Warnzeichen erhielten. Wiener Landesparteiobmann war Felix Slavik, ein guter und verlässlicher Freund aus der Zeit der Jugendbewegung und der Illegalität, mit dem ich mich bis zum Schluss sehr gut verstand, sieht man von unseren Meinungsverschiedenheiten über den Fall Androsch ab, die uns in den letzten Monaten seines Lebens zu Gegnern werden ließen.
Im Sommer 1966 gingen die Wogen hoch. Es war ein offenes Geheimnis, dass der Parteivorsitzende Bruno Pittermann, der einen schweren Nervenzusammenbruch erlitten hatte und ausfiel, zum geeigneten Zeitpunkt zum Rücktritt veranlasst werden musste. Wer aber sollte folgen? Königsmacher war damals der Präsident des Österreichischen Gewerkschaftsbundes, Anton Benya; er war nach dem Sturz Olahs der »mächtige Mann« geworden. Der Gewerkschaftsflügel unter Benya wollte Waldbrunner als Nachfolger haben, und ich selber stimmte dem zu. Aber auch Waldbrunner war krank geworden und bat von sich aus, nicht in Betracht gezogen zu werden. So begann eine Phase dramatischer Auseinandersetzungen in der Partei. Benya und seine Freunde sowie die mit ihm Verbündeten versuchten, die Landesparteien zu mobilisieren, was aber nicht gelang. Ganz im Gegenteil: Die Bundesländer hatten ihre eigenen Vorstellungen und nannten immer häufiger meinen Namen. So kam es, dass ich zu einem der

offenbar aussichtsreichsten Kandidaten für das Amt des Parteiobmanns wurde.
Ich selbst hielt mich sehr zurück, weil ich der Meinung war, dass bei der Neigung vieler Österreicher, Menschen nach ihrer religiösen Herkunft zu beurteilen, meine Wahl eine Belastung für die Partei darstellen würde. Zwar hatte ich mich immer mit dem österreichischen Volk identifiziert, aber ich wusste um gewisse antisemitische Tendenzen und wollte meiner Partei nicht im Wege stehen. Auch in meinen erfolgreichsten Zeiten hatte ich den Standpunkt vertreten, bestenfalls die Rolle eines der Zweiten für mich in Anspruch nehmen zu wollen und nicht die des Ersten. Eben aus diesen Gründen. Zu meiner großen Überraschung waren antisemitische Tendenzen von 1970 bis zum Ende meiner Regierungszeit nicht ausschlaggebend, wenngleich sich die Volkspartei dieser Regungen bediente.
Nachdem Waldbrunner als Kandidat ausgefallen war, wurden andere Namen genannt. Als ich Christian Broda, den ich für einige Funktionen vorgeschlagen hatte, unter anderem auch zum Justizminister, die Frage stellte, er möge mir doch bitte erklären, warum er denn einen der Kandidaten – ich will seinen Namen nicht nennen – für besser halte als mich, zuckte Broda nur die Achseln und meinte, es wäre eben manchem sehr Einflussreichen in der Partei jeder andere lieber als ich. Ich wusste Bescheid.
Meine Bereitschaft zu kandidieren war, wie gesagt, nicht sehr groß, aber da eine fortgesetzte Weigerung die Partei in noch größere Verwirrung gestoßen hätte, habe ich am Ende entschieden, mich zur Verfügung zu stellen. Ende des Jahre 1966 beschloss ich, dem Drängen meiner Freunde nachzugeben und mich aufstellen zu lassen. Die Diskussion auf dem Parteitag am 1. Februar 1967 war hart; die sogenannten starken Männer der Partei standen, so schien es, auf der Gegenseite. Und dennoch, als die Stimmen am Abend ausgezählt wurden, konnte ich 347 von 497 Stimmen auf mich vereinen. Die Empfehlung des Parteivorstandes war mit 32 von 54 Stimmen ausgesprochen worden; daraus kann man ersehen, dass der Parteivorstand nicht ganz die Stimmung der Delegierten wiedergab.
Meine erste Rede als Parteivorsitzender, noch am Tag der Wahl, stand im Zeichen der Versöhnung; ich war von der ersten Stunde an bemüht, meine Wahl nicht als Niederlage für Anton Benya, Karl Waldbrunner und andere erscheinen zu lassen. Es müsse unser gemeinsames Ziel sein,

Machtwechsel mit großen Emotionen: Bruno Pittermann und sein Nachfolger als Parteivorsitzender am SPÖ-Parteitag in der Wiener Stadthalle, 1970.

der Partei wieder jene Stellung zu verschaffen, die sie einmal hatte. Um das Misstrauen auf der Gegenseite zu bekämpfen, verzichtete ich sogar darauf, den Posten des Chefredakteurs der *Arbeiter-Zeitung* mit einem zu meiner Gruppierung gehörenden Mann zu besetzen.

Ich entschied mich schließlich für Paul Blau, der ein loyaler Mitarbeiter Anton Benyas in der Gewerkschaftsbewegung war. Paul Blau war irgendwie ein Enttäuschter. Man hatte das Gefühl, dass er nirgends die Anerkennung fand, die er verdiente. Schließlich versprach man, ihn zum Leiter des gewerkschaftlichen Bildungswesens zu machen, ein Versprechen, das, wie so manches andere, nicht eingehalten wurde. Wieso Paul Blau bei seinen Freunden immer wieder »durch den Rost fiel«, ist mir unerklärlich. Nachdem er als Chefredakteur der *Arbeiter-Zeitung* kein großes Glück hatte, schickte ich ihn auf seinen eigenen Wunsch 1970 als Presse- und Kulturattaché nach Paris; ich wusste nicht, dass der eigentliche Grund seine persönliche Beziehung zu Freda Meissner war, die er im selben Jahr heiratete. Seither steht er Freda Meissner-Blau, der späteren Vorsitzenden der Grünen, mit Rat und Tat zu Seite.

Wie heftig die innerparteilichen Auseinandersetzungen nach der verlorenen Wahl 1966 geführt worden waren, kann an folgendem Beispiel illustriert werden. Pittermann war, wie berichtet, ein gebrochener Mann, und turnusmäßig war ich an der Reihe, die Stellvertretung des Parteivorsitzenden zu übernehmen. Zur Erledigung der damit verbundenen Aufgaben habe ich das sehr kleine Zimmer Pittermanns in der Parteizentrale in der Löwelstraße benützt; sein großes Büro hatte Pittermann am Ballhausplatz. Eines Tages wurde mir vom Parteisekretär Leopold Gratz mitgeteilt, Waldbrunner habe ihm zu verstehen gegeben, dass man es Pittermann nicht antun könne, mich in seinem Zimmer sitzen zu lassen. Also richtete ich mich an der Ecke eines großen Schreibtischs im Zimmer von Leopold Gratz ein. Wenige Stunden später teilte mir Gratz jedoch mit, dass ihm Waldbrunner den Auftrag gegeben habe, mir praktisch ein Hausverbot zu erteilen – eine mir im höchsten Maße unfassbare Entscheidung, die Waldbrunners Kompetenzen weit überschritt.

Gratz war nicht der Mann, der bereit gewesen wäre zu kämpfen, wenngleich er des öfteren deutliche Beweise seiner Sympathie für mich zum Ausdruck brachte. Ich habe mich rasch entschlossen, die paar »Papierln« zusammenzupacken, und bin mit meiner Mitarbeiterin Margit Schmidt in die Zentrale der niederösterreichischen Landespartei in der Grillparzerstraße übersiedelt. Ich war stellvertretender Landesparteiobmann und sollte in wenigen Wochen dem hochkarätigen Parteifunktionär Ernst Winkler als Obmann nachfolgen. Ernst Winkler war für mich die Personifikation des Jimmy Higgins aus Upton Sinclairs gleichnamigem Roman: treu und der Partei zu allen Zeiten ergeben, versöhnlich nach allen Richtungen hin. Ich hatte mich lange geweigert, seine Funktion zu übernehmen, aber schließlich blieb keine andere Möglichkeit mehr. Winkler musste aus Alters- und Gesundheitsgründen zurücktreten, und so entschied man sich für mich.

Ich habe mich sogleich an die Arbeit gemacht. Das damals noch sozialdemokratisch regierte Hessen schien mir ein Vorbild für moderne Landespolitik zu sein; Ministerpräsident Zinn empfahl mir, ich solle mich an den mir bereits bekannten und seither eng befreundeten Ministerialdirigenten Otto Georg wenden, der mir das hessische Modell erläutern würde. Das war mir sehr willkommen, weil ich den Ehrgeiz hatte, die geradezu unerschütterliche Macht der ÖVP in Niederösterreich zu brechen. Der Landesparteisekretär Fritz Marsch und der Landesrat

Otto Rösch standen mir hilfreich zur Seite; in fast allen Fragen vertraten wir übereinstimmende Auffassungen. Niederösterreich war damals ein Ort der Korruption, eine Affäre jagte die andere, und die Sozialistische Partei wollte als Partei der Sauberkeit ihre Grundsätze auch in der Landespolitik durchsetzen. Wie nahe wir unserem Ziel kamen, belegten die Wahlergebnisse.

In Niederösterreich hatte ich schon früh meine politische Heimat gefunden – 1930 war ich Obmann der SAJ in den zu einer Gebietsorganisation zusammengefassten Bezirken Purkersdorf, Klosterneuburg und Tulln geworden –, und ich kannte die Verhältnisse gut. Einzelheiten der unzähligen Intrigen, die zwischen den führenden Männern in Niederösterreich damals gesponnen wurden, erfuhr ich während der Emigration von Hans Menzl, mit dem ich in Schweden fast täglich zusammenkam. Hans Menzl war der niederösterreichische Arbeiterfunktionär, »wie er im Buche steht«; er war Schlosser bei den Daimler-Werken in Wiener Neustadt gewesen und als Parteifunktionär zwischen die Fronten geraten.

Niederösterreich hatte Anfang der Dreißigerjahre ohne Zweifel eine überdurchschnittlich begabte Führungsspitze, ohne dass es jedoch eine schlagkräftige niederösterreichische Landespartei gab. Einer der Gründe dafür war das Bedürfnis der führenden Männer, ihre eigenen Wahlkreisorganisationen hinter sich zu haben: Der spätere Innenminister Oskar Helmer war der Herr von Wiener Neustadt, der imponierende Franz Popp, der spätere Landeshauptmannstellvertreter, hatte jenseits der Donau das Sagen. Daneben gab es noch einige weitere, sehr eindrucksvolle Persönlichkeiten, zum Beispiel Leopold Petznek, den Lebensgefährten und späteren Gatten der Erzherzogin Elisabeth Windisch-Graetz.

Genau wie 1930 auf dem Eisenstädter Verbandstag wurde ich auch 1967 von den Bundesländern auf den Schild gehoben. Dass mir die Wiener zu einem Teil reserviert gegenüberstanden, war wohl darauf zurückzuführen, dass sie es mir verübelten, ein Funktionär der »Gscherten« geworden zu sein – eine Dialektbezeichnung für Landbewohner aus der Zeit, als die leibeigenen Bauern keine langen Haare tragen durften. Die Wiener meinten wohl, ich hätte mir bei ihnen die Sporen der Kleinarbeit verdienen sollen. Aber in Wien wachte der Favoritner Jugendobmann Otto Probst mit großem Eifer über seine Stellung, und er hätte auch nach dem Krieg alles getan, um eine besondere Funktion für mich zu verhindern. Da ich keine sinnlosen Kämpfe führen wollte und Wien außerdem über eine Reihe von sehr geeigneten Funktionären verfügte, habe ich meine Tätigkeit nach dem Krieg in Niederösterreich fortgesetzt. Seit nunmehr 58 Jahren verbindet mich mit Niederösterreich ein Gefühl großer und warmer Sympathie.

Die Volkspartei hat in den vier Jahren ihrer Alleinregierung alles in allem korrekt regiert, sieht man ab von den üblichen Attributen des Machtmissbrauchs in Österreich, Protektion und Korruption, wobei sich letztere, die früher kennzeichnend für die Volkspartei war, in Grenzen hielt. Was immer man über die maßgebenden Persönlichkeiten der Regierung Klaus sagen mag, es handelte sich um untadelige Politiker, man denke nur an einen Mann wie Stephan Koren, der der Regierung als Staatssekretär und später als Finanzminister angehörte. Wahrscheinlich war es der größte Fehler der Volkspartei, dass sie sich nach 1970 seiner nicht in stärkerem Maße bediente; aber Koren, frei von den üblichen Lastern des Politikers, war nicht nach dem Geschmack der Konservativen und hatte sich überdies mit der von ihm zu verantwortenden Steuererhöhung von 1968, dem sogenannten »Korenschen Paukenschlag« unbeliebt gemacht.

Viele glaubten, dass mein Vorschlag 1978, Stephan Koren zum Präsidenten der Oesterreichischen Nationalbank zu bestellen, taktischen Überlegungen entsprang, der Volkspartei einen begabten Führer zu rauben. Koren war viel zu klug, um sich zu einem solchen Spiel herzugeben; überdies war er der ewigen Intrigen in seiner Partei müde geworden. Wenn man so will, hat sich seine eigene Partei seiner »entledigt«.

Einer der Gründe dafür, dass die Jahre 66 bis 70 politisch im Wesentlichen korrekt verlaufen sind, war der Umstand, dass die österreichischen Gewerkschaften eine ungeheure Machtstellung erlangten und das, was in Österreich »Sozialpartnerschaft« genannt wird, stark gewachsen ist. Es war ein Glück, dass in der Zeit der Opposition die Kraft der Gewerkschaften ungebrochen blieb; die Regierung Klaus musste sehr große materielle Opfer für ihre Ruhigstellung aufbringen. Einer der führenden Gewerkschafter, Robert Weiß, kam nach den Verhandlungen zu mir und meinte, sie hätten so erfolgreich abgeschlossen, wie das unter einer Regierung mit sozialistischer Beteiligung niemals möglich gewesen wäre. Die Volkspartei hatte damit einen Schritt getan, über dessen Folgen sie sich nicht im Klaren war: Um die entstandenen Haushaltslücken zu schließen, wurden Steuererhöhungen unumgänglich.

ch gespielt wurde
profil
vierzehntägig
Die Affären hinter dem Skandal
profil
„Ich bin kein Jude mehr“
profil
Antisemitismus in Österreich
Krach zwischen Peter und
ORF
ofil
aum-Regierung
Spanien: Weltsympathie für Terroristen?
Beamte: SP-Gewerkschafter gegen Androsch
ECCO
profil
DER TRIUMPHATOR
Mühl Kommune: Lourdes für Neurotiker
profil Serie: Wiesenthals Eichmann Dossier
ECCO
profil
Politikerbezüge:
Was Kreisky & Co. wirklich verdienen
profil
Lieber Gott Kreisky
profil
Wer hat Kreiskys Oh
ofil
Neue Kronen Zeitung
ierungspaket
profil
Scheidung von Marx?
profil
Die Verschwender
profil
Atom-Spaltung
profil
Kreiskys Israe
Beschimpf
ofil
chnungshof
profil
Was ist so faszinierend an Bruno Kreisky?
profil
DOKUMENTE
Fauler Friede
profil
Der Fall Mayer
Kreisky: „Androsch überzeugt mich nicht“
POLEN: Ein Sprengsatz für Osteuropa
profil
Der Alte
ofil
Syriens Krieg gegen den Bundeskanzler: Kreisky muß weg!
profil
Kreiskys Reinfälle
profil
Abgewirtschaftet?
profil
Kaiser Bruno und Genosse Johann
So kommt die ÖVP zu Geld
profil
ofil
„DANN STIRBT DIE PARTEI“
profil
Liselotte Palme: Aufstand gegen Norbert Steger
ARAFATS ENDE von Bruno Kreisky
profil
Was tut Kreisky jetzt?
Der alte Alte
profil
Neue Vorwürfe
KREISKY rechnet ab
VRANITZKY kontert
profil
Bruno Kreisky:
„Todtraurig ü
Österreich

Polit-Star Bruno Kreisky wird zum Liebling der Medien und Karikaturisten: Cover von Erich Sokol zur Single »Der Bruno wird's schon machen ...« des Lukas-Wald-Chors, 1978.

Seite 353: Immer für einen Aufmacher gut: Titelseiten des Nachrichtenmagazins »profil« von 1970 bis 1990.

Seite 355: »Von Adler zum AKH«. Karikatur von Erich Sokol, September 1980.

Seite 356: »Zu groß für Österreich«. Karikatur von Manfred Deix.

Hainfeld 1. Jan 1889
Sozialdemokratische Arbeiterpartei
(S.P.)
Dr. Med Victor Adler
SOKO

Die Politik der Volkspartei zwischen 1966 und 1970 ließ keinerlei Reminiszenzen an die Dreißigerjahre erkennen. Es entstand ein wirkliches Verhältnis zwischen Regierung und Opposition, wie es in alten Demokratien üblich ist, und man war peinlich bemüht, keine falschen Töne anzuschlagen. Erst nach einer langen Periode sozialdemokratischen Regierens, in der die Volkspartei vergeblich gegen die starke Stellung der Sozialdemokratie anzukämpfen versuchte, sind die Misstöne aus der Zeit Luegers wieder zum Leben erwacht. Ganz so unrecht hatte ich mit meiner Befürchtung, dass die österreichischen Konservativen ihrer Gesinnung treu geblieben waren, also nicht. Übrigens meinte auch Anton Benya, der als Abgeordneter seinen Platz neben mir hatte bei manchen Sturmszenen, dass die populistischen Methoden der Volkspartei ließen Schlimmes befürchten lassen.

In den Siebzigerjahren habe ich den damals noch jungen Parteiführer der ÖVP, Alois Mock, einige Male auf diese Entwicklung aufmerksam gemacht. Wenn sich eine solche Politik erst einmal einbürgere, meinte ich, werde man nur schwer wieder davon wegkommen, und das müsse die Volkspartei für die Mitwirkung an einer künftigen Regierung disqualifizieren. Mock erwiderte, da die Volkspartei so viele Jahre von der Macht ferngehalten worden sei, müsse man Verständnis haben für eine gewisse Demagogie unter den Jüngeren in der Partei. Ich hatte dafür kein Verständnis.

Die ganze Kampagne hat der Volkspartei im Übrigen furchtbar geschadet und mit dazu geführt, dass sie siebzehn Jahre lang nicht mehr an einer Regierung beteiligt war. Eine unerträgliche Vorstellung: Siebzehn Jahre lang nicht die Politik gestalten zu können, muss frustrierend wirken und eine Partei entweder spalten, wozu es in Österreich allerdings sehr selten gekommen ist, oder sie auf eine Linie drängen, die sie noch weniger zur Regierung legitimiert, als das bei einer Oppositionspartei ohnehin schon der Fall ist.

Ich muss noch einmal sagen, dass ich antisemitische Äußerungen in sehr ordinärer Form auch von maßgebenden Persönlichkeiten der ÖVP gehört habe, so dass mich die zweideutige Propaganda, die von dieser Partei bedenkenlos eingesetzt wurde – und zwar führend von ihrem für die Partei verantwortlichen späteren Außenminister –, nicht überrascht hat. Aus den Reihen der Freiheitlichen Partei hingegen, wie kritisch man ihr sonst gegenüberstehen mag, wurden mir in der politischen Auseinandersetzung derartige »Töne« niemals zur Kenntnis gebracht.

Es ist gar keine Frage, dass auch heute noch innerhalb der Volkspartei ein gewisser latenter Antisemitismus vorhanden ist, vor allem bei den Älteren, die in den Dreißigerjahren herangewachsen sind und die aus bäuerlichen Kreisen stammen.
Nach dem Wahlkampf 1966 musste sich ein führender Abgeordneter der Volkspartei namens Scheibenreif bei mir entschuldigen, weil er sich in irgendeinem Wirtshaus in Niederösterreich in einer sehr rüden Art über mich geäußert hatte. Withalm hat ihn zwar nicht in Schutz genommen, aber seine Rede im Parlament war alles andere als eine Entschuldigung: »Meine Damen und Herren! Lassen Sie mich hier mit einer vielleicht ungewohnten Offenheit einmal folgendes aussprechen: Jude zu sein ist kein Privileg, aber noch weniger eine Schande. Jeder Katholik, der die Magna mater Austriae verehrt, jeder Christ, jeder Österreicher, der den Beitrag hervorragender österreichischer Juden auf den Gebieten der Kunst und der Wissenschaft zu schätzen weiß, und jeder Bürger dieser Welt, der human genug ist, sich der millionenfachen Opfer der Konzentrationslager und Gaskammern zu schämen, muss den Antisemitismus als eine primitive Form der Pauschalverurteilung einzelner Menschen verurteilen.«
Mitte der Sechzigerjahre war ein Flugblatt bekannt geworden, das Klaus im Juni 1932 als katholisch-deutscher Student mitunterzeichnet hatte. In diesem Flugblatt wurde die Forderung erhoben, dass ein berühmter Professor jüdischer Herkunft auf die akademische Würde eines Dekans der medizinischen Fakultät verzichte: »Die deutschen Studenten anerkennen nur deutsche Lehrer als ihre Führer.« Klaus, zu dem ich ein relativ gutes Verhältnis hatte, ließ mich rufen und meinte, es dränge ihn, mir zu sagen, dass das eine Jugendsünde gewesen und dass er heute kein Antisemit, sondern ein Philosemit sei. Ich erinnerte ihn an das Wort Masaryks, der Antisemit hasse die Juden, der Philosemit liebe sie mehr als notwendig. Dies sei eigentlich meine Antwort, meinte ich und verabschiedete mich in höflicher Weise.
Vier Jahre lang führte die Partei einen erfolgreichen Kampf in der Opposition, und Pittermann erfuhr eine große persönliche Genugtuung als ihr parlamentarischer Stratege. Ich verzichtete seinetwegen auf eine Funktion, die immer mit dem Amt des Parteivorsitzenden verbunden gewesen war, nämlich die Funktion des Führers der Parlamentsfraktion, das, was man Klubobmann nennt. Dieses Amt war Pittermann, wie mir schien, lieber als alle anderen. Gerade in der Zeit der

Opposition fand der Klubobmann Gelegenheit zu agieren, während die Koalition eine volle Ausübung der Geschäfte eigentlich immer unmöglich gemacht hatte. Da ich rasch zu friedlichen Verhältnissen in der Partei zurückkehren wollte und es mir auf Prestigefragen nicht ankam, konnte sich Pittermann rehabilitieren. Er war darüber hinaus auch Präsident der Sozialistischen Internationale, eine Funktion, die ihn ganz erfüllte, bis er sie infolge seiner Krankheit immer weniger wahrzunehmen vermochte.

Das Parlament bedurfte dringend einer Aufwertung, und hierbei kam der Opposition eine entscheidende Bedeutung zu. Ich selbst meldete mich im Parlament immer dann zu Wort, wenn es mir notwendig erschien. So bereits am 22. April 1966, als ich in meiner ersten Rede als Oppositionspolitiker die Regierung mit gebotener Schärfe angriff: »Die Zusammenarbeit gibt es also nicht mehr. Ich glaube, es war notwendig, zu sagen, wie sie zu Ende gegangen ist. Ich bedauere es zutiefst und mit mir alle meine Freunde in der Sozialistischen Partei. Wir haben das von verschiedenen Seiten her beurteilt und gesehen ... Wir hätten an der Zusammenarbeit nicht aus Respekt vor ihrer historischen Leistung festhalten sollen, wir sind auch nicht der Meinung gewesen, dass man an der Zusammenarbeit festhalten solle, damit wir auf unseren Ministersesseln bleiben, sondern weil wir glauben – das hat schon der Herr Abgeordnete Benya gesagt –, dass dieser Staat die Zusammenarbeit auch in Zukunft dringend notwendig hat. Denken Sie an die Probleme, die sich aus der wirtschaftlichen Neustrukturierung Europas ergeben, aus dem Einbau Österreichs in diese neue europäische Wirtschaft, aus dem Bemühen, ihn so friktionsfrei wie möglich zu gestalten. Denken Sie an die schwierigen innerösterreichischen Probleme, die kommen werden. Wir werden alles tun müssen, um eine wirtschaftliche Zweiteilung Österreichs zu verhindern ... Unterschätzen Sie nicht die Aufgaben der Reorganisation der verstaatlichten Industrie und der Bundesbahnen, geben Sie sich in der Außenpolitik nicht der Euphorie hin, dass es zu einem Wegwittern des Kommunismus kommen werde.« Ich betonte, dass es eine harte, aber faire Opposition« von unserer Seite geben werde und »eine ständige, sich immer wieder erneuernde Auseinandersetzung über eine bessere Politik für Österreich. Die letzte Entscheidung darüber aber werden die Wähler treffen. Herr Bundeskanzler, bei Philippi sehen wir uns wieder.« Ein verheißungsvoller Satz.

In den Jahren der Opposition konnte ich, was mir als Mitglied der Regierung dreizehn Jahre lang verwehrt war, mit einer gewissen Leidenschaftlichkeit auftreten. Die Partei erwachte zu neuem Leben; von der Lethargie, die sie erfasst hatte, war bald nichts mehr zu spüren, und man konnte in der Tat ausrufen, dass es eine Lust war, zu leben.

Nach meiner Wahl zum Parteivorsitzenden wollte ich Fritz Marsch aus dem niederösterreichischen Parteisekretariat in die Löwelstraße herüberholen. Fritz Marsch ist ein Mann von großer Loyalität, der sich immer durch besonderen Fleiß auszeichnete. Als ich den Vorschlag im Parteipräsidium machte, meinte Waldbrunner, mit dem mich allmählich wieder die alte Freundschaft verband, der Parteivorsitzende habe das Recht, einen Parteisekretär seiner Wahl zu bestimmen. Leopold Gratz übersiedelte später in den Parlamentsklub. Zweiter Präsident des Nationalrats war seit 1962, nach einem kurzen Zwischenspiel des hervorragenden Friedrich Hillegeist, Karl Waldbrunner; er war des langen und schweren Kampfes für die Verstaatlichte Industrie und den Aufbau der Wirtschaft müde geworden. Waldbrunner war im Parlament als einziger sozialistischer Würdenträger eine unentbehrliche Stütze, so wie er es einst in der Regierung gewesen war.

Waldbrunner hatte in der Frage der Verstaatlichten Industrie als der starke Mann der Koalition gegolten; er war derjenige, der die Idee des Industriestaates vertrat. Wollte Österreich ein Industriestaat werden, dann musste es seine Großbetriebe wieder errichten. Dies war nicht leicht in die Tat umzusetzen, weil es manche gab, die meinten, in Linz – dem Standort der VOEST nach dem Kriege – sei nie Eisen und Stahl gemacht worden, und deshalb solle dort auch kein Eisen und Stahl gemacht werden. Ich stand voll und ganz auf der Seite Waldbrunners.

Waldbrunner hatte auch insofern eine große Bedeutung für Österreich, als er sich für den Ausbau der Energiereserven einsetzte. Der Kampf um die Mittel für das Stauwerk Kaprun hat die Koalitionsregierung lange Zeit ungeheuer beschäftigt. Waldbrunner plädierte für langfristige Investitionen, mit denen Österreichs Infrastruktur modernisiert werden sollte; Kamitz, das Wirtschaftsorakel der ÖVP, vertrat hingegen die Auffassung der sofort konsumwirksamen Investitionen. Dieser Gegensatz überschattete die Budgetverhandlungen der Großen Koalition und gab ihnen ihren tieferen Sinn. Man erkannte daran die fundamentalen Unterschiede der Politik von SPÖ und ÖVP – etwas, was man heute vermisst.

Besuch in einem Industriebetrieb: Arbeitsplatzsicherheit steht im Mittelpunkt der Wirtschaftspolitik Bruno Kreiskys.

Während damals die kleinere Sozialdemokratie gegen die politisch stärkere ÖVP sich in hohem Maße durchzusetzen in der Lage war, hat man heute das Gefühl, dass die wesentlich kleinere ÖVP der SPÖ ihren Willen aufzwingt.

Ich verlegte meine Aktivitäten ganz bewusst vom Parlament weg und suchte engen Kontakt zur Basis. Die Partei war sichtlich erschöpft, und es dauerte einige Zeit, um den über 700.000 Mitgliedern zu beweisen, dass eine neue Partei im Entstehen war. Unermüdlich habe ich darauf hingewiesen, dass in der langen Geschichte der Sozialdemokratie auf Perioden der Schwäche immer wieder Aufschwungperioden gefolgt waren. Während ich mich auf diese Weise bemühte, die Partei an ihre Kraftreserven zu erinnern und sie von der Lähmung, die sie erfasst hatte, zu befreien, versuchte ich gleichzeitig, den Freunden in den Parteigremien die Leitmotive meiner Politik näherzubringen.

So vertrat ich etwa die Auffassung, dass der Gebrauch des Wortes »Arbeiterklasse« nicht mehr zeitgemäß sei. Sicher gebe es sie, aber mit der Klassenvorstellung gleichzeitig auch die Angestellten zu vereinnahmen, sei politisch falsch. Aufgrund meiner schwedischen Erfahrungen versuchte ich meinen Zuhörern begreiflich zu machen, dass die Angestellten eine soziale Gruppe für sich darstellten, auch wenn dies in Industriegebieten vielleicht nicht sichtbar sei. Dieser Auffassung trägt man in einem gewissen Sinne dadurch Rechnung, dass man die Angestellten als »Aufsteiger« bezeichnet; das kann man, nach harter Klassenkampfmanier, als eine Art sozialen Eskapismus bezeichnen, aber ich würde es eher positiv deuten, als Ausdruck der natürlichen Neigung vieler Menschen, »etwas zu werden«.

Wir leben heute in einer Gesellschaft, in der der Bedarf nach »Aufsteigern« relativ groß ist; der Produktionsprozess ist so kompliziert geworden, dass man auf allen Ebenen hochqualifizierter Fachkräfte bedarf. Diese Entwicklung kommt durchaus nicht von ungefähr. Schon vor vierzig Jahren konnte man die Beobachtung machen, dass die Vorstellung, wonach die wachsende Zahl der Angestellten auf Kosten der Arbeiter geht und ein Ausdruck der Verbürokratisierung der Wirtschaft ist, sich nicht würde halten lassen. Die Funktionen, die einst der Meister in der Fabrik ausübte, wurden auf viele verteilt, das heißt, der Kreis der Meister wurde durch die neuen Angestellten erweitert. Betrug der Anteil der Arbeiter unter den Lohnabhängigen zunächst weit mehr als die Hälfte, so hat sich dieses Verhältnis umgekehrt. 1987 gab es in Österreich 1.283.502 Arbeiter und Arbeiterinnen und 1.501.855 Angestellte.

Wollte die Sozialistische Partei in Österreich neue Wählerschichten erschließen, musste dieser Entwicklung Rechnung getragen werden. Das *Blue-and-white-collar-Prinzip* jedenfalls schien mir nicht flexibel genug. Die Partei musste sich öffnen, freilich nicht nur in Richtung auf die Angestellten. Es galt, auch anderen gesellschaftlichen Gruppen verstärkte Aufmerksamkeit zuzuwenden, vor allem den Bauern. Innerhalb der Bauernschaft vollzog sich damals ein allgemeiner Verarmungsprozess. Einige wenige Bauern wurden immer größer und reicher – wenn auch ihr Reichtum aufgrund starker Verflechtungen mit den bäuerlichen Geldinstituten oftmals fiktiv war –, und die Wirtschaft kleinerer Bauern reichte nicht mehr aus, den Lebensunterhalt der Familie zu sichern. Die Einbeziehung der Bauernschaft in den Wohlfahrtsstaat war ein Gebot der Zeit, auch wenn dies manchen überflüssig zu sein schien. Ein besonderes Problem stellte die wachsende Zahl der Nebenerwerbsbauern dar: Sie überließen die bäuerliche Arbeit den

Frauen, was infolge der Mechanisierung und Technisierung möglich war, und suchten sich in den nahe gelegenen Großbetrieben Arbeit. Da sie in der Regel nicht qualifiziert waren, wurden sie schlecht entlohnt und mussten oft genug Schwerarbeit, Schichtarbeit oder Nachtarbeit in Kauf nehmen.

Sechs Wochen nach Amtsantritt der Regierung Klaus kam es zu einer ersten heftigen Auseinandersetzung im Parlament, als das Innenministerium einen Reisepass für Dr. Otto Habsburg-Lothringen ausstellte. »Der Fall Habsburg« hatte die Große Koalition während ihrer letzten Phase sehr belastet, insbesondere nachdem der Verwaltungsgerichtshof im Unterschied zum Verfassungsgerichtshof, der sich für nicht zuständig erklärt hatte, die Thronverzichts- und Loyalitätserklärung Otto Habsburg-Lothringens gegenüber der Republik Österreich für ausreichend ansah, um die im sogenannten Habsburgergesetz festgelegte Landesverweisung *ex lege* aufzuheben. Die Freiheitliche Partei ließ uns wissen, dass sie in der Habsburgfrage bereit sei, mit uns zu kooperieren. Am 4. Juli 1963 stimmten FPÖ und SPÖ nach einer von Tumulten gekennzeichneten Debatte gegen die Rückkehr des Sohnes Kaiser Karls.

In den Gesprächen mit den Freiheitlichen sollten von uns als Gegenleistung drei Punkte erfüllt werden: Erstens sollte den Freiheitlichen als der einzigen Oppositionspartei die Funktion des Rechnungshofpräsidenten zugestanden werden, ein Wunsch, der unsere Zustimmung fand, weil er sich auch in der Öffentlichkeit vertreten ließ. Die zweite Forderung der Freiheitlichen betraf den Abgeordneten Gredler, einen sehr intelligenten Mann, den aber die Diplomatie mehr interessierte als das Parlament. Seinen Wunsch, zum ständigen Vertreter Österreichs beim Europarat in Straßburg ernannt zu werden, konnte ich als Außenminister ebenfalls erfüllen. Als dritten Punkt nannten die Freiheitlichen eine Wahlrechtsänderung, die sicherstellte, dass sie nicht wieder aus dem Parlament verschwinden. Das damals herrschende Wahlrecht war den kleinen Parteien abhold: Man musste in irgendeinem Wahlkreis ein Grundmandat erlangen, und obwohl die Wahlkreise nicht sehr groß waren, bedeutete dies eine Hürde, die mir persönlich immer als zu hoch erschien.

Die alte Idee des Zweiparteienparlaments, die mit diesem Wahlrecht verfolgt wurde, war in meinen Augen eine Gefahr für die Demokratie. Wenn man nämlich die Zahl der Parteien auf zwei reduziert, besteht immer wieder die Gefahr, dass die Gruppierungen der linken Mitte und die für die Mitte gleichermaßen aufgeschlossenen Sozialdemokraten einander zu ähnlich werden in ihrer politischen Argumentation. Abgesehen davon, dass die Unterscheidungsmerkmale der Parteien verwischen, hat bei einem Zweiparteiensystem immer eine Partei die absolute Mehrheit, jedenfalls für vier Jahre, und ein politischer Wechsel wird dadurch sehr erschwert. Die Fronten zwischen Regierung und Opposition erstarren. Und schließlich ist es meine demokratische Überzeugung, dass die Wähler die Möglichkeit haben sollten, ihrer differenzierten politischen Auffassung durch eine im Parlament vertretene dritte oder vierte Partei Ausdruck zu geben. Insofern ist das gegenwärtige österreichische Parlament ausgewogen. Und es ist auch gar keine Frage, dass die Debatten eine starke Belebung erfahren haben.

Allmählich werden die großen Parteien auch einsehen lernen müssen, dass sie den qualifizierten Parlamentariern in ihren Reihen sehr viel mehr Chancen bieten sollten. Ich habe dem Klubobmann Heinz Fischer immer wieder nahegelegt, auch die Stillen im Parlament zum Einsatz zu veranlassen. Das Hinterbänklertum sollte im österreichischen Parlament eigentlich verpönt sein. Das war auch der Grund, warum ich in meiner letzten Legislaturperiode den sehr schwer herbeizuführenden Beschluss durchsetzte, dass Mitglieder der Bundesregierung auf ihr Mandat verzichten müssen, so dass begabte jüngere Kräfte nachrücken können. Damit wird Platz gemacht für mehr als zehn Parlamentarier, was bei einer Fraktionsstärke von etwa 90 Abgeordneten schon ins Gewicht fällt.

1963 hatten wir in zwei Punkten den Freiheitlichen Konzessionen machen können. In der Frage des Wahlsystems aber wurden Olah und ich durch Waldbrunner und Pittermann desavouiert. Nach den Wahlen von 1970 beeilte ich mich, mit den Freiheitlichen zusammen jene Änderungen im Wahlgesetz, die mit einfacher Mehrheit beschlossen werden konnten, durchzuführen. Dazu gehörte eine neue Wahlkreisverteilung: Die ursprünglich 25 Wahlkreise wurden auf die neun Bundesländer reduziert, die Zahl der Wahlkreisverbände von vier auf zwei. Damit war die FPÖ vor dem Untergang als parlamentarische Partei gerettet und die Minderheitsregierung der Sozialistischen Partei gesichert. Von 1971 an bedurfte es der Freiheitlichen Partei nicht mehr, die Sozialistische Partei gewann die absolute Mehrheit der Stimmen. Die Wahlgesetzänderung hat sich also auch für die Sozialistische Partei bezahlt gemacht.

Zu den »Vorbereitungshandlungen« für die siegreichen Wahlen von 1970 gehörte unter anderem die sogenannte »Eisenstädter Erklärung« vom 2. Oktober 1969. Ich selber habe sie in jener Landeshauptstadt formuliert, die der ungarischen Grenze am nächsten liegt. Dort hieß es: »Die Sozialistische Partei wünscht bei allem Bemühen um das Vertrauen einer möglichst großen Zahl von Österreichern und Österreicherinnen nur die Unterstützung jener, die sich zu ihren Zielen der sozialen Gerechtigkeit und der uneingeschränkten Freiheit bekennen. Sie lehnt daher jegliche Unterstützung oder Empfehlung durch die Kommunisten mit aller Entschiedenheit ab.« Nicht nur ich, sondern viele mit mir waren der Auffassung, dass die Eisenstädter Erklärung mit ihrer eindeutigen Absage an den sogenannten real existierenden Sozialismus mit dazu beigetragen hat, Klarheit zu schaffen bei vielen Wählern, die dieser Klarheit bedurften.
Viele Leute sind der irrigen Auffassung, dass man die größten Erfolge in der Bekämpfung des Kommunismus erzielt, wenn man ein möglichst gruseliges Bild der Verhältnisse in den kommunistischen Staaten entwirft. Sie vergessen dabei, dass der Kampf gegen den Kommunismus nicht in den Reihen des Bürgertums gewonnen werden muss, das ja nicht anfällig dafür ist, sondern innerhalb der Arbeiterschaft, und zwar für diejenigen, die nichts oder wenig zu verlieren haben. Noch können sie sich den Kommunismus nicht vorstellen und glauben nicht, dass sie durch ihn viel gewinnen, aber sie haben eben auch nicht viel zu verlieren.
Es gibt 1986 17 Millionen Arbeitslose in den europäischen Industriestaaten, und wenn diese Arbeitslosigkeit längere Zeit andauert, könnte bei vielen eine gewisse Gleichgültigkeit gegenüber den Segnungen der Demokratie entstehen. Viele werden sich fragen, was denn so kostbar sein soll an der Demokratie, wenn man innerhalb dieser Demokratie für sich keinen Platz orten kann.
Den weltweiten Kampf gegen den Kommunismus gewinnt man nicht mit noch so wohlziselierten Reden gegen die »rote Gefahr«, sondern der Kampf gegen den Kommunismus muss in jedem demokratischen Staat in den Reihen derer gewonnen werden, die durch ihn am meisten gefährdet sind. Das scheint mir vor allem jener Teil der Arbeiterschaft zu sein, der entweder arbeitslos ist oder unter besonders schlechten ökonomischen Bedingungen lebt. Darum haben sich Willy Brandt und Helmut Schmidt, Mitterrand und González, Papandreou und Craxi größere Verdienste in der weltweiten Auseinandersetzung mit dem

Fortschrittsoptimismus und Vollbeschäftigung: Mit dem Wirtschaftsprogramm »Leistung - Aufstieg - Sicherheit« präsentierte sich die SPÖ 1968 als die

»moderne« Wirtschaftspartei Österreichs. Links neben Bruno Kreisky sind u. a. Felix Slavik, Hertha Firnberg und Karl Waldbrunner zu sehen.

Kommunismus erworben als die Konservativen vom Schlage Reagan, Thatcher und Kohl. Die Leistung der österreichischen Sozialdemokratie kommt darin zum Ausdruck, dass es die Kommunistische Partei 1986 nach sechzehn Jahren sozialistischer Regierung nur auf 0,72 Prozent der Stimmen gebracht hat.

Als wir 1970 mit den Wahlkampfvorbereitungen begannen, war die Stimmung innerhalb der Partei auf einem Höhepunkt. Aus unerfindlichen Gründen kam mir plötzlich ein alter Schlager aus dem Jahre 1942 in den Kopf, den ich viele Jahrzehnte nicht mehr gehört hatte: *When the lights go on again.* Mit allen Mitteln habe ich nach diesem Schlager suchen lassen, aber kein Mensch hat sich erinnert. Als er schließlich gefunden wurde, machten wir ihn zu unserer Wahlkampfmelodie.

Der Wahlkampf wurde bis ins kleinste Detail durchdacht. Das Wahlprogramm selbst war auf fünf Slogans konzentriert: Besser wohnen, Besser leben, Bessere Bildung, Besseres Gesundheitswesen, Bessere Justiz. Auch der Gedanke der »Europareife« wurde nach allen Seiten hin ventiliert. Es wurden fünf Plakate entworfen, und zwar reine Schriftplakate. Ich hatte Spezialisten in Fragen der Meinungsbildung und der Werbung gebeten, Vorschläge zu machen; unter ihnen war auch der Medienexperte Josef von Ferenczy. Einen ganzen Sonntagvormittag sind sie bei mir im großen Zimmer auf dem Boden gelegen und haben Layouts entworfen. »Plakate brauchen wir«, habe ich gesagt, »nicht Jasmin.« *Jasmin* war eine neue Zeitschriftenlinie, die damals in Deutschland kreiert worden war, weich und süßlich. »Wer da vorbeifährt, muss gleich wissen, dass nicht ein Kopfwaschmittel gemeint ist, sondern dass es um Politik geht. Dafür brauchen wir ganz kurze Texte, sonst nichts.« So haben wir die Programme in Slogans und Plakate umgesetzt, der Leitgedanke aber blieb: Eine gute Partei, auch für gute Zeiten. Wir wollten aus der Opposition heraus, ohne zu sagen, dass wir dann an der Macht wären, denn Macht korreliert mit dem Gefühl der Angst.

Um den Nachweis zu erbringen, dass die Sozialdemokraten auch eine gute Partei für gute Zeiten und nicht nur für die Opposition geeignet sind, mussten wir frühzeitig ein bis ins Detail ausgearbeitetes Regierungsprogramm vorlegen. Die Menschen sollten erkennen, dass wir über fähige und fortschrittliche Leute verfügten.

Aus der Tatsache, dass ich mich von Anfang an um die Erstellung eines sehr ins Detail gehenden Regierungsprogramms bemühte, wurde von vielen der Schluss gezogen, dies geschehe vor allem, um auf die Menschen Eindruck zu machen. Aber: Die Erstellung von Zukunftsprogrammen hat nur dann einen Sinn, wenn man überzeugt ist, dass die Partei tatsächlich auch eine Zukunft hat. Wenn dieser Glaube fehlt, ist die Arbeit der Klügsten nutzlos. Es bestand damals jedoch eine gewisse Offenheit, die der Partei jene Glaubwürdigkeit verlieh, die das Programmemachen verlangt.

Die Wahl brachte den österreichischen Sozialdemokraten einen bis dahin nicht vorstellbaren Erfolg und hat das Selbstbewusstsein der Partei in einem solchen Maße gestärkt, dass auch die vorsichtigsten Parteiführer fast ausnahmslos von Hochstimmung erfasst wurden. Und dennoch: Nichts war so gefürchtet in Österreich wie eine Minderheitsregierung. Eine solche Regierung trage den Charakter der Zufälligkeit und mache sich von anderen politischen Kräften abhängig. Viele meinten, man solle wieder eine Große Koalition anstreben und die vier Jahre der ÖVP-Alleinregierung als eine Episode betrachten; die Regierungsform Österreichs sei nun einmal die Große Koalition. Da die SPÖ zum ersten Mal der stärkere Partner sei, komme ihr zusätzliches Gewicht zu. Dies hielt ich jedoch für einen Trugschluss: Die größere Partei in einer Koalition ist schon deshalb nicht der dominierende Faktor, weil der größere Partner im höheren Maße von dem kleineren abhängig ist als umgekehrt und der kleinere immer versucht ist, diese Stellung zu missbrauchen. Die größere Partei kann nur bis zu dem Tag regieren, an dem die kleinere davonläuft.

Ich meinte, man müsse einen anderen Weg gehen: Man müsse sich auf den Standpunkt stellen, dass die Wahlen einen eindeutigen Trend zum Ausdruck gebracht hätten, nämlich den Wunsch der Wähler, die Sozialisten regieren zu lassen. Wenn das im Parlament verhindert werden sollte, dann müsse man den Parteien erklären, dass man eine SPÖ-Regierung nicht als eine kurze Episode betrachte, sondern dass man eine Nachentscheidung des Volkes anstrebe. Den Wählern werde man dann die Frage stellen, ob sie nun den nächsten Schritt wünschten: die Sozialdemokraten in Österreich so stark zu machen, dass sie zum ersten Mal in ihrer langen Geschichte ihre Politik auf den Prüfstand bringen könnten.

Es war nicht leicht, eine Partei, die sich zwanzig Jahre lang daran gewöhnt hatte, in einer Großen Koalition zu regieren, davon zu überzeugen, dass eine Minderheitsregierung die große Chance wäre. Man

Wahlkampf 1970: TV-Diskussion mit Bundeskanzler Josef Klaus. Bruno Kreisky geizte nicht mit treffenden Bonmots.

wollte zumindest eine knappe Mehrheit. Mein Argument, dass die ÖVP einst mit demselben Stimmenanteil die absolute Mehrheit bekommen hatte, wollten viele nicht gelten lassen. Sie haben einfach nicht genug Fantasie aufgebracht, zu verstehen, worin meine Taktik bestand, nämlich zu beweisen, dass die Sozialdemokratie in Österreich regieren kann. Wir hatten vier Jahre lang gute Oppositionsarbeit geleistet, waren als stärkste Partei aus den Wahlen hervorgegangen und mussten es nun darauf anlegen, durch gute Regierungsarbeit bei den nächsten Wahlen die absolute Mehrheit zu gewinnen. Sollten wir als Minderheitsregierung gestürzt werden, würden wir mit Neuwahlen drohen. Das unterstrich ich gleich in der Regierungserklärung, weil ich überzeugt war, dass wir bei der nächsten Wahl, je früher sie käme, spielend die absolute Mehrheit erreichen würden. Es gab Stimmen, die meinten, diese Rechnung ginge nicht auf, weil die Österreicher nicht fortwährend zur Wahl gehen wollten. »Das mag schon stimmen«, räumte ich ein, »dass sie nicht wieder wählen wollen. Und deshalb werden sie diejenigen verurteilen, die sie zu Neuwahlen zwingen, nämlich die Opposition.«
Da eine vorgezogene Neuwahl nur von der Mehrheit des Parlaments

beschlossen werden kann, sicherten wir uns rechtzeitig die Stimmen der Freiheitlichen, indem wir mit ihrer Hilfe die längst fällige Änderung des Wahlsystems durchsetzen.

Im Übrigen war ich der Meinung, dass innerhalb der Freiheitlichen Partei denen eine Chance eingeräumt werden müsse, die aus ihr eine liberale Partei machen wollten. Dies schien mir um so notwendiger, als der politische Liberalismus in Österreich seit langem tot war und es diesbezüglich keinerlei Traditionen mehr gab. Die katastrophale Folge davon war, dass bürgerliche Liberale, mit denen man ein ganzes Stück des Weges hätte gemeinsam gehen können, in die bürgerliche Front gedrängt worden waren und damit zur Verstärkung des klerikalen Elements beitrugen. Hätte man eine Partei gehabt, die ihnen einerseits in ihrer bürgerlichen Gesinnung entsprach, andererseits aber auch ihren Liberalitätstendenzen entgegenkam, so hätte man einen Partner gefunden. Das zumindest schwebte mir vor, aber durch schwere Fehler der Freiheitlichen wurde eine solche Entwicklung verhindert, und als es vor den Wahlen 1986 zu einem Richtungswechsel kam, war dies manchen auf sozialistischer Seite sehr willkommen, um die ungeliebte Koalition zu beenden.

1971 trat ein, was ich vorausgesagt hatte, und wir mussten die Wähler auffordern, klare Verhältnisse zu schaffen. Bei den Wahlen am 10. Oktober erreichten wir knapp über 50 Prozent der Stimmen und mit 93 Mandaten die absolute Mehrheit im Parlament: ein Jahrhundertereignis in der Geschichte der österreichischen Demokratie.

Aus der Opposition in die Regierung

Ab dem Augenblick meiner Wahl zum Parteivorsitzenden habe ich den Versuch unternommen, eine neue Politik zu inaugurieren. Ich habe die Schwierigkeiten der Sozialistischen Partei bei der Wählerschaft erkannt, weil die Meinung bestand, dass die SPÖ eine gute Partei nur für schlechte Zeiten sei. Daher müsste, so sagte ich bei einer Frauenkundgebung, schon vor den nächsten Wahlen der Beweis dafür erbracht werden, dass die Sozialistische Partei auch die beste Partei für gute Zeiten sei. Und vor allem müsste sie gute Zeiten gewährleisten. Ich erklärte auch, dass viele Österreicherinnen und Österreicher die Auffassung vertreten würden, die Sozialistische Partei wäre zwar eine hervorragende und die beste Partei für die Opposition, aber regieren, das könnte sie möglicherweise nicht. Auch hier gälte es, den Gegenbeweis zu erbringen.

Wir machten uns also an die Arbeit und versuchten, in acht Arbeitskreisen, Fachleute, nicht nur österreichische und nicht nur sozialistische, zu versammeln, um durch konkrete, verständliche Programme zu zeigen, dass es sich um eine neue Partei handelte, die mit sehr konstruktiven Vorstellungen um die Mehrheit warb und die so stark werden müsste, dass sie diese Ziele auch ungehindert verwirklichen konnte.

All diese Programme liefen unter dem Übertitel »Für ein modernes Österreich«, was wir später ergänzten zu dem Slogan »Ein modernes und menschliches Österreich«, weil sie ein ganz modernes Humanprogramm beinhalteten. Das war stark beeinflusst vom *Club of Rome,* den die Menschen ja damals noch nicht kannten, und aus dessen Erkenntnissen entwickelten sich dann das Gesundheits- und Umweltministerium sowie das Wissenschaftsministerium, also ganz neue Ressorts.

Die zweite Erneuerung damals war, dass wir, wie gesagt, diese neuen Aufgaben wie Umweltschutz usw. erkannt haben. Unser Programm konzentrierte sich um die Bereiche Besser wohnen, Länger leben, Besser leben etc.

Ernst Eugen Veselsky war der erklärte Sekretär des Wirtschaftsprogramms und auch der verlässlichste, denn es war ja in Wirklichkeit sehr

Erfolgreicher Virtuose auf dem Polit-Parkett: Bruno Kreisky repräsentiert am Opernball, 1975.

riskant, da ÖGB-Präsident Anton Benya und seine Leute dieses Programm für überflüssig hielten und meinten, man möge das den Gewerkschaften überlassen. Das lag ganz auf der Linie der Politik der Großen Koalition, der Sozialpartner, während wir als Partei zum ersten Mal wieder Wirtschaftskompetenz signalisieren wollten. Veselsky musste dafür büßen, dass er loyal geblieben ist, während andere sich immer wieder mit einem Seitenblick, einem ängstlichen, zur Hohenstaufengasse und zur Arbeiterkammer wandten. Wir erzielten mit unserem Programm natürlich einen Riesendurchbruch, und der Gewerkschaftsbund verzichtete auf seinen Alleinvertretungsanspruch im wirtschaftspolitischen Bereich. Die Arbeiterkammer unter Kammeramtsdirektor Josef Staribacher behinderte diese Arbeit nicht, sondern hat sie eher gefördert. Karl Waldbrunner hingegen hat Hannes Androsch furchtbar gebeutelt, obwohl das sein »Lieblingsziehsohn« war und er von Androsch als sein »politischer Ziehvater« bezeichnet wurde. Androsch hatte sich bereit gefunden, an der Arbeitsgruppe über die Finanzierung des Wirtschaftsprogramms teilzunehmen. Er war damals ein kleiner Fachberater im Klub, neben Heinz Fischer; er war nicht in dauernder Anstellung, doch als ökonomischer Berater des Klubs hatte er ein Büro. Ich kann mich noch ganz genau erinnern: Er kam vom ersten Stock die Stiegen herunter, das war vor dem Parteitag 1967, und sagte, er wolle mir nur mitteilen, dass ich mit ihm voll rechnen könnte. Was angesichts der damaligen Opposition, der Haltung Waldbrunners und Benyas, von mir sehr geschätzt wurde, und es stimmte dann ja auch. Androsch hatte zu einer Gruppe von jungen sozialistischen Studenten gehört, den Realos, die einen »materiell eingestellten« Schutzpatron, nämlich Waldbrunner, hatte. Als ich Waldbrunner einmal darauf aufmerksam machte, dass einer der Verbund-Direktoren drei oder vier verschiedene Einkommen beziehen würde, meinte er, na ja, jetzt sind halt einmal unsere Leute dran. Das war eine sehr versöhnliche Haltung und Einstellung. Androsch hat Waldbrunner dann aber hängenlassen, als dieser meinte, er gehe täglich in die Nationalbank, leiste dieselbe Arbeit wie Hans Kloss und später Stephan Koren. Ich musste mich darum kümmern, dass er auch ein Honorar bekam. Androsch hat es ihm als Finanzminister glatt verweigert. Warum, das weiß ich eigentlich nicht. Es ist mir ganz unerklärlich, warum Androsch das tat, es sei denn, dass er der Meinung war, dass Waldbrunner um diese Zeit bereits nicht mehr nützlich für ihn sein könnte. Sonst wäre es unverständlich. Wenn ich

schon dem Präsidenten eine großzügige Entschädigung anbiete, was der Fall war, dann muss ich das auch für unseren Vertrauensmann, nämlich den Vizepräsidenten, akzeptieren. Natürlich hatte der zweite Vizepräsident, Kunata Kottulinsky, dann auch dasselbe Recht.
Ich habe den Experten der verschiedenen Arbeitskreise aber nicht meine Ansichten inputiert, sondern ihnen gesagt, sie sollten ihre Meinungen frei aussprechen, die Zielsetzung wäre ein modernes Österreich. Und dieses umfassende Programm wurde in verschiedenen Gruppen erarbeitet. An diesen Sitzungen konnte ich immer nur sporadisch teilnehmen, weil ich ja die anderen Programme auch überblicken musste.
Was immer man über die Regierung Klaus sagt oder über die in ihr maßgebenden Persönlichkeiten, es handelte sich um untadelige Politiker. Dazu kam, dass der Regierung ein Mann wie Stephan Koren als Staatssekretär und später als Finanzminister angehörte, der aber damals noch keine ausgeprägte Politiker-Erscheinung war. Wahrscheinlich war es – wie schon einmal erwähnt – der größte Fehler der Volkspartei, dass sie sich nach 1970 nicht eines Mannes wie Koren in einer stärkeren politischen Position bediente. Aber er war nicht nach dem Zuschnitt konservativer Politiker, außerdem gab es in dieser Zeit den sogenannten »Korenschen Paukenschlag« mit diversen Steuererhöhungen.
Einer der Gründe dafür, dass die Jahre 1966 bis 1970 politisch so korrekt verlaufen sind, war der Umstand, dass die österreichischen Gewerkschaften eine ungeheure Machtstellung erlangten und in der Zwischenzeit die Bedeutung der sogenannten Sozialpartner stark zunahm. Ich habe einmal die Sozialpartnerschaft als eine Sublimierung – im psychoanalytischen Sinn – des Klassenkampfes bezeichnet. Das schien vielen österreichischen Beobachtern, wie immer beim Wort »Revolution« oder »Klassenkampf«, ein Rückfall in die Vergangenheit. Es ist interessant, dass ihnen dabei nicht auffiel, dass der neue Begriff, der von den Ökonomen in der ganzen Welt verwendet wurde, dasselbe zum Ausdruck bringt. Er lautete: »Die Verteilungskämpfe der Sozialpartner.« Das ist nur ein semantisches Manöver, das hier vor sich ging. In Österreich kommt dazu, dass zwischen den Sozialpartnern ein Mechanismus gefunden wurde, der gut funktionierte, weil es Verteilungsmöglichkeiten gab und man sich in der schon damals in einem gewissen Aufwärtstrend befindlichen österreichischen Wirtschaft sehr kostspielige harte soziale Auseinandersetzungen ersparen konnte. Aber das alles hätte vielleicht nicht so zu Buche geschlagen, wenn sich nicht

Der Beginn einer neuen Ära: das von Bruno Kreisky gebildete Minderheitskabinett auf dem Weg zur Angelobung bei Bundespräsident Franz Jonas.

gezeigt hätte, dass durch die außerordentliche Geschicklichkeit der Gewerkschaftsführer – Anton Benya, Johann Böhm, Anton Proksch, Franz Olah, Karl Maisel und zahlreicher anderer –, die in überlegener Weise ihre Auseinandersetzungen führten, unterm Strich für die österreichische Arbeiter- und Angestelltenschaft mehr herauskam als durch traditionelle Kämpfe, wie sie etwa in Italien und Frankreich geführt wurden.

Alles das hat mich schon in diesen Jahren immer wieder beschäftigt, und so habe ich die Meinung vertreten, dass die Aufgaben der Politik im Staat ganz andere geworden sind. Will man der Abwertung des Staates gegensteuern, muss man ihm Aufgaben geben, für die man sehr viele neue Menschen braucht, mit neuen Herausforderungen, aber eben echten neuen Aufgaben. Dem versuchte ich in zahlreichen Arbeitsgruppen gerecht zu werden. Normalerweise verfügen ja Oppositionsparteien nicht über ein derartiges Personal; es steht ihnen nur eine begrenzte Zahl von geliehenen intellektuellen Kräften zur Verfügung, die bei weitem nicht diese gewaltigen neuen Aufgabengebiete abdecken können. Das war das Neue am Wahlkampf 1970, und zwar sowohl in der Tech-

nik als auch in der Werbung, die ja in dieser Zeit der wachsenden Medienbedeutung notwendig war. Es war irgendwie typisch, dass wir die modernsten Kurzfilme herstellen konnten. Unser erster Vorspannfilm zeigte ein sich in die Lüfte erhebendes AUA-Flugzeug, was gleichzeitig auch einen gewissen, unbewusst patriotischen Effekt auslöste, ein hervorragender kurzer Vorspannfilm, der Rücksicht nahm auf jenes Publikum, das eben noch Kinos besuchte. Man sagte mir damals immer wieder, dass die Zahl derer, die ins Kino gehen, ständig abnehmen würde, doch ich war überzeugt, dass sich das bald ändern würde, weil das Kino ja auch ein Sicherheitsventil ist gegen den Zwang, in der Familie zu bleiben. Vor allem junge Leute konnten damals aus der Familie flüchten, und die Umstände, unter denen man einen Kinobesuch auch nebenbei gestalten kann, kamen jungen Menschen und dem Bedürfnis, beisammen zu sein, stark entgegen. Das war ja seinerzeit schon einer der Gründe für den Durchbruch des Films, wie ich es selbst erlebt habe.
Nun, ich schlug also eine Minderheitsregierung vor, weil ich meinte, dass man einen anderen Weg gehen müsste. Es war wichtig, zu sagen, dass die Wahlen einen so eindeutigen Entscheid gebracht hatten, dass die Wähler die Sozialisten regieren lassen wollten. Wenn das durch gewisse Abstimmungen, zu denen man im Parlament ja jederzeit in der Lage war, verhindert würde, dann müsste man den Parteien erklären, daß man das dann eben nicht als eine kurze Episode betrachten, sondern dass eine Nachentscheidung des Volkes angestrebt würde. Hier müsste man die Frage stellen, ob man nun den nächsten Schritt wünsche, nämlich die Sozialdemokraten in Österreich so stark zu machen, dass sie zum ersten Mal in ihrer langen Geschichte in die Lage versetzt würden, ihre Politik auf den Prüfstand zu bringen. Aber auch dafür benötigte man einen Partner, denn es müsste ja ein Parlament mit Mehrheit eine solche Entscheidung billigen. Und da kam uns ein Umstand zu Hilfe, der uns zu Gesprächen mit der Freiheitlichen Partei führte.
Die FPÖ hatte das dringende Bedürfnis, in Österreich ein Wahlsystem zu schaffen, das sie davor bewahrte, ständig »in der Luft zu hängen«. Alle diese Klauseln und Einschränkungen schienen mir auch undemokratisch zu sein, denn es soll ja nicht das Prinzip einer Wahl sein, kleine Wählergruppen zu nullifizieren. Das Ziel ist vielmehr eine aufgefächerte politische Skala, ein aufgefächertes politisches Spektrum.
Bei diesen Wahlen sind wir von zirka 42% auf 48% gestiegen, die Volkspartei ist von 48% auf 44% gefallen. Es war also ein Erdrutschsieg für

uns. Es hat uns aber, da wir ein Wahlsystem hatten, in dem gewisse Wahlkreise so eingeteilt waren, dass die ÖVP im Jahr 1966 auch mit diesen 48% eine starke Mehrheit von fünf Mandaten hatte, keine absolute Mehrheit gebracht. Wir haben dann das Wahlrecht den Freiheitlichen zuliebe geändert. Hätten wir es nicht getan, hätten wir zum Beispiel 1983 immer noch diese Mehrheit gehabt; wir haben es aber geändert, weil wir es seinerzeit den Freiheitlichen versprochen hatten. Es ist ja so, dass ich den Freiheitlichen in dieser kurzen Zeit der Minderheitsregierung nur konzediert habe, was wir ihnen schon früher in der Habsburgfrage versprochen hatten, nämlich einen Botschafter in Bonn, Wilfried Gredler, den Präsidenten des Rechnungshofes, das war Jörg Kandutsch, und als drittes ein Wahlrecht, das möglichst nahe an die Wahlgerechtigkeit kommt. Derjenige übrigens, der immer gegen ein solches System aufgetreten ist, glühend und in der zynischsten Weise, das war Helmut Schmidt. Ich erinnere mich, wie ich als Außenminister in den deutschen Bundestag kam, hat Helmut Schmidt mit großer Leidenschaft dieses britische Wahlrecht vertreten, weil es Majoritäten schafft. Ich habe damals gesagt, dass das erstens nicht stimmt, weil es schon zweimal ganz knappe Mehrheiten gegeben hatte, die nicht regierungsfähig waren, obwohl natürlich in der Stimmenzahl Ungerechtigkeiten herrschten. Mein zweites Argument war, dass man eine große Zahl der besten Leute in England, nämlich die liberalen Wähler, dadurch einfach ignoriert – und das kann sich ein Staat wie Österreich nicht leisten.
Das Wahlgesetz hatte also auch für uns positive Konsequenzen, wenngleich uns nach dem alten Wahlrecht auch im Jahre 1983 fast 48% der Stimmen, somit die absolute Mehrheit der Mandate, sicher gewesen wäre. Das neue Wahlsystem war sicher ein Opfer unsererseits. Ich bin also, wenn man so will, ein Opfer der eigenen Wahlrechtsreform geworden, aber bis heute bereue ich dieses gerechtere Wahlsystem nicht. Ich halte nichts davon, dass man die Politik im Nachhinein mit allen möglichen Mehrheitssurrogaten gestaltet, sondern man sollte es mit echten Mehrheiten probieren. Die Entwicklung gab mir auch recht, und bei einer Nachwahl am 4. Oktober 1970 in drei Wiener Wahlkreisen konnten die Freiheitlichen sogar ein weiteres Mandat dazugewinnen.
Meine ersten Regierungsdeklarationen nach den Wahlen 1970 und 1971 wurden nicht schweigend angehört, sondern waren unterbrochen von stürmischen Zwischenrufen, um mich daran zu hindern, sie zu Ende zu

Aktenberge ohne Ende: mit Kabinettschef Alfred Reiter in seinem Arbeitszimmer in der Armbrustergasse.

Das Kabinett Kreisky II – ein »Jahrhundertereignis«: Am 10. Oktober 1971 schafft Bruno Kreisky erstmals die absolute Mehrheit.

sprechen. So sehr ich mit den Menschen in der anderen Partei, der ÖVP, persönlich gut ausgekommen bin, so sehr haben sie mich auf diese Art unter Druck setzen wollen. Es war 1975 eine Spur besser, aber es war immer ein Riesengeschrei, jeder Satz, der irgendwie eine Angriffsfläche bot, wurde von der Volkspartei mit Zwischenrufen bedacht. Erst 1979 konnte ich meine Regierungserklärung relativ ruhig zu Ende führen. Das hat der ÖVP selbst am meisten geschadet, weil ja diese Ablehnung meiner Regierungserklärung und auch meiner Person in krassem Gegensatz zur Meinung des Volkes stand. Ich habe schließlich 1971 50,04% der Stimmen bekommen, 1975 50,41% und 1979 51,03%. Eine kluge ÖVP-Parteiführung hätte also erkennen müssen, dass sie nur von den Kreisky-Wählern her gewinnen kann. Mit heftigen Attacken auf Kreisky schadete sie sich selbst.

Apropos Kreisky-Wähler: An dieser Stelle sollen die Legenden über die Inseraten-Kampagne *G'schichten vom Dr. Kreisky* entkräftet werden. Der Hergang ist folgender: Der mir bekannte Rechtsanwalt Dr. Damian erschien bei mir mit Herrn Udo Proksch, um mir eine Liste von bekannten Schauspielern und im Ausland lebenden Österreichern zu übergeben, die meinen Verbleib als Bundeskanzler wünschten. Um nur einige von ihnen zu nennen: Achim Benning, Senta Berger, Adrienne Geßner, André Heller, Christiane Hörbiger, Friedensreich Hundertwasser, Curd Jürgens, Kurt Kalb, Erika Pluhar, Teddy Podgorsky, Marcel Prawy, Erich Sokol, Krista Stadler, Friedrich Torberg und Wilfried Zeller-Zellenberg.

Ich machte die Herren darauf aufmerksam, dass sich alle diese bekannten Künstler selber keinen guten Dienst erweisen, öffentlich als Testimonials aufzutreten. Sie würden es bitter zu bereuen haben. Ich bat sie, das den Betreffenden mit aller gebotenen Klarheit mitzuteilen. Ich sagte auch, dass eine derartige Wahlhilfe überschätzt würde, zudem kostete eine solche Annoncen-Kampagne Geld und ich müsste von der Voraussetzung ausgehen, dass dieses nur – das musste mir Dr. Damian als Rechtsanwalt eindeutig bestätigen – aus Quellen kommen könnte, die in keiner Weise anrüchig waren. Bei einem späteren Zusammentreffen teilte er mir mit, dass sich alle Beteiligten der von mir dargestellten Gefahr bewusst waren, aber dennoch dieses Risiko auf sich zu nehmen bereit wären. Sie wollten auch von sich aus für die Finanzierung aufkommen, wobei sich unter ihnen einige Künstler und andere Persönlichkeiten befanden, die ihren dauernden Aufenthalt im Ausland hatten. Unter diesen Umständen erklärte ich mich bereit, dieses Angebot anzunehmen und konnte mitteilen, dass aus dem Wahlfonds der Sozialistischen Partei ein Betrag von einer Million Schilling – auf Grund unserer Berechnungen die Hälfte der erforderlichen Kosten – zur Verfügung stünden. Dr. Damian versicherte mir, dass sich unter den Geldgebern niemand befände, der auf diesen Betrag jemals zurückkommen oder damit persönliche Interessen verbinden würde, was schon daraus ersichtlich sei, dass sie anonym bleiben wollten. Der Wunsch nach Anonymität ergebe sich daraus, dass es sich zum Teil um Leute handelte, die man als nicht der SPÖ nahestehend betrachten könnte, darunter auch einige Adelige, die man allgemein für konservativ halte und die durch diesen Schritt in keiner Weise mit der Sozialistischen Partei identifiziert werden wollten. Erst sehr viel später erfuhr ich – gegen die Verpflichtung, die Namen geheimzuhalten – einige der wichtigsten Spender. Es waren in der Tat einige »historische« Namen unter ihnen, aber kein Bauunternehmer. Wäre die betreffende Person heute nicht tot, so gäbe ich sogar einen Namen bekannt, der Erstaunen hervorrufen würde.

Aber um wieder auf das Thema zurückzukommen: Es war so, dass man mit Attacken auf meine Person sich selbst am meisten schadete. Die ÖVP-Landeshauptleute in Österreich hatten das schon länger erkannt. Sie wussten nämlich, dass wir in sechs Ländem entweder stärkste Partei waren oder Majoritäten hatten. Die ÖVP-Landeshauptleute erkannten also, dass sie ihr Wählerpotential nur steigern konnten, wenn sie die typischen Kreisky-Wähler gewinnen würden, also nicht die deklarierten Sozialdemokraten, sondern die Kreisky-Wähler. Und das war bei nationalen Wahlen immer ein Prozentsatz zwischen 5% und 8%. Es ist aber eine sehr heikle Frage, die zu beantworten ich persönlich am wenigsten geeignet bin, nämlich zu sagen, ob die Stimmen, die eine Partei bekommt, auf das Konto der Partei oder auf das Konto ihrer führenden Persönlichkeit gehen. Ich für meinen Teil glaube, dass die Sozialistische Partei in Österreich in guten Zeiten über einen sicheren Bestand von 45% der Wähler verfügte, in schlechteren Zeiten über zirka 42% bis 43%. Was darüber hinaus gewonnen wird, geht auf das Konto des Vertrauens, das die Menschen, ohne einer Partei besonders zugetan zu sein, den führenden Persönlichkeiten gewähren. Voraussetzung jedoch war, dass wir – wie ich es am Villacher Parteitag 1972 formuliert habe – »die Partei nach allen Seiten hin offen-

halten. Der Komplex der sozialdemokratischen Zielvorstellungen ist nicht unteilbar.
Denn es gibt viele, die mit uns ein großes Stück des Weges gemeinsam gehen wollen, die mit uns an der Lösung so mancher Fragen arbeiten wollen, ohne dass sie sich vorerst deshalb zur Gänze unseren Zielvorstellungen zu verschreiben wünschen.« Und wenn es wahr ist, dass es ein so hohes Maß an Vertrauen für mich gab, dann freute mich das natürlich, veranlasste mich aber nie dazu, dieses Verhältnis zwischen Parteistimmen und persönlich gewonnenen Stimmen in irgendeiner Form zu benutzen. Dieses Vertrauen in eine Person gibt es aber nicht nur bei uns, das hat es auch anderswo immer wieder gegeben. Das war so in Deutschland zur Zeit Konrad Adenauers ebenso wie zur Zeit Helmut Schmidts, das traf auf François Mitterrand in Frankreich zu und stimmt auch für viele kleinere Länder. Es gibt eben neben der politischen Entscheidung des Staatsbürgers für eine Partei noch eine psychologische Entscheidung, die daraus entsteht, dass man zu gewissen Menschen mehr, zu anderen weniger Vertrauen hat. Das wird in die Waagschale geworfen und zählt.
1971 trat dann das ein, was ich immer angekündigt hatte, auch in meinem ersten Regierungsprogramm 1970: »Sollte jedoch eine solche umfassende Wahlreform nicht möglich sein, dann hat die Bundesregierung die Absicht, Maßnahmen vorzuschlagen, die im Rahmen des Artikels 26 der Bundesverfassung ein gerechteres Ermittlungsverfahren zum Ziele haben und die Zustimmung des Nationalrates finden«, das heißt, wir würden die Wähler auffordern, klare Verhältnisse zu schaffen. Und so kam es am 10. Oktober 1971 zu einer absoluten Mehrheit der Sozialistischen Partei im österreichischen Parlament, ein Jahrhundertereignis in der österreichischen Demokratie, aber auch für viele Parteien in anderen europäischen Ländern, vor allem, wenn man berücksichtigt, dass es eine Wahlbeteiligung von 92,7% gab, was wirklich einzigartig war. Das war 1971, ich war genau 60 Jahre alt und mir darüber im Klaren, dass ich, wenn ich meine Gesundheit einigermaßen erhalten konnte und meine Partei damit einverstanden war, diese Aufgabe bis zu meinem 68. Lebensjahr, also bis 1979, übernehmen wollte. Das war die damals ausgedehnte Altersgrenze, länger wollte ich jedenfalls nicht regieren und konnte mir auch nicht vorstellen, dass die Partei eine solche Ausnahme bestätigen würde.
Damit aber ist auch jenes Argument *ad absurdum* geführt, das da lau-

Auf die gute Zusammenarbeit mit den Gewerkschaften wird Wert gelegt: mit Anton Benya und Josef Staribacher (Mitte) vor dem Rathaus, 1. Mai 1972.

tete, ich hätte mich von der Macht nicht trennen können, wodurch der Gegensatz zum nachdrängenden Androsch entstanden wäre. Das ist auch deshalb falsch, weil ich schon sehr bald, um 1975 herum, sehr deutlich zu verstehen gab, dass ich eben Androsch als meinen Nachfolger betrachtete, der auch am 1. Oktober 1976 zum Vizekanzler bestellt wurde. Das trug mir großen Verdruss bei den älteren Mitgliedern der Regierung ein. Androsch war damals 38 Jahre alt. Es schienen sich zu dieser Zeit bereits gewisse Gegensätze anzudeuten, weil er trotz meiner Entscheidung, ihn zum Vizekanzler zu nominieren, seinen 40. Geburtstag mit Freunden verbrachte, die zum Großteil in der Partei unbekannt waren, und die Festrede von Gerd Bacher gehalten wurde. Ich selber habe mich, da ich eingeladen war, zu Wort gemeldet und gemeint, so schlecht wäre er nicht behandelt worden. Ich führte einige Beispiele an, wie ich ihn im Gegensatz zu anderen für das frei gewordene Mandat eines stellvertretenden Parteiobmanns vorgeschlagen hatte, jüngst für den Vizekanzler. Was ich allerdings nicht anführte, war, dass Androsch selbst zu mir gekommen war und mich gebeten hatte, ihm den Weg zum Präsidentenposten der Nationalbank frei zu machen.

Abfahrt zu einem Staatsbesuch in Polen, 1972: Bruno Kreisky mit Kabinettschef Alfred Reiter, rechts Finanzminister Hannes Androsch.

Das konnte ich nicht akzeptieren. Letztlich entschloss ich mich, mit Stephan Koren zu sprechen und ihm mitzuteilen, dass ich mich bemühen würde, die Sozialistische Partei zu einem Sprung über den eigenen Schatten zu überreden, um Koren zum Präsidenten der Nationalbank zu machen.

Meine Frau sagte immer, ich wäre viel zu leichtgläubig. Ich habe tatsächlich kaum Misstrauen. Es ist nicht so sehr dumme Leichtgläubigkeit, sondern ich bin ganz einfach überzeugt, dass man jedem Menschen eine echte Chance geben muss. Ich behaupte, dass ich eine ganz gute Menschenkenntnis habe, dass ich aber dennoch da und dort, wissend um das Risiko, ein Risiko eingehe. Ehe ich einem Menschen Unrecht tue, indem ich seine Fähigkeiten abwerte, bin ich bereit, ihm größere Fähigkeiten zuzugestehen. Ich habe mich geirrt bei einem Menschen, aber ich habe mich auch sehr viel häufiger nicht geirrt – und das zählt, die Bilanz, der Saldo. Per Saldo habe ich in der Regel gute Leute gefunden, auch deshalb, weil ich ihnen eine Entwicklungsmöglichkeit geboten habe. Viele haben geglaubt, der Androsch sei ein Risiko, ich war aber überzeugt, dass er keines ist. Viele haben gemeint, der Gratz sei

sehr fähig, aber ist er ein Minister? Er war ein guter Unterrichtsminister. Und es gibt Leute, bei denen man nicht verstanden hat, warum ich sie genommen habe, doch sie haben sich bewährt. Es gibt natürlich auch einige, wo ich fehlgeurteilt habe. Aber eines kann ich sagen: Die Fehlgriffe, die ich gemacht habe, waren immer bei Leuten, die mir andere eingeredet haben, wo ich mich auf das Urteil von anderen ein bisschen zu sehr verlassen habe. Zum Beispiel bei dem Kurzzeitlandwirtschaftsminister Johann Ollinger. Er wurde mir empfohlen von Leuten, auf deren Urteil ich viel gegeben habe. Auch bei Ingrid Leodolter, sie machte einen glänzenden Eindruck und soll trotz bescheidener Mittel eine glänzende Organisatorin im Spital gewesen sein. Sie wurde mir also sehr ans Herz gelegt. Ich kann auch nicht nur die Leute aussuchen, die ich für richtig halte. Hier muss ich gerecht sein, und ich suche mir keine bequemen Mitarbeiter aus, sonst hätte ich mir nicht Rudolf Häuser als Vizekanzler genommen, das ist ja meine Idee gewesen. Die Gewerkschaften haben ihn zum Sozialminister vorgeschlagen, aber ihn zum Vizekanzler zu nehmen, das war die große Überraschung für meine Freunde, besonders, weil ich von den Problemen wusste, die manche mit der Gewerkschaft hatten. Deshalb also nahm ich einen Mann, der das maximale Vertrauen des Gewerkschaftsbundes genießt. Jeder weiß, dass sehr viele Entscheidungen von Benya heftig bekämpft wurden, die Altersgrenze, meine eigene Wahl und noch manches andere. Ich war nicht unbeteiligt, dass der eine Präsident des Nationalrates (Benya) und der andere Vizekanzler (Häuser) geworden ist.
Noch ein Wort zu den Gewerkschaften: Ich bin zwar kein Mann aus der Gewerkschaft, aber ich wurde von Johann Böhm und Anton Proksch Vizekanzler Scharf als Staatssekretär vorgeschlagen. Alle Funktionen, die man mir unmittelbar nach dem Krieg anbot, wurden mir von den Gewerkschaften offeriert. Es wäre eine riesige Erleichterung für Böhm gewesen, wenn ich Arbeiterkammer-Direktor geworden wäre, weil er sich mit dem damaligen Präsidenten der Wiener Arbeiterkammer, Karl Mantler, schwertat. Und die BAWAG machte mir das Angebot, in der Arbeiterbank anzufangen, mit der »Anhoffnung«, wie es so schön heißt, dann einmal dort Direktor zu werden. Ich bin auch sehr befreundet mit den Eisenbahnern, die die ersten waren, die mir gratulierten und die auch geschlossen für mich waren; ich verstehe mich gut mit einem großen Teil der Metallarbeiter, die die Versöhnung zwischen Benya und mir verlangten, was dann auch in aller Form

draußen in der Metallarbeiterschule geschehen ist. Ich bin sehr gut mit den Bauarbeitern, war es immer und bin es bis heute, ich bin sehr gut mit einem Großteil der wichtigen Angestellten-Vertrauensleute, sehr gut mit der Postgewerkschaft, sehr gut mit dem Handelsarbeiterverband. Ich bin eigentlich mit allen Gewerkschaftern sehr gut. Viele von ihnen konnte ich auch als Abgeordnete durchsetzen.

1974, als die Metallarbeiter in Österreich tatsächlich einmal für den kommenden Montag einen Streik ankündigten, erfuhr ich zwei Tage vorher davon, am Samstag. Am Sonntag Abend sollte ich nach Amerika fliegen, um Präsident Ford am 12. November zu besuchen. Dieser erste große Streik in Österreich wurde übrigens von Benya, dem sagenumwobenen Benya mit seiner Sozialpartnerschaft, der ja auch der Vorsitzende der Metallarbeitergewerkschaft war, ausgerufen. Ich habe damals Benya ganz vorsichtig gefragt: »Ja, glaubt's ihr denn nicht, dass ich jetzt eigentlich dableiben sollte, denn schließlich bin ich der Repräsentant der Bundesregierung und kann doch nicht fahren, wenn ihr da einen Riesenstreik anfangt's am Montag. Vielleicht sollt' ich doch am Samstag und Sonntag einen Vermittlungsversuch machen.« Es ist ganz bezeichnend, dass beim englischen Bergarbeiterstreik und beim deutschen Metallarbeiterstreik die Regierungen nicht versucht haben, zu vermitteln. Ich war aber dazu bereit, und ich habe gespürt, dass Benya zugestimmt hat. Ich habe also den Unternehmervertreter Rudolf Sallinger angerufen und gesagt: »Du, Herr Kammerpräsident, ich glaube, wir müssen uns beide bemühen, dass die wieder miteinander reden, die Verhandlungsgruppe der Unternehmer und die der Metallindustrie. Mach ma' des miteinander, dann schaut das besser aus. Benya kann nicht, weil er involviert ist, und Du kannst Dich da als Kammerpräsident etwas freier bewegen.« Sallinger hat das natürlich sehr imponiert, hier dabeisein zu können.

Wir haben dann auch den Streik verhindert, und ich habe allen Beteiligten dasselbe gesagt, was ich seinerzeit den Südtirolern gesagt habe: »Ihr geht also vom Verhandlungstisch weg und wisst doch ganz genau, dass ihr wieder zurückkehren müsst. Wozu geht's ihr dann weg; bleibt's halt noch beinand.« Das ist etwas, was ich aus dieser österreichischen Welt heraus erlebt habe. Und wenn es genügend Bereitschaft gegeben hätte, miteinander zu reden, so hätte es in vielen Fragen eine andere Lösung gegeben, das könnte ich an einer ganzen Reihe von konkreten Problemen in der alten Monarchie zeigen. Es ist so einleuchtend, dass

Leute, die an den Verhandlungstisch gewöhnt sind, wissen, dass sie, wenn sie weggehen, wieder zurückkehren müssen. Denn in dem Moment, wo die Menschen am Tisch sitzen, wird es furchtbar schwer für sie, einfach wegzugehen. Da gibt es eine geteilte Meinung, und nichts ist wichtiger, als in bestimmten Situationen geteilte Meinungen zu provozieren. Denn einheitliche Meinungen sind immer gefährlich. In starren Fronten muss es geteilte Meinungen geben. Das ist eine Strategie, die man herbeiführen muss, so wenig sie manchen Leuten sympathisch ist. Man muss, wenn man überzeugt ist, dass das der richtige Weg ist, verhindern, dass es starre Fronten gibt, weil das die Verhandlungsbereitschaft von innen stört.

In unseren Breitengraden versteht man unter sozialer Demokratie ein Synonym für »menschlich« das ist aber nicht richtig, sozial ist die Gesellschaft. Die Gesellschaft, in der wir leben, besteht nicht nur aus der Sphäre der Politik, sie besteht aus vielen Sphären, die sich übereinanderschieben, die nebeneinander bestehen, so wie die Sphäre der Wirtschaft und die der Kultur. Das Geheimnis ist, dass sie immer wieder die Tendenz haben, sich ineinander zu integrieren, das macht die Sache so kompliziert.

Gleichzeitig aber motiviert dies auch unsere politische Grundhaltung, das heißt, wir wollen die gesellschaftliche Demokratie verwirklichen, weil wir immer deutlicher erkennen, dass die politische Demokratie ja gar nicht mehr ausreicht. Ich habe mich seinerzeit gegen den Kelsenschen Satz von der Dominanz des Parlaments, der Exklusivität des Parlamentarismus, gewandt und gemeint: Das Parlament ist längst nicht mehr die Instanz, sondern eine Instanz. Was wir jetzt in den nächsten Jahren tun müssen, zugleich auch die Aufgabe, die ich mir selber stelle, ist, neue demokratische Elemente in unser gesellschaftliches Leben einzuführen.

Dazu ein Beispiel: Wir haben vier große Eisen- und Stahlwerke vereinigt, zirka 70.000 Menschen arbeiten in einem gigantischen Konzern. Ich gebe zu, ich hatte große Angst vor diesem Gedanken. Ich habe sogar dagegen Stellung bezogen. Letztlich bin ich zu einer anderen Auffassung gelangt, auch geleitet durch Expertenmeinungen, dass »die organisatorische Struktur der vier Gesellschaften von Grund auf neu gegliedert werden muss, um die notwendigen Änderungen durchzuführen und das gesunde Wachstum der gesamten Stahlindustrie sicherstellen zu können. (...) Die derzeitige Gliederung in vier Gesellschaften und die

Die tägliche Telefon-Stunde in einem Nebenzimmer des Kanzlerbüros, 1976.

sich daraus ergebenden kleinen Einheiten der einzelnen Gesellschaften sind ein klarer Nachteil, verglichen mit dem Konsolidierungstrend in Westeuropa.« Ich weiß, dass wir, wollen wir die Arbeitsplätze dieser 70.000 Menschen gewährleisten, wollen wir eine expandierende Wirtschaft haben, diesen Weg gehen müssen, weil er überall gegangen wird. Er ist logisch und wirtschaftlich leicht zu argumentieren. Aber dabei entstehen auch ungeheure Fragen, mit denen sich bis jetzt niemand beschäftigt hat. Eine Frage ist zum Beispiel: Reicht die Kontrolle aus, die denjenigen gegenüber wirksam werden soll, die diesen gigantischen Konzern leiten? Reicht das Aktiengesetz aus, um zu prüfen, ob die Menschen, die ungeheure Kommandogewalt besitzen, auch ihre gesellschaftliche Verpflichtung kennen? Die gesellschaftliche Verpflichtung lernt man meines Erachtens am ehesten kennen, wenn einen die gesetzlichen Bestimmungen sicherheitshalber dazu veranlassen. Es gibt ja auch Leute, die nicht stehlen, nicht deshalb, weil es in den Zehn Geboten steht, sondern weil sie einfach *a priori* keine Diebe sind, und es gibt Leute, die nicht stehlen, weil es verboten ist. Es gibt also sehr verschiedene Gründe, warum sich Menschen menschlich verhalten. Sie können es tun, weil sie einem Moralgesetz oder weil sie einem papierenen Gesetz verpflichtet sind.

Ich komme jetzt also zum Problem: Wenn ich als Sozialdemokrat eine solche Konstruktion zu schaffen entschlossen bin, muss ich mir gleichzeitig Gedanken darüber machen, wie die gesellschaftsrechtlichen (im Sinne von Aktiengesellschaft) Voraussetzungen neugestaltet werden müssen, damit die gesellschaftliche Verpflichtung von den Managern dieses gigantischen Unternehmens erkannt und anerkannt wird, was viele nicht tun. Sie tun das nicht deshalb, weil sie schlechte Menschen sind, sondern sie sind der Meinung, dass, wenn wir gut wirtschaften, soundsoviele Hochöfen in einem anderen Landesteil stillgelegt werden müssen. Was dann aber mit den Arbeitern geschieht, das ist nicht ihre Sache.

Wir müssen uns weiters die Frage vorlegen: Genügt das Betriebsrätegesetz, dass Vertreter der Belegschaft im Aufsichtsrat sind? Bedarf es nicht einer neuen Einrichtung, einer neuen Institution, die den dort beschäftigten Menschen zumindest ein Minimum an Mitbestimmung sichert, auf dem sich dann aufbauen lässt? Warum sage ich Minimum? Weil ich fürchte, dass man, wenn man nach dem Maximum strebt, scheitern wird. Warum also nicht experimentieren, das haben wir

ja auch oft praktiziert; man fängt mit einem Minimum an Mitbestimmung an und baut diese Mitbestimmung entweder durch Gesetze oder *de facto* aus.
Das schwedische System, wie es im Myrdal-Report vorgezeichnet ist, orientiert sich ausschließlich an der schwedischen Entwicklung, so dass offen bleibt, inwieweit man sich den Konklusionen anschließen muss oder nicht. Für Österreich scheint mir das alles deshalb nicht so ohne Weiteres akzeptabel zu sein, weil wir, um unsere Ziele zu verwirklichen, eine viel reichere Gesellschaft brauchen. Österreich muss viel reicher werden, um mehr tun zu können. Die Vorstellung, dass man nur den Reichen etwas wegnehmen und es unter den Armen verteilen muss, hat sich in der Wirklichkeit als Illusion entlarvt. Zum einen ist die Zahl der Reicheren nicht klein, zum anderen gibt es bei uns aber nicht mehr so reiche Leute, dass die ausreichen würden, hier echte gesellschaftliche Formen zu finanzieren. Es bleibt eine alte Wahrheit, dass die Quelle des Reichtums der Menschen die menschliche Arbeit ist, und ohne sie kann auch Österreich nicht reicher werden. Es muss also eine Maximierung des Arbeitseinsatzes geben.
Ich komme daher zurück zum Ausgangspunkt: Wir tun uns jetzt viel leichter, Antworten zu geben, und es ist richtig, diese Antworten zu verlangen. Ich will aber nicht leugnen, dass man auch falsche Antworten geben kann. Aber ob diese Antworten falsch sind, wird sich erst herausstellen. Denn das, was mich in der Sozialdemokratie immer wieder zum Zweifler gemacht hat, war das Apodiktische der Antwort. Und je weiter man von der Verwirklichung entfernt war, desto apodiktischer war die Antwort. Das und das ist das Problem, es wird so und so überwunden. Ob es nun eine echte Überwindung des Zustandes brachte, dieser Beweisführung war man entbunden, weil man keine Gelegenheit hatte zu regieren.
Ich bin aber nicht abgerückt von der theoretischen Politik oder von der Politik, die von der sozialdemokratischen Theorie ausgeht, doch ich betrachte diese Katalogisierung als falsch. Ich bin der Meinung, dass eine gute Praxis, eine gute pragmatische Politik ohne theoretische Grundeinsichten einfach nicht denkbar ist. Der theoretische Unterbau besteht dabei darin, dass wir nach wie vor in einer Gesellschaftsordnung leben, die in höchstem Maße labil ist, in der das Schicksal der Menschen labil ist, in der sie sehr stark Mächten ausgeliefert sind, auf die sie selber keinen Einfluss haben, und in der es ein solches Maß an Ungleich-

heit gibt, dass das Streben nach einem Mehr an Gleichheit eine durchaus brauchbare Arbeitshypothese ist. Ich bin der Meinung, dass wir in unserer Erziehungspolitik die Idee der Solidarität verwirklichen müssen. Die alten Grundauffassungen »Jeder ist sich selbst am nächsten« oder »Jeder ist seines Glückes Schmied« – alle diese vulgären Auffassungen entspringen einer kapitalistischen Gesellschaftsmentalität und hören sich manchmal sehr heroisch an. Der Mensch ist nun einmal ein vergesellschaftetes Wesen, was nicht bedeuten muss, dass er gleichzeitig ein geselliges Wesen ist, und diesem Umstand muss unsere Erziehung Rechnung tragen. Auf das Moralische übertragen heißt das: Der Mensch muss erzogen werden, dass er für den Nebenmenschen da ist. Das soll sich aber nicht in irgendeiner weltfremden Heilsarmee-Mentalität ausdrücken, dazu sind die Menschen weder da noch vorbereitet, sondern in einer sehr handfesten, intellektuell möglichst einsehbaren Form. Der Einwand, dass das nicht sozialistisch gedacht ist, stimmt nicht. Das ist für mich eben die Summe aller dieser Ansichten, und daraus ergeben sich sehr konkrete Fragen: Wie kontrolliere ich die moderne Industriegesellschaft? Wie kontrolliere ich die moderne Bürokratie? Das alles sind Fragen mit dem Ziel, die Menschen freier zu machen.

Wir wissen wenig um die Unfreiheit, die wir haben werden. Aus Angst vor der Unfreiheit von morgen die Unfreiheit von heute nicht zu bekämpfen, scheint mir ähnlich zu sein wie das Beispiel eines Menschen, der aus Angst vor dem Tod Selbstmord begeht. Denn das ist Selbstmord an der Individualität. Auch hierfür gibt es ein Beispiel: Die kommunistischen Staaten verfügten über eine Art Industriegesellschaft. Das kann man nicht bestreiten. Sie hatten industrielle Einrichtungen, vielfach sogar sehr moderne, sie konnten auf den Mond fliegen. Es zeigt sich also, dass es für einen sehr weiten Gedankenflug nicht unbedingt der Freiheit bedarf. Die Vorstellung, dass nur in einer freien Gesellschaft großartige Erfindungen oder Entdeckungen gemacht werden, hat sich als Illusion erwiesen. Der Sputnik ist zuerst im kommunistischen Russland erfunden worden und seine Nachfahren erst viel später im kapitalistischen Amerika. Trotzdem kann man sagen, dass es in den kommunistischen Staaten – und dort ist es am deutlichsten, weil sie postulierten, dass es das gibt – keine Kontrolle derjenigen gab, die den Wirtschaftsapparat lenkten, außer von der Spitze her. Es gab nicht die geringste Kontrolle derer, die im politischen Leben wirkten, weil es

Im Wohnzimmer in der Armbrustergasse.

nicht das geringste Maß an Mitbestimmung gab. Und es gab auch keine Voraussetzungen, eine solche zu entwickeln. Wie schlecht unsere Gesellschaftsordnung auch sein mag, wie mächtig auch *Pressuregroups*, Lobbys und andere sein können, es gibt jedenfalls die Voraussetzungen für eine solche Kontrolle, und sie müssen wahrgenommen werden. Das ist eine Politik, die ununterbrochen versucht, die Demokratie auszuweiten – und man hält die Demokratie nur am Leben, indem man sie in Bewegung hält. Das alles kennzeichnet eben unsere politischen Ansichten. Es ist vollkommen falsch, einen modernen demokratischen Sozialisten heutiger Prägung danach zu beurteilen, wie er es mit gewissen Marxschen Grundsätzen hält. Das ist keine soziale liberale Haltung meinerseits, es hat mit Liberalismus überhaupt nichts zu tun. Der Liberalismus ist ausgezogen, die Freiheit des Menschen zu postulieren. Er ist gescheitert, weil er das primär im wirtschaftlichen Bereich nicht erreichen konnte, und davon leitet sich so vieles ab. Und der Kommunismus ist ausgezogen, die Freiheit des Menschen durch die Diktatur des Proletariats zu verwirklichen. Er ist gescheitert, weil aus der Diktatur des Proletariats die Diktatur über das Proletariat geworden ist. Die Diktatur kann diese Freiheit nicht gewährleisten, weil sich der Diktaturapparat immer weiter verfestigt und nicht abstirbt. Das alles sind Erkenntnisse. Nur die Demokratie ist mehr oder weniger ewig, weil sie in sich Werte enthält, die eine Entwicklung erlauben. Weder der starre wirtschaftliche Liberalismus vom Starken, der den Schwachen besiegt, hat Elemente der Pazifizierung der Gesellschaft in sich noch der Kommunismus. Nur die Demokratie hat Entwicklungsmöglichkeiten unabsehbarer Art. Ich maße mir nicht an, dass ich sie bis zum Ende der Tage prognostizieren kann, doch ich erachte es für richtig, dass ich mich in meiner Politik viel stärker von diesen Grundsätzen leiten lasse. Wenn ich »meine Politik« sage, dann meine ich, dass das die Politik der Sozialdemokratie in dieser Phase ist. Denn nicht ich erfinde die Politik, sondern sie ist das Ergebnis einer inneren Auseinandersetzung, einer Diskussion.

Es gibt noch heute in gewissen Bevölkerungsschichten Angst vor der Sozialdemokratie, die sich vor allem auf die Negierung des Eigentumsbegriffs gründet. Dazu möchte ich folgendes festhalten: Der größte Enteigner in der modernen Geschichte ist die kapitalistische Gesellschaftsordnung, in der ununterbrochen enteignet wird. Es wird enteignet im Konkurrenzkampf. Der Unterlegene, der gezwungen ist, zuzu-

sperren, wird enteignet. Er hat Kapital investiert, kann nicht mit, weil die anderen größer sind. Er verliert das, was er eingesetzt hat und muss froh sein, wenn er seine Schäfchen ins Trockene bringt, sonst muss er sich selbst verdingen. Das erleben wir ununterbrochen. Dauernd gehen Leute zugrunde, weil sie im Konkurrenzkampf nicht bestehen. Das gilt sogar als eine höhere Moral. Innerhalb meiner Partei gibt es Ökonomen, die auch der Meinung sind, dieses Prinzip wäre verstärkt zu verwirklichen. Darüber möchte ich jetzt aber nicht sprechen. Enteignet wird durch die Spekulation ununterbrochen auch derjenige, der Aktien kauft. Denn niemand kann mir einreden, dass, wenn es einen riesigen Börsenkrach an der New Yorker Börse oder anderswo gibt, von einem Tag auf den anderen die Aktien großer Unternehmungen weniger wert sind. Die Börse lebt geradezu von der Enteignung der einen Gruppe, und die Spekulation besteht in der Enteignung.
Es geht also ein permanenter Enteignungsprozess vor sich. Es werden Werte wertlos gemacht, dann eignet man sie sich billig an; es werden Gründe wertlos gemacht, genauso, wie sie andererseits ungeheuer aufgewertet werden. Ich behaupte nun, für die moderne Sozialdemokratie ist gar nicht ihre Haltung zum Eigentum entscheidend, sondern grundsätzlich ist wichtig, wie Eigentum, das Macht verleiht, kontrolliert, wie es pazifiziert wird. Wenn zum Beispiel aus einer besonderen Monopolsituation heraus ungeheure Spekulationsgewinne an Grund und Boden entstehen, die den Wohnungsbau beeinflussen, muss die Gesellschaft in der Lage sein, zu sagen: »Du hast das als Eigentum gehabt, das respektieren wir, aber das bedeutet nicht, dass du einen Spekulationsgewinn daraus ableitest, was viele Leute für selbstverständlich halten.« Es muss durch ein geordnetes, rechtlich wohlbegründetes und approbiertes System der Wert fixiert werden, der natürlich ein theoretischer ist, sich aber im Wirtschaftsleben festschreiben lässt. Jeder Richter muss Dinge bewerten. Und so, wie der Richter in der Lage ist, einen Schadensersatz zu fixieren – denn er muss ihn ja schließlich feststellen, nicht der Anwalt desjenigen, der ihn fordert –, so sollen auch andere Gremien das Recht haben, zu sagen, das ist der wahre Wert der Sache, dieser Wert wird vergütet. Das Spiel von Angebot und Nachfrage ist auf dem Markt längst *ad absurdum* geführt, denn die großen Gesellschaften haben Konventionalpreise, und es zeigt sich, dass praktisch alle Automobile der gleichen Gattung gleich teuer sind. Warum? Weil das ausgemacht wurde.

Die »Idee der Solidarität« muss politisch verwirklicht werden: Begegnung mit einem Tiroler Bauern während des Wahlkampfs 1975.

Ja, die Angst vor der Verstaatlichung, vor der Vergesellschaftung ist real, aber die Enteignung uns anzuhängen, ist nicht richtig. Ich halte dagegen, dass wir umlernen müssen. Enteignung als Prinzip ist meiner Meinung nach auch nicht mehr begründet, und ich leugne nicht, dass ein gewisses Maß an Eigentum auch ein gewisses Maß an Unabhängigkeit bringen kann. Wer also zum Beispiel spart und so hohe Ersparnisse hat, dass er sich in einer bestimmten Krisensituation ein bisschen helfen kann, der verfügt über ein gewisses Maß an Unabhängigkeit. Ein Haus zu besitzen, das schuldenfrei ist, macht einen unabhängiger von den Bewegungen auf dem Wohnungsmarkt, bedeutet aber nicht, dass man frei ist. Denn in Kärnten hat sich gezeigt, dass durch das Zusperren

eines Bergwerkes die Wohnhäuser ihren Wert verloren haben, weil dort eben niemand hinziehen will. Das ist alles relativ. Aber trotzdem bekenne ich gerne, dass ein gewisses Maß an Eigentum eine mehr oder weniger relative Freiheit erlaubt. Ich glaube auch, dass dieser Eigentumsbegriff innerhalb des Sozialismus nie so eine Abwertung erfahren hätte, hätte man es für möglich gehalten, dass auch Lohnarbeiter mehr als ihre Arbeitskraft besitzen. Auch das hat sich gezeigt. Das ist aber ein Prozess, an dem die Sozialdemokratie maßgeblich beteiligt war, denn ohne die hundert Jahre sozialdemokratischer Gewerkschaften hätte man diesen Enteignungsprozess nicht aufhalten können. Wir sehen ja, dass es ihn heute noch in ungeheurem Maß in Lateinamerika gibt.
Nun zur Frage, ob ein gewisses Bekenntnis zum Eigentum auch die Einsicht bedingt, dass die Verstaatlichung, die Vergesellschaftung ihre Grenzen haben muss. Hier kommt es darauf an, was man darunter versteht. Ich selber bin zum Beispiel der Meinung, dass die Planwirtschaft, soweit sie von der Sozialdemokratie vertreten wird, ihrer Substanz nach eine ganz andere ist als die, die die Kommunisten vertreten. Es ist auch so, dass man das Wort »Plan« heute akzeptiert. Wir wenden uns ab von der Verachtung diesem Begriff gegenüber und sprechen von Raumplanung, Umweltplanung usw. Wir anerkennen, dass es eine Planung geben muss. Ich bin der Meinung, dass wir Sozialdemokraten nicht aus einem billigen Opportunismus heraus in dem Augenblick die Planungsidee aufgeben dürfen, in dem die bürgerliche Welt diese Idee aufgreift. Wir haben nur diese Planungsidee mit unserem Inhalt zu füllen, zum Beispiel: Wir planen eine Industrieregion und zeigen, wie wir uns das vorstellen. Wir lassen der freien Initiative innerhalb der Planungsgrenzen einen größeren Spielraum, als sie ihn dort hätte, wo es eine schlechtere Infrastruktur gibt, und wir werden die Industrialisierung des Donauraumes planen, wir werden die Grenzgebiete planen. Ich bekenne mich also zur Planungsidee, nenne das aber nicht Planwirtschaft, weil das ein falscher Ausdruck ist. So wie ich mich auch zu dem Prinzip bekenne, dass die großen Eisen- und Stahlwerke vergesellschaftet sein sollen, Gott sei Dank sind sie es in Österreich ja schon. Ich bin glücklich, dass ich nicht vor dieser schweren Aufgabe stehe, weil das schon meine Vorgänger besorgt haben. Ich bin auch fest davon überzeugt, dass sich niemand bei Rheinstahl oder anderen Werken in Deutschland und Frankreich die Gedanken macht, die ich mir bezüglich der Fusionierung der Eisen- und Stahlindustrie in Österreich

gemacht habe. Jedenfalls der Eigentümer nicht. Aber der Eigentümer Staat, in diesem Fall die Sozialdemokratie, macht sie sich. Ich bin sogar fest davon überzeugt, dass, würde der Eigentümer nicht sozusagen die Exekution über das Eigentum einer sozialdemokratischen Regierung übertragen, es auch die ÖVP nicht machen würde, außer sie wäre von den Gewerkschaften und der Sozialdemokratischen Partei unter einen eisernen Zwang gestellt.

Um nun auf die Wahlen zurückzukommen: Wir haben im Jahr 1979 den größten Wahlerfolg gehabt, den jemals eine Partei in Österreich errungen hat. Wir haben über 51% der Wählerstimmen bekommen. Und das, obwohl es in der Partei damals schon eine starke, für viele sichtbare Spannung zwischen dem damaligen Finanzminister und mir gab. Diese Spannung war so deutlich, dass nicht nur Androsch hoffte, sondern sogar manche Minister, na ja, fast möchte ich sagen, wünschten, dass die 79er-Wahl nicht so erfolgreich sein sollte. Vor allem einer wünschte sich das, weil er in der Presse vielfach als der nächste Kanzler einer Großen Koalition annonciert wurde, was seinen Ehrgeiz jedenfalls beflügelte. Er gab sich der Hoffnung hin, dass Taus in dieser Wahlauseinandersetzung der Stärkere sein würde, was aber nicht der Fall war. Es kam zu einer schweren Niederlage von Dr. Josef Taus, der ja bereits 1975 – nach dem tragischen Tod von Karl Schleinzer – gemeinsam mit Dr. Erhard Busek als ÖVP-Generalsekretär eine Wahl verloren hatte.

Die Nationalratswahlen von 1983 brachten 3,5% Verluste, aber es gab so viele Erklärungen dafür, dass sie – wie ich gerne sage – einen 10%igen Verlust hätten rechtfertigen können. Erstens einmal: Mehr als mein Alter war meine Krankheit das Gesprächsthema. Ich war in der Tat schwer krank und habe dennoch meine Aufgaben, manchmal mühevoll, aber ohne Schonung erfüllt. Die letzte große Massenversammlung hielt ich in Zeltweg ab, einen oder zwei Tage vor den Wahlen und direkt von der Dialysemaschine weg. Der Widerhall, den ich dort bekommen habe, hat jedenfalls gezeigt, dass es gelungen war, zu dissimulieren, das heißt, mich als gesunden Menschen darzustellen, was sicher nicht den realen physischen Verhältnissen entsprochen hat. Der erste Grund dafür, dass wir verloren haben, ging also auf meinen Krankheitszustand zurück. Manche meinten wahrscheinlich, dass ich, würden sie mich wählen, nur für kurze Zeit im Amt bliebe und mich dann zurückziehen müsste.

Zum zweiten haben wir einige Wählerstimmen verloren, weil es den Medien gelungen war, den Österreichern und Österreicherinnen eine

gigantische Wahllüge zu verkaufen, nämlich, dass ich, wenn ich gewählt würde, die Absicht hätte, 20% der ersparten Gelder für den Staat in Anspruch zu nehmen, während es in Wirklichkeit 20% des Zinsertrags waren, der damals weit über der Inflationsrate lag. Die Durchschnittsverzinsung auf Sparkonten lag 1983 bei 5,26% (1982: 6,59%), die Inflationsrate betrug 3,3% (1982: 5,4%). Die geplante »Quellensteuer«, oder besser »Zinsertragssteuer«, wurde deshalb in Aussicht genommen, weil Zinserträge in Österreich eigentlich schon bisher steuerpflichtig waren, aber tatsächlich zum überwiegenden Teil nicht versteuert wurden. Schon aus Gründen der Steuergerechtigkeit war es daher notwendig, eine neue Lösung zu suchen.
Die vorgeschlagene Lösung war so gestaltet, dass soziale Härten soweit als möglich vermieden wurden. Es konnten nämlich bis zu öS 100.000,- pro Person zum Eckzinssatz steuerfrei angelegt werden. Die Zinsertragssteuer wäre außerdem eine Vorauszahlung auf die Einkommenssteuer. Bei Zinseinkünften von Privaten bis zu öS 30.000,- jährlich war aus Gründen der Verwaltungsvereinfachung die Einkommenssteuerschuld mit der Zinsertragssteuer abgegolten. Dadurch könnte die Zahl der neuen Steuererklärungen möglichst gering gehalten werden. Diese Belastung hätte insgesamt sieben Milliarden gebracht. Um diesen Betrag zusammenzubringen, musste man später, nach der Wahlniederlage, Steuern erhöhen, was zu einer Indexsteigerung von 3,3% im Jahr 1983 auf 5,6% 1984 führte.
Der dritte Grund war ein gewisser politischer Verschleiß. Die wirtschaftliche Lage konnte es nicht sein, denn die Krise hatte Österreich nie in dem Ausmaß erreicht, wie das etwa in dem so bewunderten Deutschland und der Schweiz der Fall war, obwohl die Schweiz gewiss eine Arbeitslosigkeit hatte, die niedriger war als unsere.
Es ist der vollkommen falsche Eindruck entstanden, dass ich allein in meiner Regierungszeit alles erdacht und die anderen bestenfalls nur nachgedacht hätten. Ganz im Gegenteil. In meiner Zeit sind einige der wichtigsten Leistungen auf dem Gebiet der geistigen Partizipation geschehen. Zuerst einmal haben wir, solange wir in der Opposition waren, die Programme erarbeitet, und es kann ja niemand bestreiten, dass das Wirtschaftsprogramm überall dort, wo es sich als richtig erwiesen hat, verwirklicht wurde. Wie hat denn das Motto immer gelautet? Österreich europareif machen. Die alten Funktionäre haben ein bisschen gespottet, weil man im Alter immer zu einer leichten Ironie neigt,

und haben gesagt, der Kreisky gibt da Ziele vor, die werden wir in dem Jahrhundert nicht erreichen. Und wer will heute bestreiten, dass wir europareif geworden sind? Wir sind weit mehr als das, wir sind heute – 1986 – geradezu ein ökonomisches Vorbild. Natürlich sind wir verschuldet, wir mussten uns ja verschulden, und zwar weil die Banken nicht wussten, was sie mit den gewaltigen Sparguthaben tun sollten. Sie mussten den Staat und die öffentliche Hand dringend auffordern, sie von diesem Ballast zu befreien, da sie sonst nicht in der Lage gewesen wären, den Sparern Zinsen zu zahlen. Es kann außerdem auch niemand bestreiten, dass wir einen ungeheuren Nachholbedarf in der Infrastruktur hatten. Den haben wir überwunden, und zwar in einer Rekordzeit, das war ja auch ein Grund für die gute Beschäftigungssituation.
Wir haben auch den »Ombudsmann« in Österreich geschaffen. Der Ombudsmann hat, wie aus einer Definition hervorgeht, die ich im *International Handbook of the Ombudsman* gefunden habe, die Aufgabe, lange bevor die Menschenrechte zu einem politischen Axiom in den Demokratien wurden, diese Menschenrechte im nationalen Rahmen wahrzunehmen. Konkret sollte er gegen den Missbrauch der öffentlichen Gewalt und gegen die sorglose Ausübung von Autorität vorgehen. Er sollte, und ich zitiere wörtlich, ein *bureaucratic watchdog for areas of chronic maladministration* sein. Wesentlich für seine Tätigkeit ist, dass er sich darauf berufen kann, dass er von den höchsten Organen des Staates als ein unparteiischer Funktionär ernannt wird und sich mit den speziellen Klagen der Bürger und Bürgerinnen zu befassen hat, dass er also in der Lage ist, Vorfälle zu untersuchen und sie zu veröffentlichen und sogar Empfehlungen zu geben. Lösungen sind durch Konsultation und, wo notwendig, durch *exposure of wrong doing* bekanntzumachen. Der Ombudsmann hat kein Recht, Entscheidungen der Administration zu verändern oder für ungültig zu erklären, er kann der Verwaltung keine Weisungen erteilen, aber er hat effektive Möglichkeiten der Untersuchung und Beeinflussung.
Das erste Mal, dass diese Einrichtung irgendwo geschaffen wurde, war 1809 in Schweden, in Finnland entstand sie 1919. 1984 waren es 90 Büros in 30 Ländern. Natürlich hat diese Einrichtung große Veränderungen erfahren, eben mit der Entwicklung in den Demokratien und der Demokratie als solcher, wobei der Ombudsmann als eine Ergänzung zu den existierenden Einrichtungen der Jurisdiktion und Legislative, wie sie zu einem Rechtsstaat gehören, gesehen werden muss.

Gedanken für die junge Generation: Diskussion mit Josef Cap, dem Vorsitzenden der Sozialistischen Jugend, während einer Bahnfahrt, 1979.

Es hat in den letzten Jahren eine große Zunahme an Ombudsmännern gegeben, und ich bin glücklich, dass ich diese Einrichtung, die ich in Schweden schätzengelernt hatte, während meiner Zeit als Bundeskanzler auch in Österreich verwirklichen konnte. Es war das eine Einrichtung, die direkt von meinem Ressort ausging. Wir nennen diese Einrichtung die Volksanwaltschaft und haben eine Lösung gefunden, die in höchstem Maße den österreichischen Verhältnissen angepasst ist. Wir haben drei Volksanwälte, wobei jeder Volksanwalt, ganz unabhängig von der Größe der Partei, die ihn vorgeschlagen hat, jeweils den Vorsitz für eine bestimmte Zeit innehat. Die Volksanwaltschaft soll – so lese ich es im *Handbuch,* und das ist auch identisch mit dem Motivenbericht im österreichischen Gesetz – eine Institution sein, welche die Beziehungen zwischen Regierung und Bürger humanisiert und die persönliche Sicherheit im Umgang mit den Ämtern erhöht. Und zurecht wird im *Handbuch* festgestellt, dass die persönliche Sicherheit eine *Conditio sine qua non* der gesunden Demokratie und einer toleranten Gesellschaft ist. Ich will nicht mehr darüber sagen, weil der Inhalt dieses Handbuches bekannt ist. Und wenn ich diese Definitionen dennoch

Große »Ökonomenrunde« beim Kanzler: Bruno Kreisky mit Univ.-Prof. Erich W. Streissler, Staatssekretär Hans Seidel, Univ.-Prof. Helmut Frisch, Bautenminister Josef Moser, Univ.-Prof. Ewald Nowotny, Staatssekretär

Univ.-Prof. Adolf Nußbaumer, Univ.-Prof. Clemens Andreae, Dr. Friedrich Gehart, Diplomkaufmann Alfred Reiter, Handelsminister Josef Staribacher und Verkehrsminister Erwin Lanc (von links nach rechts), Ende 1975.

hier vorgebracht habe, so deshalb, weil ich mich mit ihnen voll identifiziere. Ich habe natürlich mit großer Aufmerksamkeit auch das Summary über das Kapitel *The Evolution of the Role of the Ombudsman, Comparisons and Perspectives,* verfasst von Baronesse Serota, gelesen. Ich fühle mich aber deshalb, nur weil ich dieses Summary gelesen habe, nicht als Fachmann.

Ich möchte nun einige Gedanken äußern von denen ich glaube, dass sie das Ergebnis eines seit 30 Jahren in der Politik tätigen und eines seit seiner frühesten Jugend politisch interessierten Menschen sind. Es kommt noch hinzu, dass ich alle denkbaren Phasen der politischen Entwicklung der letzten 50 Jahre aus eigener Erfahrung kenne. Ich habe das Absterben einer Demokratie in den Dreißigerjahren erlebt, ich habe einen großen Teil der österreichischen Diktatur im Gefängnis verbracht – als einer, der gegen diese Diktatur gekämpft hat. Und ich war in den ersten Monaten nach dem Einmarsch Hitlers ein Gefangener der Gestapo. Ich habe also alle Formen von denkbaren Diktaturregierungen persönlich erlebt und habe danach die schwedische Demokratie durch zwölf Jahre hindurch kennengelernt. Auf Grund meiner persönlichen Erfahrung war sie für mich wie ein Wunder, an das ich nur mit tiefer innerer Bewegung zurückdenken kann.

Später habe ich dann auch einige wenige negative Entwicklungen erlebt, vor allem im Zusammenhang mit dem Flüchtlingsproblem. Aber immer wieder konnte ich feststellen, dass die demokratischen Einrichtungen in Schweden so stark und lebensfähig waren, dass auch diese relativ begrenzten Missbräuche bald eine öffentliche Verurteilung gefunden haben, entweder durch Berichte spezieller Kommissionen oder durch die Verwaltung selber. Inwieweit hier die Einrichtung des Ombudsmanns mitgewirkt hat, kann ich im Augenblick aus der Erinnerung nicht sagen. Als einer, der vor 30 Jahren, 1953, in ein Regierungsamt – vier Jahre ausgeklammert, in denen ich in meinem Land zur Opposition gehörte – kam, besitze ich beträchtliche Erfahrung. Und ich weiß, dass das, was wir den Ermessensspielraum der Behörden nennen, oftmals von den Staatsbürgern als ungerecht empfunden wird. Ebenso weiß ich, dass Gesetzeslücken, wie sie von unseren Volksanwälten in unseren Medien regelmäßig zur Sprache gebracht werden, katastrophale Folgen für den einzelnen Bürger haben können. Diese Probleme werden durch die Volksanwälte regelmäßig behandelt und führen zu einer Überprüfung der Gesetze.

Der Begründer der österreichischen Sozialdemokratie, Victor Adler, hat die alte Monarchie als »Despotismus, gemildert durch Schlamperei« bezeichnet, wobei ich nicht weiß, wie unsere tüchtigen Übersetzer diesen Ausdruck in andere Sprachen übertragen können. Ich würde in Abwandlung des Churchill-Wortes, wonach die Demokratie die schlechteste Regierungsform überhaupt wäre – mit Ausnahme aller anderen, mit denen man es von Zeit zu Zeit versucht hat –, sagen: Die Demokratie ist offenbar die beste aller denkbaren Regierungsformen, nur bedarf sie einer ununterbrochenen rigorosen Kontrolle, und die Quantität an wirksamer Kontrolle ist es, die erst ihre Qualität gewährleistet.

Zu den etablierten Parteien gesellen sich neue Parteien, wobei ich natürlich nicht übersehe, dass sich Parteien auch am äußersten rechten Rand des politischen Spektrums angesiedelt haben. Das ist nicht das entscheidende Phänomen, das hat es immer gegeben, und eine starke Demokratie wird derartige Erscheinungen überwinden. Das Phänomen, von dem ich spreche, möchte ich unter dem Sammelnamen »Die Grünen«, die in den letzten Jahren entstanden sind, behandeln.

Die Existenz dieser Parteien ist mehr als eine vorübergehende Erscheinung, wie sich 1984 bei den Europawahlen gezeigt hat. Die tragenden Ideen dieser Bewegung sind auf der einen Seite die besondere und oft unrealistische Behandlung der Umweltproblematik und auf der anderen Seite die starken Abrüstungsbestrebungen. Die Aufrüstung war in den Siebzigerjahren ja ein die Weltlage charakterisierendes Phänomen. Diese Bewegung der Grünen, die es überall gibt und die sich auch irgendwie in der amerikanischen Kampagne durch die erfolgreiche Präsentation eines Außenseiters erkennbar macht, hat jedenfalls dazu geführt, die großen traditionellen Parteien für die Fragen des Umweltschutzes und der Abrüstung stärker zu sensibilisieren. In viel stärkerem Ausmaß, als das früher der Fall war. Die großen Parteien operieren nun mit der Formel, dass Ökonomie und Ökologie sozusagen in Einklang gebracht werden müssen. Eine schöne Formel, nur entbehrt sie jeder notwendigen Popularisierung, damit sie auch überzeugend wirkt. Das heißt, dieser Slogan muss zu einem wichtigen praktischen Teil der Tagespolitik werden, zu einer Politik, die durch ihre Faktizität als glaubwürdig empfunden wird. Insofern stellen die Grünen trotz ihrer geringen Stärke eine neue politische Kraft dar. Charakteristisch für sie ist, dass ihr Wählerpotential weit über ihre numerisches Poten-

tial hinausgeht. Diesem Umstand werden die großen Parteien, wollen sie sich ihre dominierende Stellung bewahren, in größerem Maße Rechnung tragen müssen, als es heute der Fall ist.
Der Schutz der Umwelt ist eine neue politische Kategorie. Sie ist eigentlich im *Club of Rome* ans Licht befördert worden und soll dem Unbehagen der Menschen mit der Gesellschaft und ihrem Zukunftspessimismus entgegenwirken. Man sollte dem Schöpfer des *Club of Rome,* meinem 1984 verstorbenen Freund Aurelio Peccei, die ihm gebührende Ehrenbezeugung leisten.
Ich muss der Versuchung widerstehen, über diese Fragen noch ausführlicher zu schreiben, aber es handelt sich dabei um Existenzfragen der Demokratie. So wie ich der Auffassung bin, dass die Einrichtung der Ombudsmänner ununterbrochen eine neue Aufwertung erfahren muss, weil sie geradezu ein Antitoxin ist gegen die Gefahren, die der Demokratie von innen her durch eine gewiss notwendige, aber manchmal übertriebene Bürokratie drohen.
Ich fürchte, dass manches, was sich in den letzten Jahren in großen alten Demokratien, auch in jenen jüngeren Datums, in der sozialen Auseinandersetzung abgespielt hat, sehr gefährlich werden könnte, weil an die Stelle des geduldigen Miteinander, an die Stelle des Verhandelns gewisse Machtbedürfnisse getreten sind. Das heißt, dass das Bedürfnis zum autoritären Handeln neuerdings auch in manchen Demokratien stärker ausgeprägt ist. Darum wird die Einrichtung des Ombudsmanns eine neue Dimension erhalten.
Ich kann mir sehr gut vorstellen, dass ein über Gebühr geprüfter britischer Bergarbeiter einen Weg suchen wird, die entsprechende Einrichtung zu konsultieren. Und ich kann mir durchaus vorstellen, dass ähnliches auch in anderen Staaten passiert. Das Wesentliche aber für die Einrichtung des Ombudsmanns scheint mir zu sein, dass es ihn gibt. In den demokratischen Staaten Europas gibt es ihn, es gab ihn nicht in den kommunistischen Staaten Europas.
Ich habe ein paar Betrachtungen zur Lage der Demokratie angestellt. Ich könnte einiges über die Probleme der Demokratie sagen. Wenn der Prozess der Demokratisierung oder, besser gesagt, die Ideen der Demokratie, wie ich es einmal formuliert habe, alle Bereiche der Gesellschaft durchfluten, es also ein höheres Maß an Mitbestimmung der Mitglieder unserer Gesellschafi geben wird, dann wird es immer wieder neue Aufgaben für eine Einrichtung wie die Volksanwaltschaft geben.

Beratung mit Dr. Heinz Fischer, dem Klubobmann der sozialdemokratischen Parlamentsfraktion, 1975.

Wir waren die ersten, die ein eigenes Programm für den Umweltschutz entwickelten. Ich erinnere mich daran, dass der Wiener Parteivorstand ein Plakat ablehnen wollte, auf dem ein junges Ehepaar gezeigt wurde, das in einem bungalowähnlicher Eigenheim wohnt. Wer heute in die österreichischen Bundesländer fährt, wird sehen, dass das hierzulande zur Normalität geworden ist. Die Wiener Partei konnte sich das damals nicht vorstellen, sie dachte immer noch in den alten Formen von gewaltigen Massensiedlungen. Und als ich das Umweltministerium verwirklicht habe, war die Volkspartei dagegen; ich musste Gesundheitspolitik und Umweltschutz zusammenlegen, weil die Gesundheitspolitik bei einem Sektionschef konzentriert war. Ich habe die politische Verantwortung für die Gesundheitspolitik eingeführt, das kann ich wohl von mir behaupten. Wir haben eine Kulturrevolution, im wahrsten Sinne des Wortes, durchgeführt, indem wir die Tore zu den Mittel- und Hochschulen geöffnet und die materiellen Hindernisse für die jungen Leute beseitigt haben. Dass das letzten Endes auch zu einem Überschuss an jungen Akademikern geführt hat, will ich nicht bestreiten, halte dieses Problem aber für lösbar, wenn man nur den Mut hat, neue Wege zu gehen. Außerdem haben wir dem Begriff Lebensqualität einen neuen Inhalt gegeben. Es ist nämlich ein Teil der Lebensqualität, wenn ein Mensch adäquat seiner Intelligenz auch in der Lage ist zu lernen, das heißt, dem Leben einen besseren Sinn zu geben. Die Unterbringung des Überschusses an Akademikern kann bei einiger Flexibilität kein Problem sein. Ich selbst bin fest davon überzeugt, wenn man das mit moralischen Werten verbindet, zum Beispiel Ärzte in die Gebiete schickt, wo man Ärzte braucht, dann kann man für ein paar hundert Ärzte, die es wollen und sich moralisch herausgefordert fühlen, Möglichkeiten für eine sehr befriedigende Arbeit in den Ländern der Dritten Welt finden. Wir haben diese Programme erstellt, in denen wir uns als eine Partei auswiesen, die zu regieren in der Lage ist, und haben immer wieder die Bestätigung durch das österreichische Volk gefunden. Ich denke doch, dass wir die Strukturen dieses Landes von Grund auf verändert haben. Es wurde ein höheres Maß an Gleichheit geschaffen, die Lebensqualität verbesserte sich, und jeder Österreicher bekam Zugang zur Bildung. Es gilt die simple These: Wo es eine starke Sozialdemokratie gibt, gibt es keine pauperisierten Arbeiter mehr. Das ist wechselwirkend, das heißt: Wo es heute keine starke Sozialdemokratie gibt, gibt es die Pauperisierung. Man kann also sagen, gut, das eine bedingt das andere, aber ich behaupte: Wo es heute eine starke Sozialdemokratie gibt, gibt es sie seit hundert Jahren! Schweden ist hier kein Negativbeispiel. Die schwedische Sozialdemokratie befindet sich in einer Phase, in der sie eine Antwort geben muss auf die Frage: Was kommt nach dem Wohlfahrtsstaat?, und die momentane Krise ist eine Krise, die sich aus dem Wohlstand heraus entwickelt. Die Krise besteht ja darin, dass mit den Mitteln des Wohlfahrtsstaates ein unglaublicher Wohlstand erzielt wurde. Daraus ergibt sich, dass der wachsende Wohlstand wachsende Anforderungen an den Wohlfahrtsstaat richtet. Wer hat den Mut zu sagen: »Wir machen alles richtig.« Wir müssen immer wieder mit der Realität konfrontiert werden, daher muss es auch bei uns das Recht auf Fehler geben, so wie ich auch das Recht postuliere, Unvollendetes zu schaffen. Den Mut zum Unvollendeten muss man haben.

»Der Kunst ihre Freiheit«: Demokratie und Kultur

Noch ein Wort zur Demokratie in der Kultur: Das Abstimmen ist nicht signifikant für die Demokratie, es ist nur ein unentbehrliches Merkmal der politischen Demokratie. Hier geht das so vor sich, dass nach einem langen Meinungsbildungsprozess abgestimmt werden muss. So kann es in der Kultur nicht vor sich gehen. Aber ein wesentliches Element der kulturellen Demokratie scheint mir das Faktum zu sein, dass es niemanden geben darf, der bestimmt, das oder jenes sei kulturell hochstehend, anderes hingegen nicht. Denn wie soll das entschieden werden? Es ist doch gar keine Frage, dass viele der heute berühmten Stilrichtungen der Vergangenheit zu ihrer Zeit keine allgemeine Anerkennung gefunden haben. Ich will damit nicht sagen, dass alles, was heute im Bereich der Kunst geschaffen wird, Ewigkeitsbestand hat. Doch muss es hier andere, neue Kriterien der Beurteilung geben. Ich bilde mir gar nicht ein, in der Lage zu sein, diese Zielvorstellungen so zu definieren, dass sie schon heute praktiziert werden können. Ich will nur andeuten, dass sich auch in diesem Bereich eine Fülle neuer Gedanken ergibt. Die Demokratie musste seinerzeit in der Politik auch neu gedacht werden, als das Ende des Feudalstaates gekommen war.

Über die Freiheit der Kunst zu sprechen, ist in der Tat ein politisches Thema *sui generis*, vor allem in Österreich. Wir schmeicheln uns immer, die Angehörigen eines zwar kleinen Volkes zu sein, aber eines, das eine kulturelle Großmacht darstellt. Wie verhält es sich damit in Wirklichkeit? Nikolaus Lenau entringen sich in einem Brief an seinen Freund Löwenthal sehr unpatriotische, aber dennoch erschütternde Feststellungen: »Wie schrecklich ist es, in einem Land und unter einer Regierung zu leben, wo ich keinen Augenblick sicher bin, dass man mich nicht überfällt und mir meine Manuskripte wegnehme (...). Ja, das Land, das Land ist göttlich, noch göttlicher durch den Kontrast der Menschen. Mögen hier die Alpen ragen, Bergströme stürzen, Lawinen donnern; das geschwächte Herz des Menschen zuckt im Staube und kann an den kühnen Felsen nicht hinaufklettern zu hohen Gedanken und Empfindungen. Jede Burgruine kommt mir in diesem Land vor wie eine versteinerte, bittere Lache der Zeit, die vom grauen Gestein herabgrinst in das entartete Herz (...) Ein zufriedener Österreicher aber, der unaufhörlich in der dichten Atmosphäre dieses Jammers weilt und ihn über Strauß und Lanner vergessen kann, ist *eo ipso* ein schlechter Kerl. In unseren Leuten ist ja doch kein Funken Gefühls für Selbständigkeit, Würde und Recht des Menschen.«

Vor allem die Künstler haben sehr oft unter dieser Enge der Gesinnung zu leiden. Immer wieder konnten die Mächtigen, die sich Macht Anmaßenden, die Passivität ausnützend, ihren reaktionären Gesinnungen zum Durchbruch verhelfen.

In der Secession fand eine große Ausstellung statt, für die Klimt seinen berühmten Fries herstellte. Am Schicksal dieses Frieses kann die ganze – fast bis in unsere Zeit reichende – Feindseligkeit der österreichischen Kulturlandschaft erkannt werden. 1902 begann Klimt mit seinem Werk. Er sollte Beethovens und Schillers Ode *An die Freude* darstellen. Den Anlass zu dieser Arbeit gab die Wiener Ausstellung des Beethoven-Standbildes von Max Klinger. Die Secession beschloss, ihr ganzes Haus diesem Standbild zu widmen. Alle bedeutenden Künstler der Secession wirkten mit. Und obwohl Klimt allmählich zu den arriviertesten Künstlern gehörte, dank des Umstandes, dass er wunderbare Frauenbildnisse zu gestalten vermochte, hat die österreichische Kulturpolitik lange nichts getan, um diesen Fries, der in irgendeinem Magazin zu vermodern begann, zu retten. Erst im Zusammenwirken mit Wissenschaftsministerin Hertha Firnberg war es möglich, Fragmente zu erwerben und zu restaurieren. Der Fries selber galt vielen Zeitgenossen als obszön, ja sogar pornographisch, und Klimt musste sich gegenüber Behörden unterer Instanzen rechtfertigen. Als dann der Nazismus nicht nur die Ausbeutung von Millionen Menschen in Angriff nahm, sollte die Kunst reglementiert werden, und es ist eigentlich unverständlich, wieso Klimts »entartete Kunst« eine gewisse Gnade vor der Zensur fand. Erstaunlicherweise zeigte man im Jahr 1943 Teilstücke in der Wiener Secession, damals »Ausstellungshaus Friedrichstraße« genannt. Gegen Ende des Zweiten Weltkrieges musste der Fries vor dem Bombenhagel in Sicherheit gebracht werden.

In der Zweiten Republik gab es Tendenzen gewisser Kunstverwalter, die Rückgabe des Werkes an den mir bekannten österreichischen Mäzen Erich Lederer zu verhindern. 1970 wurde ich Bundeskanzler, und mein Freund Karl Kahane machte mich mit Erich Lederer bekannt. Aus vie-

Der Unternehmer Karl Kahane(1920–1993) war ein guter Freund und wirtschaftspolitischer Berater Bruno Kreiskys.

len Gründen – nicht zuletzt aus der Verantwortung, die ich als Regierungschef dem Kunstwerk und seinem Eigentümer gegenüber empfand – entschloss ich mich, den nachstehenden Brief zu schreiben, und zwar am 30. Mai 1970, nach Antritt der sozialdemokratischen Regierung, in Zusammenwirken und nach Rücksprache mit der damaligen Bundesministerin für Wissenschaft und Forschung, Frau Dr. Hertha Firnberg.

Sehr geehrter Herr Lederer!
Von privater und amtlicher Seite bin ich schon mehrmals auf den Beethoven-Fries von Gustav Klimt hingewiesen worden, der sich in Ihrem Besitz befindet, zur Zeit jedoch in den Depoträumen der Österreichischen Galerie lagert. Mir ist auch bekannt, dass das Kunstwerk in seiner Substanz gefährdet ist und einer baldigen umfassenden Restaurierung bedarf, um es vor dem drohenden Verfall zu bewahren. Ebenso bin ich orientiert, dass seit Jahren von Seiten des Bundesministeriums für Unterricht Verhandlungen mit Ihnen gepflogen wurden, um den Fries – das einzige noch in Österreich vorhandene Monumentalwerk Klimts – dem Land zu erhalten.

»Über die Freiheit der Kunst zu sprechen ist ein politisches Thema sui generis, vor allem in Österreich«: mit Multimedia-Künstler André Heller, 1985.

Die geplante Errichtung des UNIDO-Gebäudes in Wien, deren Kosten Österreich zu tragen hat, bietet eine glückliche Möglichkeit, dem Fries eine über das kunsthistorische Interesse hinausgehende Funktion zu geben und das jüngere österreichische Kunstschaffen durch ein Werk von allgemein menschlicher, die Völker verbindender Thematik sozusagen vor aller Welt zu dokumentieren.
Die finanziellen Möglichkeiten in unserem Land sind begrenzt. Dieser Tatsache Rechnung tragend, will ich mich dafür verwenden, dass Ihnen seitens der Republik Österreich ein Kaufangebot in Höhe von etwa sechs Millionen Schilling gemacht wird. Auch diese Summe müsste zu einem wesentlichen Teil durch private Spenden von österreichischen Kunstfreunden aller Gesellschaftsschichten aufgebracht werden. Ich möchte in diesem Zusammenhang an Sie als Angehörigen einer Familie appellieren, die den Weg der österreichischen Kunst in die Moderne durch Ihr Mäzenatentum gefördert, ja in gewissem Sinn mitermöglicht hat, und hoffe, dass Sie meinen Vorschlag als Verhandlungsgrundlage annehmen werden. Sie würden sich damit an die Spitze der Kunstfreunde unseres Landes stellen.

Ein interessierter Zuhörer in künstlerischen Fragen: Fachsimpeln mit dem Fotografen Gerhard Trumler.

Ich verband mit diesem Brief auch die Absicht, Erich Lederer mit der neuen österreichischen Wirklichkeit in Verbindung zu bringen und ein Unrecht zu vermeiden. Diesmal aus einer, wie mir schien, gewissen Gleichgültigkeit heraus. Ich musste damals die großen Geldbeträge, die für die Restaurierung des Kunstwerkes nötig waren, mit der Errichtung des UN-Konferenzzentrums verbinden, weil die Gefahr bestand, dass man eine derartige »Verschwendung« für ein fast zerstörtes Kunstwerk nicht so ohne Weiteres verstehen wollte. Ich hatte dabei aber auch – und das, obwohl ich mit etablierten Kunstfreunden in Konflikt geriet – den Nebengedanken, dass dieses einzigartige, die Aufmerksamkeit der Welt findende Kunstwerk einer großen Zahl österreichischer und ausländischer Gäste zur Besichtigung zur Verfügung gestanden wäre. Heute befindet sich der Fries aber in der Secession.
Ich verfolgte interessiert die Restaurierung des Kunstwerkes und hatte nicht die Absicht, mich in den Streit der Kunstfreunde einzulassen, wenngleich für mich eines jedenfalls feststand: Dass es gar nicht so oft künstlerische Betrachtungen waren, die hier im Hintergrund standen, sondern einfach das Politikum des österreichischen Konservativismus,

Angeregte Unterhaltung mit Starautor Norman Mailer und dessen Gattin in New York, 1986.

Wien ein modernes Konferenzzentrum zu verweigern. Fast jedes Bundesland hatte eines, Wien wollte man es nicht gönnen. Wenn auch manche sich lieber in Schlössern treffen, um einer Tradition Genüge zu tun, so hielt ich dafür, dass wir – wenn Wien und damit auch Österreich ein Zentrum internationaler Begegnungen in noch höherem Maße werden wollte – dieses moderne Konferenzzentrum bräuchten.

Die ganze Enge unseres kulturellen Lebens kann man auch am Schicksal Egon Schieles ermessen, der am 13. April 1912 sogar ins Bezirksgericht Neulengbach eingeliefert wurde, wo er unter den verschiedensten Verdächtigungen stand. Und der Höhepunkt obrigkeitlichen Hochmuts und Selbstgefälligkeit wurde in dem Augenblick erreicht, in dem der Richter am Kreisgericht St. Pölten einige der Skizzen Schieles einfach am Richtertisch verbrannte.

Neben dieser behördlichen Arroganz und Borniertheit zugleich soll es rührende Beispiele der Toleranz gegeben haben, von denen die bekannte Anekdote zeugt, wobei ich gar nicht weiß, ob sie sich damals auch so ereignet hat. Doch sie ist kennzeichnend für eine Grundhaltung scheinbarer Toleranz, mit der aber alles, was es an Verbrechen gegen die Frei-

Sportpolitik wird in der Ära Kreisky immer wichtiger: mit Ski-Champion Karl Schranz, dem »Ausgeschlossenen« von Sapporo, 1972.

heit der Kunst je gab, keineswegs weggewischt werden kann. Es wurde erzählt, dass Kaiser Franz Joseph bei einer Ausstellung vor einem Bild verharrte und es sich nicht erklären konnte. Der Maler gab eine Erklärung, der Kaiser soll den Kopf geschüttelt haben, der Maler wurde ein bisschen unwillig und meinte: »Majestät, das ist so, wie ich es sehe.« Und der Kaiser soll zugegeben haben, dass das schon stimmen mag, aber dann hätte er kein Maler werden sollen. Derartige Anekdoten sollten als mildernde Umstände die Düsternis der Kulturszene erhellen. Das könnte man noch akzeptieren, wenn es sich um Ausnahmeerscheinungen handeln würde. Wir selber spüren aber, wie der Geist des Reaktionären immer wieder die offizielle Politik beherrscht.
Am 31. Dezember 1927 wurde – nach einem Triumphzug durch Europa – an der Staatsoper in Wien endlich *Jonny spielt auf* von Ernst Krenek gegeben. Alles, was in diesem Land reaktionär war, Christlichsoziale und Deutschnationale, protestierte. Nur David Josef Bach, der Leiter der Kulturabteilung der *Arbeiter-Zeitung*, bejubelte dieses Ereignis und schrieb am 6. Februar 1928: »Der Erfolg dieses Werkes ist auch in Wien ganz ungewöhnlich groß. Das Publikum, lange genug einer jedem

Ein offenes Ohr auch für die Anliegen der Kinder und Jugendlichen.

Neuen prinzipiell böswillig verschlossenen Kritik untertan, läuft in hellen Scharen zum ›Feind‹ über. ›Wozzeck‹ von Alban Berg hat man in der Staatsoper nicht erlaubt, ein Werk, dessen sittlicher Ernst, dessen große Künstlerschaft auch jedem Übelwollenden offenbar sind; mit ›Johnny‹ musste die Tür aufgestoßen werden. Jetzt entlädt sich die Wut über einen genialischen Spaß, nachdem man ein geniales Werk hintertrieben hat. In Wien wird jeder Dirigent beschimpft, bedroht, verleumdet, ein modernes Werk aufzuführen, jeder neue Komponist bespien. Hindemith wird sogar in Wien, also in der letzten Provinz, aufgeführt; da wird er kritisch geschlachtet, dass ein Haarmann (Massenmörder in Berlin; Anm. d. Hrsg.) seine Freude daran hätte – nun wird Hindemith auf Kosten Kreneks gelobt. So geht das weiter. Dieses Treiben macht Wien in der ganzen Welt lächerlich und verächtlich.«

Die Proteste nahmen zu. Ich selber habe sie erlebt, und *Jonny spielt auf* wurde im Ganzen nur wenige Male gegeben, bis es ganz vom Spielplan verschwand. Krenek machte einen letzten Versuch, sein Kunstwerk zu erklären, es half ihm nichts. Er wurde aus der Staatsoper verbannt.
Ein anderes Beispiel sind die Ereignisse rund um das Buch *Im Westen nichts Neues* von Erich Maria Remarque, und dessen Verfilmung. Schon im Herbst 1929 ordnete der christlichsoziale Heeresminister Karl Vaugoin ein Verbreitungsverbot des Romans in sämtlichen Soldatenbüchereien und Garnisonen an. Vaugoin begründete das Verbot des Buches mit folgenden Worten: »Geflissentlich werden in demselben die Schattenseiten des Krieges in widerlich übertriebener Weise geschildert, dagegen mit keinem Worte der erhebenden und idealen Seiten desselben gedacht.« Dann gab es im Parlament heftige Debatten über die Aufführung des Films. Am 23. Dezember 1930 fasste schließlich die Bundesregierung den Beschluss, im Fall dieses Films »nationale Solidarität« zu bekunden und empfahl den Länderregierungen ein Aufführungsverbot. Am 9. Jänner 1931 untersagte der Innenminister schlussendlich jede weitere Vorstellung. Abermals waren klerikale Reaktionäre und Deutschnationale in einer Front. Ihre Meinung zu dem Werk: »Das deutschbewusste Wien empfindet diesen Film als eine unerhörte Beleidigung des deutschen Frontheeres, das in ihm so dargestellt wird, als hätte es nur aus Feiglingen und Lumpenkerln bestanden (...). Man wird auch dem sozialdemokratischen Landeshauptmann beweisen, dass der Wille der überwältigenden Mehrheit der Bevölkerung um des Geschäftes einiger Filmjuden willen nicht länger missachtet werden darf.« Als das Verbot ausgesprochen wurde, waren wir Jungen gezwungen, nach Bratislava zu fahren, um den Film zu sehen. Darüber heißt es in den Ministerrats-Protokollen: »Kein Wunder, dass diese ganze Kulturempfindlichkeit dazu geführt hat, dass einige Exponenten der Wiener Intelligenz den ungewöhnlichen Schritt in eine Unterstützungserklärung für die Sozialdemokratie schon im Jahre 1927 gehen.«
Vor den politisch überaus bedeutenden April-Wahlen meldeten sich 39 Kapazitäten des kulturellen Lebens zu Wort. Unter ihnen waren so hervorragende Persönlichkeiten wie Sigmund Freud, Alfred Adler, Oskar Strnad, Wilhelm Kienzl, Robert Musil, Hans Kelsen, Alfred Polgar, Franz Werfel und Egon Wellesz. Sie alle bekundeten ihre Sympathie »für die große soziale und kulturelle Leistung der Gemeinde Wien«. In den einleitenden Bemerkungen dieses Manifests wurde betont, dass

»der geistig wirkende Mensch zwischen und über den Klassen steht und sich keinem politischen Dogma beugen kann, denn der Geist allein ist es, der die neuen Wirklichkeiten schafft, deren sich die Politik erst später bemächtigt. (...) Wesen des Geistes ist vor allem Freiheit, die jetzt gefährdet ist und die zu schützen wir uns verpflichtet fühlen. Das Ringen um eine höhere Menschlichkeit und der Kampf gegen Trägheit und Verödung wird uns immer bereit finden. Er findet uns auch jetzt bereit.« Die *Neue Freie Presse* brandmarkte dieses Dokument als ein »Manifest des Irrtums«. Die *Reichspost* verstieg sich gar zur Feststellung, dass sich ein »Fähnlein zum Teil sehr unbekannter und um so bereitwilligerer Namen«, das sich als »geistiges Wien« ausgebe, für einen Wahlaufruf vergattern ließ, und gab diesem den Stellenwert einer Sympathieerklärung sozialdemokratischer »Beislsitzer«. Der christlichsoziale Unterrichtsminister Richard Schmitz vermisste auf dem Manifest »die Namen jener großen Gelehrten und Künstler, die vor allem das internationale Ansehen des österreichischen Geisteslebens begründet haben«.

In der Tat, es hat ihnen nichts genützt. Die Reaktion schlug weiter zu. Auf den Universitäten gab es wahre Hassorgien gegen berühmte Wissenschaftler, vor allem dann, wenn sie jüdischer Herkunft waren; wenn sie nicht jüdischer Herkunft waren, wurden sie jüdischer Geisteshaltung beschuldigt. So vertrieben sie damals, die Reaktionären und Deutschnationalen in einer Front, den berühmten Staatsrechtler Hans Kelsen aus Wien, brüstete sich der Mörder des Philosophen Moritz Schlick, dass er ihn aus politischen Motiven umgebracht hätte – einen Philosophen! Der Schriftsteller Hugo Bettauer wurde ermordet, und niemals meldete sich auch nur ein einziger Exponent der Christlichsozialen Partei von Rang zu Wort, um gegen diese Ungeheuerlichkeit, diese Kulturschande zu protestieren.

Für die Partei- bzw. Arbeitermittelschüler der Sozialdemokratischen Partei gab es ein Fach, das hieß Dramaturgie und wurde von Professor Otto König geleitet, einem guten Theaterrezensenten der *Arbeiter-Zeitung*. Es war damals allgemeine Meinung, dass Dramaturgie für Partei- bzw. Arbeitermittelschüler ein sinnloses Lehrfach wäre. Und Danneberg, ein sehr nüchterner, aber großartiger Parteisekretär, fragte mich: »Also, was soll das für eine Bedeutung haben, welchen Sinn soll das für die Arbeiterbuben und Arbeitermädeln haben, Dramaturgie?« Und ich antwortete ihm, dass, wenn aus dem Umstand, dass wir dieses Fach hät-

Mit Nobelpreisträger Heinrich Böll und dem russischen Schriftsteller Lew Kopelew, der wegen seiner regimekritischen Haltung ausgebürgert wurde, 1981.

ten, auch nur ein Dichter herauskommen sollte, so hätte es sich gelohnt; also ein Ernst Toller, sagte ich damals, der für mich ein großer Dramatiker war, aber keiner für die Nachwelt wurde. Toller war damals sehr berühmt mit seinem *Hinkemann,* der Inbegriff des modernen, revolutionären Dramatikers; ich habe ihn selbst einmal kennengelernt, als er in Stockholm war, kurz vor seinem Selbstmord. Unter diesen Parteischülern befand sich auch ein arbeitsloser Tapezierer namens Fritz Hochwälder. Es war also einer unter uns, nämlich einer der bedeutendsten Dramatiker der Nachkriegszeit.

Ich kann nicht sagen, dass ich den Umgang mit Künstlern gesucht habe, aber ich habe unter ihnen natürlich Freunde, einer meiner liebsten war Fritz Wotruba. Die Gründe, warum Wotruba mir so nahestand, sind zahlreiche. Erstens empfinde ich ihn als einen Künstler besonderer Art, den zu würdigen ich versucht wäre, mir aber nicht zutraue. Zweitens, weil Wotruba derselben Bewegung angehörte wie ich, der sozialistischen Jugendbewegung, die er unter dem Eindruck der Enttäuschung, die der 15. Juli 1927 (Brand des Justizpalastes; Anm. d. Hrsg.) verursacht hatte, allerdings verließ, um sich der kommunistischen Jugendbewegung anzunähern.

Unter den jungen Künstlern fühle ich mich sehr hingezogen zu Peter Handke, Peter Turrini und Gerhard Roth; inwieweit das jeweils mit ihrem künstlerischen Schaffen zusammenhängt oder der mit diesem Schaffen verbundenen Radikalität, kann ich nicht sagen. Aber eines ist sicher, dass mich die Renaissance österreichischer Schriftstellerei sehr beeindruckt, mich froh macht, aber gleichzeitig in mir das Gefühl entstehen lässt, dass die Bedingungen, unter denen Künstler zu wirken haben, verbessert werden müssen, denn es ist ohne Zweifel richtig, dass Künstler, Schriftsteller und Maler eine Zeit zum Schaffen brauchen. Ein sie voll ausfüllender Beruf, etwa als Lehrer, würde sie furchtbar hemmen. Was ich immer für wenig befriedigend gehalten habe, ist diese Preisjägerei, die sie auf der einen Seite hoffen lässt, einen Preis zu bekommen, sie auf der anderen Seite innerlich provoziert, sich über den Geber des Preises zu mokieren. Aus dieser Ambivalenz entsteht eine Haltung, die durchaus negativ ist. Man will nicht zu nahe an den Staat geraten, also ein Staatsschriftsteller werden, doch braucht man auf der anderen Seite zur Befriedigung seiner Lebensbedürfnisse natürlich Geld.

Ich habe in Schweden diese Dinge geprüft und immer wieder darüber nachgedacht, bin aber zu keiner eindeutigen Schlussfolgerung gelangt. Bei Malern ist das sicher leichter, denn wenn ein Bild fertig und gelungen ist, hat es über den Schöpfer dieses Werkes sein Zeugnis abgelegt; Bücher aber müssen gelesen werden, da genügt es nicht, sie anzuschauen. Bildhauer und Maler sind ja die zwei Seiten des künstlerischen Schaffens der darstellenden Kunst – ein komisches Wort, aber ich weiß auch kein besseres. Ich erinnere mich in diesem Zusammenhang an einen Essay von Robert Musil, in dem er den Malern eine adäquate Bezeichnung zu den Schriftstellern verlieh – er nannte sie »Bildsteller«.

USS

Vom Kanzler zum Elder Statesman: Mit dem Sozial- und Rechtswissenschaftler Hans Zeisel in Chicago.

Seite: 421: Auf Mallorca im Winter 1982/83.

Seite 422 oben: Vor der Wahl 1983: Foto-Shooting mit Pedro Kramreiter, Margit Schmidt und Hans Mahr.

Seite 422 unten: Sommerfreuden auf Mallorca. Mit Vera, Otto Georg, Olga Lallerstedt, Tumi Bestard und Margit Schmidt (von links nach rechts).

Seite 424: Skepsis, was die Nachfolger betrifft: am Maiaufmarsch 1980.

Kunstverständnis jeder Art ist für mich ein Teil von Lebensqualität. Wenn Menschen sich um Kunstverständnis bemühen, um Kunstgenuss, handelt es sich ohne Zweifel um einen echten Ausdruck von Lebensqualität. Lebensqualität ist also nicht nur eine bessere ökologische Umwelt, wie man gemeinhin darunter versteht, sondern Lebensqualität heißt für mich auch Bildung um ihrer selbst willen und nicht zum Zwecke des Berufs. Der Gebildete, das ist ein permanenter Zustand, das Streben nach Bildung ist ein Wert an sich. Für mich waren eigentlich zwei Komponenten maßgebend: Auf der einen Seite, dass die Funktionäre der Arbeiterbewegung, die Männer und Frauen, ein immer höheres Maß an allgemeiner Bildung erwerben, weil ich die reine politische Bildung, etwa durch Vermittlung der Schriften der Theoretiker des Sozialismus, immer für eine fragmentarische gehalten habe, die umso unvollständiger sein muss, je mehr sie einseitig wird und nicht ihre Ergänzung durch allgemeine Bildung erfährt. Und auf der anderen Seite die begrenzte Vermittlung, vor allem zeitlich begrenzte Vermittlung von Wissen, um dem, der dieses Wissen empfangen hat, die Möglichkeit zu geben, sich danach in selektiver Weise zusätzliches Wissen anzueignen. Das ist eigentlich nichts anderes als eben das, was man mit dem Modewort »Lebensqualität« bezeichnet.
Ich habe daher auch gegenüber der Kulturpolitik in der Zeit der Verwirklichung von politischen Vorstellungen, so möchte ich diese Epoche nennen, großen Wert darauf gelegt, dass der Zugang zu den Bildungsmöglichkeiten eines der Hauptanliegen einer sozialistischen Gesellschaftspolitik sein muss. Und gerade an dem Abend, an dem ich meinen späteren Verleger meiner ersten beiden Memoirenbände, Wolf Jobst Siedler, kennenlernte, wohnte ich einer Diskussion zweier radikaler Künstler bei, der eine war Alfred Hrdlicka, der andere war Georg Eisler. An diesen Abend insistierte Eisler gegenüber Hrdlicka darauf, dass, was immer man an Einschränkungen über die sozialdemokratische Ära, die sich damals in voller Entfaltung befand, sagen könnte, man eines zugeben müsse: Es entstand jener Geist der Liberalität, wie es ihn in Österreich niemals zuvor gegeben hatte. Aus all dem lässt sich ermessen, wie sehr sich in den Jahren sozialdemokratischen Regierens die Dinge zum Besseren gewendet haben. Endlich begann sich in Österreich dieser Geist der Liberalität zu regen, der sich nicht anmaßt, Kunst zu zensurieren – ihre Entartung zu deklarieren. Ein Klima der Toleranz und der Weltoffenheit ist entstanden.

Und wenn auch da und dort viele Schriftsteller ihren beißenden Spott über unsere Verhältnisse ergießen, so haben sie ein Recht darauf, es zu tun, und die meisten tun es auch mit öffentlicher Förderung. Ich will aber keinem zu leichtgläubigen Optimismus huldigen: Dieser Geist der Liberalität kann wieder leicht rückgängig gemacht werden, vor allem bei Vorliegen anderer politischer Verhältnisse. Liberalität gehört meiner Meinung nach zu den vergänglichsten Dingen dieser Welt, denn nichts ist leichter als der Liberalität die Luft wieder abzudrehen. Und damit komme ich zu einer Interpretation der Demokratie schlechthin, die auf den berühmten italienischen Märtyrer Giacomo Matteotti zurückgeht, der einmal meinte, die Demokratie respektive die Freiheit wäre wie die Luft – man merkt sie erst, wenn sie einem auszugehen beginnt. Wir erkennen bereits 1982 aus der benachbarten Bundesrepublik Deutschland sehr beunruhigende Zeichen einer neuen obrigkeitlichen Kulturpolitik, die missliebige Schriftsteller einfach zu übersehen beginnt, und eine Zeit kündigt sich an, die abermals von Intoleranz gekennzeichnet ist. Dabei geschieht das alles in sehr raffinierter Weise, nach einem Prinzip der Arbeitsteilung. Da gibt es Politiker, die wollen den Eindruck erwecken, sie wären nur dem Prinzip der Toleranz ergeben; dort aber, wo sie praktisch Kulturpolitik betreiben, in jenen Bundesländern, wo man glaubt, sich finstere reaktionäre Gesinnung leisten zu können, finden sich ihre praktischen Auswirkungen. Eine jener seltenen Ausnahmen ist der »Steirische Herbst«, der sich einfach durchgesetzt hat, so sehr durchgesetzt hat, dass es niemand wagt, ihm jene Zügel anzulegen, die in Wirklichkeit von manchen herbeigesehnt werden. Erwähnenswert sind in diesem Zusammenhang auch die »Wiener Festwochen«, die mutige und neue Wege gehen.

Denn es kommt nicht darauf an, dass man begrenzte Narrenfreiheit gewährt, sondern es kommt darauf an, dass alle Entfaltungsmöglichkeiten mit großer Selbstverständlichkeit gewährt werden. Wie sollte nun der Prozess der Demokratisierung des kulturellen Bereiches unserer Gesellschaft erfolgen? Zuerst einmal muss es diesen Geist der Liberalität geben, der den Kunst- und Kulturschaffenden jene Entfaltungsmöglichkeiten bietet, die sie brauchen, um Schöpferisches leisten zu können. Das heißt, dass man in Wirklichkeit sehr viel mehr Geld für diesen Teil unserer kulturellen Aktivitäten zur Verfügung haben müsste, jedenfalls in Relation zu dem, was wir für die Reproduktion kultureller Werke der Vergangenheit aufbringen. Hier gibt es zugegebenermaßen immer noch ein starkes Missverhältnis. Zum zweiten müssen die Wege zur Teilnahme am kulturellen Leben sehr viel breiter gestaltet werden, weil es hier um den Aspekt der Qualität des Lebens geht. Wir müssen in immer stärkerem Maße den Menschen begreiflich machen, dass Bildung und Zugang zum kulturellen Leben Werte sind, welche die Qualität des Lebens verbessern, auch dann, wenn sich dies nicht unmittelbar umsetzen lässt in Einkommen und gestiegenem Lebensstandard. Ich sage offen: In dem Maße, in dem die Radikalität aus der Politik verschwindet, weil sie nicht mehr jene schöpferische Kraft entfalten kann, die man von ihr erwartet, weil sie unter Umständen die politischen Auseinandersetzungen auf ein Niveau drücken könnte, das wir uns alle miteinander nicht leisten können, in dem Maße muss es im kulturellen Bereich Platz für Radikalität geben – in einer Weise, dass sich die Geister scheiden, im Streit formieren können. Und die Auseinandersetzung in der Gesellschaft muss dort, wo sie ohne Lebensgefahr für die Demokratie stattfindet, mit jener Eindeutigkeit und Klarheit geführt werden, die nichts zu wünschen übrig lässt. Nur so werden wir zur Überwindung jener Geisteshaltung kommen, die so viele große Begabungen in Österreich verzweifeln ließ und sie ins Ausland getrieben hat. Nur so werden wir jenes geistige Klima in Österreich schaffen, das im kulturellen Leben den an ihm Beteiligten das Gefühl vermittelt, dass es in diesem Lande eine Lust zu leben ist.

Terror und der Nahe Osten

»Ein Gespenst geht um in Europa – das Gespenst des Kommunismus. Alle Mächte des alten Europa haben sich zu einer heiligen Hetzjagd gegen dies Gespenst verbündet, der Papst und der Zar, Metternich und Guizot, französische Radikale und deutsche Polizisten.«

Ein Gespenst geht um in Europa – das Gespenst des Terrorismus. So könnte man heute den Anfang des *Kommunistischen Manifests* von Karl Marx und Friedrich Engels abwandeln. Dass es längst kein Gespenst mehr ist, sondern alltägliche Realität, die zur Gewissheit geworden ist und ständig wiederholt wird, liegt auf der Hand. Es ist erstaunlich, wie wenig Neugier die Staatsmänner über die Ursachen und Ursprünge Terrors in den 1980er-Jahren aufbringen. Jeder, der sich die Mühe macht, mit ihnen darüber in einer gewissen Objektivität zu sprechen, wird sofort in die zugegebenermaßen sehr kleine Kategorie jener, die »mit Gaddafi reden«, eingeteilt und dementsprechend nicht ernst genommen. Sie meinen, dass doch alle Welt erkannt hat, dass es sich bei Gaddafi um einen Geisteskranken handelt. Woher haben sie das eigentlich? Sicher, die führenden Persönlichkeiten Ägyptens wissen es genau, er war doch einmal in einer psychiatrischen Klinik in Kairo. Als ob jeder, der einmal in seinem Leben einen *nervous breakdown* gehabt hat, deshalb für immer ein Irrer sein müsste. Wie sehr wir uns doch im Falle Gaddafis geirrt haben und wie folgenschwer dieser Irrtum ist.

Wäre ich nur auf Zeitungsmeldungen angewiesen und wüsste ich nicht durch jahrzehntelange Erfahrung, wie vorsichtig man damit sein muss, dann käme ich vielleicht zu der gleichen Auffassung. Ich erinnere mich noch, wie man im Ersten Weltkrieg die Meldung kommentierte, wonach Lemberg noch in »unserem« Besitz wäre. Ich habe mir in meinem langen Leben angewöhnt, wenn es irgendwie geht, nachzuschauen, wie die Wirklichkeit aussieht. Und so bin ich im Februar 1975 zu Gaddafi in die Wüste gefahren und habe ihn kennengelernt. Es war kein freundliches Gespräch. Es war nicht erfreulich, und es war zudem mühsam, und dennoch ist es die einzige Chance, mit diesem Mann zu argumentieren. Mit Drohungen kann man es nicht, und mit Bomben kann man die Probleme, die es gibt, auch nicht lösen.

Und nun zum Terror, dessen Urheber und Förderer nach herrschender

22. Dezember 1975: Überfall eines Terrorkommandos unter dem Befehl von »Carlos« auf die OPEC-Konferenz in Wien.

westlicher Auffassung Muhammar al Gaddafi ist. Zuerst ein paar historische Betrachtungen, ohne die ich jedenfalls nicht auskommen kann. Der Ausdruck Terror ist wahrlich kein Modewort. *La terreur* ist kennzeichnend für den »Thermidor« des französischen Revolutionskalenders. Damals, im Juni 1794, erreichte die Schreckensherrschaft Robespierres ihren Höhepunkt, aber auch ihr Ende. Er ließ seine eigenen Parteigänger hinrichten.

Ich erinnere mich noch sehr gut, als wir in den späten Zwanziger- und frühen Dreißigerjahren diskutierten, ob sich der Thermidor auch in Russland ereignen würde, als Stalin systematisch die Kampfgefährten Lenins der Reihe nach hinrichten ließ. Aber schon früher hatten Trotzki und die führenden Männer der bolschewistischen Revolution vom revolutionären Terror gesprochen und seine Methoden angewendet. Stalin selber war als Bevollmächtigter nach Zarizyn, dem späteren Stalingrad und heutigen Wolgograd, geschickt worden, um die Lebensmittelversorgung zu sichern. Er glaubte aber, wichtigere Aufgaben erfüllen zu müssen und nahm sich ihrer an, ohne dazu ausersehen zu sein. Dadurch dürfte es auch zum persönlichen Konflikt gekommen sein.

Trotzki war der Aufbrausende, der Emotionelle, Stalin der Ruhige, der fast Unterwürfige. Dennoch kam es zur Entmachtung Trotzkis. Der revolutionäre Terror der bolschewistischen Revolution wurde beherrscht von Dzierzynski, und Stalin war der Bevollmächtigte der Partei. Der große eigentliche Terror, der dem Thermidor vergleichbar ist, begann später, als Stalin beschloss, die Führer der Revolution – die Freunde Lenins – einen nach dem anderen umzubringen. Die Entwicklung während der neuen ökonomischen Politik (NEP) hatte zwar wirtschaftlich beträchtliche Resultate erbracht, doch für Stalin schien sie große Gefahren in sich zu bergen, und es begann eine Säuberung von unvorstellbarem Ausmaß. Millionen von Bauern wurden deportiert und verschwanden in den Weiten Russlands. Man nannte sie die Kulaken. Ein gigantischer Massenterror setzte ein, um sie zu liquidieren, aber dabei blieb es nicht. Ein großer Teil der russischen Intelligenzija, der sich dem Kommunismus an der Macht anzunähern begann, wurde mit Misstrauen beobachtet. Die ersten Prozesse begannen, auch gegen die Oppositionellen in der Partei. Alle kamen sie dran: Alexej Rykow und Nikolaj Bucharin, der Theoretiker der Kommunistischen Partei Russlands. Es gab unter den alten Kommunisten plötzlich die sogenannte »Rechts-Opposition«. Trotzki war schon längst aus der Sowjetunion ausgewiesen. Einige der Diplomaten wurden im Ausland ermordet. Aber gleichzeitig mit dem Verschwinden der alten Revolutionäre kamen die Exponenten der neuen Klasse, die Nomenklatura, an die Macht. Man kann die Behauptung wagen, dass die Mitglieder dieser Nomenklatura, die eigentlich ihrem ganzen Gehabe nach dem Kleinbürgertum ähnlich waren, aber alle Privilegien besaßen, ihren Ursprung dem Stalinschen Terror verdankten – ähnlich wie die Männer des *Directoire,* die aus dem Terror der Französischen Revolution hervorgingen und ihn überlebten. Irgendwie gehört der Terror zum Grundwesen jeglicher Diktatur. Stalin soll das in klassischer Weise in einer Diskussion sehr deutlich zum Ausdruck gebracht haben, als er von einem französischen Kommunisten gefragt wurde, was ihm lieber wäre: Dass die Leute ihm anhängen aus Furcht oder aus Überzeugung. Er antwortete ohne zu zögern, dass er der Gewalt eigentlich den Vorzug gäbe, denn die Überzeugung könne sich ändern.

Das Prinzip des Terrors spielte aber nicht nur eine Rolle in den Revolutionen; es erfuhr seine theoretische Ausformung unter anderem auch im Streit zwischen Marx und Engels auf der einen Seite und Michail

Bakunin auf der anderen Seite. Die erste Form des Terrors, die auf eine Zerstörung der Staatsordnung abzielt, findet ihre theoretische Begründung bei Bakunin. Er plädierte für die Zerstörung des Staates und seiner Institutionen durch permanente Anwendung des Terrors. Mit dieser Forderung setzte sich Bakunin bewusst in Gegensatz zu Marx und Engels, die den Staat zunächst erhalten wollten, um ihn als Instrument der Revolution zu gebrauchen. Erst nach dem Sieg des Proletariats, wenn die Produktionsmittel in Gemeineigentum überführt und die Klassengegensätze verschwunden wären, erst in diesem postrevolutionären Stadium könne man den Staat aufheben. Marx und Bakunin konnten sich nicht auf eine gemeinsame Strategie einigen, was zu erheblichen Spannungen in der (Ersten) Sozialistischen Internationale führte. Während Marx sich vor allem auf seine Anhänger in Deutschland stützte, gewann Bakunin die Sympathie der französischen, spanischen und vor allem der italienischen Sozialisten. Er gründete die »Allianz«, die ihm persönlich unterstand und die der Verwirklichung seiner Ziele dienen sollte. Auf der Haager Konferenz von 1872 erlitten seine Anhänger eine Abstimmungsniederlage, die schließlich dazu führte, dass Bakunin aus der Internationale ausgeschlossen wurde.

Damals unterlag Bakunin, seit den Sechzigerjahren unseres Jahrhunderts aber lebt die anarchistische Tradition im westlichen Europa wieder auf. Terroristische Gruppen sind am Werk, in Deutschland als *Rote-Armee-Fraktion*, in Italien als *Brigate Rosse,* als *Action directe* in Belgien und Frankreich. Es lässt sich schwer erklären, wie es zu dieser Renaissance des Anarchismus gekommen ist. Vermutlich wird es die Überzeugung so mancher Menschen sein, dass die kommunistischen Parteien zu »Legalitikern« wurden und sich in den Demokratien einzurichten begonnen haben, was am deutlichsten an Italien sichtbar geworden ist. Daher befinden sich unter den Opfern der *Brigate Rosse* auch in großer Zahl Persönlichkeiten der Kommunistischen Partei Italiens, vor allem solche, die dem Revisionismus, dem europäischen Kommunismus, das Wort redeten. Die Aktivitäten, die man unter Terror versteht, sind aber sehr verschiedenartig und umfassen auch – je nachdem, wo man steht – die sogenannte Tätigkeit der Guerilleros. Vor allem in Lateinamerika hat diese Methode eine große Bedeutung erlangt.

Ein in der Zeitschrift *Third World Quarterly* im April 1985 erschienener Artikel hat sich in sehr ausführlicher Weise mit dem Problem *The*

Third World and International Terrorism beschäftigt. Der Autor Ali A. Mazrui plädiert darin dafür, dass der Ausdruck »Terrorismus« in seiner Essenz in der gleichen Weise wertfrei sei wie der Terminus »Krieg«. Für ihn ist Terrorismus eine Form der Kriegsführung, die entweder durch Regierungen oder durch Individuen ausgeübt werden kann, die Verwendung von Gewalt also in der Absicht, politische Ziele zu erreichen. Mazrui unterscheidet zwischen endgültigen Zielen und unmittelbaren Absichten. Terror diene – und ich halte diese Art der Definition für richtig – dem Ziel, sich Gehör zu verschaffen, wenn man anderswo ungehört bleibt; er leistet einen gewissen Beitrag dazu, eine Sache zu fördern. Die unmittelbare Absicht des Terrors ist es, in Verbindung mit der Öffentlichkeit Angst zu verbreiten. Natürlich unterliegen auch die Waffen des Terrorismus wie die der Kriegsführung einer eigenen Entwicklung, wobei seit neuestem vor allem die Verwendung des Luftraumes als Schlachtfeld hervorzuheben ist. Die Initiative dazu kam in den siebziger Jahren von den palästinensischen Kommandos. Die Wirklichkeit ist so lebendig, dass es keiner näheren Schilderung bedarf. Es gibt bereits neue Fachausdrücke auf diesem Gebiet. Unter *hijacking* versteht man die Geiselnahme von Flugzeugen amerikanischer, schweizer, israelischer, deutscher und ägyptischer Herkunft. Es gibt hier fast keine Ausnahme. Die Reaktionen der verschiedenen Regierungen darauf waren sehr unterschiedlich. Die moralische Entrüstung, die im Zusammenhang mit terroristischen Aktivitäten immer wieder mobilisiert wird, ist eine fast einhellige. Das hat auch dazu geführt, dass manche palästinensischen Organisationen beschlossen haben, ihre Terroraktionen in Europa einzustellen, weil sie nicht geeignet waren, ihrer Sache Sympathie zu bringen, sondern im Gegenteil Verständnislosigkeit in höchstem Maße hervorgerufen haben. Je hoffnungsloser die Situation wurde – besonders was die Anliegen der Palästinenser betrifft –, desto größer wurde die Basis für diese Art des Kampfes, weil diejenigen, die unter Umständen verhandlungsbereit gewesen wären, nicht den entsprechenden Response gefunden haben.

Es ist aber auch zu einer Renaissance einer anderen »alten« Methode der Gewalt gekommen – der Geiselnahme. Ob eine Regierung das Recht hat, das Leben von Geiseln zu gefährden, indem sie gegenüber Forderungen von Terroristen hart bleibt beziehungsweise gegen die Terroristen mit Gewalt vorgeht, ist eine Frage politischer Moral. Meiner Überzeugung nach hat keine Regierung dieses Recht.

Der Wiener Stadtrat Heinz Nittel (rechts, links Hannes Androsch), wurde am 1. Mai 1981im Auftrag der Terrororganisation Abu Nidal ermordet.

Während die Geiseln, wie wir aus Augenzeugenberichten wissen, mit allen Fasern am Leben hängen, schreckt selbst die Aussicht auf den sicheren Tod religiös fanatisierte Terroristen nicht ab, im Gegenteil: Die Aussicht auf einen Tod, der sie ihrer Überzeugung nach zu Helden macht, ist eine der stärksten Motivationen für islamistische fundamentalistische Terroristen. Diesen völlig irrationalen Umstand muss man im Auge behalten, wenn man überlegt, wie dem Terror am effektivsten zu begegnen ist. Ich glaube, dass diese Art von Gewalt jedenfalls zeigt, dass die politische Vergangenheit am ehesten – wenn es dazu nicht schon zu spät ist – durch eine politische Lösung des dem Terror zugrundeliegenden Problems überwunden werden kann.
Eine völlig andere Art von Terror geht von den unterdrückten Völkern und Minoritäten aus. Auch hier ist nur durch eine politische Lösung der Ursachen dieser terroristischen Aktivitäten eine Veränderung möglich. Dass dadurch ein dauerhafter Friedenszustand erreicht werden kann, beweist die irische Frage. Der Gründung des Staates Irland ging ein langer, blutiger Unabhängigkeitskampf voraus. Die irische Freiheitsbewegung bediente sich dabei besonders heftiger Terrormethoden. Als

jedoch das erste Ziel erreicht war, haben sich die Kämpfer von einst als durchaus fähig erwiesen, ein friedliches und freiheitliches Staatswesen zu leiten. Der blinde Präsident der irischen Republik, Eamon de Valera, war ein empfindsamer und gütiger Mensch. Niemand vermutete, dass er maßgeblich am Terror der IRA beteiligt war. Er war einer der Führer des Osteraufstandes von 1916, wurde zum Tode verurteilt und später begnadigt, nahm daraufhin seine Tätigkeit als irischer Freischärler wieder auf und wurde schließlich 1919 zum Präsidenten der irischen Republik gewählt.

Wenn die IRA bis heute aktiv ist, so liegt das an den noch unbewältigten Problemen in Nordirland. Dort lässt sich der Terror vor allem auf religiöse und kulturelle Gegensätze, auf die Auseinandersetzungen zwischen Katholiken und Protestanten zurückführen. Jeder Versuch, dieses Problem zu lösen, ist bislang gescheitert, ganz gleich, ob sich eine Labour-Regierung oder eine konservative um einen Ausgleich bemühte. An diesem Beispiel zeigt sich wieder einmal, dass ein nicht vollständig gelöstes politisches Problem den Terror weiter schwelen lässt. Allerdings kann man in diesem Fall die wichtige Einschränkung machen, dass das offizielle Irland diese Aktivitäten nicht unterstützt, wodurch die Rekrutierungsbasis sehr eingeschränkt wird.

Eine ähnliche Entwicklung gab es in Kenia. Dort übte eine schwarze Befreiungsorganisation, die sogenannte Mau-Mau-Bewegung, über Jahre hinweg einen systematischen, grausamen Terror gegen die Briten und Weißen überhaupt aus. Der Anführer der Bewegung, Jomo Kenyatta, wurde 1953 verhaftet und zu sieben Jahren Zuchthaus verurteilt. Nach seiner Freilassung wurde er zum Präsidenten Kenias gewählt, das er schließlich 1963 in die Unabhängigkeit führte. Trotz seiner gewalttätigen Vergangenheit entwickelte sich Kenyatta zu einem guten und gütigen Präsidenten.

Das Nahost-Problem

Um die Frage beantworten zu können, warum ich mich so intensiv mit dem Nahost-Problem beschäftigt habe, muss ich eine kleine Reminiszenz einschalten. Nach dem Krieg hat es in Wien sehr viele irakische Studenten gegeben, mit denen ich in meiner Eigenschaft als Staatssekretär im Außenamt zusammengekommen bin. Von ihnen habe ich erfahren, welche Probleme sie im Mittleren Osten sehen. Das war lange vor der Entwicklung, die wir jetzt erleben, und damals bin ich zu der Erkenntnis gekommen, dass sich in der arabischen Welt Prozesse anbahnen, die sehr interessant für uns in Europa sein werden. Ich begann immer mehr, mich mit diesem Problem zu beschäftigen und habe schließlich mehrere Gründe gehabt, um zu meiner politischen Auffassung zu kommen:

Erstens bin ich zu der Meinung gelangt, dass die Auseinandersetzung zwischen der arabischen Welt und Israel immer dramatischere Formen annehmen wird. Dadurch stellt dieser Teil der Welt eine neue Kriegsgefahr für uns alle dar, denn es war schon sehr früh sichtbar, dass sich hinter Israel die Vereinigten Staaten und hinter die revolutionären arabischen Staaten die Sowjetunion stellen werden. Das bedeutete aber, dass Kriege durch Stellvertretung in dieser Region entstehen würden und sich daraus alles mögliche entwickeln könnte.

Zweitens war ich der Meinung, dass sich die Sozialistische Internationale sehr einseitig verhält, wenn sie die arabische Welt ignoriert und ausschließlich Israel zu unterstützen bereit ist. Das hat sehr ernste Gründe gehabt, die man verstehen muss. Die europäischen Demokratien haben sich irgendwie verantwortlich gefühlt für das furchtbare Schicksal der europäischen Juden, denn sie alle hatten das Gefühl, sie wären Schuld, Hitler nicht verhindert zu haben. Dieser Umstand hat diese Gewissensverpflichtung gegenüber Israel begründet. Mein Standpunkt war nun der, dass ich auf der einen Seite Verständnis dafür hatte, dass sich die Internationale gegenüber einem Staat, der sehr viele europäische Juden beherbergt, verantwortlich fühlte, dass ich aber auf der anderen Seite nicht verstehen konnte, warum die Sozialistische Internationale die arabischen Staaten dermaßen ignorierte. Und ganz entsetzt war ich, als Guy Mollet zusammen mit dem konservativen England den Marsch

Krisenmanagement für den Nahen Osten: Auf Vermittlung von Kreisky traf Palästinenserführer Jassir Arafat am 7. Juli 1979 in Wien mit Willy Brandt, dem Präsidenten der Sozialistischen Internationalen, zusammen.

zum Suezkanal unternommen hat. Das war ein Akt des Imperialismus, der mir unverständlich war und den ich ablehnte. Und so bin ich immer tiefer in diese Fragen eingedrungen und habe mich immer stärker dafür eingesetzt, dass wir ein Fenster zur arabischen Welt öffnen. Damit bin ich lange Zeit ohne Unterstützung geblieben.

Ein dritter Grund war, dass ich sehr früh erkannt habe, dass ein großer Teil der Energiebasis der westeuropäischen Wirtschaft im Mittleren Osten liegt. Und da ich ja ein Mann bin, der in seiner Jugend eine gewisse marxistische Schulungsarbeit durchgemacht hat – natürlich mit den entsprechenden modernen Adaptierungen, wie sie im Austromarxismus ihren Niederschlag gefunden haben –, habe ich mir dieselbe dialektische Denkungsart angewöhnt und erkannt, dass, wenn eine so starke materielle Verpflichtung und wirtschaftliche Verflechtung zwischen den arabischen Staaten, die Öl haben, und den europäischen Industriestaaten besteht, es auch eine parallele politische Entwicklung geben muss. Und eine solche Entwicklung wollte ich herbeiführen.

Schließlich kommt noch ein ethischer Aspekt hinzu. Ich selber war ein politischer Flüchtling, ein, wenn man so will, Vertriebener, und ich habe ein spezielles Sensorium für das Problem der Vertriebenen, ob es sich nun um Vertriebene aus Europa handelt oder Vertriebene irgendwo in der Welt. Das ist auch der Grund dafür, dass ich schon sehr früh meine Sympathie für die vertriebenen Palästinenser zum Ausdruck gebracht habe. Ich interessiere mich aber auch für das Problem der Kurden, ich interessiere mich für jedes Problem, bei dem Vertriebene eine zentrale Bedeutung haben. Ich selbst habe meine Emigration nie als Folge meiner jüdischen Herkunft verstanden, ich wäre so oder so verfolgt worden, wie ich ja auch schon vier Jahre zuvor aus politischen Gründen verfolgt worden bin. Mir fehlen also viele Erlebnisinhalte, die den rassisch verfolgten Juden eigen sind. Dagegen verfüge ich über eine wissenschaftliche Erkenntnis, nämlich dass es eine jüdische Rasse gar nicht gibt. Ich betrachte auch die jüdische Religionsgemeinschaft nur insoweit als eine typenbildende Kraft, als die Außenwelt und eben auch die jüdische Religion so zentripetale Kräfte geweckt haben, dass eine eigene Gemeinschaft entstanden ist, die durch ihre Begrenztheit zur Herausbildung gewisser Typen geführt hat, eine Erscheinung, die man bei den Levantinern zum Beispiel nicht bemerken kann. Der jüdische Typ in der Levante ist dort durch nichts von irgendwelchen anderen Volksgruppen unterscheidbar. Das sind die Ursachen für meine besondere Haltung.

Was ist nun von meiner Beziehung zum Judentum übrig geblieben? Primär ein wichtiges Gefühl, nämlich dass man seine Herkunft nicht verleugnen soll, besonders dann nicht, wenn man aus einer Gemeinschaft stammt, die von anderen als inferior betrachtet wird oder derentwillen man in irgendeiner Weise Unannehmlichkeiten ausgesetzt sein könnte. Man soll also so wenig sein Judentum verleugnen, wie man etwa in Deutschland nach dem Zweiten Weltkrieg sein Deutschtum verleugnen sollte, oder wie man etwa leugnen sollte, katholisch zu sein in Ländern, in denen der Katholizismus Verfolgungen ausgesetzt ist, so wie man sich auch nicht scheuen sollte, einzuräumen, dass man der Sohn oder die Tochter einer Prostituierten ist, auch das dürfte kein Grund sein, sich zu schämen. Im Besonderen will ich damit sagen, dass man nicht verleugnen soll, etwa aus einer sozial deklassierten Position zu stammen, vor allem dann, wenn man diese Position selbst gar nicht als deklassiert empfindet. So ist für mich der Umstand, dass ich aus dem Judentum komme, keineswegs mit einer Empfindung der Deklassierung gegenüber meinen christlichen Mitbürgern verbunden. Ich betrachte es vielmehr als eine historisch interessante Tatsache, die mich veranlasst hat, viel zu lernen und zu studieren. Ich habe allerdings außer diesem Gefühl, dass man sich von seiner eigenen Herkunft nicht dispensieren kann, darf und soll, kein besonderes Zusammengehörigkeitsgefühl.

Ich bin natürlich ein Mann jüdischer Herkunft und bin auf meine Vorfahren eigentlich sehr stolz. Sie haben eine große Rolle gespielt – schon vor 100 Jahren war der Bruder meiner Großmutter im österreichischen Parlament,und das fast länger, als ich im Parlament gewesen bin. Es gab in meiner Familie Richter, Industrielle, Lehrer, also alles das, was man in der heutigen zionistischen Diktion Assimilanten nennt, mit dem Ziel, sie ein bisschen herabzusetzen. Es gab kaum einen einzigen mir bekannten Zionisten unter diesen vielen Hunderten Menschen, die zu meiner engeren und weiteren Verwandtschaft gehörten. Im Wesentlichen war für sie die Frage des Zionismus kein Problem, wenngleich sie zwar nicht sehr bewusste Juden waren, aber ihrem Glauben zu einem großen Teil treu geblieben sind, ohne religiös zu sein. Ich bin also ein, wenn man so will, österreichischer Politiker jüdischer Herkunft, eine Erscheinung, die es ja einige Male in der Geschichte gegeben hat. Disraeli und, so glaube ich, auch Gambetta waren jüdischer Herkunft so wie andere Männer, die den Staaten, deren Bürger sie waren, in denen sie gelebt haben, im Höchstmaß verpflichtet waren und für sie große Nützlichkeit hatten. Ich habe daher einem israelischen Journalisten ganz freimütig geantwortet, dass ich die Pionierleistung, die Israel erbrachte, bewundere, dass ich auch mit all meinen Kräften dafür eintrete, dass eine solche Pioniertat der Zivilisation nicht untergehen darf, genauso wie auch andere Zivilisationstaten nicht untergehen dürfen, zum Beispiel die Kolonialisierung des amerikanischen Kontinents, nur dass bei Amerika, weil es so groß ist, niemandem einfällt, darüber zu diskutieren. Andererseits aber fühle ich mich Schweden, das durch zwölf Jahre hindurch meine zweite Heimat war, weit stärker verbunden als Israel. Ein solches Verhalten wird von den Zionisten als ein furchtbarer Verrat betrachtet, da bei mir angeblich die Stimme des Blutes unterdrückt wird. Aber die »Stimme des Blutes« ist wieder so eine Blut-und-Boden-These wie aus der Zeit Hitlers. Hier komme ich erneut zu einer sehr bösartigen Formulierung, wie ich sie schon einmal gebraucht habe, nämlich dass das, was der strenggläubige Zionismus vertritt, eigentlich Rassismus ist, und das kann ich nicht akzeptieren. Eine solche Ansicht führt natürlich zu tiefen Unstimmigkeiten mit vielen Menschen in Israel, die ich gar nicht kenne. Ich werde dort also *a priori* als Feind und Verräter betrachtet, als Abtrünniger. Das macht die Diskussion mit vielen israelischen Journalisten und Schriftstellern für mich sehr schwer. Es gibt aber auch jetzt sehr viele, wie Uri Avnery, die sagen: »Ich bin kein Zionist, ich bin Israeli. Ich bin ein israelischer Patriot, anerkenne Kreisky als österreichischen Patrioten und halte ihn für einen interessanten Gesprächspartner.« Das sind die subjektiven Faktoren meines Verhältnisses zu Israel und auch der Grund, warum ich mich mit diesen Fragen beschäftige.

Es gibt Leute, die sagen: Irgendwo ist der Kreisky primär doch ein Jude, denn er will ja doch den Frieden und damit doch das Beste für Israel. Das sagen wohlwollende Kritiker. Sie sagen: Auch wenn es für uns unverständlich ist, so ist er doch einer, der uns in Wirklichkeit nur Gutes tun will. Nun, das nehme ich wirklich an, soweit ich als Internationalist allen Völkern gegenüber vorurteilsfrei bin, also auch gegenüber den Arabern und den Palästinensern. Ich möchte durch mein Wirken in bescheidenster Weise Gutes tun, indem ich versuche, Möglichkeiten für einen Frieden geistig zu erfassen. Schaffen kann ich ihn natürlich nicht.

Damit bin ich bei der Situation, wie sie sich im Nahen Osten darstellt, angelangt. Es wird häufig behauptet, dass ich dort eine Vermittlerrolle spiele oder spielen wolle, und das ist völlig falsch. Ich kann niemals in einem solchen Konflikt ein Vermittler sein, denn die Erfahrung hat mich gelehrt, dass immer nur derjenige vermitteln kann, der auch dem Enttäuschten, falls es einen gibt, in irgendeiner Form eine Kompensation bieten kann. Daher könnte dort weder ein Deutscher noch ein Franzose noch ein Österreicher vermitteln, sondern immer nur ein Amerikaner, denn nur die USA sind in der Lage, einem enttäuschten Araber oder einem enttäuschten Israeli einen Ersatz anzubieten, also etwa ein militärisches Bündnis. All diese Bestrebungen der anderen Staaten, die keine Weltmächte sind, können bestenfalls kleine, schmale Brücken sein, über die es immer nur eine begrenzte Verbindung geben wird. Man kann im günstigsten Fall, wie das klassische Wort lautet, »wie ein Kärrner am Werke« sein, wie ein Karrenführer, der einen Karren Steine zu einem großen Bau bringt.

Man kann den Schlüssel zu meiner Haltung in der Frage des Nahen Ostens nur finden, wenn man weiß, dass ich, seit es Israel gibt, politisch den Standpunkt vertrete, dass diese Regierung eine der reichsten der Welt werden wird. Nur eines kann die Menschen dort daran hindern, aus ihrem Land eine der fortschrittlichsten Regionen der Welt zu machen, nämlich Krieg. Ich bin nicht ein Freund der Araber, wie es »Lawrence of Arabia« aus bestimmten seelischen Motiven gewesen ist, sondern ich bin vielmehr ein Freund jedes Volkes. Ich bin ein Freund aller Völker, die im Nahen Osten leben, ob das nun die Juden, die Israelis, die Palästinenser oder die Kurden sind. Ich bin dafür, dass dort, wo Völker aufeinanderstoßen, sie ihre Gegensätze in Frieden austragen sollen. Als sozialistischer Internationalist habe ich immer wieder den Standpunkt vertreten, dass wir uns der arabischen Welt nicht verschließen dürfen. Wir sind in der Tat durch Israel monopolisiert worden, durch die israelische Labour Party, die uns sozusagen den Weg zu den Arabern versperrt hat, und dagegen habe ich mich aufgelehnt. Ich habe der Sozialistischen Internationale also den Ratschlag gegeben, den Weg zur arabischen Welt zu öffnen.

Als ich das erste Mal 1969 an einer Party-Leader-Konferenz der Sozialistischen Internationale teilnahm, habe ich diese Anregung in Anwesenheit des ehemaligen israelischen Premiers Yigal Allon gemacht. Ich habe damals auch begründet, warum ich dafür eintrat. Es gäbe, so sagte ich, auch unter den Arabern eine sozialistische Strömung. Wir müssten sie ermuntern und ihnen zeigen, dass sie Freunde hätten. Die arabischen Länder wären wichtige Länder, nicht zuletzt wegen ihres Ölreichtums, aber man begriff das damals noch nicht so recht, weil man Öl nicht mit den Besitzern des Landes, sondern mit den Gesellschaften identifizierte, die es förderten und verkauften. Die Herrschaft der britischen und amerikanischen Ölgesellschaften schien zu der Zeit noch unangreifbar. Ich habe vorausgesagt, dass ein Prozess der Entkolonialisierung kommen und die sozialistischen Kräfte in diesen Ländern die Forderung erheben würden, dass die Völker ihre Rohstoffe selbst besitzen und über sie verfügen sollten und nicht die reichen Ölgesellschaften. Daher, so meinte ich, sei es ein sozialistisches Gebot, für sie die Tore zu öffnen. Das hat man damals mit mildem Lächeln entgegengenommen und als eine Art »barocken Spleen« meinerseits betrachtet. Es ist jedenfalls eine interessante Bestätigung des historischen Materialismus beziehungsweise seiner Betrachtungsweise, der ich stark zuneige, dass man im Jahre 1969 bei der Tagung der Internationale in Wien dieser Frage ablehnend und verständnislos gegenüberstand, während man dann

im Jahre 1973 in London, wenige Wochen nach dem Jom-Kippur-Krieg, sogar mit Zustimmung Golda Meirs, der damaligen Ministerpräsidentin Israels, doch meinen Vorschlag aufnahm und eine *Fact Finding Mission* in den Nahen Osten entsandte. Diese Mission hatte die Aufgabe, die feindselige Haltung der arabischen Staaten gegenüber der europäischen Sozialdemokratie zu durchbrechen, was schließlich auch gelang. Damals war die Zeit reif. Unter der Drohung des Ölboykotts war das geradezu ein Schulbeispiel dafür, wie materielle Verhältnisse eine politisch-ideologische Haltung verändern können.
Ich habe damals die Führung dieser Mission übernommen. Ich war in fast allen arabischen Staaten, in Abu Dhabi, im Irak, in Syrien, Jordanien, Kuwait, Saudi Arabien und in Ägypten, ich habe mit den Palästinensern gesprochen, ich war in den vier nordafrikanischen Staaten Tunesien, Algerien, Libyen, Marokko und natürlich in Israel. Ich kann nicht sagen, dass ich ein Spezialist für den Nahen Osten bin. Aber in aller Bescheidenheit kann ich doch behaupten, dass ich mehr von den Problemen dieses Raumes weiß, als viele meiner Kollegen in Europa, denn sie haben sich begreiflicherweise mit dieser Frage nicht so ausführlich beschäftigt. Und nun kann ich sogar noch etwas sagen: Es ist ein großer Unterschied, ob man bei einem offiziellen Staatsbesuch zwei, drei Stunden über die eigenen Probleme spricht, oder ob man, wie ich es gemacht habe, zwei, sechs, zehn und sogar 15 Stunden dazu verwendet, um, wie etwa in Ägypten, über die Probleme des dortigen Landes zu sprechen. Wenn man zwei Tage lang ununterbrochen mit den Menschen redet, wenn man Stunde um Stunde Gespräche führt, wie ich es in Saudi Arabien und in Jordanien getan habe, dann lernt man die Menschen und die Probleme ganz anders kennen. Oder anders gesagt, habe ich mindestens einhundert Privatstunden Nachhilfeunterricht in Nahost- und Mittelostpolitik genommen.
In Saudi Arabien war damals nicht mehr König Feisal an der Macht. Seinerzeit hatte mir Feisal ja ausrichten lassen, dass ich als österreichischer Bundeskanzler sehr willkommen wäre, als Führer einer sozialistischen Delegation würde er mich aber nicht gerne sehen. Die neuen Herren Saudi Arabiens dagegen ließen mir sagen, ich wäre willkommen, in welcher Eigenschaft auch immer ich käme. Das deutet schon an, welche großen Veränderungen sich in Saudi Arabien ergeben haben. Von der feindseligen Haltung gegenüber jedem Sozialdemokraten sind die arabischen Staaten zu einer weitaus freundlicheren, objektiveren

Auftritt bei den Vereinten Nationen: Das Forum der UNO nützt Bruno Kreisky geschickt für seine Außenpolitik.

Position übergegangen. Man darf auch nicht vergessen, dass man, wenn man in diesen Ländern mit Leuten spricht, Kontakte herstellt. So habe ich etwa mit König Hussein von Jordanien stundenlang diskutiert und danach wieder stundenlang mit seinen Ministern hier in Wien, die mich besuchen kamen. Ich habe also eine lebendige Verbindung geschaffen, die sich besonders in wirtschaftlichen Dingen als hervorragend erweist.

Natürlich hat das, das leugne ich nicht, auch zu sehr guten Beziehungen zwischen Österreich und den Staaten des Nahen und Mittleren Ostens geführt, obwohl dies keineswegs meine Absicht gewesen war. Heute gelten die Österreicher dort als Freunde. Es hat auch vielfach bei der UNO zu einer Zusammenarbeit geführt und auch dazu, dass ich mit dem algerischen Präsidenten Houari Boumedienne in einem guten Verhältnis stand, so dass ich bei schwierigen Problemen, wie etwa bei der sehr heiklen Geiselaffäre von Schwechat, auf seine Unterstützung rechnen konnte. Es hat sogar dazu geführt, dass mich mit manchen führenden Männern der arabischen Staaten eine sehr tiefe persönliche Freundschaft verbindet, die oft geradezu rührende Züge trägt. Wenn die Araber nämlich zu jemandem Vertrauen haben, so sind sie von einer außerordentlichen Offenheit, Güte und Opferbereitschaft, die verblüffend sein mag. Gerade dies war für mich ein großes Erlebnis, ein Erlebnis, das ich noch dazu in einem späten Teil meines Lebens gehabt habe und das vielleicht gerade deshalb zu den eindrucksvollsten gehört. Dieses Verhältnis ist so frei aller politischen oder sonstigen Schlauheit, plötzlich tritt einem eine sympathische Extrovertiertheit entgegen, die ich immer wieder mit einem Glücksgefühl empfangen habe. Es sind schon die äußeren Formen. Da kommt diese große Umarmung, man hat bei ihr wirklich das Gefühl, da hat niemand eine Waffe in der Hand. Ich könnte fast sagen, dass ich unter den Arabern sehr viel mehr persönliche Freunde habe als unter den Israelis. Aber das ist eben mein Schicksal. Wer sich in dieser Weise einschaltet, muss mit solchen Dingen rechnen. Auf der anderen Seite hatte ich ein ganz anderes, neues Erlebnis. Zwischen einigen israelischen Sozialisten, vor allem in der Mapam, der »Vereinigten Arbeiterpartei« Israels, und einigen sehr liberalen Israelis haben sich starke Sympathien und im Laufe der Zeit persönliche Bindungen entwickelt. Dazu gehören auch Militärs, die in vergangenen Kriegen Heerführer waren, aber da will ich keine Namen nennen, ich will niemandem schaden, denn ich weiß, dass Leute, die ich als Freunde bezeichne, von manchen in Israel als Feinde betrachtet werden. Einmal habe ich mich in einem arabischen Staat in einem Palast mitten in der Wüste befunden. Das war eine Situation, wie sie sonst nur in Filmen geschildert wird, und nach einem sehr offenen, umfangreichen Gespräch fragte mich der Scheich, ein sehr weiser Mann, beim Abschied: »Und was kann ich jetzt für Sie tun oder für Ihr Land?« Darauf habe ich geantwortet: »Dies ist keine Reise, die ich für mein

Land mache, und ich will diese Gelegenheit nicht missbrauchen. Es muss genügen, dass ich auch hier als Österreicher anerkannt und nicht nur als Vorsitzender der *Fact Finding Mission* gesehen werde.« Da meinte der Scheich: »Ein Freund, der einem nichts Gutes tut, ist wie ein Feind, der einem nichts Böses tut.« Das zeigt nur, wie sehr man dort erwartet, dass mit einer solchen Mission auch eine Gegenleistung verbunden sein muss. Man war höchst erstaunt, dass eine solche weder verlangt noch erwartet wurde.

Nun, wie das Problem selber gemeistert werden kann, das will ich im Einzelnen gar nicht ausführen. Aber es gibt zwei Punkte, ohne deren Erfüllung man nichts lösen kann. Sicher ist die erste Notwendigkeit die Anerkennung Israels als selbständiger Staat, dessen Menschen auf diesem Territorium, das sie nun einmal haben, in Frieden leben sollen. Zweitens kann man die Frage nicht bewältigen, ohne anzuerkennen, dass es für die Palästinenser genau dasselbe Recht auf einen eigenen, unabhängigen Staat geben muss. Erst wenn sie selber aufzugeben bereit sind und eine Union mit einem anderen Staat schließen wollen, wäre die Frage einer Nicht-Existenz eines Palästinenserstaates diskutierbar. Aber das ist ausschließlich eine Sache der Palästinenser und ihres Selbstbestimmungsrechts. Die Israelis haben ihren Staat geschaffen. Sie können jetzt die einzigartige Chance wahrnehmen und den Palästinensern durch eine vernünftige Haltung ermöglichen, einen Staat zu bilden. Es ist der Geschichte zu überlassen, ob sich Juden und Palästinenser in einem Staat finden werden oder ob sich Palästinenser und Jordanier zu einem Staat zusammenschließen. Wichtig ist, dass die Grenze zwischen den beiden Staaten, dem palästinensischen und dem israelischen, offen ist, damit die Menschen miteinander arbeiten können. Das ist gar nicht so illusionär, so utopisch, wie es klingen mag. Es bedarf allerdings eines Territoriums für die Palästinenser, und das kann nur durch den Verzicht Israels auf eroberte Gebiete geschaffen werden. Aber so wie in dem kleinen israelischen Staat nicht alle Juden der Welt Platz finden, so werden in dem kleinen palästinensischen Staat auch nicht alle Palästinenser Platz finden.

Doch es muss für beide die Möglichkeit bestehen, wenn sie es wollen, ihre Identität auf diese Art und Weise zu gewinnen, und zwar, indem sie sich zu diesem Staatswesen bekennen. Das scheint mir eine Lösung zu sein, die jetzt realisierbar ist. Heute gibt es hierfür eine starke Bereitschaft im arabischen Lager, und heute müsste es hierfür die Bereitschaft

im Lager der westlichen Demokratien geben und wohl auch in Moskau. Das Wichtigste aber dabei ist, dass Israel dies nur dann selbst tun kann, wenn es politisch außerordentlich stark ist. Stimmt es einer solchen Lösung auf die Dauer nicht zu, so wird Israel eines Tages eine belagerte Festung sein wie einst Massada, und es wäre furchtbar gefährlich, würde man heute schon in Israel einen Massada-Komplex entwickeln, also den Komplex, sich in irgendeiner Festung bis zum letzten Blutstropfen zu verteidigen. Und dabei gibt es, meiner Überzeugung nach, heute die große, historische Chance, in diesem Teil der Welt durch Zusammenarbeit das zu erfüllen, was meine Ausgangssituation war, nämlich diesen Teil zu dem entwickeltsten und wohlhabendsten unseres Planeten zu machen. Die ungeheuren Rohstoffquellen dieses Gebietes, die ja nicht nur aus Öl bestehen, denn auch das arabische Territorium birgt noch viele andere Rohstoffe, zusammen mit der hochentwickelten Zivilisation und Technologie und dem Ingenium des israelischen Volkes, das alles würde eine außerordentlich positive Symbiose ergeben.
Nun zurück zu meinen Ausführungen über die Ursachen und Ursprünge des politisch motivierten Terrors: Auch bei der Konstituierung des israelischen Staates kam es zu Terroranschlägen. Unter den damals in Palästina lebenden Zionisten gab es die unterschiedlichsten politischen Richtungen: Es gab demokratische, sozialistische und auch rechtsextreme Zionisten. Unter diesen Zionisten befanden sich einige, die besonders hingebungsvoll den Methoden des politischen Terrors huldigten. Yitzhak Shamir, schon unter Begin Außenminister, gehörte zu den Leuten, die Graf Bernadotte, der als Vermittler nach Israel kam, ermordet haben. (An dieser Stelle möchte ich daran erinnern, dass Graf Bernadotte während der nationalsozialistischen Herrschaft Zehntausende Juden aus dem Konzentrationslager gerettet hat.) Dieses Attentat, dem auch der französische Oberst André Sérot zum Opfer fiel, fand am 16. September 1948 statt. Graf Folke Bernadotte war als Entsandter der Vereinten Nationen damit beauftragt, auf die Durchführung der UN-Resolution von 1947 hinzuwirken. Diese Resolution sah vor, neben einem jüdischen auch einen arabischen Staat in Palästina zu schaffen.
Noch furchtbarer als das Attentat auf Graf Bernadotte war der Anschlag auf das King David Hotel, bei dem 91 Menschen ums Leben kamen, unter ihnen 41 Araber, 28 Briten und 17 Juden. Diese Aktion ging auf das Konto einer Terrorgruppe, die von Begin angeführt

wurde. Es gab eine Unzahl solcher Terrorakte in Israel, und wenn sich heute die Israelis besonders häufig gegen mich äußern, weil ich die Palästinenser gewissermaßen in Schutz nehme, dann werfen sie mir die Förderung von Terrorismus vor. Dem muss ich entgegenhalten, dass es bisher keine nationale Befreiungsbewegung gegeben hat, die auf das Mittel des Terrors verzichtet hätte.

In unserer Zeit gibt es noch viele Völker, die um ihre Anerkennung kämpfen, zum Beispiel die Basken, die Kurden und die Armenier. Am wichtigsten scheint mir jedoch das Problem der Palästinenser zu sein. Die Araber Palästinas flohen nach der Gründung des Staates Israel 1948 aus ihrer Heimat. Als die Zionisten den ersten jüdischen Staat in der neueren Geschichte errichteten, ließen sie sich von dem entsetzlichen Schicksal leiten, das die Juden während des »Dritten Reiches« erlitten hatten. Dieser Staat ist ein Produkt der europäischen Verhältnisse, die von Hitler geschaffen wurden. Als man Israel gründete, ging man davon aus, dass dort die Urheimat der Juden zu finden sei und demnach die Vorfahren aller heutigen Juden aus Palästina stammen. In Wirklichkeit sind zahlreiche jüdische Gemeinden in der Welt durch Konversion entstanden, so dass man heute keine ethnische Homogenität unter den Bekennern des mosaischen Glaubens feststellen kann. Die jemenitischen Juden etwa sind den arabischen Jemeniten viel ähnlicher als den Juden Osteuropas. Die jüdische Glaubensgemeinschaft in Äthiopien besteht aus Schwarzen, die allein schon äußerlich zu den heutigen Einwohnern Israels in entschiedenem Gegensatz stehen. Es ist also wissenschaftlich unhaltbar, wenn man die Juden als eine Nation betrachtet. Sie sind ebenso wie die Christen und Moslems eine Gemeinschaft von Gläubigen, deren Vorfahren nicht alle aus dem Heiligen Land stammen, sondern die jüdische Religion vielfach erst angenommen haben. Die Juden haben also kein größeres Recht auf Palästina als die Araber. Diesem Grundsatz entspricht die schon erwähnte UN-Resolution, die einen jüdischen und einen arabischen Staat in Palästina vorsieht. Da Israel sich beharrlich gegen die Errichtung eines Palästinenserstaates ausspricht, wird es mit dem permanenten Terror der Vertriebenen konfrontiert. Solange man in Israel keine ernsthafte Bereitschaft zeigt, eine auch von der PLO akzeptierte Lösung zu suchen, wird der Terror weiter wüten. Und je mehr man dazu neigt, verhandlungsbereite palästinensische Kreise zurückzuweisen, desto härter wird der Kampf werden. Das Ergebnis ist die Fortsetzung des Terrorismus, also das, was die

Palästinenser und viele Araber und natürlich auch Muhammar al Gaddafi als permanente Kriegsführung gegen Israel sehen.
Die Uneinigkeit der arabischen Staaten hat ihre Ursache in sehr tiefgehenden Differenzen, und eine volle Übereinstimmung zwischen diesen Ländern hat vor allem demonstrativen Charakter. Aber Demonstrationen sind für Lösungen kontraproduktiv. Natürlich hat diese Frage auch eine nicht unwesentliche ökonomische Seite. In diesem Teil der Welt gibt es eine Art von Arbeitslosigkeit, die sehr verschieden ist von jener, die wir in den Wohlfahrtsstaaten kennen, nämlich einen totalen Subsistenzmangel. Wer sich einer der zahlreichen Terrororganisationen oder einer militärischen Einheit anschließt, für den löst sich dieses Problem wenigstens temporär. In diesem Teil der Welt rollen gewaltige Geldströme in diese Bewegungen und sind eine Ursache dafür, dass man dort nicht zur Ruhe kommt. Dabei soll man aber nicht glauben, dass die radikalen arabischen Regime, zum Beispiel der Iran oder Libyen, die großen Geldgeber sind, sondern es kommen – als Folge von Erpressung und Loskauf – riesige Beträge aus den sogenannten gemäßigten und reichen Staaten. Natürlich gibt es auch hier Mächte, die sich die Kontrolle über die Verteilung dieser Mittel sichern. Anders würde man ja jegliche Kontrolle verlieren. Es ist daher eine große Illusion, zu glauben, dass irgendwo einige wenige sitzen und auf Knopfdruck Terrorwellen auslösen können.
Die Terrorgruppen sind immer unterwegs und bereit; viele nennen auch Abu Nidal, die vielleicht bekannteste Gruppe. Aber die Abu-Nidal-Gruppe nimmt für sich in Anspruch, eine Elite zu sein, der nur eine begrenzte Anzahl von Mitgliedern angehört. Es gibt auch für diese Bewegung Phasen besonderer Attraktivität, und da ist gerade diese Gruppe sehr darauf bedacht, dass die Zahl ihrer Angehörigen eine gewisse Grenze nicht überschreitet. Die in den Demokratien agierenden neo-anarchistischen Gruppen verschaffen sich meistens ihr Geld selbst, so zum Beispiel durch Überfälle auf Banken und Geldinstitute. Bemerkenswert ist in diesem Zusammenhang der OPEC-Überfall, der von einer kombinierten Mannschaft unter dem bekannten lateinamerikanischen Terroristen Carlos durchgeführt wurde. Dieser Überfall hatte, wie sich später herausstellte, überhaupt nichts mit Wien und Niederösterreich zu tun, sondern diente der Geldbeschaffung. Carlos und seine Gruppe verlangten nämlich für jede der zwei Hauptgeiseln – eine von ihnen war der bekannte saudiarabische Minister und führen-

de OPEC-Mann Scheich Yamani, die andere der iranische Ölminister – ein extrem hohes Lösegeld. Das war aber, wie gesagt, ein Terrorakt besonderer Art, der nicht unter der Federführung islamischer Organisationen stattfand.

Viele der scheinbar unüberwindbaren Gegensätze im Nahen Osten könnten aber bei gutem Willen meiner Ansicht nach überwunden werden. Vor Jahren bereits hätten Fortschritte betreffend den berüchtigten Passus über *armed struggle* in der PLO-Charter gemacht werden können. Arafat wäre bereit gewesen, gegenüber einem internationalen Forum auf diesen Passus zu verzichten, wenn Israel gegenüber demselben internationalen Forum die PLO als Vertreterin der Palästinenser anerkannt hätte. Willy Brandt war Zeuge dieses Gesprächs in Wien, das leider keine Ergebnisse gezeitigt hat. Auch Premierminister Shimon Peres hat mir wiederholt Vorschläge zu einer Lösung des Nahostproblems zukommen lassen, die ich mit dem jordanischen Kronprinzen besprochen habe. Der Kronprinz hatte eine Villa in Wien, und ich sah ihn mehrmals im Jahr.

Ich habe auch ein Treffen zwischen Anwar al Sadat und dem damaligen israelischen Oppositionspolitiker Peres in Salzburg arrangiert, bei welchem Sadat erklärte, dass über eine in jede Richtung offene Übergangslösung verhandelt werden könnte. 1977 hat mir Peres vor den Parlamentswahlen in Israel mitteilen lassen, dass er, sollte er die Mehrheit erhalten, die Siedlungstätigkeit stoppen und eine Übergangslösung für die Westbank akzeptieren würde.

Der Status quo hat den syrischen Präsidenten Hafis al Assad so mächtig wie nie zuvor gemacht, und er ist bestrebt, diesen Zustand aufrechtzuerhalten. Assad kontrolliert den Libanon, soweit dieses Land derzeit überhaupt kontrollierbar ist. Er beherrscht einen Teil der palästinensischen Gruppierungen und hat beträchtlichen Einfluss auf Jordanien. Assad wünscht eine palästinensische Lösung. Auch die Rückgabe der Golanhöhen könnte ihn vermutlich nicht zu einer Änderung seines Standpunktes bewegen. Assads Antwort auf die Frage, was er von den Friedensbemühungen König Husseins und PLO-Chef Arafats halte, spricht eine klare Sprache: »Was mit Sadat geschah, wird auch ihnen geschehen.« Vorstellbar wäre, dass Assad allenfalls einer stillschweigenden Abgrenzung der Einflusszonen zustimmt und palästinensische Elemente nach Jordanien abdrängt. Dazu bedürfte es allerdings des richtigen Partners in Israel.

Vielfältige Kontakte zur arabischen Welt: Staatsbesuch bei Scheich Zayed in Abu Dhabi; rechts Handelsminister Josef Staribacher, 1981.

Aber alle Friedensbemühungen müssen die unterschiedliche Mentalität der arabischen Welt berücksichtigen. Der Nahost-Friedensplan des amerikanischen Präsidenten Ronald Reagan und der Fez-Plan sollten genau darauf geprüft werden, welche Bestimmungen einander ähneln, welche Unterschiede allenfalls in Verhandlungen überbrückbar wären und wo die Disparitäten so groß sind, dass neue alternative Wege gesucht werden müssen. Beide Pläne stimmen etwa darin überein, dass die Annektierung arabischen Landes durch Israel als unstatthaft angesehen wird. Unter der Formel »Sicherheit aller Grenzen in der Region« enthält der Fez-Plan außerdem eine eindeutige Anerkennung des Existenzrechtes Israels.

Ich habe bereits mehrfach vorgeschlagen, dass eine spezielle internationale Kommission, vielleicht eine UNO-Kommission, gebildet wird, die das Mandat haben sollte, einen Kompromissvorschlag auszuarbeiten. Wenn Israel sich anfänglich weigern wird, daran mitzuarbeiten, gilt auch hier: *Les absents ont toujours tort.* (»Die Abwesenden haben immer unrecht.«) Ich bin überzeugt, dass auch Israel dies schließlich einsehen wird. Teilerfolge, wie der Gefangenenaustausch,

bei dem ich mitgeholfen habe, zeigen, dass Fortschritt auch im Nahen Osten möglich ist.
Hinsichtlich der Frage »Jerusalem« könnte für die »Hauptstadt Jerusalem« gelten, was für Rom gilt, denn Rom ist ja auch für jeden die Stadt des Katholizismus, wenn er Katholik ist, und es interessiert ihn dabei nicht, dass es die Hauptstadt Italiens ist. Die heiligen Stätten könnten eine Art »exemte« Region darstellen. Der Teil Jerusalems, in dem Palästinenser wohnen, wird unter palästinensische Verwaltung gestellt und von einem eigenen County-Council – etwa wie in London – verwaltet, und dasselbe System könnte auch auf die jüdischen Stadtteile zutreffen. Wenn man überdies den Arabern noch zugesteht, zwischen allen Stadtteilen Jerusalems auch mit arabischen Dokumenten verkehren zu können, würde dies vielleicht eine akzeptable Lösung darstellen.
Ohne Zweifel ist die Palästina-Frage 1988 in Bewegung geraten, aber eine Lösung ist nicht in Sicht. Noch lange nicht. Was sind denn nun die entscheidenden Phasen in diesem mühsamen Prozess? Einige der kompliziertesten sollen genannt werden.
Am 19. Februar 1988 fand ein Gespräch zwischen Jassir Arafat und mir statt (und ein weiteres Gespräch am 28. Januar 1989 auf Mallorca), bei dem ich ihm die Idee – sie schien mir herangereift zu sein – näherbrachte, weltweit Leute in jüdischen Kreisen für einen Dialog mit der PLO zu suchen. Da es offenbar Schwierigkeiten bereitete, Gesprächspartner in Israel zu finden, müssten sie eben unter prominenten Persönlichkeiten jüdischer Herkunft außerhalb Israels gesucht werden. Es schien mir fast ein Credo zu sein, dass in Israel in weiten Kreisen fast niemand zu einem nüchternen Dialog mit der PLO gefunden werden konnte. Die Situation war festgefahren.
Arafat, den ich in Genf traf und dem ich des langen und breiten diese Idee vortrug, schien sie einzuleuchten. Er sah ein, dass, wenn man hier auf allen Seiten starr bliebe, ein unabsehbares Unglück über die Menschen der gesamten Region kommen würde. Er und seine Berater hörten mir aufmerksam zu, und schließlich gab er mir die Ermächtigung, diese Überlegungen mir befreundeten Kreisen des sogenannten Weltjudentums näherzubringen. Ich musste die betreffenden Personen selbst ausfindig machen, was vor allem deshalb keine leichte Aufgabe war, weil ich gerade dort seit Jahrzehnten auf Widerstand stoße. Ich erklärte meinen Gesprächspartnern von vornherein, dass ich mich selber nicht für einen solchen Dialog geeignet hielte und es mir recht wäre,

wenn es gelänge, alle subjektiven Faktoren auszuklammern. Es begann eine Zeit fieberhafter Aktivität. Wie sollte man in diesen Zeiten mutige Männer und Frauen finden, die ein solches Risiko auf sich zu nehmen bereit waren? Französische und englische Juden und auch mein österreichischer Freund Karl Kahane konnten für diese Idee gewonnen werden. Einer von ihnen war der bekannte Journalist und Herausgeber des *Nouvel Observateur*, Jean Daniel, und einige sehr vernünftige, wegen ihrer maßvollen Haltung sehr geschätzte amerikanische Persönlichkeiten. Was mich aber in besonderem Maße verblüffte, war das Phänomen der Dialogbereitschaft bei prominenten Juden außerhalb Israels. Eine nicht zu verkennende Verzweiflung bemächtigte sich vieler angesichts der Ausweglosigkeit der Lage. Bei manchen Israelis hatte man den Eindruck, dass sie sich in höchstem Maße in Angst und Schrecken versetzt fühlten, hier eine führende Rolle zu übernehmen. Verständlich: Die Fronten in Israel selbst waren erstarrt.
Bereits 1976 hatte ich ein ähnliches Vorhaben mit dem damaligen Präsidenten des Jüdischen Weltkongresses, Nahum Goldmann, besprochen, der mir unter strenger Vertraulichkeit folgendes Schreiben zukommen ließ:

Paris, 4. April 1976
Sehr geehrter Herr Bundeskanzler!
Ich will Ihnen nochmals herzlich danken für die sehr interessante Unterhaltung und auch das vorzügliche Essen, das mir Ihre Frau Gemahlin geboten hat. (...) Ich habe seitdem noch über die Anregung, die Sie eventuell mit Präsident Sadat besprechen wollen, nachgedacht, und möchte Ihnen meine diesbezüglichen Gedanken kurz unterbreiten:
1) Die Einladung sollte an eine Delegation des Jüdischen Weltkongresses gehen oder, was weniger gut wäre, an eine ausgewählte Gruppe führender jüdischer Persönlichkeiten.
2) Ziel der Einladung wäre, die Beziehungen zwischen Arabern und Juden, im Lichte ihrer in vielen Jahrhunderten engen Kooperation und der Notwendigkeit ihres Zusammenlebens im Nahen Osten, in der Form des Staates Israel, zu betonen, und den beiderseitigen Wunsch zum Ausdruck zu bringen, möglichst schnell zu einer Friedensregelung und zum Beginn jüdisch-arabischer Zusammenarbeit zum Aufbau des Nahen Ostens zu gelangen.
3)(...)

4) Seitens Sadat müsste eine Erklärung kommen, wonach er seine schon öfters ausgedrückte Überzeugung bestätigt, der arabisch-israelische Konflikt sei auf friedlichem Wege zu lösen und dass, falls eine befriedigende Lösung der territorialen Fragen sowie des Palästina-Problems (...) gefunden würde, er bereit sein würde, Israel offiziell anzuerkennen und einen formellen Friedensvertrag zu unterschreiben (...).
Sollte das Ganze zustande kommen, so würde es einen Durchbruch darstellen und eine sehr große Wirkung haben, nicht nur in der weltöffentlichen Meinung, sondern vor allem auch in Israel (...).
Ich wäre Ihnen dankbar, wenn Sie die Gelegenheit finden würden, das Problem mit Sadat zu besprechen (...).
N.B.: Ich bitte Sie, die Angelegenheit streng vertraulich zu behandeln. Jede Mitteilung der Öffentlichkeit darüber würde das ganze Projekt sofort zum Scheitern bringen.

In der zweiten Hälfte der Achtzigerjahre sah es aber so aus, als ob die Absurdität, Terror mit Gegenterror zu beantworten, Schule macht, vor allem in den Vereinigten Staaten, obwohl es auf diese Weise noch nie gelungen ist, Terror aus der Welt zu schaffen. Im Gegenteil: Gegenterror hat immer nur zur Eskalation geführt. In den USA wird Gaddafi für alle Terroranschläge verantwortlich gemacht, so etwa für den Anschlag am Schwechater Flughafen vom 27. Dezember 1985. Wir wissen heute, dass die drei Täter, die den Anschlag verübt haben, bereits am 20. Dezember in Beirut zusammengetroffen waren. Von dort kamen sie über Athen und dann vermutlich über Budapest nach Wien. Ich habe sofort nach dem Anschlag erklärt, dass Gaddafi nach meinen Informationen nicht hinter dieser Aktion steht. Aus den USA wurde verlautbart, man würde Beweise dafür liefern. Diese Beweise ist man bis heute schuldig geblieben. Auch der italienische Außenminister gab damals zu verstehen, dass nichts Konkretes für eine libysche Beteiligung bei den Anschlägen auf die Flughäfen von Wien und Rom sprechen würde und es daher angebracht sei, wieder mit Gaddafi ins Gespräch zu kommen.
Ganz gleich, wie man zu Oberst Gaddafi stehen mag, ich glaube, dass sich in demokratischen Staaten keine Macht das Recht herausnehmen darf, Handlungen durchzuführen, ohne die Konsequenzen zu bedenken. Die Aktion der USA hat Gaddafis Prestige bei den großen Massen Afrikas und Asiens verstärkt, sie hat seiner Reputation genützt, wie mir

unlängst in den Golfstaaten gesagt wurde, wo man kein Hehl daraus macht, dass man Gaddafi keineswegs besondere Sympathien entgegenbringt. Dieser Angriff hat bei den Mittelmeerverbündeten der USA Verstimmung hervorgerufen. Eine solche Art des Vorgehens sollte unter Verbündeten nicht Schule machen, weil das dem Bündnissystem der NATO keineswegs zuträglich ist.

Gaddafi selbst ist ein und gilt als Revolutionär. Ich würde ihn als eine Kombination von Robespierre und Saint-Just bezeichnen, zwei Gestalten, die in Amerika vor 200 Jahren ja äußerst populär waren. Außerdem ist er sein eigener Napoleon. Er ist sehr überzeugt von seinem theoretischen Werk, das sich freilich bei näherem Hinsehen als eine mittelmäßige Sammlung von eklektizistischen Versatzstücken erweist. Gaddafi ist kein Fundamentalist. Er hat keine Skrupel, vormalige Verbündete fallenzulassen, wenn ihm dies für seine momentanen Ziele förderlich erscheint. Das Beispiel der Polisario, die er der Union mit Marokko geopfert hat, beweist dies deutlich.

Die libysche Vorgangsweise im Tschad wiederum zeigt, dass Gaddafi bereit ist, kurzfristige Interessen längerfristigen Zielen unterzuordnen. Er äußerte mir gegenüber den Wunsch, sein *standing* bei westlichen Regierungen zu verbessern. Ich sagte zu, mich für ihn zu verwenden, und zwar im Rahmen der Sozialistischen Internationale, da damals bereits praktisch alle Mittelmeerländer unter sozialistischer Führung waren. Als Vorbedingung nannte ich jedoch eine Regelung der Tschadfrage, die eine ernste Belastung für Mitterrand darstellte. In der Folge konnte ich die Ausarbeitung eines Übereinkommens zwischen Frankreich und Libyen vermitteln. Es ist richtig, dass noch heute libysches Kriegsmaterial im Tschad steht. Wichtig in meinen Augen ist jedoch, dass auf Grund des genannten Übereinkommens das Blutvergießen im Tschad ein Ende gefunden hat. Kein französischer und kein libyscher Soldat haben seither ihr Leben verloren. Und mit den libyschen Panzern im Tschad wird die Wüste bald auf ihre Art fertig geworden sein. Gaddafi weiß von mir aus vielen Gesprächen, dass ich ein Mann bin, der sich evolutionären Entwicklungen verschrieben hat, was bedeutet, dass sich Gegensätze zwischen uns nicht leicht überwinden lassen. Aber man braucht, um die Probleme der Weltpolitik wenigstens einigermaßen bewältigen zu wollen, die Erkenntnis, dass sich immer wieder das Phänomen der Gleichzeitigkeit ergeben wird. Zur Zeit, als es in Wien unter Kaiserin Maria Theresia »idyllische Verhältnisse« gab, wurde die

Tochter der Kaiserin in Frankreich auf die Guillotine geschickt. Aber in den Vereinigten Staaten ist man voll von Sympathie für die damalige Revolution, weil man sich selbst in einem revolutionären Prozess befunden hat.
Ich weiß nicht, ob es noch eine Lösung der Probleme im Mittleren Osten geben wird. Wenn man mich fragt, wie ich die Entwicklung des Palästina-Problems sehe, des Nahost-Problems bis zum Jahre 2000, dann glaube ich heute, dass man sich diesem Ziel eines palästinensischen Staates nur in kleinen Schritten annähern kann. Mir persönlich scheint eine Lösung am gerechtesten, die etwa so aussieht: Dass es einen freien demokratischen israelischen Staat und einen freien palästinensischen Staat gibt, wobei sich beide Staaten in einem gewissen Prozess einander annähern. Dass man auf diese Weise unter Umständen eine neue Staatsform bilden könnte, die es den Palästinensern erlaubt, aus ihrem Staat frei ins heutige Israel zu wandern und die Gräber ihrer Vorfahren zu besuchen, um es so auszudrücken, man andererseits aber auch den Israelis die Möglichkeit bietet, mit den Bürgern eines selbständigen Palästinas jene wirtschaftlichen Verhältnisse zu schaffen, die es beiden Völkern erlauben, sich anzunähern. Es wird immer wieder geltend gemacht, dass dieser Palästinenser-Staat infolge seiner Kleinheit nicht lebensfähig wäre und daher eine untaugliche Lösung darstelle. Erstens verfügt Israel selber über kein großes Territorium, und zweitens gibt es in vielen Teilen der Welt, nicht zuletzt in der arabischen, relativ kleine Länder. Man könnte einwenden, dass diese Territorien reich an Öl und Gas sind, das für einen Palästinenser-Staat zur Verfügung stehende Land jedoch arm und bar der Rohstoffe ist. Ich glaube nicht, dass das unbedingt ein Argument gegen die Schaffung eines solchen Staates wäre; Palästina würde sicher in hohem Maße die Unterstützung der reichen arabischen Länder finden. Übrigens, auch Israel bedarf der massiven jährlichen Unterstützung der Vereinigten Staaten. Das ergäbe in dieser Region eine phantasievolle Lösung, nach der es zu einer wirtschaftlichen Kooperation der drei in dieser Region dann bestehenden Staaten – Israels, des Palästinenser-Staates und Jordaniens – käme. Eine solche wirtschaftliche Gemeinschaft würde sehr bald aus dieser Region eine fruchtbare und wohlfunktionierende machen.
Für diese Vision habe ich eine konkrete Erfahrung vorzuweisen. Es gibt zwischen Palästinensern und Israelis keine große Kluft, was ihre jeweilige kulturelle Entwicklung betrifft. Die Palästinenser in der sogenann-

Libyens Staatschef Muhammar al Gaddafi in Wien, 10. März 1982. Österreich war der erste westliche Staat, den Gaddafi besuchte.

ten Diaspora besitzen eine hochintellektuelle Führungsgruppe, die mit jener der Israelis durchaus vergleichbar ist. Das heißt, es gibt nicht jene großen kulturellen Gegensätze, wie es sie unter Umständen zwischen Israel und anderen arabischen Staaten gibt, die vielfach zu stark im Feudalismus verhaftet sind oder noch zu stark Strukturen aufweisen, wie sie eben sehr typisch für arabische Staaten sind. Aber die intellektuelle Reife des palästinensischen Volkes deckt sich fast zur Gänze und in allen Bereichen mit dem intellektuellen Standard, den es in Israel gibt. Ich glaube daher, dass es hier theoretische Voraussetzungen geben würde, aber zuerst müsste die Feindschaft zwischen den beiden überwunden werden. Dass das möglich ist, kann ich an einem europäischen Beispiel erklären. Wenn man in meiner Jugend von Krieg gesprochen hat, meinte man den ewigen Krieg zwischen Frankreich und Deutschland. Es ist heute vollkommen unvorstellbar für einen jungen Menschen, dass es jemals wieder einen Krieg zwischen Frankreich und Deutschland geben könnte. In der Jugend noch älterer Leute hat man, wenn man von Krieg gesprochen hat, den Krieg zwischen England und Amerika gemeint. So hat es mir jedenfalls Philip Noel-Baker, der große Mann der

Labour Party, erzählt. Auch dieser Krieg ist undenkbar, und es gibt noch viele Beispiele: zwischen Norwegen und Schweden, zwischen Dänemark und Schweden. Das waren alles Länder, die sich in der Vergangenheit im Krieg befunden haben, oft jahrhundertelang, und heute sind sie Verbündete. Man kann in der Geschichte also Beispiele von Völkern finden, die, in einem unglaublichen Maß verfeindet, eines Tages, wenn sie die gleichen Entwicklungschancen bekommen, zueinander finden können. Aber das ist, wie gesagt, bislang eine Vision.

Diese Beobachtungen sollen nicht missverstanden werden. Sie verfolgen nicht die Absicht, das Phänomen der terroristischen Aktivitäten zu bagatellisieren oder wegzubeschreiben, sondern sollen durch eine bestimmte Sicht der Zusammenhänge dazu beitragen, dass vielleicht doch eine Chance besteht, die Welt, in der wir leben, eine Spur friedlicher zu machen.

Migration, Xenophobie und die Dritte Welt

»Ein Gespenst geht um in Europa.« Diesmal ist es nicht, wie bei Karl Marx und Friedrich Engels, der Kommunismus, sondern die Xenophobie. Heute, im Jahre 1985, leben ungefähr 127.000 jugoslawische und zirka 60.000 türkische Staatsbürger in Österreich. Diese beiden dominierenden Gastarbeitergruppen machten zum Zeitpunkt der letzten Volkszählung im Mai 1981 zusammen 2,5% der Wohnbevölkerung aus. Österreich hat daher im internationalen Vergleich einen relativ geringen Gastarbeiteranteil. 1980 betrug der Ausländeranteil an der Wohnbevölkerung in der Schweiz 14,2%, in Belgien 9,2%, in Frankreich 7,8%, in der BRD 7,2% und in Schweden 5,1 %.
Die einen nennen sie »Fremdarbeiter«, die anderen etwas freundlicher, aber das Provisorische dieser Arbeitsverhältnisse unterstreichend »Gastarbeiter«. Dieses Problem hat viele Aspekte; ich möchte mich hier auf einige allgemeine soziologische und psychologische Momente der »Xenophobia« beschränken. *Webster's Dictionary* definiert diesen Begriff als »fear and hatred of strangers or foreigners or anything that is strange or foreign«. In einer Studie des *Institute of Jewish Affairs* in London, die im November 1984 veröffentlicht wurde, wird festgestellt, dass in den letzten Jahren die Vorurteile in Frankreich in signifikanter Weise gestiegen sind. Es handelt sich dabei aber, wie der Bericht festhält, nicht um ein rein französisches Phänomen, sondern es tritt in unterschiedlichen Ausmaßen in den am stärksten entwickelten Ländern Westeuropas auf.
Die Opfer dieser Xenophobie in Frankreich sind Immigranten nordafrikanischer Herkunft und – merkwürdigerweise in einem geringen Ausmaß – die Schwarzafrikaner. Im Augenblick, so die Studie, ist die Proportion der Immigranten zur Bevölkerung nicht wesentlich höher als in den Dreißigerjahren. Gewöhnlich sind die eingewanderten Arbeiter hauptsächlich in weniger qualifizierten Berufen beschäftigt, was zur Folge hat, dass sie einen hohen Grad an Mobilität akzeptieren müssen. Daraus ergibt sich, dass die Immigranten vor allem in jenen Regionen ansässig sind, wo eine große Nachfrage nach manueller Arbeit besteht.

Diese ungleiche geographische Verbreitung hat zu zusätzlichen Spannungen geführt und nicht nur wirtschaftliche Probleme geschaffen, sondern vor allem Schulprobleme.
Für Frankreich gilt dasselbe, was für alle Länder gilt, die eine große Zahl von ausländischen Arbeitskräften beschäftigen, da sie ja de facto bewusst in den Jahren der lang dauernden Prosperität im wahrsten Sinne des Wortes importiert wurden. Es hat sich hier neben einem freien Markt ein – fast möchte ich sagen – freier Arbeitsmarkt entwickelt, ohne dass man sich der sozialen Konsequenzen dieses Problems klargeworden wäre. Die grundsätzlich feindselige Haltung gegenüber jeglicher Art von Planung in der Wirtschaft hat sich auch hier wieder bestätigt, und heute steht man diesem Problem praktisch ohne echtes Konzept gegenüber. Es gibt die heftigsten Debatten in der Öffentlichkeit.
Auf ein internationales Phänomen habe ich bei einer Tagung der »Association Islam and the West« hingewiesen, nämlich dass heute der Islam die drittgrößte Religion Westeuropas ist, was natürlich auch allmählich die islamische Welt, vor allem im Falle einer Weiterentwicklung des Fundamentalismus, zu interessieren beginnt. Auf der anderen Seite wird auch die Tendenz sowohl der Assimilation als auch der Ethnisierung, die es unter den Gastarbeitern geben wird, zu neuen Spannungen führen. Dazu kommt natürlich, was die Assimilation betrifft, das Misstrauen vieler gegenüber ausländischen Arbeitern in den Industriestaaten, obwohl sie ja mit dem Erwerb der Staatsbürgerschaft eine ganze Reihe von Rechten erhalten.
Die Vorurteile gelten *de facto* jedenfalls sehr deutlich für die erste Generation. Aber bei der Zählebigkeit solcher Urteile kann das für die nächste Generation auch nicht ausgeschlossen werden. Es dauert lange, bis jene berühmte Gleichheit vor dem Gesetz entsteht, wie sie Anatole France für die Klassengesellschaft in grandios ironischer Weise folgendermaßen formuliert hat: »Das Gesetz in seiner majestätischen Gleichheit verbietet es Armen wie Reichen, unter Brücken zu schlafen, wenn sie obdachlos sind, und zu stehlen, wenn es sie hungert.« Erst die jungen Sozialisten in Frankreich haben echte Bemühungen gezeigt, hier ein Konzept zu entwickeln. Das gilt auch für andere europäische Länder, die fortschrittlich gesinnt sind. Einen schweren Rückschlag hat die Situation der ausländischen Arbeiter aber in jenen Ländern gefunden, die konservative Regierungen haben.

Nun haben sich des »Ausländer-Problems« jene politischen Parteien bemächtigt, die dazu eine negative Haltung haben, besonders deshalb, weil die Arbeitslosigkeit, die es heute in so ausgeprägtem Maße gibt, nicht zurückgeht, wie der *Employment Report* der OECD 1984 beweist. Dieser Bericht hat eine Arbeitslosenzahl von 30,3 Millionen Menschen trotz beginnender Prosperität prognostiziert und wenig Hoffnung gelassen, dass diese Prosperität zu einer Drosselung der Arbeitslosigkeit führen wird. Unter Umständen wird die Arbeitslosigkeit sogar noch wachsen, wie sich das bereits in Europa gezeigt hat. Das führt zu einer deutlichen Verschlechterung der Lage der ausländischen Arbeiter und natürlich auch dazu, dass die Kriminalität als Folge dieser schweren Krisen wächst. Die Xenophobie hat bereits politische Konsequenzen gezeigt, als im Juni 1984 die kryptofaschistische Partei Jean-Marie Le Pens bei den Europawahlen nicht weniger als 11 % der Stimmen erreichen konnte.

Ich möchte an dieser Stelle eine historische Betrachtung einschieben: Als der Faschismus – vor allem der Nazismus – in Deutschland und zum Teil auch in Österreich sichtbare Verbreitung gefunden hatte, war es der Antisemitismus, der neben dem rein Deutschnationalen besondere Bedeutung hatte. Übrigens, wie wenig national Adolf Hitler war, geht aus einem Gespräch hervor, das er einmal mit dem Senatspräsidenten der Freien Stadt Danzig, Hermann Rauschning, führte, der später in einem Buch, als er längst Dissident geworden war, darüber berichtete. Hitler meinte, man müsse ohne zu zögern die deutschsprachigen Südtiroler der Freundschaft mit Mussolini opfern, was später auch durch die Umsiedlung der Südtiroler in das sogenannte »Reich« geschah. Anders war es beim Antisemitismus. Er wurde in der konsequentesten Weise bis zur »Endlösung« weitergeführt. Die Gefahr, die es hier gab, wurde von vielen viel zu spät erkannt und nur als eine Abart jenes latenten Antisemitismus empfunden, den es halt mehr oder weniger überall gab, und man tröstete sich zunächst leicht damit, dass es gar nicht so arg werden würde.

Dieser Antisemitismus mit dieser Mentalität, wonach in der Diktion der Nazis jeder sogenannte Arier ein »Herrenmensch« und jeder Jude ein »Untermensch« war, hat zwangsläufig dazu geführt, dass praktisch alle europäischen Völker vom nazistischen Deutschland unter der Führung Hitlers unterjocht wurden, und es galt das berühmte Wort des italienischen Sozialisten Turati, der uns auf dem großen 2. Internationalen Sozialisten-Kongress in Wien zurief: »Der Faschismus beginnt als Krieg innerhalb der Nation und führt zum Krieg zwischen den Nationen.«

Und er hat uns noch mehr gesagt: »Ihr, die Ihr hier sitzt im vollen Bewusstsein Eurer Kraft, Eurer Stärke, vergesst nicht, dass es dieses Gift des Faschismus auch bei Euch gibt! Das sage ich Euch«, erklärte er damals, »als einer der Abgesandten der Niederlage!« Er hat recht behalten, und wir alle, die wir seine Erkenntnisse weitergaben, haben recht behalten. Worauf es mir hier ankommt, ist, dass das letzten Endes auch für die Xenophobie gilt.

Übrigens hat der Nazismus auch eine sehr diffizile Unterscheidung unter den Kapitalisten gemacht. Er sprach vom schaffenden und raffenden Kapitalisten, wobei er unter dem schaffenden denjenigen verstand, der ihm materielle Unterstützung, wie zum Beispiel die deutsche Schwerindustrie, angedeihen ließ.

Xenophobie ist also, wenn man so will, der Antisemitismus unserer Zeit, da ja die Zahl der Juden in vielen Ländern Europas durch die berüchtigte »Endlösung«, durch Vernichtung und Auswanderung allgemein stark gesunken ist. Eine rechtliche Diskriminierung der Juden, indem man sie als Juden kennzeichnet, gab es in Europa meines Wissens nach später nur in der Sowjetunion. Kennzeichnend dafür war der Umstand, dass ein jüdischer Staatsbürger in seinem Pass unter der Rubrik »Nationalität« die Eintragung »Jude« hatte. – In Parenthese möchte ich bemerken, dass keiner der Staaten, die uns seinerzeit so leichtfertig kritisiert haben, weil wir einen Terrorfall ohne Verlust von Menschen gelöst haben, bereit war, die Bürde dieses Transits jüdischer Auswanderer aus der Sowjetunion mit uns zu teilen.

Und nun ein paar Feststellungen zum Problem der Xenophobie, wie sie sich einem aufdrängen, der in die analytische Schule des Austromarxismus gegangen ist. An einem Beispiel lässt sich das verdeutlichen: Im Jänner 1984 wurden streikende nordafrikanische Arbeiter in den Talbot-Werken bei Poissy mit folgenden Worten attackiert: »Schickt sie in die Gaskammern!« Schon im Oktober 1983 wurde mit derselben Primitivität, die für die nazistische Argumentation kennzeichnend war, die Behauptung aufgestellt, dass in Frankreich vier Mächte das Land regieren würden: Marxisten, Protestanten, Freimaurer und Juden. Ich könnte mir durchaus vorstellen, dass diese Fremdenfeindlichkeit eine direkte und indirekte Förderung der bürgerlichen Gruppen findet, denn es

Immer wieder Zielscheibe rüder antisemitischer Angriffe: Schmiererei auf einem Wahlplakat 1975.

muss doch das logische Interesse der Unternehmerschaft sein, die andere Seite so sehr durch Uneinigkeit zu schwächen, dass sie in den Klassenkämpfen der Gegenwart, die eine Normdeklaration gefunden haben und jetzt Verteilungskämpfe heißen, gespalten auftritt. Dafür gibt es heute zwei prägnante Methoden: Die eine ist die Spaltung, die hervorgerufen wird durch die Krise der arbeitenden und nichtarbeitenden Arbeiter, die natürlich das Klassenbewusstsein dieser beiden Gruppen stark beeinflusst, weil eben – um bei einem Wort von Karl Marx zu bleiben – ihr gesellschaftliches Sein ihr Bewusstsein bestimmt. Und neuerdings kommt eine zweite Methode hinzu, die es in der österreichisch-ungarischen Monarchie schon einmal gegeben hat, nämlich eine beträchtliche Xenophobie unter den Arbeitenden selbst. Mir erscheint Xenophobie als ein soziales Laster unserer Zeit, soweit es die Arbeiterschaft betrifft, und es würde eines Ferdinand Lassalle bedürfen, welcher der Arbeiterschaft zuruft: »Es ziemen Euch nicht die Laster der Unterdrücker.«

Hier ist also eine beträchtliche Erziehungsarbeit zu leisten, der sich zum Beispiel der deutsche Gewerkschaftsbund in vorbildlicher Weise, wenn auch in den Betrieben nicht immer voll beachtet, unterzogen hat. Er hat sich in dieser Frage mit den Kirchen zusammengetan, und es kam im Bereich der Ausländerpolitik zu einer weitgehenden Übereinstimmung zwischen den beiden Partnern. Es haben sich weitere Bündnispartner gefunden, sogar innerhalb der gegenwärtigen Regierungskoalition. Zwischen Christdemokraten und Freien Demokraten gibt es abweichende ausländerpolitische Optionen. Der deutsche Gewerkschaftsbund tritt also der gegenwärtigen konservativen Regierung mit großer Entschiedenheit entgegen und stellt sich in seiner Aufklärungsarbeit folgende Aufgaben: Information über die aktuelle ausländerpolitische Situation, wobei den deutschen Arbeitern die ungesicherte soziale und rechtliche Lage der ausländischen Arbeitnehmer zu erklären ist; Information über die Nachteile, die sich aus der Abwanderung ausländischer Arbeitnehmer für die deutschen Kollegen ergeben: Leistungsverdichtung, unerwünschte innerbetriebliche Umstrukturierungen und Umsetzungen, Stopp der Frühverrentung und Eindämmung der gewerkschaftlichen Kampfkraft. Den ausländischen Kollegen, Männern und Frauen, ist Aufklärung darüber zu geben, wann sie die wenige Macht, die ihnen bisher zugestanden wurde, tatsächlich wahrnehmen können. Einzubeziehen sind hier wiederum die deutschen Betriebsfunktionäre, um sie in die Lage zu versetzen, als erster Ansprechpartner ausländischer Kollegen tätig zu werden. In dem Bericht des deutschen Gewerkschaftsbundes werden eine Reihe von konkreten Fragen behandelt, unter anderem die »Konstituierung auf Dauer angelegter deutsch-ausländischer Arbeitszusammenhänge.« Deutsch-ausländische Arbeitskreise wären zu schaffen, um große Multiplikatoren heranzuziehen, und zwar sowohl bei der inländischen Mehrheit als auch bei den ausländischen Minderheiten in den Betrieben, in den Arbeiterwohnbezirken, in der örtlichen Bildungsarbeit. Das Ziel dieser Arbeitskreise ist es, die Berührungsängste zu überwinden, die Kräfte der arbeitenden Menschen zu bündeln und konkrete Kontakte mit den Organisationen ausländischer Arbeiter herzustellen. Ich habe bisher nirgendwo sonst derartig konkrete Vorschläge gefunden.

In Österreich war 1985 die Entwicklung nicht hundertprozentig befriedigend, aber deutlich entgegengesetzt jenen Tendenzen, die es im konservativ regierten Deutschland gab. Xenophobie ist hier auch nicht so entwickelt wie in Frankreich. Vor allem gibt es ein doch sehr starkes Solidaritätsgefühl zwischen in- und ausländischen Arbeitern im Betrieb selbst. Der ausländische Kollege des österreichischen Arbeiters beschwert sich nicht über mangelnde Solidarität im Betrieb. Ich habe oft erlebt, dass sich Betriebsräte für ihre ausländischen Kollegen trotz Gefährdung aller Arbeitsplätze sehr heftig eingesetzt haben. Überhaupt haben wir die Erfahrung gemacht, dass ausländische Arbeitnehmer auch dann, wenn sie arbeitslos wurden, auf Grund der erfolgten Familienzusammenführung im Land blieben. Natürlich gibt es infolge des Umstandes, dass Österreich ebenfalls von der Weltwirtschaftskrise bedroht wurde – wenn auch in deutlich geringerem Maße –, auch hier Arbeitslosigkeit.

Zudem gab es in den Siebziger- und frühen Achtzigerjahren in Österreich noch weniger religiöse Probleme, weil die Mehrheit der ausländischen Arbeiter Jugoslawen waren. Auch sonst gibt es eine Reihe von administrativen Bestimmungen, die das Leben der Ausländer in Österreich etwas leichter machen, als das in Deutschland der Fall ist. Dennoch wurden in einer Studie über die ausländischen Arbeitskräfte in Österreich, die im Auftrag des Bundesministeriums für soziale Verwaltung vom Institut für Höhere Studien in Wien im Dezember 1984 herausgegeben wurde, Forderungen erhoben, um die Lage der ausländischen Arbeitskräfte wesentlich zu verbessern, wobei es im na-

Eintreten für den Nord-Süd-Dialog: Indiens Ministerpräsidentin Indira Gandhi auf Staatsbesuch in Wien, 26. Oktober 1971.

tionalen österreichischen Interesse liegt, den Ausländern. die bereits Kinder haben, die hier in die Schule gehen, die Möglichkeit zur Integration zu geben. Österreich würde damit nur einen Integrationsprozess erneuern, den es in der Monarchie vor allem bezüglich der tschechischen und slowakischen Einwanderer nach Wien und in die anderen österreichischen Bundesländer bereits gegeben hat. Dieser Staat war ja mit seinen vielen Nationalitäten ein echter *melting pot*. Die Großväter vieler, heute unbestrittenermaßen Österreicher waren Tschechen, Slowenen, Ungarn, Italiener, Südslawen und Polen. Ich will damit aber nicht den Eindruck erwecken, dass wir gegenüber den öster-

reichischen Minderheiten immer jene Großzügigkeit aufgebracht hätten, auf die Minderheiten, nach fortschrittlichen völkerrechtlichen Vorstellungen, eben ein Recht haben. Der Umstand, dass vor allem Wien ein Schmelztiegel für die zur österreichischen Monarchie gehörenden Völker war, hat zum Beispiel nicht verhindert, dass einige geglaubt haben, besonders aktive Nazis sein zu müssen. Wir erleben auch heute noch in Kärnten und im Burgenland, wie die Trennungslinien zwischen verschiedenen Volksgruppen oftmals direkt durch die Familie gehen.
Ich selbst habe mich während meiner Zeit als Bundeskanzler bemüht, die Minderheitenverpflichtungen im österreichischen Staatsvertrag zu erfüllen. Noch zur Zeit der Großen Koalition wurde ich 1952 das erste Mal mit Schulproblemen in Kärnten konfrontiert, als ich Bundespräsident Theodor Körner in meiner Eigenschaft als Kabinettsvizedirektor begleitete. Kärnten besaß damals in der Person von Ferdinand Wedenig einen außerordentlich minderheitenfreundlichen Landeshauptmann. Wenn auch meiner Meinung nach nirgends die direkte Verpflichtung zur Errichtung eines slowenischen Gymnasiums bestand, so war es selbstverständlich, dass Österreich für ein solches Gymnasium eintrat. Der spätere Bau dieser Mittelschule hat damals dazu geführt, dass das slowenische Gymnasium, das ich viel später besuchte, zu einem der modernsten Schulbauten Kärntens gehörte. Die slowenische Minderheit war allerdings mit derartigen Zugeständnissen nicht zufrieden, deshalb wurden immer wieder in großer Zahl Besprechungen im Bundeskanzleramt einberufen, um sich mit den Minderheitenproblemen zu befassen. Es wurden auch verschiedene Fortschritte erzielt, wenngleich ich mir im Klaren war, dass es illusionär wäre, von den Vertretern der Minderheit eine Endfertigungserklärung zu erhalten. Es ergab sich schließlich eine Drei-Parteien-Lösung, ohne dass damit aber eine Minderheiten-Feststellung in irgendeiner Form erfolgt wäre. Rückblickend verstehe ich heute, dass diese Minderheiten-Feststellung von der slowenischen Minderheit sehr negativ aufgenommen wurde, da man sich ja der Tatsache bewusst war, dass dadurch das Slowenenproblern emotionalisiert wurde. Mir persönlich hat immer eine Haltung vorgeschwebt, wie sie von großzügigen Nationen praktiziert wurde.
An dieser Stelle möchte ich zu einer weiteren Frage Stellung nehmen, die mit der Migrationsfrage, aber auch der Fremdenfeindlichkeit zusammenhängt und uns in Europa gleichermaßen beschäftigt wie jene Probleme, die aus anderen Kontinenten zu uns kommen. Wir sprechen

vom Nord-Süd-Dialog. Zu glauben, dass es sich hier nur – wie oft der Eindruck entsteht - um eine Konfrontation zwischen den Industriestaaten und den in Entwicklung befindlichen Staaten handelt, wäre sehr vereinfachend. Auch innerhalb der Industrienationen gibt es für diesen Dialog verschiedene Auffassungen, je nach politischem Standort der Regierungen. Es mag schon sein, dass hier seitens der Industriestaaten allzusehr der Eindruck einer in allem und jedem entschlossenen Einheitlichkeit vermittelt wird, aber wir sehen die Probleme schon sehr verschieden, je nach unserem politischen Standort. Ich bin der Meinung, dass diesem Dialog etwas fehlt, nämlich das »Grand Design«, der große Entwurf, der ein stark ausgeprägtes Verantwortungsbewusstsein und ein Gefühl für internationale Solidarität als ideelle Grundlage hat. Daraus müsste sich das Weitere ergeben.

In den Vereinten Nationen sind verschiedene Vorschläge über die wirtschaftliche Zusammenarbeit gemacht worden. Es kann kein Zweifel darüber bestehen, dass wirtschaftliche Fragen eben nicht losgelöst von grundsätzlichen politischen Ansichten gesehen werden können. Sie werden in jenem Maß Zustimmung finden, in dem sie mit der politischen Philosophie der Adressaten in Einklang stehen. Sicher, viele der hier gemachten Vorschläge haben etwas Bestechendes an sich und sind vom Standpunkt der in wirtschaftlicher Entwicklung befindlichen Staaten nicht nur nützlich, sondern dringend erforderlich. Auf der anderen Seite muss man aber auch auf die reale Situation Bedacht nehmen, mit der wir konfrontiert sind. Das wirtschaftliche Denken ist nur sehr selten durch Überlegungen beeinflusst, die sich aus der Verpflichtung zur internationalen Solidarität ergeben. Diese Feststellung mag vielen von uns keine Freude machen, auch mir nicht, aber so ist nun einmal der Lauf der Welt.

Einmal hat mein sehr vertrauter Freund, der Präsident von Mexiko, López Portillo, Vorschläge zu diesem Problem unterbreitet. In einer Rede vor den Vereinten Nationen hat der Präsident der Republik Kuba, Fidel Castro, ein globales Entwicklungsprogramm vorgeschlagen – ein sehr teures, wie ich höre. Noch viel früher sind Vorschläge, unter anderem vom verstorbenen Präsidenten Algeriens, Houari Boumedienne, für eine neue Weltwirtschaftsordnung gemacht worden. Zuletzt hat es eine Kommission außerhalb dieses Kreises gegeben, an deren Spitze der ehemalige deutsche Bundeskanzler Willy Brandt stand und der bedeutende Persönlichkeiten aus dem Bereich des Südens und des Nordens angehören, die ihre Arbeit nun beendet und eine Reihe von sehr wichtigen und beachtenswerten Vorschlägen gemacht haben. Am realistischsten wird man sich diesen Problemen nähern, wenn man versucht, eine Synthese aus allen Plänen und Ideen, die es hier gibt, unter Bedachtnahme auf das schon Bestehende herbeizuführen. Dabei soll nicht übersehen werden, dass seitens der Vereinigten Staaten und vieler Industriestaaten bereits sehr beachtliche Mittel für Entwicklungshilfe zur Verfügung gestellt wurden. In den sechziger und siebziger Jahren haben die im Rahmen der OECD organisierten Industriestaaten Ressourcen von mehr als 350 Milliarden Dollar in die Entwicklungsländer geleitet.

Es wird nicht leicht sein, die Kluft zwischen den verschiedenen, mehr oder weniger ideologisch motivierten Programmen zu überbrücken. Ich bin weit davon entfernt, einen Vorschlag für eine neue UN-Institution zu machen, denn ich glaube, dass diese Arbeit am besten von den schon bestehenden erfüllt werden könnte.

Ich möchte hier auf einige Ideen eingehen, die ich schon vor Jahrzehnten zu entwickeln begonnen habe, und zwar unter dem Eindruck des großartigen Beitrages, den das Volk der Vereinigten Staaten zum wirtschaftlichen Wiederaufbau des total zerstörten europäischen Kontinents geleistet hat. Es hat sich in Wirklichkeit damals um einen Akt großer Solidarität des amerikanischen Volkes mit den Völkern Europas gehandelt, wobei jedes Volk ohne Unterschied seines Gesellschaftssystems eingeladen war, daran teilzunehmen. Ich stehe hier als Kronzeuge dafür, dass diese Hilfe ohne jede Einschränkung politischer Art gegeben wurde. Natürlich lässt sich ein solches Modell nicht ohne Modifizierung auf einen ganz anders gearteten Bereich übertragen, aber einige der Ideen sind sicher auch heute noch gültig.

Als Beispiel sei die Gewährung von Hilfe in Form von Krediten genannt, deren Rückflüsse jedoch dem Lande, dem die Hilfe zuteil wird, zur Wiederverwendung verbleiben. Dies ist übrigens in Österreich geschehen, und es ist einer der Gründe, warum die österreichische Bundesregierung in den letzten Jahren und auch heute noch eine recht erfolgreiche Investitionspolitik betreiben konnte beziehungsweise kann.

Woran ich denke, ist das großartige historische Beispiel des Marshall-Plans, wodurch es die Vereinigten Staaten den europäischen Staaten nach dem Krieg ermöglicht haben, sich vom wirtschaftlichen

Ruin zu erholen und neue Industrien aufzubauen. Ich vertrete den Standpunkt, dass die wirtschaftliche und politische Kooperation nur dann möglich ist, wenn die Industriestaaten helfen, durch eine große gemeinsame Aktion die Infrastruktur in den in Entwicklung begriffenen Staaten aufzubauen, wobei wir die Infrastruktur im weitesten Sinne meinen. Sie muss vom Aufbau eines subkontinentalen Eisenbahnwesens bis zum Ausbau des Fernmeldewesens reichen.

So klar ich mir darüber bin, dass die Finanzierung eines solchen Plans vor allem durch die Industriestaaten erfolgen sollte, so könnte ich mir doch vorstellen, dass hier auch eine finanzielle Beteiligung seitens jener Länder erfolgt, die über beträchtliche Einnahmen aus dem Verkauf von Erdöl verfügen. Ich möchte dabei ausdrücklich klarstellen, dass es sich hier um eine Beteiligung und nicht nur um eine Finanzierung handeln würde.

Ich sehe in einer großen multilateralen Aktion zwischen dem Norden und dem Süden eine Chance, und zwar dann, wenn man bereit ist, den seinerzeitigen österreichischen Vorschlag für ein Programm zur Verbesserung der Infrastruktur und der wirtschaftlichen Basis der Entwicklungsländer auf dem Nord-Süd Gipfel in Cancún 1981 aufzugreifen. Die Finanzierung eines solchen Plans sollte durch Schenkungen in Höhe von etwa 100 Milliarden US-Dollar und Kredite zu weichen Bedingungen im selben Ausmass, aufgeteilt auf 15 Jahre, erfolgen. Pro Jahr wären demnach etwa 14 Milliarden US-Dollar zum Einsatz gekommen. Dieser Betrag müsste aber heute erhöht werden und die Inflationsraten in den westlichen Industrieländern seither berücksichtigen. Dies wäre eine große Chance, die wirtschaftliche Umstrukturierung der modernen Industrieländer weniger schmerzhaft für Millionen, vor allem für junge Menschen, zu machen, als das heute der Fall ist.

Zu einem anderen Problem, das in den letzten Jahrzehnten wieder Bedeutung erlangt hat, jenem der Flüchtlinge, will ich nur so viel sagen: Ich war selbst während langer Zeit ein doppelter Flüchtling. Erstens wegen meiner politischen Tätigkeit in Österreich für die verbotene Sozialdemokratische Partei, und ich habe somit die seltene Ehre, einer der wenigen Regierungschefs Europas gewesen zu sein, die wegen Hochverrats rechtskräftig verurteilt wurden. Zweitens war ich in der Nazi-Diktatur eine Zeitlang Häftling der Gestapo und wurde später gezwungen, auf Grund meiner Abstammung das Land zu verlassen.

Meine eigenen Erfahrungen waren sicher nicht allein ausschlaggebend für die sehr offene Flüchtlingspolitik Österreichs. Es waren vor allem die Ereignisse in Ungarn und der Tschechoslowakei, welche die gesamte Bundesregierung zu dieser Politik bewogen haben. Mir schwebte immer vor, dass Österreich für sich in der Flüchtlingsfrage eine Rolle beanspruchen soll, wie sie die Schweiz durch das Wirken des Roten Kreuzes erlangt hat.
Ich will als Zeitzeuge dafür auftreten, dass Xenophobie, ich wiederhole es, ein Laster dieser Zeit ist, das letzten Endes die nationalen Arbeiterklassen der europäischen Staaten sehr teuer zu bezahlen haben werden. Deshalb ist es vor allem die Aufgabe sozialdemokratischer Funktionäre, entsprechend den Grundprinzipien der internationalen Solidarität, gegen sie anzutreten. Sie müssen sich dazu Bundesgenossen suchen und sie dort finden, wo immer Menschen bereit sind, gegen Xenophobie aufzutreten und gegen sie zu kämpfen, aus welchen Motiven auch immer. Willy Brandt, Andreas Papandreou und ich, um nur einige zu nennen, haben unseren Gastländern gegenüber große Sympathien bewahrt, mit vielen praktischen Konsequenzen, weil wir in diesen Ländern eine freundliche und gute Aufnahme gefunden haben. Das Gleichheitsprinzip aber fordert, dass das, was uns zuteil wurde, auch jenen unter uns zuteil wird, die sich nicht auf lichten Höhen befinden.

Vom Niveau der heutigen Politik

Dieses Kapitel handelt von der Bedeutungslosigkeit der Männer und Frauen, die seit einigen Jahren die Regierungsgeschäfte in der Welt führen. Was mich erschüttert, ist nicht so sehr ihre intellektuelle Unfähigkeit, sondern die Tatsache, dass viele Politiker verkünden und vertreten, was gar nicht ihrer eigenen Denkarbeit entsprungen ist, und dass die Leute anscheinend bereit sind, sich damit abzufinden. Die krasse Unbildung der modernen Politiker, denen man die höchsten Ämter zu Bedingungen überlässt, die ich mir für mich selber jedenfalls nicht vorstellen könnte, das Abhandenkommen aller geistigen Voraussetzungen ist so erschütternd, dass ich mich frage, woher sie eigentlich den Mut zur Politik nehmen. Natürlich ist auch ein Politiker mit Bildung und Urteilsvermögen nicht gegen Fehler gefeit, aber wenn er versagt, so ist das auf mangelnde Information oder auf falsche Urteile zurückzuführen, und beim nächsten Mal wird er diesen Fehler nicht wieder begehen. Menschen, die nachdenken, kommen manchmal eben auch zu falschen Schlüssen; nur die, die nicht nachdenken, kommen zu gar keinen Schlüssen.

Nehmen wir zum Beispiel Reagan. Das ist ein Mann von profunder Unbildung. Er ist insoweit ehrlich, als er auf mehr gar nicht insistiert; er ist schon froh, wenn man ihm ein politisches Wort abnimmt, das ihm seine Berater eingebleut haben. Margaret Thatcher ist im Unterschied zu Reagan intelligent. Aber wahrscheinlich würde es ihr nie einfallen, ein Shakespeare-Zitat zu verwenden, auch wenn sie es selbst gefunden hätte, weil dies in ihren Augen geistige Hochstapelei wäre. Als halbgebildete Kleinbürgerin fühlt sie sich in dieser Beziehung einfach nicht sicher genug und hat Angst, sich die Finger zu verbrennen.

Der einzige *Homme de lettres* unter den gegenwärtigen Spitzenpolitikern ist Mitterrand, ein literarisch versierter und gebildeter Mann und ein guter Schriftsteller obendrein. Neben ihm können noch einige südeuropäische Sozialisten wie Papandreou, González und Soares bestehen, die ich aber eher als Intellektuelle bezeichnen möchte. Die, auf die es ankommt, sind in Wirklichkeit jedoch keine originären Talente.

Die zunehmende Unbildung unter den Spitzenpolitikern ist in erster Linie darauf zurückzuführen, dass sie an derartigen Kategorien nicht interessiert sind. Sie kalkulieren schlicht und einfach und sagen sich, Bildung ist nicht interessant genug, und eventuelle Mängel werden durch die Public Relations schon überdeckt. In den Fünfzigerjahren hat man sich noch die Mühe gemacht, Adenauers Stil zu analysieren; angesichts seiner politischen Bedeutung und der nicht zu leugnenden Kraft seiner Persönlichkeit waren das kleine Attacken, die nicht mehr als ein paar Kratzer hinterließen. Heute gehört es fast zum guten Ton, nicht allzu gebildet zu erscheinen und gar nicht abzuleugnen, dass man sich auf Zuträger und sonstige Hilfskräfte verlässt. Aus Amerika kommt die furchtbare Unsitte, dass diejenigen als die besten Ghostwriter gelten, die so formulieren, wie ihr Chef formulieren würde. Der perfekte Ghostwriter versucht gar nicht erst, eigene Gedanken auszudrücken, sondern ist stets bemüht, auf das Niveau dessen herunterzusteigen, für den er schreibt. So entsteht jener Teufelskreis aus Mimikry und Unbildung, der am Ende dazu führt, dass die Politik jegliche Faszination verliert.

Für einen Intellektuellen, der das Zeug dazu hat, in einem akademischen Beruf erfolgreich zu sein, ist es heute nicht mehr attraktiv, in die Politik zu gehen. Das gilt für Juristen ebenso wie für Ökonomen. Abgesehen von den Unbilden der Politik im Allgemeinen und den Zwängen der Parteipolitik im Besonderen sind auch die Verdienstmöglichkeiten sehr viel geringer. Und haben nicht die Manager eines großen Wirtschaftsunternehmens im Grunde mehr Macht als der Politiker, der unablässig herumrennt und vor Ausschüssen, vor Gremien und vor dem Parlament sein Tun rechtfertigen muss? Wer wegen der Macht in die Politik geht, der wird enttäuscht. Selbst den führenden Leuten wird, wenn sie sich nicht einfach über demokratische Prinzipien hinwegsetzen wollen, unter dem Prätext der inneren Demokratie vieles vorgeschrieben.

Natürlich ist das Ringen um die richtige Meinung Teil des politischen Lebens. Für mich jedenfalls war es immer unabdingbar, das, was ich als richtig erkannt hatte, nicht nur durchzusetzen, sondern auch zu versuchen, andere davon zu überzeugen. Ich habe immer versucht, eine Mehrheit zu gewinnen. Dass diese Mehrheit sehr oft einstimmig war, hat mich fast ein wenig beschämt, und manchmal habe ich mir sogar gewünscht, dass mein Wahlresultat am Parteitag nicht so eindeutig ausfallen möge, weil ich mir gesagt habe, es könne doch nicht mit rechten Dingen zugehen, wenn ich unter fünfhundert Delegierten gar keine Feinde hätte.

Von Jugend auf fühlte ich die Gabe, äußerst komplizierte Zusammenhänge, soweit ich sie durchschaute, auch anderen vermitteln zu können. Ich verstand mich bewusst als *terrible simplificateur*, das heißt, ich versuchte so zu reden, dass ich für kenntnisreiche Zuhörer keine Zumutung darstellte und dennoch für den Stahlarbeiter verständlich war. Das ist natürlich ein Kunststück, weil der Arbeiter gewöhnlich nicht über jenes gedankliche Training verfügt wie einer, dessen Familie sich vielleicht seit Generationen mit geistigen Fragen auseinandersetzt. Es ist für mich faszinierend, wenn ich Widerhall gerade bei denen finde, die es nicht nötig haben zu klatschen, wenn sie etwas nicht verstanden haben.

Der Mangel an politischen Begabungen in den Achtzigerjahren ist. augenfällig. Die Ebbe tritt in verschiedenen Länder zu verschiedenen Zeiten ein, meiner Meinung nach immer dann, wenn eine bedeutende Führungspersönlichkeit ausscheidet. Im Kreis der Leute, die um die Großen herum sind, stehen nicht gleich wieder Große zur Verfügung. Es bedarf eines gewissen Zeitraums, bis neue Talente einsatzfähig sind. Ich schätze, dass in Österreich beim zweiten oder dritten Wechsel sehr gute Leute kommen werden. Wenn sie sich durchsetzen und wenn es den anderen gelingt, ihnen zum Durchbruch zu verhelfen, dann wird es auch an der Spitze der österreichischen Sozialdemokratie ebenso wie an der Spitze der Österreichischen Volkspartei wieder sehr gute Leute geben. Von denen, die heute gut administrieren und ihre Pflicht erfüllen, sind vielleicht einige zu lange im Amt, denn nichts ist schlechter für einen Minister, als ewig Minister zu sein; es ist kein gutes Zeugnis für ihn, wenn es ihn auf die Dauer befriedigt. Aber unter den jüngeren Mitgliedern der Bundesregierung gibt es einige wenige, die die besten Voraussetzungen mitbringen: Ehrlichkeit, ein profundes Wissen in entscheidenden Fragen und ein hohes Maß an Fleiß und Selbstdisziplin. Der beste Mann für ein Amt ist immer der, der sich nicht darum bewirbt. Eigene Erfahrungen haben mich zu dieser Überzeugung gebracht.

Viele halten die Frage, was denn eine große Persönlichkeit ausmache, für eine Frage der Klasse oder der Herkunft. Ich kann mich dieser Meinung ebensowenig anschließen wie jener anderen, idealistischen Auffassung, nach der große Persönlichkeiten stürmischer Zeiten bedürfen, weil sie im Sturm gewissermaßen reifen. Ich glaube vielmehr an das Zusammenspiel vieler Kräfte und Umstände. Ich habe bereits angedeutet, dass ich seit einigen Jahren eine zunehmende Tendenz erkenne, jungen Leuten eine Chance zu geben. Diese Tendenz wird sich wahrscheinlich fortsetzen, und junge Menschen werden mit einem großen Vorschuss an Vertrauen empfangen werden. Es wird an ihnen liegen, dieses Vertrauen zu rechtfertigen.

Am Ende wird sich aber auch für sie die Frage stellen: Wie lange können sie eigentlich ganz oben bleiben? Das ist das eigentliche Problem bei jungen, unverbrauchten Leuten. Wenn einer mit 30 oder 40 an die oberste Spitze kommt und durchhält, soll er dann, da das ideale politische Alter nach wie vor wahrscheinlich bei 60 liegen wird, tatsächlich dreißig Jahre und länger an der Spitze bleiben? Es wird viele andere junge Leute geben, auch in anderen Parteien, die, angestachelt durch das Vorbild, zu der Auffassung gelangen, sie könnten es ebensogut, und so wird es zu einem harten Konkurrenzkampf zwischen den Jungen kommen. Auf diese Weise werden wir im letzten Jahrzehnt dieses Jahrhunderts eine Regeneration in der Politik erleben – vorausgesetzt, dass dieser rollende Planet weiter existieren wird; das kann man natürlich nicht voraussehen, denn unser Schicksal ist in die Hände von Leuten gegeben, die nicht die besten Voraussetzungen mitbringen und die den Ernst der Lage nicht zu begreifen scheinen. Es ist ein großes Glück, dass in der Sowjetunion ein Mann ans Ruder gekommen ist, von dem zwar niemand weiß, was er tatsächlich zustande bringen wird und wieviel von alldem wahr ist, was man ihm zuschreibt, der aber doch zu den jungen Kräften von heute zählt – und damit auch zu denen von morgen. Ein neues Gesicht, ein neuer Stil, eine neue Art zu reden: all das weckt Hoffnungen, und Gorbatschow wird zeigen müssen, was er kann.

Natürlich sind auch die Jungen nicht gefeit gegen die Versuchungen der Macht. Das verfluchte Geld hat schon manch einen von ihnen zu Fall gebracht. Die kleinen Gefälligkeiten werden unter der Hand zu großen, und ehe man sich's versieht, hat man sich im Netz der Korruption verfangen. Das ist einfach der Widerspruch, mit dem wir leben in dieser bürgerlichen Welt: Auf der einen Seite, nämlich auf der rechten, verkünden die Politiker, dass die beste aller Welten die ist, in der dem Profitstreben keine Schranken gesetzt werden. Der Neokonservatismus verkündet das, als wenn es eine neue Heilslehre wäre. Dabei gehört es nun einmal in der Gesellschaft, in der wir leben, zu den Binsenwahrheiten, dass nur der wirtschaftliche Erfolg zählt; dieses Prinzip ist allgemein anerkannt und daher moralisch gerechtfertigt. Die materielle Seite unserer Gesellschaftsordnung wird den jungen Leuten als ein durchaus legitimes Lebensziel verkündet.

Auf der anderen Seite verlangt man von den Politikern und allen, die sich im Dunstkreis des sogenannten öffentlichen Wohls befinden, dass sie dieses Prinzip für sich nicht gelten lassen dürfen, ja dass sie es vehement ablehnen und überall dort, wo sie ihm auf die Spur kommen, verfolgen müssen. Ein mittlerer österreichischer Beamter, der 30.000 bis 40.000 Schilling brutto verdient, hat es in seiner Eigenschaft etwa als Steuerinspektor mit Leuten zu tun, die ein Zehnfaches oder Fünfzigfaches verdienen, die ihre Jachten, ihre Villen, ihre Domizile in fernen Ländern haben. Derjenige, der ihnen das alles verschafft oder zumindest ermöglicht, ist oft genug der Steuerinspektor selbst, der ihnen die entsprechenden Genehmigungen erteilt. Dieser erlebt nun seine ganze Armseligkeit doppelt hart; er empfindet den krassen Gegensatz zu der Philosophie, die er täglich verkünden muss, und dann entsteht der berühmte »Kontakt«, von dem die Neurologen berichten. Es kommt zu einem sonderbaren Sprung, der Mann wird korrupt und bleibt es, solange er lebt. Diesen Zwiespalt der menschlichen Natur können wir nicht überwinden, auch wenn wir noch so viele Massnahmen ergreifen. Die Frage lautet deshalb: Wo liegt die vertretbare Grenze? Da ich aus der Politik ausgeschieden bin und auf die täglichen Entscheidungen in meinem Land keinen Einfluss mehr nehme, könnte ich meine Kenntnisse und meine Erfahrungen durchaus großen Unternehmungen zur Verfügung stellen. Das wäre nach den gesellschaftlichen Vorstellungen nichts Amoralisches. Nur darf man dann nicht insistieren, in der österreichischen Politik weiterzuwirken.

Im 19. Jahrhundert mag das anders gewesen sein. Manch einer hat damals die Politik als ein Mittel betrachtet, um reich zu werden. Metternich zum Beispiel hat vom Zaren und vom Preußenkönig gewaltige Beträge erhalten, weil sie in ihm ihren Vollzugskanzler gesehen haben, der für sie die Politik exekutierte. Niemand nahm Anstoß daran, dass Talleyrand als Außenminister Napoleons ein Monatsgehalt von einer ausländischen Macht bezog oder Bismarck mit der Hilfe des Bankiers Bleichröder spekulierte, indem er seinen Vorsprung an Informationen nutzte und so ein riesiges Vermögen anhäufte.

Nach der Rückkehr von einer Auslandsreise: Vera Kreisky holt ihren Gatten am Flughafen ab – und hat einen Schirm mitgebracht.

Hysterie als Folgeerscheinung skandalöser Zustände kann ich zwar nicht billigen, aber da die Österreicher überhaupt kein Sensorium für die Korruption haben, wäre ein gewisses Maß an Hysterie bestimmt heilsam für alle. Große Parteien haben grundsätzlich eine gewisse Neigung zur Korruption. Das Kriterium muss lauten: Führt diese oder jene Handlung, diese oder jene Entscheidung zur Bereicherung durch politische Macht? Natürlich kann das in der Praxis sehr unbehaglich werden. Das schlechte Gewissen ist in der Politik oft ein Faktor, der eine Verbesserung politischer Umstände verhindert.

Die Neigung der Menschen, das Phänomen des Steuerbetrugs als Kavaliersdelikt zu betrachten, führt dazu, auch diejenigen zu entschuldigen, die es auf Steuerbetrug anlegen. Wer dagegen Stellung nimmt, gilt als altmodisch und macht sich lächerlich. Das ist nun einmal so. Wir machen ja nicht Politik in der moralisch besten aller Welten. Wir vertreten im Wirtschaftsleben eine calvinistische Philosophie, die das Geldverdienen und das Reichwerden als gottgefällig preist, und im politischen Leben wollen wir plötzlich eine Vereinigung von Engeln beisammen haben. Wenn ich mein Leben Revue passieren lasse, so komme ich zu dem Schluss, dass es sich um einen unauflösbaren Widerspruch unserer Demokratie handelt, mit dem wir fertig werden müssen.

In allen Bereichen der Partei gibt es veraltete Organisationsstrukturen, die längst überholt sind. Zum Beispiel die Tatsache, dass die Parteimitglieder in ihren Wohnungen besucht und dort auch die Beiträge kassiert werden. Das hat sich sehr bewährt in der Zeit der großen Arbeitslosigkeit, aber heute sitzen die Leute in den Betrieben und Büros, zu denen wir als Partei nur schwer Zugang haben. Es ist nicht leicht, aus seiner Haut zu schlüpfen.

Ein Teil der Krise der großen Parteien lässt sich darauf zurückführen, dass das alte Prinzip der Demokratie, die Gewaltenteilung, nicht nur nicht beachtet wird, sondern auch gar nicht mehr gelten kann. Wenn man heute im Parlament die Sozialpolitik verhandelt, braucht man den Sozialpolitiker als Experten; der Mann, der das Gesetz mitberät und entscheidend beeinflusst, wird später zum Exekutor dieses Gesetzes. Das passt hinten und vorn nicht mehr. Eine Antwort vermag ich nicht zu geben. Wir müssen wohl andere politische Moralgrundsätze aufstellen – welche, das müssen diejenigen klären, die jetzt anfangen, politisch zu denken. Marx hat einmal gesagt, dass sich in der Geschichte die

Ereignisse alle wiederholen, das eine Mal als Tragödie, das andere Mal als Farce. Ähnlich ist es in der parlamentarischen Demokratie: Alles beginnt als Prinzip und wird später zu einer nicht mehr exekutierbaren Leerformel, die der soziologischen Wirklichkeit nicht mehr entspricht. Die Parteien sind stärker als die Institutionen des Staates. Sie genießen zumindest den Vorteil, innerhalb und außerhalb der Institutionen zu stehen, und das steigert ihren Einfluss. Ich habe gewisse Anpassungen vorgenommen, die sich inzwischen bewährt haben, wie zum Beispiel das Parteiengesetz, nach dem Spenden an politische Parteien öffentlich zu erfolgen haben. Sie brauchen nicht Tag für Tag in der *Wiener Zeitung* publiziert zu werden, aber sie müssen doch so verbucht werden, dass sie als Parteispenden identifizierbar sind. Ich wurde seinerzeit von allen drei Parteien bekniet, von einer Gesetzesänderung abzusehen; sie behindere die Finanzierung der Parteien. Ich habe mich nicht darauf eingelassen; jetzt, da die Parteien diese Frage wieder aktualisieren wollen, habe ich die stille Hoffnung, dass die Flick-Affäre, sie daran hindern wird.

Es gibt also gewisse Möglichkeiten, vorausschauend einige Weichen zu stellen, ohne dass damit freilich eine wirkliche Reform eingeleitet wäre. Sehr viel habe ich zum Beispiel mit der Gründung der Politischen Akademien erreicht, die von allen drei Parteien angenommen wurden und die besonders bei jungen Leuten, die noch bildbar sind, manches Wunder vollbringen. In dem Maße, wie wir uns darum kümmern, aus den jungen Leuten herauszuholen, was in ihnen steckt, schaffen wir auch Hoffnung, die Hoffnung nämlich, dass sie eines Tages die notwendigen Reformbestrebungen einleiten. Parteireformen können immer nur von innen heraus verwirklicht werden, denn Parteien sind wie Muscheln, die sich dem Einfluss von außen am liebsten verschließen. Es gibt vieles, wozu die eigene Kraft nicht ausreicht und wozu es des Anstoßes von außen bedarf – nur einem Münchhausen konnte es gelingen, sich am eigenen Zopf aus dem Sumpf zu ziehen. Aber die Parteien wollen nicht, dass man ihnen von außen dreinredet; gerade das ist ja der Sinn von Parteien. Sie wollen einseitig sein, wollen ihre Wahrheit verkünden und werden nie einsehen, dass es eben deshalb verschiedene Wahrheiten in der Politik gibt.

Wahrscheinlich bin ich vom Charakter her zu unbeweglich, als dass ich alle die Feindschaften, die es in der Politik gibt, hätte mitmachen können. Ich habe sicherlich hier und da ein wenig aufgespeichert, aber es war nie dramatisch. Ich war eher darauf aus, Feindschaften womöglich zu überwinden, mich um den politischen Gegner weniger zu kümmern, als der es vielleicht gewünscht hätte. Ich konnte zubeißen und sehr hart sein, manchmal vielleicht auch härter als notwendig, aber die Polemik war nicht mein Lebenselixier. Ich hielt es für ergiebiger, mit einer guten Politik an der Polemisierung vorbeizuziehen und mir lieber anschließend Kritik gefallen zu lassen. Ich kann mich nicht beschweren: Meine ersten Regierungserklärungen 1970 und 1971 wurden von stürmischen Zwischenrufen begleitet, die mich daran hinderten, zu Ende zu sprechen. Erst 1975 hat man mich relativ ruhig eine Regierungserklärung zu Ende führen lassen.

Niemals, auch nicht in den dunkelsten Stunden der Ersten Republik, habe ich mich der Hoffnungslosigkeit ergeben, und ich glaube, dass ich mir diese positive Lebensauffassung über alle Zeiten hinweg bewahrt habe. Ich habe mich immer bemüht, dorthin zu gehen und mit denen zu reden, von denen man glaubte, dass sie meine Feinde wären. Denn nur wenn man im Kontakt miteinander steht, lässt sich der Augenblick erfassen, in dem ein Fortschritt möglich ist. Die meisten Menschen legen sich statt dessen in das Faulbett des Hasses. Es gibt ja kein bequemeres Faulbett in der Politik als den Hass, der einen jeder Schwierigkeit enthebt; wer ihm einmal verfallen ist, kann ihn ewig prolongieren. Ich habe mich dieser Versuchung immer widersetzt und war stets bemüht, mich von diesen Hassgefühlen frei zu machen, weil ich sie als unproduktiv empfinde. Als der von mir sehr verehrte Wiener Bürgermeister und Vorsitzende der Sozialdemokratischen Partei, Karl Seitz, seine Rede auf dem internationalen Jugendkongress 1929 in den Satz münden ließ: »Hütet in der Jugend den Hass, aber nicht den Hass gegen Menschen und Völker [...] sondern den Hass gegen Einrichtungen«, meinte ich anschließend in kleinem Kreis, dass das inhaltlich alles richtig gewesen sein mag, nur gesagt hätte ich es so nicht. Ich glaube nicht, dass der Hass eine schöpferische Funktion in der Politik hat; er taugt im besten Fall zur Proselytenmacherei, weil sich aus ihm einfache Formeln ableiten lassen, die den politischen Gegner zum Buhmann stilisieren.

Meinem ganzen politischen Wesen, dem, was ich politisch repräsentiere, widerspricht diese Auffassung. Das hat mich immer wieder in sehr ernste Konflikte gebracht und zu Feindschaften geführt, die ich nicht gesucht habe. Das Denken in Freund-Feind-Kategorien hängt, wenn ich so sagen darf, mit der vulgärmarxistischen Auffassung zusammen, die die Welt in fortschrittliche und reaktionäre Kräfte einzuteilen bestrebt ist. Von den Grundlehren des Marxismus ist nämlich sehr viel mehr geblieben, als man es heute gemeinhin wahrhaben will. Und es gibt darüber hinaus späte Bestätigungen der marxistischen Analyse. Auf der einen Seite haben wir 1986 die Reservearmee des Proletariats, die sich in knapp 30 Millionen Arbeitslosen in den Industriestaaten manifestiert sowie in der relativen Schwäche der Gewerkschaften. Auf der anderen Seite haben wir die extreme Konzentration des Kapitals, die Agglomeration der multinationalen Konzerne, die auf sämtlichen Weltmärkten agieren: die Japaner mit den Amerikanern, die Amerikaner mit den Deutschen, die Holländer mit den Japanern und so weiter. Wir haben es mit einem Konkurrenzkampf der Supergiganten zu tun, die sich letzten Endes verständigen werden; da es keine Möglichkeit gibt, diese Supergiganten zu besiegen, hat man einen Modus vivendi geschaffen, aber die Wirtschaft ist immer einen Schritt voraus. Das, was sich in den Direktionsetagen der Weltkonzerne abspielt, findet dann in der Politik seinen sonderbaren Nachvollzug.

Mein ganzes Leben lang bin ich ein engagierter Mensch gewesen, der sich einfach nicht damit abfinden wollte, sich am Wochenende in seinen kleinen Schrebergarten zu verkriechen und dort seinem Hobby zu frönen. Ich wollte immer dort sein, wo etwas geschieht, ganz gleich, ob dort Unrecht bekämpft oder Recht verteidigt werden musste. Alles, was von Menschen geschaffen wird, unterliegt menschlichen Schwächen, und dagegen muss man etwas tun. Es ist wie mit einem Krebsgeschwür, und die Politiker sind in einer ähnlichen Situation wie die Mediziner, die nicht wissen, wie man den Krebs bekämpft, und die dennoch nicht aufhören, darüber nachzudenken, zu forschen und zu experimentieren. Wir müssen zur Kenntnis nehmen, dass gewisse Umstände so und nicht anders sind, aber das bedeutet noch lange nicht, dass wir bereit sein müssen, sie als unumstößliche Tatsachen hinzunehmen. Ich bin in der Politik immer für eine positive Änderung der Verhältnisse eingetreten und werde bis zum letzten Augenblick dafür kämpfen. Oft genügt es schon, wenn ich dadurch in der Lage bin, einige Antworten zu formulieren.

Weisheiten sind immer sehr einfach. Die praktische Weisheit der Politik ist die, dass man niemals die Alternative aus dem Auge verlieren darf. Denn was ist ein Politiker wert, der sich keine Gedanken darüber

macht, was passiert, wenn die Sache schiefgeht? Ich habe immer in Alternativen gedacht: Was geschieht, falls das, was ich anstrebe, nicht erreicht werden kann? Das war für mich bei der Behandlung grundlegender Probleme ausschlaggebend und hat mir geholfen, Entscheidungen zu finden und mich nicht allzusehr in die falsche Richtung zu bewegen.
Es muss immer einen Verhandlungstisch geben, die Bereitschaft, miteinander zu reden. Wenn es diese Bereitschaft in den zwanziger und dreißiger Jahren in Österreich gegeben hätte, dann hätte man sich viel menschliches Leid erspart. Ich habe dies n einer Reihe von konkreten Beispielen gezeigt. Wenn es erst einmal einen Verhandlungstisch gibt, wird den Leuten, sobald sie daran gewöhnt sind, rasch klar, dass sie, wenn sie von diesem Tisch aufstehen, früher oder später doch wieder an ihn zurückkehren müssen. Deshalb kämpfe ich auch in der Frage des Nahen Ostens so stark um einen gemeinsamen Verhandlungstisch. Es wird geteilte Meinungen geben, und nichts ist wichtiger, als in bestimmten Situationen geteilte Meinungen zu provozieren. Aber niemand wird es wagen, als erster das Tischtuch zu zerschneiden.
Es ist für mich schon früh ein politischer Grundsatz gewesen, in Auseinandersetzungen nie so weit zu gehen, dass man es durch persönliche Beschimpfungen dem anderen unmöglich macht, weiterhin mit uns zu reden. Warum kann ein Politiker, der sich die Selbstachtung erhalten hat, eine vulgäre Beschimpfung seines politischen Gegners nicht einfach übergehen? Viele meiner Freunde meinen, dies sei kein Standpunkt; man dürfe sich nicht alles gefallen lassen. Das ist richtig, aber dennoch bin ich anderer Ansicht: Wenn einer sich zu persönlichen Beleidigungen hinreißen lässt, warum sollte ich dann anders mit ihm umgehen, als wenn er mich im bürgerlichen Leben beleidigt hätte? Warum sollte ich ihm mit gleicher Münze heimzahlen, wo doch die Nichtbeachtung ihm eine Lehre sein wird? Das ist für mich ein kategorischer Imperativ, und ich bin damit in der Politik ganz gut gefahren.
Sobald es im Parlament zu exzessiven Beschimpfungen persönlicher Art kam, ist eine sogenannte Eiszeit eingetreten. Da lief eine Zeitlang nichts mehr – bis die Schuldigen gekommen sind und ihre Äußerungen modifizierten. Ich habe nie eine öffentliche Entschuldigung verlangt; mir genügte es, wenn die Betroffenen erkannten, dass sie taktlos gewesen waren und die Grenzen überschritten hatten, die auch in der Politik nicht überschritten werden sollen. Indem ich zu Leuten, die sich

Gemütliches Beisammensein: mit dem Arzt Horst Engstler, Chauffeur Peter Rubei und Alfred Reiter, 1985.

persönlicher Beleidigungen gegen mich schuldig gemacht hatten, jegliche Beziehung abbrach, wollte ich vermeiden, verletzt oder beleidigt zu erscheinen. Ich war immer nur dann beleidigt, wenn ich es für politisch notwendig hielt, beleidigt zu sein. Und auf diese Weise gelang es mir, einige sehr unerfreuliche Gestalten loszuwerden beziehungsweise, was mir viel wichtiger erschien, auf einen besseren Weg zu führen.
Immer wieder im Laufe meines politischen Lebens wurde ich mit der Frage konfrontiert: Was ist denn nun eigentlich der Unterschied zwischen euch Sozialdemokraten und der bürgerlich-konservativen Partei? Ihr seid doch einander schon recht ähnlich geworden, und niemand will euch das Erreichte streitig machen. Ich glaube, dass es sich hier um eine

Verwirrung handelt, die den Konservativen zugute kommt, weshalb sie auch meist nicht widersprechen. Aber gerade in jüngster Zeit ist wieder sichtbar geworden, worin der grundsätzliche Unterschied zwischen sozialdemokratischer und bürgerlich-konservativer Politik besteht. Ich will es an einem Beispiel erläutern.

Der sogenannte Neokonservatismus, der in Wirklichkeit ein sehr altmodischer Kapitalismus ist, weil er die Ladenhüter des klassischen Manchester-Liberalismus wieder hervorgeholt hat, vertritt zum Beispiel in der Schulpolitik Thesen, die dazu führen, dass einer der höchsten amerikanischen Diplomaten sein Amt verlassen und sich einen Posten in der freien Wirtschaft suchen muss, weil sein Gehalt einfach nicht ausreicht, seinen Kindern eine gute Ausbildung in einem teuren College zu finanzieren.

Das kann in Österreich nicht passieren: In Österreich stehen in den 1980er-Jahren die Schultore jedem offen. Auch wenn viele die Bedeutung unserer Schulreform nicht erkannt haben, fest steht: die Universitätsausbildung ist längst keine Klassenfrage mehr, keine Frage des Portemonnaies, sondern jeder kann seinen Kindern die Ausbildung zukommen lassen, die er für sinnvoll hält. Das mag Nachteile haben – dass wir zu viele Akademiker bekommen und dass wir nicht allen Arbeit geben können –, aber gesellschaftspolitisch ist eine solche Reform patriotischer als jeder Neokonservativismus, weil wir die Ressourcen des ganzen Volkes wahrnehmen, statt uns nur auf eine gewisse Klasse zu stützen.

Wenn die Klassengegensätze aufgrund der sozialdemokratischen Reformpolitik in den Siebzigerjahren gemildert wurden: die rückläufige Entwicklung in den Achtzigerjahren droht manche unserer Errungenschaften zunichte zu machen. Die neu aufbrechenden Gegensätze, die vor allem in England, aber auch in Frankreich und Deutschland zu beobachten sind, nehmen Dimensionen an, die die Verantwortlichen vor erhebliche Probleme stellen. In der Zeit, in der die Sozialdemokratie unbestritten die Regierungsmacht ausübte, hat die Opposition nicht so differenzieren wollen und mit ihren ultrakonservativen Thesen hinterm Berg gehalten. Heute scheint das konservative Denken einer Strömung zu entsprechen, die es innerhalb der jungen Generation gibt und von der ich nicht genau weiß, wie sie entstanden ist.

Die sozialistischen Jugendorganisationen, soweit ich sie kenne, sind sehr exklusiv; sie vertreten Grundsätze, die von vielen jungen Menschen nicht als zukunftweisend betrachtet werden. Wenn junge Sozialisten heute zu diskutieren beginnen, zum Beispiel über Kautsky oder Gramsci, so mag das historisch faszinierend sein; der großen Masse der heutigen Jugend sagt das gar nichts. Auf der einen Seite haben wir also eine extrem sozialistische Elite, die aber theoretisch rückwärtsgewandt ist, und auf der anderen Seite eine bürgerliche Elite, die vom Aufstiegsglauben erfüllt ist und sich Chancen für morgen erwartet. Natürlich gibt es in jeder Hochkonjunktur Aufstiegsmöglichkeiten, aber der Tellerwäscher, der es zum großen Konzernherrn bringt, bleibt eben die Ausnahme, und so führt das Karrieredenken zu einer dauernden Streß-Situation. Dass es alle zehn, zwölf Jahre eine Revolte unter den jungen Menschen gibt, ist eine Folge dieser Ernüchterung. Aus den Führern der Studentenrebellion von einst werden die Manager von morgen, was besonders in Japan sehr gut zu beobachten war.

Heute haben wir eine sehr viel stärkere Linke, als es sie früher gab, andererseits aber eine wachsende Rechte, die freilich nicht von jenem Geist erfüllt ist, den wir in den zwanziger und dreißiger Jahren erlebt haben. Die Rechten heute sind weder ideologisch fixiert noch militant, ja nicht einmal intolerant; im Gegenteil: sie sind so tolerant, dass sie sich selbst gar nicht als rechts verstehen, sondern lediglich als konservativ. Während es der Österreichischen Volkspartei noch vor zehn Jahren sehr unangenehm war, wenn wir sie als eine konservative Partei deklarierten, so beginnen jetzt, unter dem Eindruck der »Erfolge« Reagans und Thatchers, auch die europäischen Parteien des Konservativismus auf ihren Schild zu heben.

Die Sozialdemokratie befindet sich heute – wir schreiben das Jahr 1986 – in einem Zustand der mangelnden Homogenität. Jede Sozialdemokratie besteht mindestens aus zwei Sozialdemokratien: der traditionellen, gewerkschaftlich determinierten, die sehr selbstzufrieden wirkt, obwohl sie in einer Schwächephase steckt, und der progressiven, die sich mit den neuen Problemen auseinandersetzt. Im politischen Alltagsgeschäft der Sozialdemokratie ist der traditionelle Flügel oft der mächtigere, weil er über mehr Mittel verfügt und weil er sich auf die Masse stützt. Die anderen aber argumentieren zukunftsorientiert. Wenn sich diese Tendenz fortsetzt, dann wird die Sozialdemokratie zumindest verbal zu einer neuen Politik hinfinden. Ich wage zu hoffen, dass das dann auch für eine neue programmatische Grundlage ausreicht.

Biografischer Überblick

1911, 22. Jänner: Geburt in Wien-Margareten (5. Wiener Gemeindebezirk), Schönbrunner Straße 122.

Die Familie: Vater Max Kreisky, 1876–1944, Generaldirektor der Österreichischen Wollindustrie AG und Textil AG, Zensor der Oesterreichischen Nationalbank, Mitglied des Zentralvereins der kaufmännischen Angestellten, in der Emigration (ab 1942) Leiter einer Textilfabrik in Schweden. Mutter Irene, geb. Felix, 1885–1969. Großvater Felix, Industrieller, stammte aus Mähren (heute Tschechische Republik). Unter den Vorfahren waren viele Ärzte. Großvater Kreisky war Oberlehrer; ein Großonkel, Josef Neuwirth, war von 1873–1895 Abgeordneter zum Reichsrat in der Österreichisch-Ungarischen Monarchie. Beide Eltern waren jüdischer Herkunft. Bruder Paul Kreisky, geboren 1909, wanderte 1938 illegal in das heutige Israel aus.

1916, September: Eintritt in die Volksschule in Wien-Mariahilf (6. Wiener Gemeindebezirk)

1921–1929: Mittelschulbesuch

1924, 7. November: Teilnahme an einer Mittelschülerdemonstration vor dem Gebäude des Wiener Stadtschulrates. Anlass war der Selbstmord eines Schülers.

1925: Beitritt zur Vereinigung der sozialistischen Mittelschüler. Diese Organisation sagte ihm jedoch nicht zu („Diskussion um der Diskussion willen").

1927: Daher Beitritt zum »Verband der sozialistischen Arbeiterjugend (SAJ)«, Wien-Wieden; trotz des anfänglichen Widerstandes wird der Mittelschüler Kreisky Vorsitzender dieser Arbeiterjugendgruppe.

1929: Matura an der Bundesrealschule Wien-Landstraße, Radetzkystraße

1929, Herbst: Jus-Studium an der Universität Wien, auf Ratschlag Otto Bauers, den Kreisky in diesem Jahr kennengelernt hat: »Die Partei braucht gute Juristen«; ursprünglich wollte Kreisky Medizin studieren.

1930: Kreisky wird Vorsitzender einer niederösterreichischen Regionalorganisation (Purkersdorf, Klosterneuburg und Tulln) der Sozialistischen Arbeiterjugend.

Elder Statesman Bruno Kreisky mit dem Kamelhaarmantel, den er vom libyschen Staatschef Muhammar al Gaddafi als Geschenk bekommen hat.

1933: Kreisky wird Vorsitzender des »Reichsbildungsausschusses« der SAJ und übernimmt damit die gesamte Verantwortung über die Bildungs- und Kulturarbeit des Verbandes.

1934, 12. Februar: Kreisky und ein Funktionär der Gewerkschaftsjugend, Franz Olah, vervielfältigen und verteilen gemeinsam den Aufruf des Parteikomitees zum Widerstand gegen den diktatorischen Austro-Faschismus.

1934, 18. Februar: Nach dem Verbot der „Sozialdemokratischen Arbeiterpartei" kommt es zum Treffen der ehemaligen Funktionäre der Jugendbewegung im Wienerwald. Die illegale Jugendorganisation »Revolutionäre Sozialistische Jugend« wird unter der Führung von Bruno Kreisky und Roman Felleis, Kreiskys bestem Freund dieser Jahre, gegründet.

1935, 30. Jänner: Verhaftung Kreiskys in der elterlichen Wohnung in Wien; gleichzeitig werden auch Franz Jonas, Otto Probst, Stefan Wirlandner, Anton Proksch, Theodor Grill, Josef Kratky u. a. ins Gefängnis eingeliefert.

1936, 16. März: Beginn der Hauptverhandlung gegen Kreisky und seine Kampfgefährten vor dem Schwurgericht im Wiener Landesgericht für Strafsachen (»Sozialistenprozess«). Kreiskys Verteidigungsrede findet großen Widerhall in der internationalen Öffentlichkeit.

1936, 24. März: Nach vier Monaten Polizeihaft und einjähriger Untersuchungshaft Urteilsverkündung: ein Jahr Kerker wegen Hochverrats.

1936, 3. Juni: Kreisky wird enthaftet und von allen österreichischen Hochschulen relegiert.

1936–1938: Nach seiner Enthaftung Fortsetzung der illegalen Tätigkeit.

1938: Bewilligung zur Fortsetzung des Studiums.

1938, 14. März: Nach dem Einmarsch der deutschen Truppen in Österreich erscheint die Gestapo in Kreiskys Wohnung, während er an der Wiener Universität das letzte Rigorosum ablegt.

1938, 15. März: Kreisky wird in Schutzhaft genommen. Inhaftiert zuerst im Landesgericht (Lg.) II, dann im Notgefängnis Karajangasse im 20. Wiener Gemeindebezirk, später im Gefangenenhaus des Lg. I.

1938, August: Enthaftung mit der Auflage, das Land zu verlassen. Kreisky reicht ein Auswanderungsansuchen für Bolivien ein.
Der Führer der schwedischen Jungsozialisten und spätere Außenminister Torsten Nilsson lädt Kreisky nach Schweden ein.

1938, 21. September: Kreisky verlässt Österreich mit dem offiziellen Eröffnungsflug der Lufthansa Wien–Berlin. Das Flugticket hatte ihm Josef Afritsch, später Innenminister der Zweiten Republik, besorgt.

1939–1945: Kreisky arbeitet als Angestellter im Sekretariat der Stockholmer Konsumgenossenschaft, daneben als Korrespondent verschiedener ausländischer Zeitungen und Zeitschriften und als Mitarbeiter schwedischer Tages- und Wochenzeitungen.

1940: In Schweden trifft Kreisky zum ersten Mal mit Willy Brandt zusammen. Beginn einer lebenslangen Freundschaft.
1941: Obmann des Klubs Österreichischer Sozialisten in Schweden.

1942, 23. April: Heirat mit Vera Fürth; sie kommt aus einer Industriellenfamilie.

1942: Kreisky setzt politisches Asylrecht für die aus der Deutschen Wehrmacht nach Schweden geflohenen österreichischen Soldaten durch.

1943, Sommer: Kreisky konzipiert eine Erklärung, in der die österreichischen Sozialisten in Schweden für die Wiederherstellung eines selbstständigen Österreich und die Einberufung eines österreichischen Nationalkongresses aus allen Ländern in London eintreten.

1943, 13. Dezember: In einer Resolution begrüßen die österreichischen Sozialdemokraten die Moskauer Deklaration über ein unabhängiges Österreich.

1944, 8. Mai: Geburt des Sohnes Peter.

1944, Juni: Kreisky wird zum Obmann der überparteilichen »österreichischen Vereinigung in Schweden« (ÖVS) gewählt.

1944, 8. Juni: Ableben des Vaters Max Kreisky.

1945, 23. Oktober: Kreisky wird vom schwedischen Innen- und Sozialministerium beauftragt, für das schwedische Hilfswerk Verbindungen mit Österreich herzustellen; es geht um die Weiterleitung von Medikamenten, Trockenmilch und Lebensmitteln für tausende österreichische Kinder und um die Beistellung von Ausrüstungsgegenständen für die Wiener Feuerwehr aus Beständen der schwedischen Marine.

1946, Mai: Die französische Besatzungsmacht gestattet die Einreise nach Österreich, Kreisky trifft nach achtjähriger Abwesenheit wieder in seiner Heimat ein.

1947, Februar: Kreisky wird der österreichischen Gesandtschaft in Stockholm (unter dem Gesandten Paul Winterstein) zugeteilt.

1948, 14. April: Geburt der Tochter Suzanne.

1951, 2. Jänner: Endgültige Rückkehr nach Wien. Als Legationsrat dritter Klasse Beamter in der wirtschaftspolitischen Abteilung des Bundeskanzleramtes, Auswärtige Angelegenheiten. Aufnahme der politischen Arbeit als Subkassier der SPÖ in Wien-Hernals unter Bezirksobmann Franz Olah.

1951, 22. Juni: Bundespräsident Theodor Körner betraut Kreisky mit der Funktion des Kabinettsvizedirektors und Beraters in politischen Fragen.

1953, 2. April: Kreisky wird Staatssekretär im Bundeskanzleramt, Auswärtige Angelegenheiten.

1955, 12.–15. April: Mitglied der österreichischen Verhandlungsdelegation um den Staatsvertrag in Moskau.

1956, 13. Mai: Bei der österreichischen Nationalratswahl wird Kreisky als Nachfolger Oskar Helmers für Niederösterreich nominiert und im Wahlkreis St. Pölten zum Abgeordneten gewählt.

1957: Mit Bruno Pittermann, Felix Slavik und Franz Olah gehört Kreisky zur Parteiexekutive und damit zum maßgebenden Führungsgremium der SPÖ.

1959: Kreisky wird stellvertretender Parteivorsitzender.

1959, 16. Juli: Kreisky wird Außenminister im Kabinett Raab III und setzt die Errichtung des Außenamtes als eigenes Ressort durch (bis dahin waren die Agenden des späteren Bundesministeriums für Auswärtige Angelegenheiten dem Bundeskanzleramt zugeteilt).

1963, 27. März: Nach dem Wahlsieg der Österreichischen Volkspartei (ÖVP) im November 1962 sollte Kreisky auf Wunsch der ÖVP aus der Regierung ausscheiden. Nach langen Regierungsverhandlungen, in der sich die SPÖ-Unterhändler, vor allem Franz Olah, für ihn einsetzen, wird Kreisky wiederum Außenminister.

1966, 6. März: Absolute Mehrheit der ÖVP bei den österreichischen Nationalratswahlen und Alleinregierung der ÖVP.

1966, 5, Juni: Kreisky wird Parteiobmann der SPÖ Niederösterreich.

1967, 1. Februar: Mit 32 von 54 Stimmen empfiehlt der neugewählte Parteivorstand der SPÖ, Kreisky zum Parteivorsitzenden zu wählen. Der Parteitag bestätigt mit 347 von 497 Stimmen die Wahl Kreiskys zum Nachfolger Bruno Pittermanns als Vorsitzender der SPÖ.

1970, 21. April: Nach dem Sieg der SPÖ (relative Mehrheit) bei der österreichischen Nationalratswahl vom 1. März 1970 wird eine SPÖ-Minderheitsregierung unter Bundeskanzler Kreisky angelobt.

1971, 10. Oktober: Mit 50,04 % der Stimmen und 92 Mandaten erreicht die SPÖ die absolute Mehrheit im österreichischen Nationalrat.

1971, 4. November: Angelobung des Kabinetts Kreisky II

1974, 12.–15. Februar: Ein Parteitag der SPÖ hebt die innerparteiliche Altersklausel auf, derzufolge politische Mandatare nach Vollendung des 66. Lebensjahres auf eine weitere Tätigkeit verzichten sollten.

1975, 5. Oktober: Die Wahl zum österreichischen Nationalrat unter der Devise »Kreisky – wer sonst?« bringt der SPÖ abermals eine verbesserte Mehrheit.

1975, 28. Oktober: Angelobung des Kabinetts Kreisky III.

1976, Oktober: Die Bruno-Kreisky-Stiftung für Verdienste um die Menschenrechte wurde aus Anlass des 65. Geburtstages von Bruno Kreisky gegründet, da dieser keine persönlichen Geschenke annehmen wollte. Alle zwei Jahre werden von einer international besetzten Jury Preisträger und Preisträgerinnen, die sich um die Menschenrechte verdient gemacht haben, ausgewählt.

1976, 26.–28. November: 13. Kongress der Sozialistischen Internationale in Genf: Willy Brandt wird zum Präsidenten der Sozialistischen Internationale gewählt, Kreisky zu einem der Vizepräsidenten.

1978, 5. November: Mehrheit bei einer Volksabstimmung gegen die Inbetriebnahme des Kernkraftwerkes Zwentendorf (Niederösterreich), trotz Kreiskys Einsatz für eine friedliche Nutzung der Atomenergie.

1978, 15. Dezember: Verbot der Nutzung der Kernkraft zur Energieversorgung durch ein »Atomsperrgesetz«.

1979, 6. Mai: Mit 51,3% der Stimmen erringt die SPÖ zum dritten Mal die absolute Mehrheit im österreichischen Nationalrat.

1979, 5. Juni: Angelobung des Kabinetts Kreisky IV.

1981, 6. Jänner: Kreisky wird, zugleich mit Konstantinos Karamanlis, von einem Gremium aus Politikern, Künstlern und Wissenschaftlern in Paris zum »Politiker des Jahres 1980« gewählt.

1981, 22. Jänner: Revirement in der Bundesregierung: Ausscheiden von Finanzminister und Vizekanzler Hannes Androsch; Gesundheitsminister Herbert Salcher wird Finanzminister, Unterrichtsminister Fred Sinowatz Vizekanzler; Kurt Steyrer als Gesundheitsminister und Hans Seidel als Staatssekretär im Finanzministerium treten neu in die Bundesregierung ein.

1981, 22.–24. Mai: SPÖ-Parteitag in Graz, Steiermark, unter dem Motto »Österreich muss vorne bleiben« – Kreisky wird mit 98% der Stimmen in den Parteivorstand wiedergewählt.

1982, 5. Mai: Ärztekonsilium gibt »grünes Licht« für eine neuerliche Kandidatur Kreiskys für die Nationalratswahlen 1983.

1982, 21. Mai: Kreisky entscheidet sich endgültig für eine neuerliche Kandidatur bei den Nationalratswahlen 1983 unter der Bedingung, dass auch Anton Benya, Erster Nationalratspräsident und Präsident des ÖGB (Österreichischer Gewerkschaftsbund), im Amt bleibt und dass er selbst bei der Zusammenstellung der künftigen Bundesregierung freie Hand erhält.

1982, 27.–29. Oktober: Auf dem Parteitag der SPÖ in der Wiener Stadthalle bezeichnet Kreisky die Entwicklung im Österreich der Siebzigerjahre als »wahrhafte Revolution ohne Tränen«.

1983, 19. März: Bei einer Wahlkampfveranstaltung in Graz erklärt Kreisky, dass er sich eine SPÖ-Minderheitsregierung unter seiner Kanzlerschaft durchaus vorstellen könne, falls die Partei die absolute Mehrheit knapp verfehlte.

1983, 20. April: Nach Zweifel an seinem Gesundheitszustand, Kreisky war Dialysepatient, bestätigt ein medizinisches Gutachten, dass sich Kreiskys Gesundheitszustand »seit Sommer 1982 signifikant gebessert« hat und dass er in der Lage ist, sein aktives Berufsleben »ohne Einschränkungen« fortzusetzen.

1983, 24. April: Bei den Nationalratswahlen verliert die SPÖ fünf Sitze im Nationalrat und damit die absolute Mehrheit. Kreisky verzichtet auf die Regierungsbildung und schlägt als Nachfolger Fred Sinowatz vor. Im Herbst legt er den Vorsitz der SPÖ zurück.

1983, 28. Oktober: Ernennung zum Ehrenvorsitzenden der SPÖ.

1983, 21. November: Kreisky erhält den Nehru-Preis für internationale Völkerverständigung, den er am 11. 1. 1985 in New Delhi persönlich entgegennimmt.

1984: Die Stiftung Bruno Kreisky Archiv wurde von Kreiskys Freund Karl Kahane mit dem Ziel gegründet, eine möglichst umfassende Sicherung, Indizierung und Auswertung der schriftlichen Unterlagen, aber auch der audiovisuellen Quellen durchzuführen, die aus der Tätigkeit Bruno Kreiskys als Politiker, Diplomat und Staatsmann seit den Dreißigerjahren hervorgegangen sind. Der Archivbestand wurde durch Materialien mit Kreisky-Bezügen aus ausländischen Archiven sowie weiteren Nachlässen sukzessive erweitert.

1984, 24. April: Nierentransplantation in Hannover, Medizinische Hochschule.

1987, 15.Jänner: Kreisky tritt vom Ehrenvorsitz der SPÖ sowie von allen übrigen öffentlichen Funktionen, darunter der Präsidentschaft im Renner-Institut und im Institut für Internationale Politik, zurück. Schwere Verstimmungen zwischen Kreisky und der SP-Spitze im Zusammenhang mit dem Koalitionsabkommen mit der ÖVP (Verlust des Außenministeriums) werden als Grund angesehen.

1987, 3. November: Für seinen erfolgreichen ersten Memoiren-Band (über 70.000 verkaufte Exemplare) erhält Kreisky den »Donauland-Sachbuchpreis«.

1988, 14. März: Kreisky erhält das goldene Doktorat der Universität Wien.

1988, 5. Dezember: Bruno Kreiskys Ehefrau Vera stirbt unerwartet in Wien.

1989, 22. Juni: Auf der Schlusssitzung des Kongresses der Sozialistischen Internationale wird Kreisky als Vizepräsident verabschiedet.

1989, 7. Dezember: Bruno Kreisky erhält den Friedenspreis der Martin-Luther-King-Stiftung in der Wiener UNO-City.

1990, 29. Juli: Bruno Kreisky stirbt im Alter von 79 Jahren in Wien.

1990, 7. August: Staatsbegräbnis unter Teilnahme zahlreicher offizieller Vertreter des In- und Auslandes.

1991, Mai: Das Bruno Kreisky Forum für Internationalen Dialog wurde von Freunden und der Familie des Altkanzlers nach dessen Tod ins Leben gerufen. Mit diesem Dialogzentrum, errichtet im ehemaligen Wohnhaus in der Armbrustergasse im 19. Bezirk in Wien, wollte man ein permanentes Begegnungszentrum schaffen, das an internationale Aktivitäten Bruno Kreiskys anknüpft und die Erinnerung an den bedeutenden Staatsmann wachhält.

Literaturnachweis

Memoiren und Editionen

Oliver Rathkolb, Irene Etzersdorfer (Hrsg.): Der junge Kreisky. Schriften, Reden, Dokumente 1931–1945. Wien 1986

Bruno Kreisky, Zwischen den Zeiten. Erinnerungen aus fünf Jahrzehnten. Berlin 1986

Bruno Kreisky, Im Strom der Politik. Der Memoiren zweiter Teil. Berlin 1988

Bruno Kreisky, Der Mensch im Mittelpunkt. Der Memoiren dritter Teil. Hrsg. von Oliver Rathkolb, Johannes Kunz und Margit Schmidt. Wien 1996

The Struggle for a Democratic Austria. Bruno Kreisky on Peace and Social Justice. Edited by Matthew Paul Berg, in collaboration with Jill Lewis and Oliver Rathkolb, Oxford/New York 2000

Sekundärliteratur

Heinz Fischer, Die Kreisky-Jahre 1967–1983. Wien 1993

H. Pierre Secher, Bruno Kreisky: Chancellor of Austria. Pittsburgh 1993

Konrad R. Müller, Werner A. Perger, Wolfgang Petritsch, Bruno Kreisky – Gegen die Zeit. Berlin 1995

Andreas P. Pittler, Bruno Kreisky. Reinbek bei Hamburg 1996

Gerhard Schmid, Die Ära Kreisky 1970–1983, ihre Auswirkungen auf das politische System Österreichs. Wien 1996

Werner Gatty, Gerhard Schmid, Maria Steiner, Doris Wiesinger (Hrsg.), Die Ära Kreisky. Österreich im Wandel 1970–1983. Wien 1997

Wolfgang Petritsch, Bruno Kreisky. Ein biographischer Essay. Wien 2000

Sammelwerke

Erich Fröschl, Helge Zoitl (Hrsg.), Der österreichische Weg 1970–1985. Fünfzehn Jahre, die Österreich verändert haben, Wien 1985

Peter Pelinka, Gerhard Steger (Hrsg.), Auf dem Weg zur Staatspartei. Zur Geschichte und Politik der SPÖ seit 1945. Wien 1988

Günter Bischof, Anton Pelinka (Hrsg.), The Kreisky Era in Austria (Contemporary Austrian Studies 2). New Brunswick 1994

Austriaca No. 40 (1995): Bruno Kreisky

Stiftung Bruno Kreisky Archiv (Hrsg.), Bruno Kreisky Seine Zeit und mehr/Era and Aftermath. Innsbruck-Bozen-Wien 1998

Namensregister

Bild- und Quellennachweis

Archiv Alfred Reiter: Umschlagbild vorne (Foto: Dirk Hourticolon), 2, 68 (Foto: ABC), 84, 218/19, 312 (Foto: ABC), 320, 321, 335 (Foto: Bundesbildstelle Bonn), 379 (Foto: Fred Peer), 385 (Foto: Presse-Agentur Hanni), 393 (Foto: Dirk Hourticolon), 402/03 (Foto: Votava), 415 (Foto: Fred Peer), 481 (Foto: Fotostudio Haslinger)
Archiv Margit Schmidt: 11, 286, 287 (oben), 414, 421, 422, 423
Verein für Geschichte der Arbeiterbewegung (VGA): 6 (Foto: Rudolf Semotan), 341 (Foto: Votava), 361 (Foto: Walter Henisch), 366/67, 461 (Foto: Rudolf Semotan), 475 (Foto: Rudolf Semotan)
Wien Museum: 317
Stiftung Bruno Kreisky Archiv: 16, 22, 23, 47, 55, 64, 71, 75, 78, 81, 82 (oben), 120, 169, 171, 208/209, 227, 240, 243, 246, 251, 254, 259, 269, 272, 275, 323, 332, 411, 412, 449, 464
IMAGNO/Nora Schuster: 149, 150, 151, 152, 217, 285, 287 (unten), 373, 388, 401, 407, 424, 433; IMAGNO/Barbara Pflaum: 294, 349, 384; IMAGNO/Austrian Archives: 307, 344, 429
Gerhard Trumler: 396, 413, 416
Johann Klinger: 220, 419
Herlinde Koelbl: 288, 484
Peter Lehner: 389
Harald Nap: 370
Herbert Exenberger: 354
Fotoarchiv der Zeitschrift »profil«: 35, 353
Wiener Stadt- und Landesarchiv: 82 (unten)
Foto Votava: 83, 376, 436, 455
Dokumentationsarchiv des Österreichischen Widerstandes: 88/89
United Nations Information Services, Wien: 442 (Foto: Sam Iwin/ United Nations)
© Erich Sokol Stiftung: 355
© Manfred Deix: 356

Herausgeber und Verlag bedanken sich für die freundlichen Abdruckgenehmigungen. Die Rechtslage bezüglich der einzelnen Bildvorlagen wurde sorgfältig geprüft. Eventuell berechtigte Ansprüche werden bei Nachweis vom Verlag in angemessener Weise abgegolten.

Die Texte sind folgenden Originalausgaben entnommen:

Bruno Kreisky, Zwischen den Zeiten

Bruno Kreisky, Im Strom der Politik

Bruno Kreisky, Der Mensch im Mittelpunkt

ISBN 978-3-222-13432-6

styria

Umschlaggestaltung: Bruno Wegscheider
Layout: Alfred Hoffmann
Reproduktion: Pixelstorm, Wien
Druck und Bindung:
Druckerei Theiss GmbH
St. Stefan im Lavanttal
7 6 5 4 3 2 1
Printed in Austria